Werner Burckhardt (Hrsg.)

Das große Handbuch
Produktion

Werner Burckhardt (Hrsg.)

Das große Handbuch
Produktion

verlag
moderne industrie

Die Deutsche Bibliothek – CIP-Einheitsaufnahme

Burckhardt, Werner:
Das große Handbuch Produktion /
Werner Burckhardt (Hrsg.) – Landsberg/Lech : Verl. Moderne Industrie, 2001
ISBN 3-478-91985-1

© 2001 verlag moderne industrie AG & Co. KG, 86895 Landsberg/Lech
http://www.mi-verlag.de

Satz: Fotosatz Amann, Aichstetten
Druck: Himmer, Augsburg
Bindung: Thomas, Augsburg
Printed in Germany 910985/120001
ISBN 3-478-91985-1

Inhaltsverzeichnis

Geleitwort

Der Kunde steht heute im Mittelpunkt eines jeden Unternehmens. Nur wer es schafft, ein attraktives Produkt herzustellen und eine andauernde Beziehung zu seinen Abnehmern aufzubauen, wird im ständig zunehmenden Wettbewerb vorne bleiben. Die Erfordernisse an Unternehmen sind entsprechend hoch: Um schnell auf Wünsche der Kunden (und damit des Marktes) reagieren zu können, muss die Produktion hoch flexibel und agil sein.

Was ist Produktion? Nichts anderes als eine Dienstleistung und gleichzeitig die Kernkompetenz in einem Unternehmen, welches das gesamte Wertschöpfungsnetz umfasst. Dazu gehören optimierte interne und externe Informations- und Kommunikationsnetze, die heute zusammen mit Materialfluss und Logistik zur Wertschöpfung beitragen. Unwichtiger werden die isolierten, vertikalen Einteilungen einer Firma. Heute sind horizontale Verbindungen gefragt, die zum Unternehmensnetz werden. Dabei sind die wichtigsten Ziele:

- Kundenwünsche erfüllen
- Innovation beschleunigen
- Prozesse aufbauen und verbessern
- Lieferanten integrieren – in Entwicklung, Produktion, Logistik

Produkt- und Prozessstrukturen müssen also laufend an neue Anforderungen angepasst werden. Diese Flexibilität ist nur möglich, wenn die Fertigungsstätten entsprechend wandlungsfähig sind. Wichtigste Ressource sind hier die Mitarbeiter, die ihre Aufgaben immer mehr selbst organisieren und optimieren. Und stets beachtet werden muss als „Triumvirat" Preis – Qualität – Zeit, das als Produktionsziel nur durch kontinuierliche Verbesserungsprozesse (KVP) garantiert werden kann. Auch hier spielen die Mitarbeiter und ihre Verbesserungsvorschläge eine zentrale Rolle.

Zum Schluss noch ein Wort zum Produktionsstandort Deutschland: Er gehört zu den führenden in Europa und ist einer der wichtigsten der Welt. Warum? Die Bildung an Schulen und Universitäten, die Ausbildung in den Industriebetrieben sorgen für einen anerkanntermaßen hohen Ausbildungsgrad unserer Mitarbeiter in Deutschland. Und genau dies benötigen wir neben modernster Technologie und innovativen Produkten. Entscheidend für den Erfolg eines Unternehmens sind dessen Mitarbeiter und die zugehörige Organisation, die für ein effektives Zusammenspiel sorgt. Dies gilt insbesondere für den Industriestandort Deutschland, da das Bauen einer modernen Fabrik heute weltweit binnen weniger Monate möglich ist, aber glücklicherweise nicht deren erfolgreicher Betrieb.

In diesem Sinne ist es wichtig, dass erfolgreiche Umsetzungsbeispiele, wie sie in diesem Buch in zahlreicher Form beschrieben sind, im Sinne eines Best-Practice auch veröffentlicht werden. Wir leben heute mehr denn je in einer Lerngesellschaft und ich hoffe, dass dieses Buch dazu beiträgt, dem Leser Anregungen und Anstöße für sein eigenes Umfeld zu geben.

o. Prof. Dr.-Ing. Dr. h.c. mult. Dr. Ing. e.h. Hans-Jürgen Warnecke,
Präsident der Fraunhofer Gesellschaft, München

Vorwort

Moderne Produktion stellt ein vernetztes Sub-System innerhalb des großen Systems „Unternehmen – Kunden – Lieferanten" dar.

Um sich im Markt behaupten zu können, müssen sich Unternehmen im Gesamten und Produktion im Einzelnen dynamisch wandeln. Dabei sind verschiedene externe Parameter zu berücksichtigen wie Innovationen, Marktgegebenheiten, Kunden, Wettbewerb, Informationstechnologie und Lieferanten, aber auch interne Faktoren wie Mitarbeiter, Prozesse und Unternehmensführung.

Wichtige Voraussetzungen zur Optimierung der Produktion sind:

- Genaue Kenntnis der gesamten Wertschöpfungskette
- Know-how
- Teamgeist
- Selbstgesteuerte Mitarbeiter
- Bereitschaft und Fähigkeit zu lernen, aber auch
- Vergessen unnützer Rituale, Vorschriften und Erfahrungen wie auch der beliebten Formel „Das haben wir schon immer so gemacht"

Schwerpunkte der Industrieproduktion und damit auch dieses Handbuches sind folgende Einzelsysteme/Kapitel:

- Produktionsmanagement und sein Wandel in Unternehmensnetzwerken
- Produktionstechnologie
- Die Fabrik in ihrer Planung, ihrem Betrieb und in ihrer Wandlungsfähigkeit
- Supply Chain Management
- Das Personal unter den Aspekten Führung, Organisation, Entwicklung und Schulung
- Kosten, Investitionen, Controlling
- Elektronische Informationsverarbeitung und Entscheidungsunterstützung sowie aktuelles Wissensmanagement
- Qualitätsmanagement

Die Einzelsysteme sind von Produktionsexperten aus verschiedenen Unternehmen mit unterschiedlichen Erfahrungen verfasst. Diese Einzelsysteme beinhalten Prozesse. Prozesse erfordern im Sinne einer möglichst hohen Effektivität auch die Bereitschaft zu Innovationen, die ihrerseits wiederum Kreativität erfordern. Der praktische Einsatz von Prozessen zeigt auch, dass hierbei Hierarchiestufen reduziert werden und Komplexitäten abnehmen, wodurch menschliche Entscheidungsabläufe und Prozessergebnisse effektiver und schneller verlaufen.

Konkurrierten bei den „Produktionsleuten" früher die beiden diametral gegensätzlichen Denkansätze „Nichts ist praktischer als die Theorie" und „Probieren geht über Studieren", so hat die moderne Informations- und Simulationstechnik mit virtuellen Prozessabläufen eine neue Ebene der Prozesserforschung und -gestaltung geschaffen, die Abstraktion und Praxis synergetisch und wettbewerbsfähig verknüpft. Die moderne Informationstechnologie steigert weiterhin den Einsatz bei Kernprozessen, fördert die Produktentwicklung und -herstellung, unterstützt die Logistik, Customer Relations und das Produktkostenmanagement. Neue, ständig an Bedeutung gewinnende elektronische Business-to-Business-Managementprozesse (E-Business) verstärken weiter die Verbesserungspotenziale.

Das „wahre Leben" in der Produktion zeigen über 25 Praxisbeispiele aus internationalen Industrieunternehmen unterschiedlicher Branchen. Dabei werden individuell erarbeitete Lösungen aus der Unternehmenspraxis vorgestellt, die von jedem Leser zur Analyse des eigenen Betriebs durchgespielt werden können. Da praktisch alle Beispiele nach dem gleichen Schema gegliedert sind, ist eine durchgängige Vergleichbarkeit gegeben.

Die einzelnen Phasen lauten:

- Ausgangssituation
- Analyse von Aufgaben und Verbesserungsverfahren
- Umsetzung
- Neuer Ist-Zustand
- Weitere Verbesserungspotenziale

Wie die Tabelle „Praxisbeispiele" zeigt, sind alle Praxisbeispiele mit den zuvor genannten acht Einzelsystemen der Produktion vernetzt.

Praxisbeispiele			Einzelsysteme							
			Untern.-Prod.	Prod.-Techn.	Fabrikplanung	SCM	Personal	Kosten/Inv.	IT	Qualität
Unternehmen	**Industrie**	**Thema**	1	2	3	4	5	6	7	8
Audi	Auto	virtuelle Fertigungsprozesse		x	x				●	x
Audi	Auto	virtueller Prozess	●	x		x			x	x
BMW	Auto	Prozesse verbessern					x			●
Cisco	Internet	virtuelles SCM – B2B	x		x	●		x		x
DaimlerChrysler	Auto	SCM-Kunden-Auftrag	x			●				
DaimlerChrysler	Auto	TPM-Verbesserung				●		x		x
DaimlerChrysler	Auto	SCM-Prozesse umsetzen	x			●	x			
Edscha	Auto	Internationales Projekt	x			●				x
Faurecia	Auto	Fabrik des Jahres 99			●	x		x		x
Hella	Auto	Produktbenchmarking	x	x			●		x	
Henkel	Kosmetik	Planungssystem	x						●	
Henkel	Chemie	Kommunikation	x				x		●	
HP	Computer	Schnelle Fabrik	x		●	x	x			x
Lear	Auto	Total Customer Satisfaction					x	x		●
Oracle	Software	E-Business	●				x	x		
Rational	Gewerbeküchen	Prozess- und Produktinnovation	●	x		x		x		x
Roche	Pharmazie	TRIZ-Methode	x	x					x	●
Schindler	Aufzug	Kompetenzbasiertes Netzwerk	●	x		x	x		x	
Shell	Chemie	Kennzahlen in TPM				x	●			
Siemens	Drucker	Sim. Engineering Service	●			x	x			
Siemens	Telefon	Sim. Engineering	●			x	x			
Siemens	Medizintechnik	SCM-Logistik			x	●	x			x
TEMIC	Auto	Auftragsabwicklung	x			●				x
TI	Chemie	Neuorganisation – Prozesse	●				x		x	
Vaillant	Haustechnik	Kunden begeistern					●			x
VDA	Auto	Situation 1993–heute – in Zukunft	●							
Voith	Industriemaschinenbau	SCM-Einführung	x		x	●				

●: aufgeführt in dem Einzelsystem
x: Verknüpfungen mit diesem Einzelsystem

Abb. 1: Zusammenstellung der Praxisbeispiele

Die für die Fallstudien ausgewählten Industrieunternehmen arbeiten in Einzel-, Los- oder Fließfertigung. Dabei sind Hersteller und Zulieferer der Automobilbranche nicht zufällig vergleichsweise stark vertreten, gilt doch gerade diese Branche als führend im Produktionsstandard und zudem als sehr offen in ihrer Kommunikation.

Viele vorgestellte Unternehmen haben in den letzten Jahren sowohl deutsche als auch ausländische Qualitätsauszeichnungen erhalten oder wurden zur „Fabrik des Jahres" in Deutschland gewählt.

Diese Gliederung des großen Handbuches Produktion in Einzelsysteme/ Kapitel und in Praxisbeispiele ermöglicht es, direkt in interessierende Aufgabenbereiche einzusteigen. Bewusste Überschneidungen von Zielen und Methoden in den Einzelsystemen tragen dazu bei, die Prozessorientierung und die Verbindungen der Systeme untereinander zu verdeutlichen.

Das große Handbuch der Produktion hilft, Aufgaben im Unternehmen in ihrer dynamischen Komplexität zu verstehen, sie nicht nur flexibel und agil, sondern zugleich auch schneller, mit geringeren Kosten und höherer Qualität zu lösen.

Dabei wünsche ich allen Leserinnen und Lesern viel Erfolg. Gleichzeitig möchte ich dabei auf die Möglichkeit hinweisen, mit dem einen oder anderen Autor der Einzelsysteme und der Praxisbeispiele über die angegebenen E-Mail-Adressen ein Netzwerk zu bilden.

Als Herausgeber danke ich allen Autoren der Einzelsysteme wie auch der Praxisbeispiele.

Mein weiterer Dank gilt zahlreichen Industrieunternehmen und akademischen Einrichtungen in Deutschland, USA, Großbritannien und der Schweiz.

Eine große Unterstützung leistete der verlag moderne industrie, Landsberg, mit seinen jährlichen Veranstaltungen wie „Die Fabrik des Jahres" und „Automobilforum" sowie seinem sachkundigen Lektorat.

Abschließend danke ich Cambridge Management Consulting für den die Entstehung dieses Buches begleitenden Dialog und meine Freistellung für die Fertigstellung des großen Handbuchs Produktion.

Dr. sc. techn. Werner Burckhardt, M.S.   Im August 2000

1. Produktionsmanagement für die Produktion in Unternehmensnetzwerken

Bernhard Katzy

1.1 Einleitung und Ziele

Seit gut einem Jahrhundert gibt es wissenschaftliche Untersuchungen von Produktion in Industrieunternehmen, und das Produktionsmanagement steht seitdem im Zentrum der Betrachtung eines „wissenschaftlichen Managements". Frederick W. Taylor (1911) hat zu Beginn des 20. Jahrhunderts in seinem Buch über die Prinzipien des wissenschaftlichen Managements die prägende Grundlage dieser Disziplin geschaffen. In der Folgezeit wurden Theorien zum Produktionsmanagement entwickelt, um die Ausbildung von Technikern und Kaufleuten zu ermöglichen.

Der „Taylorismus" ist in den letzten Jahren zu einem Inbegriff für veraltete Verfahrensweisen und nicht (mehr) praxisorientierte wissenschaftliche Theoriebildung geworden. Dies macht zwei Eigenschaften des Produktionsmanagements deutlich. Erstens, weist es auf die Anforderung hin, dass gutes wissenschaftliches Produktionsmanagement auf praktisch nützliches Wissen und anwendbare Verfahrensregeln ausgerichtet sein muss. Damit unterscheidet sich das Produktionsmanagement von Grundlagenwissenschaften wie der Physik oder der Mathematik, die ausschließlich am Erkenntnisinteresse orientiert sind. Dennoch gilt auch für das Produktionsmanagement die alte Weisheit, dass nichts praktischer ist als eine verlässliche Theorie. Zweitens, weist die Diskussion um den Taylorismus darauf hin, dass es im Verlaufe des letzen Jahrhunderts Fortschritte in der Theoriebildung und der Entwicklung des Fachgebietes Produktionsmanagement gegeben hat. Die „Prinzipien" der ersten Stunde bedürfen also der Ergänzung und Erweiterung und nicht nur einer weiteren Detaillierung und Anwendung (vgl. Sibbet, 1997).

Ziel dieses Kapitels ist es erstens, eine Übersicht über wesentliche Fortschritte und Inhalte des Produktionsmanagements zu skizzieren. Im Sinne des hier angebotenen Handbuches soll dies für den Leser eine Unterstützung bei der konzeptionellen Einordnung von angebotenen Methoden und Ansätzen sein. Nicht zuletzt soll dies dem Manager bei der innerbetrieblichen Vermittlung neuer Veränderungsprogramme helfen, indem er bereits erreichte Ergebnisse aufgreift und zur Motivation des neuen Programmes nutzen kann. So soll der stille Widerstand des „diese-Welle-geht-auch-vorbei" in der Belegschaft überwunden werden.

Das zweite Ziel ist die Darstellung der Produktion in Unternehmensnetzwerken als eine neuere Herausforderung für das Produktionsmanagement. Soweit es ihre technologischen Notwendigkeiten betrifft, folgen Produktionsprozesse in Unternehmensnetzwerken den gleichen Regeln, die auch innerbetrieblich gelten. Produktion im Netzwerk, innerhalb und außerhalb des Unternehmens, unterstreicht also die zunehmende Bedeutung der organisatorischen Dimension des Produktionsmanagements. Die Metapher des Netzwerkes hebt dabei die vielfältigen internen und externen Beziehungen der Produktion mit Kunden, Lieferanten, anderen Abteilungen und externen Partnern hervor, die durch das Produktionsmanagement entwickelt und betreut werden müssen. Die Produktion war als Abteilung lange stark betriebsintern auf operative Leistungserstellung ausgerichtet. Im vorliegenden Kapitel soll daher mehr eine Strukturierung der Organisationsformen, Entscheidungs- und Führungsprozesse des produzierenden Unternehmens im Vordergrund stehen, in die der Produktionsmanager als gleichberechtigtes Mitglied eingebunden ist.

1.2 Inhalte und Aufgaben des strategischen Produktionsmanagements

1.2.1 Die Bedeutung des strategischen Produktionsmanagements für die Produktion in Unternehmensnetzwerken

Inhalte und Aufgaben des Produktionsmanagements sind einem starken Wandel unterworfen. Hill (1993, S. 16) fasst zusammen, dass Produktionsmanager besessen sind von kurzfristigen Umsetzungsmaßnahmen zur Effizienzsteigerung. Der Druck, die Produktionsziele für die Woche oder den Monat zu erreichen, und die genaue, meist quantitative Messbarkeit von Zeiten, Kosten und Qualität der zu erbringenden Leistung haben zur Entwicklung großer Fähigkeiten im Produktionsmanagement geführt, wenn es um Planung, Terminierung, Prozesskontrolle, Qualitätsüberwachung, Leistungsüberwachung und Leistungssteigerung geht. Skinner (1991, S. 186–187) zeichnet nach, dass diese Fähigkeiten bis in die 60er Jahre entscheidend für den Erfolg des produzierenden Unternehmens waren, weil die weltweit installierte Produktionskapazität kleiner war als die Nachfrage. Im Wesentlichen konnten also bis dahin alle produzierten Produkte abgesetzt werden. Technische Ingenieurleistungen, Verfahrenstechnik und Planung zur Erhöhung von Effizienz und Produktivität lieferten die wesentlichen Beiträge zur Erhöhung der Ausbringungsmenge und damit zur Steigerung des Unternehmenserfolgs. Das Produktionsmanagement hat diese vorwiegend ingenieurwissenschaftlichen Fähigkeiten perfektioniert. Seit etwa den 70er Jahren übersteigt die installierte Produktionskapazität jedoch die Nachfrage. Produktionsmanagement muss dadurch neben der Effizienzsteigerung eine Vielzahl neuer Optimierungsziele berücksichtigen.

Das neue Produktionsmanagement muss einen breiteren Blick auf die Märkte und den Wettbewerb nehmen und vermehrt in der Organisation dazu beitragen, das technologische Potenzial des Unternehmens in nachhaltige Wettbewerbsvorteile umzusetzen. Die Produktion ist eine der Grundfunktionen und durch vielfältige Abhängigkeiten ins Unternehmen eingebettet, wie Abbildung 1.1 prozessorientiert darstellt. Um einen Beitrag auf Unternehmensebene leisten zu können, muss das Produktionsmanagement als gleichberechtigter Partner und von Beginn an an der strategischen Diskussion des Unternehmens teilnehmen. Die in den meisten Büchern (siehe z.B. Zäpfel, 1989) zu findenden sequenziellen Planungsabläufe, nach denen die Produktionsplanung auf abgeschlossene Entwicklungs- und Marketingpläne und Budget/Finanzplanungen wartet und diese dann reaktiv in Produktionspläne umsetzt, unterstützen diesen aktiven Gestaltungsbeitrag nicht. Vielmehr muss das Produktionsmanagement bereits in den frühen Phasen des strategischen Planungsprozesses den anderen Abteilungen, insbesondere Marketing, Unternehmensplanung und Controlling, die konzeptionellen Eckpfeiler der Produktion erläutern.

Als echter Partner muss das Produktionsmanagement die Auswirkungen von Unternehmensentscheidungen auf die Produktion bewerten, Alternativen erarbeiten und vorstellen und eigene Vorschläge über Produkt- und Marktchancen entwickeln und einbringen. Komplexe technische Sachverhalte müssen dazu ebenso in eine Sprache übersetzt werden, die von den anderen Partnern verstanden wird, wie ein Grundwissen über die anderen Funktionen entwickelt werden muss, um deren Diskussionsbeiträge verstehen und aufgreifen zu können. Kurz, dies setzt Kooperationsfähigkeit des Produktionsmanagements mit externen Partnern voraus, zunächst im Konzert der Fachabteilungen des Unternehmens, dann aber auch mit externen Lieferanten, Kunden und Vertragspartnern. Die Metapher des Netzwerks weist dabei auf die vielfältigen Beziehungen der weitgehend gleichberechtigten Partner hin und kann intern wie extern angewendet werden.

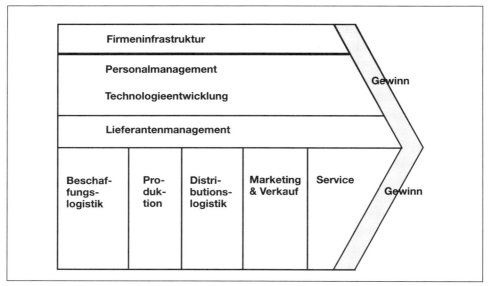

Abb. 1.1: Einbettung der Produktion in die Funktionen des Unternehmens (nach Porter, 1985)

1.2.2 Ziele und Ergebnisse des strategischen Produktionsmanagements

Aus dem bisher Gesagten folgt, dass strategisches Produktionsmanagement der Beitrag ist, den die Produktion zur Definition und Integration der unternehmensweiten Ziele und Strategien liefert. Zur Vermeidung von Missverständnissen sei hier angemerkt, dass sich dieses Verständnis fundamental unterscheidet von traditionellen Definitionen der strategischen Produktionsplanung, (siehe u. a. Adam, 1993), bei denen strategisch im Wesentlichen das gleiche bedeutet wie langfristig oder aggregiert.

Strategisches Produktionsmanagement hat wie jede Strategie zum Ziel, zwei Fragen zu beantworten: „Wohin wollen wir?" und „Wie kommen wir dorthin?" (Mintzberg und Lampel, 1999). Konkreter lassen sich diese Fragen für das Produktionsmanagement formulieren als die beiden wesentlichen Beiträge der Produktion (vgl. Hill, 1993, S. 18) zur Stärkung der Wettbewerbsfähigkeit des Unternehmens:

1. Abstimmung und Koordination der Produktion mit den anderen funktionalen Abteilungen, um die speziellen Produkteigenschaften zu identifizieren, die den Erfolg im Markt tragen und

20

2. Die Bereitstellung von Produktions- und Logistikprozessen, die diese Eigenschaften besser erzeugen als der Wettbewerb.

Die Kernidee dieses Verständnisses ist es, Konsistenz des strategischen Produktionsmanagements mit den Geschäftsstrategien zu erreichen. Dieser „Fit" wird vielfach nicht erreicht, mit der Konsequenz, dass eine an sich gut strukturierte Produktion keine Erfolge vorweisen kann, weil sie nicht auf die unternehmerischen Ziele ausgerichtet ist. Inhalte der Produktionstrategie sind daher präzise Analysen der Anforderungen aus den Geschäftsstrategien und die Positionierung der eigenen Produktionsprozesse und Infrastruktur.

Die Produktionsstrategie muss Konsistenz über eine Mehrzahl von Dimensionen erreichen. Die Integration der Dimensionen zu einer Gesamtstrategie erfordert die Harmonisierung von teilweise divergierenden Zielen und das Setzen von Prioritäten. Es hat sich dabei gezeigt, dass in der Regel die gute Erfüllung sehr weniger Kriterien (nicht mehr als ein bis drei) einen „strategischen Durchbruch" ermöglicht. Diese auftragsgewinnenden Kriterien (engl. order winner) (vgl. Hill, 1993) müssen im Prozess der Strategiefindung von den vielen notwendigen Kriterien (engl. order qualifier) isoliert werden, die zwar erfüllt sein müssen, aber kein strategisches Erfolgspotenzial besitzen. Im zweiten Schritt muss das gesamte Unternehmen (oder das Joint Venture im Produktionsnetzwerk) auf die Erreichung dieser Erfolgskriterien ausgerichtet werden. Es versteht sich von selbst, dass diese Kriterien von Markt zu Markt verschieden sind und sich im Laufe der Zeit ändern. Strategiearbeit ist deshalb ein permanenter und intellektuell anstrengender Prozess. So verstandene Strategie ist sehr spezifisch und steht im Widerspruch zur weit verbreiteten Meinung, Strategie enthalte allgemeine Aussagen.

Die Konsistenz und der Erfolg der Produktionsstrategie kann gemessen und zeitnah überwacht werden in „Balanced Scorecards" (vgl. Kaplan, 1992). Der englische Begriff der Scorecards steht für Kennzahlentafeln. Kennzahlentafeln sind gut bekannt aus der statistischen Prozesskontrolle in der Produktion, wo laufend technische Daten gemessen werden, um Zeiten, Qualität und Kosten des Produktionsprozesses zu überwachen. Diese Kennzahlen sind jedoch in den meisten Fällen völlig getrennt von den Kennzahlen, die in der Kostenrechnung und im Controlling erarbeitet werden.

Die von Kaplan vorgebrachte Forderung ist, die im klassischen Rechnungswesen bestehende Einseitigkeit rein finanzieller Kennzahlen zu überwinden und sie durch nicht finanzielle Kennzahlen zu ergänzen, bis ein ausbalanciertes Kennzahlenmodell der wichtigen Dimensionen der Geschäftsstrategie erreicht ist. Gleichzeitig kann damit die Brücke zu Kennzahlensystemen der Prozessführung erreicht werden. Kaplan gibt dafür ein grobes Raster (Abb. 1.2) vor; die unternehmenspezifische Ausarbeitung der Kriterien ist jedoch ein originäres Ergebnis der Strategiearbeit. Die Identifikation der Kriterien ist nur der erste Schritt der Erstellung einer Balanced Scorecard. Jedes Kriterium muss im Weiteren mit quantifizierbaren Messgrößen konkretisiert werden, und es müssen Messvorschriften erarbeitet und Messverfahren implementiert werden, die eine spätere Auswertung erst ermöglichen.

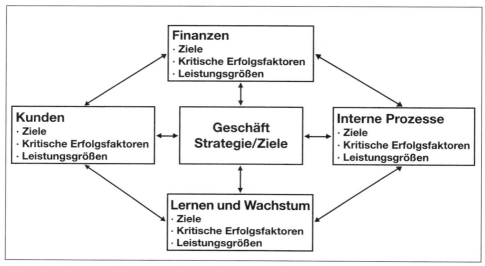

Abb. 1.2: Balanced Scorecard (nach Kaplan 1992)

1.2.3 Elemente der Produktionsstrategie

Voraussetzung für die Anwendung der Balanced Scorecard ist hoch strukturiertes Wissen über die „Messobjekte", z. B. die Kunden oder die Produktions- und Innovationsprozesse. Dieses Wissen kann in Form von Teilstrategien jeweils für sich ausformuliert werden und liefert so ein Inhaltsverzeichnis der Elemente einer Produktionsstrategie. Im Folgenden sind einige der wichtigsten technologieorientierten Teilstrategien kurz erläutert.

Produkt- und Produktionsprogrammstrategie

Die Programmstrategie hat zur Aufgabe, Produktfelder zu identifizieren, auf denen das Unternehmen tätig sein will. Ein Produktfeld ist eine Gruppe ähnlicher Produkte oder Dienstleistungen, die z. B. ähnliche Märkte bedienen, ähnliche Probleme lösen oder die auf ähnlichen Technologien basieren. Eine kritische Entscheidung der Programmstrategie ist die Breite der Produktfelder. Einerseits muss der zu bedienende Markt hinreichend groß sein, andererseits darf die Fokussierung (siehe ausführlich Kap. 1.3.1) nicht verwässern.

Häufig verwendete Instrumente des Programm-Managements sind Produktportfolios, in denen Produkte auf der einen Achse nach ihrer Ertragsstärke und der anderen Achse nach ihrem Alter bewertet werden. Im Laufe ihres Lebenszyklus wandern einzelne Produkte durch das Portfolio, neue Produkte sind zunächst ertragsschwach, wachsen im Erfolgsfall in ihrer Ertragsstärke, bis sie veralten und wieder nachlassen. Portfolios ermöglichen es dem Programm-Management, Nachfolgeprodukte so zu platzieren, dass ein gleichmäßiger Ertrag erzielt wird.

Total Quality Management (siehe Kap. 1.3.3) hat eine Reihe von Instrumenten entwickelt, um die wesentlichen Produkteigenschaften zu ermitteln. Beispiele sind Quality Function Deployment (QFD) (vgl. Hauser und Clausing, 1988) als Methode zur Gewichtung von Kundenanforderungen, die dann in Produkteigenschaften übersetzt werden. Target Costing (vgl. Seidenschwarz, 1993) ist eine Methode, die Kundenanforderungen unter Berücksichtigung des Zielpreises, das heißt der Zahlungsbereitschaft des Kunden für eine Produkteigenschaft zu ermitteln. In einem zweiten Schritt können daraus Zielkosten als Vorgaben für Produktentwicklung und Produktion abgeleitet werden.

Prozesswahl

Die Auswahl der Prozesse und die Positionierung der Produktionsprozesse ist eine zweite Teilstrategie des Produktionsmanagements. Die „klassische" Charakterisierung der alternativen Prozesstypen basiert auf der Größe einzelner Fertigungslose (Abb. 1.3) und der Varianz, die zwischen einzelnen Aufträgen besteht, und erlaubt damit eine Aussage über die Flexibilität der Produktion.

Modernes Prozessmanagement hat weitere Charakterisierungen und Typologisierungen von Prozessen entwickelt. Business Process Reengineering hat einen umfangreichen Methodensatz zur Positionierung der Prozesse, zur Definition quantitativer Kontrollgrößen und zur Ausgestaltung der Prozesse geliefert (siehe Kap. 1.3.4).

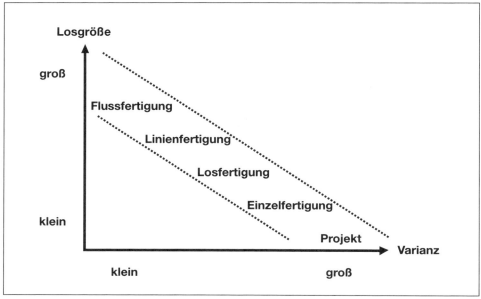

Abb. 1.3: Klassische Prozesstypen

Technologiestrategie und Kompetenzmanagement

Diese Teilstrategien werden auch zusammengefasst als Potenzialgestaltung oder Infrastrukturgestaltung (vgl. Hill, 1993). Die Technologiestrategie zielt darauf ab, die technologischen Erfolgspotenziale des Unternehmens zu identifizieren, Kompetenzen zu entwickeln und diese letztendlich natürlich in Geschäftserfolge umzuwandeln. Technologie sollte in diesem Zusammenhang weit gefasst werden als Anwendungswissen oder Kompetenz, das für verschiedene Anwendungsfelder im Unternehmen vorhanden ist. Anwendungsfelder sind beispielsweise die Produkttechnologie, also Technologie, die in die Produkte eingeht, Prozesstechnologie, die die Kompetenz zur Produktion umfasst, oder Managementtechnologie, die neue Formen der Organisation, Führung und Koordination in Entwicklung, Produktion oder Logistik beschreibt.

Technologie ist in verschiedenen Formen im Unternehmen vorhanden. Datenbanken gehören ebenso dazu wie selbsterstellte Anlagen oder Software und das Wissen von Experten. In vielen Fällen ist Technologie auch in umfangreichen organisatorischen Abläufe verankert. Kurz, in einem ersten Schritt muss bei der Erarbeitung der Technologiestrategie ein Inventar relevanter Technologien erstellt werden. Dabei stehen verschiedene Instrumente zur Technologieidentifikation zur Verfügung. Mit der Methode der

24

Technologieanalyse (engl. technology unbundling nach Baldwin und Clark, 1997) z.B. wird ein Produkt in seine Komponenten zerlegt und diese daraufhin analysiert, welche Technologien verwendet wurden. Mit der Technologierelevanzanalyse (vgl. Bullinger, 1994, S. 100) können in ähnlicher Weise die für verschiedene strategische Geschäftsfelder relevanten Technologien identifiziert werden. Fähigkeitslandkarten (engl. skillmaps) sind dagegen ein Instrument, aus den individuellen Kompetenzen der Mitarbeiter das technologische Potenzial des Unternehmens zu erschließen.

Im zweiten Schritt muss die Technologieentwicklung prognostiziert und die eigene Rolle in der Technologieentwicklung definiert werden. Zur Prognose der Technologieentwicklung wird meist wieder ein Lebenszyklus mit vier Phasen angenommen (vgl. Rogers, 1962): Eine Schrittmachertechnologie muss sich bewähren und wachsen, um zur Schlüsseltechnologie der Branche zu werden. Wenn sie sich allgemein durchgesetzt hat, spricht man von einer Basistechnologie. Der Lebenszyklus einer Technologie endet, wenn sie durch eine überlegene Technologie verdrängt wird. Diesen Vorgang beschreibt die S-Kurve nach McKinsey (Abb. 1.4). In so genannten Technologiekalendern (engl. technology roadmaps) können solche Technologieentwicklungen und Substitutionsprozesse als Szenarien prognostiziert werden.

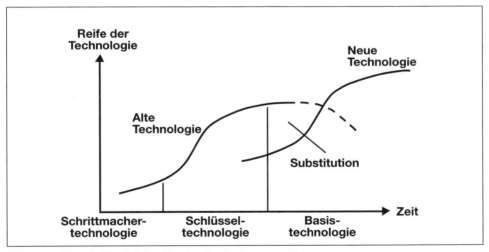

Abb. 1.4: Das S-Model des Technologie-Lebenszyklus

Die Technologiestrategie definiert zudem die Rolle und Kompetenzen des eigenen Unternehmens und die Positionierung im Technologielebenszyklus. Die Pionierstrategie setzt darauf, durch aktives Entwickeln der Technologie Zeitvorteile (engl. early mover advantages) zu erzielen, ist dafür aber mit einem größeren Risiko des Fehlschlages der Technologie verbunden. Die Strategie des Imitators (als „fast second" oder „follower") setzt darauf, erprobte Technologien bei geringerem Risiko zu übernehmen. Beide Technologiestrategien erfordern unterschiedliche organisatorische Fähigkeiten und sind daher nicht miteinander vereinbar. Während der Pionier vor allem Fähigkeiten der technologischen Problemlösung beherrschen muss, sind für den Imitator Fähigkeiten zum Aufspüren externer Technologien und deren Adaption entscheidend.

Kooperationsstrategie

Nicht alle erforderlichen Kompetenzen und Technologien können innerhalb des Unternehmens entwickelt und nicht alle Märkte und Anwendungen einer vorhandenen Technologie können innerhalb des Unternehmens betreut werden. Ziel der Kooperationsstrategie ist daher, sowohl externe Technologielieferanten wie externe Technologieverwerter zu gewinnen. Technologiekooperationen (engl. auch als co-opetition bezeichnet, ein Kunstwort aus cooperation (Kooperation) und competition (Wettbewerb)) zeichnen sich durch ihre vielfältigen Beziehungen aus und werden daher als frühe Beispiele von Unternehmensnetzwerken angeführt.

Ein Instrument der Technologiekooperation ist die Lizenzpolitik, also die meist vergleichbar kurzfristige Übernahme von Technologien gegen einen fixen Preis (engl. lump sum) oder einen Anteil am erzielten Verkaufserlös der Produkte. Bei der Lizenzvergabe werden entsprechend Einnahmen aus der Technologie erzielt, ohne eigene Produkt- und Marktentwicklungsaktivitäten durchführen zu müssen. In Fällen, in denen Lizenzvergabe anwendbarer Technologien nicht möglich ist und eine intensivere Kooperation z. B. zur gemeinsamen Entwicklung erforderlich ist, bieten sich flexible vertragliche Regelungen in Form von Allianzen (z. B. ein gemeinsames Entwicklungsprojekt) an. Allianzen sind flexibler gestaltbar, jedoch sind Kontrolle und Einfluss auf die Partner begrenzt. Gemeinschaftsunternehmen (engl. joint ventures) mit gemeinschaftlichen Eigentumsanteil der sie gründenden Unternehmen bieten institutionell abgesicherte Beteiligung an den Ergebnissen und Einfluss auf die Entscheidungsfindung. Diese Form wird deswegen häufig von industriellen und institutionellen Risikokapitalgebern (engl. venture capitalists) bevorzugt. Um von Technologiekooperationen profitieren zu können, ist eine sorgfältige Planung der Ziele und die Auswahl der geeigneten Partner notwendig.

1.2.4 Schlussfolgerung für das Produktionsmanagement

In der Vergangenheit war die Rolle der Produktion beschränkt auf die Umsetzung von Vorgaben aus Geschäftsstrategie und Marketingplänen. Dieser sequenzielle Planungsprozess, in den das Produktionsmanagement viel zu spät eingebunden wurde, basiert auf der falschen Annahme, dass die Produktion im Rahmen einer Technologie alles produzieren könne und daher von dort weder Einschränkungen für Geschäftsentscheidungen zu berücksichtigen noch Beiträge zum Geschäftserfolg zu erwarten sind.

Die hier entwickelte Vorstellung von strategischem Produktionsmanagement baut auf der gegenteiligen Annahme, dass die Produktion spezifische Stärken und Potenziale hat und diese als eigenständigen Beitrag und Kernkompetenz des „Dienstleisters Produktion" in die strategische Debatte einbringen kann. In diesem Absatz wurden Prinzipien und Methoden für dieses strategische Produktionsmanagement vorgestellt und auf vertiefende Literatur verwiesen, wie über die Unternehmensfunktionen hinweg ein Lernprozess initiiert werden kann, der zu einer Leistungssteigerung im Wettbewerb führt, die konkret gemessen werden kann, z.B. als Markteinführungszeit (engl. time-to-market), Lieferzeit (engl. time-to-customer) oder Gutteilrate (engl. first-pass-yield).

Im Gegenschluss ergeben sich daraus auch die Aktivitätsfelder, die nicht oder nicht ebensogut wie durch Wettbewerber abgedeckt werden können. Um die Produktion im Einklang mit den anderen Unternehmensfunktionen wie Marketing oder Forschung und Entwicklung auf die eigenen Stärken zu konzentrieren (was mit der balanced scorecard gesteuert werden kann), macht es daher Sinn, auf diesen Feldern mit Partnerunternehmen zu kooperieren, also aus strategischen Gründen Unternehmensnetzwerke zu bilden.

Die Umsetzung von Produktionsstrategien geschieht durch strategische Programme und Veränderungsprojekte, die in vielen Unternehmen in regelmäßigen Abständen von einigen Jahren durchgeführt werden. Über den Lauf der Zeit lassen sich Phasen erkennen, in denen strategische Programme über Unternehmensgrenzen hinweg gemeinsame inhaltliche Schwerpunkte aufweisen.

1.3 Entwicklungstrends im Produktionsmanagement

Produktionsmanagement ist seit über einhundert Jahren Gegenstand wissenschaftlicher und industrieller Forschung. Eine Vielzahl praktischer Methoden und Werkzeuge wurde entwickelt, um den sich ändernden Herausforderungen der Produktion zu begegnen. Zu verschiedenen Zeiten standen jeweils verschiedene Problemlösungen im Mittelpunkt der Diskussion und haben Schlagworte und Trends hervorgebracht, die ihre Zeit prägten. Bevor wir uns mit der Produktion in Netzwerken im nächsten Abschnitt als einer neuen Herausforderung auseinandersetzen, wollen wir in diesem Kapitel in groben Zügen die bereits erreichten Kompetenzen des Produktionsmanagements nachvollziehen, um später darauf aufbauen zu können (Abb. 1.5).

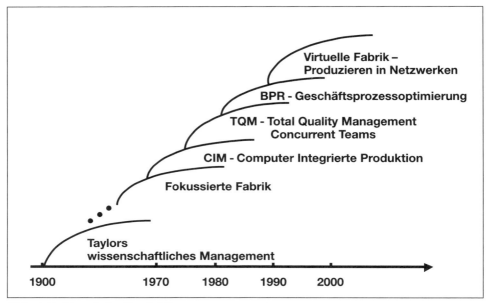

Abb. 1.5: Trends im Produktionsmanagement

Immer wieder haben wir erlebt, dass Mitarbeiter und Produktionsmanagement – wohl häufig zu Recht – mit großer Zurückhaltung und Skepsis auf „schon-wieder-ein-neues-Allheilmittel" reagieren. Mit der Einordnung in diesem Kapitel soll dem Produktionsmanagement deshalb eine Argumentationshilfe für neue Projekte angeboten werden, um zu neuen Anstrengungen im kontinuierlichen Verbesserungsprozess motivieren zu können.

28

1.3.1 Focused Factory – Die Bedeutung der Konzentration auf die Stärken

1.3.1.1 Das Konzept der Fokussierung der Produktion

> A factory that focuses is
>
> learning to focus each plant on a limited, concise, manageable set of products, technologies, volumes and markets,
>
> learning to structure basic manufacturing policies and supporting services so that they focus on one explicit manufacturing task instead of on many inconsistent, conflicting, implicit tasks. (Skinner, 1974)

Der Begriff der „Focused Factory" (Fokussierte Fabrik, im Sinne von Konzentration auf das Wesentliche) wurde von Skinner (1974) geprägt. Er begegnete mit diesem Ansatz der Tatsache, dass damals die Wettbewerbsfähigkeit amerikanischer Unternehmen im internationalen Vergleich rapide abnahm trotz vielfacher Bemühungen, die Produktivität zu steigern. Als Lösung schlägt er die Focused Factory vor, d. h. die Komplexität der Produktion und die dadurch verursachten hohen Kosten durch strategische Fokussierung zu überwinden.

Die Idee ist also, eine konsistente Produktionspolitik zu erreichen, erstens durch Konzentration auf eine kleine Anzahl von Technologien, Produkten, Produktionsprozessen und Losgrößen. Zweitens sollen die Komponenten der Produktion gleichartig sein. Im Zentrum der fokussierten Produktion steht die Harmonisierung der einander widersprechenden Anforderungen für unterschiedliche Märkte, der nicht miteinander verbundenen Aufgaben und der unterschiedlichen Prozesse. Jedes Element des Produktionssystems muss daraufhin untersucht werden, was es für die Gesamtleistung bedeutet, und ob es mit der beabsichtigten Fokussierung vereinbar ist oder ob restrukturiert werden muss, um die angestrebte Fokussierung zu erreichen. Ganz ohne Zweifel ist Fokussierung also eine intellektuelle Herausforderung für das Produktionsmanagement, mögliche Synergien zu identifizieren.

1.3.1.2 Methoden zur praktischen Umsetzung

In der Praxis wurde der Wechsel von der traditionellen hin zur fokussierten Fabrik meistens durch das Konzept der „Fertigung-in-der-Fertigung", (englisch plant-within-the-plant, kurz PwP) umgesetzt (Skinner, 1974). Ein weiterer Ansatz ist die „modulare Fabrik" (vgl. Wildemann, 1988). Eine vorgegebene Produktion wird räumlich und organisatorisch in kleinere Einheiten aufgeteilt, von denen jede einzelne eine Fokussierung erreichen kann. Vorteil dieser Vorgehensweise ist, dass sich die Restrukturierung auf die Produktion beschränkt und das Produktionsmanagement Kontrolle und Einfluss hat, um schnell Erfolge zu erzielen.

Der Nachteil der Beschränkung auf die Restrukturierung allein der Produktion ist, dass für weiterreichende Verbesserungen auch andere Unternehmensbereiche einbezogen werden müssen. Kennzeichen der fokussierten Fabrik ist ja unter anderem eine fokussierte Produktpalette, die in Konstruktion und Entwicklung bestimmt wird, und fokussierte Märkte, die durch das Marketing definiert werden. Die Auswirkungen in der Produktion sind beträchtlich: Eine bereinigte Produktpalette vermindert die Anzahl der Varianten in der Produktion. Durch die Wiederholung stabiler Prozesse werden Erfahrung und Lernkurven in Gang gesetzt, Automation kann gesteigert und Kosten gesenkt werden. In der Konsequenz können also kleinere Fabriken effizienter und effektiver produzieren.

Dass fokussierte Fabriken im Ergebnis kleiner sind, hat in manchen Fällen dazu geführt, die Idee zu missbrauchen, um ein einfaches „downsizing" zu rechtfertigen, ohne dabei die anspruchsvolle Arbeit der Fokussierung zu unternehmen. Im Resultat wurden oft inflexible Massenproduktionspraktiken beibehalten, jedoch in kleineren Fabriken. Geringere Größe der Fabrik reduziert den Koordinationsaufwand für die Produktion und natürlich den Kostenblock. Diese „Erfolge" sind kurzfristig in der Betriebsrechnung sichtbar. Wirkliche Fokussierung ist aber das Gegenteil von simplem Schrumpfen, es ist eine Wachstumsstrategie.

1.3.1.3 Erfolgsfaktoren der Umsetzung

Wettbewerbsfähige Fokussierung beruht letztendlich auf einer strategischen Entscheidung über die Wettbewerbsprioritäten im Markt. Wichtigster Erfolgsfaktor für die Umsetzung der fokussierten Fabrik ist daher die Identifikation der Wettbewerbsprioritäten. Darauf aufbauend entscheidet die optimale Konfiguration von technologischen und organisatorischen Fähigkeiten. Ziel ist es dabei, eine optimale Balance zwischen den Zielkonflikten (engl. trade-offs) der Produktion herzustellen, z. B. zwischen der Breite der Produktpalette und der Losgröße des Fertigungsprozesses, der Größe der Fabrik und ihrer Flexibilität. Mit anderen Worten, erfolgreiche Fokussierung ist daran erkennbar, dass diese oft lang bestehenden Zielkonflikte des Produktionsmanagements sich verringern oder gar auflösen.

Wettbewerbsprioritäten sind spezifisch für jeden Markt und verändern sich mit der Zeit. Es ist also eine bleibende Aufgabe des Produktionsmanagements, diese Prioritäten stetig zu aktualisieren. Hill (1993) unterscheidet dazu zwischen einer Vielzahl von Kriterien, die nötig sind, um einen Auftrag ausführen zu können (engl. order-qualifier), und den wenigen Kriterien, die den Ausschlag geben, einen Auftrag auch zu bekommen (engl. order-winner). Schwierig ist es, die wenigen (ein bis drei!) Kriterien, die ein strategisches Erfolgspotenzial beschreiben, möglichst früh zu erkennen und aus der Vielzahl der Kriterien zu isolieren, die ausreichen, bereits bestehende Kunden zu halten, ohne aber den Marktanteil zu erhöhen oder neue Kunden zu gewinnen. Typische order-winner-Kriterien sind Preis, Qualität, Kundenvertrautheit, Image oder Zuverlässigkeit. Es muss jedoch noch einmal betont werden, dass für den Fokussierungserfolg die spezifischen Kenntnisse des Marktes entscheidend sind und abstrakte oder allgemeine Floskeln die Gefahr des Misserfolges beinhalten. Je früher und präziser diese order-winner-Kriterien der Fabrik bekannt sind, um so länger ist der zeitliche Vorlauf für eine strategische Fokussierung und damit die Erfolgsaussichten.

Es gibt „natürliche" Kräfte, die der Fokussierung der Produktion entgegenarbeiten. Sie werden genährt durch die unterschiedlichen Interessen und spezialisierten Wahrnehmungen der verschiedenen Produktions- und Managementfunktionen. Beispiele hierfür sind Marketing und Vertrieb, die häufig eine breite Produktpalette bevorzugen, um Marktnischen bedienen und Verkaufszahlen erhöhen zu können. Andere Kräfte gegen Fokussierung stammen aus Buchhaltung und Finanzwesen, in denen systematisch die Kosten einer breiten Produktpalette unterschätzt werden, da traditionelle Kostenrechnungssysteme auf der Basis von direkter Produktionsarbeitszeit kalkulieren, auf die die Konstruktions- und Entwicklungsleistungen per Zuschlag pauschal verrechnet werden, ohne Unterschiede zwischen Standardprodukten und Exoten sichtbar zu machen. Auch die Fertigung selber tendiert manchmal dazu, Fokussierung zu unterlaufen, z. B. wenn alte Maschinen und Prozesse am Leben erhalten werden, obwohl der Punkt ihrer wettbewerbsmäßigen Veraltung längst erreicht ist, einfach weil „Investitionen bereits abgeschrieben sind und keine Kosten mehr verursachen". Die Ausrichtung aller Unternehmensteile auf die Fokussierung ist daher für den Erfolg meist wichtiger als isolierte Erfolge.

1.3.1.4 Schlussfolgerungen

Für das Produktionsmanagement lässt sich zusammenfassend festhalten, dass Fokussierung im „normalen", d.h. stabilen Produktionsbetrieb Vorteile durch verbesserte Koordination der Fabrik bringt. Unter Bedingungen des dynamischen Wandels erlangt Fokussierung eine weitere Bedeutung.

Hayes und Pisano (1994) sehen Fokussierung als robusten strategischen Rahmen an, der die langfristige Schaffung von (Kern-) Kompeten-zen (vgl. Prahalad und Hamel, 1990) ermöglicht, auch wenn sich die Märkte kurzfristig verändern. Der Aufbau von Kompetenz wird durch die Fokussierung gefördert, da Kompetenz sich in organisatorischen Prozessen und der Erfahrung der Fabrik in der Lösung von spezifischen Problemen bildet, wodurch Lernprozesse in Gang gesetzt werden (vgl. Leonard-Barton, 1992).

Kurzfallstudie:
Identifikation von Modulmontage als Kernkompetenz der Wiftech durch Produktion im Netzwerk

Die Wiftech AG (Wirtschaftliche Fertigungstechnik) in Mels im oberen Rheintal/Schweiz war Ende der 80er Jahre als Produktionsfirma mit ca. 80 Mitarbeitern entstanden durch einen Management-Buy-Out der Produktion eines großen Textilunternehmens. Die ehemaligen Fertigungsleiter und nunmehr Unternehmer traten zu Beginn der 1990er Jahre dem Produktionsnetzwerk Virtuelle Fabrik Euregio Bodensee bei, in der Überzeugung, ihre Kompetenzen als Fertigungsbetrieb in dieses Netzwerk einbringen zu können.

Bei einem Betriebsrundgang für die anderen Partnerfirmen der Virtuellen Fabrik Euregio Bodensee bestätigte Ivo Bigger, der Geschäftsführer, auf Nachfrage, dass man auf ausdrücklichen Wunsch des Kunden auch Modulmontage und -test durchführe, man halte sich aber nicht für einen Spezialisten in diesem Bereich und biete es auch nicht aktiv als Leistung an.

Die Besucher, Fertigungsleiter der Partnerfirmen, waren aber beeindruckt von der Komplexität der gerade in Montage befindlichen Module, und es entwickelte sich eine längere Diskussion. Nach dem Besuch vergaben die Partner verschiedene Testaufträge zur Modulmontage an Wiftech, die die Kompetenz von Wiftech bestätigten. Schnell ergaben sich daraus größere Aufträge aus verschiedenen Industrien.

Gestützt auf das Modulmontagegeschäft ist Wiftech bis im Jahr 2000 um über 50% gewachsen auf über 130 Mitarbeiter. Ivo Bigger führt dieses Wachstum darauf zurück, dass das verborgene Potenzial der Wiftech zur Modulfertigung im Produktionsnetzwerk entdeckt wurde und dort ein geeignetes Umfeld hatte, zu einer Kernkompetenz zu reifen.

1.3.2 CIM – Informationsaustausch und die Grenzen der Automatisierung

1.3.2.1 Das Konzept des Computer Integrated Manufacturing – CIM

„The essence of CIM is shared databases and communications among the programmable technologies in the three manufacturing activities" (Congress, 1984).
Die drei hier angesprochenen „Activities" haben sich als Grundverständnis für die Primärprozesse des produzierenden Unternehmens durchgesetzt. Es sind:

- Die Entwicklung neuer Produkte
- Die Auftragsabwicklung
- Die Produktion

Der Begriff CIM (computer integrated manufacturing) vereint zwei wesentliche Aspekte. Zunächst steht das C in CIM für „Automatisierung" und den Ersatz der menschlichen Arbeitskraft durch Computer in der papier- und menschenlosen Fabrik. Der zweite Aspekt wird durch das I in CIM repräsentiert und auch als „Enterprise Integration" bezeichnet. CIM verbindet also bereits in den 80er Jahren den Einsatz von Computertechnik mit organisatorischen Veränderungen. In diesem erweiterten Sinne wird das integrierte Unternehmen verstanden als ein koordiniertes Netzwerk von miteinander kooperierenden Prozessen (vgl. Kosanke und Beadle, 1991, p.12). In einer Resolution des amerikanischen Kongresses heißt dies entsprechend:
Für das Hauptanliegen der CIM-Entwicklungen, nämlich die computerbasierte Kooperation der drei Primärprozesse zu ermöglichen, lassen sich drei Ebenen der Integration des Unternehmens unterscheiden:

- Unternehmensarchitekturen
- Produktionsmethoden und Produktionsmanagementmethoden
- Informations- und Kommunikationstechnologie

Unternehmensarchitekturen beschreiben das Zusammenwirken aller Prozesse auf der Unternehmensebene und sollten daher im Wesentlichen von den strategischen und organisatorischen Rahmenbedingungen geprägt sein. Beispiele sind die ICAM-Architektur für Integrated Computer Aided Manufacturing (vgl. Savage, 1996), die als Referenz für Stückgut produzierende Unternehmen entwickelt wurde (Abb. 1.6) oder die Architektur

Rechner Integrierter Systeme ARIS (vgl. Scheer, 1995), die Referenzgeschäftsmodelle für verschiedene Branchen zur Verfügung stellt. Ziel aller Unternehmensarchitekuren ist es, konsistente idealtypische Konfigurationen des produzierenden Unternehmens vorzugeben und damit das Produktionsmanagement bei der wissenschaftlich systematischen Gestaltung von Prozessen, Organisation und Computersystemen zu unterstützen.

CIM ist gleichzeitig ein Bündel von Produktionsmethoden und Produktionsmanagementmethoden, deren unternehmensweite Anwendung die abteilungsübergreifende Kooperation durch standardisierte Vorgehensweisen unterstützt und so die Integration des produzierenden Unternehmens fördert. Beispiele für integrierende Produktionsmethoden sind Design for Manufacturing (DFM) und Design for Assembly (DFA) (vgl. Boothroyd und Dewhurst, 1983), bei denen es darum geht, bereits in der Konstruktionsphase eines neuen Produkts die Anforderungen der Produktion und Montage zu berücksichtigen und dadurch später anfallende unnötige Aufwendungen zu vermeiden. Dazu arbeiten in DFM/DFA Teams von Mitarbeitern aus Konstruktion und Produktion zusammen. Eine weitere traditionelle Methode ist die Teilefamilienbildung (engl. group technology), bei der Klassi-

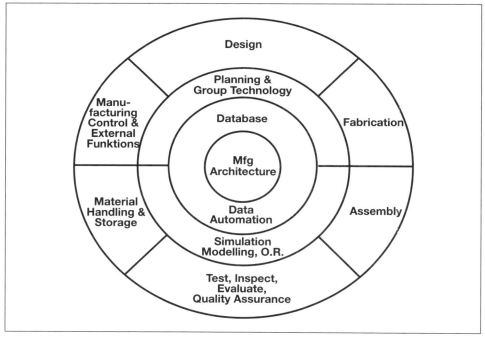

Abb. 1.6: ICAM-Integrationsarchitektur für Stückgut produzierende Unternehmen (Savage, 1996)

fikationen dazu verwendet werden, unternehmensweit das verwendete Werkstückspektrum so zu standardisieren und seine Vielfalt damit so zu begrenzen, dass Entscheidungen, z. B. zur Ausrichtung des Maschinenparks, zuverlässig gefällt werden können.

Beispiele für Produktions*management*methoden, die durch CIM verstärkte Anwendung zur Integration der beiden primären Prozesse Auftragsabwicklung und Produktion gefunden haben, sind Steuerungsmethoden, wie die Produktionsplanung und -steuerung (PPS), MRP II (Manufacturing Resource Planning) (vgl. Rohloff, 1995), Just-in-Time (JIT) und „autonome Zellen" (vgl. Grant et al., 1991). Zweifellos werden die meisten dieser Methoden heute durch Computersysteme unterstützt, viele wurden jedoch vor der betrieblichen Anwendung des Computers entwickelt und haben bereits mit konventionellen Hilfsmitteln große Wirkung gezeigt. Hier muss insbesondere die Bedeutung des gemeinsamen Denkens und Handelns der Mitarbeiter für die Unternehmensintegration betont werden. Im Zentrum der CIM Diskussion stand dann natürlich die Entwicklung der die Methoden tragenden Software sowohl zur Unterstützung der primären Produktionsprozesse, als auch der Entwicklung von Führungsprozessen für das Produktions*management*.

Die dritte Ebene der Integration nach CIM beschreibt durchgängige Informations- und Kommunikationssysteme und Standards für die technische Integration von Softwaremodulen und Produktionstechnologie. Ein Beispiel für diese Standards ist der Standard zum Austausch von Produktdaten STEP oder die Abfragesprache für Datenbanken SQL (Standard Query Language).

1.3.2.2 Methoden zur praktischen Umsetzung

Für die Einführung von CIM existieren unterschiedliche Strategien. Eine erste Strategie, die inkrementelle Vorgehensweise, besteht darin, schrittweise die Computerisierung isolierter Aufgaben vorzunehmen und jeweils spezifische unterstützende Systeme auszuwählen oder selbst zu entwickeln. Dies hat zur CIM „Buchstabensuppe" geführt, also der Systeme CAS, CAD, CAE, CAPP, ERP mit MRP und PPS, CAM, CAQ, oder in der Werkhalle CNC und FTS (vgl. Abkürzungsverzeichnis). In einem zweiten Schritt werden diese Automatisierungsinseln verbunden zu einem integrierten System. Vorteil dieser Umsetzungsstrategie ist die Tatsache, dass Computeranwendungen zunächst unabhängig voneinander entwickelt und eingesetzt werden können, wobei Produktivitätszuwächse innerhalb der funktionalen Abteilungen erreicht werden. Das Verbesserungspotenzial durch funktionsübergreifende Integration kann so jedoch nur bedingt erschlossen werden, denn bestehende Systeme (engl. legacy systems) schaffen enge Randbedingungen für die weitere Integration und erzwingen damit zahlreiche unsystematische Kompromisse.

Eine alternative Umsetzungsstrategie für CIM ist die systematische und durchgängige Umgestaltung vollständiger Geschäftsprozesse und die anschließende Implementierung der erforderlichen Unterstützungs- und Führungssysteme. Vorteile dieser Einführung sind die systematische Durchgängigkeit in der Gestaltung der Lösung und die kurzen Implementierungszeiten. Nachteil jedoch ist das hohe Risiko von Implementierungsfehlschlägen durch die weitreichenden Veränderungen.

1.3.2.3 Erfolgsfaktoren der Umsetzung

CIM, in der ursprünglichen Version, scheiterte an der Komplexität der Systeme, die durch das hohe Maß an (technischer) Integration verursacht wurde. Die Vielzahl der integrierten Geschäftsprozesse, Aufgaben, Produktionsmethoden und Softwareanwendungen schuf gegenseitige Abhängigkeiten zwischen den verschiedenen Elementen des Produktionssystems, die – u. a. auch wegen der zu dieser Zeit beschränkten Rechnerleistungen und Programmiermethoden – nicht beherrschbar waren.

Zur Lösung dieses Komplexitätsproblems wurden Modellierungs- und Implementierungsmethoden entwickelt. Beispiele hierfür sind IDEF (vgl. U.S. Airforce, 1979) und CIMOSA (vgl. Kosanke und Beadle, 1991), die entwickelt wurden, um die Entwurfsarbeit für CIM-Systeme als systematischen Engineeringprozess zu strukturieren.

Ein zweiter Erfolgsfaktor, an dem die Umsetzung von CIM-Systemen scheiterte, ist die Flexibilität. Entgegen den Erwartungen sind viele automatisierte Systems schwerfälliger in ihrer Reaktion auf Veränderungen im Produktionsprogramm als vom Menschen geführte Produktionssysteme.

Trotz des Fehlschlags von CIM steigt der Automatisierungsgrad produzierender Unternehmen und trägt nach wie vor zur Reduktion der Produktionskosten bei (vgl. Jaikumar und Upton, 1993). Hochautomatisierte Systeme sollten sorgfältig strukturiert und mit Augenmaß geplant werden und dabei eine minimale Größe nicht überschreiten, da bereits ab kleinen Systemgrößen keine Skaleneffekte mehr zu erreichen sind, wohl aber die Komplexitätskosten drastisch ansteigen (vgl. Jaikumar und Upton, 1993).

1.3.2.4 CIM: Schlussfolgerungen

CIM kann als einer der frühen Vorläufer von computerbasierten Organisationen oder electronic commerce gesehen werden. Mindestens drei wichtige Schlussfolgerungen für hoch integrierte und hoch automatisierte CIM-Systeme können aus den schwierigen CIM-Anwendungserfahrungen gezogen werden.

Erstens, die Vorteile der hohen Integration kleiner Produktionssysteme können nicht auf große Systeme übertragen werden, CIM ist nicht skalierbar. Ein hohes Maß an Integration (und Automation) ist vorteilhaft für kleine, autonome Produktionszellen, ist aber von Nachteil, wenn es auf große Systeme, z. B. ganze Fertigungsstraßen oder -stätten, angewandt wird. Der Grund ist, dass die Komplexität eines Systems exponentiell mit seiner Größe steigt. Auch wenn Komplexität durch Systematisierung in der Vorbereitung der Automatisierung reduziert werden kann und die Fortschritte in der Koordinationswissenschaft (vgl. Malone und Crowston, 1994) die Grenzen des Möglichen erweitert haben, werden hochintegrierte Produktionssysteme daher klein bleiben müssen.

Zweitens hat bereits CIM gezeigt, dass für die vernetzte und computerisierte Produktion neue Regeln für die Organisationsgestaltung zu erwarten sind. Zum Beispiel werden die Wettbewerbsverhältnisse durch CIM verändert, weil die traditionellen Zusammenhänge zwischen Unternehmensgröße und Skaleneffekten ihre Gültigkeit verlieren oder gar umgekehrt werden. Größere Firmen weisen nicht mehr einen höheren Automatisierungsgrad auf, und höhere Automatisierung ist nicht notwendigerweise mit verminderter Breite der Produktpalette verbunden. In jedem Fall ist zu erwarten, dass sich der Wettbewerb verschieben wird, weg von der Fertigung von Einzelteilen und hin zum Engineering neuer Produkte und Produktionsprozesse.

Drittens hat schließlich der misslungene Versuch, die Produktion vom „Störfaktor Mensch" zu befreien und zur „mannlosen" Fertigung vollständig zu automatisieren, die Rolle und Bedeutung des Menschen im Produktionssystem nachdrücklich bewiesen. Das menschliche Potenzial, das hier sichtbar wurde, sind die Fähigkeiten, die Erfahrungen und das Wissen der Menschen, die ökonomischen Wert für die Firma besitzen. Auch die Flexibilität der Produktion ist in erster Linie vom menschlichen Potenzial bestimmt, nämlich der Problemlösungskompetenz der Mitarbeiter, sich auf neue Aufgaben einzustellen, und erst in zweiter Linie von der (Computer-) Technologie und der Integration (vgl. Upton, 1995). Dies wird auch durch die Erfahrung bestätigt, dass einfache manuelle Arbeiten als erstes automatisiert werden können, bei kreativen und Know-how intensiven Tätigkeiten dagegen Expertensysteme nur ein schlechter Ersatz für den menschlichen Experten sind.

Der erhöhte Bedarf an menschlicher Problemlösungskompetenz bei der Automatisierung wird auch deutlich im erhöhten Bedarf an Mitarbeitern für Engineering, Implementierung und Wartung. Schon die erfolgreiche

Umsetzung von CIM verlangt also neue organisatorische Strukturen und Führungsmethoden, die Verantwortlichkeit und Problemlösungskompetenz der Mitarbeiter zur Geltung bringen.

1.3.3 TQM – Die Bedeutung von Prozessen und Prozessbeherrschung

1.3.3.1 Das Konzept des Total Quality Management

Qualitätsmanagement befasst sich zunächst mit der Fragestellung, wie Produkte und Dienstleistungen entstehen, die ihre Anforderungen erfüllen, die gebrauchsfähig (engl. „fit for use", Juran und Gryna, 1988) sind. Die Wahrnehmung dessen, welche Anforderungen relevant sind, hat sich dabei gewandelt. In den ersten Tagen des systematischen Qualitätsmanagements – im zweiten Weltkrieg – war die alleinige Anforderung die Einhaltung von „objektiven" technischen Kriterien, z.B. Toleranzen, wie sie durch die technische Planung vorgegeben wurden. Seit den frühen 80er Jahren hat sich Qualitätsmanagement nun zum Total Quality Management (TQM) weiterentwickelt und sich damit einer umfassenden Befriedigung der Anforderungen zugewandt, wie sie der Kunde als „Kundenbedürfnis" empfindet.

Mit dem erweiterten Qualitätsbegriff haben sich auch die Mittel zur Erreichung von Qualität im Laufe der Entwicklung von technischen Prüfmethoden hin zu umfassenden organisatorischen Managementansätzen entwickelt. Qualitätsinspektion war schon zu Taylor's Zeiten eine Disziplin des wissenschaftlichen Managements. Die Notwendigkeit zur Qualitätsinspektion lässt sich direkt aus dem Prinzip des wissenschaftlichen Managements ableiten, dass nämlich die Überwachung von Aufgaben von ihrer Ausführung zu trennen sei und so individuelle Beurteilungen, die von Taylor abfällig als Daumenregeln bezeichnet werden, durch allgemeine „wissenschaftliche" Regeln zu ersetzen. Da der Arbeiter die Qualität der erledigten Aufgabe nicht länger selber beurteilte, war die Anwendung formaler Kontrollmethoden erforderlich. Qualitätskontrolle ist damit auch zu einer Kontrolle der Arbeiter geworden, um die Übereinstimmung zwischen Plan und Ausführung zu erreichen. Schnell wurde klar, dass nachträgliche Qualitätsinspektion in Form der Selektion guter Teile immer teuer, wenn nicht gar unmöglich ist, z.B. bei der Qualitätsinspektion von Dienstleistungen, bei denen der Kunde Teil der Produktion ist (z.B. der Frisör) oder in Fällen, wo ein Nacharbeiten von Fehlern unmöglich ist.

Statistische und Operations-Research Methoden, wie sie seit den 40er Jahren (ursprünglich zur Reduzierung der alliierten Verluste im U-Bootkrieg (vgl. Waddington, 1973)) entwickelt wurden, erlauben, die Qualitätsinspektion durch statistische Prozesskontrolle zu verbessern. Die fundamentale Neuerung hierbei ist die Idee, nicht das Produkt selbst (ursprünglich ein Schiff, das nicht durch U-Boote versenkt wird), sondern den Produktionsprozess (ursprünglich die Planung der Seerouten) zu kontrollieren und so das Ergebnis zu garantieren. Durch Verbesserung der Prozessbeherrschung, d.h. die Verringerung von internen (hausgemachten) Fehlern und die Vorwegnahme von nicht kontrollierbaren, externen Einflüssen und Störungen auf den Prozess kann die Fehlerrate bei der Produktion bis auf Null gesenkt werden (vgl. Crosby, 1979).

Fehlerfrei beherrschte Prozesse zeigen, dass das höchste Maß an Wissen über den Prozess in messbarer, meist quantitativer Form erreicht ist und er ohne Kontrolle des Endproduktes mit vorhersagbaren Ergebnissen gesteuert werden kann. Die Dokumentation und Zertifizierung der Prozesse nach den Standards der DIN/ISO 9000 Serie soll nachweisen, dass strukturiertes Wissen über die Unternehmensprozesse existiert.

Dies ist nur erreichbar, wenn ein ganzheitlicher Ansatz zur Optimierung von Technologie und Organisation (engl. business excellence) gewählt wird, für den sich der englische Begriff Total Qualitäty Management (TQM) (vgl. Seghezzi, 1996) durchgesetzt hat. Qualität in diesem Sinne ist ein Konzept, um den traditionellen Zielkonflikt zwischen kurzen Zeiten, niedrigen Kosten und hoher Qualität zu überwinden, denn bessere Prozessbeherrschung führt zur gleichzeitigen Verbesserung aller drei Ziele des „magischen Dreiecks".

1.3.3.2 Methoden zur praktischen Umsetzung

TQM erreicht seine Ziele durch kontinuierliche Verbesserung der Prozesse, also durch systematisches Lernen über den Produktionsprozess und seine Vernetzung innerhalb und außerhalb des Unternehmens. Eine Vielzahl von Methoden und Werkzeugen zur Unterstützung dieses Lernprozesses werden im Rahmen des TQM vorgeschlagen, von denen hier exemplarisch eine kleine Auswahl angeführt werden soll. QFD wurde bereits in Kapitel 1.2.3 vorgestellt. Statistische Prozesskontrolle (siehe zur Einführung z.B. Oakland, 1986) basiert auf einem verbesserten Verständnis der Abhängigkeiten innerhalb des Produktionsprozesses und ihrer Wirkung auf das Produkt und dessen Qualität. Wissen über diese inneren Abhängigkeiten erlaubt es, jene kritischen Größen und Prozesscharakteristiken zu identifizieren, deren Variation eine umfassende Prozessqualität garantiert. TQM stellt eine Reihe von Werkzeugen zur Verfügung, um das Wissen über die Prozesse zu mehren. Das Fischgräten-Diagramm (vgl. Ishikawa, 1977) zeigt die möglichen Ursachen eines Problems und hilft somit, Hypothesen über das Prozessverhalten aufzustellen. Die Fehler-Einfluss-Analyse (engl. failure mode and effect analysis, FMEA) ist eine Anleitung für Expertenteams verschiedener Abteilungen, um bereits frühzeitig mögliche Produktfehler zu identifizieren und jeden Schaden nach den zu erwartenden Schadensfolgen zu bewerten. Auf diese Weise kann eine abteilungsübergreifende Prioritätenreihenfolge für Verbesserungsmaßnahmen erstellt werden, bevor Produktfehler in Konstruktion oder Produktion entstanden sind.

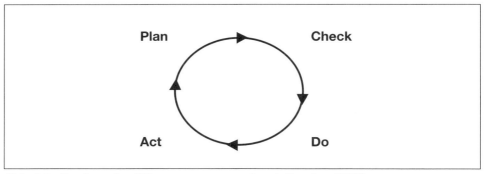

Abb. 1.7: Struktur des Führungsprozesses (nach Deming 1986)

Alle diese Methoden tragen zu besserem Wissen über die Unternehmensprozesse bei. Nach Deming (1986) ist Wissen über den Prozess das Ergebnis kontinuierlicher Verbesserung, also selbst das Ergebnis eines Prozesses. Neben den primären Unternehmensprozessen Produktion, Produktentwicklung und Auftragsabwicklung muss also der Verbesserungsprozess als Führungsprozess (Managementprozess) eingeführt werden. Der Managementprozess unterscheidet sich von den primären Unternehmensprozessen und ist nahezu ausschließlich ein organisatorischer Prozess. Auch Managementprozesse können systematisch strukturiert werden und dadurch zuverlässig Wissen schaffen. Deming strukturierte den Managementprozess in vier Aktivitäten, Planen (engl. plan), Vorbereiten (engl. check), Ausführen (engl. do), Verbessern (engl. act). Abbildung 1.7 zeigt einen ersten Unterschied des Managementprozesses im Vergleich zu den primären Prozessen. Er weist keinen Anfang und kein Ende auf, sondern wiederholt sich zyklisch als Regel- und Lernkreis.

1.3.3.3 Erfolgsfaktoren der Umsetzung

Ein Erfolgsfaktor für Total Quality Management ist ein partizipativer Managementstil, d.h., Mitarbeiter und ihre Leistung nicht hierarchisch zu kontrollieren, sondern zur selbstständigen Verbesserung in der Prozesskette als

„Menschenkette" zu motivieren. Es ist deshalb ein offensichtliches gemeinsames Kennzeichen der wichtigsten Qualitätsmethoden, dass sie die gleichberechtigte Kooperation innerhalb der Prozessbeteiligten fördern und nicht
die organisatorische Hierarchie. Ein bekanntes Beispiel für diese Kooperation
ist das Line-stop-system von Toyota, bei dem jeder Arbeiter in der
Lage war, den gesamten Produktionsprozess durch Ziehen einer Leine über
dem Fließband zu stoppen. Erfolgsfaktor für die Umsetzung von TQM ist
es daher, einen umfangreichen Bewusstseinswandel aller Beteiligten über
die Hierarchiegrenzen hinweg zu erreichen. Zwei wichtige neue Verhaltensweisen sind die Gruppenarbeit (engl. teamwork) und die Kundenorientierung auch innerhalb des Unternehmens, d. h. jede Stufe in der Wertschöpfungskette wird zu einem Zulieferer der nächsten Stufe, die wie ein
Kunde zu behandeln ist. Mit dieser Kundenorientierung ist Qualität nicht
länger die Übereinstimmung zwischen vorgegebenem Produktionsplan und
seiner Ausführung, sondern die Übereinstimmung der eigenen Leistung mit
den Kundenbedürfnissen, also der vom Kunden empfundenen „fitness for
use" des Produktes (vgl. Juran und Gryna, 1988).

Ein weiterer Erfolgsfaktor für TQM ist die Umsetzung effektiver und
weitreichender Qualitätsmessungen. Qualitätsmessung in diesem weiten
Sinne ist das Messen und Vergleichen der Unternehmensleistung. Verschiedene Formen des Benchmarkings können angewandt werden, um den Vergleich mit den jeweils Besten (vgl. Braun und Lawrence, 1995) für Prozesse
oder ganze Unternehmensteile durchzuführen. Ein weiterer Stimulus für
die Verbesserung der Unternehmensleistung sind Teilnahmen an hochan-
gesehenen Wettbewerben wie den Malcom Baldrige National Quality
Award in den USA und der European Foundation for Quality Management
(EFQM) Award in Europa (Abb. 1.8). Beide Wettbewerbe halten umfangreiche, ausgefeilte Leistungsmodellen für Unternehmen bereit (vgl. Seghezzi, 1996). Das EFQM Modell bewertet Organisationen und zeigt durch
die Gewichtung der Kriterien (Prozentzahlen in Abb. 1.8) die Prioritäten
für besonders leistungsfähige Organisationen:

● Führungs- und Managementprozesse, die als Führung (engl. leadership,
10%), Personalentwicklung (engl. people, 9%), Strategie (engl. policy
and strategy, 8%) und Kooperation mit Partnern (9%) eingehen, machen zusammengefasst als Befähiger (engl. enabler) mehr als ein Drittel
der zu vergebenden Punkte aus.

● Unternehmensnetzwerke, also die Fähigkeit mit externen Partnern zu
kooperieren, sind sowohl bei den Befähigern (engl. enabler) als auch bei
den Ergebnissen (engl. results) repräsentiert. Kooperation mit Partnern
(9%), Kundenbeziehungen (engl. customer, 20%) und Beziehungen mit

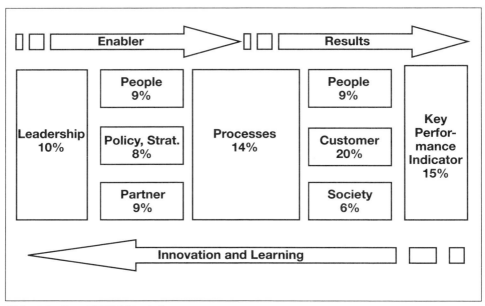

Abb. 1.8: Das EFQM Modell

der Gesellschaft (engl. society, 6%) machen wiederum ein gutes Drittel der Gesamtpunktzahl aus.

● Erfolgsentscheidend für wirkungsvolle Leistungsmessung sind gute Maßstäbe und Kennzahlen (engl. key performance indicators, 15%). Die Unternehmensleistung wird traditionellerweise in finanziellen Kenngrößen des Rechnungswesens gemessen, die jedoch eher die Ergebnisse lange vergangener Entscheidungen widerspiegeln und eher den Input als die eigene Leistung (Output) erfassen (vgl. Eccles, 1991). Qualitätsmanagement ist besonders dann erfolgreich, wenn es die Aussagefähigkeit dieser traditionellen Kennzahlen um wenigstens drei Dimensionen erweitert. Erstens sollten nicht-finanzielle Größen einbezogen werden, die zweitens auf zukünftige Leistungen, z. B. in Form von entstehenden Kundenbedürfnissen, ausgerichtet sind und drittens die Leistungsfähigkeit und Reife der Unternehmensprozesse ohne Störeinflüsse von außen bewerten.

1.3.3.4 TQM: Schlussfolgerungen

TQM ist ein partizipativer Managementansatz, der geeignet ist, die Kooperation in Unternehmensnetzwerken zu unterstützen, wo hierarchische Strukturen nicht zur Verfügung stehen, aber die Koordination der gemein-

42

schaftlichen Produktion(sanstrengung) im Vordergrund steht. Der Prozess als eine Kette von externen und internen Kundenbeziehungen ist ein Koordinationsinstrument, das alle Partner auf die Erreichung des Gesamtergebnisses ausrichtet, ohne notwendigerweise hierarchische Beziehungen aufzubauen. Geteiltes Wissen der Beteiligten über die Prozesse ist eine Alternative zu Anordnungen von Vorgesetzten.

Kontinuierliche Verbesserung und Lernen sind notwendige Bedingungen für nachhaltige Leistung und hohe Qualität. Dieser Lernprozess jedoch ist meist langwierig und zeigt damit die Grenzen von TQM. Es besteht ein offensichtlicher Mangel in Hinblick auf unternehmerische Orientierung (vgl. Seghezzi und Binder, 1995), d.h., schnell neue Marktchancen zu erkennen und umzusetzen. Dies kann erklärt werden durch den Ursprung von TQM in Produktionsabteilungen großer Unternehmen. Die ausschließliche Beschränkung auf Qualität als Selbstzweck und auf kontinuierliche Verbesserung als eine Methode, um sie zu erreichen, kann jedoch in dynamischen Umgebungen mangelnde strategische Flexibilität bedeuten (vgl. Hayes und Pisano, 1994). Radikale Prozessinnovationen, z.B. völlig neue Prozesse für neue Märkte mit neuen Produkten in der Kooperation mit neuen Partnern eines Unternehmensnetzwerkes, sind mit TQM nicht zu erreichen.

1.3.4 Schlanke Produktion und Business Process Reengineering – die Bedeutung der Koordination

1.3.4.1 Die Konzepte der Schlanken Produktion und des Business Process Reengineering (BPR)

> Reengineering is the fundamental rethinking and radical redesign of business processes to achieve dramatic improvements in critical, contemporary measure of performance, such as cost, quality, service, and speed (Hammer und Champy, 1993).

Business Process Reengineering bezeichnet eine von Hammer und Champy zu Beginn der 90er vorgestellte Vorgehensweise zur radikalen Veränderung des Unternehmens und wird von ihnen selbst als „Manifest zur Unternehmensrevolution" bezeichnet. Das Ziel einer solchen Unternehmensrevolution muss nach ihren Vorstellungen eine Verbesserung innerhalb weniger Monate von mindestens 50% bezüglich Kostensenkung und mindestens 50% bezüglich Zeitsparnis (vgl. Hammer und Champy, 1993, S. 33) sein. Zu gleicher Zeit erschien eine MIT-Studie über globalen Wettbewerb und Produktivität von Autofabriken zwischen 1985 und 1990, in der Toyotas

Produktionssystem als schlank (engl. lean) bezeichnet wird, weil es im Vergleich mit anderen Fabriken mit der Hälfte oder sogar weniger als der Hälfte an menschlicher Arbeitskraft, Raum, Werkzeugen und Kosten auskommt (vgl. Womack, 1990). Während BPR primär eine Vorgehensweise zur Veränderung beschreibt, beschreibt die schlanke Produktion primär, wie das neue Produktionssystem gestaltet werden kann.

Ein schlankes Produktionssystem ist hoch integriert und flexibel. Das erwünschte hohe Maß an Koordination wird durch schnelle und häufige Entscheidungs-, Material- und Informationsflüsse erreicht (vgl. Womack, 1990). Anders als bei CIM (Kap. 1.3.2) sind diese Flüsse aber nicht durch einen zentralen Computer koordiniert, sondern stützen sich im Wesentlichen auf die Mitarbeiter. Deshalb ist die Koordination stärker dezentralisiert. Informelle Informationsflüsse und Selbstabstimmung in Teams auch über die Funktions- und Abteilungsgrenzen hinweg spielen eine zentrale Rolle.

Beide Ansätze, die schlanke Produktion wie BPR, fokussieren auf eine Reduzierung der Kosten durch verbesserte Koordination in der Organisation. Im Kern werden daher eigentlich keine neuen Prinzipien der Organisationsgestaltung entwickelt, sondern bereits bekannte konsequent angewandt (vgl. Zahn, 1992). Das Hauptanliegen von Ohno (1988), der das Toyota Produktionssystem gestaltete, war „echte Rationalisierung", d. h. ein einfaches Produktionssystem zu gestalten, das gut verstanden und deshalb gut koordiniert werden kann. Das Ergebnis sind Kosteneffizienz und erhöhte Produktivität. Eine Forderung, der sich Hammer und Champy (1990) mit dem Slogan „nicht automatisieren – abschaffen" anschließen.

Trotz dieser markigen Worte ist die Implementierung von Informationssystemen eine wesentliche Dimension von BPR-Projekten und begründet oft deren Notwendigkeit (vgl. Venkatraman, 1994). Informationssysteme sind ein Koordinationsinstrument. Und mit steigendem Grad an technischer Integration der Computeranwendungen steigt die Anzahl der Stellen und Abteilungen in der Organisation, die von einer Implementierung betroffen sind. Aus der Sicht der Informationssysteme ist BPR also eine Methode, um die Spezifikation der Anforderungen an das System zu verbessern (vgl. Österle, 1995). Der Begriff „Reengineering" verweist ja auch schon auf die methodische Verwandtschaft mit technischen Disziplinen.

Die Kosten der Koordination von Prozessen lassen sich als Transaktionskosten quantifizieren. Transaktionskosten sind die Kosten, die entstehen, wenn die Aktivitäten zweier Partner entweder im Markt oder durch die Hierarchie innerhalb des Unternehmen koordiniert werden. Im Markt sind dies also vor allem Kosten für die Partnersuche, für die Spezifikation der auszutauschenden Leistung, für Transport oder das Risiko von Fehlern, wie z.B. Garantieleistungen und Versicherungen. In der Hierarchie entstehen

Transaktionskosten z. B. als Kosten für Manager, die Mitarbeiter koordinieren. Kernidee der Transaktionskostenlehre ist, dass die Gesamtkosten der Produktion die Summe der direkten Produktionskosten und der Transaktionskosten ist. Insbesondere wegen des produktionstechnischen Fortschritts und der bereits erfolgten Reduktion der Produktionskosten übertreffen die Transaktionskosten heute oft die Produktionskosten (vgl. Jaikumar und Upton, 1993). BPR und die schlanke Produktion sind daher im Wesentlichen auf die Reduktion der Transaktionskosten ausgerichtet (vgl. Gerhardt et al., 1992).

Neben Märkten und Hierarchie gibt es eine Vielzahl weiterer Formen der Koordination, die immer mehr ins Zentrum des Managementinteresses rücken. Diese neuen Koordinationsformen werden zusammenfassend auch als Unternehmensnetzwerke bezeichnet (vgl. Sydow, 1992).

1.3.4.2 Methoden zur praktischen Umsetzung

Lean Produktion ist eng verbunden mit einer Reihe von Produktionsmethoden, die die Koordination verbessern, insbesondere der Fertigungssteuerungsmethode Kanban. Das japanische Wort Kanban bedeutet wörtlich übersetzt „Karte". Karten werden an den Containern für Produkte oder Halbfabrikate angebracht und zeigen dem Mitarbeiter, wann und wie viele Teile benötigt werden. Diese Teile müssen genau zur angegebenen Zeit (engl. just in time (JIT)) bereitgestellt werden. Die Karte ist zunächst also ein einfaches Kommunikationsmittel in der Werkzeughalle. Die strategische Bedeutung von Kanban besteht jedoch darin, dass die Puffer (Lager, Lieferzeiten) beschränkt werden, was zu hoher Prozessbeherrschung und guter Koordination zwingt. Eine weitere Voraussetzung ist die Produktion in kleinen Losgrößen, die dem Fassungsvermögen des Containers entsprechen, denn sonst wurden sich die Puffer lediglich vom Abnehmer zum Lieferanten verschieben, ohne dass Produktivitätsfortschritte erzielt wären. Das Kanban-System reagiert wegen der geringen Puffer zudem empfindlich auf fehlerhafte Teile und zwingt daher zu Null-Fehler-Produktion und guter Koordination mit kurzen Rückkopplungsschleifen zwischen den einzelnen Schritten des Produktionsprozesses (vgl. Tikart, 1996).

Während die schlanke Produktion ihren Ausgangspunkt in operativen Verbesserungen hat, nimmt Reengineering mindestens in zweierlei Hinsicht einen strategischen Standpunkt ein. Erstens wird das Geschäftsfeld, in dem die Firma tätig ist, in Frage gestellt. Reengineering ist mit der Schaffung einer neuen Geschäftsvision verbunden, um die Transformation zu leiten (vgl. Grundy, 1993). Eine neue Vision des Marktes beinhaltet die Beantwortung der Frage, ob die Kunden, Wettbewerber und Zulieferer geeignet sind, oder das Geschäftsnetzwerk neu gestaltet werden muss (vgl. Venkatraman, 1994) (Abb. 1.9). Zweitens ist BPR strategisch wegen der radikalen organisatorischen Veränderung. Bei der organisatorischen Neugestaltung kommt den Geschäftsprozessen eine zentrale Rolle als Bindeglied zwischen der radikalen und der evolutionären Verbesserung zu.

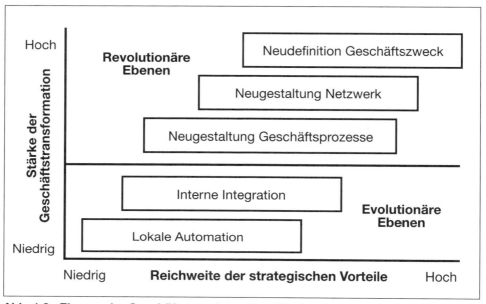

Abb. 1.9: Ebenen der Geschäftstransformation (Venkatraman, 1994)

Reengineering greift existierende Managementpraktiken auf, die auf der Gestaltung von Prozessen beruhen, und popularisiert ihre Anwendung (vgl. Picot und Franck, 1996) durch ihre Integration in praxisorientierte Methodenbaukästen. Eine häufige Grundstruktur der Methoden sind die drei traditionellen Phasen im Prozess organisatorischer Veränderungen nach Lewin (1963). In der ersten Phase „Auftauen" wird die Organisation auf Veränderung vorbereitet, in der zweiten Phase „Bewegen" wird die neue Organisation gestaltet und in der dritten Phase durch „Einfrieren" der neuen Strukturen die neue Organisation implementiert (vgl. Schuh et al., 1995). Abbildung 1.10 zeigt das Rahmenwerk für BPR, das in einem Europäischen Projekt unter Federführung von BMW erarbeitet worden ist. In der Vorbereitungsphase dient das Strategieaudit zur Definition der Ziele und des Geschäftszwecks. Hier kommen Methoden des strategischen Produktionsmanagements (vgl. Kap. 1.2.2) zur Anwendung und werden mit einer Analyse der bestehenden Prozesse verknüpft. Projektplanung bereitet den

46

reibungslosen Verlauf des Veränderungsprojektes vor. In der zweiten Phase werden auf der revolutionären Ebene neue Prozesse identifiziert und konkrete Zielvorgaben und Prozessstrategien ausgearbeitet. Gleichzeitig werden die Prozesse in der Prozessoptimierung ausgestaltet, so dass ein Dialog zwischen Strategiedefinition und Umsetzung in Gang gesetzt wird. In der dritten Phase, der Transformation, wird die neue Organisation implementiert.

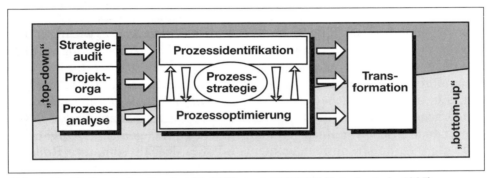

Abb. 1.10: Methodenbaukasten für BPR nach MOTION (Schuh et al., 1995)

Eine Basismethode im Rahmen der schlanken Produktion und des BPR ist die Prozessmodellierung. Prozesse, ebenso wie Koordination, sind unsichtbar, sind abstrakte Konzepte. Um unternehmensweit überhaupt über derart abstrakte Konzepte sprechen zu können, müssen sie zunächst sichtbar gemacht werden. Prozessmodellierung ist das Verfahren der Sichtbarmachung von Prozessen. Graphisch dargestellte Prozesse können der Diskussion schwarz-auf-weiß zugänglich gemacht werden, so dass ein gemeinsames Verständnis aller an der Veränderung Beteiligten erreicht werden kann. Missverständnisse können reduziert und Verbesserungen gestaltet werden. Zur Unterstützung der Modellierung steht eine Vielzahl von Methoden und Softwaretools bereit (vgl. Hess und Brecht, 1995). Die Auswahl sollte dabei am Bedürfnis der Projektbeteiligten orientiert werden (vgl. Checkland und Scholes, 1990).

1.3.4.3 Erfolgsfaktoren der Umsetzung

Entscheidend für den Umsetzungserfolg der schlanken Produktion und des BPR ist der Erfolg des organisatorischen Veränderungsprozesses. In der Art des organisatorischen Veränderungsprozesses unterscheiden sich die schlanke Produktion, die auf inkrementelle Verbesserung in kleinen von den Mitarbeitern getragenen Schritten aufbaut, und die radikale Verbesse-

47

rung des BPR, die einen von der Unternehmensleitung initiierten neuen strategischen Wurf umfasst. Beide Methoden bergen daher unterschiedliche Risiken: Kontinuierliche Verbesserung auf der einen Seite kann scheitern, weil notwendige Veränderungen nicht schnell genug erreicht werden. Erfahrungen zeigen auf der anderen Seite, dass bis zu 80% der BPR-Projekte zum Misserfolg geführt haben (vgl. Carr und Johansson, 1995). Dies kann im Wesentlichen darauf zurückgeführt werden, dass technisch orientierte Reengineering-Methoden auf Organisationen angewendet wurden, ohne die speziellen Belange organisatorischer Veränderungsprozesse (engl. change management) hinreichend zu berücksichtigen. Ein wichtiger Erfolgsfaktor für die Umsetzung von BPR ist daher die Anwendung von Erfahrungen aus der Organisationsentwicklung (siehe zur Vertiefung z. B. Cummings und Huse, 1989). Insbesondere technokratische Vorgehensweisen, d. h. organisatorische Veränderungen von außen oder von oben ohne Mitsprache der Mitarbeiter und Manager zu erzwingen, haben aus den betroffenen Menschen vielfach „Objekte" oder „Opfer" gemacht. Aufgabe eines guten Veränderungsmanagements muss es deshalb sein, ihre Rolle zu „Subjekten" und „Ermöglichern" der Veränderung zu wandeln. Dies erfordert aktive Unterstützung durch die Unternehmensleitung, klare und herausfordernde Projektziele und ein gutes Projektmanagement. Ein weiterer Erfolgsfaktor der Umsetzung von BPR ist es, gedanklich radikale, fundamentale und dramatische Veränderungen der Geschäftslogik und der Prozesse zu bewirken, ohne dabei gewalttätig gegenüber den Managern und Mitarbeitern vorzugehen. Gerade in Europa, wo die Qualifikation und Kompetenz von Belegschaften hoch ist, ist es von Vorteil, die intellektuelle Auseinandersetzung mit der Gestaltung neuer Prozesse in einem Klima des Vertrauens zu führen und so die Qualität der Prozessgestaltung zu steigern und die Implementierungszeiten zu verkürzen (vgl. Schuh et al., 1995).

Schlanke Produktionssysteme sind erfolgreich, wenn sie klein sind und gleichbleibende Anforderungen erfüllen müssen, sie reagieren aber inflexibel unter Bedingungen dynamischen Wandels. Grund dafür ist, dass die hohe Integration und Koordination des schlanken Systems nur über langwierigere Lern- und Veränderungsprozesse verändert werden kann. Bei schneller Veränderung wächst die Komplexität für Mitarbeiter schnell an, und Koordination durch Selbstabstimmung in Teams wird ineffizient. Schlanke Produktionssysteme sollten daher vor Unsicherheit und Veränderungen in der Umgebung geschützt werden (vgl. Thompson, 1967). Methoden wie DFM oder das House of Quality haben in der Tat die Eigenschaft, Produktionssysteme vor Unsicherheit und Überraschungen zu schützen (vgl. Davis, 1994). Auf kontrollierte Variationen von Produkten und Produktvolumina kann ein schlankes Produktionssystem innerhalb zu planender Bandbreiten vorbereitet werden und dann flexibel reagieren, so dass der traditionelle Widerspruch zwischen Produktivität und Variationsmöglichkeiten scheinbar überwunden wird. Dies ist das Ziel des Ansatzes der massen-individualisierten Produktion (engl. mass customization, Pine II, 1993).

1.3.4.4 Schlanke Produktion: Schlussfolgerungen ·

Schlanke Produktion bestätigt die Einsichten von Qualitätsmanagement und CIM, dass Prozessreife in lang andauernden Verbesserungsprozessen für fokussierte Aufgaben erreicht wird und intensive Koordination sowie ein hohes Maß an Integration erfordert. In großen Organisationen und bei sich dynamisch ändernden Bedingungen führt diese starke Koppelung im Produktionssystem jedoch zu mangelnder Flexibilität und begrenzt seine Leistungsfähigkeit. Dies zeigen empirische Ergebnisse aus der Anwendung von schlanker Produktion in internationalen Zulieferketten (vgl. Levy, 1997). Erkenntnisse der Organisationsentwicklung führen dies auf die Konfiguration der Koordinationsmechanismen zurück, wonach Selbstabstimmung und enge Kopplung der organisatorischen Einheiten vorteilhaft ist für kleine Organisationseinheiten mit hoher professioneller Kompetenz aber in einem relativ stabilen Wettbewerbsumfeld (vgl. Mintzberg, 1979).

Reengineering betont dagegen die Bedeutung der schnellen und strategischen Ausrichtung von Prozessen auf Kundenbedürfnisse und Märkte. Die strategische Führung muss von der Unternehmensleitung (samt ihren Beratern und Stäben) ausgehen, zielt aber gleichermaßen auf die Optimierung der Prozesse. Trotz der Gemeinsamkeit in der Prozessorientierung ist BPR keine schrittweise Verbesserung, sondern eine Anleitung zum schnellen und radikalen Verändern der Organisation gemäß einer neuen Geschäftslogik und Geschäftsstratgie. BPR zielt auf Diskontinuität in der Organisation und liefert ein Rahmenwerk für Veränderungsmanagement der radikalen Restrukturierung. Prozesse sind hier das intellektuelle Werkzeug, um ein neues Geschäft logisch zu gestalten und auf seine Konsistenz zu prüfen (vgl. O'Sullivan und Geeringer, 1993).

Die Widersprüchlichkeit beider Ansätze lässt sich in Unternehmensnetzwerken auflösen, wo viele kleine Organisationseinheiten in einer großen komplexen Organisation koordiniert werden. In der kleinen Organisationen kommen dann vermehrt Ansätze der kontinuierlichen Verbesserung zur Anwendung, um ihre jeweils spezifischen Kompetenzen auszubilden. In der Koordination zwischen den kleinen Organisationen für ein neues Geschäft liefert BPR ein Instrumentarium, um schnell und zuverlässig strategisch getriebene Veränderung zu erreichen. Markt als schnelle Veränderungsfähigkeit oder Hierarchie mit langsamer Veränderungsfähigkeit sind also nicht die einzigen Alternativen. Im Übergang zu Netzwerken ergeben sich neue Kombinationen der Prozessgestaltung.

1.3.5 Zusammenfassung

Wir haben eingangs argumentiert, dass strategisches Produktionsmanagement die Voraussetzung für die Produktion ist, um als gleichberechtigter Partner in Unternehmensnetzwerken kooperieren zu können. Das Argument war, dass Produktion einen spezifischen Beitrag zur Geschäftsstrategie liefern kann und dass das Produktionsmanagement diesen Beitrag so in die strategische Debatte einbringen muss, dass die anderen Funktionsbereiche den Geschäftswert technologischer Kompetenzen als Wettbewerbspotenzial erkennen können. Ohne Zweifel steigert diese Aufgabe die Herausforderungen an das Produktionsmanagement.

Produktionsmanagement ist seit über einem Jahrhundert Gegenstand von wissenschaftlicher Forschung und praktischen Entwicklungen, die Ergebnisse von bleibender Gültigkeit geschaffen haben. In diesem Abschnitt haben wir einige Managementtrends der jüngeren Vergangenheit nachgezeichnet: Bei der fokussierten Fabrik steht die Erkenntnis im Vordergrund, dass die Produktion spezielle Stärken (und Schwächen) hat und sich deshalb strategisch auf die Stärken konzentrieren muss. CIM hat die Möglichkeiten und durch seine Fehlschläge besonders auch die Grenzen der Informationstechnik zur Automation von Koordination aufgezeigt. Die Erfahrungen von CIM können ohne Zweifel bei der nun anstehenden Gestaltung von E-Commerce vor der Wiederholung von Fehlern schützen. TQM lieferte die Erkenntnis, dass die Ausrichtung auf Kundenbedürfnisse Grundlage des Geschäftserfolges ist und kontinuierliches Lernen und Verbessern zur Beherrschung der Prozesse und langfristig zu „Business Excellence" führt, für die der Mensch unentbehrlich ist. Schließlich hat BPR die Notwendigkeit schneller und häufiger radikaler Veränderungen betont und Methoden zur Beherrschung dieser schwierigen Projekte geliefert. Wenn auch an der Gültigkeit dieser Erkenntnisse kaum ein Zweifel bestehen kann, so bleiben doch zahlreiche Widersprüche, z. B. zwischen langfristigen Lernprozessen und schneller radikaler Veränderung oder zwischen Fokussierung auf Kernkompetenzen und der Ausrichtung auf umfassende Lösungen für Kundenbedürfnisse und Märkte, bestehen.

Die Harmonisierung und Beherrschung so gegensätzlicher Methoden wie die, die in diesem Kapitel dargestellt wurden, verlangt Fähigkeiten und

Kompetenzen, die die Anforderungen an das Unternehmen und die Komplexität der Organisation überproportional haben ansteigen lassen. Auch wenn zu verschiedenen Zeiten jede dieser verschiedenen Fähigkeiten benötigt wird, können sie nicht alle in einer Organisation entwickelt werden: Die schlanke Produktion ist z.B. das klare Gegenteil von schneller Restrukturierung durch Reengineering (vgl. Womack und Jones, 1994). Kooperation in Unternehmensnetzwerken ist unter diesen Umständen eine strategische Alternative, Zugang zu Fähigkeiten zu haben, ohne sie in der eigenen Organisation langwierig bilden zu müssen.

1.4 Die Virtuelle Fabrik – Produktion im Unternehmensnetzwerk

Dieser Abschnitt soll der Produktion in Unternehmensnetzwerken gewidmet sein. Produktion in Unternehmensnetzwerken ist eine zusätzliche strategische Alternative für das Produktionsmanagement, die, wenn sie dort richtig eingesetzt wird, Erfolg in einer genau zu umschreibenden turbulenten Wettbewerbssituation ermöglicht. Produktion in Unternehmensnetzwerken ist ein neues Konzept für das strategische Produktionsmanagement. Anwendungserfahrungen, Methoden und Werkzeuge sind derzeit im Entstehen. Ziel dieses Abschnitts ist es deshalb, einen Beitrag zu Analyse- und Umsetzungstätigkeiten des strategische Produktionsmanagements zu leisten und eine klarere Vorstellung von der Produktion im Netzwerk zu liefern. Die Teile des Abschnitts sind deshalb gegliedert nach den drei W-Fragen.

Warum Produktion in Unternehmensnetzwerken? Die Antwort wird gegeben in Form eines Auswegs aus Dilemmas, d.h. nicht gelöste Herausforderungen, denen die Produktion gegenübersteht. Gleichzeitig geben diese Dilemmas einen analytischen Rahmen, um die Notwendigkeit der Produktion im Unternehmensnetzwerk für die konkrete betriebliche Situation zu evaluieren.

Was ist Produktion in Unternehmensnetzwerken? Die Grundstruktur mit drei Elementen wird vorgestellt: erstens das Unternehmensnetzwerk, zweitens zeitlich befristete Kooperationen der Partner für konkrete Geschäfte und drittens dynamische Managementfähigkeiten, neue Geschäfte im Netzwerk gestalten zu können. Die Erfahrungen des Projekts „Virtuelle Fabrik" (vgl. Schuh et al., 1998) liefern konkrete Ausgestaltungsbeispiele hierfür.

Wie Produktion in Unternehmensnetzwerken umsetzen? Hier wird ein Vergleich von ersten Umsetzungserfahrungen aus verschiedenen europäischen Unternehmensnetzwerken gegeben, der es erlaubt, eine Vorgehensweise zur Gestaltung von Produktion in Unternehmensnetzwerken abzuleiten.

1.4.1 Turbulente Veränderungen: Die zunehmenden Herausforderungen für das Produktionsmanagement

Es besteht kein Zweifel daran, dass Veränderungen im Informationszeitalter immer schneller werden und das Management von Veränderung deshalb immer wichtiger wird. Dynamik ist – in der Technik wie im Management – die Lehre von Veränderung. Die technische Dynamik ist seit langem eine etablierte wissenschaftliche Disziplin. Die Lehre von der Dynamik in der Managementforschung ist jedoch erst im Entstehen. Forscher aus verschiedenen Managementdisziplinen haben Dynamik als Schlüsselfragestellung identifiziert, z.B. auf dem Gebiet der Strategie (vgl. Prahalad und Hamel, 1994), auf dem Gebiet der Organisationswissenschaften (vgl. d'Aveni, 1994), auf dem Gebiet der Ökonomie (Nelson und Winter, 1982) und dem Gebiet des Technologiemanagements (vgl. Teece et al., 1997). Ansatzpunkte für eine dynamische Betrachtung im Produktionsmanagement stehen also bereit. Wie für technische Systeme, so gilt auch für das Management, dass die dynamische Betrachtung eigene Erklärungen und Theorien hat und damit Phänomene beschreiben kann, die statisch nicht erklärbar sind.

Dies gilt auch für bestehende Produktionsmodelle, die zunehmend als realitätsfremd (oder theoretisch) empfunden werden, weil sie offensichtlich für Kernfragen der Produktion keine Antwort bereithalten. Unsere Produktionsmodelle sind statische Erklärungen und hinterlassen in Situationen, in denen Veränderung wichtiger ist als der momentane Zustand, für Produktionsmanager offene Fragen und ungelöste Probleme. Produktion in Unternehmensnetzwerken wird notwendig, wenn einige der im Folgenden dargestellten Dilemmas mit anderen Mitteln nicht zu lösen sind.

1.4.1.1 Flexibilitätsdilemma

Für viele Unternehmen reduziert sich die Planungsgenauigkeit trotz hoher Investitionen in „Flexibilität". Auf der einen Seite treten Marktchancen und Kundenaufträge immer häufiger unerwartet auf und verursachen große unterjährige Auslastungschwankungen. Außerdem muss ein immer breiteres Spektrum von Kundenanforderungen bei kurzen Lieferzeiten und knappen Zielpreisen akzeptiert werden. Auf der anderen Seite investiert die Produktion in die Fähigkeit, immer kleinere Losgrößen in immer kürzeren

Durchlaufzeiten zu liefern. Die Produktgestaltung wird zum Beispiel durch Teamarbeit von Konstruktion, Arbeitsplanung und Produktionsplanung (engl. concurrent engineering) sowie gemeinsame Datenbanken (engl. engineering data management, EDM) und CAD/CAM Unterstützung immer weiter beschleunigt. Flexiblere Werkzeugmaschinen ermöglichen ein immer größeres technologisches Spektrum und immer größere Volumenschwankungen. Leistungsfähigere Planungssysteme sollen das Produktionsmanagement unterstützen. Trotzdem verringert sich der Druck auf die Produktion nicht, sondern die Schere öffnet sich weiter, weil „Billiganbieter" die einfachen Teile und Produkte mit einem einfacherem Maschinenpark schneller und kostengünstiger anbieten. Und die schwierigen Teile liefern kaum Marge.

Entscheidungen zur Markteinführung von Produkten oder Zusagen bei der Angebotserstellung werden in immer kürzerer Frist gefordert. Daher sind Produktionsmanager zunehmend auf ihre Erfahrung und ihre Urteilsfähigkeit als Experten angewiesen, ohne den normalen Planungszirkel von Konstruktion, Entwicklung, Test, Arbeitsplanung, Terminierung und Kalkulation durchlaufen zu können. Existierende Produktionsmanagementsysteme, insbesondere die PPS (neu engl. enterprise resource planning, ERP), reagieren träge und schwerfällig auf unvorhergesehene Situationen. Die Planzahlen werden erst viel zu spät oder im Nachhinein zur Verfügung gestellt, so dass die Projektleiter und Produktionsleiter kaum eine Grundlage für ihre täglichen Entscheidungen haben, Zeiten und Kostenzahlen oft nicht kennen. Kosten für nachträgliche Änderungen auf Wunsch des Kunden oder zur Fehlerbehebung können daher nicht ermittelt und verrechnet werden und belasten die Produktion weiter.

PPS-Systeme sind auf einen jährlichen Planungszyklus ausgelegt und basieren auf einer Planhierarchie. Die Annahme ist, dass Produkte des Unternehmens im jährlichen Strategieprozess spezifiziert und ihre Absatzmengen quantifiziert werden. Das Ergebnis der Planung ist das Produktprogramm, das im nächsten Schritt aufgelöst wird zum Produktionsprogramm. Investitionspläne werden von diesem Produktionsprogrammplan abgeleitet, um die Ressourcen zu schaffen, die für die Ausführung des Plans benötigt werden. Unterjährig (meist im Quartals- und Wochenrhythmus) optimiert das Produktionsmanagement als so genannte taktische beziehungsweise operative Planung Lieferzeit und Kosten durch zunehmend detaillierte taktische und operative Produktionspläne. Dieser Planungsablauf liefert einen Satz konsistenter und – dies ist die Annahme – deswegen optimaler Pläne. Der vollständige Planungslauf dauert aber ein Jahr. Auf kurzfristigere, das heißt unterjährige Veränderungen kann die Planung nur eingeschränkt reagieren. Neue Marktchancen und Aufträge, die größere Volumenschwankungen (oft bereits problematisch ab ca. 15%) verursachen, zerstören die Konsistenz der Pläne und damit ihre Nützlichkeit.

Das Flexibilitätsdilemma für das Produktionsmanagement besteht also in der Wahl zwischen zwei gleichermaßen unattraktiven Alternativen. Entweder wird der Planungszyklus verfolgt, aber viele kurzfristige Geschäftsgelegenheiten verpasst, oder Entscheidungen werden schnell getroffen, aber ohne ausreichende Details bezüglich Kosten und Planung, was mit hohen technischen, kommerziellen (und persönlichen) Risiken verbunden ist.

1.4.1.2 Overheaddilemma

Ein weiteres Anzeichen für turbulente Wettbewerbsumfelder sind die stetig steigenden indirekten Kosten, die als Zuschlagssätze oder Overheadkosten oft die direkten Produktionskosten übersteigen. Die großen Einsparungen an Produktionszeiten und -kosten werden von steigenden Overheadkosten wieder neutralisiert. Die Position der Produktion verbessert sich trotz großer Anstrengungen nicht.

Grund ist, dass der Anteil an Produktionsaktivitäten, der die Transformation von Materialien ausmacht, stetig sinkt. Seit Taylor (1911) und dem Beginn der wissenschaftlichen Produktionstheorie ist der Bedarf an direkter Arbeit dramatisch gesunken. Wengroth (1996) gibt hierfür ein anschauliches Beispiel. Der Pariser Eiffelturm wiegt 7000 t. 2000 t würde der Turm wiegen, wenn er mit heutiger Technologie gebaut würde. Die Reduzierung um 5000 t wird durch Produktinnovation, neue Stähle und verbessertes Konstruktions-Know-how möglich. Zusätzlich ist die Produktivität der Stahlhütten durch Prozessinnovation in den letzten 30 Jahren um den Faktor 30 gestiegen. Zusammengenommen bedeutet dies, dass mit dem gleichen Einsatz der direkten Produktionsfaktoren Arbeit und Material heute über 100 Eiffeltürme gebaut werden könnten. Und die Erwartung ist, dass sich der Trend im Informationszeitalter durch weitere Computerautomatisierung eher verstärkt.

Produktion umfasst in immer höheren Maße technische Dienstleistungen, die einen großen Anteil des geschaffenen Mehrwerts ausmachen. Beispiele dafür sind Co-Entwicklung mit dem Kunden (engl. simultaneous engineering), Fertigungsplanung auch für den Kunden, Qualitätssicherung, Logistikdienstleistungen oder Beiträge zur Koordination und Organisation des Lieferantennetzwerks. In den bestehenden Produktionsmanagementsystemen führen solche „unproduktiven" Tätigkeiten der Konstruktion, Prozessplanung, CNC-Programmierung zu den hohen Overheadkosten, die schlecht an den Kunden verrechnet werden können. Dafür gibt es viele Gründe. Häufig muss das Know-how schon mit dem Angebot preisgegeben werden, Schulungen und Installationsdienste werden vom Kunden als selbstverständlicher Bestandteil des Lieferumfanges kostenfrei erwartet, oder Service- und Wartungsleistungen sind nicht als Dienstleistungsprodukte klar abgegrenzt. Auch in der eigenen Organisation werden Dienstleistungen oft nicht als eigenständige Produkte unterstützt. Es gibt kein eigenes Produktmanagement, systematische Dienstleistungsentwicklung und -vertrieb, mit dem ihr Wert für den Kunden sichtbar gemacht wird. Servicetechniker zum Beispiel sind oft nicht in Akquisitions- und Verkaufstechniken geschult, so dass viele Dienstleistungen ohne Angebot und ohne Verrechnung geleistet werden. Diese Overhead-Kosten führen zu Wettbewerbsnachteilen gegenüber „schlanken" Lieferanten, die diese Dienste nicht anbieten und daher niedrigere Kosten haben.

Dienstleistungen müssen neu in die Kostenrechnung integriert werden. Die konventionelle Kostenrechnung basiert auf der Kalkulation der direkten Arbeits- und Materialkosten, die für einen bestehenden Produktionsprozess benötigt wird, alle anderen Kosten werden als pauschaler Zuschlag verrechnet. Direkte Kosten erzielen aber den größten Output unter stabilen Bedingungen, wenn keine neuen Probleme gelöst werden müssen. Industrielle Dienstleistungen dagegen basieren auf Kompetenz, die benötigt wird, um neue Produkte und Prozesse zu schaffen. Es ist daher unmöglich, traditionelle Kostenmodelle zu benutzen, wenn es darum geht, die Wertschöpfung auszuweisen, die dadurch entsteht, dass die Produktion Probleme löst, indem sie neue Produkte kreiert und neue Prozesse entwickelt. Die „harten" Zahlen der traditionellen Kostenrechnung sprechen daher immer gegen Innovation und Veränderung. Produktionsmanager müssen zu „weichen" oder „qualitativen" Argumenten greifen, wenn es darum geht, über Innovationen zu entscheiden.

Produktmanager haben einmal mehr die Wahl zwischen zwei gleichermaßen unattraktiven Alternativen: Entweder Kompetenz aufzubauen, um Lösungen für Kunden anbieten zu können, aber damit hohe direkte Produktionskosten zu verursachen, die im Wettbewerb nicht durchzusetzen sind, oder die Produktion schlank zu halten und damit die Fähigkeit aufs Spiel zu setzen, mit Innovation Schritt halten und neue Geschäftsgelegenheiten wahrnehmen zu können.

1.4.1.3 Fixkosten- oder Spezialisierungsdilemma

Ein turbulentes Wettbewerbsumfeld zeigt sich auch in einem weiteren Dilemma, dass nämlich höhere Spezialisierung die Möglichkeit schafft, höhere Margen im Auftrag zu erzielen, dass aber mit der Spezialisierung gleichzeitig die Auslastung sinkt, so dass das Risiko der Unterauslastung von meist teuren Investitionen steigt.

Dieses Problem zeigt sich als wandernder Engpass in der Fertigungssteuerung: Bei wechselnder Auslastung garantiert die beste Fertigungsplanung die volle Auslastung für nur eine Ressource (z. B. eine Maschine oder Abteilung) des integrierten Produktionsunternehmens. Diese Ressource ist der Engpass (engl. bottleneck) und begrenzt die Kapazitätsauslastung aller anderen Ressourcen. Wechselt die Produktionsaufgabe, wechselt in der Regel auch der Kapazitätsbedarf. Eine andere Ressource wird stärker belastet, und der Engpass wandert. Flexiblere und Mehrzweck-Ressourcen erlauben der Fertigungssteuerung, alternative Arbeitspläne zu erstellen, und führen somit zu weniger Engpässen, während hochspezialisierte Ressourcen das Risiko von Engpässen erhöhen. Mit anderen Worten, Produktionsmanager begegnen in der Wahl des Spezialisierungsgrads einem weiteren Dilemma. Entweder sie greifen auf hochspezialisierte Ressourcen zurück, die darauf ausgelegt sind, ertragreiche Nischen zu besetzen, und müssen damit eine begrenzte Kapazitätsauslastung akzeptieren, oder sie benutzen hochflexible Ressourcen, die hohe Kapazitätsauslastung ermöglichen und gehen damit das Risiko eines starken Wettbewerbs mit Billiganbietern und geringe Margen ein (vgl. Powell, 1993).

Kurzfallstudie:
Die „Welle"

Das Geschäft eines Großanlagenproduzenten im Netzwerk der virtuellen Fabrik in der Euregio Bodensee ist von wenigen großen Aufträgen geprägt. Nach Auftragseingang wiederholt sich im Unternehmen das, was allgemein als „die Welle" bezeichnet wird. Zuerst verursacht der Auftrag hohe Arbeitslast in der Konstruktion, so dass die Fristen meist nur durch Überstunden eingehalten werden können. Anschließend ergibt sich die gleiche Situation in Engineering und Arbeitsplanung, bis die Welle schließlich in der Fertigung ankommt.

Über das Jahr addieren sich auf diese Weise in großem Umfang Wartestunden und Überstunden und belasten damit die Stundensätze.

Eine vergleichbare Situation konnte in anderen Betrieben bei der Neuprodukteinführung beobachtet werden, wo auf Grund von Verzögerungen der Entwicklung die Fertigung einige Wochen leer stand und auf die Fertigungsfreigabe wartete. Andere Aufträge durften nicht akzeptiert werden, weil der Produktbereich keine weiteren Verzögerungen bei der Markteinführung akzeptieren wollte.

1.4.1.4 Schlussfolgerungen

Produzieren in Unternehmensnetzwerken empfiehlt sich als Lösung dann, wenn eines oder mehrere der hier diskutierten Probleme innerhalb des produzierenden Unternehmens nicht mehr gelöst werden können. Wir sprechen in diesem Fall von einem turbulenten Wettbewerbsumfeld, das heißt, dass die Veränderungsgeschwindigkeit im Markt größer ist als die Reaktionsfähigkeit (oder Flexibilität) des produzierenden Unternehmens und seiner Organisation. Wenn eines oder eine Kombination der in diesem Kapitel beschriebenen Probleme trotz mehrfacher Lösungsversuche im Produktionsunternehmen nicht zu lösen sind, so deutet dies darauf hin, dass Veränderungsfähigkeit die wesentliche Wettbewerbsanforderung für das Unternehmen geworden ist. Die hier beschriebenen Dilemmas zeigen also eine Hase- und-Igel Situation für das Produktionsunternehmen, dass nämlich die Kundenforderung nach Flexibilität schneller zunimmt als die technischen, organisatorischen und finanziellen Grenzen der internen Flexibilität überwunden werden können. Die Reaktionsfähigkeit reicht trotz hoher Anstrengung immer weniger aus. Produzieren in Unternehmensnetzwerken ist in solchen Situationen eine Alternative, durch Kooperationen die Flexibilität zu erhöhen.

1.4.2 Produzieren in der virtuellen Fabrik

Nach der Analyse des letzten Abschnittes, in welchen Situationen Produktion in Netzwerken eine angemessene Maßnahme des Produktionsmanagements ist, wenden wir uns im Folgenden der Frage zu, was darunter zu verstehen ist.

1.4.2.1 Definition der virtuellen Fabrik

Die virtuelle Fabrik ist ein Zusammenschluss mehrerer voneinander unabhängiger Unternehmen, die befristete Kooperationen eingehen und so kurzfristig Marktchancen nutzen, die einzelne Partner für sich alleine nicht oder nur weniger gewinnbringend nutzen können.

Diese Definition enthält zwei Kernelemente der Produktion im Unternehmensnetzwerk, nämlich zum einen die Fähigkeit des Produktionsmanagements immer wieder neue, befristete Kooperationen zu bilden, die Probleme eines neuen Produkts oder Auftrags zu lösen, und die Kooperation nach Lieferung zu beenden, um Kapazitäten für ein neues Geschäft frei zu machen. Diese Fähigkeit zur Veränderung (engl. dynamic capability) ist das Besondere der dynamischen Kooperationen in virtuellen Fabriken, die sich durch hohe Flexibilität auszeichnen. Die Fähigkeit zur Veränderung kann sich in Netzwerken besser entfalten als in der klassischen Hierarchie, weil die organisatorischen Strukturen des Netzwerks leichter veränderbar sind als die der Hierarchie. Gegenüber dem reinen Markt kann sich die Fähigkeit zu Veränderung im Netzwerk besser entfalten, weil das Netzwerk mehr Möglichkeiten der Kooperation und der Vertrauensbildung bietet. Bei unsicherem Geschäftserfolg kommt im Netzwerk eher eine gemeinsame Anstrengung für ein neues Geschäft zustande. Auch lassen sich am Grad des Vorhandenseins dieser Fähigkeit Unterschiede zwischen verschiedenen Netzwerkformen erkennen. Zum Beispiel werden japanische Lieferantennetzwerke, so genannte Keiretsu, oft als Vorbilder der Produktion im Netzwerk angeführt. Sie sind jedoch nicht mit den hier vorgestellten Unternehmensnetzwerken zu vergleichen, da sie von großer Stabilität und geringer Veränderungsfähigkeit geprägt sind.

Zum anderen weist die Definition auf die Strukturelemente der Produktion in Unternehmensnetzwerken hin, die Veränderung unterstützen und motivieren. Die Marktchance liefert die Motivation, eine virtuelle Fabrik zu bilden (Abb. 1.1). Mehrere virtuelle Fabriken können nebeneinander bestehen für jeweils definierte Marktchancen. Dabei können die gleichen oder wechselnde Partner flexibel kooperieren, sich also aus ihrem eigenen Kreis stetig reorganisieren. Durch ihre Zugehörigkeit zum Netzwerk qualifizieren sich die Partner für die Kooperation in virtuellen Fabriken.

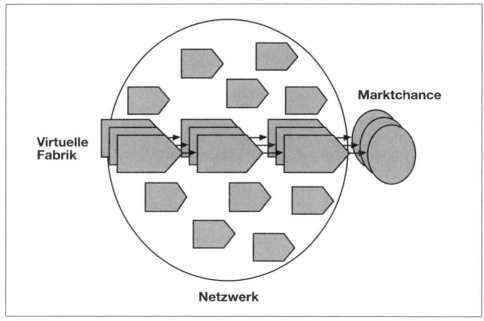

Abb. 1.11: Strukturelemente der Produktion im Unternehmensnetzwerk

58

Virtualität wird oft auch als Begriff verwendet, um Simulationstechnik und Automation durch Computereinsatz zu beschreiben (vgl. Kapitel 7). In der Tat sind beide Definitionen ergänzend, ja bedingen einander wechselseitig: ohne Computereinsatz sind schnelle Entscheidungen, flexible Planung und Kooperationen über große Distanz nicht denkbar. Umgekehrt zeigt die Erfahrung, dass Computerisierung (von CIM bis hin zum E-Commerce) fehlschlägt, wenn sie als rein technische Angelegenheit abgetan und die Managementdimension solcher Projekte unterschätzt wird.

Im Folgenden sollen die Strukturen der Produktion in Unternehmensnetzwerken näher beleuchtet werden, um daran anschließend die Möglichkeiten zur Schaffung dynamischer Fähigkeiten näher zu beschreiben. Dabei sollen die Erfahrungen von zwei regionalen produzierenden Unternehmensnetzwerken in der Schweiz, in der Euregio Bodensee und im Mittelland, einfließen, die seit etwa 1996 bestehen. Jedes dieser Netzwerke besteht aus über dreißig Unternehmen (siehe auch http://www.virtuelle-fabrik.ch).

1.4.2.2 Die Marktchance als Motor der virtuellen Fabrik

Die virtuelle Fabrik ist ausgerichtet auf unternehmerische Wertschöpfung (engl. value creation), die durch das wirtschaftliche Potenzial geprägt ist, das mit einer Marktchance verbunden ist. Wir stellen uns also die Marktchance vor als eine zeitlich befristete Konstellation von Kunden- oder Marktnachfrage auf der einen Seite und Lieferfähigkeit auf der anderen Seite, die hohe Wertschöpfung ermöglicht. Der Begriff Potenzial will hier darauf hinweisen, dass eine Möglichkeit zur Wertschöpfung gesehen wird und zügiges Handeln in einer virtuellen Fabrik die Chancen erhöht. Es gibt jedoch keine Erfolgsgarantie, sondern ein gemeinsam getragenes unternehmerisches Risiko bleibt bestehen.

Diese Form der unternehmerischen Wertschöpfung ist eine Alternative zur traditionellen Wertschöpfung durch die Schaffung von Mehrwert. Mehrwert ist die Differenz zwischen dem Verkaufspreis für ein Produkt und dem Preis, der für die Produktionsfaktoren, in den klassischen Kategorien Boden, Kapital und Arbeit, bezahlt wurde. Mehrwert entsteht also durch die Transformation von Produktionsfaktoren in Produkte und ist immer dann zu steigern, wenn der Transformationsprozess ohne Risiken und stabil läuft. Mehrwert ist somit das Ergebnis stabiler Produktionsprozesse. In Zeiten, in denen die Nachfrage höher ist als die verfügbaren Produktionskapazitäten, gibt es ein geringes Risiko, die Produkte absetzen zu können, und Produktivitätssteigerung ist gleichbedeutend mit Steigerung der Wertschöpfung durch Mehrwert. Seit den 70er Jahren ist aber die weltweit installierte Produktionskapazität größer als die Nachfrage (vgl. Hill, 1993), so dass internationaler Kostenwettbewerb die Schaffung von Mehrwert immer schwieriger macht. Mit anderen Worten, unternehmerische Wertschöpfung ist in dieser Situation die Suche nach zeitlich befristeten Nachfragenischen, die eine hohe Marge ermöglichen.

Kurzfallstudie:
Hersteller schafft seine Marktnische durch Zeitvorteil

Das Produktions- und Logistikzentrum eines Herstellers von Verpackungsmaschinen im Netzwerk der virtuellen Fabrik der Euregio Bodensee wurde wenige Monate vor einer Messe angefragt, ob es zu schaffen sei, den Prototyp einer Maschine für eine neue Verpackungstechnologie zu erstellen. Das Marketing hatte einen Markt von ca. neun Verpackungsmaschinen in den nächsten vier bis fünf Jahren prognostiziert, wenn es gelänge, diese Innovation nun zu präsentieren.

Ohne Zweifel war die Frist bis zur Messe zu kurz, um die umfangreichen Entwicklungsarbeiten, die Tests und die Produktion des Prototypen im Hause alleine durchzuführen. Der Leiter des Logistikzentrums sagte die Anfrage trotzdem nicht gleich ab, sondern berief eine Sitzung mit befreundeten Produktionsleitern seines Konzerns und weiterer externer Partner ein, auf der die Anfrage gemeinsam geprüft wurde. Es zeigte sich an diesem Tag, dass die Auslastung verschiedener Partner genug Reserven aufwies, um gemeinsam dieses Projekt durchzuführen. In nur sieben Monaten konnte ein industriell einsetzbarer Prototyp rechtzeitig für die Messe geliefert werden.

Die Verpackungsmaschine wurde zu einer der herausragenden Innovationen der Messe. An Stelle der geplanten neun Maschinen für vier Jahre wurden bereits im ersten Jahr über vierzig Maschinen verkauft. Wegen seines Zeitvorsprunges konnte der Hersteller diese von ihm selbst geschaffene Marktnische mehrere Jahre alleine besetzen.

Dem Produktionsmanagement kommen hier zwei Aufgabe zu, erstens, die Marktchance zu identifizieren, und zweitens, den potenziellen wirtschaftlichen Wert für die möglichen Partner einer virtuellen Fabrik sichtbar zu machen. Nur dann werden sich die Partner engagieren, Zeit und Geld zu investieren, um am zukünftigen Gewinn zu partizipieren. Im Umkehrschluss kann daraus abgeleitet werden, dass die virtuelle Fabrik nur dort entstehen wird, wo jeder einzelne Partner von seinem Vorteil überzeugt ist, das Produktionsmanagement also eine win-win Situation schaffen kann.

Marktchancen entstehen aus Veränderungen im Wettbewerbsumfeld.

Das Produktionsmanagement sollte daher die Quellen neuer Marktchancen stetig im Auge behalten (engl. screening) und aus einer Vielzahl sich ergebender Möglichkeiten systematisch die bestgeeigneten auswählen. Quellen, die es zu beobachten gilt, sind zum Beispiel neu entstehende Kundenwünsche, neue Prozesstechnologie, neue Produkttechnologien, sich verändernde Rahmenbedingungen, zum Beispiel durch Deregulierung oder Restrukturierung oder die Entwicklung neuer Märkte oder Dienstleistungen, in denen bestehende Kompetenzen neue Verwendung finden können. Traditionell war es Aufgabe verschiedener, nicht koordinierter Abteilungen, solche Neuerungen zu verfolgen, zum Beispiel liegt das Augenmerk von F&E meist auf innovativen Produkttechnologien, von Engineering auf Prozessinnovation und von Marketing auf neuen Produkten. Um Marktchancen zu nutzen, die aus mehreren gleichzeitigen Veränderungen entstehen, ist die Kooperation aller Funktionen in einem systematischen Prozess notwendig.

Die Vereinbarung und Umsetzung gemeinsamer Prioritäten kann erreicht werden, indem die Partner gemeinsam die Anzahl der Ideen schrittweise verkleinern, bis sich die wenigen, konkret zu verfolgenden neuen Geschäftsmöglichkeiten herausbilden. Zeichnet man die immer kleiner werdende Anzahl der nach jedem Entscheidungsschritt verbleibenden Ideen als kleine Kreise auf, so ergibt sich ein Bild, das einem stetig enger werdenden Trichter (engl. funnel) gleicht, so dass man hier auch von „funnel management" spricht. Am Anfang, dem breiten Ende des Trichters, stehen dabei viele Ideen mit einer kleinen Erfolgswahrscheinlichkeit, und es ist das Ziel, am schmalen Ende des Trichters nur noch die wenigen Projekte mit hoher Erfolgswahrscheinlichkeit zu verfolgen.

Marktchancen wahrzunehmen und die Fähigkeit, sie in konkrete Handlungen umzusetzen, ist ein eigenständiges Strukturelement der Produktion in Unternehmensnetzwerken. In der virtuellen Fabrik der Euregio Bodensee gab es dafür eine Redensart: „Neue Marktchancen sind wie Züge, die langsam durch den Bahnhof rollen. Um einen Zug zu nehmen, muss man nicht neue Bahnhöfe bauen, sondern die Fähigkeit entwickeln, aufzuspringen."

1.4.2.3 Die virtuelle Fabrik als temporärer Produktionsverbund

Der Begriff der „virtuellen" Fabrik entstand in einem Projekt von mehr als dreißig Unternehmen in der Euregio Bodensee (siehe auch Schuh et al., 1998) in Anlehnung an das „virtuelle Bild" in der Optik, wo es ein scheinbares Bild bezeichnet, das durch Projektion an einem anderen Ort entsteht, als der wirkliche Gegenstand sich befindet. Auch in der Computertechnik benutzt man diesen Begriff, zum Beispiel um einen virtuellen Computer oder eine virtuelle Festplatte zu beschreiben, die für den Benutzer alle zugehörigen physikalischen Eigenschaften bereitstellen, ohne tatsächlich physikalisch zu existieren. Software kann auf diese Weise zum Beispiel die Benutzung eines Großcomputers oder von physikalischen Festplatten flexibel auf mehrere Benutzer verteilen und damit knappe und teure Ressourcen effizienter nutzbar machen.

Übertragen auf die Fabrik bezeichnet virtuell, dass der Kunde eine komplette Leistung, von der Angebotsbearbeitung bis zur Inbetriebnahme und Gewährleistung, erhält, wie dies von einem integrierten Unternehmen angeboten wird. Im Innenverhältnis ist die virtuelle Fabrik aber eine Kooperation mehrerer Unternehmen, die ihre Unabhängigkeit behalten. Die Leistung der virtuellen Fabrik besteht also darin, die Koordination der Partner und ihre sich ergänzenden Leistungsbeiträge so zu gestalten, dass der Kunde darin nicht eingreifen muss.

Überbetriebliche Koordination existiert in zahlreichen Formen und wird daher häufig bereits als virtuelle Fabrik bezeichnet, auch wenn keine höhere Flexibilität dadurch erreicht wird. Supply Chain Management (vgl. Kap. 4) ist eine Form der Kooperation und Koordination von Lieferanten und Unterlieferanten, die große Effizienzvorteile durch die abgestimmte Steuerung der gesamten Lieferkette ermöglicht. Während der Begriff Supply Chain Management in der stückgut-produzierenden Industrie vorherrscht, wird eine vergleichbar abgestimmte Steuerung von Handelsketten als Efficient Consumer Response (ECR) bezeichnet. Im Anlagenbau, ebenso wie in der Bauwirtschaft, in denen projekt-basierte Kooperation vorherrscht, bezeichnet der Begriff der Generalunternehmerschaft die durch die Lieferanten angebotene Koordinationsleistung. Diese Beispiele zeigen gleichzeitig, wo Erfahrungen im Management solcher Kooperationen verfügbar sind, die selbstverständliche Voraussetzungen virtueller Fabriken sind.

Kurzfallstudie:
Virtuelle Fabrik in der Bauwirtschaft
Die produzierenden Unternehmen der virtuellen Fabrik Euregio Bodensee haben in den ersten Jahren die Bauwirtschaft als ihr Vorbild genommen. So wie ein Generalunternehmer für jede Baustelle neu die Gewerbe und Handwerksbetriebe unter Vertrag nimmt und deren Arbeit durch seine Planung koordiniert, so wollten die produzierenden Unternehmen für jeden Auftrag neu zusammenarbeiten.
Zu ihrer Verwunderung hat die Bauwirtschaft dann aber ein Projekt gestartet, um das Konzept der virtuellen Fabrik für ihre Bedürfnisse zu übernehmen.
Interessant war für die Unternehmen der Bauindustrie die Fähigkeit der

---

virtuellen Fabrik, sich aus eigenen Kräften neue Marktchancen zu erarbeiten. Ein Projekt startet in der Bauindustrie immer mit der Ausschreibung durch den Bauherrn, auf die die Architekten und Baufirmen reagieren und dann durch gutes Projektmanagement den Auftrag effizient erledigen können. Was aber fehlte, war die Fähigkeit, selber aktiv neue Märkte zu entwickeln, obwohl dazu leicht Gelegenheiten gefunden werden konnten, zum Beispiel in der Altbausanierung, nachträgliche Wärmeisolierung oder zur Aufwertung von Fassaden. Projektmanagement ist die Fähigkeit, vorgegebene Aufträge auszuführen. Außerhalb von Projekten gab es aber keine hinreichende Kooperation der Bauunternehmen. Die Fähigkeit, Aufträge und Projekte selber zu erzeugen, hat die Bauwirtschaft aus dem Konzept der virtuellen Fabrik übernommen.

1.4.2.4 Das Netzwerk als stabile Kooperationsplattform

Schnelle Rekonfiguration von virtuellen Fabriken setzt langfristige Kooperationsbeziehungen zwischen den beteiligten Partnern voraus. Es hat sich durchgesetzt, dieses Beziehungsgeflecht mit der Metapher des Netzwerks zu bezeichnen. Eine der hervorstechenden Eigenschaften von Netzwerkbeziehungen ist ihre langfristige Entwicklung. Auch die Mitte der 80er Jahre entwickelte Vorstellung, dass Computer den „langwierigen Prozess von Vertrauenbildung überflüssig machen werden" (vgl. Miles und Snow, 1986) und virtuelle Organisationen zu einem internetbasierten Schaltbrett (engl. switchboard) (vgl. Upton und McAfee, 1996) für Produktionskapazitäten werden, hat sich trotz intensiver Bemühungen nicht bewahrheitet und zum Fehlschlag der Computersysteme geführt (vgl. Kumar et al., 1996). Es ist daher zu erwarten, dass Netzwerke als drittes Strukturelement neben der Marktchance und der virtuellen Fabrik in Zukunft steigende Bedeutung für das Management haben werden.

Netzwerke bestehen in verschiedenen Formen, innerhalb eines Unternehmens sowie zwischen unabhängigen Unternehmen. Axelsson und Easton (1992), die den internationalen Erfolg schwedischer Unternehmen untersucht haben, sprechen daher von Netzwerken als einer neuen *Sichtweise*, einem neuen Verständnis industrieller Beziehungen. Konkret ermöglicht das Netzwerkverständnis die Weiterentwicklung insbesondere folgender Organisationsformen als Kooperationen eigenständiger Einheiten:

- Autonome Gruppen, Produktionszellen in der Fertigung oder Fraktale (vgl. Warnecke, 1993), die sich eigenständig als Organisationseinheiten untereinander koordinieren (vgl. Tikart, 1996).

- Funktionale Abteilungen wie Marketing, Entwicklung, Engineering und Produktion, die zum Beispiel in Concurrent-Engineering-Teams zusammenarbeiten.
- Strategische Geschäftseinheiten, Profit- und Costcenter, die durch die Maßnahmen zur Dezentralisierung von hierarchischen Organisationen und durch die Einführung von internen Märkten entstanden sind.
- Unternehmen, die in einer Holding, einem Konzern oder einer Unternehmensgruppe verbunden sind.
- Lieferantennetzwerke, insbesondere, wenn eine Auswahl von Vorzugslieferanten (engl. preferred suppliers) stattgefunden hat und gemeinsame Investitionen und Entwicklungsprojekte (engl. life-cycle partnership) unternommen wurden.
- Kooperationen von unabhängigen Firmen, zum Beispiel in regionalen Netzwerken, wie sie im Beispiel der virtuellen Fabrik Euregio Bodensee anzutreffen sind. Silicon Valley oder Hollywood in den USA sind weitere Beispiele, wo durch geografische Nähe vieler gleichartiger Firmen eine regionale Kompetenz entsteht und in Innovation umgesetzt werden kann.
- Branchenkooperation von meist kleinen und unabhängigen Firmen, die besonders im Dienstleistungssektor zum Beispiel bei Beratern oder Programmierern anzutreffen sind, um virtuelle „Größe" und Reichweite im Markt zu ermöglichen.

Zur Entwicklung der Leistungsfähigkeit aller dieser Netzwerke stellen sich dem Produktionsmanagement ähnliche, durchaus neue Aufgaben. Einige der wichtigsten sind hier:

- *Strategische Positionierung des eigenen Bereiches im Unternehmensnetzwerk*
  Netzwerke, wie sie hier beschrieben sind, sind das Ergebnis von gemeinsamen Geschäftserfahrungen und Investitionen, stellen also einen langfristig erarbeiteten Wert dar. Zudem bestimmt die Position im Netzwerk zu einem erheblichen Teil die weiteren Entwicklungsmöglichkeiten (engl. path dependency), wie beispielsweise die Teilnahme an Aufträgen oder Entwicklungskooperationen. Neben der operativen Bewältigung von Projektaufgaben im Netzwerk kommt daher den Aktivitäten in Kooperationen immer auch eine strategische Bedeutung zu. Die Identifikation der relevanten Netzwerke und Kooperationspartner, die Pflege der Beziehungen mit ihnen und die Profilierung der eigenen Kompetenzen dienen der Positionierung im Unternehmensnetzwerk.

● *Entwicklung der Kommunikations- und Kooperationsfähigkeit*
Besonders im Vergleich zur traditionellen Hierarchie verlangen Netzwerke eine andere Form der Kommunikation und Kooperation, die nicht auf Über- und Unterordnung von Funktionsträgern basiert, sondern orientiert ist am Lösungsbeitrag, den gleichberechtigte Partner einbringen. Notwendige individuelle Fähigkeiten im Netzwerk sind Kommunikations- und Artikulationsfähigkeit sowie die Fähigkeit der Problem- und Konfliktlösung. In der Organisation verlangen Netzwerke neue Kompetenzregelungen, die es Teammitarbeitern ermöglichen, verbindliche Zusagen zu machen. Auch wenn in diesem Bereich für die meisten Betriebe die schwierigsten Veränderungen zu bewältigen sind, können doch die traditionellen Formen der handwerklichen Kooperation hierfür als Orientierungspunkt dienen (vgl. Piore und Sabel, 1984).

● *Vertrauensbildung, Entwicklung von Werten und Zugehörigkeitsregeln*
Die aktive Entwicklung des Netzwerks ist eine dritte Kernaufgabe des Produktionsmanagements im Unternehmensnetzwerk. Netzwerke basieren auf Vertrauen, das sich wiederum nur durch die disziplinierte Einhaltung strenger Regeln bilden lässt (vgl. Handy, 1995). Gemeinsames Verständnis und gemeinsame Werte müssen innerhalb des Netzwerks entwickelt und immer wieder bekräftigt werden, damit sie eine Grundlage der gemeinsamen Arbeit und Berechenbarkeit der Partner garantieren. Sanktionen, zum Beispiel die Veröffentlichung von Leistungsbewertungen (engl. ratings), Strafzahlungen und Gewährleistungen, der Ausschluss von einzelnen Aufträgen, bis hin zum Ausschluss aus dem Netzwerk sind Maßnahmen, die die langfristige Leistungsfähigkeit des Netzwerks stützen.

1.4.3 Agilität und Wandel als Eigenschaft und Kompetenz des Netzwerks

Agilität und Wandlungsfähigkeit ist der Zweck der Produktion in Unternehmensnetzwerken, wie er hier beschrieben ist, für eine unvorhergesehene Geschäftsgelegenheit eine Lösung anzubieten. Die drei vorgestellten Strukturelemente, erstens die Marktchance als Motivation für wirtschaftliche Initiativen, zweitens die virtuelle Fabrik als Projektverbund zu ihrer Realisierung und drittens das Netzwerk als stabile Kooperationsplattform, beschreiben Voraussetzungen für flexiblen Wandel.

Der Wandel selber verlangt jedoch Fähigkeiten des Produktionsmanagements, dynamische Kooperationen zu führen (engl. dynamic capabilities (vgl. Teece et al., 1997)) (Abb. 1.12).

Dynamische Fähigkeiten des Managements sind spezielle Fähigkeiten, die Kompetenzen des Betriebs stetig weiterzuentwickeln und immer wieder neu in Einklang zu bringen mit den sich ändernden Bedingungen in Markt und Wettbewerb. Dynamische Fähigkeiten sind also im Kern strategische Fähigkeiten (vgl. Kap. 1.2) und daher komplementär zu den traditionell vorwiegend operativ orientierten Methoden im Produktionsmanagement.

Die Erfahrungen in den Unternehmensnetzwerken der Virtuellen Fabrik lassen sich zu mindestens sechs konkreten dynamischen Fähigkeiten des Managements zusammenfassen, wie sie in Abbildung 1.13 dargestellt und im Folgenden als in sich selbst tragfähige Funktionen erläutert werden, die Managern oder Organisationseinheiten zugeordnet werden können.

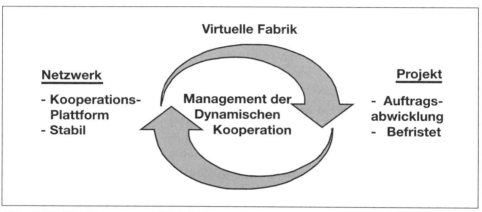

Abb. 1.12: Die Managementfähigkeit zur dynamischen Kooperation als Kern der virtuellen Fabrik

1.4.3.1 Der Broker

Die Brokerfunktion beschreibt die Marketingfähigkeit des Unternehmensnetzwerks und damit die Schnittstelle zu heutigen und zukünftigen Kunden und Märkten. Der Beitrag des Brokers ist der Vertrieb der Kompetenzen des Netzwerks und die Erarbeitung neuer Marktchancen für potenzielle virtuelle Fabriken. Er ist der Unternehmer und treibt die Gründungsphase einer virtuellen Fabrik voran. Die Brokerfunktion kann über klassische Vertriebskanäle institutionalisiert werden. Weitere Möglichkeiten zur Entwicklung dieser Fähigkeit sind Kooperationen mit spezialisierten Dienstleistern wie Ingenieur- und Konstruktionsbüros oder Service- und Wartungsgesellschaften. Zunehmend werden in großen, divisionalisierten Unternehmen eigene Abteilungen mit vergleichbaren Aufgabenbeschreibungen zum Beispiel als New Business Development oder Businesshouse eingerichtet.

66

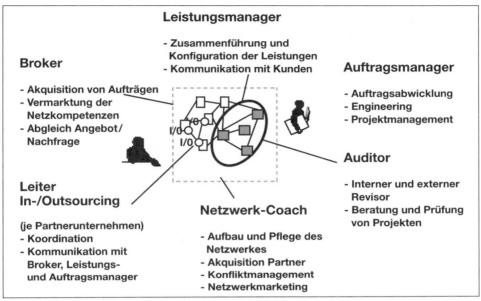

Leistungsmanager

- Zusammenführung und
  Konfiguration der Leistungen
- Kommunikation mit Kunden

Broker

- Akquisition von Aufträgen
- Vermarktung der
  Netzkompetenzen
- Abgleich Angebot/
  Nachfrage

Auftragsmanager

- Auftragsabwicklung
- Engineering
- Projektmanagement

**Leiter
In-/Outsourcing**

(je Partnerunternehmen)
- Koordination
- Kommunikation mit
  Broker, Leistungs-
  und Auftragsmanager

Netzwerk-Coach

- Aufbau und Pflege des
  Netzwerkes
- Akquisition Partner
- Konfliktmanagement
- Netzwerkmarketing

Auditor

- Interner und externer
  Revisor
- Beratung und Prüfung
  von Projekten

Abb. 1.13: Dynamische Fähigkeiten des Managements in der virtuellen Fabrik (Katzy et al., 1996)

Kurzfallstudie:
Der „Impannatore", Broker in der Emiglia Romana

Eines der ältesten Beispiele für Produktion in Unternehmensnetzwerken ist die Textilindustrie in der Region Emiglia Romana, etwa zwei Fahrtstunden von Mailand entfernt in Oberitalien (vgl. Kumar et al., 1996). Älteste Berichte sind aus dem 13. Jahrhundert überliefert, und heute noch zeugen Firmennamen wie Benetton, Replay oder Diesel von der hohen Wettbewerbsfähigkeit der Region auch im internationalen Vergleich.

In der Region arbeiten über zehntausend kleine und kleinste Betriebe, die oft im Familienbesitz stehen und jeweils auf einen Arbeitsgang in der Textilproduktion spezialisiert sind. Keiner dieser Betriebe für sich deckt die gesamte Wertschöpfungskette ab. Und auch wegen ihrer mangelnden Größe könnte keiner der Betriebe alleine die meist weltweit verstreuten Kunden bedienen.

Es ist die Aufgabe von „Impannatore", Kunden zu besuchen und deren Aufträge in die Region zu bringen. Als Unternehmer ohne Unternehmen lässt der Impannatore dann bei den Betrieben der Region produzieren. Je nach Auftragsart kooperieren die geeigneten Betriebe der Re-

67

gion und koordinieren sich dabei weitgehend selber. Auf diese Art kann eine große Zahl kleinster Chargen effizient produziert werden. Ein Vorteil für den Impannatore ist, dass er in seiner Planung von unendlicher Kapazität des Netzwerks ausgehen kann, denn Aufträge werden von den Betrieben so aufgeteilt und weitergereicht, dass Liefertermine und Lieferqualitäten eingehalten werden.

Klare Regeln und Sanktionen garantieren die Zuverlässigkeit der Produktion im Netzwerk. Qualität des Auftrags beruht dabei weitgehend auf eigenverantwortlicher Selbstkontrolle und Transparenz im Netzwerk der Unternehmen. Ruiniert aber ein Betrieb seinen Ruf durch Fehlleistungen, was schnell allgemein bekannt wird, hat dies zur Konsequenz, dass er bei neuen Aufträgen nicht mehr berücksichtigt wird. Dies kann in letzter Konsequenz seine wirtschaftliche Existenz in Frage stellen, weil kein Betrieb alleine existieren kann. Das ausgewogene Gleichgewicht wechselseitiger Abhängigkeiten schließt auch die Impannatores mit ein, die ebenfalls in wechselseitiger Konkurrenz stehen und sich um die Produktionskapazitäten bemühen müssen.

1.4.3.2 Der Leistungsmanager

Produktion in Unternehmensnetzwerken verlangt die Fähigkeit, modulare Leistungsbeiträge der Partner nahtlos zu einer Gesamtleistung zu integrieren. Im Netzwerk der Euregio Bodensee wurde diese Fähigkeit zur Modularisierung (vgl. Baldwin und Clark, 2000) mit der Aufgabe des Leistungsmanagers beschrieben. Er baut das Wissen über verfügbare Technologien und Kompetenzen innerhalb des Netzwerkes auf und stellt dieses Wissen zur Definition von Modulen, deren Zuordnung zu Partnern im Netzwerk und zur späteren Integration in eine Architektur zur Verfügung. Hier kommen Fähigkeiten der Systemintegration, wie sie aus der Softwareentwicklung und dem Anlagenbau bekannt sind, zum Einsatz. Er leistet damit die Konfiguration der virtuellen Fabrik, indem er unter anderem auch die Leistungsklärung für Aufträge und Produkte durchführt. Er kontaktiert und wählt die Partner aus, die am besten für die Abwicklung eines bestimmten Auftrags geeignet sind.

Die Erfahrungen in der Euregio Bodensee haben gezeigt, dass diese Fähigkeit technisches Urteilsvermögen über die Realisierbarkeit von Produkten und Dienstleistungen sowie meist langjährige Erfahrung mit den Kompetenzen des Netzwerks voraussetzt. Das Ziel des Leistungsmanagers ist eine drastisch reduzierte Zahl von Produktideen, die das Netzwerk tatsächlich wirtschaftlich realisieren kann. Seine Aufgabe ist damit der zweite Schritt im Lebenszyklus einer virtuellen Fabrik und ist daher einfach von der Identifikation neuer Marktchancen durch den Broker zu unterscheiden. Zunehmend kann auch hier die Virtualisierung großer Unternehmen beobachtet werden durch die Einrichtung von solution houses oder business houses, um vergleichbare Fähigkeiten aufzubauen.

1.4.3.3 Der Projektmanager

Produktion in Unternehmensnetzwerken ist projektbasierte Kooperation in virtuellen Fabriken. In der Phase der operativen Ausführung einer virtuellen Fabrik koordiniert der Projektleiter die Erreichung von Zeit-, Kosten- und Qualitätszielen. Für dieses Projektmanagement können Kompetenzen der Generalunternehmerschaft zum Einsatz kommen. Wenig vergleichbar sind die Fähigkeiten dagegen mit traditionellem Projektmanagement, das in der Regel Teams aus Mitarbeitern der eigenen Organisation voraussetzt, die an einem Ort, zum Beispiel dem Projektbüro, zusammenarbeiten. Das Management virtueller Projekte beinhaltet die Führung von Teams aus Mitarbeitern verschiedener Organisationen, die an verschiedenen Orten arbeiten, sich daher nur selten zu Projektsitzungen treffen und in der Zwischenzeit auf EDV-technisch unterstützte Kommunikation angewiesen sind (vgl. Katzy et al., 2000).

Broker, Leistungsmanager und Projektmanager sind dynamische Fähigkeiten, um den Lebenszyklus einer virtuellen Fabrik, also die zeitlich befristete Produktionskooperation im Unternehmensnetzwerk von der Idee bis zum Abschluss, zu führen. Die folgenden drei dynamischen Fähigkeiten sind begleitende Fähigkeiten der Partner und des Netzwerks, die das Entstehen von virtuellen Fabriken erst möglich machen.

1.4.3.4 Der In-/Outsourcingmanager

Jeder Partner in Unternehmensnetzwerk muss die Fähigkeit zur Kooperation und Kommunikation mit dem Netzwerk entwickeln. Dies muss im Allgemeinen unternehmensintern durch speziell auf das Netzwerk ausgerichtete Prozesse unterstützt werden. Zunächst umfasst dies die Bereitstellung und Kommunikation des eigenen Know-hows, der eigenen Ressourcen und Technologien als Dienstleistung. Weil Kompetenzen nicht nur angeboten, sondern auch nachgefragt werden müssen, ist es notwendig, diese neuen Möglichkeiten den anderen Unternehmensbereichen erst bekannt zu machen. In der operativen Phase der Kooperation in einer virtuellen Fabrik ist die Fähigkeit zur Erbringung zugesagter Leistungen gegenüber der virtuellen Fabrik und die Vertretung der Unternehmensinteressen gegenüber den anderen Partnern von entscheidender Bedeutung, um von Kooperationen auch profitieren zu können.

1.4.3.5 Der Auditor

Das Netzwerk und jede der zeitlich befristeten Kooperationen braucht finanzielle Glaubwürdigkeit und Kreditfähigkeit, zum Beispiel zur Finanzierung von Vorleistungen durch Banken oder Kunden. Der Auditor dient als neutrale Revisionsinstanz, indem er die Partner und ebenso die Abwicklung der virtuellen Fabrik kontrolliert. Dazu braucht er einen unabhängigen Status, wie ihn Banken und Wirtschaftsprüfungsgesellschaften haben. Der Auditor vermindert wesentlich das Kreditrisiko von virtuellen Kooperationen an der Schnittstelle zum Kapitalmarkt und trägt zur kontrollierten Verteilung von Haftungsrisiken zwischen Partnern, Kunden und Kapitalgebern bei. In dieser Funktion ergänzt er die technologische Kompetenz, die virtuelle Fabriken von ihren Partnern erben können. Neuere Entwicklungen in großen Unternehmen, Corporate-Venture-Capital-Dienste einzurichten, scheinen die Bedeutung dieser Funktion auch innerhalb der Großunternehmung zu bestätigen.

1.4.3.6 Der Netzwerkcoach

Eine letzte hier angeführte Fähigkeit sei die Entwicklung des Netzwerks und die Pflege der Beziehungen innerhalb des Netzwerks. Als Netzwerkcoach schafft das Produktionsmanagement die notwendige kulturelle, organisatorische und technologische Infrastruktur zur Kooperation im Netzwerk. Dazu zählen beispielsweise die Schulung von Partnern, die Weiterentwicklung der Kooperationsregeln, die Lösung von Konfliktfällen oder die Gewinnung von neuen Partnern für das Netzwerk.

Zusammenfassend kann festgehalten werden, dass die sechs hier beschriebenen dynamischen Fähigkeiten entscheidende Voraussetzungen – aber natürlich keine Garantie – für die erfolgreiche Entwicklung neuer Geschäfte innerhalb des Unternehmens und in Kooperationen sind. Dies heißt umgekehrt, dass das Fehlen einer dieser Fähigkeiten die Wachstumsfähigkeit neuer Geschäfte begrenzt, was nur unwesentlich durch besondere Leistungen in anderen Bereichen ausgeglichen werden kann (vgl. Penrose, 1968). Das Potenzial von Produktion in Unternehmensnetzwerken liegt daher vor allem für kleinere Betriebe darin, wechselseitigen Zugang zu ergänzenden Fähigkeiten zu schaffen und damit zusammen ein größeres Wachstum zu ermöglichen als die Partner jeder für sich erreichen könnten.

1.4.4 Implementierung von Unternehmensnetzwerken

Die kritischen Erfolgsfaktoren für die Implementierung von Unternehmensnetzwerken sind erstens, bestehende Beziehungsnetzwerke zu identifizieren und sie zweitens für gemeinsame wirtschaftliche Aktivitäten zu mobilisieren. Der Neuaufbau von Netzwerken ist wegen der dafür notwendigen, extrem langen Zeiträume wirtschaftlich nahezu ausgeschlossen. Gerade in Europa bestehen jedoch vielfältige Beziehungsnetzwerke, die einen geeigneten Ansatzpunkt für die Intensivierung von Kooperationen zwischen Unternehmensteilen oder Unternehmen bieten. Bestehende, intensive Netzwerkbeziehungen sind jedoch nicht ausreichend für die Produktion in Unternehmensnetzwerken, denn vielfach können sie nicht aktiviert werden. Gründe hierfür sind vorherrschendes Misstrauen, schlechte Erfahrung oder unklare Rollen- und Machtverteilungen, die allseitig zu abwartender Haltung führen.

Aus einem Vergleich des Entstehungsprozesses mehrerer aktiver europäischer Unternehmensnetzwerke können sich drei grobe Phasen mit jeweils eigenen Prioritäten ableiten lassen. Sie sind in Abbildung 1.14 dargestellt.

Priorität der Startphase, die häufig bis zu einem Jahr und länger dauert, ist es, die kritische Masse für einen Start zusammenzuführen. Dazu zählen Leitpersonen und Firmen, die sich auf gemeinsame Ziele und eine Vision verständigen, ebenso wie die notwendige Startfinanzierung und motivierende Marktchancen, also eine Brokerleistung. In einer zweiten Entwicklungsphase steht die Bewusstseinsänderung der Partner im Vordergrund. Diese wird am ehesten durch Erfolgsbeispiele erreicht, aber auch durch erarbeitetes Vertrauen in die Tragfähigkeit von Kooperationsregeln und die Leistung der Netzwerkleitung. In der Reifephase steht die permanente Innovationsfähigkeit im Vordergrund sowie die Ausbildung professioneller Dienstleistungen in der Kooperation.

Phase	Start	Entwicklung	Reife
Aufgaben	· Leitpersonen und Leitfirmen finden · Broker Funktion aufbauen · Gemeinsame Vision und Verständnis · Kritische Masse aufbauen · Startfinanzierung	· Erfolgsgeschichten erzeugen · Denk- und Kulturwechsel · Spielregeln entwickeln · Netzwerk-leitung etablieren	· Professionelle VF Dienste · Permanente Entwicklung · Sub-Netzwerke bilden · Mitgliedschaft regeln
Dauer	~ 1 Jahr	< 3 Jahre	

Abb. 1.14: Entwicklungsphasen eines produzierenden Unternehmensnetzwerks

Abkürzungsverzeichnis

CAD   computer aided design
CAE   computer aided engineering
CAM   computer aided manufacturing
CAPP computer aided process planning
CAQ   computer aided quality assurance
CAS   computer aided selling
CIM   computer integrated manufacturing
CNC   computer numeric control von Werkzeugmaschinen
ERP   enterprise resource planning
FTS   Fahrerlose Transportsysteme (engl.: AGV automated guided vehicles)
MRP   materials and resource planning
PPS   Produktionsplanung und Steuerung

Literaturhinweise

Adam, D. (1993): Produktionsmanagement, Wiesbaden 1993
Baldwin, C.Y./Clark, K.B. (2000): Design Rules – The Power of Modularity, Cambridge, MA 2000
Baldwin, C.Y./Clark, K.B. (1997): Managing in an Age of Modularity, Harvard Business Review, 75 (4), 84–93, 1997
Boothroyd, G./Dewhurst, P. (1983): Design for Assembly – A Designer's Handbook, Report, University of Massachusetts, Amhurst 1983

Braun, K./Lawrence, C. (1995): Den Vergleich mit Vorbildern wagen, Harvard Business Manager, (3), 118–125, 1995

Bullinger, H.-J. (1994): Einführung in das Technologiemanagement – Modelle, Methoden, Praxisbeispiele, Stuttgart 1994

Carr, D.K./Johansson, H.J. (1995): Best Practices in Reengineering – What Works and What Doesn't in the Reengineering Process, New York 1995

Checkland, P./Scholes, J. (1990): Soft Systems Methodology in Action, Chichester 1990

Congress, U.S. (1984): Computerized Manufacturing Automation: Employment, Education, and the Workplace, Report No. OTA-CIT-235, April, Office of Technology Assessment, Washington D.C. 1984

Crosby, P.B. (1979): Quality is Free, New York 1979

Cummings, T.G./Huse, E.F. (1989): Organizational Development and Change, Minneapolis 1989

d'Aveni, R.A. (1994): Hypercompetition: Managing the Dynamics of Strategic Manoeuvring, New York 1994

Davis, D. (1994): Partnerships Pay Off – From Autos to Instruments, Committing to Suppliers Optimizes Efficiency, Manufacturing Systems, (11), 4–14, 1994

Deming, E. (1986): Out of the Crisis, Report, Massachusetts Institute of Technology, Center for Advanced Engineering Study 1986

Easton, G. (1992): Industrial Networks: A Review, in: Axelsson, B./Easton, G. (eds.), Industrial Networks: A New View of Reality, London, Routledge, 3–27, 1992

Eccles, R.G. (1991): The Performance Measurement Manifesto, Harvard Business Review, 69, 131–137, 1991

Gerhardt, T./Nippa, M./Picot, A. (1992): Die Optimierung der Leistungstiefe, Harvard Business Manager, (3), 136–142, 1992

Grant, R.M./Krishnan, R./Shani, A.B./Baer, R. (1991): Appropriate Manufacturing Technology: A Strategic Approach, Sloan Management Review, 32 (4), 43–54, 1991

Grundy, T. (1993): Implementing Strategic Change – A Practical Guide for Business, London 1993

Hammer, M. (1990), Reengineering Work: Don't Automate, Obliterate, Harvard Business Review, 68 (3), 104–112, 1990

Hammer, M./Champy, J. (1993): Reengineering the Corporation – A Manifesto for Business Revolution, London 1993

Handy, C. (1995): Trust and Virtual Organization, Harvard Business R., 73 (3), 40–50, 1995

Hauser, J.R./Clausing, D. (1988): Wenn die Stimme des Kunden bis in die Produktion vordringen soll, Harvard Business Manager, (4), 57–62, 1988

Hayes, R.H./Pisano, G.P. (1994): Beyond World-Class: The New Manufacturing Strategy, Harvard Business Review, 72 (2), 77–86, 1994

Hess, T./Brecht, L. (1995): State-of-the-Art des Business Process Redesign – Darstellung und Vergleich bestehender Methoden, Wiesbaden 1995

Hill, T. (1993), Manufacturing Strategy, London 1993

Ishikawa, K. (1977), Guide to Quality Control, Tokyo, Asean Productivity Organization 1997

Jaikumar, R./Upton, D.M. (1993): The Coordination of Global Manufacturing, in: Bradley, S.P./Hausman, J.A./Nolan, R.L. (eds.), Globalization, Technology, and Competition: The Fusion of Computers, Boston (MA), Harvard Business School Press, 169–183, 1993

Juran, J.M./Gryna, F.M. (1988): Jurans Quality Control Handbook, New York 1988

Kaplan, R.S. (1992): The Balanced Scorecard: Measures that Drive Performance, Harvard Business Review, 70 (1), 1992

Katzy, B.R./Evaristo, R./Zigurs, I. (2000): Knowledge Management in Virtual Projects: A Research Agenda, in: Sprague, R.H. (ed.), Proceedings of the Hawaii International Conference on Systems Science HICSS 33, Vol. 33, Hawaii, IEEE 2000

Katzy, B.R./Schuh, G./Millarg, K. (1996): Die virtuelle Fabrik – Produzieren in Netzwerken, Technische Rundschau, (43), 30–34, 1996

Kosanke, K./Beadle, E. (Eds.) (1991): CIMOSA: Open System Architecture for CIM, Berlin 1991

Kumar, K./van Dissel, H.G./Bielle, P. (1996): The Merchant of Prato – Revisited: Towards a Third Rationality of Information Systems, Erasmus Management Report Series, (263), 1–37, 1996

Leonard-Barton, D. (1992): The Factory as a Learning Laboratory, Sloan Management Review, 33 (1), 87–99, 1992

Levy, D.L. (1997): Lean Production in an International Supply Chain, Sloan Management Review, 38 (1), 94–102, 1997

Lewin, K. (1963): Feldtheorie in den Sozialwissenschaften, Bern 1963

Malone, T.W./Crowston, K. (1994): The Interdisciplinary Study of Coordination, ACM Computing Surveys, 26 (1), 87–111, 1994

Miles, R.E./Snow, C.C. (1986): Network Organizations: New Concepts for New Forms, The McKinsey Quarterly, (4), 53–66, 1986

Mintzberg, H. (1979): The Structuring of Organizations – A Synthesis of the Research, Englewood Cliffs 1979

Nelson, R.R./Winter, S.G. (1982): An Evolutionary Theory of Economic Change, Cambridge (MA) 1982

O'Sullivan, L./Geeringer, J.M. (1993): Harnessing the Power of Your Value Chain, Long Range Planning, 26 (2), 59–68, 1993

Oakland, J.S. (1986): Statistical Process Control, Oxford 1986

Ohno, T. (1988): Toyota Production System, USA 1988

Österle, H. (1995): Business Engineering – Prozeß- und Systementwicklung, Heidelberg 1995

Penrose, E. (1968): The Growth of the Firm, Oxford 1968

Picot, A./Franck, E. (1996): Prozessorganisation. Eine Bewertung der neuen Ansätze aus Sicht der Organisationslehre, in: Nippa, M./Picot, A. (eds.), Prozessmanagement und Reengineering – Die Praxis im deutschsprachigen Raum, Frankfurt 1996, 13–38, 1996

Pine II, J.P. (1993): Mass-Customization, Boston (MA) 1993

Piore, M.J./Sabel, C.F. (1984): The Second Industrial Divide – Possibilities for Prosperity, USA 1984

Porter, M.E. (1985): Competitive Advantage – Creating and Sustaining Superior Performance, New York 1985

Prahalad, C.K./Hamel, G. (1994): Strategy as a Field of Study: Why Search for a New Paradigm?, Strategic Management Journal, 15, 5–16, 1994

Prahalad, C.K./Hamel, G. (1990): The Core Competence of the Corporation, Harvard Business Review, 68 (3), 79–91, 1990

Rogers, E.M. (1962): The Diffusion of Innovation, New York 1962

Rohloff, M. (1995): Produktionsmanagement in modularen Organisationsstrukturen: Reorganisation der Produktion und objektorientierte Informationssysteme für verteilte Planungsinstrumente, München 1995

Savage, C.M. (1996): 5th Generation Management – Co-Creating Through Virtual Enterprising, Dynamic Teaming, and Knowledge Networking, Boston 1996

74

Scheer, A.W. (1995): Wirtschaftsinformatik. Referenzmodelle für industrielle Geschäftsprozesse, Heidelberg 1995

Schuh, G./Katzy, B.R./Dresse, S. (1995): Prozessmanagement erfolgreich einführen, io Management Zeitschrift, 64 (12), 64–67, 1995

Schuh, G./Millarg, K./Göransson, A. (1998): Virtuelle Fabrik – Neue Marktchancen durch dynamische Netzwerke, Stuttgart 1998

Seghezzi, H.D. (1996): Integriertes Qualitätsmanagement – Das St. Galler Konzept, München 1996

Seghezzi, H.D./Binder, V.A. (1995): Vergleich von Management-Konzepten und -Modellen, in: Thommen, J.-P. (ed.), Management-Kompetenz – Die Gestaltungsansätze des NDU/ Executive MBA der Hochschule St. Gallen, Zürich 1995, 447–465

Seidenschwarz, W. (1993): Target Costing – Marktorientiertes Zielkostenmanagement, München 1993

Sibbet, D. (1997): 75 Years of Management Ideas and Practice 1922–1997, Harvard Business Review, 75 (3), supplement 1997

Skinner, W. (1991): Operations Technology, Englewood Cliffs, NJ 1991

Skinner, W. (1974): The Focused Factory, Harvard Business Manager, (3), 113–121, 1974

Sydow, J. (1992): Strategische Netzwerke – Evolution und Organisation, Wiesbaden 1992

Taylor, F.W. (1911): The Principles of Scientific Management, New York 1911

Teece, D.J./Pisano, G.P./Shuen, A. (1997): Dynamic Capabilities and Strategic Management, Strategic Management Journal, 18 (7), 509–533, 1997

Thompson, J.D. (1967): Organizations in Action, New York 1967

Tikart, J. (1996): Mettler-Toledo: Die absatzgesteuerte Produktion (ASP), in: Nippa, M., Picot, A. (eds.), Prozessmanagement und Reengineering: Die Praxis im deutschsprachigen Raum, Frankfurt 1996, 323–329, 1996

U.S. Airforce (1979): Integrated Computer Aided Manufacturing, ICAM Program Prospectus, Report, Air Force Materials Laboratory, Dayton (OH) 1979

Ulrich, H. (1968): Die Unternehmung als produktives soziales System, Bern 1968

Upton, D.M. (1995): What Really Makes Factories Flexible?, Harvard Business Review, 73 (4), 74–84, 1995

Upton, D.M./McAfee, A. (1996): The Real Virtual Factory, Harvard Business Review, 74 (4), 123–133, 1996

Venkatraman, N. (1994): IT-Enabled Business Transformation: From Automation to Business Scope Redefinition, Sloan Management Review, 35 (1), 73–87, 1994

Waddington, C.H. (1973): OR in World War II: Operational Research Against the U-Boat, London 1973

Warnecke, H.-J. (1993): Revolution der Unternehmenskultur – Das fraktale Unternehmen, Berlin 1993

Wildemann, H. (1988): Die modulare Fabrik, Kundennahe Produktion durch Fertigungssegmentierung, München 1988

Womack, J.P./Jones, D.T. (1994): From Lean Production to the Lean Enterprise, Harvard Business Review, 72 (2), 93–103, 1994

Womack, J.P./Jones, D.T. (1990): The Machine That Changed the World, New York 1990

Zahn, E. (1992): Konzentration auf Kompetenz – ein Paradigmenwechsel im Strategischen Management? In: Zahn, E. (ed.), Erfolg durch Kompetenz: Strategie der Zukunft, Stuttgart 1992, 1-38

Zäpfel, G. (1989): Taktisches Produktionsmanagement, Berlin 1989

Praxisbeispiel:
Die Situation der Automobilindustrie –
1993 – heute – in Zukunft

Bernd Gottschalk

Die deutsche Automobilindustrie wurde von der Krise der Jahre 1992/93 besonders hart getroffen. So ging die Pkw-Produktion von 1992 auf 1993 um 22 Prozent zurück. Die Zahl der Beschäftigten musste von 1991 bis 1994 um ein Fünftel reduziert werden. Viele Unternehmen gerieten in die Verlustzone und nicht wenige außenstehende Beobachter zweifelten an der Zukunft der deutschen Automobilindustrie.

Neue strategische Konzepte

In dieser für die gesamte Automobilindustrie äußerst schwierigen Situation begannen die Unternehmen mit einer Neuformulierung ihrer strategischen Konzepte. Dank einer gründlichen Analyse ihrer Position im Wettbewerb vermochten sie eine Strategie zu entwickeln, die sich inzwischen als erfolgreich und zukunftsträchtig erwiesen hat. Wesentliche Elemente dieser Strategie sind:

1. Senkung der Kosten in allen Unternehmensbereichen
2. Restrukturierung der Wertschöpfungskette
3. Beschleunigung der Prozesse
4. Kundenorientierung als prioritäres Ziel
5. Innovationsoffensive
6. Globalisierung

In allen Zielrichtungen wurden in wenigen Jahren entscheidende Fortschritte erzielt. Dank einer Neugestaltung der Prozesse und einer Verschlankung der Strukturen konnten erhebliche Kostenreduzierungen durchgesetzt und so die preisliche Wettbewerbsfähigkeit verbessert werden. Erhebliche Veränderungen ergaben sich im Verhältnis zwischen den Automobilherstellern und der Zulieferindustrie. Die Fahrzeughersteller konzentrierten sich auf ihre Kernkompetenzen und verringerten ihre Fertigungstiefe deutlich. Lag die Fertigungstiefe der Automobilhersteller 1990 noch bei 31,5 Prozent, so ging sie bis 1998 auf 24,5 Prozent zurück. Entsprechend erhöhte sich der Anteil der Zulieferindustrie an der automobilen Wertschöpfung und damit auch die Verantwortung der Zulieferer für das Endprodukt.

Die deutschen Automobilhersteller starteten parallel dazu eine Innovationsoffensive. Sie differenzierten und verbreiterten die Modellpalette, um so der Individualisierung der Kundenwünsche gerecht zu werden. Sie erneuerten ihre Erzeugnisse und besetzten Marktnischen wie Roadster, Coupés, Off-Road-Vehicles und Multivans. Die große Zahl von Neuheiten hat den Anteil der Nischenmodelle am Absatz- und Produktionsvolumen kräftig ansteigen lassen. Betrug der Anteil der Allradfahrzeuge, Vans, Cabriolets, Roadster und Coupés an den Pkw-Neuzulassungen in Deutschland 1995 erst 10 Prozent, so waren dies im Jahr 1998 bereits fast 16 Prozent. Zugleich wurde das technische Niveau der Fahrzeuge durch Sicherheitsausstattungen wie ABS und EBS oder Anwendungen der Telematik erheblich gesteigert. Es gelang so die Attraktivität des Modellangebots erheblich zu steigern und die Führung in der Entwicklung der Automobiltechnik zurückzugewinnen. Deutsche Automobile setzen heute in Design und Technik wieder den Trend auf dem Weltautomobilmarkt.

Wachsende F&E-Anstrengungen

Basis für diesen Durchbruch zur Spitze sind außerordentliche Anstrengungen in Forschung und Entwicklung. Insgesamt erreichten die Forschung und Entwicklungs-Aufwendungen der deutschen Automobilindustrie 1999 22,4 Mrd. DM, das waren 83 Prozent mehr als 1992. Nur einmal, im Krisenjahr 1993 gingen die F&E-Aufwendungen leicht zurück, seither sind sie Jahr für Jahr kräftig angestiegen, ein Beweis dafür, dass die Automobilindustrie hier eine langfristig orientierte Strategie konsequent verfolgt. Dabei stieg der Anteil der F&E-Aufwendungen der Automobilindustrie an den gesamten F&E-Aufwendungen der deutschen Wirtschaft von 1992 bis 1999 von 21 auf 30 Prozent.

Auch die Anlageinvestitionen sind in den 90er Jahren deutlich angewachsen, doch sind sie im Gegensatz zu den F&E-Aufwendungen in den Krisenjahren zunächst zurückgegangen und steigen erst seit 1995 wieder an. Mit 18,1 Mrd. DM übertrafen die Investitionen 1999 aber auch den Stand von 1992 um 29 Prozent. Mit 21 Prozent ist der Anteil der Automobilindustrie an den gesamten Investitionen der deutschen Industrie ebenfalls deutlich höher als ihr Anteil an Produktion und Beschäftigung.

Dank der entschlossenen Vorwärtsstrategie und des hohen Investitionsvolumens ist es gelungen, auch in der Beschäftigtenentwicklung wieder eine Wende einzuleiten. Seit 1995 stieg die Zahl der Beschäftigten wieder an und erreichte 1999 den Stand von 727.000 Arbeitnehmern.

Die Automobilindustrie bleibt somit in Deutschland eine Schlüsselindustrie. Mit einem Umsatz von 337 Mrd. DM war sie auch 1999 die umsatzstärkste Industrie. Dabei betrug die jahresdurchschnittliche Zuwachsrate in den letzten fünf Jahren 10 Prozent. Mit einem Ausfuhrwert von 200 Mrd. DM war sie auch 1999 die führende deutsche Exportbranche.

Globalisierungsstrategie

Obwohl die deutsche Automobilindustrie bereits in den 50er und 60er Jahren mit dem Aufbau einzelner Fertigungen im Ausland begonnen hatte, blieben ihre Produktionsaktivitäten jedoch lange Zeit hauptsächlich auf Deutschland konzentriert. Die Schaffung des europäischen Binnenmarktes verstärkte den Blick auf die europäischen Nachbarländer, aber mit der Wiedervereinigung erhöhte sich abermals das Gewicht des Inlandsmarktes, sichtbar etwa am Aufbau von Fertigungsstätten in den neuen Bundesländern. Erst nach der Krise der Jahre 1992/93 wurde deutlich, dass die deutsche Automobilindustrie ihr Engagement außerhalb Westeuropas entscheidend verstärken muss, wenn sie sich auf dem dank einer erfolgreichen liberalen Welthandelspolitik und einer rapiden Senkung der Transport- und Kommunikationskosten schnell herausbildenden globalen Markt behaupten will. In den letzten Jahren wurden vor allem in den USA, in Lateinamerika und Südostasien, aber auch in Mittel- und Osteuropa neue Produktionsstätten errichtet.

Heute verfügen die deutschen Automobilhersteller in über 40 Ländern über Anlage- und Produktionsstätten. Die Hersteller von Kraftfahrzeugteilen verfügen in über 70 Ländern über 1.200 Fertigungsbetriebe und Lizenznehmer. Allein die Automobilhersteller investierten 1999 im Ausland 9 Mrd. DM.

Der Erfolg der Globalisierungsstrategie der deutschen Automobilindustrie wird vor allem daran deutlich, dass sie 1999 mit 12,8 Mio. Personen- und Nutzfahrzeugen 23 Prozent der Weltautomobilproduktion bestritt. Davon wurden nur 5,7 Mio. Einheiten in Deutschland gefertigt. Dagegen liefen 3,6 Mio. Fahrzeuge mit deutschem Markenzeichen in ausländischen Produktionsstätten deutscher Hersteller vom Band. Auf 3,5 Mio. Einheiten belief sich gleichzeitig das Produktvolumen ausländischer Marken, die einem deutschen Hersteller zuzurechnen sind. Nur 2,7 Mio. der von deutschen Herstellern 1999 erzeugten Fahrzeuge wurden am Inlandsmarkt abgesetzt.

Ein weiteres Merkmal der Globalisierung ist die zunehmende internationale Vernetzung der Fertigungsprozesse durch den grenzüberschreitenden Austausch von Teilen und Aggregaten. Damit ist es möglich, die Standortentscheidungen sowohl im Hinblick auf regionale Kostenunterschiede wie auch auf die möglichst weitgehende Ausschöpfung von returns to scale zu optimieren. Erleichtert wird dies durch die Plattformstrategie, die von einer wachsenden Zahl von Herstellern verfolgt wird. Auch im Beschaffungswesen hat die Internationalisierung mit dem Global Sourcing eine bisher unbekannte Dimension erreicht. Für die Automobilhersteller eröffneten sich neue, kostengünstigere Bezugsquellen während der Wettbewerb in der Zulieferindustrie sich verschärfte.

Übernahmen und Allianzen verändern die Struktur der Automobilindustrie

Mit der Globalisierung hat sich der Konzentrationsprozess in der Automobilindustrie beschleunigt. Durch Übernahmen und Allianzen wird die Erzeugnispalette verbreitert und die Abdeckung der Märkte verbessert. Damit sinkt die Zahl selbstständiger Hersteller sowohl im Pkw- wie im Nfz-Sektor. Ziele solcher Zusammenschlüsse sind vor allem die Verbreitung der verfügbaren Produktpalette und die Stärkung der eigenen Positionen in Regionen außerhalb des traditionellen Absatzgebietes. Solche Überlegungen standen auch hinter den Engagements deutscher Hersteller in den USA, Ostasien oder auch in Schweden.

Die Automobilhersteller sind dabei, ihr Leistungsspektrum durch produktnahe Dienstleistungen wie Leasing und andere Finanzdienstleistungen, Flottenmanagement und Telematikdienste zu erweitern. Durch den Aufbau eigener Portale erschließen sich Automobilhersteller und Zulieferer zusätzliche Wertschöpfungspotenziale. Die Zahl der Anwendungen nimmt sowohl bei den Business-to-business (B2B)- wie auch bei den Business-to-consumer (B2C)-Beziehungen sprunghaft zu. Das Internet wird sowohl zu einer weiteren Beschleunigung der Prozesse wie zu Kosteneinsparungen führen. Die Automobilindustrie wird damit mehr und mehr zu einem Teil der New Economy. Für den Kunden ergibt sich daraus nicht nur ein breiteres und attraktiveres Angebot, sondern auch eine weitere Verbesserung des Preis-Leistungsverhältnisses.

Die deutsche Automobilindustrie verfügt heute über attraktive Produkte, eine gute preisliche Wettbewerbsfähigkeit und globale Präsenz. Sie ist somit bestens für den globalen Wettbewerb im 21. Jahrhundert gerüstet.

Praxisbeispiel:
Audi AG: Virtuelle Prozesse

Andreas Biernacki

1. Der Virtuelle Prozess

1.1 Einleitung

Die Digital Mockup (DMU)-Welt ist im wesentlichen eine geometrische Welt, in der es zunächst darum geht, die „Zusammenfügbarkeit" von Teilen zu überprüfen.

CAE bedeutet *Computer Aided Engineering* und ist die Erweiterung der DMU-Funktionen um Simulationen von physikalischen Eigenschaften wie

- Strukturdynamik
- Festigkeit
- Fahrdynamik
- Kinetik
- Kinematik
- Strömungsdynamik
- Fahrleistungen und -verbräuche
- Akustik

Mit Hilfe dieser Methoden können mit zunehmender Genauigkeit und Prognosegüte Aussagen über Fahrverhalten und Fahrzustände von Fahrzeugen gemacht werden, die früher in unzähligen Test- und Abnahmefahrten ermittelt werden mussten und eine zu große Zahl an Konzeptfahrzeugen und Prototypen verschlungen haben. Wenn man an die Reduzierung dieser Prototypen und deren zukünftige Darstellung in der virtuellen Welt denkt, eröffnen sich gerade in diesem Bereich ungemein große Ratiopotentiale, zumal der physische Aufbau eines Fahrzeugprototypen ganz schnell 1 Million DM verschlingt.

Die Zusammenfassung von DMU und CAE sowie deren gezielte Anordnung im Produktentstehungsprozess führt zu Virtuellen Prototypen. Dieser ist angelegt als ganzheitlicher Ersatz für den physikalischen Prototypen und wird in den kommenden Jahren die Prozesse im Produktentstehungsprozess grundlegend verändern. Der Virtuelle Prototyp ist im herkömmlichen Sinn kein Meilenstein im Produktentstehungsprozess, sondern ein Prozess, der zu bestimmten Meilensteinen die im Lastenheft

81

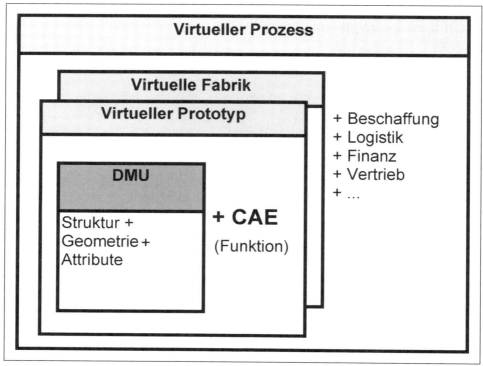

Abb. 1: Der virtuelle Prozess – Positionierung

oder Zielkatalog geforderten technischen Eigenschaften nachweist. Dies führt im Übrigen auch dazu, dass auf frühe Fahrzeugbaustufen in der Fahrzeugentwicklung verzichtet werden kann. Audi hat sich in einem großen internen Anstrengungsprozess hierzu verpflichtet. Fahrzeuge der neuen Generation werden, so weit es die derzeitige Methodenlandschaft der virtuellen Welt zulässt, unter weitgehendem Verzicht auf die Baustufe A entwickelt.

In den letzten 2 Jahren hat sich gezeigt, dass es aufgrund der großen Marktverwerfungen und dem verändertem Konsumverhalten der Kunden sowie dem Zwang zur fahrzeugbezogenenen Rentabilitätsrechnung nicht ausreicht, die Produktentstehungsprozesse im Bereich der technischen Entwicklung zu rationalisieren, sondern den Durchlauf oder vielmehr den „Fluss" des Fahrzeuges oder Fahrzeugprojektes durch das Unternehmen bis hin zur Auslieferung an den Kunden ins Auge zu fassen. An dieser Stelle verlässt das Fahrzeug die „geborgene" Umgebung der technischen Entwicklung und wird unternehmerisch und zunehmend auch im Hinblick auf Renditevorgaben der Unternehmensleitung und dem Anspruch auf

Share Holder Value der Gesellschafter und Aktionäre beurteilt. Der Virtuelle Prozess beschreibt die Unterstützung dieses Anspruches in der virtuellen Welt und verlängert dadurch die Methodenlandschaft hinein in die Planungslandschaft der Fertigungsplanung und der operativen Umsetzung in der Fabrik.

Insbesondere wird derzeit hier Neuland betreten, zumal der Nachweis geführt werden kann, dass es tatsächlich möglich wird, zu jedem Zeitpunkt virtuelle Abbilder von Betriebszuständen der realen Fabrik in Simulationsmodellen resident zu halten und Prognosen auf deren zukünftiges Betriebsverhalten abzugeben. Hiermit wird der Produktionsleitung zukünftig ein sehr zeitnahes, zuverlässiges und operatives Steuerungsinstrument an die Hand gegeben, welches in seinen Auswirkungen bzw. seiner Produktivität und Prognosegüte derzeit im positiven Sinn noch nicht abzusehen ist.

In seinem Komplexitätsanspruch und seinem Anspruch an eine wirklich vollständige Durchgängigkeit beinhaltet der Virtuelle Prozess weiterhin auch die Anbindung an die betriebswirtschaftliche Betrachtung. Dies führt nunmehr zu einer horizontalen Integration in die Welt des internen und externen Rechnungswesen und der weiteren betriebswirtschaftlichen Funktionen des Unternehmens. Über die Unternehmensgrenze hinaus verlängert sich die Betrachtungsweise weiterhin bis hin zur Auslieferung des Fahrzeuges und dem Verhalten des Kunden (Customer Relationship). Die Auswirkungen und die systemtechnischen Forderungen, die der Virtuelle Prozess nach sich zieht, sind außerordentlich komplex und erfordern eine horizontale Integration der Systemwelten, die es in dieser Form derzeit nicht gibt. Es ist die Herausforderung der nächsten Jahre, diese Systemwelten bereitzustellen und zu implementieren.

1.2 Herausforderungen der Zukunft

In einem vernetzten Prozessfluss sollen sich, so das zukünftige Ziel, verschiedene Prozessketten im Produktentstehungsprozess der Automobilindustrie ohne Bereichsbrüche miteinander verbinden lassen. Auf Änderungen einer Komponente im Prozessfluss kann dann in jeder Phase flexibel reagiert werden.

Dies ermöglicht Wechselwirkungen zwischen verschiedenen Produkten (z.B. Anläufe) noch in der Entstehungsphase. Der vernetzte Prozessfluss ist auch deshalb von ausschlaggebender Wichtigkeit, da zunehmend die Prozessketten von Anwendern, Zulieferern und Dienstleister miteinander verflochten werden und die interne Prozesslandschaft in die Virtuelle Fabrik der Automobilhersteller integriert werden müssen.

Die Herausforderungen der Zukunft lassen sich wie folgt beschreiben:

- Höhere Kundenindividualität
  - Feinere Kundensegmente und stärkerer Zuschnitt des Modellangebotes
  - Trend zur Individualisierung des Angebotes/der Variantenexplosion
- Vertriebscharakterisierung wechselt von „Push zu Pull", d. h. allein der Kunde entscheidet, welche Fahrzeugmodelle er kaufen wird und lässt sich von einer standardisierten Modellpalette zunehmend wenig beeinflussen.
- Die Entwicklungszyklen werden immer kürzer, dies auch, um dem Modebewusstsein der Kunden Rechnung zutragen. Der Lebenszyklus von Fahrzeugmodellen reduziert sich absehbar von 6 auf 2 Jahre.
- Liefertreue/Kundenorientierung entscheidet im Hinblick auf Customer Relationship immer mehr über Wohl und Wehe der Automobilhersteller. Eine Studie der Arthur D. Little Unternehmensberatung weist nach, dass „5% mehr Kundenloyalität 81% mehr Unternehmensgewinn über den Lebenszyklus des Kunden bringen".
- Weltweite Überkapazitäten erzwingen einen Verdrängungswettbewerb um Marktanteile. Die derzeitigen großen Fusionsprozesse beweisen, dass höhere Marktanteile durch Konzentrationen und nicht durch vertriebliche Ausweitungen erreicht werden können. Dies spricht insgesamt für einen saturierten Markt.

1.3 Lösungsansätze/Erfolgsfaktoren

Zur Erreichung der ehrgeizigen Vision und deren strategischer Umsetzung sind eine ganze Reihe von Erfolgsfaktoren bzw. Lösungsansätze ausschlaggebend

- Innovation
- Engineering Execution
- Excellence in Execution (Prozesssicherheit)
- Differenzierte Ansprache unterschiedlicher Segmente
- Komplexitätsmanagement durch Maßnahmen
  - Produktseite
    - Plattformstrategien
    - Baukastenkonzepte
  - Prozessseite
    - Entwicklung
    - Produktion
    - Beschaffung

Während produktseitig durch die Einführung einer konzernweiten Plattformstrategie und damit einer konsequenten Umsetzung eines Gleichteile- und Baukastenkonzeptes bereits große Fortschritte erzielt worden sind, steht man prozessseitig noch am Anfang. Hier setzt der Virtuelle Prozess seine Hebel an und propagiert das vernetzte und überlappende Denken und Arbeiten im Produktentstehungsprozess.

1.4 Standortbestimmung/Virtuelle Fabrik

Die Virtuelle Fabrik ist als Erweiterung des Virtuellen Prototyps und des Virtuellen Fahrzeugs der technischen Entwicklung hin zur Planungswelt zu betrachten (vgl. Abb. 1).
Ziel der Virtuellen Fabrik ist es

- Eine integrierte Planungsplattform ohne Medienbrüche bereitzustellen
- Transparenz für die Planungsprozesse zu schaffen
- Engpässe planerisch zu beseitigen
- Produktentwicklung, Fertigungsplanung und Produktion zu integrieren und zwar unter dem Gesichtspunkt eines durchgängigen Prozesses, eben des Virtuellen Prozesses und einer Bereitstellung einer vorwärts-integrierten Systemlandschaft, die auch die betriebwirtschaftlichen Belange des Unternehmens abdeckt. Darunter ist eine horizontale in-tegrierte IT-Landschaft zu verstehen, die eine durchgehende Produkt-strukturplattform bereitstellt und weitestgehend auf Schnittstellen ver-zichtet (Vernetzung von technischen und betriebswirtschaftlichen As-pekten).

Der Nutzen der Virtuellen Fabrik entsteht durch

- Verbesserte Konzeptabsicherung
- Planungsqualität
- Effizienzsteigerung
- Verkürzung im Produktentstehungsprozess

Die Produktentstehung ist bekannterweise gekennzeichnet durch zwei wesentliche Zeitstrecken, die bezeichnet werden als Time to Market und Time to customer.
Beide Strecken stehen senkrecht aufeinander und repräsentieren un-terschiedliche Interessen, Prozesse und Methodenlandschaften im Unter-nehmen. Hier gab es in der Vergangenheit klassische Interessenskollisio-nen.

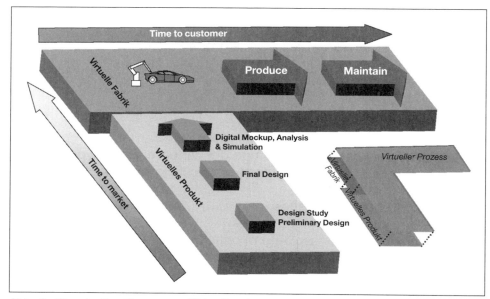

Abb. 2: Standortbestimmung – Virtueller Prozess

Die Virtuelle Fabrik wird beschrieben durch

● Digitale Repräsentation der kompletten Fabrik inklusive
  – Roboter, Anlagen
  – Material-/Produkt-/Teileflüsse und Kapazitäten der Produktionsein-
    richtungen
  – Steuergrößen (Investitionen, Fertigungszeiten)
  – Fabriklayout
  – Produzierte Fahrzeugmodelle
  im Rechner. Dabei stellen Begriffe wie Geometrie, Architektur, Finan-
  zen, Ergonomie, Qualität, Kapazität, Wartung etc. lediglich unter-
  schiedliche „Sichten" auf dieselbe Welt dar.
● Simulation der Abläufe und Abhängigkeiten, die in dieser Fabrik ablau-
  fen und bestehen
● Ziel/Vision: Hardware-Fabrik erst dann bauen, wenn sie durch komplette Software-Fabrik abgesichert ist

1.5 Paradigmenwandel

Der Weg in die virtuelle Welt wird weiterhin gekennzeichnet durch einen
elementaren Wandel im Umfeld der Produktentstehung und dem der Arbeitsweise.

86

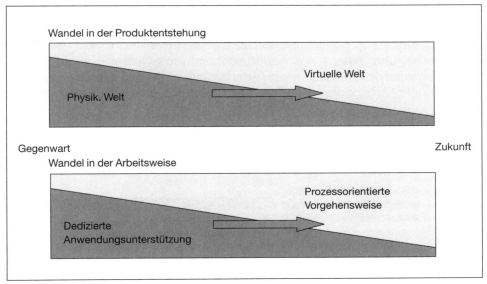

Abb. 3: Paradigmenwechsel

Wie in Abbildung 3 dargestellt, wird in Zukunft die virtuelle Welt in der Produktentstehung an Bedeutung zunehmen. Das gilt ebenso für die Arbeitsweise. So können Qualität erhöht und Zeit verkürzt werden, weil ins Abbild der realen Welt Wissen einfließt und Probleme gelöst werden können.

2. Frontloading

2.1 Einführung von Frontloading

Die Interessenskollision zwischen der Methodenlandschaft der technischen Entwicklung und der Produktion hat in der ersten Hälfte der 90er Jahre dazu geführt, dass sogenannte SE-Teams (Simultaneous Engineering) installiert wurden. Darunter sind interdisziplinäre Teams zu verstehen, die bereits zu einem sehr frühen Stadium des Fahrzeugprojektes zusammengeführt werden und das Fahrzeug gemeinsam entwickeln. Gesteuert werden diese Teams von Fachgruppen, die ihre SE-Teams anwendungsbezogen (Fahrwerk, Aggregate, Interieur, Exterieur etc.) entlang des Produktentstehungsprozesses führen.

Durch die Verbreitung von CAD-Systemen mit ihren nachgelagerten Möglichkeiten, Geometrien recht schnell zu manipulieren und dies alles in den Kontext zu den umgebenden Bauteilen zu setzen, hat sich diese Me-

thodenwelt zügig verbreitet und seinen Einzug über eine zunächst modul-
bezogene Betrachtungsweise in die Betrachtung des Gesamtfahrzeuges
gehalten. Dies ging einher mit der Leistungssteigerung moderner Rechnersysteme und einem verbesserten Leistungs-Nutzen-Verhältnis. Es
lässt sich nachvollziehen, dass Technologieschübe in der Rechnerwelt
immer auch Methodenschübe in der Prozesswelt der Automobilbauer
nach sich gezogen haben.

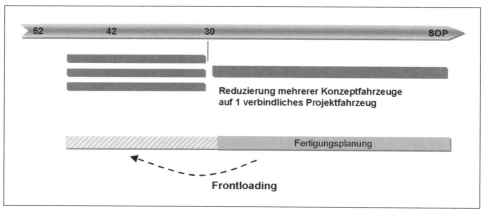

**Abb. 4: Frontloading – Zusätzliche Absicherung unter fertigungstechnischen Ge-
sichtspunkten zum frühesten Zeitpunkt**

Nachdem der SE-Gedanke den traditionellen, sequentiellen Methodenan-
satz in der Produktentwicklung abgelöst hatte, wird durch die Verfeine-
rung der Methodenlandschaft nunmehr auch eine weitere Produktivitätssteigerung möglich, die mit Frontloading bezeichnet wird (Abb. 4).

   Frontloading ist das Auflösen der traditionellen sequentiellen Anor-
dungsbeziehung in der Produktentwicklung und deren Ersatz durch paralleles Abarbeiten der beteiligten Disziplinen wie Entwicklung, Fertigungsplanung und Serienvorbereitung (Pilothalle) etc.

   Lange Zeitstrecken in der Automobilentwicklung, die durch die Fertigung von Werkzeugen z. B. für Langläuferteile (z. B. Seitenwandrahmen)
vorgegeben sind, können dadurch in gewisser Hinsicht kompensiert werden.

2.2 Fallbeispiele für Frontloading:

Virtuelle Montage Mittelkonsole

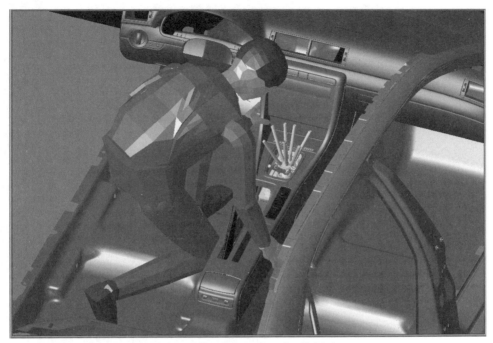

Abb. 5: Virtuelle Montage einer Mittelkonsole – Ansicht 1

Gezeigt werden in Abbildung 5 und 6 der Einbau der Mittelkonsole des neuen A4. Hier ging es im Wesentlichen um die Einbauwege und die montagegerechte Konstruktion, Vormontage und späteren Einbau des Cockpits. Die Untersuchungen waren zu einem sehr frühen Zeitpunkt in der Serienkonstruktion möglich und haben durch unmittelbare und nachgelagerte Optimierungskonstruktionen nach der Simulation hohe Kosten in der späteren Werkzeugentwicklung und -erstellung verhindert. Überdies wurden Probleme beim Anlauf in der Pilothalle von vornherein vermieden.

Abb. 6: Virtuelle Montage einer Mittelkonsole – Ansicht 2

Bei dem Beispiel in Abbildung 7 ging es um die Verbaubarkeit eines neu entwickelten Cockpits für den neuen A4. Die Montagesimulation zeigte zu einem sehr frühen Zeitpunkt eine Kollision bzw. Durchdringung des vorbauzugewandten Cockpits mit dem Wasserkasten (Trennblech zwischen Fahrzeuginnenraum und Vorbau). Der verantwortliche Konstrukteur nahm nach Einsicht der Simulationsergebnisse unmittelbar konstruktive Änderungen in der Gestaltung vor und ersparte dadurch dem Unternehmen hohe Werkzeugkosten und Zeitverzögerungen im Fahrzeugprojekt. Dies ist gleichzeitig ein positives Prozessbeispiel.

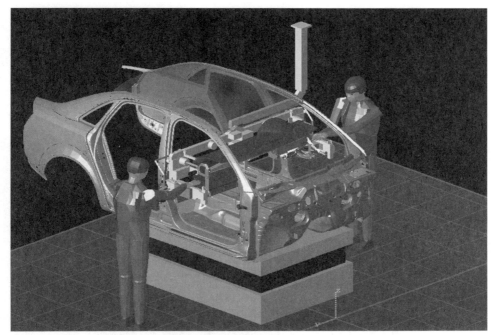

Abb. 7: Einbausimulation „Montage" Cockpit

Unter dem Aspekt der Servicefreundlichkeit wurde untersucht, ob angesichts großer Enge im Vorderwagen ein Wechsel der Birne des Front-
scheinwerfers erfolgen kann, ohne dass größere Demontagen notwendig
sind. Das Ergebnis (vgl. Abb. 8) ist ein schönes Beispiel für die Interaktion
von Mensch und Technik in der virtuellen Welt. Im konkreten Fall konnten
in der Serienkonstruktion noch rechtzeitig Abstimmungen zwischen den
beteiligten Fachbereichen vorgenommen werden, um die Servicefreundlichkeit sicherzustellen.

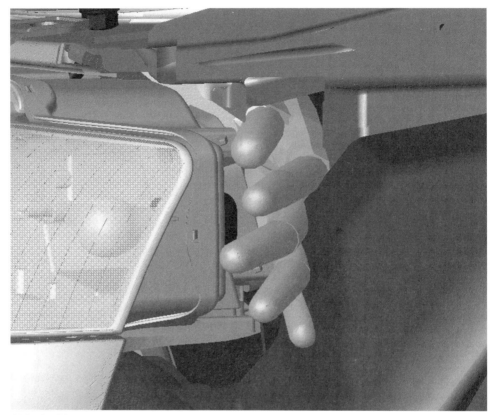

Abb. 8: Birnenwechsel am Frontscheinwerfer

3. Prognosegüte von Simulationsverfahren und Ausblick

Hinsichtlich des Reifegrades von Methoden der Virtuellen Welt („Progno-
següte von Simulationsverfahren") in der Produktentwicklung und seiner
Verlängerung bzw. Weiterverfolgung in die Produktionswelt gibt es noch
Unsicherheiten hinsichtlich der Prognosegüte und Verlässlichkeit der
Aussagen in dieser Methodenlandschaft. Aus diesem Grund hat man sich
bei den Automobilherstellern mit dieser Frage beschäftigt und prinzipielle
Untersuchungen angestellt.

Zu diesem Zweck wurden Simulationsmethoden klassifiziert und insgesamt in Klassen von A – E eingeteilt:

A Sehr hohe Prognosegüte, Verlässlichkeit mit Versuchen vergleichbar oder besser
B Gute Prognosegüte, in manchen Fällen jedoch Kalibrierungsversuche erforderlich
C Prognosegüte noch nicht voll befriedigend, Berechnungsverfahren und/oder Berechnungsmodelle müssen noch verbessert/verfeinert werden
D Mangelnde Prognosefähigkeit, Grundlagen müssen noch erarbeitet werden bzw. die derzeitigen Rechnerleistungen lassen eine wirtschaftliche Betrachtung noch nicht zu
E Methode wird noch nicht eingesetzt, dies kann auch aus Unwissenheit geschehen

Untersucht wurden 40 Methoden aus der CAE-Welt, die sich wie folgt aufteilen:

Methode	Anzahl
– Lineare FEM	9
– Nichtlineare FEM	2
– Crashsimulation	6
– Mehrkörpersysteme (Fahrdynamik)	7
– Fluid Dynamics	10
– Fahrzeugumströmung	
– Aggregateumströmung (Kühlung etc.)	
– Motorinterne Strömungsdynamik (Verbrennung)	
– Fertigungssimulation	2
– Sonstiges	4
(Festigkeit, Fahrleistungen, Bremsen etc.)	

Das Ergebnis und deren Bewertung ergeben folgendes Bild:

Klassifizierung	Anzahl Methoden [aus 40]	Prozentualer Anteil [%]
A	7	17,5
B	20	50
C	8	20
D	4	10
E	1	2,5

Um aus der obigen Tabelle Rückschlüsse eine tragfähige Arbeitsgrundlage ableiten zu können, sei eine Clusterung vorgenommen. Mit einem gesunden Maß an Pragmatismus und Realitätsbewusstsein können die Klassen A und B derzeit als vernünftige Arbeitsgrundlage gelten, auf deren Basis auch gute Entscheidungen in der Softwarewelt für die Hardwarewelt getroffen werden können. Sie können mithin als akzeptabler Ersatz für Hardware gelten, die Vertrauensquote ergibt sich aus der Summation von Klasse A und B, mithin 67,5%. Dies ist ein erfreulicher Wert; es ist davon auszugehen, dass dieser in den kommenden Jahren steigen wird und zwar in dem Maße, wie sich die Methoden der virtuellen Welt weiterentwickeln und verfeinern und das Vertrauen der Ingenieure in diese Methodenwelt zunimmt.

Es ist weiterhin davon auszugehen, dass in den nächsten 2−3 Jahren bei Hardware und CPU-Leistung der Simulationsrechner deutliche Performanceschübe kommen werden. Auf der Basis einer deutlich verbesserten und integrierten Methodenlandschaft können somit zukünftig auch die Methoden der derzeitigen Klasse C in die Vertrauensbasis aufgenommen werden. Somit ist mittelfristig (2−3 Jahre) eine Vertrauensquote von 87,5% zu erwarten.

Technologieschübe wie die 64 bit-Adressierung zukünftiger CPUs und die Ankopplung riesiger Speicherräume über schnelle Cache-Speicher ermöglichen es, große und komplexe geometrische Gebilde wie z. B. Fabriken, Fahrzeuge oder auch Geschäftsmodelle im Gesamten und realitätsnah im Hauptspeicher resident zu halten und damit zu jedem Zeitpunkt Prognosen über deren wie auch immer geartetes Verhalten abzugeben. Ansätze hierzu werden im Praxisbeispiel von Hr. Coordes „Virtuelle Fertigungsprozesse bei der Audi AG, Ingolstadt" anschaulich gegeben (s. Kap. 7).

Bei all den Annahmen und Prognosen sollte allerdings der Mensch nicht außer Acht gelassen werden. Die Methoden der neuen virtuellen Welt werden erst dann ihre volle Produktivität entfalten können, wenn diese in den täglichen Arbeitsprozess der Ingenieure eingeflossen sind. Dies braucht Zeit und vor allem Fingerspitzengefühl in der Umsetzung. Hier sind Führungskräfte gefordert.

Audi trägt diesem Anspruch nachdrücklich Rechnung, indem ein signifikanter Teil der Produktentwicklungskosten den Methoden des Virtuellen Prozesses und deren Stabilisierung im Produktentstehungsprozess zugewiesen werden.

Die Zukunft sollte sich damit befassen, den Prozessnutzen der Methodenlandschaft des Virtuellen Prozesses zu quantifizieren.

Anmerkung des Autors: Diesen Praxisbeitrag widme ich dem Entwicklungsvorstand der Audi AG, Herr Dr. Mischke. Er hat mir die Freiheiten eingeräumt, dieses Praxisbeispiel zu verfassen und mir auch die Möglichkeiten belassen, mich in meiner Linienfunktion bei Audi inhaltlich und detailliert mit dieser interessanten und zukunftsweisenden Thematik zu befassen.

Praxisbeispiel:
Oracle Corporation:
Modellfall des E-Business

Wolfgang Jaeger

Das Unternehmen

Oracle ist der zweitgrößte unabhängige Software-Hersteller der Welt und führender Anbieter von E-Business-Lösungen: Zwei Drittel aller E-Business Unternehmen arbeiten mit Oracle Software.

Das 1977 in Kalifornien gegründete, an der Nasdaq notierte Software-Unternehmen ist heute weltweit in 145 Ländern vertreten.

Mit rund 41000 Angestellten wurden im Fiskaljahr 2000 (bis 31. Mai) über zehn Milliarden Dollar umgesetzt – wie in den Jahren zuvor mit einem Wachstum von über zehn Prozent. Der Gewinn lag im Fiskaljahr 2000 bei 2,1 Milliarden Dollar.

1. Aufgabenstellung

Eine Milliarde Dollar, zehn Prozent des Umsatzes, sollte Oracle innerhalb der nächsten 18 Monate einsparen – das hatte unser Chairman Lawrence J. Ellison im Juni 1999 beschlossen. Nach dem Workshop, zu dem Ellison sieben europäische Länderchefs von Oracle Anfang Juli 1999 nach London eingeladen hatte, waren wir erst mal geschockt: Eine Milliarde Dollar einsparen, und das in eineinhalb Jahren – das geht nicht, haben viele gesagt. Aber Ellison war sehr bestimmt. Er war enttäuscht über die Aktienkursentwicklung, die einen beständigen Seitwärtstrend zeigte. Daher hatte er beschlossen, durchzugreifen und den Laden wieder auf Kurs zu bringen: Oracle sollte der Modellfall des E-Business werden.

2. Umsetzung

Wichtigster Punkt der Pläne Ellisons war die konsequente *Globalisierung* des in 147 Ländern präsenten Unternehmens. Um schnellere Entscheidungen möglich zu machen, wurden Entscheidungen zentralisiert, Entscheidungswege verkürzt und das europäische Management stark reduziert. „All business is local", begründete Ellison diese Maßnahme, die die

Hierarchie-Ebenen im internationalen Bereich von neun auf fünf reduzierte, in Deutschland sogar auf nur noch drei.

In Deutschland wurde die gesamte Organisationsstruktur geändert: Statt zehn Geschäftsstellen gibt es heute fünf Industriesegmente. Und die *Verantwortung* für das operative Geschäft wurde auf die unterste Ebene gelegt – direkt zum Kundenbetreuer. Durch diese internationalen und regionalen Maßnahmen gibt es keine Möglichkeit mehr, von unserem Businessmodell abzuweichen. Änderungen sind nur auf Corporate-Ebene möglich.

Auch *Preise* und Distribution wurden neu geregelt, denn mancher Verkäufer hat über zwei Drittel seiner Zeit mit ‚deals & wheels' verbracht. Nun gibt es für 80 Prozent des Geschäfts eine fest strukturierte Rabattstaffelung. Nur noch Großkunden können mit uns verhandeln.

In einem nächsten Schritt wurden alle *Produkte* vereinheitlicht. Es gibt keine lokalen Änderungen mehr, nur noch verschiedene Landessprachen. So können wir uns besser auf das Geschäft konzentrieren. Immerhin werden 80 Prozent des Umsatzes in zehn Ländern erzielt. Auch arbeiten wir nun weltweit mit den gleichen Partnern zusammen.

Das alles erhöht auch die *Geschwindigkeit*: Wir liefern lieber an 80 Prozent unserer Kunden sofort als an 100 Prozent später. Das in Europa beliebte „Zusammenstricken" der Software dauert viel zu lang und ist für den Kunden letztlich der teuerste Weg.

3. Neue IT-Struktur

Extrem gestrafft und völlig neu strukturiert wurde die gesamte interne IT: Mitte 1999 hatte Oracle weltweit 48 Rechenzentren, 97 Datenbanken und 2700 IT-Mitarbeiter. Heute gibt es zwei Rechenzentren, vier Datenbanken, zwei Mailserver, einen Browser und 1400 IT-Spezialisten. Bis Ende 2000 werden wir bei 800 IT-Leuten sein; in Deutschland haben wir dann statt 36 Spezialisten nur noch 11.

Dieser radikale Wandel wurde von Ellison gefördert, indem er den Top-Managern einen prozentualen Anteil an den eingesparten Kosten versprach. So wurde schon in der ersten zwei Monaten so radikal Hardware und Applikationen abgebaut, dass mancher nervös wurde – das Alte war schon weg, und das Neue lief manchmal erst einige Tage später optimal. Aber die Einsparungen waren beeindruckend – insgesamt 182 Millionen Dollar. 60 Millionen davon wurden allein durch die Vereinfachung des Desktops erzielt, weitere 21 Millionen Dollar bei der IT-Wartung eingespart und 17 Millionen bei den E-Mails.

Der Umbau der IT-Struktur zog eine ganze Reihe weiterer *Vereinfachungen* nach sich. So wurden etwa alle Mitarbeiterverträge (einschließlich der Gehälter) sowie die Kundenaufträge einheitlich gestaltet und via Intranet transparent gemacht – natürlich mit Sicherheitsstufen, so dass nicht jeder Zugriff auf alles hat.

Ein „E-Travel-System" wird eingeführt, das ebenfalls über das Intranet von zwei Reisebüros weltweit betrieben wird. Alle Dienstreisen werden nun von den Mitarbeitern eigenverantwortlich gebucht und abgerechnet. Alle Regelungen sind ins System eingebaut – man kann nur noch das buchen, was man darf. So sind die Reisekosten deutlich gesunken, da das System stets auch die Preise anzeigt: Viele Mitarbeiter buchen nun oft die kostengünstigere Maschine, auch wenn sie dann vielleicht mal eine halbe Stunde zu früh am Ziel sind.

4. Ergebnis

Das Ziel, eine Milliarde Dollar (zehn Prozent des Umsatzes) einzusparen, hatte Oracle bereits nach nicht mal einem Jahr erreicht – durch rigorose Zentralisierung, flachere Hierarchien, einheitliche Produkte und Preise, Konzentration des Vertriebs auf das Internet sowie eine Straffung und Vereinfachung des IT-Bereichs. Nun soll auch 2001 eine weitere Milliarde eingespart werden, und in den nächsten vier Jahren will Oracle bei gleichbleibender Mitarbeiterzahl jährlich um 20 Prozent wachsen.

5. Ausblick

Das E-Business wird in den nächsten Jahren der Schwerpunkt bei Oracle bleiben – für interne Prozesse genauso wie für externe: Mitte 1999 haben wir 20 Prozent unserer Aufträge über das Internet abgewickelt, im April 2000 waren es schon doppelt so viele. Und bis Ende des Jahres wollen wir diesen Anteil noch mal verdoppeln, auf 80 Prozent. Das reduziert Vertrieb und Support samt Kosten enorm.

Praxisbeispiel:
Schindler Aufzüge AG: Innovativ durch kompetenzbasiertes Netzwerk

Oliver Gassmann

1. Herausforderungen an Innovation und Produktion

Technologieintensive Branchen sind durch wachsende Unsicherheiten und steigende Entwicklungskosten aufgrund von technologischen Diskontinuitäten und sich schnell verändernden Marktbedürfnissen gekennzeichnet. Das Internet und moderne Informationstechnologien sind die zentralen Treiber von hochdynamischen Firmen der so genannten „New Economy". Doch der drastische Wandel beschränkt sich nicht auf reine E-Firmen. Unternehmensführung und Technologiemanager der „Old Economy" sind gleichsam mit drastischen Neuerungen konfrontiert. „Up-or-out" lautet das Motto zahlreicher Unternehmen in Technologiebranchen. Klassische Produktionsmethoden, ergänzt durch moderne Fertigungs- und Logistikprinzipien wie KANBAN oder Just-in-time reichen nicht mehr aus. Vielmehr sind Innovation, Schnelligkeit und Allianzen der Schlüssel der Wettbewerbsfähigkeit von morgen.

Die derzeitigen Herausforderungen in der Investitionsgüterindustrie können anhand der Aufzugsindustrie gut aufgezeigt werden:

1. Über Preis und Technologie wird ein starker *Verdrängungswettbewerb* geführt. Gewinner des Wettbewerbs sind die Unternehmen, welche über eine hohe Innovationskraft und -rate verfügen und diese über globale Marktpräsenz und stetiges Wachstum finanzieren können. Schindler setzt hier beispielsweise auf neue, maschinenraumlose Aufzugsprogramme mit getriebelosen Permanentmagnet-Antrieben. Die innovative Zielrufsteuerung wird ergänzt durch revolutionäre Zutrittskontrollsysteme. Technologische Differenzierung findet immer stärker über Software, Elektronik und Mechatronik statt.
2. *Deregulierung* findet in der Aufzugsindustrie in ähnlichem Maße statt wie in der Telekommunikationsbranche. Dies bietet innovativen Unternehmen riesige Chancen. Während früher beispielsweise eine Fangbremse im Aufzug mechanisch ausgelöst werden musste, wird heute nach der harmonisierten Norm lediglich lösungsneutral eine Geschwindigkeitsbegrenzung gefordert. Zudem können neue Wege gegangen

werden, welche ein schonendes Anhalten aus unkontrollierter Beschleunigung ermöglichen. Völlig neue Lösungskonzepte werden hier möglich, z. B. elektromagnetisch regulierte Bremsen verbunden mit integrierten Schachtinformationssystemen. Elektronik substituiert Mechanik.

3. Die geschaffenen Freiräume lassen demnach wieder alternative Aufzugsarchitekturen zu. Das Prinzip des *Architekturwettbewerbs* schlägt durch. Während inkrementelle Innovationen eine stetige Stabilisierung einer einmal gewählten Architektur fördern, sind heute gute Produkte nicht gut genug. Offene Architekturen ermöglichen Komponentenherstellern einen kostenorientierten Wettbewerb. Dies ist ähnlich dem PC-Markt, auf dem kostengünstige Imitatoren („IBM kompatibel") in den 80er Jahren die IBM substanziell bedrohten.

4. Die Fertigungstiefe wird weiter sinken. *Outsourcing* aller Aktivitäten, die nicht zum Kerngeschäft gehören, wird weiter vorangetrieben. Dies wird sich auf alle standardisierten Komponenten ausweiten. Über Skaleneffekte werden so die Herstellkosten reduziert und die Qualität der Produkte weiter erhöht.

5. In einer solchen Umgebung fressen nicht nur die Schnellen die Langsamen, sondern auch die *Low-End-Systeme* schlucken die High-End-Systeme. Beispiel ist der derzeitige Trend von Workstations über PCs zu Mini PCs. Nach IDC-Prognosen wachsen die Internet-Devices im Nicht-PC-Bereich – heute noch völlig vernachlässigbar – um ein Vielfaches über den PC-Bereich hinaus. Low-End-Gateways, wie z. B. vom Ericsson-Electrolux Joint-Venture entwickelt, werden aufwendige PC-Applikationen ersetzen. Bereits Ende der 90er Jahre startete die Post-PC-Ära.

6. Die Bedeutung von modernen Informationstechnologien nimmt dramatisch in allen Geschäftsbereichen zu. *E-Business* wird in allen Varianten in das Tagesgeschäft Einzug finden. Während heute meistens auf der Einkaufsebene eine starke Vernetzung stattfindet (z. B. Automobilindustrie), wird in der Zukunft auch Remote Monitoring und Remote Service eine dramatische Erhöhung von Verfügbarkeit und Komfort ermöglichen.

7. *Innovation* ist der Treiber aller Trends. Kompetenzen müssen gebündelt und Entwicklungsprojekte interdisziplinär in immer kürzerer Zeit durchgeführt werden. Während in den 80er Jahren eine starke Prozessorientierung die bisherigen hierarchischen Strukturen abgelöst hat, ist die Jahrtausendwende durch neue lösungsorientierte, wissensbasierte Unternehmen gekennzeichnet. New Economy Unternehmen sind lediglich ein Teil davon.

2. Schindlers kompetenzbasiertes F&E-Netzwerk

Jeden Tag transportieren Schindler Aufzüge und Rolltreppen 700 000 000 Menschen weltweit. Schindler mit Stammsitz in Ebikon, Schweiz, ist weltweit die Nr. 1 in Rolltreppen und Nr. 2 in Aufzügen. 1999 sind bei Schindler Aufträge in Höhe von 7657 Mio. SFr eingegangen. Weltweit beschäftigt Schindler über 43 000 Mitarbeiter. Als ein Resultat der konsequenten Globalisierung zeigt sich Schindler heute als ein globales Serviceunternehmen mit einem weltweiten Produktionsverbund und über 1000 Niederlassungen in mehr als 100 Ländern. Bereits 1906 wurde mit Berlin der erste Schritt in das Ausland getätigt; 1937 erfolgte mit Schindler Brazil die Expansion nach Lateinamerika und 1974 wurde mit dem Joint Venture Jardine Schindler in die boomende Region Asia Pacific expandiert. Heute steht der asiatische Markt ungeachtet der Asienkrise für rund zwei Drittel des Neuinstallationsmarktes von Aufzügen und Rolltreppen.

Schindler hat weltweit Produktionsstätten. Die Kernkomponenten der neuen Produkte werden in der Konzernentwicklung („Corporate R&D") entwickelt und dann in den führenden Komponentenwerken zuerst produziert. Der Entwicklungsprozess bestimmt hier eine hohe interdisziplinäre Zusammenarbeit zwischen F&E, Produktion und Marketing. Corporate R&D ist an mehreren Standorten vertreten: Ebikon (Schweiz), Morristown (USA), Shanghai (China) und São Paulo (Brasilien).

Die führenden Komponentenwerke mit ihrer lokalen Verfahrensentwicklung befinden sich an den Standorten Mulhouse und Melune (Frankreich), Zaragozza (Spanien) und Locarno (Schweiz). Zusätzliche Werke in Nord- und Südamerika sowie Asien ermöglichen eine autarke Produktion für den kontinentalen Markt.

Durch die Corporate R&D werden Kompetenzen gebündelt und weltweit Synergien in den Kernkomponenten ausgenutzt. System- und Technologiemanagement erfolgen durch die zentrale Führung, permanente Kostenreduktionen im Sinne von Kaizen finden in den Werken statt.

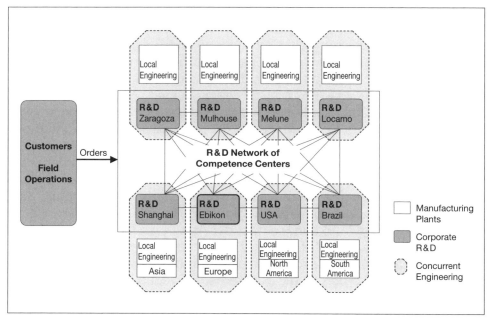

Abb. 1: Im kompetenzbasierten, globalen F&E-Netzwerk Synergien erzielen und gleichzeitig lokales Simultaneous Engineering in den Komponentenwerken

3. Zusammenarbeit zwischen F&E und Produktion auf vier Ebenen

Die Zusammenarbeit zwischen F&E einerseits und Produktion anderer-seits findet auf verschiedenen Ebenen statt:

1 . *Die regionale und legale Ebene:* Sowohl die Produktionsstätten als auch die Konzernentwicklung werden als Profit Center geführt. Dies führt zu Interessenkonflikten: Sobald das Projekt gestartet ist, sind die Werke kurzfristig daran interessiert, die Transferpreise und damit die Margen zu erhöhen. Dies widerspricht jedoch den Entwicklungszielen. Die operative Zusammenarbeit kann stark erhöht werden, indem ver-einbarte Ziele eingefroren und die interdisziplinären Teams räumlich zusammengeführt werden.

2. *Die hierarchische und funktionale Ebene:* Bei Schindler ist, wie in den meisten Firmen, die Produktion getrennt von der F&E. Diese Trennung ist wünschenswert, wenn die Entwicklung über neue Technologien und Technologielieferanten immer stärker auch zur Verringerung der Ferti-gungstiefe drängt. Wichtig ist hier ein offenes Austragen von potenzi-

104

ellen Konflikten. In der Managementliteratur wird kaum mehr über die Aufbauorganisation eines Unternehmens gesprochen, alles läuft über Projekte und Prozesse. Querlaufende Prozesse schaffen jedoch Matrix- und Tensororganisationen und damit auch komplexe Schnittstellen; Information geht durch reduzierte Kommunikation und Interessenkonflikte verloren. Schindler hat daher die Entwicklung von einer funktionalen Organisation (Mechanik, Elektronik, Software) zu einer Modulorganisation (Antrieb, Steuerung, Schacht, Kabine) gewandelt. Damit wird die Entwicklung zum Spiegelbild der Produktion.

3. *Die Projekt- und Prozessebene:* Klar definierte, interdisziplinäre Prozesse unterstützen die unternehmensinterne Zusammenarbeit stark. Im Rahmen von Concurrent Engineering werden zahlreiche Aktivitäten parallelisiert. Wichtig ist Klarheit des Prozesses: Alle Beteiligten müssen die Regeln kennen. Im Rahmen vom falsch verstandenen ISO 9000 schaffen viele Unternehmen oft komplexe Regelwerke und Organisationsnormen. Wichtiger ist die Umsetzung von klaren Leitlinien.

4. *Die informelle Netzwerkebene:* Misstrauen fördert Abteilungsdenken und zeitaufwendige Insel-Lösungen. Ein zentraler Erfolgsfaktor für die Zusammenarbeit ist daher die informelle Ebene. Unternehmenskultur und weiche Faktoren bestimmen die Qualität des offenen Informationsaustausches und der Kooperation. Nur wer nicht vor dem Management vorgeführt wird, gibt seine noch unfertigen Konstruktionsentwürfe an die Fertigung zur vorläufigen Begutachtung und gemeinsamen Lösungssuche weiter. Informelle Netzwerke können vom Unternehmen aktiv gefördert werden: Systematische Job Rotation, Gründung von Fach-Clubs sowie intensive Reisen schaffen und unterstützen informelle Netzwerke.

4. Produktentwicklungsprozess: interdisziplinär und strukturiert

Schindler führt die Produktentwicklung in einem straff strukturierten Produktentwicklungsprozess. Die einzelnen Schritte sind durch Meilensteine klar voneinander abgegrenzt. Eine Geschäftsidee oder ein Produktentwicklungsvorschlag wird in die Ideensammlung eingebracht. Unter Priorisierung aller Ideen unter Wirtschaftlichkeitsbetrachtungen (ROI) und strategischen Produkt-Technologie-Markt-Überlegungen wird ein Projekt gestartet.

Sind die Spezifikationen erstellt, kommt das Projekt in einen Backlog und wird nochmals grundsätzlich vor der Konzernleitung hinterfragt. Marketing, Entwicklung und Produktion müssen hinter dem Projekt stehen,

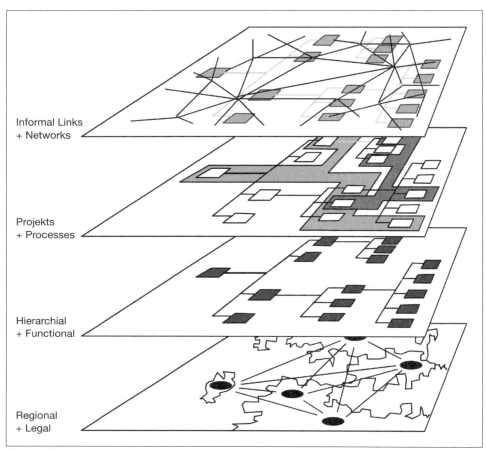

Abb. 2: Vier Ebenen der Zusammenarbeit entlang des Wertschöpfungsprozesses

bevor das „Go-for-one" gegeben wird. Nach diesem sind sämtliche Spezifikationen eingefroren, die eigentliche Produktentwicklung startet auf
soliden Grundlagen. Das weltweite Sourcing-Konzept wird parallel zur
Entwicklung erstellt. Nach ersten Testanlagen im Feld und einem strukturierten Feedback an die Entwicklung wird eine grundsätzliche Verkaufs-
freigabe gegeben.

Ausgenommen von diesem hoch strukturierten und mit starkem Controlling versehenen Prozess ist die Vorentwicklung im Technologiemanagement: Diese überprüft die technologische Machbarkeit im Vorfeld
und stellt damit sicher, dass die Projekte sauber durchgeführt werden
können. Im Technologiemanagement sind auch die Wettbewerbsanaly-

106

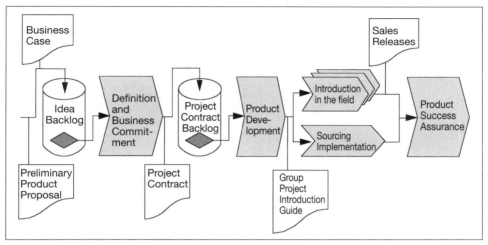

Abb. 3: Der „Product Creation Process" bei Schindler

sen und die strategische Technologieplanung angesiedelt. Dies fördert ein integriertes Management von neuen Technologien, sowohl aus Technologie- als auch aus Markt- und Wettbewerbssicht. Das Technologiemanagement arbeitet jedoch auch stark mit einzelnen hoch innovativen Endkunden (Lead User) zusammen. Mit diesen visionären Anwendern werden Technologien und Applikationen gemeinsam entwickelt und getestet. Jüngstes Beispiel für eine derart vorangetriebene, extrem erfolgreiche Innovation ist LIFTLOC, ein Zutrittskontrollsystem verknüpft mit Aufzügen.

5. Wissen als Basis von Innovation

Technologisches Wissen veraltet schnell. Die Halbwertzeiten des Wissens nehmen ständig ab: In der Informationstechnologie ist bereits nach einem Jahr die Hälfte des Wissens wieder überholt! In Web-Technologien sind diese sogar noch kürzer.

80% aller jemals veröffentlichten technischen Informationen liegen in Patenten. Die meisten Unternehmen nutzen dieses Wissen zu wenig. Bei Schindler werden exzessiv Patentrecherchen durchgeführt, um systematisch zu lernen.

Kern der Innovation ist jedoch der Mensch. In den 90er Jahren ist die Thematik des Wissensmanagements aufgekommen. Damit versucht man, das Daten- und Informationsmanagement um die impliziten, reichen

107

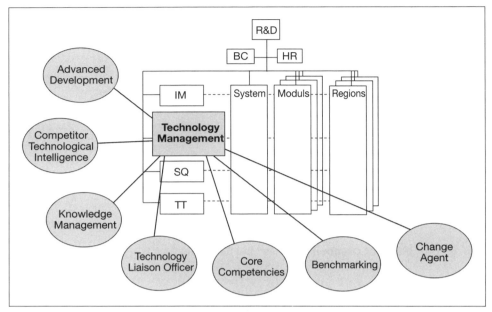

Abb. 4: Ein integriertes Technologiemanagement erhöht die Innovationskraft

Facetten des Wissens anzureichern. Das verborgene Wissen in einem Unternehmen stellt den größten Anteil dar: Individuelle Erfahrungen sind sehr wertvoll, lassen sich jedoch meistens schlecht artikulieren.

Bei Schindler besteht die Herausforderung darin, dieses wertvolle Anwendungswissen der weltweit 28000 Servicetechniker ohne große Zeitverzögerungen zu nutzen und in Produkt- und Prozessverbesserungen einzubringen. Für den Servicetechniker ist jedoch der „Bleistift schwerer als der Hammer".

Da Wissensmanagement zum Megatrend im Management der Jahrtausendwende wurde, gibt es viele Schlagworte, jedoch wenig konkrete Ansätze zur praktikablen Umsetzung. Lösungsansätze im Wissensmanagement können von drei Richtungen angegangen werden:

1. *Schnittstellen:* Das Top-Management interessiert sich immer für die optischen Schnittstellen zum Anwender. Visuell hochwertige Lösungen unterstützen die Akzeptanz.
2. *Plattform:* Je stärker IT-Experten aus dem Informatikbereich miteinbezogen werden, desto stärker dominiert die Frage nach der geeigneten technischen Plattform: Lotus Notes, Web-basiert auf Datenbanken, SAP oder Web-Overlays.

108

3. *Prozess:* Der Prozess zur Generierung und Verwertung von Wissen wird meistens zu wenig betrachtet. Anreize für qualitativ hochwertige Inputs, sinnvolles Filtern, Auswertungen und Feedbacks an die Wissenslieferanten sind jedoch kritische Erfolgsfaktoren. Unzureichende Prozessbetrachtungen sind die häufigsten Ursachen für ungenutzte, veraltete Datenfriedhöfe.

Der Kern des Wissensgenerierungs- und Umsetzungsprozesses ist und bleibt der Mensch. Wissen entsteht in den Köpfen und wandert mit den Köpfen! Gute Mitarbeiter bringen gute Ideen und setzen diese auch erfolgreich um. Interessante Projekte in attraktiver Entwicklungsumgebung, dazu begleitende Personalentwicklung und Karrierechancen, ziehen die weltweit besten Mitarbeiter an.

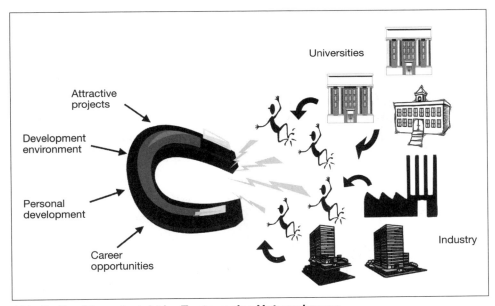

Abb. 5: Der Mensch steht im Zentrum des Unternehmens

6. Fazit

Kürzer werdende Innovationszyklen, steigende Anforderungen von Kunden bezüglich Vielfalt und Qualität sowie gleichzeitig verstärkter Kostendruck führen zu verschärftem Wettbewerb in der Aufzugs- und Fahrtreppenindustrie. Die in den 90er Jahren stark forcierte Deregulierung bietet insbesondere den innovativen Anbietern große Chancen. Innovation gehört zur zentralen Stoßrichtung des Konzerns. Damit einhergehend findet ein Wandel statt: Der schweizerische Aufzugshersteller mit langer Tradition hat sich in den 80er und 90er Jahren zu einem globalen Serviceunternehmen gewandelt. Statt Aufzügen wird Mobilität verkauft; ein Großteil des Umsatzes wird mit Service gemacht.

Schindler hat eine moderne Entwicklungs- und Produktionsumgebung. Die hohen Innovationsraten erfordern eine exzellentes Zusammenspiel zwischen Innovation, F&E und Produktion. Dieses Zusammenspiel muss auf allen vier Ebenen eines Unternehmens funktionieren: 1. Regional/ Legal, 2. Hierarchie/Funktional, 3. Prozesse/Projekte und 4. Informelles Netzwerk.

Der Innovationsprozess bei Schindler ist grundsätzlich zweigeteilt: In einer Vorphase wird im Technologiemanagement die Machbarkeit in technologischer und zum Teil auch in marktlicher Sicht abgeklärt. Hier arbeiten Venture-Teams mit hohen Zielen und viel Freiraum. Der größte Teil der Corporate R&D treibt jedoch den gut strukturierten Produktentwicklungsprozess voran. Hier ist vor allem Unsicherheitsreduktion gefragt.

Der Mitarbeiter ist der Kern der Innovation. Schindler muss das Wissen von über 43000 Mitarbeitern nutzen. Datenbanken alleine helfen hier wenig. Eine innovative und offene Unternehmenskultur schafft ein Klima des Vertrauens. Die Zusammenarbeit zwischen F&E und Produktion wird dadurch gefördert, die Projekte erfolgreich. Nichts ist erfolgsfördernder als Erfolg!

Praxisbeispiel:
Siemens AG: Laserdrucker

Helmut L. Clemm

Das Unternehmen

Die Business-Unit Druckmaschinen der Siemens AG produziert Hochleistungsdruckmaschinen. Exportschwerpunkte waren USA, Europa und Asien. Der Umsatz betrug 900 Mio. DM, der von 3000 Mitarbeitern erbracht wurde. Es handelte sich um einen Markt, auf dem Xerox als Weltmarktführer 50% Marktanteil hielt, dann folgten IBM und Siemens mit je 23%. Der Neugerätemarkt hatte nur kleine Zuwachsraten, konnte aber durch neue Anwendungsfelder ausgeweitet werden.

1. Situationsanalyse

Laserdrucker arbeiten nach dem elektrofotografischen Verfahren in den unterschiedlichsten systemtechnischen Umgebungen vom Supercomputer bis zum PC und in Netzwerken. Sie sind Investitionsgüter für den Dauerbetrieb, wiegen ca. eine Tonne, haben 20 kW Anschlusswert und drucken zwischen 50 und 500 Seiten A4 pro Minute. Einsatzfelder sind Handbücher, Rechnungen, Bankauszüge, Versicherungsscheine, aber auch Massendrucksachen. Die Maschinen haben 6000 bis 7000 Teile, davon rund 1000 bewegte. Besonders wichtig ist die Papierführung. Jeder Drucker enthält eine spezielle Steuerung für Bildpunkte. Dank Geräteelektronik mit Mikroprozessoren kann wesentlich mehr Leistung erreicht werden als bei rein mechanischen Lösungen.

Allein im Service waren etwa 1000 Personen tätig, davon 450 in den USA und 270 in Deutschland. Die Abschreibungsdauer für den Kunden lag meist bei fünf Jahren, so dass es nahe lag, über einen Fünfjahreszeitraum zu rechnen. Der Geräteumsatz allein betrug nur ein Viertel des Gesamtumsatzes, 15% vom Kunden bezahlter Support und 60% Servicegeschäft. Das Gerätegeschäft erbrachte einen Gewinn von 0%, der Service jedoch wesentlich mehr. Es kam also entscheidend darauf an, mit dem Servicegeschäft Geld zu verdienen.

Die Business-Unit war tief in den roten Zahlen. Der größte Teil der Kostenflut wurde durch eine Qualitätskrise der neuen Gerätegeneration verursacht.

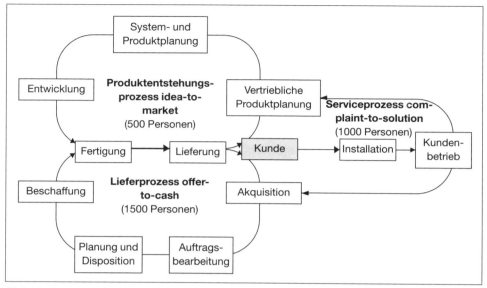

Abb. 1: Drei Geschäftsprozesse bei Investitionsgütern

Zunächst wurde eine Standortbestimmung erarbeitet. Wichtig war zu verstehen, wie sich der Markt entwickelte, wie das Geschäftssystem aussah, welche Prioritäten die Kunden und die Servicemitarbeiter hatten und welche Maßnahmen besonders vertrauenserweckend aus Sicht der Kunden und des Außendienstes waren. Nach vielen Besuchen vor Ort in verschiedenen Ländern war bald klar: Die Sicht des Bedieners und Schichtführers war entscheidend, denn diese beiden Personen sind verantwortlich für den kontinuierlichen Produktionsbetrieb. Sie informieren ihre Führungskräfte darüber, mit welchen Maschinen sie am besten arbeiten und produzieren können.

2. Lösungsansätze

Die Erfolgsrate bei der Installation eines neuen Druckers lag zunächst bei 20%, immer fehlten irgendwelche Teile und/oder die Vorbereitungsarbeit beim Kunden und/oder die Einweisung des Servicetechnikers waren suboptimal. Wir führten dann die Kennzahl EFI (error free installation) in der Zielvereinbarung des Produktionsleiters ein: EFI = 100%. Der Produktionsleiter übernahm also zusätzlich die Verantwortung für Transport, die

112

Einweisung des Servicetechnikers und die Vorbereitung der kundenbezogenen Fertigung. Innerhalb eines Jahres sprang der EFI auf etwa 90%.

In partnerschaftlichen Zielvereinbarungen (PVZ) mit den Verantwortlichen in der jeweiligen Prozesskette und für Qualitätskosten, Rückläufer und Lagerbestände wurden die Ziele vereinbart. Für die Umsetzung der festgelegten Ziele wurden SEP-Teams gebildet, d.h. Teams mit Mitarbeitern aus **S**ervice, **E**ntwicklung und **P**roduktion.

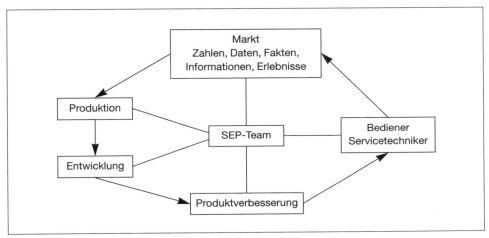

Abb. 2: Zusammenarbeit in SEP-Teams

1000 Servicetechniker haben ein gigantisches Wissen über das Einsatzverhalten der Drucker im Betrieb der Kunden weltweit (horizontales Breitenwissen). Entwicklung und Produktion im Stammhaus sind gekennzeichnet durch viele Spezialisten mit großem Detailwissen (vertikales Tiefenwissen). Ziel war nun, beide Wissenspools zu verbinden und für das Produkt nutzbar zu machen. Dies gelang durch eigenständiges Ausprobieren der Drucker durch die Beteiligten.

Das Ziel der isolierten Maximierung der Wirtschaftlichkeit des Service wurde aufgegeben zugunsten ganzheitlicher Orientierung an den Life cyclecosts, z.B. das Produkt zu verbessern und die MTBSC (mean-time-between-service-call) deutlich zu steigern (Faktor 12). Der Servicetechniker sollte nicht vor Ort an die Maschine müssen, weil die Meldungen auf dem Bedienfeld so einfach gehalten sind, dass der Bediener des Kunden zum Teil die Entstörung selbst vornehmen kann. Die Maschinen wurden mit einer automatischen Remote-Diagnose ausgestattet. Jeder Drucker hing an einer Telefonleitung und meldete sich beim Abweichen von den Sollwerten direkt beim Servicetechniker. Eine weitere wichtige Erkenntnis bestand darin, dass nicht nur die Montage, sondern auch die Demontage durch den Servicetechniker einfach und schnell erfolgte. Speedmanagement ermöglichte die schnelle Umsetzung der Erkenntnisse durch paralleles Arbeiten.

Dafür war es erforderlich, dass das Wissen über die Maschinen zwischen Werkstätten, Labors und Büros ausgetauscht wurde. Die Servicetechniker beschrieben in Workshops Probleme und Erlebnisse bei Kunden, aus denen dann Maßnahmen abgeleitet wurden. Dabei sahen es die Ingenieure aus Entwicklung und Produktion nicht gerne, dass die Anliegen der Servicetechniker zur ersten Priorität wurden.

Das wichtigste Werkzeug war das Projektmanagement für die vielfältigen Aufgaben und Aktionen. Als wichtige Erfahrungen haben wir festgestellt:

- Das Management und die Geschäftsleitung muss den Veränderungsprozess aktiv wollen.
- Die Führungskraft muss an der Spitze stehen und die Leitung übernehmen, das Team motivieren, begeistern und unterstützen.
- Ziele treffend formulieren, quantifizieren und in Ruhe durchdenken.
- Kunden und Außendienst in die Geschäftsprozesse einbinden und aus deren Perspektive und Erfahrungen lernen.
- Richtige Auswahl an Mitarbeitern, die die übertragenen Aufgaben auch erfüllen können.
- Konstruktives Umfeld schaffen, Teamarbeit fördern, Synergien nutzen.
- Projektberichte veröffentlichen und grafisch aufbereiten, so das alle Beteiligten den gleichen Informationsstand haben.
- Ein Vertrauensverhältnis entwickeln, in dem auch Konflikte geregelt und Fehler besprochen werden können.
- Wichtig ist das Hauptziel, denn dies darf bei allen Teilprojekten nicht aus den Augen geraten.

Zu unserem Erfolgsfaktor entwickelte sich das Wissensmanagement und die Vernetzung aller Beteiligten. Durch das Zusammenfließen aller Erfahrungen konnten wir kundengerechte Drucker entwickeln und schneller produzieren.

3. Ergebnisse

Mit den beschriebenen Maßnahmen gelang eine Punktlandung mit dem neuen Produkt, dessen Leistung von bisher 140 auf dann 240 Seiten pro Minute gesteigert werden konnte. Das Wichtigste dabei war der Quantensprung in Qualität und Kundenakzeptanz. Wir konnten die Produktion um 60% steigern und fast zum Listenpreis verkaufen. Wir erhielten mehrere Auszeichnungen. Die Entwickler lernten, dass sie auf dem vom Kunden und vom Servicetechniker aufgezeigten Weg noch mehr Patente anmelden konnten als bisher. Jeder neue Drucker beinhaltete 20 bis 50 Neuanmeldungen.

Aus dem 50-Blatt-Drucker wurde bei Gleichteilesystematik ein 75-Blatt-Drucker. So konnten wir durch die höhere Leistung auch einen 20 bis 30% höheren Verkaufspreis verlangen. Die Kosten betrugen dabei nur wenige Prozent mehr im Vergleich zum Grundgerät.

Zusammengefasst:

- Quantensprung zur Weltspitze durch Kombinieren des Wissens und Könnens aller Mitarbeiter
- Jede Maschine wurde als ein Geschäftsfall bearbeitet
- Interne Probleme und Konflikte zügig in konstruktive Leistungen umsetzen
- Partnerschaftliche Vereinbarungen für alle wesentlichen Arbeitserzeugnisse über Abteilungen und Prozesse hinweg bis zum Kunden
- Innovation und Qualität aus Kundensicht konsequent durch die Geschäftsleitung vorleben

Nach erfolgreichem Turnaround vervielfachte sich der Geschäftswert der Business Unit. Sie wurde an Océ verkauft und ist heute die tragende Säule dieses Konzerns. Sowohl Geschäftsvolumen und Ertrag als auch die Anzahl der Arbeitsplätze sind auf dem Wachstumspfad.

Praxisbeispiel:
Siemens AG:
Telefone – Neue Entwicklungs- und Fertigungskonzepte

Helmut L. Clemm

Das Unternehmen

Der Turnaround im Telefongeschäft steht hier im Mittelpunkt. Es geht um rund 800 Mio. DM Umsatz und 4 200 Mitarbeiter, Weltgeschäft in 120 Ländern, 2 Produktionsstandorte in Deutschland, sowie 33 Landesfertigungen. Die Preise im Geschäft mit unseren Hauptabnehmern hatten sich halbiert und gedrittelt, nicht aber unsere Kosten!

1. Situationsanalyse

Die geschäftlichen Herausforderungen im Produkt-, Anlagen-, System-, Konsumgut- und Servicegeschäft sind schlagwortartig in Abbildung 1 dargestellt:

Herausforderungen	Kundenfocus
● Innovationsdruck Verkürzen der Innovations- und Produktionszeiten, Erweitern der Produktpalette.	● Wer sind die Kunden und die Kunden unserer Kunden?
● Produktionsdruck Verändern der Entwicklungs- und Fertigungstiefe, Logistik und Flexibilität.	● Welches sind ihre Probleme und Interessen?
● Marktdruck Wettbewerbsintensität steigt, Veränderungen des Marktes, der Kunden sowie ihres Kaufverhaltens.	● Welchen Nutzen suchen sie?
● Beschaffungsdruck, global sourcing, Supply Chain Management, global competition, Partnerschaften, Joint Ventures.	● Warum kaufen sie?
● Wettbewerb um Talente, schnelles Lernen.	● Wie kaufen sie?

Abb. 1: Die geschäftliche Herausforderung

Die geschäftlichen Herausforderungen entstehen nicht nur daraus, dass die Zollhürden dank GATT und WTO weltweit immer kleiner werden und damit den Welthandel enorm verstärken, sondern auch wegen der zunehmenden Qualität der Telekommunikationsmittel und dem wachsenden Bildungsstand weltweit. Die Eintrittsbarrieren bei vielen neuen Technologien sind niedrig. In der Software-Technik zum Beispiel reicht bei Schulen in Indien ein einfacher PC aus, ausgerüstet mit ein paar Softwarepaketen.

Die Antwort der Unternehmen auf die vielen Herausforderungen kann nur sein, vom Markt her zu denken und zu handeln und sich in allen Teilen und Prozessen gezielt darauf auszurichten. In vielen Fällen hilft es, die erforderlichen Teilprozesse in Marketing, Vertrieb, Produktion und Entwicklung zu parallelisieren und die Grenzen des Parallelisierens konsequent auszuloten. Dabei sind Wissen und Können aller Beteiligten für mehr Leistung und Kundenorientierung unabdingbar. Die Attraktivität des Marktes und die Art, wie er bedient und wie in ihm kooperiert wird, entscheidet über die Zukunft des Arbeitsplatzes und des Industriestandortes. Es gibt keine Entschuldigung für schwache Führungsleistung, denn weder Steuern noch Löhne, weder staatliche Eingriffe noch behördliches Schneckentempo können als Ausrede herhalten.

Ein erfolgreiches Managementteam sorgt für den nötigen „sense of urgency" und für Begeisterung und Leistungsbereitschaft bei den Mitarbeitern. Es beseitigt interne Konflikte und Egoismen und fördert die richtigen Talente. Es betreibt Zeit- und Know-How-Management im dynamischen Umfeld und macht damit seine Teams erfolgreich. Entscheidend sind:

1. Marktsegmentierung nach Produktmarktfeldern mit Marktanteilen und Wachstumsraten nach Regionen (cross-checken mit der Sicht der Branche und/oder der Wettbewerber) sowie deren Dynamik.
2. Strategischer Fit der aktuellen Marktanteile und ihrer Trends mit den langfristigen Zielen und Fähigkeiten des Unternehmens.
3. Kennlinie des Wirtschaftsergebnisses: Ergebnisbeiträge und Geschäftsvolumina in absoluten Größen ergänzt um die Darstellung der Kostenstrukturen nach Produkten im Vergleich zu den internationalen Hauptwettbewerbern.
4. Wettbewerbsvergleich der Innovationsraten mit den Positionen time to market, Qualität und Qualitätskosten, Vertriebskanäle und Margen, der Dynamik des gesamten Umfeldes.
5. Analyse aller Stärken und Schwächen für jedes Produktgebiet und in Summe, Analyse (SWOT = strengths, weaknesses, opportunities, threads) insbesondere der kritischen Erfolgsfaktoren Qualität (z.B. first pass yield), Zeit (z.B. time to market), Kosten (z.B. design to cost).

118

Wichtig ist, dass die Situationsanalyse eine nicht delegierbare Aufgabe der Unternehmensspitze ist. Den Konsens des Führungskreises vorausgesetzt, wird sie an die Mitarbeiter weitergegeben, nachdem das Handlungskonzept erarbeitet ist.

Heute reicht es nicht aus, dass jeder Funktionsbereich des Unternehmens isoliert von den anderen seine Position verbessert. Der Durchbruch zu mehr Produktivität und Wettbewerbsfähigkeit ist nur durch ganzheitliche geschäftsbezogene Orientierung von Produktgruppe zu Produktgruppe unter Einsatz von cross-functional Teams zu schaffen. Diese Teams müssen ihre internen Konflikte und Egoismen zugunsten des größeren Erfolges des Unternehmens beim Kunden aufgeben können. Oft sind mehr als 50% Verbesserung durch diesen Ansatz möglich. Am besten wird mit sogenannten Durchbruchteams begonnen, die die neue Arbeitsweise erproben, z. B. für Marktpositionen wie Qualität und Qualitätskosten, time to market und Wahrnehmen der Marktchancen sowie Kostenmanagement.

2. Ausgangslage, Vorgehensweisen und Maßnahmen

Die Ausgangssituation wird in Abbildung 2 deutlich. Der serielle Prozess in der Entwicklung und Produktion umfasste ab Projektbeginn 685 Tage. Der Prozess war perfekt beschrieben und dokumentiert, ISO-zertifiziert und die Meilensteine mit Zahlen, Daten und Fakten beschrieben. Jeder Teilprozess war über Inputgrößen informiert, ebenso über die zu liefernden Teile. Trotzdem lagen wir hinter dem Wettbewerb zurück.

Das größte Problem bestand nämlich darin, dass der Hauptwettbewerber seine Produkte zum halben Preis auf den Markt brachte, diese in halber Entwicklungszeit produzierte und damit Gewinn erzielte.

Es wurde folgendermaßen vorgegangen: Der erste Schritt bestand darin das Design festzulegen. Dann begann die Arbeit am Prototyp und die Produktionsvorbereitung mit Prüf- und Prozessplanung. Durch verbessertes Wissensmanagement und einem verkürzten Lernprozess wurde eine schnellere Rückmeldung von Kunden und Servicemitarbeitern erzielt. Damit konnte auch die Qualität der Produkte verbessert und neue Produktmerkmale eingearbeitet werden. Aus Meilensteinen des seriellen Prozesses wurden Synchronisationspunkte parallel laufender Prozesse. Schwieriger wird es, wenn zum Beispiel neben der Produktplanung parallel Gehäuse, modische Accessoires und Farben festgelegt werden.

Mit konsequenter Prozessorientierung durch Parallelisierung aller Hauptprozesse, concurrent-engineering, Eliminieren der Reparaturschlei-

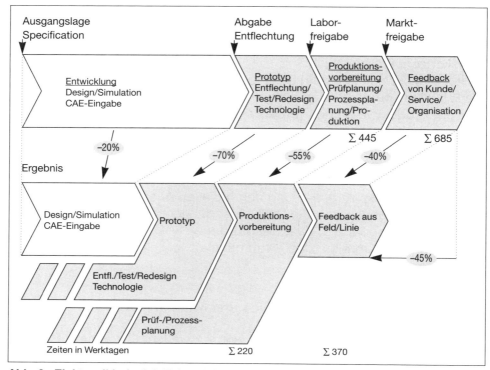

Abb. 2: Elektronikbeispiel: Zeitverkürzung bei Baugruppen

fen werden die Produktionszeiten erheblich verkürzt. Damit gelang es im ersten Anlauf in nur 370 Tagen das Produkt ohne Einbußen bei Kosten und Qualität zu produzieren.

Dies zeigt die Notwendigkeit, simultan im Team zusammenzuarbeiten und seine Kenntnisse ständig zu erweitern, um gemeinsam im gegenseitigen Vertrauen das gesteckte Ziel zu erreichen. Dies ist nur dann möglich, wenn praxiserprobte Mitarbeiter in einer konflikttoleranten Vertrauenskultur zusammenarbeiten können und vom Management unterstützt werden.

3. Durchbruchteam

Ein Team aus verschiedenen Abteilungen erarbeitet parallel, synchron und gemeinsam, möglichst synergetisch die Lösung. Die Mitglieder des Teams stammen aus Konstruktion, Fertigungstechnik, Vertrieb, Service, Programm-Management und Zulieferbereich. Die Lösung ist besser, weil jeder gleich vom anderen lernen kann. Solche Durchbruchteams sind heute an der Tagesordnung. Sie nutzen die Tatsache, dass im Team Verbesserungen bezüglich der Durchlaufzeit, der Qualität und der Kosten gleichzeitig erzielt werden können. Diese Arbeitsweise stellt enorm hohe Anforderungen an die Führungskräfte, Konflikte zu lösen und Egoismen zu neutralisieren.

4. Mobilisierungsprogramm

Abbildung 3 zeigt vereinfacht das Mobilisierungsprogramm für die 10 Produktgruppen. Wir konnten fertige Geräte im deutschen Elektronikfachhandel zu einem Preis kaufen, der unseren Material-Einstandskosten entsprach. In jedes Gerät legten wir damit symbolisch einen 10- oder 20-DM-Schein und manchmal noch mehr hinein. Die Produktion konnte aus Marktgründen um 50%, von 2,1 auf 3,3 Mio. Geräte gesteigert werden! Aber dies steigerte zunächst nochmals drastisch die Verlustposition, denn die Geräte waren noch nicht umkonstruiert.

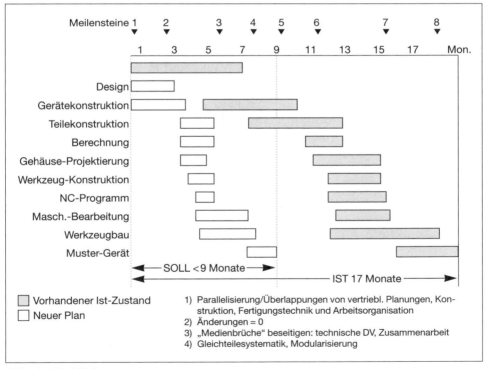

Abb. 3: Mobilisierungsprogramm

Alle Abläufe für ein solches Gerät von der Produktidee bis zur Serienreife werden mühevoll in Detail- und Gruppenarbeit durchgearbeitet und auf Plakaten dargestellt. Wenn Konsens über die Vollständigkeit besteht, wird alles gründlich rationalisiert. Es gilt, die Einzelschritte und ihre Vernetzung maximal zu rationalisieren: Jeder Schritt und jedes Bauteil, die entfallen, verursachen keine Kosten mehr und müssen nicht mehr qualitätsgesichert, nicht mehr gelagert, nicht mehr eingekauft werden. Schematisch dargestellt und extrem stark vereinfacht zeigen die weißen Balken das Ergebnis.

Folgende Rationalisierungsfragen müssen gestellt werden:

1. Wo läuft der kritische Weg und wie können wir ihn verkürzen?
2. Was geschieht, wenn eine Tätigkeit ersatzlos gestrichen wird?
3. Was muss geschehen, damit auf ein Arbeitspaket verzichtet werden kann?
4. Was geschieht, wenn es in der Hälfte der Zeit oder noch schneller erledigt werden muss?
5. Was geschieht, wenn schon viel früher und parallel begonnen wird?
6. Wie müssen wir unsere Zusammenarbeit ändern?

Die Durchlaufzeit für die Entwicklung der kompletten Geräte wurde im ersten Schritt halbiert und im zweiten Schritt nochmals halbiert. Der erste Schritt gelang dadurch, dass wir Elektronik- und Betriebsmittelkonstruktion parallelisieren konnten. Notwendige Voraussetzung war eine Komplettumstellung im technischen Bereich: Zum einen mussten die CAD-Verfahren von Entwicklung und Betriebsmittelkonstruktion vereinheitlicht werden und zum anderen mussten wir eine intelligentere Produkttechnik einführen, eine Modularisierung mit Plattformtechnik. Die gesamte Elektronik und die Elektromechanik, wie Tastatur, Lautsprecher und Schalter kamen auf die Baugruppe. Das Gehäuse war nur noch Verpackung und der Designer sorgte dafür, dass die Baugruppe trotz modischer Merkmale unverändert hineinpasste. Die Montage musste robotergerecht sein, d.h. möglichst nur eine oder zwei Montagerichtungen.

5. Ergebnisse

Nach dem die verschiedenen Ideen und Maßnahmen, die eine parallele Berarbeitung ermöglichten, eingeführt und umgesetzt waren, erzielten wir folgende Ergebnisse.

- Drastische Reduzierung der Komplexität in allen Stufen
- Schnellere Entwicklung bis zur Marktreife
- Halbierung der Teileanzahl
- Wegfall und Vereinfachung von Entwicklungs- und Produktionsschritten
- Vereinfachung von Beschaffungsvorgängen
- Verkürzung von Lagerabläufen und einfachere Logistik

Die Produktivität konnte deutlich gesteigert werden. Folgende Kennzahlen zeigen einige der Verbesserungen:

- Mitarbeiterproduktivität erhöht um 290%
- Fertigungsdruchlaufzeit reduziert um 75%
- Fehlerrate in der Fertigung unter einem Prozent
- Anzahl der Lieferanten um 88% verringert
- Anzahl der Typen und Teile um 87% reduziert
- Produktion um 700% gesteigert

Besonders bemerkenswert ist, dass diese Zahlen trotz gleichzeitiger Einführung der 35-Stunden-Woche erreicht werden konnten. Mit gemeinsamen Anstrengungen wurden Wettbewerbsnachteile auf Grund des Standortes kompensiert. Wichtig war auch, dass den Ingenieuren in Produktion, Produktionsplanung und Entwicklung die Kostensituation überzeugend erklärt werden konnte.

Der große Erfolg dieses Projektes führte dazu, dass nach wenigen Wochen weitere Projekte zur Überarbeitung anderer Produktgruppen folgten.

.

Praxisbeispiel:
TI Specialty Polymer Products (TI SPP): „Auf Prozesse abstimmen"

Udo Wendland

Das Unternehmen

Die 1919 in Großbritannien gegründete, in London börsennotierte TI Group hat heute weltweit in 45 Ländern über 450 Produktions- und Service-Standorte. Mit rund 40 000 Angestellten werden jährlich 2,85 Milliarden Pfund (über 9,5 Milliarden Mark) umgesetzt. Den größten Anteil daran erwirtschaftet die Sparte „TI Automotive Systems" (1,2 Mrd. £), gefolgt vom Gleitring-Dichtungs-Produzenten John Crane (700 Mio. £) und dem Luft- und Raumfahrt-Unternehmen Dowty (550 Mio. £).

Der Geschäftsbereich „Specialty Polymer Products" (SPP) ist dabei mit weltweit rund 400 Millionen Pfund (etwa 1,34 Milliarden Mark) Jahresumsatz noch die kleinste Sparte der Gruppe, hat jedoch hohe Wachstumsraten. TI SPP Europe stellt als zweitgrößter Produzent Europas in erster Linie Polymer-Dichtungen und -Führungen für Hydraulik- und Pneumatik-Anwendungen her. 5000 Angestellte an 23 Produktionsstandorten und in 27 Verkaufsniederlassungen setzen dabei jährlich 300 Millionen Pfund (rund eine Milliarde Mark) um, unterstützt von zwei Logistikzentren.

1. Aufgabenstellung

Eine „Process Based Organisation", kurz PBO – das war das Ziel, als ich Anfang 1999 meinen Posten bei TI SPP antrat: Klare Veranwortungsbereiche, marktgetriebene Produktentwicklung, zentralisierte Lagerhaltung. Das Konzept des Lean Manufacturing sollte auf die gesamte Wertschöpfungskette übertragen werden – vom Zulieferer bis zum Kunden.

2. Ausgangssituation

Der erste Schritt zu TI SPP war die Übernahme der *Dowty* Gruppe durch TI im Jahr 1992. Die Sparte Polymer-Dichtungen wurde ausgegliedert und Ende 1996 durch den Kauf des großen schwedischen Elastomer-Dichtungsherstellers *Forsheda* und des italienischen Produzenten *Polypac* ergänzt. Im August 1999 wurde TI SPP nach der Akquisition des Polymer-Spezialisten *Busak + Shamban* offiziell gegründet. Der Umsatz der Polymer-Sparte der TI Group hat sich durch die Akquisitionen und eigenes Wachstum von 1993 (100 Millionen £) bis 1999 (400 Millionen £) vervierfacht.

TI SPP hatte in der Vergangenheit zwei große *Probleme*. Da die Gruppe aus Unternehmen verschiedener Nationalitäten zusammengefügt wurde, war die Produktion auf fünf Länder verteilt. Damit war auch die *Lagerhaltung* der einzelnen Hersteller, die ihre lokalen Märkte immer sofort beliefern wollten, zu groß. Das zweite Problem, das so genannte *Transfer Pricing*, war das gravierendere: Da alle TI SPP-Unternehmen Profit Center waren, wurde auf jedes Teil eine Gewinnmarge aufgeschlagen – auch wenn das Teil an ein anderes TI SPP-Unternehmen zur Weiterverarbeitung ging. So waren viele unserer Produkte am Ende zu teuer, weil auf diversen Teilen etliche Margen lasteten.

Die rein *geografische Organisationsstruktur* hatte weitere Nachteile: Die einzelnen Firmen waren zu statisch, und es gab zu wenig Kommunikation. Der Verkauf war nicht einheitlich organisiert, die Preise waren teilweise im selben Land unterschiedlich. Und nicht zuletzt war die Entwicklung zu stark von der Produktion getrieben gewesen und zu wenig vom Markt.

3. Umsetzung

Im Januar 1999 wurde beschlossen, das Unternehmen in vier Marktsegmente zu strukturieren:

● Automotive
● Aerospace
● Pipe
● Industrial

Im Mai 1999 begann dann ein *Probelauf* für die Umstrukturierung zur „Process Based Organisation" (PBO) im Segment „Pipe" (Dichtungen für Frisch- und Abwasser-Rohrleitungen). Alle Geschäftsbereiche in den verschiedenen Unternehmen der Gruppe, die mit „Pipe" zu tun hatten, wurden aus den Länderorganisationen herausgelöst und als eigenes Segment mit Leitung in Schweden installiert.

Natürlich gab es *Widerstände*, denn mancher Regional-Manager konnte einfach nicht loslassen – zumal klar war, dass das erst der Anfang war. Wer die Umstrukturierung nicht mittragen wollte, hat die Konsequenz meist selbst gezogen. Aber der weit überwiegende Teil unseres Managements hat das Konzept aktiv unterstützt.

Die *Vorteile* der neuen Struktur waren schnell zu sehen:

● Klare Verantwortlichkeiten für Verkauf und Gewinn
● Design, Herstellung und Verkauf in einer Hand
● Marktgetriebene Produktentwicklung
● Zentrale Lagerhaltung in zwei europäischen Logistikzentren
● Kein „Transfer Pricing" mehr

Als weiterer Schritt führten wir das *„Country Host"-Prinzip* ein. Es gibt nur noch ein Verwaltungszentrum pro Land, das Finanzen, Personal und IT regelt. Lediglich Werke ab einer bestimmten Umsatzgröße dürfen ihre eigene Administration behalten.

Bei „Pipe" läuft derzeit die *Feinabstimmung.* Jetzt werden die Abläufe optimiert. Dabei muss eines noch stärker in den Vordergrund – die *Kundenzufriedenheit*: Unser Ziel ist „Build to Order". Hier erhoffen wir uns durch die Umstrukturierung der gesamten TI SPP-Gruppe neue Impulse.

4. Ergebnis

Durch die Reorganisation konnten innerhalb von fünf Monaten im Pilotbereich Pipe fünf Prozent *Personal eingespart* werden. Der *Umsatz stieg* gleichzeitig um fast 12 Prozent. Die Angebotsbearbeitung lief um rund 80 Prozent schneller. Nun wird das Konzept auf die gesamte Sparte übertragen. Und wir hoffen natürlich, dass wir in den anderen Segmenten ähnlich erfolgreich sein werden.

Praxisbeispiel:
RATIONAL AG:
Umsetzung von Prozess- und Produktinnovation

Peter Wiedemann, Reinhard Waßmus

Das Unternehmen

Die Rational AG, Landsberg, ist Weltmarktführer mit 44% Weltmarkt-anteil im Jahr 2000, Trend steigend, auf dem Gebiet von Combi-Dämp-fern für Groß- und Gewerbeküchen. 1976 ist der erste Combi-Dämpfer in der Kombination von trockener Hitze (Heißluft) und feuchter Hitze (Dampf) in einem Gerät, versehen mit der entsprechenden Steuerung, produziert worden. 1997 ist mit dem Verfahren ClimaPlus-Combi® ein neuer Quantensprung gelungen. Clima-Garen mit dem ClimaPlus-Combi® bedeutet, dass neben Zeit, Temperatur und maximaler Dampf-sättigung, auch jede beliebige Soll-Feuchtigkeit im Garraum produkt-spezifisch vorwählbar ist und stufenlos geregelt wird. Mit dieser paten-tierten RATIONAL Systemlösung wird der thermischen Speisenzuberei-tung eine neue Qualitätsdimension eröffnet. Zusätzlich wurde eine intel-ligente, vorausschauende Regelungs-Software entwickelt. Die sich selbst regelnden Garprofile erkennen bei der Fleischgarung eigenstän-dig den Inhalt des Garraums, definieren dazu den jeweiligen optimalen mehrstufigen Garablauf (Individualprofil) und garantieren somit vollauto-matisch am Ende des Garprozesses die perfekte „Punktlandung" mit ho-her Speisenqualität und präziser Wiederholbarkeit.

Die RATIONAL AG besitzt zu vielen Entwicklungen eigene Patente. Sie hat den Preis „Die Fabrik des Jahres 1999 – Bester Kleinserienfertiger" gewonnen. Das Unternehmen wurde 1973 gegründet. Im Jahr 2000 ist die RATIONAL AG erfolgreich an die Börse gegangen.

1. Unternehmensziel und Leitbild

Das RATIONAL-Unternehmensziel heißt:

„Wir bieten den Menschen, die in Groß- und Gewerbeküchen thermisch Speisen zubereiten, den größtmöglichen Nutzen".

Wir sind Teil der Welt unserer Kunden und kennen ihre Wünsche und Bedürfnisse und sind somit – besser als andere – in der Lage, ihre Proble-me zu lösen und ihre Arbeitswelt kontinuierlich zu verbessern. Wir konzentrieren uns also eindeutig auf ein dauerhaft menschliches Grundbedürfnis, der Außer-Haus-Verpflegung mit warmen Speisen.

Die wesentlichen Kernpunkte der Philosophie sind in „Unser Leitbild" (Abb. 1) festgehalten.

Unser Leitbild

... denn der Unterschied liegt im Detail!

Das RATIONAL - Unternehmensziel

Wir bieten den Menschen, die in Groß- und Gewerbeküchen thermisch Speisen zubereiten, den höchstmöglichen Nutzen.

Unser Selbstverständnis

1. **Wir sind Spezialisten,** weil wir wissen, daß wir unserer klar umrissenen Zielgruppe am wirkungsvollsten und deutlichsten dadurch dienen, daß wir uns mit all unseren Kräften auf ein wichtiges und zentrales Bedürfnis dieser Zielgruppe konzentrieren und ihre Probleme in bester Weise – besser als andere – lösen!

2. **Wir sind ein Siegerteam!**
Wir spielen in der Weltspitze um die Weltmeisterschaft!

3. **Wir sind Produktführer**
Wir versprechen unseren Kunden die bestmögliche Technologie und Qualität zu angemessenem Preis. Wir lösen dieses Versprechen jederzeit ein.

4. Wachstum, Stabilität und Gewinn sind nicht Ziele sondern Ergebnisse.
Sie werden umso besser, je besser unser Kundennutzen ist.

Aufgaben und Ziele im Umgang mit unseren Kunden (externe und interne)

1. Wir verbinden uns innigst mit unserer Zielgruppe.
Wir kennen die Wünsche und Bedürfnisse unserer Kunden.

2. Unseren Kunden höchstmöglichen Nutzen zu bieten ist unsere wichtigste Aufgabe.

3. RATIONAL-Mitarbeiter/innen sind immer offen, aufrichtig und ehrlich.

Aufgaben und Ziele der RATIONAL-Mitarbeiter

1. Wir achten unsere Mitarbeiter/innen als entwickelte, emanzipierte und selbstverantwortliche Menschen - und gehen auch so miteinander um.

2. Wir erwarten von unseren Mitarbeiter/innen Leistung, Engagement, Verantwortungsbewußtsein und Loyalität.
Unsere Mitarbeiter/innen erwarten dasselbe von uns.

3. RATIONAL-Führungskräfte verhalten sich wie Gärtner:
sie schaffen das richtige Klima für die bestmögliche persönliche und berufliche Entwicklung unserer Mitarbeiter/innen.

4. RATIONAL-Führungskräfte sind Partner ihrer Mitarbeiter/innen:
- sie sorgen für eindeutige Zielvereinbarungen
- sie schaffen das Umfeld, in dem die Ziele erreicht werden können
- sie überprüfen die Zielerreichung gemeinsam mit ihren Mitarbeiter/innen.

Abb. 1: Unser Leitbild

130

An dieser Stelle möchten wir themenbezogen speziell auf den Punkt „Wir sind Produktführer" eingehen. Das heißt im einzelnen, wir versprechen unseren Kunden:

- RATIONAL-Produkte besitzen immer die modernste am Markt verfügbare Technik
- RATIONAL-Produkte besitzen den höchsten Qualitätsstandard
- Die Preise für RATIONAL-Produkte sind angemessen

Ein weiterer Schwerpunkt unserer Arbeit für die Kunden ist ihre weltweite, intensive Betreuung, sowohl im Vertriebs- und Marketingprozess wie auch im After-Sales-Prozess. Hier bieten wir unseren Endkunden sowie Händlern und Partnern (qualifizierte, von uns geschulte Handelspartner im Markengeschäft und OEM-Partner) das RATIONAL-Dienstleistungspaket an:

- Garen-Live-Veranstaltungen zur Produkt- und Anwendungsdemonstration
- RATIONAL Koch-Club
- Verkaufs-Schulungen
- Training vor Ort oder in unseren Trainingscentern
- Technischer Service
- Der „heiße Draht" zum Küchenmeister
- Bedienungshandbücher, Videos, CD's, etc.

Ausgangssituation 1995

Bezüglich der Organisationsstrukturen des Aufbaus und der Abläufe hatte sich das Unternehmen seit seiner Gründung klassisch zu streng arbeitsteiligen Formen hin entwickelt. Die wichtigen Merkmale lassen sich wie folgt beschreiben:

- Geringe Flexibilität bei Markt-/Produktveränderungen
- Zu hohe Produktkosten
- Lagerfertigung/große Losgrößen
- Größere Lieferzeiten (lange Durchlaufzeiten)
- Lange Entwicklungszeiten
- Qualitätsprobleme
- Zu hohe Bestände
- Akute Raumnot in den Produktionsbereichen
- Hoher Grad an Arbeitsteilung
- Insgesamt zu hohe Unternehmenskosten

2. Neue Prozessgestaltung

Zum weiteren Ausbau der Führerschaft, und um den sich rasch ändernden Anforderungen einer hochdynamischen Umwelt gerecht zu werden, richtete sich RATIONAL prozessorientiert aus.

Die RATIONAL-Prozessorganisation geht zurück auf natürliche, überschaubare und ganzheitliche Prozesse, für die die Mitarbeiter vor Ort weitgehend selbst die Verantwortung übernehmen und Entscheidungen treffen können (Unternehmer im Unternehmen). Wir nutzen dadurch den Wissens- und Ausbildungsstand unserer Mitarbeiter in bester Weise, der Standort Deutschland wird eindeutig zum Vorteil.

Die Unternehmensorganisation ist durchgängig prozessorientiert.

Abb. 2: Prozessorientierte Unternehmensstruktur

Die neuen Prozessinhalte und -umsetzungen werden am Produktions- und Lieferprozess sowie des integrierten Innovationsprozesses gezeigt.

132

Integrierter Innovationsprozess (IIP)

Der integrierte Innovationsprozess von RATIONAL (IIP) hat die Aufgabe, mit einer teamorientierten, methodisch abgesicherten und streng systematischen Vorgehensweise die gesteckten Produktinnovationsziele zu erreichen. Hinter diesem Aspekt steht die Erkenntnis, dass der Prozess von Innovationen bestimmten Regeln folgt, also eine klare Grundstruktur hat.

RATIONAL versteht den IIP umfassend als den gesamten Entwicklungsprozess eines Produktes – von der Erfassung der ersten Idee bis zur Markteinführung des fertigen Produktes und der Serienüberprüfung im ersten Jahr (Abb. 3).

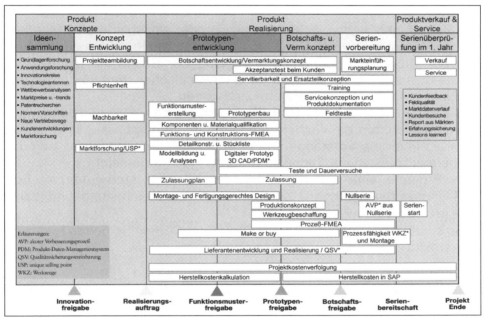

Abb. 3: Der integrierte Innovationsprozess und seine Phasen

Das Phasenmodell ist folgendermaßen zu verstehen: Der Entwicklungsprozess lässt sich in drei Phasen des Lebenszyklus gliedern – „Produkt-Konzepte", „Produkt-Realisierung" und „Produktverkauf & Service". Diese lassen sich weiter untergliedern in Projektphasen, hier zum Beispiel „Prototypenentwicklung". Die einzelnen Projektphasen enden mit der Erreichung von Meilensteinen, zum Beispiel „Prototypenfreigabe". Das Meilensteinkonzept umspannt dabei den gesamten IIP. Innerhalb der Projektphasen sind einzelne Vorgänge definiert, welche wiederum durch Aktivitäten und Checklisten untersetzt sind.

Die Erfolgsfaktoren des IIP liegen in folgender Charakteristik begründet:

- Parallele Entwicklung von Produkten und Produktionsprozessen (Simultaneous Engineering)
- Systematische Generierung von Produktideen
- Simultane Betrachtung von Qualitäts-, Kosten- und Zeitzielen
- Frühzeitige, intensive Projektplanung
- Einheitliche, nachvollziehbare, an den Meilensteinen orientierte Vorgehensweise
- Im Meilensteinkonzept verankerte Qualitäts-Reviews
- Einbeziehung aller für die Produktentwicklung relevanten Betroffenen und Entscheider in den Innovationsprozess

Die Betroffenen, in den IIP einbezogenen oder einzubindenden Mitarbeiter, werden intensiv vorab geschult. Die Mitarbeit in Projekten des IIP stellt darüber hinaus ein permanentes Training der Beteiligten dar. Der IIP selbst ist ja als Prozess auch gewissen dynamischen Veränderungen (zumindest in seinen Ausprägungen) unterworfen.

Die Einbeziehung von Entscheidern geschieht im Wesentlichen an den Meilensteinen, um die nächste Projektphase freizugeben. Mit Entscheidern sind hier die Vorstände und Geschäftsleitungs-Mitglieder bzw. bei kleineren Projekten der Technische Führungskreis gemeint.

Im Ergebnis einer derartigen Prozessgestaltung stehen kürzere Entwicklungszeiten, geringere Kosten, hohe Termineinhaltung und damit eine größere Planungssicherheit.

So sind bei der Entwicklung des ClimaPlus-Combi® folgende Kennzahlen erreicht:

- Quantensprung in der Technologie/Kundennutzen
- 18 Monate Entwicklungszeit gegenüber 30 Monaten bei früheren Projekten
- Reduzierung der Einzelteile um 21%
- Senkung der Herstellkosten um 32%

Produktions- und Lieferprozess

Die Kernelemente und damit die tragenden Grundprinzipien des RATIONAL Produktions- und Lieferprozesses lassen sich wie folgt zusammenfassen:

- Unternehmer im Unternehmen mit selbstverantwortlichen Teilprozessen (zum Beispiel Montageinseln)

- Ausschließlich kundenauftragsbezogene Montage der Produkte
- Steuerung und Disposition durchgängig im Pull-Prinzip, dabei Koordination durch die Mitarbeiter selbst
- Disposition und Beschaffungshoheit in den Teilprozessen (Montageinseln, Blechbearbeitung, Innenkastenfertigung, Elektrokomponentenfertigung, Inbetriebnahme, Versand)
- Bestands-, Termin- und Qualitätsverantwortung der Teilprozesse

Die Umsetzung dieser Grundprinzipien geschieht unter Beachtung konsequenter Kundenorientierung durch Eliminieren nicht wertschöpfender Tätigkeiten, durch Entkopplung und Parallelisieren der wertschöpfenden Tätigkeiten und nicht zuletzt durch die Übertragung von umfassenden Aufgabenkomplexen zurück an die Basis, also zu den Mitarbeitern.

Grundsätzlich ist bei dieser Arbeit folgender Leitsatz richtig: „Denke einfach oder einfach denken".

Dadurch gelingt es, einfache, durchgängige, auf das für den Kunden tatsächlich Wichtige beschränkte, transparente Prozesse zu erhalten. Bereiche wie „Auftragsabwicklung und Disposition", „Auftragszentrum", „Hauptlager", „Zwischenlager", „Vormontage" und „Fertigwarenlager" werden eliminiert. Die Vorfertigung wird in Form der Komponentenfabrik und der Elektrokomponentenfertigung als interne Lieferanten parallel zum Hauptprozess platziert. Dabei werden diese internen Lieferanten exakt wie externe Lieferanten behandelt. Die Schnittstellen werden weitgehend reduziert und an verbleibenden Anknüpfungen zu Nahtstellen gestaltet. Von insgesamt 17 Schnittstellen im Auftragsdurchlauf im Jahr 1995 existieren heute noch vier Nahtstellen. Im konkreten Fall RATIONAL wurden die Kernelemente umgesetzt durch:

- Zwei-Fabriken-Lösung (Montagefabrik – Komponentenfabrik mit jeweils klar definierten, produktorientierten Teilprozessen)
- Permanente, bedarfsgerechte Qualifikation aller Mitarbeiter
- Kanban-Realisierung von 98%
- Flexibles Arbeitszeitmodell mit dem obersten Ziel: Termineinhaltung der Kundenaufträge
- Strategische Atmung mit externen Zulieferern
- Rüstzeitoptimierung

Eine besondere Leistung der prozessorientierten Gestaltung ist die Umsetzung des „One-Piece-Flow-Konzeptes". Dabei wird die kundenbezogene Auftragsbearbeitung bzw. ein sehr komplexes Aufgabenfeld, wie bei uns zum Beispiel die komplette Montage und Inbetriebnahme eines Produktes, durch genau einen Mitarbeiter durchgängig ausgeführt. „One-Piece-Flow" lässt sich folgendermaßen umreißen:

- Unternehmer im Unternehmen in Reinkultur
- Hoher Qualifikationsgrad der Mitarbeiter auf sehr breiter Basis (Generalisten)
- Jeder Mitarbeiter ist Produkt- und Prozessspezialist
- Selbstverantwortung im besten Maße wahrnehmbar
- Hohe Mitarbeiterzufriedenheit
- Sehr hohe, im Prozess selbst erzeugte Qualität
- Höchstmögliche Flexibilität
- Transparenz des Informationsflusses
- Sehr kurze Durchlaufzeiten
- Geringe Umlaufbestände

Dabei ist wichtig anzumerken, dass die Mitarbeiter eingebettet bleiben in ihren Teilprozessen und somit die Vorteile der Teamarbeit weiter genutzt werden.

3. Ergebnisse

Abschließend wollen wir einige von RATIONAL konkret erreichte Ergebnisse in den Jahren von 1995 bis 1999 vorstellen. Die Ergebnisse von 1999 im Vergleich zu 1995 werden im Wesentlichen durch die neue, kundenorientierte Prozessgestaltung erzielt (Abb. 4).

Parameter	Stand: Februar 1995	Gemessen an	Stand: Ende 1999	Ergeb- nis	Trend
Produktivität	8,8	Montagestunden pro E 101 Tischgerät	4,68	+47%	↑
Bestand	887	Kommissionier- bereich (Fertigwaren- lager)	271	−69%	↓
	5,9 Mio. DM	Bestandswert Kom- missionierbereich (Fertigwarenlager)	1,11 Mio. DM	−81%	↓
	23,6 Mio. DM	Bestandswert gesamt	12,5 Mio. DM	−47%	↓
Bestands- entwicklung	17,4%	Umsatz/Bestand	5,8%	−67%	↓
Qualität	71,7%	Fehlerfreie Geräte bei Inbetriebnahme E 101 Tischgeräte	97,5%	+36%	↑
Termintreue	Nicht gemes- sen	Kundentermintreue	98%		
Durchlauf- zeit	4/18 Arbeits- tage	Durchlaufzeit Eil-/ Standardauftrag	0,5–1,5/5 AT	−70%	↓
Umsatz- rendite	10%		18%	80%	↑
Umsatz- entwicklung	136 Mio. DM	Steigerungsrate zur Zeit 15%	216 Mio. DM	59%	↑

Abb. 4: Ergebnisse 1995–1999

2. Produktionstechnologie

Marcus M. Mey

Der Begriff Produktionstechnologie umfasst den gesamten Prozess der Gütererzeugung von der Rohstoffgewinnung bis hin zum fertigen Produkt. In der modernen Lehre gehören hierzu die Teilbereiche Urproduktion, Verfahrenstechnik, Fertigungstechnik, Montagetechnik und Verpackungstechnik (vgl. Spur 1996, S. L4). Die Urproduktion entspricht dabei der Gewinnung und Erzeugung von Energie- und Güterrohstoffen. Hierzu gehören die Verfahren Erschließen, Gewinnen und Aufbereiten. Die Verfahrenstechnik schließt direkt an die Urproduktion an und umfasst alle Technologien zur Wandlung der Rohstoffe in marktfähige Gebrauchsprodukte.

Fertigungstechnik beinhaltet die Formgebung von Bauteilen mit vorgegebenen Werkstoffeigenschaften und Abmessungen. Durch die Montage werden solche Bauteile zu fertigen Erzeugnissen zusammengefügt. Grundsätzlich können in jeder Stufe gebrauchsfähige Produkte entstehen, die mit Verfahren der Verpackungstechnik für Transport und Lagerung aufbereitet werden. Während verfahrenstechnische Prozesse im Allgemeinen speziell auf das herzustellende Produkt ausgerichtet sind, bieten die meisten Verfahren der Fertigungstechnik universellen Charakter.

Die Bandbreite formgebender Fertigungstechnologien ist ebenso groß wie die Vielfalt der hierzu eingesetzten Produktionsmaschinen. In der Regel entscheiden die geforderte Bauteilqualität und der Stückzahlbedarf über die Wirtschaftlichkeit einer bestimmten Verfahrensauswahl. Während in der klassischen Lehre eine Einteilung und Beschreibung nach technologischen Gesichtspunkten erfolgt, eignet sich für den praktischen Gebrauch eher eine Betrachtung und Bewertung von Prozessketten auf der Grundlage einer anwendungsorientierten Bauteilklassifizierung.

2.1 Einleitung

Als Ausgangsbasis für Qualität und Wirtschaftlichkeit der industriellen Produktion steht eine anforderungsgerechte Auswahl und Gestaltung der Verfahren zur Herstellung von Produkten. Die Bandbreite industriell einsetzbarer Technologien ist bereits heute umfangreich und wächst durch Forschung und Entwicklung weiter an. Aufgabe der produzierenden Industrie ist es somit, geeignete Produktionsverfahren und Produktionsmittel auszuwählen und mit möglichst hoher Produktivität einzusetzen. Das Wissen um die Zusammenhänge und Besonderheiten der bekannten Verfahren ist dabei nicht nur für den Fertigungsingenieur von großer Bedeutung, sondern in gleichem Maße auch für die mit der Produktgestaltung beschäftigten Konstrukteure, die mit ihrer Arbeit bereits einen Großteil der Herstellkosten und damit auch des Unternehmensergebnisses beeinflussen. Eine übersichtliche und verständliche Darstellung der Zusammenhänge ist letztlich für alle am Produktionsprozess Beteiligten von großem Nutzen.

Der Begriff Produktionstechnologie bezeichnet dabei alle Verfahren der Gütererzeugung, die an der Umwandlung und Kombination von Material (Naturstoffe, Rohstoffe, Rohteile etc.) zu Produkten beteiligt sind. Die Ausführung eines Produktionsprozesses geschieht durch den Einsatz von Produktionsmitteln, bestehend aus einem Materialverarbeitungssystem, einem Energieverarbeitungssystem und einem Informationsverarbeitungssystem. Allen Verfahren gemeinsam ist somit die Nutzung materieller, energetischer und informationstechnischer Wirkflüsse, wobei aus der Kombination dieser drei Elemente die jeweiligen Endprodukte entstehen (Abb. 2.1).

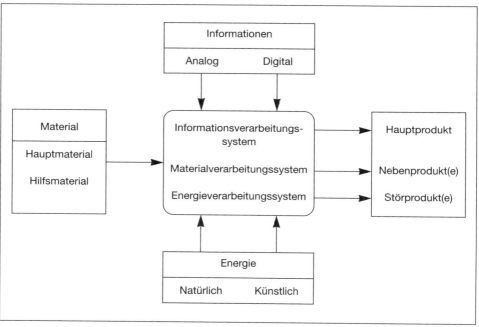

Abb. 2.1: Modell eines Produktionssystems

In diesem Systemmodell kann auch der Mensch als elementares Arbeitssystem verstanden werden. Durch den Einsatz von Muskelkraft und Wissen bzw. Erfahrungen kann er alle Aufgaben der beiden Teilsysteme eines Produktionsmittels übernehmen. Durch die fortschreitende Mechanisierung der Technik gegen Ende des 19. Jahrhunderts wurde die Muskelkraft als „Energieumsetzer" zunehmend ergänzt bzw. in einigen Bereichen nahezu vollständig durch mechanische Antriebe ersetzt. So entstanden viele Arbeitsmaschinen, Vorrichtungen, Werkzeuge, Geräte, Messmittel sowie Kraft- und Versorgungsanlagen, bei denen der Mensch nur für die Steuerung der Prozesse verantwortlich war. Im Zeitalter der Automatisierung zielen die Entwicklungsbemühungen nun verstärkt darauf, auch diese Rolle des Menschen überwiegend zu substituieren. Ziel ist es dabei, die Aufgaben des Menschen als Nutzer eines Systems im Wesentlichen auf die Eingabe von Energie, Material und Informationen sowie die Prozessüberwachung zu reduzieren.

Die klassische Lehre der industriellen Produktionstechnik unterscheidet die Verfahrenstechnik, die Fertigungstechnik und die Energietechnik als erzeugende Techniken von den zwei unterstützenden Techniken Förder- bzw. Transporttechnik und Informationstechnik (Abb. 2.2a). Dieser Unterteilung liegt eine technologisch geprägte Gliederungssicht zugrunde, wie sie in überwiegend tayloristisch geprägten Denkstrukturen verbreitet war. Eine moderne, praxisorientierte Sichtweise orientiert sich dagegen stärker am materiellen Prozess der Gütererzeugung und beschreibt typische Prozesskombinationen (sog. Prozessketten) (Abb. 2.2b). Hierbei werden allerdings vom Grundsatz her zunächst vier Erzeugungsstufen unterschieden, deren Produkte eine eigenständige Marktbedeutung aufweisen:

- Rohstoffgewinnung und -erzeugung durch Urproduktion
- Rohstoffwandlung und -aufbereitung durch Verfahrenstechnik
- Formgebung und Fügen von Bauteilen durch Fertigungstechnik
- Bauteilkombination durch Montagetechnik

In allen vier genannten Erzeugungsstufen können bereits Gebrauchsprodukte entstehen, die mit Hilfe der Verpackungstechnik für den Absatzmarkt vorbereitet werden.

Während die Land- und Forstwirtschaft als elementarer Teil der Urproduktion zum primären Sektor einer Volkswirtschaft gehört, zählen die restlichen der hier genannten Stufen zur industriellen Produktion, also zum so genannten sekundären Sektor. Der Dienstleistungsbereich als tertiärer Sektor wird hier nicht weiter berücksichtigt. Die weiteren Ausführungen dieses Kapitels widmen sich schwerpunktmäßig der Fertigungstechnik und den hierzu gehörenden Technologien. Die Urproduktion, die Verfahrenstechnik, die Montagetechnik und die Bereiche Lager-/Transporttechnik und Verpackungstechnik werden nur im Kurzüberblick dargestellt.

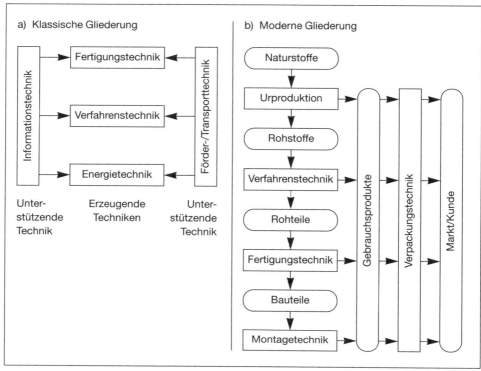

Abb. 2.2: Klassische und moderne Gliederung der Produktionstechnik

2.2 Urproduktion

Der so genannten Urproduktion kommt in einer modernen wachstumsorientierten Gesellschaft eine grundlegende ökonomische und ökologische Bedeutung zu. Besitz und Verfügbarkeit industriell nutzbarer Naturstoffe haben einen wesentlichen Einfluss auf die Bedeutung einer Nation für die globale Produktionswirtschaft. Unter dem Begriff Urproduktion werden alle Verfahren zusammengefasst, die der Gewinnung und Erzeugung von Rohstoffen dienen. Einige dieser Stoffe sind in der Natur als feste, flüssige oder gasförmige Naturstoffe unmittelbar verfügbar. Der überwiegende Teil wird jedoch durch spezielle Verfahren gewonnen und muss, um den Gebrauchszweck als Rohstoff erfüllen zu können, entsprechend aufbereitet werden.

Nach marktwirtschaftlichen Gesichtspunkten können Rohstoffe in drei Kategorien unterschieden werden (vgl. Spur 1996, S. L4):

- Biotische Rohstoffe, d.h. tierische und pflanzliche Produkte, die größtenteils durch land- und forstwirtschaftliche Urproduktion gewonnen werden
- Abiotische Rohstoffe, d.h. geotechnisch abbaubare Stoffe, die im weitesten Sinne den Bergbauprodukten zugeordnet werden
- Freie Rohstoffe, z.B. Wasser und Luft, die keine Handelsware im Sinne der Rohstoffmärkte darstellen

Biotische Rohstoffe sind nachwachsende Güter, die im Allgemeinen der lebenden Natur entnommen werden können und einem natürlichen, umweltverträglichen Stoffkreislauf unterliegen. Die Versorgung des Marktes mit biotischen Produkten erfolgt heutzutage zur Erhaltung des ökologischen Gleichgewichts überwiegend durch Zuchtverfahren und künstlich angeregten Anbau. Biotische Rohstoffe dienten bislang fast ausschließlich der Nahrungsmittelversorgung und hatten nur geringe Bedeutung für andere Produktionsbereiche. Zunehmendes Bewusstsein für ökologische Kreisläufe hat hier allerdings in den letzten Jahren zu einem verstärkten Umdenken geführt. So gehört beispielsweise die Verwendung von Naturfasern im Automobilbau inzwischen zum Stand der Technik.

Abiotische Rohstoffe werden fast ausschließlich durch Bergbau gewonnen. Die Verfahrenskette besteht aus Aufsuchen und Erschließen von Lagerstätten sowie dem Gewinnen, Fördern und Aufbereiten der Naturstoffe. Für das Erschließen sind neben den bekannten Verfahren Tagebau bzw. Untertagebau auch der Bohrlochbergbau bekannt, bei dem flüssige oder gasförmige Stoffe durch Druck zu Tage strömen. Durch Aufbereitungsverfahren können die gewonnenen Naturstoffe angereichert und veredelt werden, um sie als Rohstoffe für eine industrielle Verwendung nutzbar zu machen.

Auf Grundlage der in Abbildung 2.1 beschriebenen Modellstruktur bietet sich allerdings eher eine Zweiteilung der Urproduktion an, die die unterschiedliche Verwendung der Rohstoffe im Rahmen der industriellen Produktion berücksichtigt. Hierbei werden die Rohstoffe entsprechend ihrer Verwendung strukturiert in (vgl. Mareske 1995):

- Güterrohstoffe, die der Güterproduktion dienen und als Produktionsmaterial in den Produktionsprozess fließen. Hierzu gehören:
  - Nahrungsmittel, wie Obst, Gemüse, Fleisch, Fisch u.a.
  - Naturstoffe, wie Holz, Hanf, Flachs, Leder u.a.
  - Metallerze, wie Eisen, Leichtmetalle, Schwermetalle und Edelmetalle
  - Mineralische Rohstoffe, wie Minerale, Naturstein, Kalisalze etc.
  - Organische Rohstoffe, wie Kohlenwasserstoffe (aus Erdöl) für die Kunststoffproduktion

- Energierohstoffe, die der Energieerzeugung dienen und als Hilfsstoffe in den Produktionsprozess fließen. Hierzu gehören:
  - Fossile und rezente Brennstoffe, wie Stein- und Braunkohle, Holz, Torf sowie Natur- und Pflanzenrückstände
  - Erdöle, mit den Begleitstoffen Schwefel, Natrium, Vanadium und Metallverbindungen
  - Erdgas, das eng mit der Erdölentstehung verbunden ist
  - Kernbrennstoffe

Die Auflistung der Nahrungsmittel als Güterrohstoff im Rahmen der industriellen Produktionstechnik erscheint auf den ersten Blick überraschend. Aus systemtheoretischer Sicht handelt es sich hierbei jedoch um Rohstoffe für die Lebensmittelindustrie, in der diese durch verfahrenstechnische Produktionsprozesse weiterverarbeitet werden.

2.3 Verfahrenstechnik

Die Verfahrenstechnik befasst sich mit der industriellen Umwandlung von Ausgangsstoffen zu marktfähigen Zwischen- oder Endprodukten. Dazu zählen alle Verfahren, die sich mit der Gewinnung, Aufbereitung, Veredelung und Entsorgung von Rohstoffen befassen. Entsprechend der eingesetzten Prozesstechnik erfolgt eine Unterteilung in mechanische, thermische, chemische und biologische Verfahrenstechnik (vgl. Hemming 1991).

Unternehmen der Verfahrenstechnik sind im Allgemeinen sehr kapital- und energieintensiv, der Pro-Kopf-Umsatz liegt dadurch bedingt deutlich über den vergleichbaren Zahlen anderer Branchen. Verfahrenstechnische Produktionsanlagen sind in der Regel produktspezifisch aufgebaut und stellen hohe Anforderungen bezüglich einer ressourcen- und umweltschonenden Gestaltung. Die Stoffumwandlungen geschehen im Allgemeinen durch kontinuierliche Mehrphasenströmungen, wobei eine Zustandsänderung in mehreren Einzelschritten erfolgt. Haupteinsatzgebiet der Verfahrenstechnik ist die chemische und pharmazeutische Industrie, die Kunststoff-, Papier- und Textilindustrie sowie die Lebensmittelindustrie. Im Folgenden werden die wichtigsten Teilbereiche der Verfahrenstechnik beschrieben.

2.3.1 Mechanische Verfahrenstechnik

Unter mechanischer Verfahrenstechnik versteht man die Umwandlung und den Transport mechanisch beeinflussbarer disperser Systeme. Elemente

146

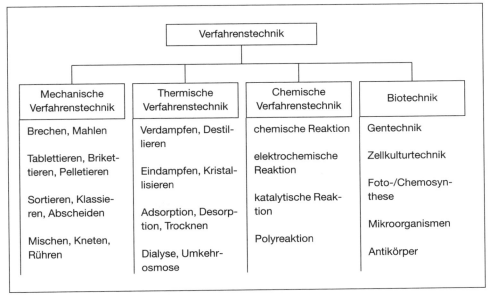

Abb. 2.3: Gliederung der Verfahrenstechnik

disperser Systeme sind im Allgemeinen voneinander unterscheidbare Partikel (Feststoffe, Flüssigkeitstropfen, Gasblasen) zwischen 1μm und 1m. Sie unterscheiden sich im Wesentlichen durch Partikelform und -größe, Partikelverteilung, spezifische Oberfläche und Porosität. Zu den Verfahren mit Änderung der Partikelgröße gehört das Zerkleinern (Brechen, Mahlen) als trennendes Verfahren sowie das Agglomerieren (Tablettieren, Briketieren, Pelletieren) als Vereinigungsverfahren. Trennende Verfahren mit Änderung der Partikelgröße sind das Sortieren, Klassieren, Abscheiden und Filtrieren, zu den vereinigenden Verfahren zählen Techniken wie das Mischen, Kneten bzw. Rühren.

2.3.2 Thermische Verfahrenstechnik

Die thermische Verfahrenstechnik findet im Allgemeinen bei fluiden Gemischen Anwendung. Grundverfahren sind die technische Wärmeübertragung sowie thermische Trennverfahren. Zu den Ersteren gehören die konvektive Wärmeübertragung und die Wärmestrahlung. Bei den thermischen Trennverfahren dagegen gehen eine oder mehrere Stoffkomponenten von der Fest-, Flüssig- oder Gasphase in eine andere Phase über. Dabei können verschiedene Wirkprinzipien angewendet werden (vgl. Mersmann, 1995, S. N10):

- Unterschiedlicher Dampfdruck (Verdampfen, Destillieren, Rektifizieren)
- Unterschiedliche Löslichkeit (Eindampfen, Kristallisieren, Extrahieren, Absorbieren)
- Unterschiedliches Sorptionsverhalten (Adsorption, Desorption, Trocknen)
- Unterschiedliche Membrandurchlässigkeit (Dialyse, Umkehrosmose, Ultrafiltration)

2.3.3 Chemische Verfahrenstechnik

Grundlage der chemischen Verfahrenstechnik ist die Durchführung chemischer Reaktionen (Reaktionstechnik). Die wichtigsten Grundverfahren basieren auf chemischen, elektrochemischen, katalytischen und Polyreaktionsprinzipien. Zu den thermischen Verfahren gehört beispielsweise das Rösten bzw. das Brennen, zu den elektrochemischen die Schmelzflussanalyse. Große Bedeutung für die kunststoffverarbeitende Industrie haben die Polyreaktionsverfahren wie Polyaddition, Polykondensation und Polymerisation. Die Prozesse der chemischen Verfahrenstechnik finden überwiegend in Reaktoranlagen statt. Neben Reaktionstürmen und -behältern für niedrige Temperaturen und Reaktionsöfen für hohe Temperaturen kommen hier Wirbelschicht- und Hochdruckapparate zum Einsatz. Als Beispiele seien Brennkammern, Rührkessel, Konverter, Drehrohröfen und Wirbelschichtreaktoren genannt.

2.3.4 Biotechnik

Aufgabe der modernen Biotechnik ist die Übertragung biologischer Techniken in die industrielle Praxis. Zwei typische Verfahren sind die Chemosynthese und die Photosynthese. Die Chemosynthese wird beispielsweise bei der Gewinnung von Kupfer aus minderwertigen Abraumhalden angewendet. Die eingesetzten Thiobazillen oxidieren sulfidische Kupfererze zu Kupfersulfat, das dann als wässrige Lösung gesammelt werden kann. Die Photosynthese und andere Stoffwechselprozesse werden durch die moderne Biotechnik ebenfalls bereits umfangreich genutzt. So können gentechnisch manipulierte Mikroorganismen schon heute Stoffe anreichern, die sie sonst durch Stoffwechsel weiterverarbeiten würden. Auf diese Weise können Citronensäure, Vitamine und Antibiotika im großtechnischen Maßstab mikrobiologisch erzeugt werden. Anwendung finden biotechnische Verfahren hauptsächlich in der Medizin, der Umwelttechnik sowie in der Lebensmittelindustrie.

2.4 Fertigungstechnik

Mit dem Begriff „Fertigen" wird das Erzeugen von Werkstücken geometrisch bestimmter Gestalt umschrieben. Anders als die übrigen Produktionstechniken erzeugt die Fertigungstechnik Produkte, die durch stoffliche und geometrische Merkmale gekennzeichnet sind. Während Verfahrens- und Energietechniken so genannte „Fließgüter" verarbeiten oder mit Medien arbeiten, die sich einfach in Rohren, Leitungen oder Rinnen transportieren und speichern lassen, muss die Fertigungstechnik die geometrische Gestalt ihrer Produkte, die Lage und Orientierung von Bauteilen oder Baugruppen beherrschen. Die Anforderungen an eine Automatisierung der Prozessführung ist daher nicht zuletzt durch den diskontinuierlichen Materialfluss ungleich größer als in anderen Technikbereichen. Fertigungstechnische Unternehmen arbeiten zudem wesentlich personalintensiver als Unternehmen der Energie- und Verfahrenstechnik. So sind hier 75 % der insgesamt in den erzeugenden Industrien der Produktionstechnik (in Deutschland) arbeitenden Menschen tätig. Dagegen entfallen wertmäßig nur ca. 45 % der gefertigten Produkte auf die Unternehmen der Fertigungstechnik.

2.4.1 Technologische Gliederung

Wie bereits zu Beginn dieses Kapitels beschrieben, erfolgt die klassische Gliederung und Beschreibung der Fertigungsverfahren überwiegend nach technologischen Gesichtspunkten. Diese Strukturierung, die bereits Mitte der 60er Jahre durch O. Kienzle erarbeitet wurde (vgl. Kienzle 1966), bietet eine vollständige Übersicht über alle bekannten Fertigungsverfahren. Sie ermöglicht die Aufnahme neuer Technologien und dient daher auch heute noch als Basis für eine internationale Normung. Wesentliches Kriterium für die gewählte Strukturierung ist die Unterscheidung nach dem Zusammenhalt einzelner benachbarter Materialteilchen während des Prozesses. Hinzu kommen verschiedene Formänderungskriterien sowie die Frage, ob im Prozess Stoffeigenschaften verändert werden. Die Bandbreite fertigungstechnischer Verfahren wird danach in sechs Hauptgruppen eingeteilt und anhand zusätzlicher Kriterien in weitere Gruppen und Untergruppen untergliedert (Abb. 2.4). Im Folgenden ist eine Kurzübersicht über die wichtigsten Eigenschaften und Merkmale der einzelnen Hauptgruppen zusammengefasst. Eine detailliertere Beschreibung einzelner Technologien erfolgt im Kapitel 2.4.3 im Rahmen der Darstellung typischer Prozessketten.

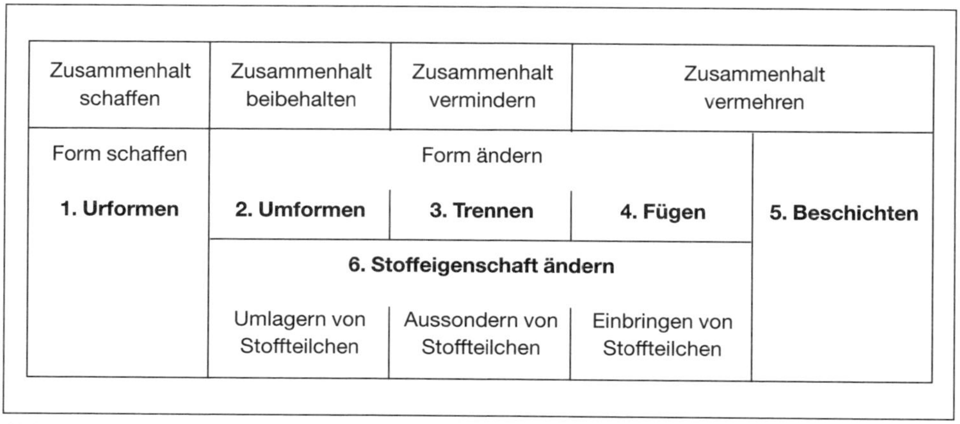

Zusammenhalt schaffen	Zusammenhalt beibehalten	Zusammenhalt vermindern	Zusammenhalt vermehren	
Form schaffen	Form ändern			
1. Urformen	**2. Umformen**	**3. Trennen**	**4. Fügen**	**5. Beschichten**
	6. Stoffeigenschaft ändern			
	Umlagern von Stoffteilchen	Aussondern von Stoffteilchen	Einbringen von Stoffteilchen	

Abb. 2.4: Einteilung der Fertigungsverfahren (nach DIN 8580)

2.4.1.1 Urformen

Urformen ist definiert als „das Fertigen eines festen Körpers aus formlosem Stoff durch Schaffen des Zusammenhaltes" (DIN 8580). Als formlose Stoffe gelten Flüssigkeiten, Gase, Pulver, Fasern, Späne, Granulate, Lösungen, Schmelzen etc. Die Hauptgruppe umfasst sieben Untergruppen (s. Abb. 2.5).

Das wohl bekannteste Verfahren ist das Gießen. Es gehört zur Gruppe „Urformen aus dem flüssigen Zustand". Es ist nicht nur auf metallische Werkstoffe beschränkt, sondern lässt sich auf alle Stoffe, die einen definierten Schmelz- und Erstarrungspunkt aufweisen, anwenden. Zum Urformen aus dem festen Zustand zählt das Pressen und Sintern von Pulvern im Rahmen der Pulvermetallurgie. Unter Urformen aus dem gas- oder dampfförmigen Zustand versteht man das Abscheiden eines gas- oder dampfförmigen Ausgangsstoffes zu einem geometrisch bestimmten festen Körper. Beim Urformen aus dem ionisierten Zustand, wie beispielsweise dem Galvanoformen, entsteht das Bauteil durch elektrolytische Abscheidung.

Das Verfahrensprinzip beim Umformen ist in allen Fällen nahezu identisch. Als Ausgangsmaterial dient formloser Stoff, der zum Teil durch verfahrenstechnische Prozesse in einen urformfähigen Zustand gebracht wird. Danach erfolgt die Füllung des Urformwerkzeuges, in dem das Material in einen festen Zustand übergeht und anschließend entnommen werden kann. Die Verfahren dieser Hauptgruppe werden bei vielen industriell hergestellten Produkten zur ersten Formgebung verwendet, so z. B. in der Gießereiindustrie, der Pulvermetallurgie und der kunststoffverarbeitenden Industrie.

150

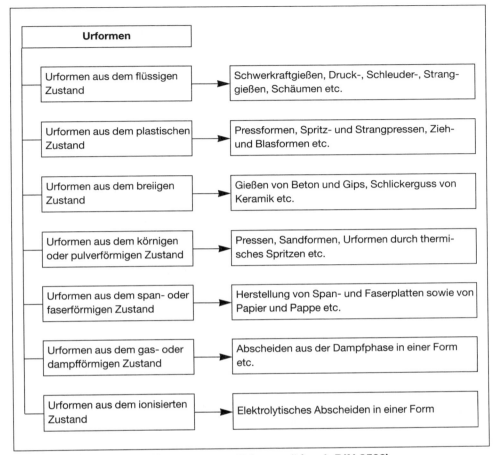

Urformen	
Urformen aus dem flüssigen Zustand	→ Schwerkraftgießen, Druck-, Schleuder-, Stranggießen, Schäumen etc.
Urformen aus dem plastischen Zustand	→ Pressformen, Spritz- und Strangpressen, Zieh- und Blasformen etc.
Urformen aus dem breiigen Zustand	→ Gießen von Beton und Gips, Schlickerguss von Keramik etc.
Urformen aus dem körnigen oder pulverförmigen Zustand	→ Pressen, Sandformen, Urformen durch thermisches Spritzen etc.
Urformen aus dem span- oder faserförmigen Zustand	→ Herstellung von Span- und Faserplatten sowie von Papier und Pappe etc.
Urformen aus dem gas- oder dampfförmigen Zustand	→ Abscheiden aus der Dampfphase in einer Form etc.
Urformen aus dem ionisierten Zustand	→ Elektrolytisches Abscheiden in einer Form

Abb. 2.5: Einteilung der Hauptgruppe „Urformen" (nach DIN 8580)

Im Vergleich zu anderen Formgebungsverfahren bietet die Herstellung von Formteilen durch Urformen eine Reihe von Vorteilen:

- Großer konstruktiver Gestaltungsfreiraum
- Kürzester Weg vom Rohstoff zum Fertigteil
- Nahezu abfallfreier Materialverbrauch
- Günstige Energiebilanz

Betrachtet man die in der Praxis durch Urformverfahren erzeugten Produkte, so lassen sich diese zwei verschiedenen Gruppen zuordnen (vgl. Herfurth 1995, S. S4):

151

- Vor- und Zwischenprodukte (Halbzeuge), die durch andere Fertigungsverfahren weiterverarbeitet werden. Diese Erzeugnisse haben bezüglich Gestalt und Abmessungen kaum Ähnlichkeiten mit dem endgültigen Bauteil. Eine Weiterverarbeitung erfolgt durch Verfahren der Hauptgruppen Umformen, Trennen und Fügen.
- Formteile (Roh- bzw. Bauteile), die weitestgehend die Gestalt und die Abmessungen von fertigen Bauteilen oder Endprodukten haben. Diese Erzeugnisse weisen eine Gestalt auf, die dem Verwendungszweck weitestgehend entspricht. Zur Fertigstellung sind lediglich spanende Prozessschritte erforderlich.

2.4.1.2 Umformen

Umformen ist Fertigen durch bildsames, plastisches Ändern der Form eines festen Körpers. Dabei werden sowohl die Masse als auch der Zusammenhalt beibehalten (vgl. DIN 8582). Umformen beruht auf der bildsamen Formbarkeit zahlreicher Werkstoffe, insbesondere der Metalle. Dabei erfolgen oberhalb einer Fließgrenze im Werkstoffgefüge Schiebungen entlang kristalliner Gleitebenen, ohne dass der Stoffzusammenhalt unterbrochen wird. Diese Schiebungen können durch Zug-, Druck-, Zugdruck-, Biege- oder Schubspannungen oberhalb einer werkstoffspezifischen Fließspannung im Werkstück ausgelöst werden und führen zu einer bleibenden Formänderung. Typische Merkmale umformender Verfahren sind der zur Formgebung benötigte hohe Kraftaufwand, die Einbeziehung des gesamten Werkstückes in den Bearbeitungsprozess sowie die geringen Prozesszeiten bei hoher Mengenleistung. Aus diesem Grund werden zahlreiche Umformverfahren vorrangig in der Großserien- bzw. Massenproduktion eingesetzt. Der Anteil der Umformtechnik am gesamten Produktionsvolumen nimmt ständig zu, da hiermit Werkstücke hoher Festigkeit sehr rohstoffsparend ohne Abfall hergestellt werden können.

Eine besondere Eigenschaft umformender Verfahren ist die Festigkeitsänderung des Werkstückes während des Verfahrens. Dabei unterscheidet man Verfahren, bei denen die Umformung zu keiner, einer vorübergehenden oder einer bleibenden Festigkeitsänderung führt. Für die Beurteilung der jeweiligen Werkstoffeigenschaften sind mehrere Zustände relevant (vgl. Siegert 1995, S. S22):

- Bei Anlieferung
- Unmittelbar vor der Umformung
- Während der Umformung
- Unmittelbar nach der Umformung

● Nach Auslagerung bei Raumtemperatur bzw. nach einer Wärmebehandlung

Zur klassischen Einordnung der mehr als 200 verschiedenen Umformverfahren mit unzähligen Verfahrensvarianten wird die beim Umformprozess hauptsächlich wirksame Beanspruchungsart herangezogen (Abb. 2.6). Die weitere Unterteilung geschieht nach Kriterien des Bewegungsablaufs und der Werkzeug- bzw. Werkstückgeometrie.

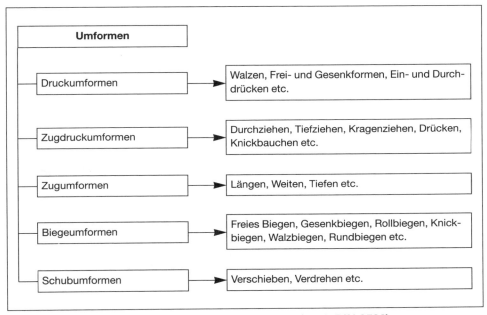

Abb. 2.6: Einteilung der Hauptgruppe „Umformen" (nach DIN 8582)

2.4.1.3 Trennen

Trennen ist Fertigen durch Ändern der Form eines festen Körpers, wobei der Zusammenhalt örtlich aufgehoben, d.h. im Ganzen vermindert wird. Dabei ist die Endform des Werkstücks in der Ausgangsform enthalten. Dem Trennen ist auch das Zerlegen zusammengesetzter Körper und das Reinigen zugeordnet. Beim Trennen ist im Allgemeinen ein Werkzeug vorhanden, das den Trennvorgang ausführt. Der eigentliche Vorgang des Trennens erfolgt an der so genannten Wirkstelle, wo das Werkzeug auf das Werkstück einwirkt. Zum Ablauf des Trennvorgangs sind zwischen Werkzeug und Werkstück Relativbewegungen (Schnitt-, Vorschub- und Zustell-

153

bewegungen) erforderlich, die von einem oder beiden Partnern des Wirkpaares ausgeführt werden. Die dem Trennvorgang von außen zugeführte Energie bzw. Leistung wird an der Wirkstelle in Trenn-, Verformungs- und Reibleistung umgewandelt und über das Wirkpaar als Wärme abgeführt.

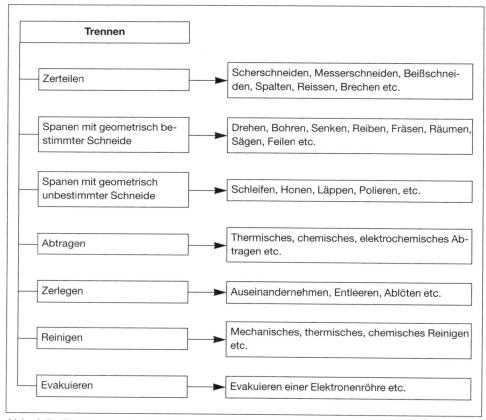

Abb. 2.7: Einteilung der Hauptgruppe „Trennen" (nach DIN 8589/8590)

Unter den trennenden Fertigungsverfahren nimmt die spanende Bearbeitung im Hinblick auf ihre vielfältigen Anwendungsmöglichkeiten und die erreichbare hohe Fertigungsgenauigkeit eine dominierende Stellung ein. Dabei zeichnen sich die hier einzuordnenden Fertigungsverfahren überwiegend durch folgende Merkmale aus:

● Hohe Universalität der erzeugbaren Formen
● Hohe Fertigungsgenauigkeit

- Gute Automatisierbarkeit der einzelnen Verfahren
- Wirtschaftliche Anpassungsfähigkeit
- Kaum Beschränkungen in der Werkstoffwahl

Eine Unterteilung des Spanens erfolgt über die im jeweiligen Verfahren eingesetzten Werkzeugschneiden. Beim Spanen mit geometrisch bestimmten Schneiden (z. B. Bohren, Drehen, Fräsen, Feilen etc.) wird ein Werkzeug verwendet, dessen Zahl, Geometrie und Lage der Schneidkeile bestimmt ist. Beim Spanen mit geometrisch unbestimmten Schneiden (z. B. Schleifen, Honen, Läppen etc.) sind diese dagegen zufällig verteilt.

2.4.1.4 Fügen

Fügen ist das auf Dauer angelegte Verbinden oder sonstige Zusammenbringen von zwei oder mehr Werkstücken geometrisch bestimmter Form oder von ebensolchen Werkstücken mit formlosem Stoff. Dabei wird jeweils der Zusammenhalt örtlich geschaffen und im Ganzen vermehrt. Mit dem Begriff Fügen sind nur diejenigen Wirkvorgänge gemeint, die unmittelbar für das Zustandekommen einer dauerhaften Verbindung erforderlich sind. Vorgänge wie Halten, Kontrollieren, Spannen o. ä. zählen daher nicht zu den Fügeverfahren. Diese sind vielmehr – zusammen mit den Fügeverfahren selbst – als Teilschritte im Rahmen der Montagetechnik zu betrachten. Eine durch Fügen hergestellte Verbindung kann lösbar oder unlösbar sein. Lösbare Verbindungen lassen sich ohne Beschädigung der gefügten Teile wieder lösen, bei unlösbaren Verbindungen muss eine Beschädigung oder Zerstörung der gefügten Teile in Kauf genommen werden. Die Unterteilung der Fertigungsverfahren der Hauptgruppe Fügen erfolgt nach Art des Zusammenhalts unter Berücksichtigung der Art der Erzeugung (Abb. 2.8).

Die aus fertigungstechnischer Sicht wichtigsten unlösbaren Verfahren sind das Schweißen, das Löten und das Kleben. Während beim Schweißen der Fügeprozess durch das direkte Vereinigen von Werkstoffen in der Schweißzone durch Wärme und/oder Kraft erfolgt, ist das Löten durch das Benetzen der Bauteile mit einem geschmolzenen Zusatzmetall gekennzeichnet (Adhäsion). Das Kleben verläuft ähnlich wie das Löten, allerdings unter Verwendung eines im Allgemeinen nichtmetallischen Werkstoffes, der Fügeteile durch Flächenhaftung und innere Festigkeit verbindet.

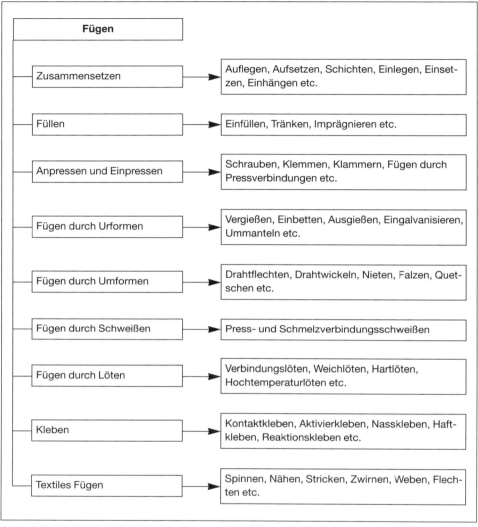

Fügen	
Zusammensetzen	Auflegen, Aufsetzen, Schichten, Einlegen, Einsetzen, Einhängen etc.
Füllen	Einfüllen, Tränken, Imprägnieren etc.
Anpressen und Einpressen	Schrauben, Klemmen, Klammern, Fügen durch Pressverbindungen etc.
Fügen durch Urformen	Vergießen, Einbetten, Ausgießen, Eingalvanisieren, Ummanteln etc.
Fügen durch Umformen	Drahtflechten, Drahtwickeln, Nieten, Falzen, Quetschen etc.
Fügen durch Schweißen	Press- und Schmelzverbindungsschweißen
Fügen durch Löten	Verbindungslöten, Weichlöten, Hartlöten, Hochtemperaturlöten etc.
Kleben	Kontaktkleben, Aktivierkleben, Nasskleben, Haftkleben, Reaktionskleben etc.
Textiles Fügen	Spinnen, Nähen, Stricken, Zwirnen, Weben, Flechten etc.

Abb. 2.8: Einteilung der Hauptgruppe „Fügen" (nach DIN 8593)

2.4.1.5 Beschichten

Die Anforderungen an ein Bauteil betreffen neben den „Volumeneigenschaften" auch dessen Oberfläche. Beschichtungen können hier Aufgaben übernehmen, die der Grundwerkstoff nicht erfüllt. Die Verfahren der Hauptgruppe Beschichten werden somit definiert als das Aufbringen einer fest haftenden Schicht aus formlosem Stoff auf ein Werkstück. In der Praxis

156

werden hauptsächlich Metalle, Keramiken, Einkristalle, Gläser und Kunststoffe beschichtet. Als geeignete Beschichtungswerkstoffe kommen häufig metallische, anorganisch-nichtmetallische (z. B. Email, Keramik) oder organische Werkstoffe (Lacke) zum Einsatz. Durch die Beschichtungstechniken entstehen Verbundkörper, bestehend aus Schichtbereich, Haftbereich und Substratbereich.

Eine Funktionstrennung gestaltet sich derart, dass das Substrat als Hauptfunktion die jeweilige Beanspruchung aufnimmt, während die Schicht das Produkt gegen äußere Einflüsse schützt. Maßgebend für eine

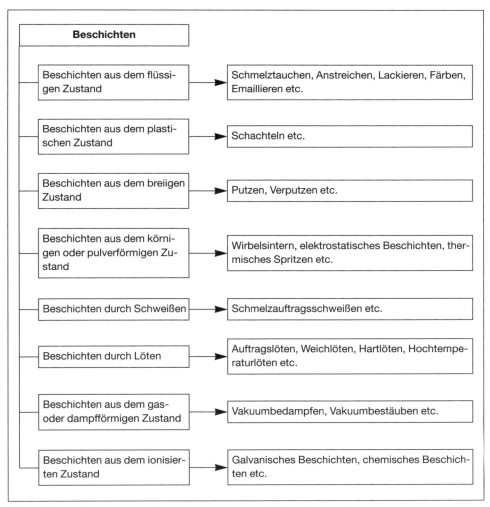

Abb. 2.9: Einteilung der Hauptgruppe „Beschichten" (nach DIN 8580)

weitere Unterteilung der Verfahren ist der Aggregatzustand des Beschichtungsstoffes unmittelbar vor dem Beschichten (Abb. 2.9).

Mit Beschichtungen lassen sich eine Vielzahl an Aufgaben erfüllen. Hierzu gehören:

- Veränderung tribologischer Eigenschaften (Reibung)
- Veränderung elektrischer Eigenschaften (Isolation, Leitfähigkeit)
- Veränderung optischer und akustischer Eigenschaften (Dämmung, Reflexion)
- Schutz gegen chemische und biologische Einflüsse (Korrosion)
- Informative Aufgaben (Signalisierung, Tarnung, Markierung)
- Dekorative Aufgaben

Bekannte Verfahren sind das Lackieren, das Verzinken, das Eloxieren u. a. Durch das generelle Bedürfnis, Funktion und Wert von Erzeugnissen dauerhaft zu erhalten, ist das Interesse an der Beschichtungstechnik groß. Wachsendes ökologisches Bewusstsein hat hier in den letzten Jahren dazu geführt, dass viele Verfahren im Hinblick auf deren Umweltverträglichkeit deutlich verbessert wurden.

2.4.1.6 Stoffeigenschaften ändern

Die optimalen Stoffeigenschaften eines Bauteils während der Bearbeitung weichen von den notwendigen Eigenschaften im Betriebseinsatz zum Teil erheblich ab. Durch gezielte Beeinflussung des Stoffgefüges lässt sich eine Verbesserung der Werkstückeigenschaften (Festigkeit, Zähigkeit etc.) nach der eigentlichen Formgebung erzielen. Die Fertigungsverfahren der Hauptgruppe „Stoffeigenschaft ändern" werden entsprechend definiert als das Verändern der Eigenschaften des Werkstoffes, aus dem ein Werkstück besteht. Dies geschieht im Allgemeinen durch Veränderungen im submikroskopischen bzw. im atomaren Bereich, z.B. durch Diffusion von Atomen, Erzeugung und Bewegung von Versetzungen im Atomgitter oder durch chemische Reaktionen. Auch verschiedene Fertigungsverfahren der anderen Hauptgruppen bewirken eine Veränderung der Stoffeigenschaften, wie beispielsweise die Kaltverfestigung beim Umformen oder Rekristallisationsvorgänge beim Sintern. Unvermeidbar auftretende Formänderungen (z.B. Härteverzug) gehören allerdings nicht zum Wesen dieser Verfahren.

Abb. 2.10: Einteilung der Hauptgruppe „Stoffeigenschaft ändern" (nach DIN 8580)

2.4.2 Kriterien für eine Verfahrensauswahl

Wie im vorangegangenen Abschnitt veranschaulicht, umfasst gerade die Fertigungstechnik eine Fülle unterschiedlicher Verfahren. Viele davon sind nicht beliebig einsetzbar, sondern auf bestimmte Werkstoffeigenschaften zugeschnitten. So erfordert das Gießen beispielsweise die Existenz einer Flüssigphase, die bei einigen Werkstoffen nur mit erheblichem Geräteaufwand zu erreichen ist. Andere wiederum setzen aufeinander auf oder können mit ähnlichen Ergebnissen als Alternativen eingesetzt werden. Für einen möglichst objektiven Verfahrensvergleich müssen die einzelnen Fertigungsstufen vom Rohteil bis zum fertigen Werkstück immer als vollständige Prozesskette betrachtet werden. Rationalisierungsbemühungen zur Verbesserung der Wirtschaftlichkeit und Qualität dürfen nicht nur an einzelnen Arbeitsvorgängen ansetzen, sondern müssen immer auf ein Gesamtoptimum zielen. Eine diesbezügliche Beurteilung kann nach den drei Methoden durchgeführt werden (A-S-I-Methode) (vgl. Tönshoff 1987):

- Adaption
- Substitution
- Integration

Adaption ist die günstige Abstimmung aufeinanderfolgender Prozesse, wie z. B. Rohteilbearbeitung durch Schmieden und anschließende spanende Bearbeitung. Die Substitution eines Verfahrens durch ein anderes kann beispielsweise durch Neuentwicklung von Produktionsmitteln möglich werden (z. B. Schleifen durch Hartdrehen). Die Integration von Verfahren in eine Maschine (z. B. Dreh-/Fräsmaschinen) verkürzt die Prozesskette durch Vermeidung von Rüst- und Liegezeiten und bringt signifikante Einsparungen in der Durchlaufzeit. Bei genauer Betrachtung der Wirtschaftlichkeit zeigt sich mitunter, dass ein sehr flexibles Fertigungsverfahren, das für sich betrachtet als zu teuer beurteilt wird, bei sinkenden Stückzahlen entsprechend wirtschaftlicher ausfallen kann.

In der produktionstechnischen Praxis besteht somit die Aufgabe, aus der Vielzahl möglicher Verfahrenskombinationen diejenigen auszuwählen, mit denen ein Maximum an Wirtschaftlichkeit bzw. Rentabilität zu erreichen ist. Eine Verfahrensbewertung ist dabei immer als kontinuierlicher Prozess zu verstehen und somit elementarer Bestandteil moderner Qualitätsmanagementprozesse. Sie sollte regelmäßig, insbesondere aber bei folgenden Ereignissen durchgeführt werden (vgl. Warnecke 1997, S. 15):

- Aufnahme neuer Produkte in das Produktionsprogramm
- Anpassung des Fertigungsablaufs an konstruktive Änderungen des Werkstückes
- Erweiterung der Kapazität aufgrund gestiegener Absatzerwartungen
- Ersatz bestehender Verfahren aufgrund technischer Veralterung

Die Verfahrensauswahl muss systematisch und möglichst frei von intuitiven Entscheidungen erfolgen. Dies erfordert eine Vorgehensweise, bei der alle in Betracht kommenden Rahmenbedingungen und Bewertungsmaßstäbe ausreichend dokumentiert werden. So bleiben einmal getroffene Entscheidungen auch zu einem späteren Zeitpunkt reproduzierbar. Dabei bietet sich prinzipiell folgender Ablauf an.

Ausgehend von den geforderten Bauteileigenschaften werden zunächst mögliche Werkstoffe bzw. Halbzeuge ausgewählt. Für jeden Werkstoff werden die für die Herstellung aus technologischer Sicht in Frage kommenden Fertigungsverfahren festgelegt und als vollständige Prozessketten zusammengestellt. Dabei werden auch laufende und eventuell erforderliche Verfahrensentwicklungen sowie mögliche Verfahrensalternativen mit berücksichtigt. Anschließend müssen die einzelnen Prozessschritte innerhalb der verschiedenen Prozessketten möglichst objektiv bewertet werden. In Abbildung 2.11 sind mögliche Kriterien und Randbedingungen für eine Verfahrensbewertung aufgelistet (vgl. Bauer 1987).

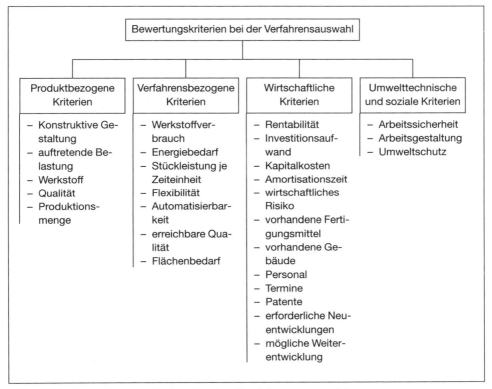

Abb. 2.11: Bewertungskriterien für eine Verfahrensauswahl

Die in der Abbildung genannten Bewertungskriterien sind allerdings nur zum Teil quantifizierbar. Ein Großteil sind qualitative Kriterien, die im Rahmen einer Abschätzung beurteilt werden müssen. Einige der Kriterien können wiederum Pflichtkriterien sein, die bei Nichterfüllung zum Ausschluss der betrachteten Verfahrensvariante führen. Die abschließende gewichtete Bewertung führt dann letztendlich zur Auswahl einer unter den gegebenen Rahmenbedingungen „optimalen" Prozesskette. Diese Vorgehensweise ist methodisch eng an eine klassische Nutzwertanalyse angelegt.

Zur Beschreibung grundsätzlicher Verfahrensmerkmale wird im folgenden Teil dieses Kapitels auf eine vereinfachte Bewertungsmatrix zurückgegriffen. Dabei werden in Analogie zum bekannten Zieldreieck zwischen Terminen, Qualität und Kosten folgende Merkmale als Grundlage für eine Beurteilung herangezogen (vgl. Spur 1997, S. L13):

- Mengenleistung
- Fertigungsgenauigkeit
- Fertigungskosten

Ziel dieses Buches ist es, ein Grundverständnis produktionstechnischer Zusammenhänge zu schaffen. Daher werden im Folgenden nur prinzipielle Eigenschaften und Methoden von Fertigungsverfahren erläutert. Eine detaillierte Verfahrensauswahl ist nur an einem konkreten Anwendungsfall möglich.

2.4.2.1 Mengenleistung

Die geforderte Mengenleistung richtet sich nach der Produktionsmenge, die in einem bestimmten Zeitraum am Markt abgesetzt werden soll. Sie lässt sich durch die in der Abbildung 2.11 genannte Kennzahl „Stückzahl je Zeiteinheit" quantifizieren. Die zur Verfügung stehende Mengenleistung pro Arbeitsplatz ist zwar primär vom gewählten Fertigungsverfahren abhängig, kann aber auch durch den Maschinentyp und die eingesetzten Werkzeuge unterschiedlich ausfallen. Im Allgemeinen sollten geforderte und zur Verfügung stehende Mengenleistung angeglichen werden, da sonst Unter- bzw. Überlastsituationen auftreten, die das Gesamtergebnis negativ beeinflussen. Eine diesbezügliche Synchronisation der Einzelkapazitäten ist insbesondere in modernen, produktorientierten Insel- bzw. Segmentstrukturen einer Fertigung wichtig.

Anders ist die Situation bei einer Werkstattstruktur, in der verschiedenste Aufträge an einem Arbeitsplatz bearbeitet werden, oder an Arbeitsplätzen mit Komplettbearbeitung. Hier sollte aus wirtschaftlicher Sicht eine möglichst große Mengenleistung angestrebt werden, da die Herstellkosten im Allgemeinen zu etwa einem Drittel aus Fertigungskosten, d. h. zeitanteiligen Personal- und Anlagenkosten bestehen.

Den größten Einfluss auf die Mengenleistung hat das Gestaltungsprinzip des verwendeten Verfahrens. Innerhalb der Fertigungstechnik lassen sich drei formgebende Gestaltungsprinzipien unterscheiden (Abb. 2.12):

- Ungebundenes Formen
- Gesteuertes Formen
- Abbildendes Formen

162

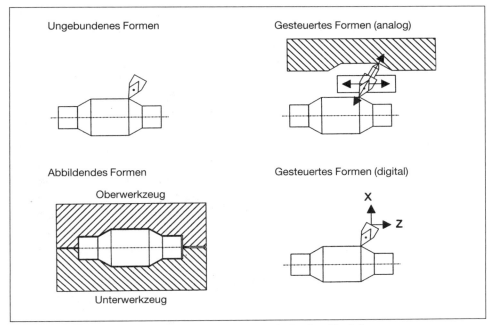

Ungebundenes Formen

Gesteuertes Formen (analog)

Abbildendes Formen

Oberwerkzeug

Unterwerkzeug

Gesteuertes Formen (digital)

Abb. 2.12: Gestaltungsprinzipien fertigungstechnischer Verfahren

Ungebundenes Erzeugen

Ungebundenes Erzeugen bedeutet die weitgehend freihändige bzw. nicht reproduzierbare Führung eines Werkzeuges, wie es beispielsweise bei der Tätigkeit eines Bildhauers üblich ist. Es kann auch zur Erzeugung von Regelflächen wie Ebenen z.B. durch Feilen oder Schaben eingesetzt werden. Die Mengenleistung ist vergleichsweise gering und hängt zudem sehr stark von der Erfahrung und dem Übungsgrad des Ausführenden ab. Eine Bedeutung für die industrielle Produktion ist gegenwärtig noch im Werkzeug- und Formenbau (s. Kap. 2.4.3.7) zu finden, bei der neben der Modellerstellung noch immer ein hoher manueller Nacharbeitsanteil bei der Fertigung der formgebenden Bereiche zu finden ist.

Kinematisches Formen

Typisch für das kinematische oder gesteuerte Formen ist die Verwendung einfacher, universeller Werkzeuggeometrien (kugelförmig, zylindrisch etc.). Die Konturerzeugung erfolgt hierbei durch eine reproduzierbare Relativbewegung von Werkzeug und Werkstück, die sich aus einer Überlagerung von Schnittbewegung und Vorschubbewegung zusammensetzt. Im einfachsten Fall kann dies durch lineare oder rotatorische Führungen als geometrieerzeugende Bewegungsachsen erfolgen. Sind mehrere Achsen beteiligt, so sind mechanische Koppelgetriebe oder Steuerungen zur Koordination der Einzelachsen erforderlich. Diese Weginformationen können analog oder digital gespeichert sein.

Analoge Speicher sind Modelle oder Schablonen, die die Geometrieinformationen unmittelbar oder in einem beliebigen Maßstab räumlich oder eben verkörpern (z.B. beim Kopierfräsen). Digitale Speicher enthalten die zur Herstellung erforderlichen Informationen in Zeichen und Zahlen, die in Lochstreifen, Magnetbändern oder Arbeitsspeichern von Steuerungsrechnern abgelegt sind. Bei diesen NC-Steuerungen (NC = Numerical Control) stehen alle für den automatisierten Ablauf einer Fertigungsanlage erforderlichen Informationen in einem Programm zur Verfügung. Hierzu gehören einerseits die Weginformationen für die Geometrie der Werkzeugbahn als auch die Schaltinformationen wie Spindeldrehzahl, Vorschubgeschwindigkeit u.a.

Bei der digitalen Steuerung von Werkzeugmaschinen über vorhandene CAD-Daten (CAD/CAM-Kombination) wird innerhalb der gesamten Prozesskette kein physikalisches Geometriemodell mehr benötigt. Die in den NC-Programmen gespeicherten Sollwerte entsprechen einer mathematischen Beschreibung der „idealen" Geometrie und sind somit eindeutig reproduzierbar. Mögliche Abweichungen und Fehler am fertigen Werkstück bleiben hier auf das jeweilige Fertigungsverfahren beschränkt. Die Mengenleistung ist bei diesen Verfahren im Wesentlichen von der Schnittgeschwindigkeit (bzw. Vorschubgeschwindigkeit) abhängig, da zur Herstellung eines Werkstückes die gesamte Geometrie abgefahren werden muss.

Abbildendes Formen

Beim abbildenden Formen überträgt sich die Form eines Werkzeuges auf das Werkstück. Dabei sind zwei Verfahrensvarianten zu unterscheiden. Während beim Einsatz von profilierten Werkzeugen in Zerspanprozessen eine definierte Kontur in das Werkstück eingebracht wird (z.B. beim Profilschleifen), ist beim Ur- bzw. Umformen die vollständige Geometrieinformation für die Herstellung eines Bauteils als Negativform im Werkzeug gespeichert. Als Beispiel hierfür ist das Gesenkschmieden von Stahl oder das Spritzgießen von Kunststoff zu nennen. Die verwendeten Maschinen besitzen im Allgemeinen einen einfachen Aufbau, da weniger Bewegungsachsen als beim kinematischen Formen im Einsatz sind. Die Fertigteilqualität hängt beim abbildenden Formen von zwei Faktoren ab, zum einen von den Abweichungen des Profils bzw. des Werkzeugs sowie zusätzlich von der

164

Prozessgenauigkeit des jeweiligen Verfahrensprinzips. Die Mengenleistung abbildender Verfahren ist im Allgemeinen sehr hoch, da die Formgebung in einem oder wenigen Prozessschritten erfolgt. Allerdings geht diesen Verfahren immer eine Erzeugung der Negativform im Rahmen des Werkzeug- und Formenbaus voran (s. Kap. 2.4.3.7).

2.4.2.2 Fertigungsgenauigkeit

Die Fertigungsgenauigkeit eines Verfahrens ist Grundlage für die Qualität der erzeugten Güter. Der Begriff der Qualität umfasst sowohl die geometrische als auch die stoffliche Beschaffenheit der Bauteile und beschreibt die Abweichung der tatsächlich erreichten Eigenschaften eines Produktes oder Werkstücks von den jeweils vorgegebenen. Unterschieden werden geometrische und physikalisch bzw. chemische Fehler. Die geometrischen Fehler lassen sich unterteilen in:

- Maßgenauigkeit, d.h. die Einhaltung vorgegebener Maßtoleranzen (Passungen, IT-Toleranzen etc.)
- Formgenauigkeit, d.h. die Einhaltung vorgegebener Formtoleranzen (Rundheit, Ebenheit, Zylindrizität u.a.)
- Lagegenauigkeit, d.h. die Einhaltung vorgegebener Lagetoleranzen
- Oberflächengüte, d.h. Rautiefe, Welligkeit etc.

Neben der geometrischen Ausbildung einer technischen Oberfläche mit ihrer Abweichung von der idealen Sollform erzeugen Fertigungsverfahren physikalische und chemische Randzonenveränderungen. Sie lassen sich z.B. als Härteänderungen, Eigenspannungen, Gefügeänderungen (durch mechanische oder thermische Einwirkungen des Prozesses) oder Änderungen der chemischen Zusammensetzung (durch Diffusion oder Oxidation) nachweisen. Jedes Fertigungsverfahren besitzt typische Fehlergrenzen, die stark von dem jeweils vorgenommenen Aufwand abhängen. Abbildung 2.13 zeigt beispielhaft, welche Rautiefen mit typischen Fertigungsverfahren erreichbar sind. Es gehört zu den zentralen Aufgaben der Produktionstechnik, die unteren Grenzen durch Forschung und Entwicklung weiter abzusenken, um die zu fertigenden Produkte möglichst mit einem oder wenigen Verfahren herstellen zu können. Idealziel dabei ist es, mit abbildenden Verfahren Fertigprodukte in einem Schritt herzustellen (z.B. durch Präzisionsschmieden).

Da aber grundsätzlich jeder Prozess mit Abweichungen behaftet ist, müssen Fehlerpotenziale abgeschätzt werden. Dabei gilt es, systematische Fehler von zufälligen Fehlern zu trennen. Die systematischen Fehler sind beschreibbar und können daher prinzipiell im Prozess kompensiert werden

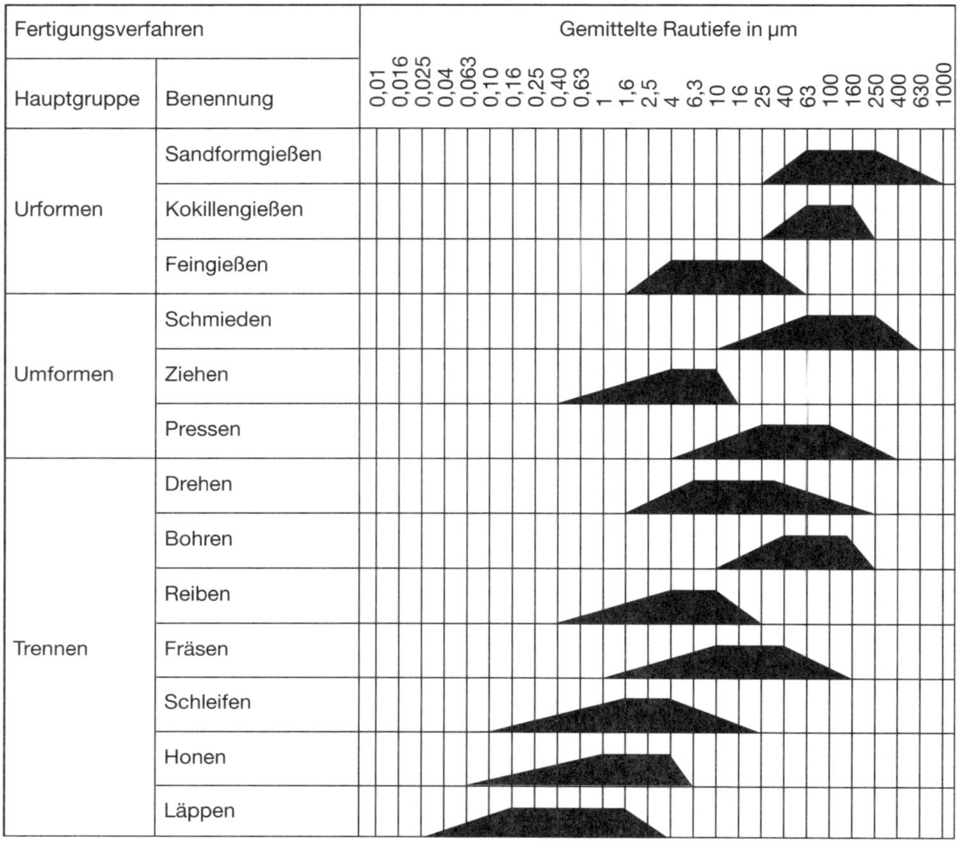

Fertigungsverfahren		Gemittelte Rautiefe in µm
Hauptgruppe	Benennung	0,01 0,016 0,025 0,04 0,063 0,10 0,16 0,25 0,40 0,63 1 1,6 2,5 4 6,3 10 16 25 40 63 100 160 250 400 630 1000
Urformen	Sandformgießen	
	Kokillengießen	
	Feingießen	
Umformen	Schmieden	
	Ziehen	
	Pressen	
Trennen	Drehen	
	Bohren	
	Reiben	
	Fräsen	
	Schleifen	
	Honen	
	Läppen	

Abb. 2.13: Fertigungsverfahren und damit erreichbare Rautiefen (nach DIN 4766)

(z. B. Temperaturausdehnung). Zufällige Fehler in den Messergebnissen lassen sich nicht oder nicht wirtschaftlich vorherbestimmen. Sie führen zu Streuungen, die sich innerhalb der zulässigen Toleranz bewegen müssen. Ursachen für zufällige Fehler können Schwankungen von Reibwerten, Umwelteinflüsse sowie Mess- oder Beobachtungsfehler sein.

Eine theoretische bzw. mathematische Ermittlung verfahrensspezifischer Fehlergrenzen ist nur bedingt möglich, da nicht alle Einflüsse quantifizierbar sind. Wenn dagegen in einem laufenden Verfahren ausreichend große Merkmalskollektive gemessen werden können (z. B. Wellendurchmesser in der Serienfertigung), lässt sich ein Fertigungsprozess hinsichtlich seiner Qualität sehr gut durch Kennzahlen beurteilen (Abb. 2.14).

In Abbildung 2.14 sind Durchmessermaße einer Wellenbearbeitung in einer Qualitätsregelkarte eingetragen. Man erkennt hier streuende Einzel-

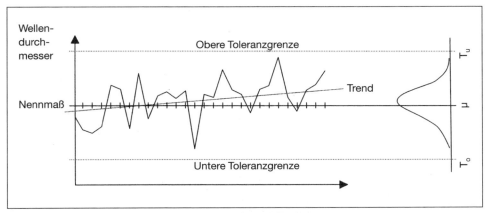

Abb. 2.14: Beurteilung der Prozessfähigkeit einer Bearbeitung

werte und einen sich linear verändernden Mittelwert. Der erkennbare Trend kann z.B. durch temperaturbedingte Verlagerungen des Werkzeugs gegenüber dem Werkstück verursacht sein. Dieser Fehler ist systematisch und ließe sich kompensieren. Die streuenden Einzelwerte dagegen sind zufällige Fehler. Sehr häufig lässt sich die Verteilung der zufälligen Fehler nach Bereinigung um den systematischen Fehler durch eine Normalverteilung, wie im rechten Bildteil dargestellt, wiedergeben. Die so genannte Prozessfähigkeitskennzahl C_{pk} vergleicht die durch Mittelwert und Streuung beschriebene Häufigkeitsverteilung (Verteilungskurve) mit den jeweils gültigen Toleranzgrenzen der Konstruktion.

2.4.2.3 Wirtschaftliche Kriterien

Die Wirtschaftlichkeit eines Verfahrens wird in der Regel mit Methoden der Kosten- und Wirtschaftlichkeitsrechnung beurteilt. Nicht quantifizierbare Kriterien können durch eine Nutzwertanalyse berücksichtigt werden. Für den Einfluss der Unsicherheit von angenommenen Randbedingungen (z.B. Rohstoffpreise, Verkaufspreis, Absatzsituation usw.) bietet sich eine Risiko- und Sensitivitätsanalyse an (vgl. Warnecke 1998, S.16ff).

Die Ermittlung der jeweiligen Kosten erfolgt je nach betrieblichen Gegebenheiten mit Hilfe verschiedener Kalkulationsverfahren und dient neben der Verfahrensbeurteilung zur:

● Produktauswahl
● Werkstoffauswahl
● Preisfindung

167

In einem Unternehmen, in dem unterschiedliche Produkte mit unterschiedlichen Stückzahlen gefertigt werden, müssen die Kosten verursachungsgerecht verrechnet werden. Dies lässt sich durch eine Wirtschaftlichkeitsrechnung durchführen, bei der anhand bestimmter Kriterien einzelne Bereiche eines Betriebes untereinander oder mit anderen Betrieben verglichen werden. Die Wirtschaftlichkeitsrechnung kann in einer Fertigung zur Beurteilung von vorgesehenen Investitionen (Investitionsrechnung), zur Beantwortung von Fragen wie Wahl der optimalen Losgröße, Beurteilung von Einschicht- oder Mehrschichtbetrieb, Eigenfertigung oder Fremdbezug, Kauf oder Miete herangezogen werden.

Aus der Kosten- und Wirtschaftlichkeitsrechnung ergibt sich, ob unter den angenommenen Bedingungen eine Verfahrenskombination wirtschaftlich und damit sinnvoll ist. Zu beachten ist jedoch, wie genau die angenommenen Bedingungen später zutreffen. Um den Einfluss dieser Unsicherheiten zu berücksichtigen, kann zusätzlich eine Risikoabschätzung durchgeführt werden. Eine Möglichkeit ist die bereits erläuterte Amortisationsrechnung. Zwei weitere quantitative Methoden sind die Sensitivitätsanalyse und die Break-even-Analyse (vgl. Frey 1990).

Entscheidenden Einfluss auf die Wirtschaftlichkeit hat der Automatisierungsgrad eines Verfahrens, da hier der Investitionsaufwand überproportional zum Nutzen steigen kann. In einem Hochlohnland wie Deutschland ist der Personalkostenanteil zwar erheblich. Auf der anderen Seite erfordert aber auch die Automatisierungstechnik ein hohes Maß an Investitionen, die zum Teil weitaus risikoreicher zu bewerten sind als Personalaufwendungen. Die Erfahrungen der CIM-Bestrebungen haben gezeigt, dass eine unausgereifte, schnell veralternde Technik schon nach kurzer Zeit praktisch wertlos ist.

Wichtig ist daher die Aussage, dass die Grenzen der Automatisierung – trotz der damit verbundenen Faszination – keine Frage der technischen Möglichkeiten sind, sondern im Produktionsalltag einzig und allein von der Wirtschaftlichkeit abhängen. Hierbei zeigt sich ein direkter Bezug zu den herzustellenden Stückzahlen und dem Zielkonflikt von Produktivität und Flexibilität. Je höher die typischen Losgrößen eines Verfahrens sind, umso weitgehender kann ein Fertigungsverfahren automatisiert werden. Insbesondere die für eine hohe Mengenleistung stehenden, abbildenden Verfahren lassen sich relativ kostengünstig automatisieren. Sollten die Stückzahlen dagegen schwanken, ist die Flexibilität einer Anlage unter Einbeziehung des Menschen als Entscheidungsträger deutlich höher zu bewerten.

2.4.2.4 Umwelttechnische und soziale Kriterien

Fertigungsverfahren und Fertigungsanlagen müssen ebenso nach ihrer Umweltverträglichkeit und Anpassung an den Menschen beurteilt werden. Bereits bei der Produktentwicklung ist der Lebenszyklus eines Produktes in der Fertigung, Montage, im Gebrauch oder Verbrauch der Produkte, in der Demontage zur Wiederverwendung, Aufarbeitung oder Material- oder Energierückgewinnung zu beachten. Fertigungsprozesse lassen sich unter Berücksichtigung des Lebenszyklus nach der Ressourcennutzung (Material und Energie) bewerten. Energetische (Schall und Schwingungen, Mikrowellen, Laserlicht) und stoffliche (Gase, Dämpfe, Stäube, Partikel) Emissionen sind ebenfalls mit einzubeziehen. Bei auftretenden Emissionen sind aus technischen und wirtschaftlichen Gründen primäre Maßnahmen, die der Ursachenvermeidung dienen, gegenüber den sekundären Maßnahmen, die lediglich die Wirkung vermindern, vorzuziehen.

2.4.3 Beschreibung von Prozessketten

Im Gegensatz zur klassischen, technologisch geprägten Einteilung nach Kienzle (s. Kap. 2.1) orientiert sich die im Folgenden gewählte Beschreibung der Verfahrenskombinationen an typischen Bauteilen aus der industriellen Praxis. Die Ausführungen erläutern beispielhaft die für die Formgebung relevanten Technologien und beschreiben mögliche Vor- und Nachteile alternativer Verfahrenskombinationen innerhalb der jeweiligen Prozesskette. Dieser Darstellung liegt die Motivation und Zielsetzung der Anwenderindustrie zugrunde, durch eine optimale Prozessabstimmung der Verfahrenskette Kosten und Durchlaufzeiten eines Bauteils zu senken. Dies käme auf den heutigen turbulenten Märkten den vom Kunden geforderten kurzen Lieferzeiten entgegen. Die Gliederung dieses Kapitels orientiert sich an der in Abbildung 2.15 gezeigten anwendungsorientierten Bauteilklassifizierung.

2.4.3.1 Fertigung von Hüllstrukturen (Flächenteile)

Nicht nur in der Verkehrsmittelindustrie, sondern auch im Anlagen- und Behälterbau werden in großem Maße dünnwandige Formteile zur Herstellung von Flächenstrukturen und Flächentragwerken benötigt. Diese Bauteile erfüllen neben ihrer Hauptfunktion als Produkthülle oder Behälterwand zusätzlich designtechnische, ergonomische oder aerodynamische Anforderungen. Ziel der Fertigung solcher Hüllstrukturen ist es, möglichst leichte, formstabile Innen- bzw. Außenhautteile mit definierten Festig-

169

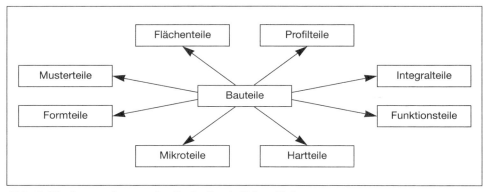

Abb. 2.15: Anwendungsorientierte Bauteilklassifizierung

keitsanforderungen, insbesondere bezüglich der Hauptflächenbelastungen (mechanischer Druck, Innendruck, Winddruck etc.) zu erzeugen. Abbildung 2.16 zeigt eine Übersicht über typische Produkte.

Abb. 2.16: Flächenteile für Hüllstrukturen (Allgaier Werke)

Grundsätzlich sind neben metallischen Werkstoffen wie Stahl und Aluminium auch Kunststoffe für diese Anwendung geeignet. Beispielweise zeigen hier die Faserverbundkunststoffe (FVK) hervorragende gewichtsbezogene Festigkeitseigenschaften. Gerade im Flugzeugbau, wo die geringe Bruchdehnung dieser Werkstoffe von untergeordneter Bedeutung ist, werden bereits eine Vielzahl von Rumpf- bzw. Flächensegmenten aus diesen Materialien hergestellt. Mögliche Fertigungsverfahren für faserverstärkte Formteile sind:

170

- Handlaminieren (Aufbringen von Faserverstärkung und Gießharz auf einseitige Formwerkzeuge)
- Nasspressen (Verpressen von Geweben, Matten oder Faserbündel und Gießharz in einem Presswerkzeug)
- Faserspritzen (Spritzen von Faserbruchstücken und Gießharz in eine Form)
- Wickelverfahren (Wickeln harzgetränkter Fasern auf entformbare Grundkörper)

Im Behälterbau lassen sich je nach Belastungen ebenfalls Kunststoffe einsetzen. Vorteil ist hier die ausgezeichnete Formgebung des Materials. Als Verfahren kommt überwiegend das so genannte Blasformen zum Einsatz. Hierbei wird in der ersten Stufe aus einem Thermoplastmaterial ein Rohr im plastischen Zustand durch Extrusion erzeugt. Dieses wird im zweiten Schritt in einem Formwerkzeug zum Hohlkörper aufgeblasen und abgekühlt. Da das Verfahren nahezu verschleißfrei arbeitet und die verwendeten Drücke unter 10 bar liegen, lassen sich leicht zu bearbeitende Aluminiumgusswerkzeuge einsetzen. An die Formgebung schließen sich Butzenabtrennung, Dichtigkeitsprüfung und ggf. das Füllen, Verschließen, Bedrucken oder Etikettieren der Produkte an. Mit diesem Verfahren lassen sich unterschiedlichste Behälter (Flaschen, Kraftstofftanks, Kanister u.a.) im Volumenbereich zwischen wenigen Millilitern und mehreren 1000 Litern herstellen. Als Verfahrensvariante lässt sich auch alternativ das Spritzgießen einsetzen. Im Gegensatz zum Blasformen wird hier der Formraum im zweiteiligen Werkzeug vollständig mit Material gefüllt. Da das Werkstück nach Öffnen der Formhälften entformbar sein muss, können hierbei nur einseitig offene Flächenteile gefertigt werden.

Bei vielen Anwendungen sind aus Sicherheitsgründen Festigkeiten und Bruchdehnungen erforderlich, wie sie nur von metallischen Werkstoffen erreicht werden. So hat beispielsweise in der Automobilindustrie das energieabsorbierende Verformungsverhalten von Karosseriestrukturen im Crash zentrale Bedeutung. Kunststoffe und Faserverbundmaterialien bieten hier keine optimalen Eigenschaften. Ausgangsbasis für die Fertigung von Hüllstrukturen aus metallischen Werkstoffen sind gewalzte Bleche, Bänder und Rohre, d.h. dünnwandige Halbzeuge, die bereits in einem vorgelagerten Prozess durch Umformung hergestellt wurden. Durch den Walzprozess entstehen in den Halbzeugen zum Teil gezielte Verfestigungen, die zu richtungsabhängigen Werkstoffeigenschaften (Anisotropie) führen.

Da die hier betrachteten Flächenteile vorrangig dreidimensionale Formen enthalten, werden für den eigentlichen Formgebungsschritt vorrangig abbildende Verfahren bevorzugt. Bei geringen Stückzahlen und überwiegend rotationssymmetrischen Bauteilen lässt sich das Drücken einsetzen, bei dem ein Blechausschnitt durch ein Gegenwerkzeug (Drückwalze) auf einem sich drehenden Werkzeugkörper verformt wird. Dieses Verfahren erfolgt auf NC-Maschinen, die den Drehmaschinen ähnlich sehen.

Wesentlich größere Bedeutung hat allerdings das Tiefziehen mit starrem Werkzeug, bei dem ein Blechzuschnitt ohne beabsichtigte Veränderung der Blechdicke in einem zweiteiligen Formwerkzeug zu einem Hohlkörper geformt wird. Die Umformung erfolgt hierbei durch Kombination von Zug- und Druckkräften. Ziehring und Stempel bestimmen die Gestalt des Werkstücks. Ein Niederhalter am Außenrand des Blechrohlings hat die Aufgabe, eine Faltenbildung während des Ziehvorgangs zu verhindern. Die erforderliche Niederhalterkraft wird mit Hilfe von Federn oder durch einen in der Presse angeordneten pneumatischen oder hydraulischen Ziehapparat erzeugt. Der Auswerfer stößt nach dem Umformen das Werkstück beim Auseinanderfahren der Werkzeughälften aus. Lässt sich die Werkstückform nicht in einem Schritt (Erstzug) herstellen, erfolgt die weitere Bearbeitung im so genannten Weiterzug.

Für die Herstellung von Flächenteilen mit geringen Vertiefungen wie beispielsweise Dächer und Aufbauten von LKW und Bussen eignet sich alternativ auch das Streckziehen. Hierbei wird das Blech in drehbar gelagerte Spannzangen eingespannt und durch einen hydraulischen Stempel ohne Gegenstück verformt. Die Technik ist relativ einfach, so dass auch kleinere Stückzahlen gefertigt werden können.

Gegenwärtig verzeichnet das Tiefziehen mit Wirkmedium (z. B. Sand oder Stahlkugeln, Flüssigkeit oder Gas) und Wirkenergie (Druck) zur Herstellung von Flächenbauteilen wachsendes Interesse. Hierbei sind durch die gleichmäßige Druckverteilung im Werkzeug erheblich größere Ziehverhältnisse als beim Tiefziehen mit starrem Werkzeug möglich. Dieses Verfahren ist bereits seit vielen Jahren bei der Herstellung von Werkstücken aus Kupfer, Messing und Aluminium im Einsatz. Bislang stand das limitierte Grenzziehverhältnis der Stahlwerkstoffe einer Nutzung der signifikanten Verfahrensvorteile entgegen. Durch die Entwicklung von höherfesten Feinkornstählen und mikrolegierten Stählen sind diese Werkstoffgrenzen deutlich gesunken. Die Fertigung selbst komplizierter Blechteile kann inzwischen im Idealfall in einem Arbeitsgang erfolgen. Beim Tiefziehen mittels Wirkmedien entstehen nahezu keinerlei Druckspannungen im Werkstück. Der Werkstoff wird gleichmäßig verformt und bleibt nahezu frei von Restspannungen nach dem Entformen.

Eine Weiterverarbeitung der Flächenteile ist bei fast allen Verfahren notwendig. Hierzu gehört das Beschneiden der Bauteilkanten sowie das Einbringen von Löchern und Ausschnitten. Neben dem so genannten Scherschneiden eignet sich hierfür bei geringeren Stückzahlen auch das Laser- oder Wasserstrahlschneideverfahren.

2.4.3.2 Fertigung von Stabwerkstrukturen (Profilteile)

Profilteile dienen der Aufnahme und Weiterleitung von Kräften und Momenten innerhalb eines Produktes. Besonderes Kennzeichen von Profilteilen ist ein hohe Steifigkeit in Richtung der Hauptbeanspruchung bei gleichzeitig möglichst geringem Eigengewicht. In dieser Eigenschaft werden sie als zentrales Element von Tragwerkstrukturen zur lokalen Verstärkung von Flächenbauteilen sowie als Rahmenprofile zur Erhöhung der Gesamtsteifigkeit eingesetzt. Da die Profilteile im Wesentlichen zur Aufnahme von Belastungen konstruiert werden, ist die Optimierung von Querschnittsverläufen und Materialstärken vorrangig wichtig. Da Funktionsflächen an Profilteilen durch die in der Regel geringen Wandstärken eher selten sind, werden sie im Allgemeinen in einem weiteren Schritt durch Fügen mit anderen Bauteilen zu einer Gesamtstruktur verbunden.

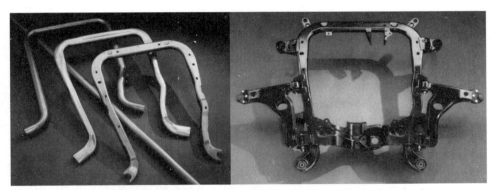

Abb. 2.17: Vorderradträger als Tragwerkstruktur (Schuler Hydroforming)

Marktgängige Verfahrenskombinationen hängen von der Profilform und dem eingesetzten Werkstoff ab. Einfache Standardprofile z. B. in T- oder U-Form können direkt durch Profilwalzen umgeformt werden. Sind geringere Wandstärken erforderlich, als sie beim Walzen wirtschaftlich herstellbar sind, so werden Profilteile auch durch Abkanten bzw. Gesenkbiegen von Blechen oder Bändern hergestellt.

Neben den umformenden Verfahren lassen sich Profile auch durch Urformen herstellen. Besitzt der Werkstoff ein ausreichendes Formänderungsvermögen, so bietet sich das so genannte Durchdrücken als Verfahren an. Hierbei wird der Werkstoff durch eine formgebende Werkzeugöffnung unter Verminderung des Querschnitts gedrückt. Hierzu gehört das Strangpressen, bei dem aus einem Block vornehmlich Stränge mit vollem oder hohlem Querschnitt erzeugt werden sowie das Fließpressen, bei dem ein zwischen Werkzeugteilen aufgenommenes Werkstück zu einzelnen profilierten Bauteilen umgeformt wird.

Gliederungsmerkmale beider Verfahren sind zum einen die Richtung des Stoffflusses bezogen auf die Wirkrichtung der Maschine, und zum anderen die erzeugte Werkstückgeometrie. Fließpressen wird häufiger bei Raumtemperatur durchgeführt, während beim Strangpressen die Rohteile zumeist über die Rekristallisationstemperatur erwärmt werden. Beim Strangpressen werden überwiegend Stähle, Aluminium, Magnesium und Kupfer sowie deren Legierungen verwendet, in geringerem Maße auch Blei- und Zinnlegierungen. Nach dem Umformen erfolgt in der Regel ein Ablängen der Profilteile sowie ein anschließendes Strecken und Nachrichten.

Ähnlich wie bei den Flächenteilen für Hüllstrukturen erfährt gegenwärtig auch bei der Herstellung von komplexeren Profilteilen das Innenhochdruckumformen (IHU) einen enormen Bedeutungsschub. Hierbei werden geschlossene Rohre und Hohlkörper ähnlich wie beim Blasformen von Behältern in einem Formwerkzeug durch Überdruck geformt. Neue Feinkornstähle und modernste Verfahrensoptimierungen haben dazu geführt, dass bereits ein Großteil der im Karosserie- und Fahrwerksbau verwendeten Profilteile mit diesem Verfahren hergestellt werden.

Das Verbinden von Profilteilen untereinander oder mit anderen Bauteilen erfolgt im Allgemeinen durch unlösbare Verbindungen wie Schweißen, Löten, Nieten etc. In diesem Zusammenhang hat das robotergeführte Laserschweißen inzwischen einen sehr hohen Qualitätsstandard erreicht. So können inzwischen auch unterschiedliche Werkstoffe prozesssicher miteinander verbunden werden. In Einzelfällen kommen auch kraft- bzw. formschlüssige Verbindungen wie Crimpen, Falzen o.ä. in Frage. Da die Bauteile hierbei oftmals bereits innerhalb der Fertigung gefügt werden (z.B. Karosseriefertigung), ist dies noch nicht unbedingt als Montage zu betrachten. Profilteile werden auch vielfach zur Verwendung in Baukastensystemen (z.B. Messebau, Gerüstbau u.a.) gefertigt. Hierbei werden die Verbindungen lösbar ausgelegt und erst im Anwendungsfall durch Montage durchgeführt.

2.4.3.3 Fertigung von Gehäusen (Integralteile)

Kennzeichen der in diesem Kapitel als Integralteile bezeichneten Bauteile ist eine Anhäufung von Haupt- und Nebenfunktionsflächen in nur einem

Werkstück. Typisch hierbei ist die Aufgabe, einerseits eine geometrisch bestimmte Lage von Einzelteilen zueinander zu gewährleisten und andererseits die zwischen diesen wirkenden Kräfte zu übertragen. Hieraus lässt sich bereits die für Integralteile typische Bauteilkomplexität ableiten. Beispiele hierfür sind neben Maschinengestellen und Motorblöcken auch die Getriebegehäuse, da sie neben der Abdichtung des Getriebes zur Umgebung (Wände) auch den geometrischen Bezug der Wellen und Zahnräder untereinander (Lagersitze) sowie der Übertragung der inneren Kräfte und Momente (Rippen) sicherstellen.

Abb. 2.18: Integralteile als Gehäuse (Zentrale für Gussverwendung)

Abhängig von der Bauteilgröße, dem Werkstoff und der zu fertigenden Stückzahl kann entweder eine Schweißkonstruktion oder eine Gusskonstruktion wirtschaftlich sein. Während bei einer Schweißkonstruktion vorrangig Standardkomponenten verwendet werden können, ist bei der Gusskonstruktion ein vollständiges Modell des Bauteils erforderlich.

Aufgrund der unterschiedlichen Schweißbarkeit verschiedener Werkstoffe ist eine Schweißkonstruktion nur bei metallischen Werkstoffen sinnvoll. Hierbei werden zunächst aus Halbzeugen (Bleche, Platten, Rohre etc.) Einzelteile wie Wände, Flansche und Rippen unter Berücksichtigung von Bearbeitungsaufmaßen vorgefertigt. Diese werden dann anschließend zu einem vollständigen Bauteil verschweißt. Die Steifigkeit der Gehäusestruktur kann hierbei sowohl durch geeignete Werkstoffwahl der Einzelteile als auch durch unterschiedliche Wandstärken beeinflusst werden. Nach dem Schweißen erfolgt die Prüfung der Schweißnähte sowie ein eventuell durch Verzug notwendiges Richten des Bauteils. Die Fertigbearbeitung geschieht überwiegend durch spanende Verfahren auf Bearbeitungszentren. Um die Bezugsmaße zwischen den Funktionsflächen innerhalb der Toleranzen zu halten, findet im Allgemeinen eine Mehrseitenbearbeitung in einer bis maximal zwei Aufspannungen statt.

Schon bei kleinen bis mittleren Stückzahlen kann auch die gießtechnische Herstellung wirtschaftlich sein. Hierbei kann entweder mit nur einmal verwendbaren verlorenen Formen (Sand, Keramik etc.) oder mit mehrfach verwendbaren Dauerformen (Metall) gearbeitet werden. Zur Herstellung verlorener Formen werden Modelle aus Holz, Wachs, Gips, Kunststoff oder Metall verwendet, die ebenfalls als Dauermodelle oder verlorene Modelle gefertigt werden können. Ein typisches Verfahren für kleinere bis mittlere Stückzahlen ist das Sandgießen. Hier wird einmal ein Dauermodell hergestellt, das dann mehrmals zur Herstellung einer (verlorenen) Sandform verwendet wird. Eine Verbesserung dieser Technik ist durch das so genannte Vollformgießen möglich, bei der mit verlorenen Modellen aus brennbaren oder vergasbaren Stoffen gearbeitet wird. Dieses Verfahren wird beispielsweise zur Herstellung großer Maschinengestelle verwendet. Eine für große Stückzahlen interessante Verfahrensalternative des Vollformgießens ist das so genannte Lost-Foam-Casting, bei dem ein mit einer Schlichte beschichtetes Polystyrol-Modell verwendet wird. Die erzeugten Bauteile sind geometrisch komplexe Werkstücke wie Kurbelgehäuse, Zylinderköpfe, Differenzialgehäuse etc. Die größten Genauigkeiten mit verlorenen Formen werden dagegen mit dem Feingießen erreicht. Hierbei wird ein Wachsmodell mit einer Keramikschicht überzogen und dann mit Formsand hinterfüllt. Nach Ausschmelzen des Wachses kann die Form abgegossen werden.

Bei den Verfahren mit Dauerformen ist das Druckgießen bzw. Spritzgießen am weitesten verbreitet, insbesondere zur Verarbeitung von Leichtmetallen und Kunststoffen.

Vergossen werden neben metallischen Stoffen (Eisenlegierungen, Leichtmetalle, Cu-Legierungen) auch nichtmetallische Stoffe (Kunststoffe, Polymerbeton). Neueste Werkstoffentwicklungen mit hohen gewichtsbezogenen Festigkeiten wie metallische Verbundwerkstoffe (Metal Matrix Composites = MMC) und Vermikularguss haben die werkstofftechnischen Verfahrensgrenzen weiter ausgedehnt. Dennoch ist bei allen Werkstoffen sorgfältiges Schmelzen und genaue Einhaltung einmal festgelegter Legierungsbestandteile und Gießbedingungen entscheidend für die Qualität des entstehenden Gussteils.

Die Formgebung durch Gießen unterscheidet sich von anderen Formgebungsverfahren im Wesentlichen dadurch, dass das Werkstück seine Gestalt erst nach dem Erstarren aus dem flüssigen Zustand und dem Abkühlen mit einer teilweise erheblichen Schwindung (0,5 bis 2,5%) erhält. Die Schwindung ist durch ein entsprechendes Aufmaß (Schwindmaß) zu berücksichtigen. Solange diese Abweichungen innerhalb der zulässigen Freimaßtoleranzen liegen oder durch Bearbeitungszugaben aufgefangen werden, stellen sie kein Problem dar. Bei größeren Gussstücken muss jedoch darauf geachtet werden, dass keine einseitige Schwindung z. B. durch unterschiedliche Querschnitte erfolgt. Solche Gussstücke würden sich verziehen; die dabei entstehenden Spannungen könnten zu Rissen führen. Aus diesem Grunde sind beim Gießen Gestaltungsrichtlinien zu berücksichtigen, die entweder aus fertigungstechnischer oder aus beanspruchungstechnischer Sicht von Bedeutung sind. Einige Richtlinien zum gussgerechten Konstruieren sind (vgl. Warnecke 1998, S. 87):

● Einfach herstellbare Formen anstreben und Aushebeschrägen vorsehen
● Kerne sind teuer. Kerne einfach gestalten und ihre Anzahl minimieren
● Werkstoffanhäufungen, insb. an Stellen, die für eine Speisung unzugänglich sind vermeiden (Lunkergefahr). Materialanhäufungen bei Kreuzverrippungen können durch versetzte Verrippungen vermieden werden
● Wanddickenübergänge für gerichtete Erstarrung sorgfältig gestalten
● Spannungs- und Eigenspannungsspitzen durch Umgestaltung abbauen Scharfe Kanten sind ungünstig (Rissgefahr)
● Festigkeitseigenschaften der Werkstoffe beachten. Eisengusswerkstoffe sind besser auf Druck als auf Zug belastbar
● Bei Bohrungen Ein- und Auslauf senkrecht zur Bohrerachse vorsehen
● Spannmöglichkeiten der Werkstücke und Bearbeitungsauslauf für Werkzeuge beachten

Nach dem Abkühlen der Gusswerkstücke müssen diese entformt, geputzt und geprüft werden. Beim Putzen werden die mit verlorenen Formen hergestellten Gusswerkstücke gestrahlt; Speiser, Steiger und Eingüsse werden mit Sägen und Schneidbrennern entfernt. Bei der Prüfung werden die Gusswerkstücke auf Maßhaltigkeit und Werkstoffeigenschaften wie Härte und Gefügeausbildung überprüft. Bei manchen Werkstoffen schließt sich eine Wärmebehandlung an.

Auch bei den gusstechnisch hergestellten Integralteilen erfolgt im zweiten Schritt die Fertigbearbeitung der Funktionsflächen des Bauteils. Hierzu dienen vorrangig spanende Verfahren unter Einsatz von Werkzeugen mit geometrisch bestimmter Schneide. Die Bearbeitung erfolgt im Allgemeinen durch Stirnfräsen, Bohren, Senken, Reiben, Gewindeschneiden etc. auf Bearbeitungszentren.

2.4.3.4 Fertigung hochbelasteter Präzisionsteile (Funktionsteile)

Gerade in der mechanischen Antriebstechnik werden zur Übertragung von Kräften und Momenten hochbelastete Präzisionsteile eingesetzt. Die im Folgenden als Funktionsteile bezeichneten Werkstücke wie Wellen, Räder, Hebel u. a. werden vorrangig bezüglich der im Werkstück wirkenden Kraft-

Abb. 2.19: Verschiedene hochbelastete Bauteile (Informationsstelle Schmiedestückverwendung

verläufe optimiert. Dabei gilt es, eine hohe Zähigkeit im Bauteilkern mit einer hohen Oberflächenhärte an den Funktionsflächen zu kombinieren. Hauptauslegungskriterium ist demnach die Festigkeit des Werkstücks sowie die Genauigkeit der am Bauteil vorhandenen Funktionsflächen.

Entscheidend für die Wahl der Verfahrenskombination sind:

● Die Bauteilgeometrie
● Die im Bauteil auftretenden Spannungen
● Der Bauraum in der gegebenen Einbausituation
● Die geforderten Genauigkeiten der Funktionsflächen

Die Bauteilgeometrie entscheidet darüber, ob hochfeste Halbzeuge wie Bleche, Platten oder Stangenmaterial als Ausgangswerkstoff verwendet werden können. In diesem Fall ist eine Kombination aus Scherschneiden, Laserschneiden bzw. Wasserstrahlschneiden und nachfolgender Fertigbearbeitung denkbar. Beispiel für solche Werkstücke sind Kupplungsdruckplatten, die durch Feinschneiden und anschließendem Kalibrieren hergestellt werden können.

Durch die Betrachtung von Bauraum und auftretenden Spannungen lassen sich die Festigkeitsanforderungen an das Funktionsteil berechnen. Dabei zeigt sich, ob die Festigkeitsanforderungen noch mit Gusswerkstoffen erreicht werden können oder ob auf die im Allgemeinen festeren Schmiedeteile zurückgegriffen werden muss. Für beide Rohteiltypen sind umfangreiche Entwicklungsarbeiten zur Verkürzung der jeweiligen Prozesskette erfolgreich umgesetzt worden (Abb. 2.20).

Prozesskettenverkürzung bei gegossenen Funktionsteilen

Die klassische Fertigung gegossener Funktionsteile lässt sich in die prinzipiellen Prozessschritte Gießen, Weichzerspanung, Härten und Hartzerspanung unterteilen. Grund für die Trennung von Weichzerspanung und Hartzerspanung sind die beim Schleifen harter Bauteile im Allgemeinen relativ niedrigen Abtragsraten, so dass eine spanende Vorbearbeitung der Gussoberfläche durch Fräsen oder Drehen unverzichtbar ist. Diese Verfahren sind allerdings wiederum nur bis zu einer bestimmten Bauteilhärte einsetzbar. Die Entwicklung neuer Schleifverfahren sowie Hochleistungsschleifscheiben aus so genanntem kubischen Bornitrid (CBN) haben die mit Schleifen erreichbaren Zerspanleistungen deutlich erhöht, so dass auf eine Vorbearbeitung nunmehr verzichtet werden kann. Neben der Substitution von Fräs- und Drehoperationen eröffnet das CBN-Schleifen vor allem auch die Möglichkeit, hochharte Werkstoffe mit akzeptablen Abtragsraten zu

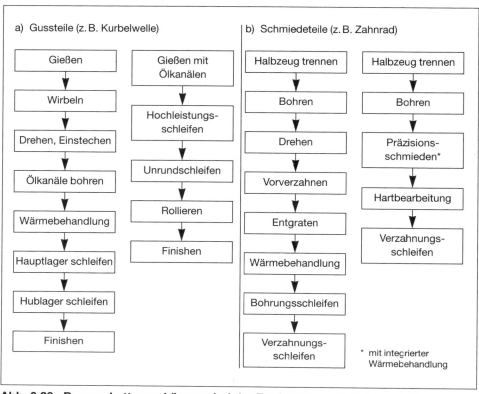

Abb. 2.20: Prozesskettenverkürzung bei der Fertigung von Präzisionsteilen

bearbeiten. Diese stehen inzwischen auch als gießtechnisch verarbeitbare Werkstoffe zur Verfügung (z. B. GGG 90 mit 900 N/mm^2 Zugfestigkeit). Voraussetzung dafür, dass sich hierbei signifikante Verkürzungen der Prozesskette ergeben, ist allerdings ein geringeres Aufmaß bei der Gussfertigung. Möglich wurden diese Modifikationen somit erst durch die Entwicklung der Endmaßnah-Gusstechnologie.

Prozesskettenverkürzung bei geschmiedeten Funktionsteilen

Geschmiedete und präzisionsgeschmiedete Bauteile für anspruchsvolle Einsatzfälle werden in den letzten Jahren insbesondere durch die Automobilindustrie immer stärker nachgefragt, da die Festigkeitsanforderungen stetig wachsen. Gegenüber der Herstellung von Gussteilen ist der Fertigungsweg zwar länger, da zunächst ein vorgeformter Rohling hergestellt werden muss. Schmiedeteile sind aber praktisch frei von Innenfehlern und entsprechend den Anforderungen hoch belastbar. Hinzu kommt, dass das

180

Schmieden heute bereits mit ausreichender Prozesssicherheit als Genau- oder Präzisionsschmieden betrieben werden kann. Dadurch kann eine Schruppbearbeitung entfallen, oder es können bei noch höheren Genauigkeiten Schmiedeteile direkt eingebaut werden. Möglich wurde die Verkürzung der Prozessketten erst durch die ganzheitliche Betrachtung des gesamten Produktentstehungsprozesses und die Verwendung von AFP-Stählen, mit denen die Schmiedewärme zur Vergütung genutzt werden kann. Die Einsparung zusätzlicher Wärmebehandlungsschritte kompensiert die erhöhten Materialkosten vollständig. Voraussetzung hierfür ist ein umfassendes Wissen aller maßgeblichen Einflussgrößen. Typische verzahnte Präzisionsschmiedeteile, die derzeit in industriellem Umfang geschmiedet werden, sind Kegelräder, Schaltverzahnungen, Wellensitzverzahnungen, Rücklaufräder oder Planetenräder für den Nutzfahrzeugbau. Hierbei wird das Präzisionsschmieden häufig durch ein Kaltkalibrieren ergänzt.

Vergleich Schleifen – Hartdrehen

Wenn es um die Endbearbeitung harter Präzisionsteile geht, gilt das Schleifen als prozesssicheres Verfahren. Neben hoher Maßgenauigkeit lässt sich besonders bei gehärteten Bauteilen eine gleichmäßige Oberflächengüte mit geringer Rautiefe erzielen. Nachteil ist allerdings die im Vergleich zu Dreh- und Fräsverfahren niedrigere Abtragsrate (vgl. Tönshoff 1995).

Die Entwicklung von Bornitrid- und Diamant-Schleifscheiben mit Kunstharz-, Keramik- oder galvanischer Bindung hat den Leistungsbereich des Schleifens erheblich ausgedehnt. So gewinnt das vorschubgesteuerte NC-Formschleifen mit schmalen CBN-Schleifscheiben einen enormen Flexibilitätsgewinn gegenüber dem konventionellen Profilschleifen. Endkonturnah gefertigte Rohteile (z.B. Kurbelwellen) können heute ohne Vordrehen auf einer Maschine geschliffen werden. Dadurch hat sich das Schleifen vom reinen Feinbearbeitungsverfahren zu einem universellen Fertigungsverfahren mit respektablen Abtragsraten entwickelt. Gleiches gilt für das Einbringen von komplizierten Profilen in gehärtete Bauteile (z.B. Turbinenschaufeln). Durch profilierte CBN-Schleifscheiben entsteht die Kontur in einem Arbeitsschritt. Zu den Domänen des Schleifens gehört auch die Bearbeitung von Zahnflanken und unrunden Geometrien (z.B. Nockenwellen). Entscheidend ist aber in jedem Fall die richtige Wahl des Vorschubs, um die Entstehung von Schleifbrand in der Oberflächenrandzone zu verhindern.

Durch die Weiterentwicklung der CBN-Schneidstoffe hat auch das Hartdrehen seinen Einsatzbereich weiter ausgedehnt und so den technologischen Übergangsbereich zum Schleifen deutlich erweitert. Problem des

Hartdrehens bleibt die durch die Schneidkante eingebrachte Spiralisierung der Oberfläche. Besonders bei Dichtsitzen kann dies zu einem verstärkten Verschleiß der Dichtungen und in der Folge zu Leckagen führen. Zwar lässt sich dieser Effekt empirisch durch geschickte Wahl der Prozessparameter oder nachträglich durch Rollieren bzw. Hartglattwalzen reduzieren, doch ist dies immer mit einem zusätzlichen Aufwand verbunden.

Aus Praxissicht bleibt ein Verfahrenswechsel eine Frage der Kosten des Gesamtprozesses. Hierbei steht die Verkürzung der Prozesskette durch Komplettbearbeitung auf einer Maschine im Vordergrund. Viele Bearbeitungsaufgaben im Übergangsbereich sind heute technologisch mit beiden Verfahren beherrschbar. Um die Leistungspotenziale des Hartdrehens voll ausschöpfen zu können, reichen konventionelle Dreh- und Fräsmaschinen allerdings nicht mehr aus. Sie bieten keine ausreichende statische und dynamische Steifigkeit für die im Prozess wirkenden hohen Zerspankräfte. Somit stehen einem Verfahrenswechsel im Allgemeinen hohe Neuinvestitionen gegenüber. Für einen direkten Verfahrensvergleich sind neben der reinen Bearbeitungszeit auch die direkten Werkzeugkosten relevant. CBN-Drehwerkzeuge sind aufgrund des hohen Verschleißes und des aufwendigen Nachschleifens sehr kostenträchtig.

2.4.3.5 Fertigung hochharter Bauteile (Hartteile)

Werkstoffe für hochharte Bauteile (Schneidwerkzeuge, Matrizen etc.) sind im Allgemeinen sehr schwer form- und schmelzbar. Die Herstellung von Bauteilen aus Wolfram, Molybdän, Keramiken u. a. durch konventionelle Urformverfahren wie das Gießen oder Schmieden sind daher ungeeignet. Hier liegt das Haupteinsatzgebiet der Pulvermetallurgie. Durch Pressen aus dem körnigen bzw. pulverförmigen Zustand lassen sich zunächst einfache, entformbare Halbzeuge mit Werkstückgewichten zwischen 0,02 g und 5 kg formen. Doch erst beim anschließenden Sintern unter hohen Temperaturen entsteht durch Neukristallisation unter weitgehender Umgehung von flüssigen Phasen aus dem Pressling ein technisch verwendbares Bauteil. Die gesamte Verfahrenskette durchläuft dabei insgesamt fünf Prozessschritte:

- Pulversynthese
- Masseaufbereitung
- Formgebung durch Pressen
- Sintern
- Endbearbeitung

Im ersten Schritt wird das Pulver in Korngrößen von 0,1 μm bis 400 μm hergestellt. Dies erfolgt durch Verdüsen aus der Metallschmelze mit Luft, Was-

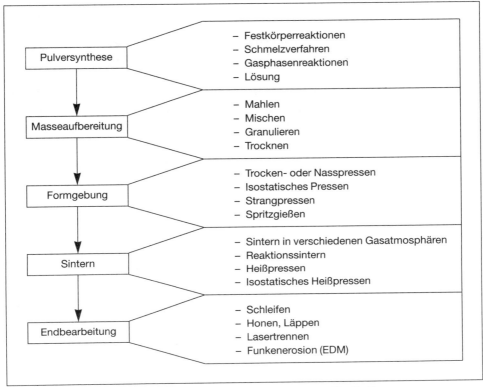

Abb. 2.21: Verfahrenskombination bei der Fertigung von Hartteilen

serdampf, Argon oder im Vakuum, durch Elektrolyse (Kupferpulver), durch chemische Fällung (Kupferpulver aus Cu-Verbindungen) oder durch Reduktion (Eisenoxid mit CO zu Eisenpulver). Durch anschließendes Sieben, Schlämmen oder Sichten ist eine Klassifizierung der Pulver möglich. Ein Mischen ist in jedem Fall notwendig, um das Pulver zu homogenisieren, d.h. eine gleichmäßige Korngrößen- oder Phasenverteilung zu erzielen. Nach dem Mischen erfolgt im dritten Schritt die eigentliche Formgebung durch Pressen. Damit wird ein Körper mit geometrisch bestimmter Gestalt erzeugt (Grünling), der nur über mechanisch erzeugte Adhäsionskräfte zusammenhält. Das Pressen kann mit ein- oder zweiseitiger Krafteinleitung erfolgen. Durch Wandreibung und innere Reibung im Pulver entstehen unerwünschte Dichteunterschiede, die umso größer sind, je höher die Pulversäule ist. Fülldichte und Kompressibilität hängen von der Größe und Form der Pulverteilchen ab. Das Pulver erreicht allerdings nicht die Dichte des kompakten Materials, selbst bei sehr feinkörnigen Pulvern und hohen

Pressdrücken bleiben Poren im Gefüge zurück (max. 95% Füllungsgrad möglich). Die Festigkeit erhält ein Werkstück erst durch das Sintern, bei dem sich – je nach Pressdichte – erhebliche Schrumpfungen (bis 30%) ohne signifikante Formänderung ergeben. Unter Temperatureinfluss (Al-Leg. 600 °C, Bronze 760 °C, Eisen-Kupfer 1200 °C) erfolgt eine Verdichtung und damit auch Verfestigung. Es kommt zu einem Stofftransport durch viskoses und plastisches Fließen sowie durch Volumen- und Oberflächendiffusion. Als letzter Schritt werden die so erzeugten Hartteile kalibriert und eventuell durch Schleifen endbearbeitet. Hierbei werden im Allgemeinen Schleifverfahren unter Verwendung von Werkzeugen aus CBN oder polykristallinem Diamant (PKD) eingesetzt.

2.4.3.6 Mikrofertigung (Mikroteile)

Die Mikrotechnologie befasst sich mit dem Entwurf, der Herstellung und der Anwendung von zwei- und dreidimensionalen Strukturen und Systemen mit Funktionsmaßen im Mikro- und Nanometerbereich. Mögliche Anwendungen sind:

- Die Mikroelektronik
- Die Mikromechanik
- Die Mikrosysteme
- Die Ultrapräzisionsbearbeitung

Bei der Mikrofertigung werden überwiegend die aus der Mikroelektronik bekannten Beschichtungs- und Abtragsverfahren eingesetzt. Hierzu zählt insbesondere die sich aus einer Abfolge von Schichtaufbau-, Lithografie- und Ätzprozessen zusammensetzende Planartechnik. Alternative Verfahren sind das elektrochemische Abtragen, bei denen keine Abnutzung der Elektrode erfolgt, sowie eine abtragende Bearbeitung mittels Laserstrahl.

In der Mikroelektronik werden fast ausschließlich integrierte Halbleiterschaltungen durch Schicht- und Planartechniken erzeugt. Als Substratmaterial dient in über 90% aller Fälle monokristallines Silizium, das in Scheiben (Wafer) geschnitten wird. Nach Feinbearbeitung durch Schleifen, Polieren und Ätzen werden Schichtstrukturen aufgebracht. Dies sind P- und N-dotierte Halbleiterschichten, isolierende SiO_2-Schichten und metallische Leitbahnen.

Die Bauelemente der mit Beginn der 80er Jahre aufkeimenden Mikromechanik haben gegenüber der Mikroelektronik eine dreidimensionale Gestalt mit Strukturierungstiefen von 1–500 mm. Dabei können Flächenausdehnungen bis zu 20000 mm^2 erreicht werden. Anwendungsgebiet der

Mikromechanik sind die drei Bereiche Sensorik (z. B. Drucksensoren), Aktorik (z. B. Ventile) und mechanische Elemente (z. B. Düsen).

Hauptmerkmal der Ultrapräzisionsbearbeitung ist dagegen das Erzielen kleinster Rauheitswerte (Ra 10 nm) und das Einhalten enger Toleranzen. Mit der Ultrapräzisionsbearbeitung lassen sich Werkstücke herstellen, deren hochgenaue Oberflächen neue vielfältige Funktionen in Bereichen der Mechanik, Optik und Elektronik ermöglichen:

- Optiken für Bearbeitungslaser (Al, Cu)
- Fotokopierer- oder Laserdruckertrommeln (Al, Cu)
- Kontaktlinsen (Kunststoffe)
- Magnetspeicherplatten (ferritische Werkstoffe)

Ultrapräzisionsmaschinen ähneln im Wesentlichen konventionellen Dreh- oder Fräsmaschinen. Der Unterschied besteht jedoch in der höheren thermischen Stabilität, den luftgelagerten Führungselementen und den zur Wegmessung eingesetzten Laserinterferometern in Verbindung mit hochauflösenden Steuerungen. Aufgrund des mit der Härte verbundenen Verschleißwiderstandes wird als Schneidstoff für die Ultrapräzisionsbearbeitung monokristalliner Diamant eingesetzt. Die Schärfe der Schneidplatte hat einen wesentlichen Einfluss auf die Spanbildung und damit auf die erzeugte Oberflächengüte.

2.4.3.7 Werkzeug- und Formenbau (Formteile)

Der Werkzeug- und Formenbau dient der Herstellung von Formwerkzeugen als Einzelstück oder in Kleinserien. Diese Formteile werden als Negativformen im Rahmen der Ur- und Umformverfahren eingesetzt. Der Werkzeug- und Formenbau steht somit als Schlüsselbranche zu Beginn eines abbildenden Fertigungsverfahrens (s. Kap. 2.4.2.1). Durch die zum Teil extreme Belastung der Formwerkzeuge im späteren Praxiseinsatz werden hauptsächlich schwer zerspanbare, hochfeste Werkstoffe als Ausgangsmaterial eingesetzt.

Um bei der Herstellung der Formwerkzeuge Kosten einsparen zu können, entwickelte sich bereits Anfang der 90er Jahre ein Trend zur Verwendung standardisierter Baukastensysteme. Bis zu 90% der Einzelteile eines kompletten Formwerkzeuges können so als prismatische und rotationssymmetrische Normteile mit nur geringem Bearbeitungsanteil verwendet werden. Diese Bauteile haben bereits durch vorgelagerte Warmbehandlung eine ideale Betriebsfestigkeit und wurden anschließend durch Nachbearbeitung auf die geforderten Maße und Oberflächenqualitäten gebracht. So reduziert sich die eigentliche Bearbeitungsaufgabe im Werkzeug- und For-

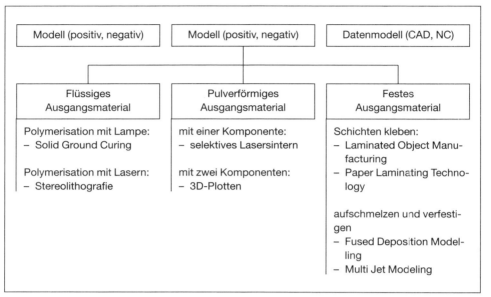

Modell (positiv, negativ)	Modell (positiv, negativ)	Datenmodell (CAD, NC)
Flüssiges Ausgangsmaterial	**Pulverförmiges Ausgangsmaterial**	**Festes Ausgangsmaterial**
Polymerisation mit Lampe: – Solid Ground Curing Polymerisation mit Lasern: – Stereolithografie	mit einer Komponente: – selektives Lasersintern mit zwei Komponenten: – 3D-Plotten	Schichten kleben: – Laminated Object Manufacturing – Paper Laminating Technology aufschmelzen und verfestigen – Fused Deposition Modelling – Multi Jet Modeling

Abb. 2.22: Verfahrenskombinationen im Werkzeug- und Formenbau

menbau neben der Auslegung des Gesamtsystems auf das Einbringen einer Formraumgeometrie mit vertieften und erhabenen Bereichen sowie das Erzeugen einer Oberfläche mit geforderter Feingestalt und Mikrostruktur.

Wegen der geringen Stückzahlen werden fast ausschließlich universelle Fertigungsverfahren auf der Grundlage des kinematischen Erzeugens von Formelementen eingesetzt. Dies sind im Wesentlichen die spanenden Verfahren. Um die geforderten Fertigungsgenauigkeiten zu erzielen, wird im Allgemeinen ein mehrstufiger Fertigungsprozess durchlaufen. Zur Erzeugung der Makrogeometrie erfolgt zunächst eine Vorbearbeitung mit geometrisch bestimmten Werkzeugen. Während lange Zeit das Kopierfräsen als Standardtechnologie vorherrschte, gehört heute durch die nahezu flächendeckende Verbreitung von 3D-CAD-Systemen mit CAD/CAM-Kopplung das NC-Formfräsen zum Stand der Technik. Die eingesetzten Maschinen sind überwiegend als stabile, universelle vier- oder fünfachsige Bearbeitungssysteme ausgeführt, um sowohl das Schruppen als auch das Schlichten der dreidimensionalen Konturen auf einer Maschine durchführen zu können. Besonders für die Schlichtbearbeitung werden Maschinen mit extrem hohen Achsgeschwindigkeiten benötigt. Hier liegt das Einsatzgebiet des so genannten Hochgeschwindigkeitsfräsens (HSC), mit dem die Gesamtbearbeitungszeiten deutlich reduziert werden können. Alternativ dazu können einzelne, komplexere Konturbereiche, bei denen das Fräsen durch die

186

Werkzeugkontur ungeeignet ist, auch durch funkenerosives Abtragen (EDM) erzeugt werden. Ein Problem ist hierbei allerdings die Beeinflussung der Randzone in einer Tiefe bis 30μm („weiße Schicht"). Dadurch können Risse mit erheblicher Tiefenwirkung entstehen, die das Werkzeug vorzeitig zerstören.

Als nächster Schritt erfolgt eine Nachbearbeitung der Formbereiche. Dies geschieht zur Beseitigung der Gestaltabweichungen der Vorbearbeitung wie z.B. der Fräsrillen oder Oberflächenfehlern sowie der beim Erodieren entstehenden weißen Schicht. Hierbei werden im Allgemeinen Schleif- und Polierverfahren eingesetzt, die zum Teil auch noch manuell ausgeführt werden. Als letzter Schritt können optional noch weitere Oberflächenveränderungen wie Ätzen oder Profilieren erforderlich sein.

2.4.3.8 Fertigung von Prototypen (Musterteile)

Durch den Einsatz leistungsfähiger Hilfsmittel wie 3D-CAD, FEM (Finite-Elemente-Methode) u.a. hat sich auch bei der Produktentwicklung die Zeitspanne von der Idee bis zur so genannten Nullserie erheblich verkürzt. Anfang der 90er Jahre wurde die Technologie des Rapid Prototyping als Ergänzung hierzu entwickelt. Diese Methode ermöglicht die möglichst schnelle Herstellung körperlicher Prototypenmodelle in geringer Zahl auf Basis von 3D-CAD-Daten. Das Rapid Prototyping gehört zu den jungen, modernen Prozessen, bei denen hauptsächlich nichttraditionelle Verfahren zum Einsatz kommen. Zwar liegen inzwischen bereits umfangreiche Erfahrungen damit vor, dennoch können sich Unternehmen wegen der sehr raschen Entwicklung nur schwer orientieren. Dies betrifft zum einen den Markt selbst, zum anderen auch die Entscheidung, ob und wann der Einsatz dieser neuen Technologie Vorteile bringt.

Rapid Prototyping-Modelle

Rapid Prototyping-Modelle können im Rahmen der Produktentwicklung unterschiedlichsten Zielsetzungen dienen. Grundsätzlich werden körperliche Modelle als Vorstufe der Produktfertigung nur eingesetzt, wenn mit ihnen ein zusätzlicher Erkenntnisgewinn erzielt wird. Aus dieser Perspektive lassen sich vier unterschiedliche Modelltypen und Zielrichtungen unterscheiden (vgl. Reinhart 1998):

● Anschauungsmodell
● Kommunikationsmodell
● Funktionsmodell
● Modell zur Prozessunterstützung

Anschauungsmodelle oder Geometriemodelle werden vorrangig für die Überprüfung von Proportionen und Design eingesetzt. Ziel ist es, grundlegende Fehler in der Geometrie, im Design und im Aufbau des Produktes bereits in einem frühen Stadium der Entwicklung zu erkennen. Die Materialeigenschaften sind hierbei sekundär.

Kommunikationsmodelle unterstützen die interne und externe Kommunikation (Kundenpräsentationen, Marktstudien etc.). Bei einer kundenanonymen Entwicklung kann damit das tatsächliche Marktinteresse und die Resonanz verifiziert werden, bei kundenspezifischer Entwicklung werden Missverständnisse zwischen Anbieter und Kunde vermieden. Intern ermöglicht das Modell eine bessere Verständigung zwischen den betroffenen Abteilungen bzw. Zulieferern, die für sie relevante Informationen oft nur schwer aus Konstruktionszeichnungen herauslesen können.

Funktionsmodelle dienen der Überprüfung der Funktionalität im Versuch. Grundlegende Fehler im Wirkprinzip können so vermieden werden. Möglich wird damit auch eine Überprüfung, ob das Produkt die im Entwurf festgelegten Eigenschaften besitzt, noch bevor teure Prototypen oder gar Produktionsmittel erstellt werden.

Modelle zur Prozessunterstützung werden zur Gestaltung von Abläufen und Verfahren verwendet, die der Herstellung des Produktes dienen. Modelle zur Prozessunterstützung werden z.B. für Montageuntersuchungen oder Betriebsmittelvorbereitung verwendet. Damit können die einzelnen Abteilungen schon vor der so genannten Nullserie Hilfsmittel für die Fertigstellung des endgültigen Produktes anfertigen. Das Modell erlaubt eine Parallelisierung der Aktivitäten im Rahmen des Concurrent Engineering und verkürzt die Entwicklungszeit für Fertigungshilfsmittel erheblich.

Rapid Prototyping-Verfahren

In den letzten Jahren ist die Zahl der zur Verfügung stehenden Verfahren von zwei auf acht gestiegen. Darüber hinaus gibt es weltweit etwa zwölf weitere Anlagentypen, die allerdings noch keine signifikante wirtschaftliche Bedeutung haben. Die meisten erzeugen kunststoffbasierte Muster, da RP-Verfahren gegenwärtig noch nicht zur direkten Herstellung der Bauteile bzw. der Werkzeugformen eingesetzt werden können (vgl. Gebhardt 1995).

Je nach Verfahren erfüllen die erzeugten RP-Modelle nicht alle geforderten Anforderungen (z.B. Materialeigenschaften, Optik, Oberflächenqualität etc.). Aus diesem Grund kommen vielfach Folgetechniken (Nachbearbeitung, Beschichten, Abformen, Abgießen etc.) zum Einsatz, die das Materialspektrum stark erweitern. Dies ist insbesondere beim Zielwerkstoff Metall notwendig. In Kombination mit Sandguss bzw. Feinguss als Folgeverfahren lassen sich auch heute auf schnellem Wege metallische Funktionsmodelle erstellen. Eine Gliederung der relevanten Verfahren erfolgt nach dem Ausgangsmaterial und dem Grundprinzip:

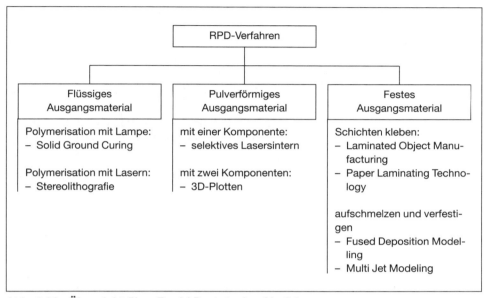

Abb. 2.23: Übersicht über Rapid Prototyping-Verfahren

Beim Solid Ground Curing (SGC) wird nach dem Auftragen einer neuen Acrylharzschicht durch ein elektrostatisches Verfahren eine Maske generiert, die den Bauteilquerschnitt abbildet. Durch diese Maske wird mit Hilfe der UV-Lampe das Fotopolymer belichtet und vollständig ausgehärtet. Nach Absaugen des noch flüssigen Harzes werden die entstehenden Zwischenräume mit flüssigem Wachs aufgefüllt (versiegelt) und anschließend mit einer Kühlplatte zum Erstarren gebracht. Danach wird das Bauteil auf die gewünschte Schichtdicke zurückgefräst. Diese Schritte werden wiederholt, bis das Formteil vollständig abgeformt ist.

Stereolithografie (SL) ist ein generatives Verfahren, das Prototypen aus einer breiten Materialpalette baut: von hochtemperaturbeständigem bis zu flexiblem ABS-ähnlichem Material. Die SL-Modelle bilden zudem die Basis für Folgeprozesse wie Vakuumguss und Feinguss. Der Teileaufbau erfolgt schichtweise durch den Einsatz eines Lasers an der Oberfläche des lichthärtenden, flüssigen Polymers, das punktuell ausgehärtet und schichtweise aufgebaut wird. Das Bauteil wird sukzessive in dem flüssigen Polymer abgesenkt.

Selektives Lasersintern (SLS) baut Modelle und Formen aus verschiedenen Pulverwerkstoffen auf. Dabei werden zum einen Geometrie- und Funktionsprototypen oder Modelle zur Prozessunterstützung aus thermoplastischen Kunststoffen hergestellt. Zum anderen können metallische Formen für technische Prototypen und Serienanwendungen aus Metallpulvern oder Formsand erstellt werden. Der Teileaufbau erfolgt schichtweise durch den Einsatz eines Laserstrahls an der Oberfläche eines Pulverbettes des entsprechenden Materials. Der Laserstrahl verbindet die belichteten Pulverpartikel zu einer festen Schicht.

Beim 3D-Plotten/Printing (3DP) wird ähnlich den 2D-Tintenstrahlplottern das gewünschte Konzeptmodell entweder durch Aufbringen von Thermopolymer oder durch Polyester bzw. ABS hergestellt. Die Thermopolymeranlagen arbeiten mit einer Mehrdüsentechnik, bei der das aufgeschmolzene Material an genau definierten Stellen abgelegt wird. Die Polyester- bzw. ABS-Anlagen hingegen arbeiten mit nur einer Düse und legen das Material schichtweise ab.

Laminated Object Manufacturing (LOM) ist ein generatives Verfahren, mit dem nach den dreidimensionalen Geometriedaten eines Bauteils Prototypen aus beschichtetem Folienmaterial (Papier, Kunststoff, Verbundwerkstoffe) hergestellt werden können. Der Teileaufbau erfolgt bei diesem Verfahren schichtweise, indem eine Folie kontinuierlich zugeführt und mit einer Laminierrolle geklebt wird. Die Geometrie wie auch das Restmaterial werden mit einem Laser ausgeschnitten. Danach erfolgt das Aufbringen und Schneiden der nächsten Lage, bis die Bauteilhöhe erreicht ist.

Die Paper Laminating Technology (PLT) verwendet einen Laserdrucker, der den Querschnitt der Bauteilgeometrie auf Papier druckt. Das bedruckte Papier wird durch den Zuführmechnismus auf die vorherige Schicht aufgelegt. Eine beheizbare Andruckplatte schmilzt den durch den Laserdrucker aufgetragen Toner nochmals auf und verklebt die Schichten miteinander. Mit einem 2D-gesteuerten Schneidmesser erfolgt dann das Ausschneiden der Bauteilkontur. Als Baumaterial wird ausschließlich handelsüblicher Toner und Papier eingesetzt. Das Papier darf allerdings keine bevorzugte Faserrichtung aufweisen.

Fused Deposition Modeling (FDM) ist ein generatives Verfahren, mit dem nach den dreidimensionalen Geometriedaten eines Bauteils Prototypen nicht nur in ihrer geometrischen Form als physikalisches Modell, sondern auch direkt aus thermoplastischen Kunststoffen als Zielwerkstoff oder aus Feingusswachs hergestellt werden können. Der Teileaufbau erfolgt schichtweise. Der thermoplastische Kunststoff oder das Feingusswachs wird dabei in Drahtform zugeführt und durch eine elektrisch beheizte Düse (ohne Laser) aufgetragen.

Mit dem Multi-Jet-Modelling (MJM) wird ein speziell entwickelter wachsähnlicher Thermoplast aufgeschmolzen und entsprechend der Bauteil- und Stützgeometrie durch die 96 Düsen eines Druckkopfes in Form von Tröpfchen aufgetragen. Der Druckkopf wird dabei durch einen computergesteuerten Einachs-Verfahrmechanismus geführt, der die Bauplattform nach jedem Druckschritt um eine Druckkopfbreite verschiebt. Nach dem Aufbau einer Schicht wird die Bauplattform entsprechend der Schichtdicke abgesenkt.

2.4.4 Leichtbau

Das Thema Leichtbau gehört mittlerweile zu den bedeutsamsten interdisziplinären Themen der modernen Technikwelt. Die Bedeutung ist im Zuge der wachsenden Bedeutung von Umwelt und Verkehr drastisch gestiegen. Je leichter ein Bauteil ist, desto weniger Energie wird benötigt, um es zu bewegen. Damit sinken auch die Emissionen. Wie kaum eine andere Aufgabenstellung betrifft Leichtbau den gesamten Lebenszyklus eines Produktes. Vor dem Hintergrund technischer, ökonomischer und ökologischer Anforderungen sind Fragen des Werkstoffs, der Konstruktion, der Fertigungstechnologien, des Gebrauchs und des Recyclings zu beantworten. Die Innovationen des Leichtbaus bedeuten aber auch Investitionen und damit Kosten, die nur noch im Verbund mit Zulieferanten beherrschbar sind. Damit fördert das Thema Leichtbau auch die „vernetzte Entwicklung", bei der alte Kunden-/Lieferantenstrukturen durch Partnerschaften abgelöst werden.

Leichtbau der 90er Jahre bedeutete in erster Linie leichte Werkstoffe wie Aluminium oder Kunststoffe. Tatsächlich ist der Stoffleichtbau heute aber nur eine von drei Strategien. Ein zweiter Bereich ist der so genannte Strukturleichtbau. Hierunter versteht man die Gestaltung von Integralbaustrukturen mittels angepasster Konstruktionsmethoden. Als dritter Bereich ist der Formleichtbau zu nennen, also die belastungsgerechte Dimensionierung eines Bauteils je nach Beanspruchung. Eine optimale Produktgestaltung erreicht man aber immer nur durch eine Kombination dieser Maßnahmen. Im Fahrzeugbau, insbesondere im Luft- und Straßenverkehr, wurden erstmals Leichtbaustrategien systematisch angewandt.

Bei der Auswahl eines Leichtbauwerkstoffes stehen vor allem die spezifischen, also gewichtsbezogenen mechanischen Eigenschaften im Vordergrund. Faserverstärkte Kunststoffe und Keramiken weisen hier zum Teil deutlich höhere Werte als die metallischen Werkstoffe auf. Hinzu kommt die gute mechanische und akustische Dämpfung, eine äußerst geringe Wärmedehnung und Wärmeleitfähigkeit. Die zweite wichtige Kunststoffklasse für Leichtbauanwendungen sind die Kunststoffschäume, die sich vor allem durch niedrigste Dichtewerte und hervorragende Dämpfungseigenschaften auszeichnen. Die guten mechanischen Eigenschaften der Faserverbundkunststoffe werden häufig mit den guten Dämpfungseigenschaften der Kunststoffschäume kombiniert. Solche Hochleistungs-Faserverbundkunststoffe und Sandwichmaterialien haben sich zwar seit Jahren als Konstruktionswerkstoff etabliert. In größerem Umfang werden sie zurzeit aber nur in der Luft- und Raumfahrtindustrie und in gewissem Maße im Fahrzeugbau eingesetzt. Das Potenzial dieser Werkstoffe lässt sich an der geplanten Entwicklung eines Flugzeugrumpfes aus Kohlefaser-verstärktem Kunststoff erkennen. Die Industrie erwartet hier 30% Gewichteinsparung bei 40% geringeren Herstellkosten im Vergleich zum heutigen Metallrumpf. Dennoch sind gegenwärtig Aluminium, Magnesium und Titan die attraktivsten Leichtbaualternativen zu Gusseisen und Stahl. Sie sind in einem weiten Temperaturspektrum einsetzbar und durch relativ einfache Techniken wiederverwertbar. Im Vergleich zu Kunststoffen ist hier die Bandbreite an Erfahrungen zur Herstellung und Verarbeitung deutlich größer. So existieren reproduzierbare Prüfverfahren sowie verlässliche Kennwerte für eine präzise Vorhersagbarkeit der Versagensgrenzen. Während sich Aluminium und Titan mit allen bei Stahl bekannten Fertigungsmethoden verarbeiten lassen, wird Magnesium hauptsächlich gießtechnisch verarbeitet. Durch die hexagonale Gitterstruktur ist es schlecht mit umformtechnischen Verfahren wie Tiefziehen, Schmieden oder Walzen bearbeitbar. Zusätzlich ergeben sich beim Magnesium Einschränkungen in den Gebrauchseigenschaften durch die geringere Warmfestigkeit und Korrosionsstabilität. Die begrenzte Verfügbarkeit von Magnesium-Halbzeugen liegt dagegen nach Aussage von Lieferanten lediglich in der geringeren Nachfrage begründet.

Heutige 3D-CAD-Systeme bieten dem Konstrukteur einen erheblich größeren beherrschbaren Gestaltungsfreiraum. In Kombination mit modernen Umform- und Fügeverfahren eröffnet sich dadurch die Möglichkeit zur Herstellung komplexer Profil- und Integralteile, die eine Vielzahl von Funktionen übernehmen können. Ein wichtiges Verfahren hierfür ist das Innenhochdruckumformen (IHU), mit dem Leichtbaustrukturen trotz höherer Werkstoffkosten erst wirtschaftlich wurden. Die überragenden Vorteile dieses Verfahrens haben erheblich dazu beigetragen, den Strukturleichtbau praxistauglich zu machen. Gerade für Schienenfahrzeuge bzw. Nutzfahrzeuge ist die Bedeutung dieser Technologie enorm: Um eine möglichst hohe Nutzlast sicher bewegen zu können, muss ein Großteil des Gewichtes (ca. 50%) unverändert in Motor, Getrieben und Achsen liegen. Hier ist das Thema Leichtbau von untergeordneter Bedeutung. Erhebliche Einsparmöglichkeiten liegen dagegen bei der Wagenkastenstruktur selbst, die aus Sicherheitsgründen über eine hohe Steifigkeit verfügen muss. Hier kommen zunehmend mehr Integralbaustrukturen bzw. Flächentragwerke unter Verwendung hochfester Feinkornstähle zum Einsatz.

Der Formleichtbau als letzter Schritt der Leichtbausystematik ist erst mit Hilfe der Finite-Elemente-Methode (FEM) umsetzbar geworden. Über die Simulation von Belastungskollektiven an einem Bauteil im Rechnermodell sind reproduzierbare Darstellungen der Beanspruchungs- und Spannungsverteilung möglich. Durch Veränderung der Wandstärken lässt sich nunmehr entsprechend der Berechnungen eine Optimierung des Bauteils erzielen. Als erster Schritt entstanden hier die Tailored Blanks, d. h. geschweißte Blechteile mit unterschiedlichen Materialstärken, mit denen deutliche Gewichtseinsparungen auch mit Stahlblechen möglich sind. Inzwischen sind auch Rohre und Profile nach diesem Muster herstellbar. Das Potenzial dieser Methode ist enorm: Durch das „Profilieren" der verwendeten Bleche und Träger lässt sich prinzipiell auch das Verformungsverhalten eines PKW beim Aufprall steuern.

Im Bereich des Maschinen- und Anlagenbaus spielen Stahlwerkstoffe aufgrund der Forderung nach thermischer Stabilität des Prozesses noch immer eine entscheidende Rolle. Untersuchungen zur Einsatzmöglichkeit alternativer Werkstoffe zeigen dennoch erhebliches Potenzial. Im Bereich der Maschinengestelle konnte beispielsweise mit Polymerbeton ein alternativer Werkstoff gefunden werden. Untersuchungen an einem Vorschubschlitten für eine Werkzeugmaschine zeigen, dass sich durch Werkstoffsubstitution und Gestaltoptimierung eine Verringerung der bewegten Masse gegenüber Stahl erreichen lässt. Dies ist beispielsweise bei Laserbearbeitungsmaschinen sinnvoll, bei denen hohe Verfahrgeschwindigkeiten vorrangig sind und die Bearbeitungskräfte im Verhältnis zu den Beschleunigungskräften gering bleiben.

Neu konzipierte Werkzeugträger aus Leichtbauwerkstoffen eignen sich, um in der Serienfertigung den Bereich optimaler Schnittparameter weiter auszudehnen. Die deutliche Senkung des Werkzeuggewichtes ermöglicht eine Steigerung der möglichen Schnittgeschwindigkeit und des Vorschubs. Daneben kann durch den schwingungsärmeren Lauf des Leichtbauwerkzeuges eine höhere Standzeit unter Einhaltung gleicher Bearbeitungsqualität erzielt werden. Neben dem geringeren Gewicht spricht im Vergleich zu Stahl die geringe Massenträgheit beim Spindelhochlauf und -bremsen, geringere Fliehkräfte und nicht zuletzt eine bessere Schwingungsdämpfung für den Einsatz.

2.5 Montagetechnik

Hohe Personalkosten als wesentlicher Kostenanteil machen die Montage oft zum teuersten Fertigungsprozess eines Produktes. In vielen Bereichen industrieller Fertigung liegen die Montagekosten bei 50 bis 75% der Produktionskosten. Dies ist einer der entscheidenden Gründe dafür, dass die Konkurrenzfähigkeit von Ländern mit hohem Lohnniveau auf den internationalen Märkten eingeschränkt ist. Durch die vergleichsweise hohen Maschinenstundensätze konzentrierten sich zeitweise alle Bemühungen zur Produktivitätssteigerung in den klassischen Technologien, wie Zerspanung, Umformtechnik usw. Moderne, pragmatische Ansätze wie Kaizen und TQM haben das große Einsparpotenzial, das sich gerade in Montagebereichen verbirgt, sichtbar gemacht. Rationalisierung darf hier allerdings nicht als Aufgabe der Montagemitarbeiter alleine gesehen werden. Sie setzt das Zusammenwirken von Produktgestaltung und Fertigungstechnologie voraus. Montage ist zwar durch organisatorische und technische Maßnahmen von der Einzelplatzgestaltung bis zur Automatisierung in hohem Maße rationalisierungsfähig; die Ergebnishöhe ist allerdings abhängig von der montagefreundlichen Gestaltung des Produktes.

An der Schnittstelle zum Vertrieb und damit zum Kunden wird die Montage als letzte Stufe des Herstellungsprozesses zu einem logistischen Sammelpunkt der Produktion. Aus technologischer Sicht kann in der Montage erstmals die Gesamtfunktionserfüllung des Produktes geprüft werden. Organisatorisch zeigt sich in der Montage die Elastizität der Produktion gegenüber Nachfrageschwankungen am Markt. Die Bedeutung der Montage liegt in einer Reihe von Zielen begründet (vgl. Andreasen 1985):

- Herstellung funktionsbedingter Beweglichkeit
- Kombination verschiedener Materialeigenschaften
- Vereinfachung der Fertigung
- Ersetzbarkeit von Verschleißteilen
- Realisierung bestimmter Produktfunktionen
- Kostensenkung der Fertigung
- Prüfbarkeit
- Erhöhung der Variantenvielfalt
- Gewichtsersparnis

Montage oder Montieren sind Vorgänge des Fügens, wie sie in Abbildung 2.8 spezifiziert sind. Montieren ist allerdings nicht mit Fügen gleichzusetzen. Es schließt zusätzlich auch alle Handhabungsvorgänge einschließlich des

Justierens und Kontrollierens (Messen und Prüfen) mit ein (vgl. Seliger 1989). Montage beschreibt somit vielmehr die Gesamtheit aller Vorgänge, die dem Zusammenbau von geometrisch bestimmten Bauteilen dienen. Dabei kann zusätzlich auch formloser Stoff zum Einsatz kommen. Ergänzend zu diesen Funktionen können Sonderfunktionen wie thermisch Behandeln, Reinigen, Ölen, Schmieren, Lacksichern usw. ausgeführt werden.

Montagevorgänge, sei es bei Einzelplatz-Montage oder bei vollmechanisierten Montagelinien eines komplexen Produktes, können in folgende zwei Grundtypen unterteilt werden (vgl. Lotter 1982, S. 7):

- Primärmontage,
  d.h., alle Vorgänge, die der direkten Erhöhung der Wertschöpfung eines Produktes während seines Montagevorganges dienen, also alle Aufwendungen mit Energie, Information und Teilen zur Vervollständigung eines Produktes.
- Sekundärmontage,
  d.h., alle notwendigen, anfallenden, sekundären Aufwendungen an Zeit, Information und Energie, ohne den Wertschöpfungsgrad des Produktes zu erhöhen, also für Weitertransport, Wenden, Neugreifen etc.

Obwohl Handhabungstechniken im Allgemeinen zur Sekundärmontage gezählt werden müssen, haben sie eine zentrale Bedeutung für die Montage. Handhabung gehört zusammen mit dem Fördern und Lagern zu den drei wesentlichen Teilfunktionen des Materialflusses und besteht aus den Funktionen:

- Speichern
- Mengen verändern
- Bewegen
- Sichern
- Kontrollieren

Ebenso vielfältig wie die möglichen Operationen sind auch die eingesetzten Geräte und Anlagen. Die Palette reicht von Vereinzelungsgeräten über Greifer und Spannmittel bis hin zu Manipulatoren, Einlegegeräte und Industrieroboter. Die heutigen Möglichkeiten zur Automatisierung sind dementsprechend vielfältig. Dennoch werden auch heute eine Vielzahl von Montagearbeitsplätzen manuell oder nur teilautomatisiert betrieben. Dies liegt zum einen an der technischen Flexibilität des Menschen bei der Ausführung von Montageoperationen, zum anderen aber auch in seiner Universalität im Vergleich zu den zumeist produktspezifischen Montageanlagen.

So ist auch bereits im hochautomatisierten Japan eine rückläufige Tendenz beim Einsatz von Robotern für die Montage zu erkennen.

Für die Durchführung der Montage sind produkt-, betriebsmittel- und ablaufbezogene Einflussgrößen zu beachten. Produktspezifisch wird die Montageaufgabe über Stücklisten sowie die geometrischen und technologischen Eigenschaften der zu montierenden Bauteile und Baugruppen beschrieben. Der Ablauf ist technologisch durch die einzelnen Montagevorrichtungen und ihre Abhängigkeiten bestimmt. Diese können mit Hilfe der Netzplantechnik dargestellt werden. Organisatorisch wird die Ablaufstruktur durch das Produktionsprogramm und die Montagesteuerung bestimmt.

2.6   Verpackungstechnik

Während die traditionelle Sicht der Verpackung stark vom Grundsatz maximaler Leistung zu minimalen Kosten geprägt war, befindet sie sich heute im Spannungsfeld qualitativer, ökonomischer, ökologischer und sozialer Forderungen. Bereits Mitte der 80er Jahre verschob sich der Fokus auf die Umweltverträglichkeit der Verpackung. In Zukunft wird zudem auch die soziale Verträglichkeit von Bedeutung sein. Dieses komplexe Anforderungsprofil an die Verpackung erfordert deren Optimierung für alle Bereiche im Wirtschaftskreislauf. Dazu zählen Herstellung von Packstoffen und Packmitteln, Abfüll- und Abpackbereich, Lagerung und Transport, Handel, Verbraucher sowie die Entsorgung und Verwertung. Obwohl sich durch Recycling bereits ein Großteil der Verpackungen in einer Kreislaufwirtschaft bewegt, sollte im Sinne einer optimalen Abstimmung zwischen dem Schutz von Produkten und der dafür notwendigen Verpackung nur so wenig Verpackung wie möglich eingesetzt werden.

Verpackungstechnik umfasst allgemein die Gesamtheit aller Vorgänge und Verfahren, die zur Entwicklung, Herstellung und Anwendung von Verpackungswerkstoffen, Verpackungsmitteln und -hilfsmitteln sowie von Verpackungsmaschinen erforderlich sind. Verpackungen stellen im Rahmen eines Systems aus Schützen, Haltbarmachen, Lagern, Transportieren und Verteilen ein nicht zu ersetzendes Funktionsglied dar. Durch die Verpackung wird im Allgemeinen eine Vielzahl von Aufgaben und Funktionen erfüllt (vgl. Bauer 1981, S. 15):

● Transport-Funktion (z.B. Ladehilfsmittel, Transportsicherung etc.)
● Lager-Funktion (z.B. Stapelbarkeit)
● Schutzfunktion (z.B. gegen Stoß, Witterung etc.)
● Verkaufs-Funktion (z.B. Werbefläche, Erkennbarkeit etc.)

- Dienstleistungsfunktion (z. B. Diebstahlschutz)
- Garantiefunktion (z. B. Originalität, Versiegelung etc.)
- Portionierungsfunktion (z. B. Einzelverpackung, Preisbündelung etc.)

Der Verpackungsprozess durchläuft in der Regel einen mehrstufigen Ablauf, in dem stufenweise größere Mengeneinheiten gebündelt werden. Beispielsweise durchläuft die Pralinenherstellung bis zu fünf Verpackungsschritte:

- Herstellen der Einzelverpackung (Verpacken einzelner Pralinen)
- Herstellen der Sammelpackung (Verpacken der Pralinen in Karton)
- Herstellen der Verbraucherpackung (Verpacken der Kartons in Folie)
- Herstellen der Transportpackung (Verpacken der Schachteln in Kartons)
- Herstellen der Lager- bzw. Ladeeinheit (Verpacken der Kartons auf Paletten)

Ein Großteil des Verpackungsmaterials (ca. 50%) gelangt somit nur selten zum Endverbraucher. Es dient im Wesentlichen dem Zwischentransport bzw. Zwischenlagerung und wird somit auch nur bezüglich der ersten drei Funktionsblöcke ausgelegt. Diese Artikel (Transportbehälter, Fässer, Kisten u. a.) zirkulieren regelmäßig zwischen den Herstellern und deren Zentrallägern und werden nach Erreichen der Gebrauchsgrenze im Allgemeinen wieder dem ursprünglichen Produktionsprozess zugeführt. Alles was bis zum Endverbraucher gelangt, fällt allerdings in der Regel als Müll an, da hier keine regelmäßige Zirkulation zwischen Verkäufer und Kunde erfolgt.
  Der Prozess des Verpackens kann durch drei Grundoperationen und fünf Hilfsoperationen beschrieben werden (vgl. Dietz 1986):

- Grundoperationen
  - Formen des Verpackungsmittels
  - Füllen des Verpackungsmittels
  - Verschließen des Verpackungsmittels
- Hilfsoperationen
  - Vorbereiten und Zuführen des Verpackungsmittels
  - Dosieren und Zuführen des Verpackungsmittels
  - Vorbereiten und Zuführen von Verpackungshilfsmitteln (Klammern, Bänder, Kleber etc.)
  - Nachbehandeln und Abführen der Packung
  - Kontrolloperationen zum Verpackungsprozess

Gerade die Verpackungstechnik bietet aufgrund der im Allgemeinen hohen Mengenleistung ideale Bedingungen für eine Automatisierung der einzelnen Prozessschritte. Auch hier gilt wie bei der Fertigungstechnik: je größer die zu verpackende Gesamtmenge je Zeiteinheit und je kleiner die zu verpackende Menge je Packung, desto höher liegt der wirtschaftlich vertretbare Aufwand zur Automatisierung.

Als Materialien kommen vornehmlich leichte Werkstoffe wie Papier, Pappe und Kunststoffe zum Einsatz. Da die Trennung und Rückführung von Papier inzwischen auch beim Endverbraucher zum Alltag gehört, haben diese Werkstoffe eine hohe Bedeutung bekommen. Im Lebensmittelbereich ist zudem Glas durch die hygienischen Vorteile noch immer weit verbreitet. Inzwischen erobern aber auch die Polymere (z. B. PET) immer neue Anwendungsfelder. Als Packstoffe ersetzen sie Werkstoffe wie Glas und Weißblech, da sie nach mehreren Wiederverwendungen ebenfalls recyclefähig sind. Zur Produktsicherheit sind hier aber noch immer neue, zuverlässige und kostengünstige Verfahren der physikalisch-chemischen Prüftechnik zu entwickeln. Verpackungen der Zukunft sollen ihre Füllgüter sogar aktiv schützen und zeigen deren Qualitätsstatus an. Landwirtschaftsfolien regulieren ihre Lichtdurchlässigkeit je nach Sonneneinstrahlung selbstständig. Baufolien sperren Wasserdampf aus, aber nicht ein. Gegenwärtig werden u. a. auch so genannte selbstadaptive Polymere entwickelt.

Literaturhinweise

Andreasen/Köhler/Lund (1985): Montagegerechtes Konstruieren, Heidelberg, Berlin 1985

Bauer, C.-O. (1987): Umformen-Spanen, ein Verfahrensvergleich nach Kriterien der Qualitätssicherung. wt Werkstattstechnik 77, S. 625–628, 1987

Bauer, U. (1981): Verpackung, Würzburg 1981

Bilger, B. (1992): Montagetechnik: Planungshandbuch für die Praxis, Gräfelfing 1992

Dietz, G. (1986): Verpackungstechnik, Heidelberg 1986

DIN 4766: Herstellverfahren der Rauheit von Oberflächen, März 1981

DIN 8580: Fertigungsverfahren – Begriffe, Einteilung, Juli 1985

DIN 8582: Fertigungsverfahren Umformen – Einordnung, Unterteilung, Begriffe, Juni 1985

DIN 8589: Fertigungsverfahren Spanen – Einordnung, Unterteilung, Begriffe, März 1981

DIN 8590: Fertigungsverfahren Abtragen – Einordnung, Unterteilung, Begriffe, Juni 1978

DIN 8593: Fertigungsverfahren Fügen – Einordnung, Unterteilung, Begriffe, April 1982

Frey, W. (1990): Wirtschaftliche und technologische Bewertung von Verfahren. Chem.-Ing.-Tech. 62 1, S. 1–8, 1990

Gebhardt, A. (1995): Rapid Prototyping. Werkzeuge für die schnelle Produktentwicklung, München 1995

Hemming, W. (1999): Verfahrenstechnik, Würzburg 1999.

Herfurth, K. (1995): Urformen. In: Dubbel: Taschenbuch für den Maschinenbau (W. Beitz, Hrsg.), 18. Auflage, Berlin 1995

Kienzle, O. (1966): Begriffe und Benennungen der Fertigungsverfahren, Werkstattstechnik 56, S. 169–173, 1966

Lotter, B. (1982): Arbeitsbuch der Montagetechnik, Mainz 1982

Mareske, A. (1995): Energietechnik. In: Dubbel: Taschenbuch für den Maschinenbau (W. Beitz, Hrsg.), 18. Auflage, Berlin 1995

Mersmann, A. (1995): Grundlagen der Verfahrenstechnik. In: Dubbel: Taschenbuch für den Maschinenbau (W. Beitz, Hrsg.). 18. Auflage, Berlin 1995

Reinhart, G. (1998): Rapid Prototyping. Effizienter Einsatz von Modellen in der Produktentwicklung, München 1998

Seliger, G. (1989): Montagetechnik, München 1989

Siegert, K. (1995): Umformen. In: Dubbel: Taschenbuch für den Maschinenbau (W. Beitz, Hrsg.), 18. Auflage, Berlin 1995

Spur, G. (1995): Produktion. In: Hütte: Die Grundlagen der Ingenieurwissenschaften (H. Czichos, Hrsg.), 30. Auflage, Berlin 1995

Tönshoff, H. K. (1987): Processing alternatives for cost reduction. Ann. CIRP 36, S. 445–447, 1987

Tönshoff, H. K. (1995): Spanen – Grundlagen, Berlin 1995

Warnecke, H. J. (1998): Einführung in die Fertigungstechnik, Stuttgart 1998

3. Die Fabrik: Planung, Betrieb und Wandlungsfähigkeit

Jürgen Bischoff

3.1 Ziele einer erfolgreichen Fabrikplanung

3.1.1 Die Erfolgsfaktoren der Fabrik

Die Fabrik – dieses Wort erinnert noch stark an den Beginn des Industriezeitalters – stellt auch für die heutigen, sehr modernen, produzierenden Unternehmen einen entscheidenden Wettbewerbsfaktor dar. In den Fabriken wird entschieden, ob mit den vorhandenen Fertigungseinrichtungen die Produkte zu den geplanten Herstellungskosten gefertigt werden können, ob durch Mehraufwendungen in Form von Material- oder Arbeitseinsatz der erwartete Ertrag aufgezehrt wird oder ob gar ein weniger an Faktoreneinsatz realisiert werden kann und somit die Ertragssituation des Unternehmens besser als geplant ausfällt. Doch diese Kostenseite ist nur ein Aspekt einer wettbewerbsfähigen Fabrik, und zwar der defensive. In den letzten Jahren sind die offensiven Aspekte, mit denen sich eine Fabrik auszeichnen kann, extrem wichtig geworden. Das ist die Kundenorientierung, die sich durch kurze Durchlauf- und Lieferzeiten auszeichnet. Dazu gehört ihre Prozesssicherheit, die durch absolut termingenaue Lieferungen sowie die Einhaltung des beabsichtigten Qualitätsstandards der Produkte gekennzeichnet ist. Ferner ihre Flexibilität bei der Reaktion auf kurzfristige Änderungen. Und ihre Kompetenz bei der Integration neuer Fertigungsverfahren oder dem Anlauf eines neuen Produktes (Abb. 3.1).

Demnach ist eine Fabrik, sei ihre Bezeichnung noch so traditionell, heute für ein Unternehmen eine der Möglichkeiten, sich von seinen Wettbewerbern zu differenzieren, sich nicht nur über das Produkt und dessen Preis von ihnen abzuheben, sondern zusätzlich in Form von schneller und zuverlässiger Belieferung sowie Serviceleistungen rund um das Produkt.

3.1.2 Die Vorzüge des Fabrikstandorts Deutschland

Noch Anfang und Mitte der 90er Jahre spielte der Fabrikstandort Deutschland keine bedeutende Rolle in der Einschätzung der Entscheidungsträger der produzierenden Wirtschaft. Man war nahezu einhellig der Meinung, dass zur Erhaltung der Wettbewerbsfähigkeit deutscher Unternehmen die Verlagerung von Produktionskapazitäten ins Ausland eine der wichtigsten strategischen Optionen darstellt. Viele Unternehmen haben in der Verlagerung die einzige Möglichkeit gesehen, auf die Konkurrenz aus den Niedriglohnländern zu reagieren und dabei den hohen deutschen Lohn- und Lohnnebenkosten sowie auch strengeren gesetzlichen Auflagen zu entkommen. Dieser Trend hat sich inzwischen deutlich abgeschwächt bzw. fast umge-

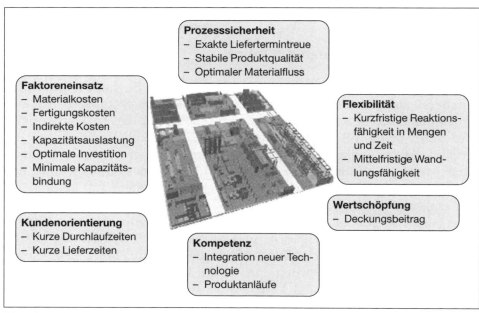

Faktoreneinsatz
- Materialkosten
- Fertigungskosten
- Indirekte Kosten
- Kapazitätsauslastung
- Optimale Investition
- Minimale Kapazitäts-
  bindung

Prozesssicherheit
- Exakte Liefertermintreue
- Stabile Produktqualität
- Optimaler Materialfluss

Flexibilität
- Kurzfristige Reaktions-
  fähigkeit in Mengen
  und Zeit
- Mittelfristige Wand-
  lungsfähigkeit

Wertschöpfung
- Deckungsbeitrag

Kundenorientierung
- Kurze Durchlaufzeiten
- Kurze Lieferzeiten

Kompetenz
- Integration neuer Tech-
  nologie
- Produktanläufe

Abb. 3.1: Erfolgsmerkmale einer Fabrik

kehrt, wie jüngste Standortentscheidungen zeigen. Zwar planten 1997 noch rund ein Viertel der 1329 vom Fraunhofer Institut für Systemtechnik und Innovationsforschung befragten Unternehmen eine Verlagerung ins Ausland (1995 waren dies noch ca. 32%), doch lässt sich bereits ein zunehmender Trend zur Rückverlagerung (ca. 4% der Unternehmen) ausmachen. Untersucht man die Gründe für die Verlagerungen bzw. Rückverlagerungen, so kann man feststellen, dass der Hauptgrund hoher Personalkosteneinsparungen inzwischen deutlich an Bedeutung verloren hat (Abb. 3.2). Der Lohnkostenvorteil – insbesondere in den früheren Ostblockstaaten – besteht heute nicht mehr in dem Maße wie noch vor zehn Jahren. So bleibt vor allem der Zugang zu den Absatzmärkten vor Ort das wichtigste und entscheidende Kriterium zum Aufbau von Produktionsstätten im Ausland.

Deutlich wird vor allem, dass die oben angesprochenen (Kap. 2.1.1) offensiven Argumente, die eine Fabrik für sich verbuchen kann, als die entscheidenden Gründe, die eine Rückverlagerung der Produktion angezeigt sein lassen, genannt werden. So wird beispielsweise ein deutlicher Flexibilitätsvorteil (62% gegenüber 23%) bei der inländischen Produktion gesehen. Auch bei den Koordinationskosten, der Qualität sowie der Nähe zu den Forschungs- und Entwicklungszentren der Unternehmen schneiden die inländischen Standorte deutlich besser ab als die Produktionsstätten im Ausland.

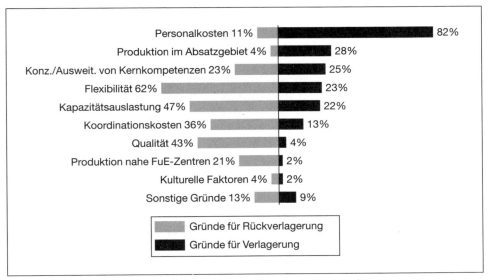

Personalkosten 11% | 82%
Produktion im Absatzgebiet 4% | 28%
Konz./Ausweit. von Kernkompetenzen 23% | 25%
Flexibilität 62% | 23%
Kapazitätsauslastung 47% | 22%
Koordinationskosten 36% | 13%
Qualität 43% | 4%
Produktion nahe FuE-Zentren 21% | 2%
Kulturelle Faktoren 4% | 2%
Sonstige Gründe 13% | 9%

Gründe für Rückverlagerung
Gründe für Verlagerung

Abb. 3.2: Gründe für Produktionsverlagerungen und -rückverlagerungen

Diese Wiederentdeckung der heimischen Erfolgsfaktoren macht Hoffnung für den Produktionsstandort Deutschland. Aber sie zeigt vor allem eines: Eine Fabrik wird nicht deswegen wirtschaftlich oder unrentabel, weil sie durch die von ihr nicht beeinflussbaren regionalen Rahmenbedingungen fremdbestimmt wird, sondern sie kann vielmehr ihren Erfolg maßgeblich selbst bestimmen. Sie hat die Möglichkeit und Chance, mit einer intelligenten Konzeption und durch eine exzellente Leistungserstellung zu einer Spitzenfabrik zu werden.

3.1.3 Die neue Rolle der Fabrikplanung

Aus der neuen Bedeutung der Fabrik ergibt sich auch die heutige Herausforderung für die Fabrikplanung: Chancenmanagement für Fabriken zu ermöglichen. Fabrikplanung ist heute weit mehr als die Anordnung einer Maschine innerhalb eines Hallenlayouts. Die neue Rolle der Fabrikplanung ist bestimmt als das planerische Managen der Fabrik. Noch bevor die Fabrik real existiert, der neue Produktanlauf begonnen hat und noch Rationalisierungsinvestition im Werk aufgestellt worden ist, wird mit Hilfe der Fabrikplanung geklärt, wie die Produktanforderungen in Fertigungstechnik umzusetzen sind, wie die Betriebsmittel arbeiten sollen, wie die Bereitstellung des Materials und der Weitertransport des Werkstückes erfolgen wird, wie die Fertigung in den Informationsfluss der Produktionsplanung und -steuerung einzubinden ist, welches Logistikprinzip angewendet werden soll – sowie zahlreiche weitere Aspekte, die das sehr vielschichtige Gebilde Fabrik beschreiben. Die Fabrikplanung ist demnach eine echte Integrationsaufgabe mit Berührungspunkten zur Produktentwicklung, zum Vertrieb, zum Service zu Materialwirtschaft und Einkauf sowie der Produktion selbst.

Historisch betrachtet ist die Fabrikplanung aus dem Aufgabengebiet der Arbeitsvorbereitung entstanden. Aus der Zielsetzung heraus, die räumliche, strukturelle und organisatorische Sicht auf eine Fabrik zu integrieren und diese so ganzheitlich zu planen, entwickelte sich die Notwendigkeit einer systematischen Fabrikplanung. Die bis in die 70er Jahre hinein initiierten Projekte zur Fabrikplanung waren auf Wachstum und Produktivitätssteigerung ausgerichtet und orientierten sich vornehmlich an einer höheren Komplexität der Fabrik. Im Vordergrund standen die höhere Mechanisierung und Automatisierung der Herstellungs- und Transportprozesse. Erst nach einer Rezessionsphase fanden durch die Neuausrichtung von Unternehmenszielen auch neue Gestaltungsansätze für die Unternehmensorganisation Einzug in die Fabrikplanung. Die Konzentration auf die eigenen Kernkompetenzen fokussierte die Planungsaktivitäten auf die Sicherstellung und Verbesserung des Qualitätsstandards der Fertigungsstandorte sowie vor allem auf die Verbesserung der logistischen Prozesse. Die flussorientierte Gestaltung der Produktionsabläufe bei Verwendung oder Weiterentwicklung der vorhandenen Ressourcen bildet heute den Schwerpunkt der fabrikplanerischen Aufgaben.

Demzufolge umfasst die Fabrikplanung heute in ihrer Gesamtheit die Dimensionierung, Strukturierung und Festlegung von Prozessfolgen sowie die Systemintegration von Produktionen.

3.1.4 Optimierte Wertschöpfung in Produktionsnetzwerken

Die Planungsaufgabe zur Erstellung einer neuen Fabrik wird heute nicht mehr in dem Sinne isoliert betrieben, dass sie lediglich den Materialfluss vom Wareneingang bis zum Versandbereich der Fabrik betrachtet. Die Fabrikplanung ist vielmehr eingebettet in die strategischen und taktischen Überlegungen des Unternehmens zur optimalen Gestaltung des gesamten Produktionsnetzwerks (Abb. 3.3). Das gilt dann insbesondere auch für die oben bereits angeführte Standortdiskussion (Kap. 3.1.2). Das Verlagern von Fertigungsstandorten bzw. das Outsourcing von Produktionsschritten muss vollständig integriert sein in die Logistikkette von den Rohmateriallieferanten bis zum Endkunden. Wenn in einer Fabrik ein Outsourcing von

Fertigungsschritten vorgenommen wird, gibt es natürlich immer auch ein Unternehmen, das diese Fertigungsschritte wiederum insourct. Die heutige Fabrikplanung muss auch dieses Zusammenspiel berücksichtigen und optimieren. Sogar die Fragestellung, wer rechtlicher Eigentümer von Fabriken bzw. Produktionsschritten ist, erfährt heutzutage eine neue Dimension. Dies wird deutlich am Beispiel der Betreibermodelle von Fabriken – hier liefern Anlagenhersteller nicht nur die Produktionsanlagen, sondern übernehmen auch die Aufgabe des Betreibens dieser Anlagen im Auftrag des industriellen Kunden.

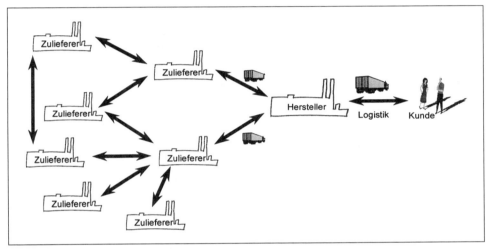

Abb. 3.3: Produktionsnetzwerk

Demnach kann eine Fabrik heute nicht mehr als isolierte Einheit, die sich räumlich abgeschlossen an einem bestimmten geografischen Standort befindet, betrachtet werden. Vielmehr muss sie als ein Wertschöpfungsknoten im gesamten Wertschöpfungsprozess und dem damit verbundenen Wertschöpfungsnetz betrachtet werden. Ziel dieses Wertschöpfungsnetzes ist es, die Anforderungen des Endkunden maximal zufrieden zu stellen und mit dem Gesamtergebnis der Wertschöpfungskette einen maximalen Ertrag zu erhalten. Zu diesem Zweck sind insbesondere die Schnittstellen der Wertschöpfungsknoten zu gestalten.

Die logistische Integration und Harmonisierung der Wertschöpfungsprozesse der beteiligten Wertschöpfungsknoten stellt hierbei die größte Herausforderung dar. Betrachtet man dabei eine Fabrik als einen Wertschöpfungsknoten, so ist es die Aufgabe der Fabrikplanung, den Wertschöpfungsprozess innerhalb der Fabrik kontinuierlich an die Anforderungen des Wertschöpfungsnetzwerkes anzupassen. Hier sind im Wesentlichen die Versorgung mit Vormaterialien und die Lieferung der hergestellten Güter bezüglich ihrer logischen und physikalischen Gestaltungselemente auszulegen. Zu den logischen Gestaltungselementen gehören insbesondere die Mengen- und Terminplanung der Beteiligten dieser Lieferbeziehung. Die physikalische Auslegung des Warenstroms hat im Wesentlichen die Festlegung handhabungsgerechter Transportgebinde und ggf. deren Rückführlogistik zum Inhalt. Hierbei wird auch deutlich, dass bei der Auslegung solcher Wertschöpfungsnetze nicht nur die Fabriken als Wertschöpfungsknoten eine wichtige Rolle spielen, sondern auch die Transportdienstleister, sozusagen als Kanten des Netzwerks, entsprechend einbezogen werden müssen. Dem Informationsfluss, der die Warenströme begleitet, kommt hierbei eine entscheidende Bedeutung zu. Die ständige Überwachung des Warenstroms und die Transparenz über den aktuellen Zustand in der Warenversorgungskette ermöglicht es den Unternehmen, in Störfällen schnell zu reagieren und entsprechende Gegenmaßnahmen einzuleiten.

Betrachtet man also die Fabrik als Teil eines Wertschöpfungsnetzes, so ist die Aufgabe der Fabrikplanung auf der Netzwerkebene, die richtigen Netzwerkkonstellation für den Wertschöpfungsprozess zu finden und die Partner und deren Standorte richtig zu wählen. Damit verschmelzen natürlich auch die Aufgaben der Fabrikplanung mit der des Supply Chain Managements (Kap. 4). Die Fabrikplanung nimmt dabei immer die Betrachtungsweise eines Partners im Netzwerk ein, der sein Leistungsangebot optimiert, um damit seine Chancen in bestehenden und in zukünftigen Netzwerken zu optimieren. Somit können sich Fabrikplaner und Supply Chain Management Designer als Angebots- und Nachfragepartner in der Netzwerkgestaltung betrachten. Dabei ist es die Aufgabe des Supply Chain Management Designers, die Anforderungen zu spezifizieren, und die Aufgabe der Fabrikplaner, diese Anforderungen für seinen Betrachtungsbereich bestmöglichst zu erfüllen.

3.1.5 Der Kernprozess der Wertschöpfung

Innerhalb der Fabrik, beim Materialfluss vom Wareneingang bis zum Versand der hergestellten Güter, findet nun der wesentlichste Teil dieser gesamten Prozesskette statt: die Wertschöpfung. Dieser Satz ist nicht zufällig etwas dramatisch formuliert. Noch immer hat man bei der Betrachtung einiger Fabriken den Eindruck, dass sie nicht primär auf den Wert-Zugewinn der Eingangsmaterialien ausgerichtet sind. Noch immer erscheint einem manche Fabrik nicht als Produktionsstätte, sondern eher als ein Lagerhaus, kann kein „Fluss" im „Materialfluss" erkannt werden, wird unnötig wertvolle Zeit im Auftragsdurchlauf verbraucht, werden zahlreiche Ressourcen verschwendet.

Bleiben wir beim Begriff der Verschwendung. Sicherlich gibt es nicht nur positive Beispiele von Unternehmen, die der Leanproduction-Philosophie gefolgt sind. Die Diskussion, ob solche Misserfolge auf das Konzept selbst, auf Fehlinterpretationen oder aber auf inkonsequente Umsetzungsprojekte zurückzuführen sind, soll hier jedoch nicht geführt werden. Einer der Basisbegriffe der Leanproduction verdient unabhängig vom Konzept selbst höchste Beachtung und soll daher hier noch etwas näher betrachtet werden: die Verschwendung (Tab. 3.4).

Von den sieben Arten der Verschwendung ist die Überproduktion die folgenschwerste. Aus Gründen der Unsicherheit über die künftige Absatzmenge und der Zielsetzung der ständigen Lieferbereitschaft heraus führt unsere Sicherheitsmentalität häufig dazu, früher oder schneller zu produzieren, als der Kunde oder der nächste Prozess (der auch ein Kunde ist) dies erfordern. Diese Überproduktion verursacht alle möglichen Arten von Verschwendung, nicht nur einen zu hohen Bestand mit dem darin gebundenen Kapital. Die Menge von Teilen muss irgendwo gelagert werden, wofür Platz benötigt wird; sie muss hin- und herbewegt werden, wozu man Personal braucht; und sortiert werden; und möglicherweise nachgearbeitet werden;

Art der Verschwendung	Beschreibung
Überproduktion	Produktion über den jeweiligen Marktbedarf hinaus
Wartezeiten	Bedienpersonal steht zur Kontrolle der Maschinenabläufe untätig herum
Transport	lange Transportwege, provisorisches Abstellen und unnötig häufiges Ein- und Auslagern
Bearbeitung	Ungünstiger Fertigungsablauf an der Maschine
Lagerhaltung	Übermäßig große Sicherheitsbestände führen zu zusätzlichem Aufwand für Handhabung, Flächenbedarf, Maschinen, Personal und Verwaltung
Bewegung	Unnötige Gehwege durch Beschaffung oder Suche von Hilfsmitteln, Werkzeugen oder Teilen
Produktionsfehler	Hoher Ausschuss oder aufwendige Qualitätskontrolle

Abb. 3.4: Die sieben Arten der Verschwendung nach Takeda

und sicherlich muss sie über diesen gesamten Zwischenprozess verwaltet werden. Und dies alles in der Hoffnung, dass der Kunde oder der nachgelagerte Prozess die gefertigten Teile auch tatsächlich brauchen wird. Überproduktion führt letzten Endes zu Mangel, da die Prozesse damit beschäftigt sind, die falschen Dinge herzustellen. Es werden also zusätzliche Bediener- und Maschinenkapazitäten für etwas aufgewendet, was noch gar nicht benötigt wird. Dadurch verlängert sich ebenso die Gesamtdurchlaufzeit, wodurch die Reaktionsfähigkeit auf Kundenanforderungen herabgesetzt wird.

Dieser kleine Exkurs in die Philosophie der Leanproduction verdeutlicht, welches Potenzial in einem hocheffektiven und hocheffizienten Produktionssystem liegt. Die richtigen Prozesse in der Fabrik zu verankern und sicherzustellen, dass sie richtig ausgeführt werden – das ist die Aufgabe der Fabrikplanung. Im Kern der Betrachtung stehen dabei die wertschöpfenden Prozesse. In ihnen wird der Grundstein für die Wirtschaftlichkeit des Unternehmens gelegt. Sicherlich sind für den Unternehmenserfolg noch viele weitere Problemstellungen zu lösen, der Marktzugang, die Produktentwicklung, das Finanzwesen, die Anlageninstandhaltung und viele andere mehr.

Doch alle Bereiche des Unternehmens können ihre Aufgabe nur dann optimal erfüllen, wenn im Herstellungsprozess eine entsprechende Wertschöpfung erreicht wird. Die Wertschöpfung wird ergänzt durch die eingangs ausgeführten, offensiven Leistungsmerkmale einer Fabrik. Diese stellen zugleich die Wettbewerbsfaktoren des Unternehmens dar: kurze Durchlauf- und Lieferzeiten, termingenaue Lieferungen, Flexibilität und schnelle Reaktionsfähigkeit.

3.2 Vorgehensweise der systematischen Fabrikplanung

Fabrikplanung ist die „vorausbestimmende Gestaltung industrieller Betriebe" (Schmigalla 1995, S. 21). „Die Fabrikplanung umfasst die Analyse, Zielfestlegung, Funktionsbestimmung, Dimensionierung, Strukturierung, Integration und Gestaltung von Fabriken als System wie auch ihrer Teilsysteme, Elemente, Substrukturen und Prozesse" (Schmigalla 1995, S. 71). Neben der Planung und Auslegung industrieller Produktionsstätten kann man ferner die Überwachung der Realisierung bis zum Anlauf der Produktion zum Aufgabengebiet der Fabrikplanung hinzurechnen. Besonders wichtig in Bezug auf die Produktionsnetzwerke ist zudem die Standortplanung. Das alles ergibt ein sehr weitläufiges Aufgabenfeld (Abb. 3.5), dessen zentrale Elemente in diesem Abschnitt entsprechend einer systematischen Vorgehensweise vorgestellt und kurz erörtert werden sollen.

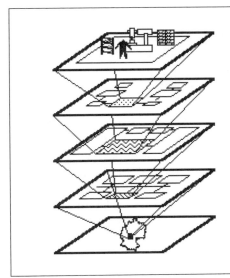

Betriebsmittelstruktur
• Maschinenaufstellung

Bereichsstruktur
• Verkettung und Anordnung der Produktions-
einheiten

Gebäudestruktur
• Anordnung der Betriebsbereiche

Generalstruktur
• Anordnung der Werksgebäude

Standortstruktur
• Position im Unternehmensverbund/Wirt-
schaftsraum

Abb. 3.5: Planungs- und Strukturebenen der Fabrikplanung

Einzelne Planungsprojekte lassen sich nach unterschiedlichen Gesichtspunkten, wie Anlass, Detaillierungsgrad, Planungsbereich etc. charakterisieren. Nicht immer ist es notwendig, das komplette Leistungsprogramm
von Standortplanung über Bebauungsplanung bis hin zur räumlich-organi-
satorischen Planung der Gebäude, Bereiche und einzelnen Arbeitsplätze
oder gar eine Montageplanung abzuarbeiten.

3.2.1 Der Planungsablauf

Eine Planung dient der zielgerichteten und aktiven Gestaltung zukünftiger
Handlungen. Dazu bedarf es zunächst der Festlegen von *Zielen*, die aus den
strategischen Zielen des Unternehmens abgeleitet werden können. Auf Basis einer Ist-Analyse können dann mögliche Soll-Zustände in Varianten
konzipiert werden. Ergebnis ist die Bestimmung geeigneter *Maßnahmen*
zur Zielerreichung. Eine Bewertung der Varianten und Maßnahmen erlaubt dann die *Entscheidung* über die Umsetzung. Projektbegleitend erfolgt
eine *Darstellung* und Visualisierung der Maßnahmen, Varianten und Bewertungen in textlicher sowie grafischer Form.

3.2.1.1 Die Planungsgrundsätze

Die beiden bekanntesten, einander entgegengesetzten Planungsgrundsätze sind die Top-Down- und die Bottom-up-Methode (vgl. Schmigalla 1995, S. 89 ff). Bei der Top-Down-Planung wird ausgehend vom Gesamtunternehmen eine schrittweise Untergliederung der Bereiche vorgenommen, wobei die einzelnen Bereiche so zu gestalten sind, dass sie sich optimal den Zielsetzungen der Planung unterordnen. Dieser Grundsatz lässt sich auch so formulieren, dass vom Allgemeinen zum Einzelnen, vom Aggregierten zum Detaillierten bzw. vom Typischen zum Individuellen vorgegangen wird. Bei der Bottom-up-Planung werden zunächst die einzelnen Bereiche festgelegt. Anschließend werden die ausgearbeiteten Teilbereiche zu einem Gesamtkonzept zusammengefasst. So gelangt man von den Elementen zum System, ggf. über Zwischenstufen der Bildung von Teil- und Subsystemen.

Ein weiterer Planungsgrundsatz – „Von außen nach innen" – spielt bei der strategischen Zielplanung eine wichtige Rolle: Von der Umgebung des Unternehmens, dem Absatzmarkt, wird auf das Produktionsprogramm geschlossen. Darauf abgestimmt erfolgt dann wiederum die Strukturierung der Produktion. Dem entgegengesetzt wirkt der Grundsatz „Vom Zentralen zum Peripheren". So ist es beispielsweise in der Regel sinnvoll, zunächst den Fertigungsprozess und anschließend die Ver- und Entsorgung zu planen.

Zwei weitere Planungsgrundsätze spielen vor allem bei der iterativen Verbesserung des Zielerreichungsgrades eine zentrale Rolle. Nach dem Grundsatz „Vom Idealen zum Realen" wird zunächst eine Ideallösung entworfen, die dann schrittweise an die zu beachtenden Randbedingungen angepasst wird. Nach dem Grundsatz „Optimieren und Variieren" werden innerhalb möglicher Reallösungen Varianten entwickelt, die dann vergleichend einander gegenübergestellt werden.

Die sechs genannten Grundsätze sind alle miteinander kombinierbar. Der optimalen Zielerreichung ist dies in der Regel sehr dienlich. So werden beispielsweise bei einer gegenläufigen Planung „Top-Down" und „Bottom-up" die Einzelergebnisse beider Schritte abschließend zusammengeführt. Das Variationsprinzip schließt sich üblicherweise an die Konzipierung einer Reallösung aus dem idealen Entwurf heraus an.

3.2.1.2 Die Planungsphasen

Für den systematischen Planungsablauf hat sich ein mehrstufiges Vorgehen bewährt (Abb. 3.6). Den Ausgangspunkt der Planung bildet die Ermittlung der Planungsgrundlagen. Dazu gehört zum einen die Zielplanung unter besonderer Berücksichtigung der Entwicklung eines strategischen Produktionsprogramms. Zum anderen ist eine Ist-Analyse der bestehenden Produktion Planungsvoraussetzung. Aus den ermittelten Daten über das Produktionsprogramm und die Betriebsmittel können Kennzahlen und Schwachstellen abgeleitet werden.

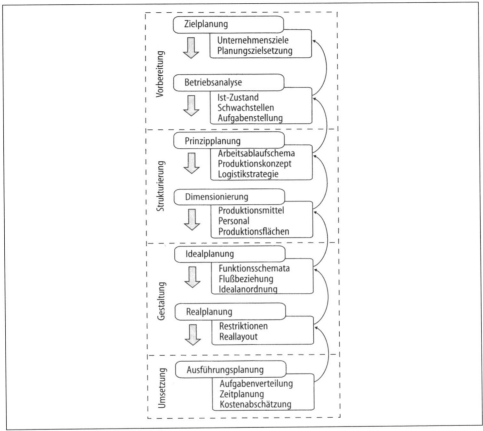

Abb. 3.6: Phasen eines systematischen Planungsablaufes (vgl. Warnecke 1996, Bild 9-8, S. 9-11)

Daran anschließend erfolgt die Strukturierung des Planungsgegenstandes, d.h. der Produktion. In der Phase der logistischen Gesamtplanung wird die grundsätzliche Lösung zur Gestaltung der benötigten Arbeitsabläufe entwickelt. Dies beinhaltet vor allem ein Funktionsmodell des Produktionsprozesses. Zu dieser funktionellen Planung gehört auch die Definition der Organisationseinheiten, die dann im nächsten Schritt mit Hilfe einer Bedarfsplanung dimensioniert werden.

213

In der Gestaltungsphase wird das Funktionsmodell in ein Realmodell überführt. Dies beginnt mit der Materialflussstrukturplanung, aus der sich die ideale räumliche Anordnung der dimensionierten Organisationseinheiten ableitet. Das Ideallayout entsteht in der flachen Ebene mit der Maßgabe, die Wege des Materials zu minimieren sowie eine klare Flussrichtung einzuhalten. Die Planung im engeren Sinne wird abgeschlossen mit der Entwicklung von Reallayout-Varianten und ihrer Darstellung im Blocklayout. Letzteres kann in einer Feinplanung noch weiter ausdifferenziert werden.

Die Dynamik der Randbedingungen und die Vielfalt der Ziele erfordern eine stufenweise Planung, einen interdisziplinären Dialog mit hoher Transparenz durch Visualisierung und den Einsatz angepasster Methoden und Planungswerkzeuge in allen Phasen.

3.2.1.3 Das Planungsmanagement

Vor Beginn der Planung sind die organisatorischen Voraussetzungen für eine erfolgreiche Projektabwicklung zu schaffen. Zunächst ist ein Planungsteam zusammenzustellen, das sich interdisziplinär aus Mitarbeitern aller von der Neuplanung betroffenen Bereiche zusammensetzt und die notwendigen fachspezifischen Kenntnisse abdeckt. Aufgabe des Projektleiters ist es, die Planungsaufgaben zu steuern und zu koordinieren, sicherzustellen, dass die Planungsaufgaben innerhalb des vorgegebenen Zeit- und Kostenrahmens abgearbeitet werden und dass alle Projektschritte und Entscheidungen in nachvollziehbarer Form dokumentiert werden. Weiterhin zählt dazu die Information anderer Gremien – wie Geschäftsleitung oder Betriebsrat – über den Stand der Planungsarbeiten sowie ggf. das Hinzuziehen externer Berater. Zum Tragen kommen dabei die Methoden des Projektmanagements (vgl. Burckhardt 1988; DIN 69 901).

3.2.2 Die Ermittlung der Planungsgrundlagen

Die Basis einer Neuplanung bildet die Analyse des Ist-Zustandes. Ziel ist es dabei, schnell und effizient einen Überblick über die Planungsaufgabe zu erhalten. Daneben sollen einerseits alle planungsrelevanten Daten ermittelt, andererseits Schwachstellen der bestehenden Fabrik aufgezeigt werden, um daraus Verbesserungs- und Rationalisierungspotenziale für die Neuplanung abzuleiten.

3.2.2.1 Die Zielplanung

Aufgabe der Zielplanung ist die Ableitung der Zielvorgaben für die neue Fabrik aus den strategischen Unternehmenszielen. Hauptelement der Zielvorgaben ist das zukünftige Produktionsprogramm nach Art und Menge. Zielstrategien für die unterschiedlichen Produkte können beispielsweise mit Hilfe des Marktchancen-Marktattraktivitäts-Portfolios entwickelt werden (Abb. 3.7). Die Produkte werden in einer zweidimensionalen Matrix einerseits entsprechend ihres derzeitigen Anteils am Markt sowie andererseits entsprechend des erwarteten Wachstums im Markt aufgetragen. Die Produkte werden dann in dieser Matrix mit Kreisen eingetragen, deren Größe ihrem derzeitigen Anteil am Umsatz entspricht. Das Portfolio wird dann in vier gleiche Teile untergliedert. Für jede dieser Portfolio-Kategorien gilt dann eine entsprechende Zielstrategie.

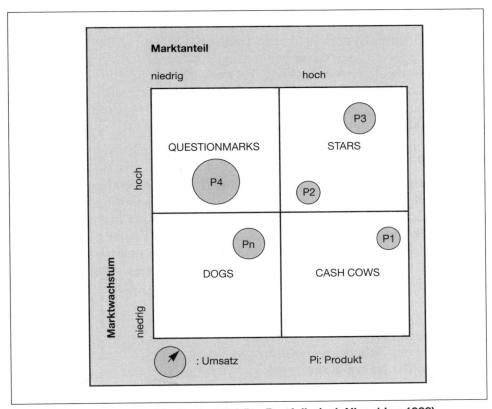

Abb. 3.7: Marktchancen-Marktattraktivitäts-Portfolio (vgl. Nieschlag 1988)

Bei Produkten, die einen geringen Marktanteil in einem Markt mit geringen Wachstumschancen aufweisen („poor dogs") wird demzufolge keine weitere Investition erfolgen. Produkte in einem aufstrebenden Markt mit guten Wettbewerbschancen hingegen sind die „Stars" und ihr bereits hoher Marktanteil sollte leicht ausgebaut oder zumindestens gehalten werden. Die „Cash Cows" tragen hauptsächlich den Umsatz. Da sie aber nicht zur spezifischen Kompetenz des fraglichen Unternehmens gehören, kann aus strategischen Gründen auch ein langsamer Abbau des Marktanteils erfolgen. Bei den „Question Marks" ist Vorsicht und dementsprechend selektiver Aus- oder Abbau angeraten.

Beim Produktionsprogramm ist ferner der Produktlebenszyklus zu berücksichtigen, der eine wiederholte Neugestaltung des Produkts sowie neue Produktfamilien notwendig macht und so auch zu ständig neuen Anforderungen an die Produktionsabläufe führt.

Neben dem zu fertigenden Produktionsprogramm spielen für die Fabrikplanung auch der Kostenrahmen für die Realisierung sowie die angestrebte Fertigungstiefe eine Rolle. Daraus werden Teilziele abgeleitet, die anschließend in einem Zielsystem strukturiert werden. Dieses Zielsystem muss hierarchisch aufgebaut sein, damit bei konfligierenden Zielen eindeutige Handlungsregeln abgeleitet werden können. Dies wird in Form von Gewichtungen entsprechend berücksichtigt (Kap. 3.2.4.1). Aus den Zielen ergeben sich schlussendlich die Anforderungen für Standort, Flächen, Produktionsstruktur, Produktionsorganisation, Technologien und Personal.

3.2.2.2 Die Analyse des Ist-Zustandes

Die ablauforganisatorische Gestaltung der Produktion bestimmt neben den räumlichen Gegebenheiten und der technischen Ausstattung im Wesentlichen die Leistungsfähigkeit der Fabrik. Die Ist-Analyse insbesondere dieser Abläufe legt den Grundstein für eine erfolgreiche Planung und Realisierung, indem sie die planungsrelevanten Kenngrößen eines Unternehmens erfasst und in aussagefähiger Form darstellt. Dazu können folgende Einzelanalysen durchgeführt werden:

- Analyse der Auftragsabwicklung
- Analyse der Organisationsstruktur
- Analyse der Arbeitsorganisation
- Analyse der Informationswege

Vor Beginn der Analyse muss festgelegt werden, welche Daten wie und in welchem Detaillierungsgrad zu erheben sind und welche Daten den Analyseschwerpunkt bilden. Abhängig von den spezifizierten Projektzielen kann die Ermittlung beispielsweise folgender numerischer und struktureller Daten erforderlich werden:

- Ressourcenbezogene Daten (Arbeitsplätze, Maschinen und Anlagen, Lagertechnik, Kapazitäten etc.)
- Produktbezogene Daten (Struktur, Varianten, Mengen etc.)
- Auftragsbezogene Daten (Auftragsdurchlauf, Materialdurchlauf inkl. Pufferung und Lagerung, Lieferanten etc.)
- Logistikbezogene Kennzahlen (Bestände, Durchlaufzeiten etc.)
- Kunden- und vertriebsbezogene Daten (Kundenstruktur, Lieferbereitschaft etc.)
- Betriebswirtschaftliche Kenngrößen
- Layout und Flächenstruktur (Flächengrößen, -qualitäten, -nutzung, -kapazitäten, Grundstück etc.)
- Transportbezogene Daten (An-/Auslieferungen, Transportmengen und -häufigkeiten, Transporttechnik wie Fördermittel und -hilfsmittel etc.)

Eine erste allgemeine Annäherung an den Ist-Zustand kann man mit Hilfe von Checklisten erreichen. Checklisten erlauben eine komprimierte und vollständige Erfassung sowohl quantitativer als auch qualitativer Daten. Im Bereich der Materialwirtschaft kann man so beispielsweise eine Bewertung der Lieferanten vornehmen, verwendete Lagertechnik, ausgestellte Belege, Logistikkosten etc. erfassen (vgl. Ossola-Haring 1996). Checklisten können es darüber hinaus ermöglichen, quantitativ schwer zu erfassende Schwachstellen aufzuspüren. Die Datengrundlagen können im laufenden Betrieb etwa anhand von Aufschreiben oder Multimomentaufnahmen, oder auch auf der Basis von vorhandenen Unterlagen ermittelt werden.

Eine Möglichkeit zur Strukturierung von Produkten und Teilen stellt die Teilefamilienbildung dar. Hierbei werden Produkte oder Teile nach mehreren Kriterien geordnet und klassifiziert. Ziel ist eine rationelle Fertigung durch eine Gliederung der Produktion nach Ähnlichkeitsbeziehungen. Teilefamilien formähnlicher Einzelteile werden gefertigt mit Arbeitsvorgängen zur Fertigung von „Gruppen". Voraussetzung ist die „Bildung einer Formenordnung", d.h. die Klassifizierung der Einzelteile nach ihrer Form, sowie die „Bildung einer Bearbeitungsordnung". Letzteres bedeutet das „Einordnen der Arbeitsvorgänge in Klassen, die nach den Gesichtspunkten der Fertigung gebildet worden sind" (REFA 1985, S. 481). In die Teilefamilienbildung gehen also Materialart, Materialform, Größen, Endform, Genauigkeitsanforderungen sowie die Art der Bearbeitung ein. „Eine Teilefamilie besteht aus Teilen, deren Endform ähnlich ist und die gemeinsam gefertigt werden können" (ebd., S. 482). Teilefamilien können zur Segmentierung der Produktion herangezogen werden (Kap. 3.2.3.3).

Ein wichtiges und universell einsetzbares Verfahren zur Klassifizierung umfangreicher Gesamtheiten stellt die ABC-Analyse dar (vgl. Schneider-Winden 1992, S. 53ff). Durch sie werden bewertete Objekte in der Reihenfolge ihrer Bedeutung sortiert und diese dann grafisch dargestellt (Abb. 3.8). Anschließend erfolgt eine Klassifizierung in A-, B- und C-Objekte, wobei die drei Klassen über ihre prozentualen Wertanteile definiert sind. Bei der Klassifizierung wird davon ausgegangen, dass ein kleiner Prozentsatz der analysierten Daten (Objekte) einen wesentlichen Anteil am Gesamtaufkommen bezüglich einer entsprechenden Kenngröße, der kumulierten Bewertungsgröße, aufweist. Die Objekte, die der Klasse A zugewiesen werden, halten per definitionem 70% Anteil am kumulierten Gesamtwert. Empirisch hat sich gezeigt, dass dem oft 5 bis 10% der bewerteten Objekte entsprechen. So wird also beispielsweise 70% des Gesamtumsatzes in einem Unternehmen von den Produkten der A-Klasse, d. h. von 5 bis 10% der Produkte erwirtschaftet. Die Klasse C beinhaltet jene Vielzahl von Elementen (meist über 60%), die nur einen geringen Anteil am Gesamtwert, nämlich 10%, ausmachen. Die Klasse B erreicht einen mittleren Wertanteil von 20% mit ca. 30% der Elemente.

Mit der ABC-Analyse können neben den Produkten auch gelagerte Artikel, Einkaufteile, Vorrichtungen oder Zwischenprodukte klassifiziert werden. Ziel der ABC-Analyse ist es, aus umfangreichen Elementmengen die wichtigen Elemente herauszufiltern. Die Klassifizierung ermöglicht zudem eine unterschiedliche Behandlung der Elemente, je nachdem, welcher Klasse sie angehören. So ist beispielsweise eine Bevorratungsoptimierung besonders bei A-Klasse-Teilen sehr ergiebig. Die Aufteilung der Wertanteile in 70/20/10 ergibt sich aus pragmatischen Gründen und könnte auch anders vorgenommen werden. Allerdings muss man darauf achten, dass man mit wenigen A-Teilen einen angemessenen Wertanteil erreicht, sonst verfehlt die ABC-Analyse ihren Zweck. Bei einer gleichmäßigen Aufteilung des Werts auf die bewerteten Elemente (flacher Kurvenverlauf) ist die ABC-Analyse wenig hilfreich, da eine deutliche Abgrenzung der Klassen nicht mehr möglich ist.

Die ausführliche Darstellung der ABC-Analyse soll verdeutlichen, dass es im Rahmen einer Ist-Analyse von entscheidender Bedeutung ist, ein klares und transparentes Bild des komplexen Systems „Fabrik" zu erhalten. Sehr oft sind innerhalb einer Produktion sehr unterschiedliche Anforderungen seitens der Produkte und Technologien abzudecken, die sich in einer hohen Komplexität des Gesamtsystems ausdrücken, da alle Anforderungen

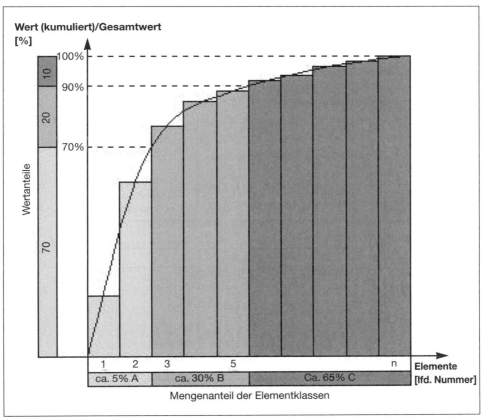

Wert (kumuliert)/Gesamtwert [%]

100%
90%
70%

Wertanteile

10
20
70

1   2   3   5   n   **Elemente [lfd. Nummer]**

ca. 5% A | ca. 30% B | Ca. 65% C

Mengenanteil der Elementklassen

Abb. 3.8: ABC-Analyse: Die drei Klassen werden über die prozentualen Wertanteile definiert

unter einem Dach abgedeckt werden müssen. Fabriken sind somit sehr häufig Mischsysteme, die auf den ersten Blick kein klares Prinzip oder keine klaren Regeln erkennen lassen. Diese Komplexität auf einen beherrschbaren Grad zu reduzieren ist Aufgabe der Analysemethoden. Erst bei einer klaren Strukturierung der Anforderungen in unterschiedliche Klassen kann eine zielgerichtete Konzeption aufgebaut werden.

Bei der Portfolioanalyse werden ebenfalls Objekte unterschiedlichen Klassen zugewiesen. Es werden zwei Kenngrößen bestimmt und auf die beiden Achsen des Portfolios aufgetragen. Das Klassifizierungsergebnis kann dann in einer zweidimensionalen Matrix abgebildet werden. Jedem Feld werden Handlungsoptionen zugewiesen, die für die Elemente in dem entsprechenden Feld gültig sind. Ein weit verbreitetes Beispiel ist das von der

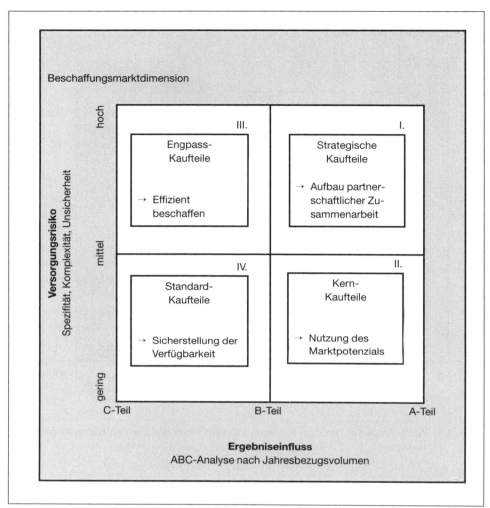

Abb. 3.9: Kaufteile-Portfolio

Boston Consulting Group entwickelte Marktchancen-Marktattraktivitäts-Portfolio. Da aus dem Portfolio Handlungsoptionen abgeleitet werden, eignet es sich insbesondere für die Zielplanung (vgl. Kap. 3.2.2.1).

Das Kaufteile-Portfolio setzt direkt auf die ABC-Analyse auf und verknüpft die Teileklassen mit dem Beschaffungsmarkt unter dem Aspekt des Versorgungsrisikos (Abb. 3.9). Das Versorgungsrisiko ergibt sich aus Spezifität und Komplexität der Zukaufteile sowie Liefersicherheit. A-Teile mit hohem Versorgungsrisiko sind strategische Kaufteile, während leicht beschaffbare C-Teile zu den Standard-Kaufteilen gehören. Im ersten Fall ergibt sich als Normstrategie der Aufbau einer partnerschaftlichen Zusammenarbeit mit dem Lieferanten, während im zweiten Fall eine effiziente Beschaffung (Käufermarkt) zu empfehlen ist (vgl. Wildemann 1996, S. 15-33f).

Ein weiteres Instrument zur Beurteilung einer Ist-Situation sind Kennzahlen. Sie dienen dazu, einen Sachverhalt schnell und prägnant darzustellen. Sie bilden eine oder auch mehrere Dimensionen eines Sachverhaltes ab, indem die Daten zueinander in Relation gesetzt werden. Dies können Daten der gleichen Kategorie sein, wie z.B. die Lohnkosten im Verhältnis zu den Gesamtkosten, oder auch Daten unterschiedlicher Art, wie die Lohnkosten im Verhältnis zur Anzahl der Mitarbeiter (vgl. VDMA 1996). Die Kennzahlen ermöglichen nun ein Benchmarking, indem Zahlen aus anderen Betrieben mit vergleichbarer Struktur und vergleichbaren Produkten zum Vergleich mit der eigenen Kostenstruktur herangezogen werden. Daraus lassen sich Gebiete ableiten, in denen das eigene Unternehmen Defizite im Vergleich zu den betrachteten Wettbewerbern aufweist und somit Verbesserungspotenziale ausgeschöpft werden können.

Ein Benchmarking-Prozess kann auch von einer bekannten Problemlage ausgehen. Dann wird zunächst der Benchmarking-Bereich genauer definiert, es werden Messkriterien zur Leistungsmessung bestimmt sowie treibende Kräfte identifiziert. Anschließend kann ein Benchmarking-Fragebogen entwickelt werden und die Benchmarking-Zielunternehmen sind auszuwählen. Schließlich folgt die Ermittlung der benötigten internen und externen Daten. In der vierten Stufe erfolgt die auswertende Analyse: Schwachstellen werden erkannt, vorrangige Probleme ausgewählt, neue Abläufe definiert und ein Plan zur Implementierung entwickelt. Abschließend kann dann zur Implementierung geschritten werden (vgl. Leibfried 1992, S. 55ff).

Zusammengefasst kann zur Ermittlung der Planungsgrundlagen festgehalten werden, dass die Zielplanung und die Ist-Analyse zwar an sich häufig als unproduktive Schritte innerhalb einer Planung empfunden werden, sie aber für ein hervorragendes Planungsergebnis unerlässlich sind. Auch in den folgenden Planungsschritten wird häufig noch auf die gewonnenen Erkenntnisse aus den ersten Schritten zurückgegriffen, um Konzeptideen zu validieren und deren Durchführbarkeit bestimmen zu können.

3.2.3 Die Konzipierung

Die eigentliche Tätigkeit der Fabrikplanung liegt in der Konzipierung. Den Planungsprozess kann man in sechs Stufen unterteilen. Zunächst erfolgt die Auswahl eines geeigneten Standorts. Ist er gefunden (oder bei Umplanungen bereits gegeben), folgt eine Neuplanung bzw. Überarbeitung der Bebauung samt Infrastruktur auf dem Gelände. Nun beginnt die Fabrikplanung im engeren Sinne. Bei der Prinzipplanung wird der Idealablauf der neuen Fabrik in Form eines Funktionsdiagramms dargestellt. Dies bildet die Grundlage der organisatorischen Strukturen. Mit zu diesem Schritt gehört auch die Bildung von Organisationseinheiten. Letztere werden dann im Zuge der Bedarfsplanung in ihrem Flächenbedarf und ihren Mengen und Kapazitäten dimensioniert. Im Zuge der Materialflussplanung wird dann ein Ideallayout entwickelt, das die optimale Verknüpfung der dimensionierten Einheiten ermöglicht. Festgelegt werden die räumlichen Strukturen schließlich in Form von Layouts, die die Anforderungen der Organisationseinheiten und die Form und Merkmale der Gebäude berücksichtigen. Zu berücksichtigen sind dabei nicht nur die produktiven Bereiche, sondern auch Transportwege, Sozial- und Besprechungsräume ebenso wie Kommunikationsbeziehungen.

3.2.3.1 Standortwahl

Eine Standortwahl soll nach Kriterien der Rentabilität, geringer Transportkosten, effizienter Versorgung aller Bedarfsorte und optimaler Anbindung an die außerbetriebliche Infrastruktur erfolgen. Eine Standortplanung erfolgt, basierend auf den Vorgaben der Zielplanung, auf globaler, regionaler und lokaler Ebene. Es beginnt mit einer Definition von Anforderungen an den gesuchten Standort. Das bedeutet vor allem die Entwicklung eines Kriterienkatalogs für die Standortauswahl. Dazu gehören gemeindespezifische Kriterien (regionale Ebene), wie Verkehrslage, Arbeitskräfte, Klima, Steuern, Vergünstigungen, kommunale Unterstützung und besondere Auflagen sowie grundstücksspezifische Kriterien (lokale Ebene), wie z. B. Preis und Größe des Geländes, Geländeeigenschaften, Erschließung, Energieversorgung, Wasserversorgung, Abwasserbeseitigung, Abfallbeseitigung, Nachbarbetriebe usw. (zu den zahlreichen Standortfaktoren vgl. Kettner 1984). Auf dieser Basis können Standortangebote eingeholt werden. Als zweiter Schritt erfolgt die Entwicklung optimaler Standortstrukturen und -szenarien. Auf regionaler Ebene fließen Arbeitsmarkt, Transportkosten, Absatzmarkt und behördliche Vorgaben in die Bewertung ein. Lokale Bewertungskriterien sind vor allem Geländeformation und Infrastruktur. Als Ergebnis erhält man nutzwert- und rentabilitätsoptimale Standorte.

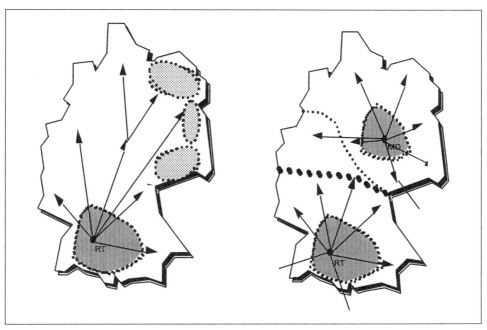

Abb. 3.10: Globale und regionale Standortbetrachtung

3.2.3.2 Generalbebauungsplanung

Der Generalbebauungsplan soll die gesamte langfristige Nutzung eines Werksgeländes ausweisen. Ziele sind ein guter Gesamtproduktionsfluss, eine gute Flächennutzung sowie die Erhaltung geeigneter Erweiterungsmöglichkeiten (vgl. Kettner 1984, S. 125). Der Planungsablauf entspricht im Wesentlichen dem Ablauf der Planung einer einzelnen Fabrikationshalle, d. h. der Fabrikplanung im engeren Sinne (vgl. Kap. 3.2.3.3 bis 3.2.3.6). Entwickelt werden Bebauungsalternativen mit entsprechenden Ausbau- und Erweiterungsstufen, die vergleichend bewertet werden. Wichtig ist auch die Ausarbeitung des Verkehrsanbindungs- und Infrastrukturkonzeptes.

3.2.3.3 Produktionsstrukturierung

Bei der Strukturierung der Produktion in einer Fabrik werden die grundsätzlichen Lösungen zur Gestaltung der Arbeitsabläufe entwickelt. Ausgehend vom idealen Arbeitsablaufschema werden die Abfolge der Bearbeitungsschritte geplant sowie Fertigungs- und Montagestrukturen festgelegt. Zentrale Aufgabe dieses ersten Planungsschrittes der Fabrikplanung im en-

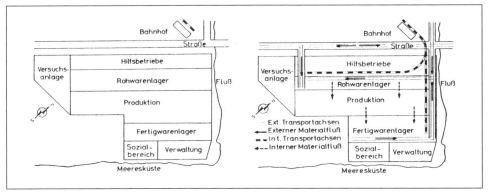

Abb. 3.11: Schematische Darstellung der Planungsergebnisse Zonenplan (links) und Haupttransportachsen (rechts) für die Generalbebauungsplanung (Kettner, 1984, S. 131)

geren Sinne ist jedoch die Gestaltung des logistischen Gesamtablaufs. Dazu gehört auch die Definition der Bevorratungsebenen und der Entwurf der Methoden beim Bestandsmanagement. Ziel der Produktionsstrukturierung ist die Bildung von Organisationseinheiten sowie ihre ablauflogische Verknüpfung im Funktionsmodell.

Voraussetzung einer geeigneten Produktionsstrukturierung ist die Ableitung von Produktgruppen aus dem Produktionsprogramm. Daraus lässt sich dann eine produktorientierte Segmentierung der Fertigung ableiten (Abb. 3.10). Einen wichtigen Ansatzpunkt stellt beispielsweise die Mengenstruktur des Fertigungsprogramms dar (volumenbezogene Segmentierung). Eine Massenfertigung weniger Produkte erfordert beispielsweise ein hohes Maß an Automatisierung in Fertigung und Materialfluss, während eine Kleinserien- oder Einzelfertigung eine hohe Flexibilität bedingt, was eine weitgehende Automatisierung ausschließt. Mit zu den Merkmalen des Produktionsvolumens gehören aber auch die Prognostizierbarkeit sowie die Schwankungsbreite des Bedarfs einzelner Produkte. Das wirkt sich auf die benötigten Maximalkapazitäten aus. Ferner sollte eine Segmentierung nach Möglichkeit eine Vergleichmäßigung des Bedarfs innerhalb einer Produktgruppe gewährleisten.

Eine weitere, sehr geläufige Segmentierung ist die typenbezogene. Hier werden die Produkte nach Ähnlichkeit von Bauart und Funktion zu Produktgruppen zusammengefasst. Weit wichtiger ist in diesem Zusammenhang jedoch die Berücksichtigung der Fertigungsablaufähnlichkeit, da es hier ja um Produktions- und nicht um Produktgestaltung geht. Für Logistik

224

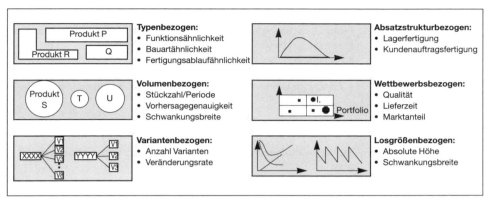

Abb. 3.12: Produktorientierte Segmentierung der Fertigung

und Lagerhaltung sind vor allem variantenbezogene, absatzstrukturbezogene und wettbewerbsbezogene Gliederungen relevant.

Neben den gefertigten Produkten bilden die durchzuführenden Arbeitsgänge und Tätigkeiten, der Materialfluss, die Mitarbeiterqualifikationen und die Kommunikationsbeziehungen mögliche Strukturierungskriterien (Abb. 3.13). Betriebseinheiten werden nach Ähnlichkeit der Betriebsmittel oder der Arbeitsinhalte gebildet. Das ist insbesondere bei der klassischen Werkstattfertigung der Fall. Eine häufig gut geeignete Strukturierung folgt einem prozessorientierten Ansatz, bei dem eine möglichst geschlossene Wertschöpfungskette entsteht. Als Ablaufart in der Teilefertigung kann man die folgenden Fertigungsprinzipien unterscheiden:

- Die Werkstattfertigung, bei der eine verrichtungsorientierte Zuordnung von Fertigungsmitteln zu Bereichen erfolgt. Der Materialfluss ist hierbei ungerichtet, was häufig zu intransparenten Abläufen und der Bildung „wilder" Zwischenlager führt.
- Die Fließfertigung, bei der Fertigungsmittel nach Teilegruppen zusammengefasst werden und nach der Arbeitsvorgangsreihenfolge aufgereiht werden. Der Materialfluss ist starr, die Bearbeitung folgt in der Regel getaktet, so dass dieses System meist unflexibel ist.
- Die Reihenfertigung, die im Wesentlichen der Fließfertigung entspricht, bei der aber einzelne Arbeitsgänge und Betriebsmittel übersprungen werden (können).
- Die Baustellenfertigung, bei der die Anordnung der Fertigungsmittel am Produkt orientiert ist. Hier liegt das Prinzip der Einzelfertigung vor.
- Die Inselfertigung, bei der eine teilebezogene Zusammenfassung von

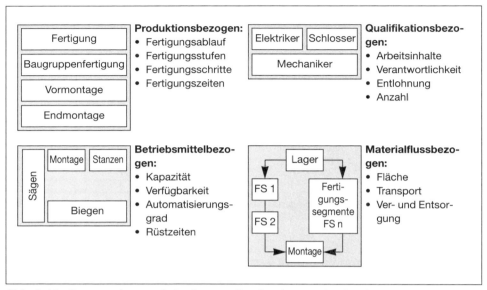

Abb. 3.13: Segmentierungskriterien zur Strukturierung der Fertigung

Fertigungsmitteln zur Bearbeitung fertigungstechnisch ähnlicher Teile erfolgt. Der Materialfluss ist ungerichtet, teilt sich aber auf kleinere Einheiten, die „Inseln" auf, so dass Transparenz erreicht werden kann.

Die Vergangenheit hat gezeigt, dass mit der Komplexität von Strukturen auch die Kosten zur Beherrschung dieser Komplexität stark ansteigen. Eine hohe Priorität hat daher die Schaffung dezentraler (teil-)autonomer Strukturen mit möglichst geschlossenen Wertschöpfungsketten und eigenen Entscheidungsspielräumen. Beispiele hierfür sind:

- Die Fraktale Fabrik (vgl. Warnecke 1992)
- Fertigungssegmentierung (vgl. Wildemann 1988)
- Fertigungsinseln
- Profit-Center (Fabrik in der Fabrik)

Exemplarisch genannt seien hier die Prinzipien der Fraktalen Fabrik (vgl. Warnecke 1992, S. 226):

- Selbstorganisation
- Selbstähnliche Zielausrichtung der Fraktale

226

- Transparenz von Abläufen und Zustandsgrößen
- Motivation als zentraler Gestaltungsgrundsatz
- Kooperation statt Konfrontation
- Verinnerlichung von Zielen
- Qualitätsbewusstsein als Selbstverständnis
- Keine Wettbewerbsgrenze an der Unternehmensgrenze

Das Konzept der Fraktalen Fabrik stellt die Mitarbeiter des Unternehmens in eine veränderte Rolle gegenüber klassisch arbeitsteilig organisierten Unternehmen. Insbesondere kreative, organisatorische und managementorientierte Fähigkeiten können die Mitarbeiter, unterstützt durch das strukturelle Umfeld des Unternehmens, hierbei in den täglichen Arbeitsprozess einbringen. Da sie dafür bestens gerüstet sind, verdeutlichen ihre hochqualifizierten Freizeit- und Privataktivitäten vom Vereinsvorstand über den Hausbauer bis zum Börsenspekulant. Für das Unternehmen entsteht somit ein neues nutzbares Potenzial, um insbesondere den ständig wechselnden Anforderungen an das Unternehmen dynamisch begegnen zu können.

Ziel dieser Phase ist die Definition und Abgrenzung von Organisationseinheiten bei Zuordnung von Produktgruppen und der jeweiligen Aufgabe der Einheiten. Zu diesen Einheiten gehören sowohl produktive als auch logistische Elemente. Ergebnis ist schließlich das Funktionsschema, das die ablauflogische Verknüpfung der Organisationseinheiten in einem Funktionsmodell zeigt (Abb. 3.14).

3.2.3.4 Bedarfsplanung

Ausgangspunkt der Bedarfsplanung ist die Bestimmung der einzusetzenden Betriebsmittel bezüglich ihrer technologischen Ausprägungen und der erforderlichen Kapazitäten. Dabei werden die fertigungstechnischen Anforderungen der Produkte und die zugehörigen in der Zielsetzung festgelegten Mengenstrukturen zur Deckung gebracht mit den fertigungstechnischen und kapazitiven Möglichkeiten der Betriebsmittel.

Aus dem Umfang des Produktionsprogramms und dem geplanten Mengenwachstum kann der Kapazitätsbedarf ermittelt werden. Anhand der gewählten Technologien und Betriebsmittel können nun in Abhängigkeit von Arbeitszeit und Schichtmodell deren Anzahl sowie der Personalbedarf errechnet werden. So vorbereitet können nun die benötigten Flächen – und zwar zunächst die Produktionsfläche (Abb. 3.15) – ermittelt werden. Aus dem bereits festgelegten logistischen Gesamtablauf mit der zugehörigen Lager- und Bereitstellorganisation lassen sich nun Lager- und Pufferflächen bestimmen. Aus den Erfahrungen des Ist-Zustandes können die restlichen

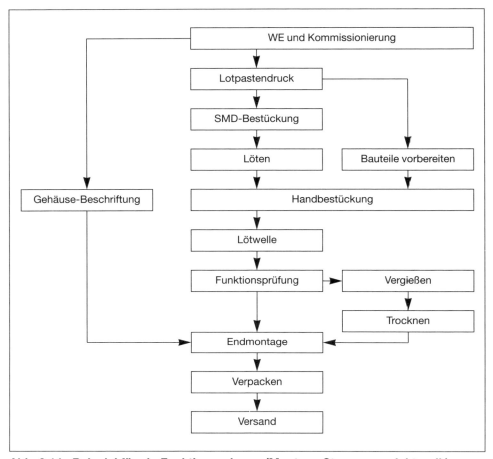

Abb. 3.14: Beispiel für ein Funktionsschema (Montage Steuerungselektronik)

Flächen ermittelt werden, die dann gemeinsam die eigentliche Nutzfläche bilden. Nun erfolgen die Einbeziehung der indirekten Funktionen sowie die Ermittlung der Verkehrsflächen aus dem dimensionierten Materialflussaufkommen. Ergebnis dieser Phase sind die dimensionierten Organisationseinheiten, die verknüpft mit dem Funktionsschema (Abb. 3.14) ein flächenmaßstäbliches Funktionsschema ergeben (Abb. 3.16).

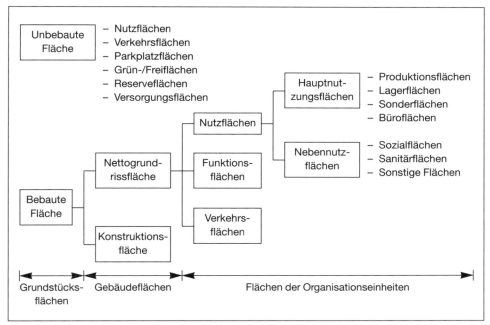

```
┌──────────────┐   – Nutzflächen
│  Unbebaute   │   – Verkehrsflächen
│   Fläche     │   – Parkplatzflächen
└──────────────┘   – Grün-/Freiflächen
                   – Reserveflächen
                   – Versorgungsflächen
```

| Unbebaute Fläche | – Nutzflächen
– Verkehrsflächen
– Parkplatzflächen
– Grün-/Freiflächen
– Reserveflächen
– Versorgungsflächen |

Hauptnutzungsflächen
– Produktionsflächen
– Lagerflächen
– Sonderflächen
– Büroflächen

Nutzflächen

Nebennutzflächen
– Sozialflächen
– Sanitärflächen
– Sonstige Flächen

Bebaute Fläche

Nettogrundrissfläche

Funktionsflächen

Konstruktionsfläche

Verkehrsflächen

Grundstücksflächen   Gebäudeflächen   Flächen der Organisationseinheiten

Abb. 3.15: Flächengliederung nach VDI-Richtlinie 3644

3.2.3.5 Materialflussplanung

Die Analyse und Abbildung des inner- und ggf. außerbetrieblichen Materialflusses kann auf unterschiedliche Weise erfolgen. Eine ausschließlich quantitative Darstellung des Materialflusses ist in einer Materialflussmatrix möglich. In den Spalten und Zeilen werden die Organisationseinheiten aufgetragen und in die dadurch aufgespannten Matrixfelder können dann die Materialflüsse zwischen den Organisationseinheiten entsprechend ihrem jeweiligen Aufkommen eingetragen werden. Mengeneinheiten können Stückzahl, Gewicht, Volumen, Behälterzahl oder Transporthäufigkeiten sein. Die Intensität der Diagonale, d.h. der Materialfluss innerhalb eines Elementes ist immer gleich Null; rechts oberhalb stehen die Hin- und links unterhalb der Diagonale die Rückflüsse. Eine Verknüpfung der im Funktionsschema (Kap. 3.2.3.3) festgehaltenen logischen Abläufe mit dem Mengenaufkommen erfolgt im Sankey-Diagramm (Abb. 3.17) oder auch in einem Mengen-Wege-Bild nach der VDI-Richtlinie 3300.

Ein weiterer wichtiger Aspekt der Materialflussplanung ist auch die Transportoptimierung. Dabei ist die Gesamtheit der zurückzulegenden

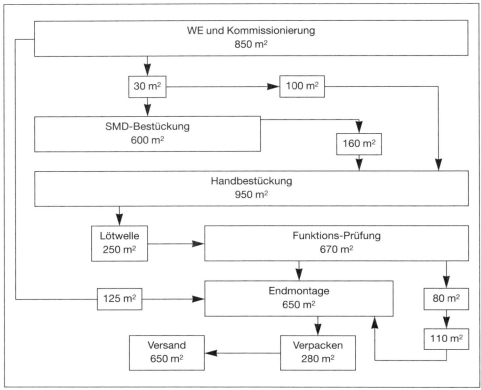

Abb. 3.16: **Beispiel für ein flächenmaßstäbliches Funktionsschema (Montage Steuerungselektronik)**

Wege zu minimieren. In einfachen Fällen können Varianten anhand der Transportleistungsziffer, die der Summe aller Transporte multipliziert mit der Wegelänge entspricht, beurteilt werden. Für komplexere Aufgaben existiert eine Anzahl von EDV-Programmen, die eine heuristische Optimierung der Transportwege, beispielsweise basierend auf dem modifizierten Dreiecksverfahren (vgl. Kettner 1984, S. 232), vornehmen.

Zugleich ist es notwendig, einen klar gerichteten, transparenten Materialfluss zu erreichen. In der Materialflussstrukturplanung werden die Organisationseinheiten nach verschiedenen Strukturprinzipien verknüpft. Die Verkettung der unterschiedlichen Funktionsflächen kann beispielsweise erfolgen:

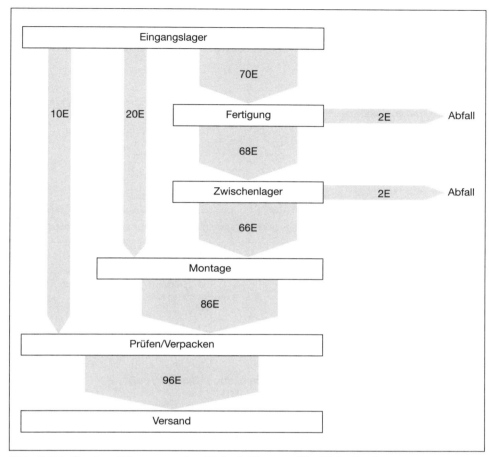

Abb. 3.17: Sankey-Diagramm des Materialflusses (E = Einheiten)

- Als U-förmiger Fertigungsfluss mit innenliegendem Lagerbereich
- In einer Ringstruktur
- In einer Sternanordnung
- In Linien- oder Parallelanordnung
- Als Baumstruktur durch Unterscheidung von dienenden und bedienten Organisationseinheiten

3.2.3.6 Layoutplanung

In der Phase der Layoutplanung werden die Ergebnisse der vorangegangenen Planungsschritte in ein konkretes Layout überführt. In der Praxis hat
sich dabei ein Vorgehen über mehrere Stufen bewährt, bei dem ausgehend

vom Ideallayout (auch Blocklayout genannt) unter Berücksichtigung von Randbedingungen und Restriktionen in mehreren Iterationsstufen über das Groblayout der endgültig zu realisierende Plan (Feinlayout) entwickelt wird.

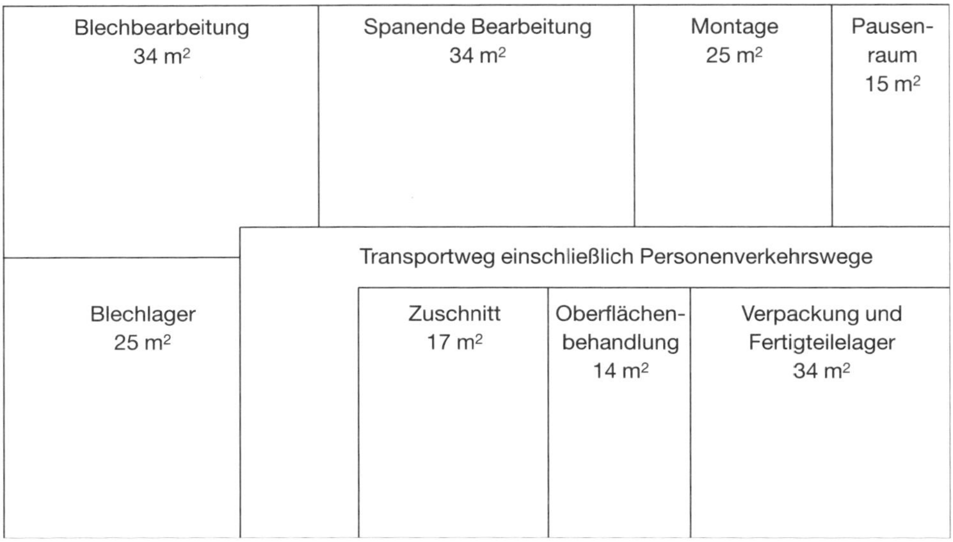

Blechbearbeitung 34 m²	Spanende Bearbeitung 34 m²	Montage 25 m²	Pausen-raum 15 m²
Blechlager 25 m²	Transportweg einschließlich Personenverkehrswege		
	Zuschnitt 17 m²	Oberflächen-behandlung 14 m²	Verpackung und Fertigteilelager 34 m²

Abb. 3.18: Ideallayout eines Fertigungsbetriebes (Blocklayout)

Bei der Festlegung des Ideallayouts ist es das Ziel, die bestmögliche Lösung zur Umsetzung des dimensionierten Funktionsmodells zu entwickeln. Ergebnis ist ein Blocklayout, in dem die Flächen auf einer Ebene so angeordnet werden, dass sich insgesamt eine geschlossene Aneinanderfügung ergibt, bei der zudem der Materialfluss möglichst klar strukturiert sein soll (Abb. 3.18). Restriktionen, wie sie etwa durch vorhandene Gebäudestrukturen (z.B. Raumhöhen, zulässige Bodenlasten, Ver- und Entsorgungsleitungen) sowie spezifische Anforderungen der Organisationseinheiten an das Gebäude (z.B. Klimatisierung, Bekranung) bedingt sind, werden dabei noch nicht berücksichtigt. Die Darstellung erfolgt in der Regel als maßstäbliches Blocklayout, das noch keine Einzelheiten wie z.B. Betriebsmittel enthält.

In der nächsten Stufe werden Groblayoutvarianten angefertigt, die das Ziel haben, die Vorteile des Ideallayouts so weitgehend wie möglich umzusetzen. Hierbei werden sowohl die wesentlichen Betriebsmittel als auch die wesentlichen Flächenrestriktionen berücksichtigt, so dass in dieser Planungsstufe die ersten grundsätzlich realisierbaren Varianten entworfen und gestaltet werden. Eingeplant werden neben den Betriebsmittel auch Wege, Lager- und Abstellflächen, Infrastruktur- und Funktionsflächen, Büros usw. Ein wichtiger Aspekt ist es auch, bereits flexibel nutzbare Erweiterungsmöglichkeiten vorzusehen.

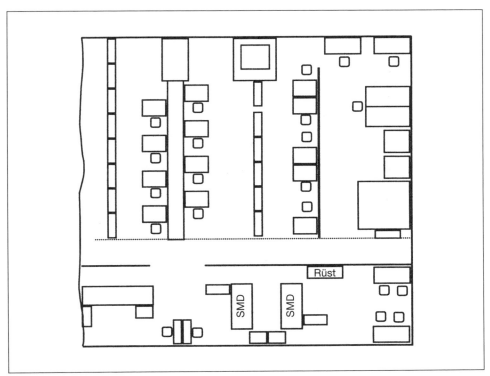

Abb. 3.19: Groblayout (Ausschnitt)

Während in den bisherigen Planungsphasen die prinzipielle Anordnung der einzelnen Bereiche definiert wurden, wird in der abschließenden Feinplanung die Strukturierung innerhalb der Bereiche vorgenommen. Dabei gilt es, eine Vielzahl von Restriktionen zu beachten. So sind etwa produktionstechnische Faktoren zu berücksichtigen, wie z. B. bei Betriebsmitteln, deren Einsatz mit besonderen Gefährdungen verbunden ist oder die besonderen umwelttechnischen Restriktionen unterworfen sind (Galvanik, Lackiertechnik etc.). Die Organisationseinheiten werden detailliert ausgestaltet und in ihre relevanten Teilflächen untergliedert. Dazu gehören die Betriebsmittelfläche, die Bereitstellflächen für Werkzeuge, Vorrichtungen und Material, die Fläche für Wartung und Reparatur, die Fläche für Abfälle sowie die Zugangsfläche und die Fläche für das Bedienpersonal. Ergebnis ist eine detaillierte grafische Darstellung beispielsweise in CAD-Programmen.

3.2.4 Die Bewertung

Die entwickelten Lösungsvarianten werden parallel zum Planungsprozess vergleichend bewertet, um eine Auswahl der besten Varianten sowie schließlich als Ergebnis eine Handlungsempfehlung zu erhalten. Die Bewertung erfolgt am Maßstab geeigneter Kriterien, die aus dem erarbeiteten Zielsystem (Kap. 3.2.2.1) abgeleitet werden. Für die Bewertung der Layoutvarianten (Ideallayout und Groblayout) werden typischerweise folgende Kriterien zugrunde gelegt:

- Bewertung der logistischen Qualität,
  beispielsweise Transportaufwand, Erschließung der Organisationseinheiten, Grad der Entflechtung der Materialflüsse, Bestands- und Durchlaufzeitniveau, Bestandstransparenz, Qualität der Anbindung an den außerbetrieblichen Materialfluss
- Bewertung der strukturellen Qualität,
  beispielsweise Grad der Umsetzung gefundener Strukturierungen, Eignung für moderne Konzepte der Arbeitsorganisation wie z. B. Teamarbeit und KVP, Synergieeffekte durch geeignete Zusammenfassungen, Transparenz der räumlichen Struktur
- Bewertung der Flexibilität,
  beispielsweise Erweiterungsflexibilität sowie Atmungsfähigkeit innerhalb des Layouts
- Bewertung der baulichen Aspekte und der Kostenaspekte,
  beispielsweise layoutbedingte Mehr- oder Minderkosten für das Gebäude und die Gebäudeausstattung, Transportkosten, Betriebskosten, Instandhaltungskosten, Personalaufwand

Die Bewertungskriterien können sowohl quantitativ wie auch qualitativ sein. Verfahren der Kosten- und Wirtschaftlichkeitsrechnung dienen ausschließlich der quantitativen Bewertung (vgl. Warnecke 1981 und Warnecke 1980). In der Nutzwertanalyse werden die in einer Analyse ermittelten Kosten dem erwarteten Nutzen gegenübergestellt. Ein einfacheres Verfahren, qualitative und schwer quantifizierbare Faktoren zu berücksichtigen ist die Argumentenbilanz (Kap. 3.2.4.1). Im Unterschied zu diesen Bewertungen eines zukünftigen Zustandes wird mit Hilfe von Simulationswerkzeugen das dynamische Verhalten von Layout und vor allem Materialflüssen bewertet (Kap. 3.2.4.2).

3.2.4.1 Statische Bewertung

Die Argumentenbilanz ist ein recht einfaches Verfahren zur Bewertung von Varianten, das zügig zum Ergebnis führt. Dazu werden die Pros und Contras einer Lösungsvariante aufgelistet. Die einzelnen Argumente können dann noch entsprechend ihrer relativen Bedeutung zueinander gewichtet werden. Die Differenz zwischen den Gewichtungssummen von Pro und Contra ergeben dann eine Bewertungsziffer, mit der die Varianten in eine Rangreihenfolge gebracht werden können.

Zur Gewichtung der Kriterien, Merkmale und Argumente gibt es mehrere Verfahren. Dabei sollte die Festlegung der Gewichtungen immer im Projektteam erfolgen. Die Kriterien werden zunächst entsprechend des Zielsystems (Kap. 3.2.2.1) hierarchisch angeordnet. Den einzelnen Kriterien werden Unterkriterien zugeordnet. Innerhalb einer Ebene werden nun Gewichtungsfaktoren derart vergeben, dass die Teilgewichte unter einem Oberkriterium zusammen 100% ergeben (Abb. 3.20). Der Gewichtungsfaktor des Bewertungskriteriums auf der untersten Ebene ergibt sich dann durch Multiplikation der zugehörigen, übergeordneten Gewichtungsfaktoren. Für jedes Kriterium auf der untersten Ebene muss dann eine Messvorschrift festgelegt werden, die Skalen und Erreichungsgrade definiert. Bei mehr als vier Kriterien sollte man ein formales Gewichtungsverfahren anwenden (vgl. Rinza 1977, S. 95 ff). Die einfachsten Verfahren sind die Methoden der singulären Vergleiche, bei denen der Gewichtungsfaktor direkt aus einer Rangreihenfolgenfestlegung ermittelt wird. Bei der Methode der sukzessiven Vergleiche werden die Gewichte iterativ verglichen und korrigiert, wenn sie von aus Teilsummen gebildeten Beziehungen nicht erfüllen. Das aufwendigste und gründlichste Verfahren ist das Matrixverfahren, bei dem jedes Gewicht mit jedem verglichen wird (ebd., S. 98 ff).

Die Nutzwertanalyse besteht in der Anwendung der beschriebenen Gewichtungsverfahren, der Ermittlung der gewichteten Bewertungsergebnisse sowie der anschließenden Auswertung. Für alle Alternativen wird die Bewertung durchgeführt und das Ergebnis dann beispielsweise in Sternform dargestellt. Jedes Kriterium erhält eine Achse und für jede Variante kann ein Stern gezeichnet werden (Abb. 3.21). Der Nutzen kann nun noch den abgeschätzten Kosten gegenübergestellt werden. Das soll nicht durch Substraktion der Kosten vom Nutzen erfolgen, weil dadurch die Tranparenz der Analyse verloren geht. Eine einfache Möglichkeit ist die Bildung des Quotienten aus Nutzwert und Kosten. Ferner können die Varianten in einem

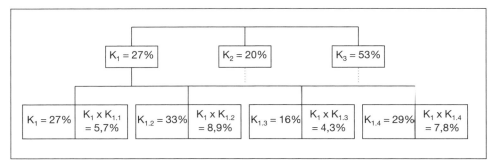

Abb. 3.20: Beispiel für eine zweistufige Gewichtung

Kosten-Nutzwert-Diagramm aufgetragen werden. Trägt man auf der Abszisse die Kosten und auf der Ordinate den Nutzwert auf, dann liegen die optimalen Varianten links oben, d. h. im Bereich geringer Kosten und hohen Nutzwerts. Man kann nun entscheiden, ob man die Kosten minimiert oder welche Nutzensteigerung man zu den ablesbaren Zusatzkosten erzeilen möchte (vgl. Rinza 1977, S. 74 ff).

3.2.4.2 Simulation

Ein Werkzeug zur Beurteilung und Optimierung von Planungsvarianten ist die Simulation. Durch die in der Regel heute grafisch vorgenommene Anordnung von Betriebsmitteln auf dem Bildschirm und die Eingabe von möglichst aus dem realen Betrieb stammenden Eingangsdaten bezüglich Produktarten, Auftragsmengen und Losgrößen ist es möglich, die Varianten im Hinblick auf ihre Zielerreichung zu bewerten und ggf. erkannte Schwachstellen wie Kapazitätsengpässe iterativ auszuschalten. Die Untersuchung eines gedachten oder realen Produktionssystems hinsichtlich logistischer Kenngrößen mit Hilfe eines im Computer ausführbaren Modells wird als Logistiksimulation bezeichnet. Hauptsächliche Einsatzfelder von Logistiksimulation sind:

● Entscheidungsunterstützung in der Produktionsgestaltung, d. h. Bewertung von Varianten des Layouts, der Steuerung sowie der eingesetzten Betriebs- und Transportmittel
● Entscheidungsunterstützung im operativen Betrieb der Fertigung (simulative Produktionsplanung, schnelle Bewertung von Handlungsalternativen bei Störungen, Ermittlung der Grenzlast eines Produktionssystems unter Berücksichtigung dynamischer Zusammenhänge etc.)

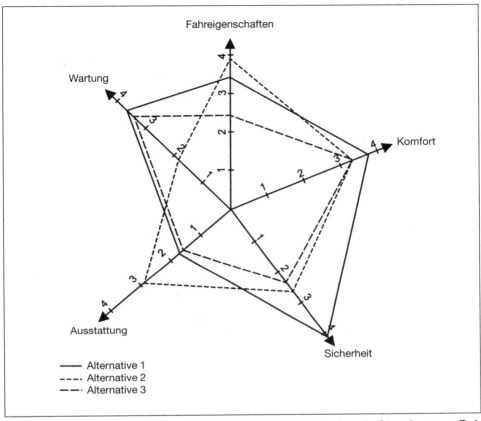

Abb. 3.21: Darstellung des Ergebnisses einer Nutzwertanalyse in Sternform am Beispiel einer PKW-Bewertung

Zur Entwicklung eines Simulationsmodells werden die relevanten Systemeigenschaften identifiziert und möglichst vereinfacht. Es entsteht eine Sammlung von Annahmen, Vereinfachungen und Modellierungsvorschlägen, die die Grundlage für die Modellierung bilden. Diese Analysephase sollte in enger Zusammenarbeit mit den entsprechenden Know-how-Trägern der simulierten Produktionsabläufe stattfinden. Am Ende steht die vorläufige Entscheidung, welche Teile der Realität wie im Simulationsmodell abgebildet werden. Während dieser Phase entscheidet sich, welche Daten beschafft bzw. erhoben werden müssen. In den meisten Fällen sind dies: Störverteilungen der Ressourcen, Schichtpläne, Prozesszeiten, Transportzeiten, Arbeitspläne, Stücklisten, Layouts der Transportsysteme und die Beschreibung von Steuerungsregeln. In der anschließenden Modellierungs-

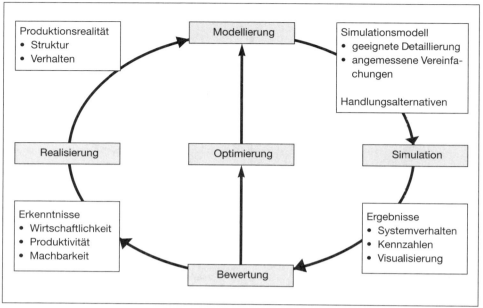

Abb. 3.22: Vorgehensweise bei der Simulation

phase werden die Ergebnisse von Analyse und Datenerfassung zusammengeführt und ein ausführbares Simulationsmodell erstellt. Je nach Komplexität des abzubildenden Problems wird diese Phase in mehreren Schritten vorgenommen. Nach jedem Schritt werden Experimente durchgeführt und die Ergebnisse beurteilt. Danach erfolgt die Entscheidung, ob eine detailliertere und damit zeitaufwendigere Betrachtung des Problems notwendig ist. Um die Gültigkeit des so entwickelten Simulationsmodells zu überprüfen wird eine Validierung durchgeführt. Dazu werden die Ergebnisse von Simulationsexperimenten auf Plausibilität, möglichst im Vergleich zu Realdaten, geprüft.

Mit der Durchführung von Simulationsexperimenten kann schließlich die Bewertung geplanter Änderungen eines Produktionssystems erfolgen (Abb. 3.23). Der Einsatz ist vor allem beim Vorliegen einer großen Anzahl zeitabhängiger sowie stochastischer Systemgrößen und bei komplexen Zusammenhängen in stark vernetzten Prozessen geeignet. So können dynamische Effekte berücksichtigt und die sehr schwierige Identifikation von Schwachstellen und Engpässen – in Beziehung zu Warteschlangen, Durchlaufzeiten oder Auslastungen – durchgeführt werden.

238

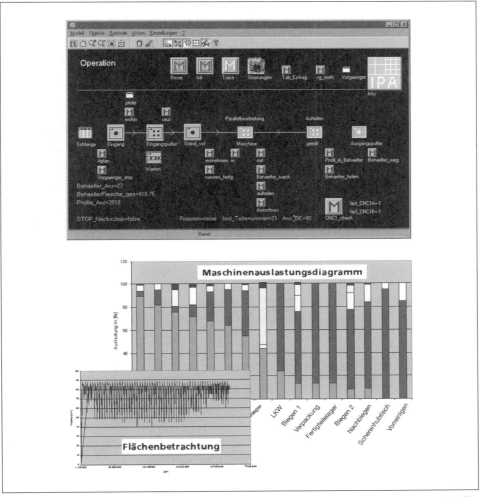

Abb. 3.23: Simulationsmodell (Bildschirmanzeige) und grafische Darstellung der Ergebnisse

Durch die rasante Entwicklung der Informationstechnologie in den letzten Jahren hat auch die Simulation einen hohen Stellenwert in der Fabrikplanung erlangt. Vorgefertigte Modellierungsbausteine für Ressourcen und Logistikbeziehungen ermöglichen ein schnelles Aufbauen eines Simulationsmodells. Zahlreiche Ablauf- und Auswertemöglichkeiten fördern die Aussagekraft der Simulationsmodelle und führen die Planung zu einer wesentlich verbesserten Planungsgüte.

3.3 Die Planung wandlungsfähiger Fabriken

Der renommierte amerikanische Organisationswissenschaftler P. Mintzberg zeigt anhand einer Analyse von Veröffentlichungen der Vergangenheit, dass sich schon seit über 40 Jahren Unternehmen und deren Manager über eine hohe Marktturbulenz und einen hohen Kosten- und Konkurrenzdruck beklagen (vgl. Mintzberg 1994). Somit stellt er entlarvend fest, dass das Phänomen der Marktturbulenz offensichtlich nichts vollkommen Neues für Unternehmen ist und sie demnach auch entsprechend damit umgehen können müssten.

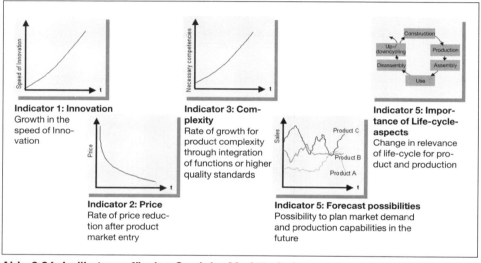

Indicator 1: Innovation
Growth in the speed of Innovation

Indicator 2: Price
Rate of price reduction after product market entry

Indicator 3: Complexity
Rate of growth for product complexity through integration of functions or higher quality standards

Indicator 5: Forecast possibilities
Possibility to plan market demand and production capabilities in the future

Indicator 5: Importance of Life-cycle-aspects
Change in relevance of life-cycle for product and production

Abb. 3.24: Indikatoren für den Grad der Marktturbulenz

Wird im Gegensatz dazu die aktuelle Situation auf den Absatzmärkten in vielen Unternehmen berücksichtigt, kann diese Behauptung nicht zwangsläufig durch aktuelle Praxisbeobachtungen untermauert werden. Der Grund für diese sich unterscheidenden Beobachtungen der Praxis und der Forschung liegt auf der Basis des heutigen Erkenntnisstandes in der Tatsache, dass nicht die eigentliche Marktturbulenz, sondern vielmehr die Geschwindigkeit der Veränderung der Marktturbulenz den Anpassungsbedarf in Unternehmen verursacht. Und gerade dieser Gradient der Marktturbulenz ist es, der sich am Ende dieses Jahrhunderts merklich erhöht, wie es das neugeschaffene Wort des „Internet-Speed" und die Ergebnisse der neuesten Delphi-Studie zeigen (vgl. Delphi-Studie 1998).

Wesentliche Indikatoren für die Zunahme der Turbulenz für produzierende Unternehmen stellen die in Abbildung 3.24 aufgeführten fünf Indikatoren dar. Eine deutliche Veränderung der Innovationsgeschwindigkeit in den letzten 15 Jahren lässt sich dabei zum Beispiel an der Veränderung des durchschnittlichen Lebensalters der Produkte zeigen. Diese Veränderung lässt sich heute auch durch konkrete Zahlen in mehreren Branchen deutlich nachweisen. Eine Untersuchung des Hauses Siemens aus dem Jahr 1996 zeigt hierzu, dass der Umsatzanteil von Produkten mit einer Lebenszeit von über zehn Jahren sich innerhalb der letzten 15 Jahre um zwei Drittel auf heute nur noch 7% des Gesamtumsatzes des Konzerns reduziert. Im Gegensatz dazu ist der Umsatzanteil von Produkten mit einer aktuellen Lebensdauer kleiner als fünf Jahre um über 50% auf heute fast 75% des Siemens-Umsatzes angewachsen (Abb. 3.25).

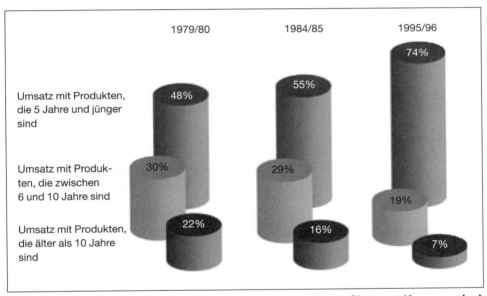

Abb. 3.25: Veränderung der Lebensdauer der Produkte des Siemens-Konzerns (vgl. Kunerth 1998)

Aber nicht nur durch langfristige Betrachtungen kann die Veränderung der Indikatoren erkannt und nachgewiesen werden. So zeigt auch die eher kurzfristige Analyse über die Prognostizierbarkeit von Absatzschwankungen am Beispiel eines mittelständischen Pumpenherstellers die Hauptursache von Turbulenz in der Veränderung. Im Gegensatz zur ersten Hälfte des Jahres, in der eine Prognostizierbarkeit der Absätze der einzelnen Produktgruppen auf der Basis von Vergangenheitsdaten in Teilbereichen möglich erschien, machten die Absatzschwankungen in einzelnen Produktsparten, d.h. die Veränderung der Absatzmengen pro Monat, eine Prognostizierbarkeit auf der Basis eines derartigen Verfahrens in der zweiten Hälfte des Jahres unmöglich und führten zu gravierenden Anpassungsmaßnahmen im Unternehmen (Abb. 3.26).

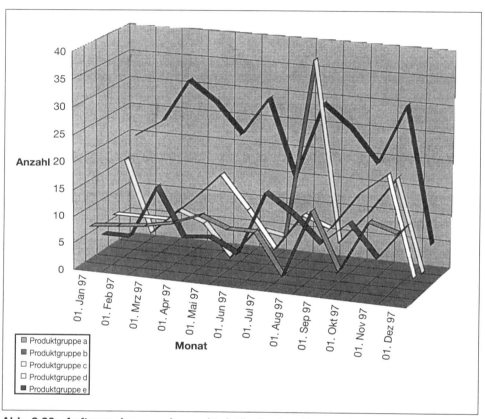

Abb. 3.26: Auftragseingang eines mittelständischen Pumpenherstellers

Die Aussage für die Fabrik hinter diesen Indikatoren heißt, dass eine Fabrik innerhalb eines Jahres ein stark verändertes Auftragsmix zu bewältigen hat, sich also nicht auf eine Standardverteilung der Produkte einstellen kann, sondern deren Nachfrageschwankungen folgen muss. Aufgrund von kurzen Lebenszyklen muss eine Fabrik heute damit rechnen, dass von ihren heutigen Produkten nur noch ca. 20 Prozent auch in fünf Jahren gefertigt werden. Der gesamte Rest werden Produkte sein, die in dieser Zeit neu hinzukommen.

Vor diesem Hintergrund einer weiterhin bestehenden Marktturbulenz kann die Planung einer Fabrik nicht mehr als einmalige Aufgabe mit langfristigem Charakter betrachtet werden. Vielmehr muss die Planung von Fabriken einen kontinuierliche Aufgabe sein (Kap. 3.3.2). Eine moderne Fabrikplanung muss Methoden, Werkzeuge und Vorgehensweisen entwickeln, mit denen die Leistung der Fabrik in Bezug auf die neuen, sich stetig ändernden Anforderungen der Unternehmens-Netzwerke kontinuierlich überpüft werden können. Es gilt heute mehr denn je, schnell Anpassungsmöglichkeiten zu entwickeln, aus diesen Varianten unmittelbar die beste auszuwählen und in Bezug darauf einen unmittelbar umsetzbaren Anpassungsplan abzuleiten. Dies macht insbesondere auch die Entwicklung integrativer Werkzeuge erforderlich (Kap. 3.3.1).

3.3.1 Die digitale Fabrik

Einen weiteren Ansatz zur Erhöhung der Planungssicherheit stellt die Digitale Fabrik dar. Hier werden alle Prozesse und Abläufe in einer Fabrik vor ihrem realen Ablauf digital virtuell getestet und simuliert. Erst nach einem positiven virtuellen Test folgt die Beschaffung und Anpassung der realen Fabrik an die neue Produktion. Die Modelle auf den verschiedenen Abstraktionsebenen (SPS-Simulation, Logistische Simulation, Geschäftsprozesssimulation) laufen miteinander verzahnt ab. Die neuen Produktionsprozesse werden im Sinne einer Konfiguration bei neuen Produkten oder Produktänderungen aus bestehenden Bausteinkästen entwickelt bzw. entwickeln sich selbst über vorgegebene oder adaptive Regeln.

Alle im Rahmen der Fabrikplanung entstehenden Daten werden in einem Datenbanksystem gehalten, auf das alle Planungsbeteiligten weltweit zugreifen können. Alle Modelle und Berechnungen setzen auf diesen Datenbanksystemen auf und spielen ihre Ergebnisse in die Datenbank zurück. Die Fabrik wird im Rahmen der „Virtual Reality" vollständig dreidimensional abgebildet und ermöglicht einen „Walk Through" durch die zukünftige Fabrik. Alle Schnittstellen zu den zuliefernden und abnehmenden Einheiten und zum Entwicklungsprozess sind vollständig abgebildet.

Das Gelingen der Einführung und des Prozesses der digitalen Fabrik ist nur zu einem gewissen Teil von der eingesetzten Soft- und Hardware abhängig. Wichtig sind, ähnlich wie in der Produktentwicklung, abgestimmte Fabrikentwicklungsprozesse, die über ein gemeinsames Zielsystem koordiniert werden, Quality Gates, die das Erreichen der Ziele und der eingeleiteten Maßnahmen überprüfen, und ein Änderungsmanagement, das alle relevanten Änderungen in Produktionssystemen in das Fabrikmodell zurückspielt.

Die Softwarelösung für digitale Fabriken gibt es heute jedoch noch nicht, sondern lediglich Lösungen, die Teilbereiche davon abdecken. Ein Beispiel hierfür ist der Planungstisch, bei dem Planungsbeteiligte gemeinsam an einem Tisch Lösungsvarianten entwickeln und in Echtzeit in 3D beurteilen können. Diese interaktive teambasierte Produktionssystemplanung ermöglicht eine gemeinschaftliche Planung an der intuitiven Benutzerschnittstelle. Außerdem fungiert er als Integrationsplattform für die dazu benötigten, umfangreichen und komplexen Daten. Ziel ist eine Planungsbeschleunigung durch eine engere Verzahnung der Iterationszyklen.

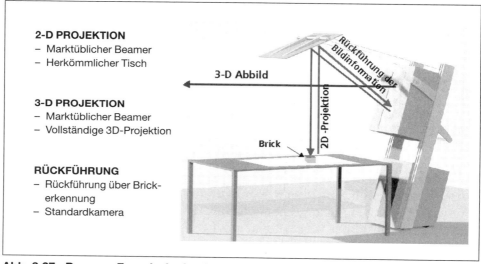

Abb. 3.27: **Der vom Fraunhofer Institut für Produktionstechnik und Automatisierung entwickelte Planungstisch**

Der Planungstisch bietet eine intuitive Benutzerschnittstelle, die mittels Integration moderner Bilderkennungs- und Präsentationstechniken die Beschränkung der Einzelarbeitsplätze aufhebt (Abb. 3.27). Ein Beamer projiziert ein zweidimensionales Abbild des zu planenden Bereiches über einen Spiegel auf die Oberfläche eines herkömmlichen Tisches. Parallel dazu erfolgt auf einer zweiten Projektionsfläche – in der Regel eine Leinwand – die Darstellung einer virtuellen 3D-Ansicht des Planungsbereiches. Eine Kamera nimmt das Bild des Tisches über den Spiegel auf. Die Interaktion der an der Planung beteiligten Personen mit dem System findet über kleine re-flektierende Würfel – auch Bricks genannt – statt. Eine Bilderkennungs-komponente bestimmt kontinuierlich die Position der Bricks und gleicht diese mit der Projektion des Planungsbereiches auf dem Tisch ab. (Diese neuartige Interaktionsform beruht auf einem lizenzpflichtigen System der Firma Tellware GmbH, welches an der ETH Zürich entwickelt wurde.) Durch einfaches „Hineinziehen" von einer Menüleiste lassen sich nun mit-tels der Bricks Objekte wie Bearbeitungsmaschinen, Läger, Fördermittel und Mitarbeiter dem Planungsbereich hinzufügen und positionieren, sowie spezifische Interaktionen und Dialoge zur Eingabe weiterer Projekt- und Objektdaten steuern. Die 3D-Ansicht auf der Leinwand wird über eine fik-tive Kamera mittels eines Bricks in der 2D-Ansicht gesteuert. Somit sind virtuelle Ansichten aus unterschiedlichen Blickwinkeln bis hin zu ganzen Fahrten durch den Planungsbereich möglich. Mehrere Personen können auf diese Weise interaktiv und in Echtzeit am Computermodell arbeiten und ihre Ergebnisse sowohl in 3D-Darstellung überprüfen als auch auf die im Planungsprozess generierten Daten zur Weiterbearbeitung zurückgreifen. Die Bedienung des Systems ist auch für Computerlaien in kurzer Zeit er-lernbar. Dadurch ist es möglich, Mitarbeiter aus der Fertigung ohne CAD-Kenntnisse frühzeitig und aktiv in die Gestaltung der Arbeitsplätze mit ein-zubeziehen.

Die Datenhaltung des Planungssystems ist Aufgabe einer externen Da-tenbank. In dieser werden alle Veränderungen online gespeichert. Die Ver-wendung einer offenen Datenstruktur bietet die Möglichkeit, neben dem Eingabesystem über einen standardisierten Datenaustausch weitere Pla-nungs- und Auswertesysteme direkt und ohne Schnittstellenverluste mit Daten zu versorgen. Hierdurch lassen sich neben einer CAD-konformen Layout-Ausgabe auch dynamische und statische Kenngrößen des Modells (Flächenbedarf, Bestände, Auslastung, Kostengrößen etc.) bestimmen. So-mit lassen sich neben der subjektiven Bewertung durch das Planungsteam sehr schnell – im Idealfall noch während der Planungssitzung – auch objek-tive Aussagen zur Güte der Planungsvarianten treffen. Ein integriertes Sys-tem zur Fabrikplanung und -konfiguration benötigt ein gemeinsames Da-tenmodell sowie den Rückgriff auf unterschiedliche Konfigurations-Biblio-theken, mit denen eine zügige Modellierung gewährleistet werden kann (Abb. 3.28). Neben der betriebsinternen Fabrikplanung ist bei diesem Kon-zept auch die Integration von Anlagenherstellern, -betreibern und -nutzern in den Planungsprozess von Anlagen denkbar.

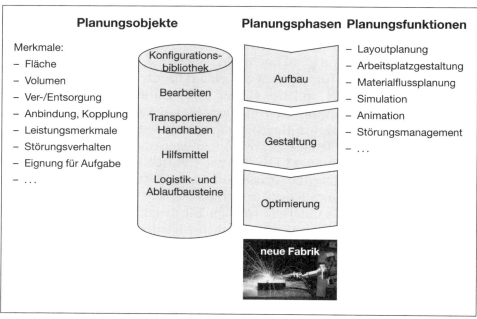

Planungsobjekte   Planungsphasen Planungsfunktionen

Abb. 3.28: Konfiguration der Fabrik

3.3.2 Kontinuierliche Fabrikplanung

War die Fabrikplanung in der Vergangenheit meist eine einmalige Aufgabe, so sind die Unternehmen heute oftmals gefordert, ihre Fertigung an schnell wechselnde und vielfach unvorhersehbare Anforderungen neuer Produkte anzupassen. Dieser neuen Anforderung muss eine moderne Fabrikplanung entsprechen, indem sie nicht eine Einmalplanung mit „der" perfekten Lösung bleibt, sondern kontinuierlich den optimierten Ist-Zustand an die Veränderungen anpasst. Der Planungsprozess soll also parallel zum laufenden Betrieb kontinuierlich betrieben werden.

Ziel ist es dabei, Fabriken weniger als eingerichtete Immobilie und mehr als Dienstleistung, deren Dienst die Produkterzeugung ist, zu begreifen. Vom Produkt her betrachtet wird eine Fabrik nutzenorientiert geplant, wobei die Fabriken umnutzbar sein müssen. Fabrikplanung wird so im Schwerpunkt zur Flexibilitätsplanung.

Zur Realisierung sind Informationssysteme zu entwickeln, die den aktuellen Betriebspunkt visualisieren und auf Basis simulativer Szenarien mit Hilfe von Plandaten adaptierte Strukturalternativen generieren. Die Fabrik ist dann laufend und bewusst umgestaltbar, da ihre Rahmenbedingungen

246

transparent sind und die Veränderungen der Rahmenbedingungen in Entwicklungslinien definiert sind.

3.4   Die Fabrik der Zukunft

Das Ziel der Fabrikplanung (Kap. 3.3.2) ist es, hocheffiziente Fabriken zu erstellen. Hohe Effizienz für Fabriken heißt zunächst einmal von der technologischen Seite her, dass die Produktionsprozesse an die Grenzen des technologisch Machbaren gelangen und dabei qualitativ sicher arbeiten. Unter dem Aspekt der Wirtschaftlichkeit bedeutet hohe Effizienz für Fabriken, dass sie ein Minimum an Investitionen, an Fläche, an Umlaufbeständen und an Personal benötigen. Hocheffizienz bedeutet darüber hinaus, dass die Struktur der Fabrik es dem Personal erlaubt, seine Fähigkeiten optimal einzusetzen. Dies steigert die Motivation, vor allem, wenn auch die Kommunikationsprozesse im Unternehmen optimal unterstützt werden. Aus ökologischer Perspektive bedeutet hohe Effizienz, dass die Fabriken bei ihrer Erstellung und bei Ihrem Betrieb ein Minimum an neuen natürlichen Ressourcen verbrauchen. Diese Kriterien geben insgesamt den statischen Blickwinkel auf eine Fabrik wieder. Zusammengefasst ergibt sich, dass eine hocheffiziente Fabrik eine ressourcenoptimale Fabrik sein muss. Ressourcenoptimal heißt, dass eine Fabrik zur Erzeugung der gewünschten Produkte ein Minimum an Ressourcen verbraucht, d. h. die eingesetzten Ressourcen optimal ausnutzt.

Da Fabriken eine geplante Nutzungsdauer von deutlich über zehn Jahren haben und gleichzeitig die Turbulenz am Markt wie beschrieben zunimmt (Kap. 3.3), müssen bei der Gestaltung hocheffizienter Fabriken auch dynamische Aspekte berücksichtigt werden. Erst dann ist es möglich, auf Änderungen des Marktes und die ständig geforderten neuen Produkte flexibel und zügig mit einer Fabrikstrutur zu (re-)agieren, die höchst wandlungsfähig ist. Die dynamischen Ziele einer wandlungsfähigen Fabrik sind die Unterstützung der Lernfähigkeit von Personal und Organisation, eine hohe Flexibilität bezüglich der Bewältigung von Typen, Varianten und Mengenschwankungen, eine adaptive Infrastruktur (Ver- und Entsorgung, Informationstechnik), flexible Betriebsmittel mit kurzen Umbauzeiten und ggf. Mobilität (geklebte Fundamente) sowie flexible Arbeitszeitmodelle.

Natürlich sind nicht für alle Branchen und alle Fabriken die genannten Ziele von gleicher Bedeutung und natürlich führt auch die unterschiedliche Gewichtung der Ziele zu unterschiedlichen Fabrikstrukturen. Damit wird es auch in der Zukunft nicht „die" Fabrik der Zukunft geben, sondern es werden sich diejenigen Fabriken am Markt durchsetzen, die die Strategie des Unternehmens, die in Abstimmung mit den Markterfordernissen entwickelt wurde, optimal, d.h. effizient in Bezug auf Ressourcennutzung und Flexibilität, umsetzen. Schulte (1999) beschreibt fünf Archetypen neuer Fabriken, die seiner Meinung nach in der Zukunft relevant sind:

- Die Hightech-Fabrik:
  Insbesondere im Bereich der Mikroelektronik wird aufgrund der extrem kurzen Produktlebenszyklen der Anlauf der Produktionsprozesse und die Stabilität der Produktionsprozesse im Anlauf wesentlicher Erfolgsfaktor und Ziel der Fabrikstrukturplanung und der Fabrik selbst sein. Somit kommt es weniger auf die Optimierung von Flächen und Investitionen als vielmehr auf die Beherrschung des Anlaufprozesses an.
- Die Low-Cost-Fabrik:
  Ziel für Fabriken dieses Typs ist die Reduktion der Produktionkosten auf ein Miminum ausgehend von einem Preistarget und einer Gewinnspanne.
- Die schnelle Fabrik:
  Wesentlich für diesen Fabriktyp ist die hohe Lieferfähigkeit und die Reaktionsschnelligkeit in Bezug auf die „time-to-market" bei Produktneuentwicklungen.
- Die kooperative Fabrik:
  Im Rahmen der kooperativen Fabrik ist die Integration der Zulieferer in die logistische Kette und die Form der Zusammenarbeit mit dem Zulieferer die entscheidende Optimierungsgröße bei der Planung der Fabrik.
- Die atmende Fabrik:
  Wesentlich für diesen Fabriktyp ist die Fähigkeit, sich schnell auf Absatzschwankungen und Typenvarianz anzupassen.

Bei allen diesen Archetypen werden dynamische und statische Ziele unterschiedlich gewichtet. Alle diese Archetypen sind dann effizient, wenn sie mit der Strategie des Unternehmens abgestimmt sind. Aufgabe zukünftiger Fabrikplanung wird es sein, die in der jeweiligen Zielplanung ausformulierten Anforderungen an Effizienz und Wandlungsfähigkeit der zu planenden Fabrik im methodisch gewonnenen Planungsergebnis sicherzustellen (vgl. Kap. 3.2) sowie bereits in der Gestaltung des Planungsprozesses selbst die neuen Anforderungen an die Fabriken einfließen zu lassen (vgl. Kap. 3.3).

Literaturhinweise

Bischoff, J. (1999): Innovationen im Planungsprozess – Partizipative Fabrikplanung. In: Tagungsband zur 2. Deutschen Fachkonferenz Fabrikplanung, Landsberg 1999

Burckhardt, M. (1988): Projektmanagement. Berlin, München 1988

Delphi-Studie: Studie zur globalen Entwicklung von Wissenschaft und Technik. 1998

DIN 69901: Projektmanagment – Begriffe, 1987

Kettner, H./Schmidt, J./Greim, H.-R. (1984): Leitfaden der systematischen Fabrikplanung, München, Wien 1984

Kunerth, W. (1998): Instrumente einer Erfolgsorganisation. Aus: 6. Stuttgarter Innovationsforum: Wettbewerbsfaktor Unternehmensorganiation, 14.–15.10.98

Leibfried, K.H.J./Mc Nair, C.J. (1992): Benchmarking. Von der Konkurrenz lernen, die Konkurrenz überholen, Freiburg 1992

Mintzberg, H. (1994): „That's not ,Turbulence', Chicken Little, It's Really Opportunity". In: Planning Review, 11/12 1994, S. 7–9

Nieschlag, R./Dichtl, E./Hörschgen, H. (1988): Marketing, Berlin 1988

Ossola-Haring, C. (Hrsg.) (1996): Die 499 besten Checklisten für Ihr Unternehmen, Landsberg 1996

REFA (1985): Methodenlehre der Planung und Steuerung. Band 1, München 1985

Rinza, P./Schmitz, H. (1977): Nutzwert-Kosten-Analyse. Düsseldorf 1977

Schmigalla, H. (1995): Fabrikplanung. Begriffe und Zusammenhänge, München 1995

Schneider-Winden, K. (1992): Industrielle Planungstechniken: eine Einführung, Düsseldorf 1992

Schulte, H. (1999): Fabrikplanung als Managementaufgabe. In: Tagungsband zur 2. Deutschen Fachkonferenz Fabrikplanung, Landsberg 1999

VDMA (1996): Kennzahlenkompass, Frankfurt 1996

Warnecke, H.-J. (1992): Die Fraktale Fabrik. Revolution der Unternehmenskultur. Berlin, Heidelberg, New York 1992

Warnecke, H.-J. (1996): Fabrikplanung. In: Eversheim, W./Schuh, G. (Hrsg.): Produktion und Management „Betriebshütte". Teil 2. Berlin, Heidelberg, New York 1996(7), S. 9–1 und 9–117

Warnecke, H.-J./Bullinger, H.-J./Hichert, R. (1982): Kostenrechnung für Ingenieure. München, Wien 1981 (2)

Warnecke, H.-J./Bullinger, H.-J./Hichert, R. (1980): Wirtschaftlichkeitsrechnung für Ingenieure. München, Wien 1980

Wildemann, H. (1988): Die modulare Fabrik: Kundennahe Produktion durch Fertigungssegmentierung, München 1988

Wildemann, H. (1996): Logistikstrategien. In: Eversheim, W./Schuh, G. (Hg.): Produktion und Management „Betriebshütte". Teil 2. Berlin, Heidelberg, New York 1996(7), S. 15–1 und 15–109

Praxisbeispiel:
Hewlett Packard GmbH,
Computer Systems Distribution Europe (CSDE):
„Die schnelle Fabrik"

Hendrik Brumme, Bernd Brennenstuhl

Das Unternehmen

Die Hewlett Packard Corporation wurde 1939 von William Hewlett und David Packard in Palo Alto, Kalifornien, gegründet. Das Unternehmen hat heute weltweit rund 83000 Mitarbeiter und setzte 1999 über 42 Milliarden Dollar um.

Hewlett Packard ist das drittgrößte IT-Unternehmen der Welt und stellt über 30000 Produkte her – von Personal Computern über Workstations und Server sowie Peripheriegeräte, Netzwerk- und Software-Lösungen bis zu Taschenrechnern. Über 600 Geschäftsstellen und Vertriebspartner unterstützen HP in 120 Ländern.

Hewlett Packard Deutschland wurde 1959 in Böblingen gegründet, die erste HP-Produktionsstätte außerhalb der USA. Im Jahr 1997 wurde in Herrenberg ein neues Montage-Werk für PCs und Workstations gebaut, dessen Layout seitdem zwei Mal den geänderten Marktanforderungen angepasst wurde.

Im vergangenen Jahr hatte Hewlett Packard Deutschland mit rund 7700 Mitarbeitern über zehn Milliarden Mark umgesetzt. HP Deutschland ist das drittgrößte deutsche IT-Unternehmen und hat Kunden in 14 europäischen Ländern.

1. Aufgabenstellung

Im Jahr 1993 hatte HP Deutschland mit drei Problemen zu kämpfen: hoher Kostendruck, Wünsche der amerikanischen Konzernmutter im Hinblick auf Zentralisierung sowie lange Durchlauf- und Lieferzeiten. Zudem war die Fertigungstiefe sehr hoch.

So wurde beschlossen, bis 2001 die Lieferzeit (1993: 40 Tage) auf ein Zehntel zu verkürzen, die Kosten um zwei Drittel zu senken und Flexibilität, Qualität und Kundenzufriedenheit deutlich zu erhöhen. Aus einem funktionsbezogenen, „firmeninternen" Denken sollte ein strikt prozessbezogenes, ganzheitliches Denken werden. Kurze Produkt-Lebenszyklen waren zu berücksichtigen und in kurze Entwicklungszeiten umzusetzen.

Weiter war ein europäisches Distributionszentrum aufzubauen sowie ein Direktversand. Zudem stand der Neubau einer Fabrik an. Hier sollte zu 100 % „build to order" stattfinden, ohne jegliches Fertigwarenlager.

2. Umsetzung

Im Zentrum der Maßnahmen stand ein sinnvolles Outsourcing, um bei den Kernkompetenzen von HP wieder Kapazitäten freizusetzen und durch „risk pooling" bei den Partnern neue HP-Kompetenzen zu bestimmen. Beim Outsourcing versuchten wir durch ein „value based partner management" unsere Zulieferer und Dienstleister über gemeinsame Werte, Ziele und Visionen zu einer „win-win"-Zusammenarbeit zu bringen.

Als erstes wurde bereits 1993 die Metallfertigung ausgelagert. Zwei Jahre später wurde die komplette Lagerwirtschaft extern abgewickelt, und kurz darauf auch die Leiterplatten-Bestückung. Im Jahr 1998 hatten wir dann die gesamte Leiterplatten-Herstellung an einen Partner vergeben.

Das neue *Prozess-Konzept* sieht deutlich mehr parallel laufende Arbeitsgänge vor, die in voneinander unabhängigen Fertigungslinien umgesetzt werden. Dabei wird modular gearbeitet, und jedes Teil ist idealerweise nur einmal anzufassen. Auch Wareneingang, Teilelager und Vorfertigung sind parallel angelegt, um die Abläufe zu beschleunigen. Dabei werden alle neuen Prozesse zunächst mit doppelter Kapazität gefahren. So wird vermieden, dass Ausfälle und Abweichungen vom Plan zu Engpässen führen.

Alle Arbeitsprozesse sind *„delivery date driven"* (d.h., dass der Zeitpunkt der Übergabe an den Spediteur Basis für die Steuerung ist) und laufen minutengenau ab – d.h., sie dürfen auch nicht zu früh beendet sein. Dazu gibt es zwar ein „forecast" für die Produktion für jeweils ein Jahr und eine Planung für ein Monat. Die tatsächlichen Aufträge kommen jedoch in der Regel erst einen Tag vor ihrer Ausführung in das System. Dabei verwenden wir SAP R/3 für Kontrolle und Ressourcen sowie unser eigenes „manufacturing backplane" für Fertigung und Produktivität.

Rund 70 % aller *Aufträge* kommen üblicherweise am Abend in das SAP-System. Am folgenden Morgen gegen vier Uhr wird die Produktion vorbereitet und eine Stunde später gestartet. Typischerweise werden 85 % der Aufträge in den anschließenden beiden Schichten erledigt, einschließlich Verpackung und Auslieferung. Falls nötig, verlässt der Lastwagen mit einem Auftrag bereits gegen 12 Uhr des gleichen Tages das Werksgelände. Üblicherweise werden die Aufträge am Nachmittag oder am folgenden Tag versendet.

Die *Fertigungssteuerung* wird alle fünf Minuten aktualisiert und gibt stets einen korrekten Überblick über Stand und Kapazitäten der Produktion. Dabei wird mit für die Mitarbeiter leicht verständlichen Farben gearbeitet: grün, wenn alles o.k. ist; gelb, wenn die Produktion kritisch wird; rot, wenn ein Auftrag zu spät wird. Dieser wird dann aus der Linie genommen, neu berechnet und speziell betreut erneut in die Fertigung „eingesteuert".

3. Mitarbeiter

Das aktuelle Monitoring ist für alle Mitarbeiter der *„selbststeuernden"* *Teams* (die keine Vorgesetzten haben) im Intranet abrufbar. Auf dieser Grundlage entscheiden die Teammitglieder, ob sie zur Arbeit ins Werk kommen. Seit Juni können die Pool-Mitarbeiter bei Bedarf sogar computergesteuert per SMS in die Fertigung gerufen werden.

In der *Produktion* haben 60% der Mitarbeiter einen befristeten Vertrag. Sie werden zunächst von einer Zeitarbeitsfirma im Haus gestellt und von HP in Zeitarbeits-Verträge übernommen, wenn sie sich bewähren. Dabei sind 60% der Tätigkeiten innerhalb weniger Stunden erlernbar. Ein Teil der Mitarbeiter ist immer in derselben Abteilung, ein weiterer Teil wandert als Springer nach Bedarf durch die verschiedenen Teams.

Die *Arbeitszeiten* schwanken zwischen null und zehn Stunden am Tag; für die Bereitschaft gibt es entweder ein pauschales Entgelt oder Ausgleich über ein Zeit-Jahreskonto. An fünf bis sechs Tagen pro Woche können bis zu drei Schichten gefahren werden. Das Gehalt der fest angestellten HP-Mitarbeiter ist zu 40% leistungsbezogen. Alle Mitarbeiter, auch die der Zeitarbeitsfirma, werden einmal im Jahr beurteilt.

4. Ergebnis

Wenn Geschwindigkeit in die Produktion kommt, reduzieren sich die Kosten von selbst: Von 1993 bis Mitte 2000 wurden die Durchlaufzeiten bei HP um 70% reduziert. Die Herstellungskosten sanken so um 20%, die Distributionskosten um 70%.

Die Materialbestände sind heute um 30% niedriger. Die Lieferpünktlichkeit liegt bei über 95%, wobei 85% der Aufträge „asap" (as soon as possible) zu erledigen sind – davon wiederum sind 85% innerhalb von 24

Stunden auszuliefern. Darüber hinaus wird eine Produktionsflexibilität für die gesamte Fabrik von plus/minus 50% innerhalb von einem Tag erreicht.

5. Ausblick

Bei einer demnächst geplanten Reorganisation will sich HP deutlich weg von den einzelnen Produkten in Richtung Complete „Solution Integration" orientieren. Auch das Warehouse, in dem Material für drei bis vier Wochen vorhanden ist, soll weiter reduziert werden.

Praxisbeispiel:
Faurecia Sitztechnik GmbH & Co. KG, Werk Geiselhöring:
Mit Quantensprüngen zur „Fabrik des Jahres 1999"

Bernhard Strunk

Das Unternehmen

Ein Segment der weltweit operierenden Faurecia S.A. ist die Herstellung von Fahrzeugsitzen. Das Zweigwerk Geiselhöring (650 Mitarbeiter) fertigt täglich rund 12 000 Metallkomponenten (Sitzschalen und Rückenlehnen) für die Kunden Audi, BMW und VW.

Das Werk hatte bei seiner Gründung 1989 lediglich einen Kunden mit einer kleineren Produktpalette. In den darauf folgenden Jahren sind sukzessive weitere Produkte und neue Kunden aufgenommen worden. Im Jahr 1992 wurde eine Linienorganisation, danach die Prämienentlohnung, der Kaizen-Prozess und eine flexible Arbeitszeit eingeführt.

Im Jahr 1997 wurde die letzte räumliche Erweiterung des Werks vorgenommen, so dass heute auf etwa 18 000 Quadratmetern überdachter Fläche im Dreischichtbetrieb ein jährlicher Umsatz von rund 300 Millionen DM erzielt wird.

1. Aufgabenstellung

Um als Lieferant für die Automobilindustrie Erfolg zu haben, ist man nicht nur von äußeren Einflüssen abhängig, wie beispielsweise der konjunkturellen Situation. Erreichte Kennzahlen oder Ergebnisse sind vielmehr Produkt der Anstrengungen von Unternehmensführung und Mitarbeitern. Durch Offenlegen und Visualisieren von Daten und Prozessen werden Zielsetzungen und Veränderungen im Unternehmen für jeden Mitarbeiter nachvollziehbar. Es ist deshalb ein Grundsatz von Faurecia, eine durchgängige Daten- und Prozesstransparenz zu schaffen.

2. Ausgangssituation

Zur Transparenz der Daten und Prozesse zählt auch die grafische Darstellung des Innenlebens des Werks. Ein wichtiger Grundstein ist dabei eine Flächenbelegungsübersicht (auch als Werkslayout bezeichnet). Aus solchen Layouts wird ersichtlich, welche Einrichtungen (Betriebsmittel), welche Infrastruktur (Wege und Arbeitsbereiche), welche Störkonturen (Wände, Leitungen, Pfeiler) und welche Lager- und Stellflächen sich auf der vorhandenen Gesamtfläche verteilen. Durch diese Abbildung der Fabrik wird der Materialfluss mit all seinen Schwächen erkennbar – allein indem man das Material mit einem Stift auf dem Flächenplan verfolgt.

3. Problemstellung

Beim Erstellen des Werkslayouts hat sich gezeigt, dass der Materialfluss bei Faurecia häufig durch Zwischenpuffer unterbrochen war. Diese Puffer binden nicht nur Kapital, sondern belegen auch wertvolle Produktionsflächen. Zudem waren die Wege von Zwischenbaugruppen teilweise so lang, dass eine gezielte Steuerung des Materials nahezu ausgeschlossen oder nur mit erhöhtem Aufwand realisierbar war. Die Zugriffszeiten auf Baugruppen sollten also verkürzt und Speicherplätze bereitgestellt werden. Außerdem sollten die beiden rund 100 Meter auseinander liegenden Werksgebäude verknüpft werden.

4. Lösungsansatz

Die Neubestimmung des Materialflusses mit den aus dem Werkslayout gewonnenen Erkenntnissen wurde deshalb zu einem wesentlichen Element der Fabrikplanung. Um u. a. vom Werkstättenprinzip zu einer Inselfertigung (Fließfertigung) zu gelangen, mussten ganze Maschinenparks aufgelöst und verlagert werden. Dabei verkürzten sich die Wege deutlich, das Material konnte zeitnah verbaut und eine Gruppenentlohnung eingeführt werden.

Bei der Gestaltung der Fertigungsinseln wurde weiter die Bedarfssituation der Kunden beachtet: Die Arbeitstakte in den Inseln wurden daraufhin abgeglichen. Somit waren die Zwischenpuffer nun nicht mehr notwendig. Der sich daraus ergebene Flächengewinn brachte Platz für neue Produkte (so etwa Sitze für VW). Zudem wurde die Fertigungstiefe erweitert, um mehr Wertschöpfung im Werk zu erzielen.

5. Umsetzung

Zur Herstellung der Metallkomponenten sind verschiedene Füge- und Montageoperationen vorzunehmen, bevor die Baugruppen durch einen Lacküberzug vor Korrosion geschützt werden. Erst nach dem Lackieren werden die Verstellmechanismen, Griffe und weitere Anbauteile an die polsterfertigen Metallstrukturen angebaut.

Um den bereits in den Vorfertigungsinseln praktizierten „one piece flow" konsequent weiterführen zu können, hätte die Lackanlage so versetzt werden müssen, dass sie direkt an die Endmontage anschließt. Der Verlagerung von Betriebsmitteln waren jedoch Grenzen gesetzt – so auch bei der Oberflächenbeschichtungsanlage, die aufgrund ihrer Ausmaße und aus wirtschaftlichen Gründen an ihrem Standort zu bleiben hatte.

6. Deckenfördersystem

Alternativ bot sich an, den Materialfluss über ein „Power and Free"-Deckenfördersystem abzuwickeln. Da sich durch diese Investition sehr viele Potenziale erschließen ließen, soll etwas näher auf die Vorteile eingegangen werden.

In jedem Betrieb hat der Materialfluss einen hohen Stellenwert, so dass oft viel Platz für die Transportstraßen eingeplant wird. Fertigungsbereiche werden durch Wege zerschnitten, Sicherheitsauflagen sind zu erfüllen. Solche „unproduktiven" Flächen wollte unser Planungsteam nicht und entdeckte schließlich die „dritte Dimension" – die Höhe der Werkshallen. Die Werksgebäude stellten sich als durchgängig für den Einsatz eines Deckenfördersystems geeignet heraus. Konventionelle Flurfördermittel, wie etwa Gabelstapler, konnten so abgelöst oder zumindest verringert werden. So wurde Produktionsfläche für weiteres Wachstum gewonnen.

Amortisieren sollte sich das Deckenfördersystem laut Wirtschaftlichkeitsanalyse bereits nach 1,7 Jahren. Tatsächlich hatte es massive Einsparungen zur Folge: Größter Posten war hier die reduzierte Zahl der Gabelstapler samt Besatzung. Fast die Hälfte Gabelstapler (10 Stück) müssten heute mehr im Einsatz sein, mit einer Besatzung von 23 Mitarbeitern (da in den meisten Fertigungsbereichen im Dreischichtbetrieb gearbeitet wird).

Weiter entfielen die Mitarbeiter, die die Materialsteuerung vor der Lackanlage vorgenommen hatten. Damit das Material weiter zeitgerecht an sein bestimmtes Ziel kommt, wurde die Anlage mit einer intelligenten

Steuerung ausgerüstet, die auch einen Überblick schafft, welche Baugruppen aktuell zum weiteren Verbau anstehen: eine Datenverwaltung wie in einem richtigen Lager. Das Fördersystem hat mittlerweile eine Gesamtlänge von über 2,3 Kilometer – die Grenzen des Ausbaus sind jedoch noch in weiter Ferne.

Selbstverständlich bestand zu Planungsbeginn Skepsis gegenüber dem neuen Materialfluss. Die im Vorfeld geschaffene Transparenz konnte die Zweifel jedoch zerstreuen – gestützt durch einen Vergleich des Ist-Werkslayouts mit dem in einem Soll-Layout dargestellten zukünftigen Materialfluss.

Außer Acht gelassen werden darf dennoch nicht die Tatsache, dass durch die Automation auch Risiken für die Produktion entstanden sind: So kommt es schnell zum Chaos, wenn die Technik versagt. Deshalb sollte bei allen Beteiligten (von den Bedienern bis zu den Instandhaltern) das „Zutrauen" zur Technik konsequent geprüft werden. Erkannte Defizite können so umgehend durch Schulungen ausgeglichen werden.

7. Ergebnisse

Durch Schaffung des „one piece flow" und Einführung des Deckenfördersystems ist der Handling-Aufwand bei den Baugruppen von Vorfertigung bis zur Endmontage so reduziert, dass ca. 30 Mitarbeiter anderweitig eingesetzt werden können. Durch entfallene Zwischenpuffer wurden die Qualitätsprobleme deutlich reduziert und die Sicherheit bei der Kaufteildisposition erhöht – trotz verbesserter Umschlagshäufigkeit. Die Durchlaufzeiten von rund 24 Stunden sind auf weniger als vier Stunden gesunken. Die Lackanlage kann seither optimal ausgelastet werden, der Durchsatz hat sich um etwa 40 Prozent gesteigert.

Insgesamt wurde erreicht:

● Bei der Auslegung der Betriebsmittel konsequent den Kundentakt beachtet
● Prozessorientierte Betriebsmittelanordnung
● Zwischenlager abgeschafft
● Soweit möglich *One Piece Flow*
● KANBAN für Kaufteile
● Infrastruktur: „Power & Free"-Anlage statt Stapler
● Sinnvolle Automatisierung der Fertigung
● Flächenproduktivität (Umsatz pro Quadratmeter Nettoproduktionsfläche) von € 4950 auf € 9020 je m^2 gesteigert

- Lagerbestände von *turnrate* 20 auf 68 reduziert
- Qualitätskosten von 2,4% auf 1% vom Umsatz gesenkt
- Durchlaufzeit von 24 Stunden auf 4 Stunden reduziert
- Nebenzeiten von 22,5% auf 12% gesenkt

4. Supply Chain Management

Wilfried Sihn, Daniel Palm

Globalisierung der Märkte, Diversifikation und Differenzierung von Kundenbedürfnissen, zunehmende Wettbewerbsintensität und damit einhergehender Preisdruck haben in den vergangenen zehn Jahren zu einem Umdenken bei Produktionsunternehmen geführt. Das Problem, immer kundenspezifischere Produkte zu günstigeren Preisen anbieten zu müssen, ist mit traditionellen, funktionsorientierten Organisationsstrukturen kaum zu bewältigen. Eine Spezialisierung von Stellen und Abteilungen auf Verrichtungen oder Funktionen wird zunehmend als kontraproduktiv für Kundenorientierung, Innovationsfähigkeit und Überlebensfähigkeit in einem dynamischen Umfeld angesehen. Der immense Koordinationsbedarf zur Überwindung von horizontalen Schnittstellen bindet Ressourcen und kostet Zeit. Diese negativen Effekte, die sich bei zunehmendem Produktionsumfang und steigender Anzahl kundenindividueller Produkte noch verstärken, gewinnt angesichts der verfügbaren Reaktionszeit in einem Umfeld zunehmender Dynamik weiter an Bedeutung (Abb. 4.1).

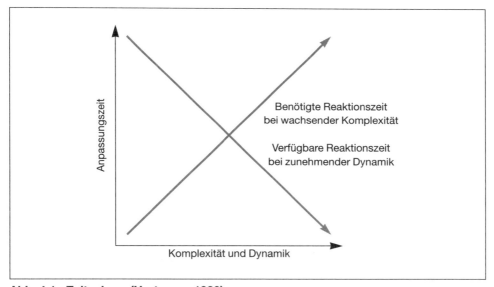

Abb. 4.1: Zeitschere (Hartmann 1999)

Das Problem, komplexe unternehmerische Aufgaben in kürzerer Zeit zu bewältigen, kann mit verschiedenen Lösungsansätzen angegangen werden. So beispielsweise:

● Schaffung einer permanenten Wandlungsfähigkeit des Unternehmens, um sich selbstständig organisatorisch den Marktveränderungen anzupas-

263

sen (z. B. durch Selbstbestimmung, eigenverantwortliche Selbstorganisation etc.)
- Erhöhung der Innovationsfähigkeit und damit eine verbesserte Problemlösefähigkeit der Organisation
- Reduzierung oder Stabilisierung der Dynamik durch Anpassung der Wertschöpfungstiefe
- Eliminierung von Konkurrenz- oder Wettbewerbssituationen durch Kartellbildung, Unternehmensbeteiligungen oder Kooperationen
- Maximierung der Reaktionszeit durch Früherkennung von Marktveränderungen
- Konsequente Ausrichtung der Organisation auf den Kunden
- Minimierung nicht wertschöpfender Tätigkeiten bzw. der Tätigkeiten ohne Kundennutzen
- Laufende Verbesserung und Optimierung der Organisation und der Produkte im Sinne einer permanenten Anpassung

Diese Grundprinzipien finden sich in fast allen „modernen" Managementansätzen, deren Anzahl zwar einem exponentiellem Wachstum unterliegt, in ihrer Zielsetzung jedoch auf eine schnelle, flexible und kundenorientierte Auftragserfüllung abzielen. Ausgangs- und Endpunkt aller unternehmerischen Aktivitäten ist somit der Kunde, dessen Auftrag einen Informationsfluss sowie einen auf ihn gerichteten Warenfluss auslöst (Abb. 4.2).

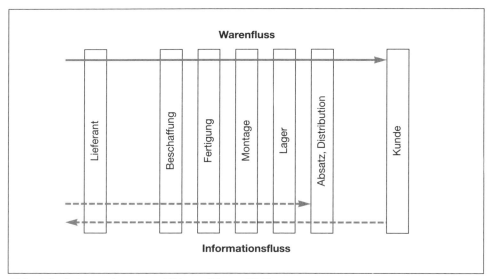

Abb. 4.2: Informations- und Warenflüsse (IPA)

Im Sinne der Zielsetzung muss dieser kundenspezifische Informations- und Warenfluss bezüglich der grundlegenden Wettbewerbsfaktoren Qualität, Kosten und Zeit optimiert werden. Somit steht nicht mehr die Unternehmensfunktion im Vordergrund der Betrachtung, sondern der Prozess der Leistungserstellung, der somit „quer" zur klassischen tayloristischen, funktions- und verrichtungsorientierten Aufbauorganisation verläuft. Lokal optimierte Fachbereiche statt auf den Kundennutzen ausgerichtete Prozesse mit negativen Auswirkungen auf Qualität, Kosten und Zeit. Eine Abkehr von funktions- hin zu *kundenorientierten* und damit *prozessorientierten* Organisationsstrukturen ist somit eine entscheidende Voraussetzung für die Bewältigung zukünftiger Anforderungen.

Anfang bis Mitte der 90-er Jahre stand in den meisten produzierenden Unternehmen die Reorganisation interner unternehmerischer Abläufe im Vordergrund. Unter den Stichworten Lean Production, Gruppenarbeit, Fertigungssegmentierung oder das vom Fraunhofer-IPA vorangetriebene Konzept des Fraktalen Unternehmens wurden die innerbetrieblichen Abläufe vereinfacht sowie Stabsfunktionen und Zentralbereiche wie Qualitätswesen oder Instandhaltung in sich selbst organisierende Teams mit höherer *Autonomie* integriert. Komplettbearbeitung und ganzheitliches Aufgabenspektrum reduzierten Schnittstellen und den Koordinations- und Planungsaufwand, die geringere Spezialisierung und höhere *Dezentralität* wirkte sich positiv auf die *Wandlungsfähigkeit* und *Flexibilität* aus. Die Orientierung am Objekt oder am Prozess und nicht mehr an der Verrichtung verbesserte die Kommunikation innerhalb der neuen Teams sowie Qualität und Geschwindigkeit der Entscheidungen, stellte jedoch auch neue Anforderungen an die bedarfsgerechte Informationsbereitstellung und die zur Verfügung stehenden Hilfsmittel zur eigenverantwortlichen Planung und Steuerung der Organisationseinheiten. Die vergrößerte Autonomie der operativen Einheiten hatte wiederum Auswirkung auf übergeordnete Hierarchiestufen, deren Koordinationsaufgaben verlagert wurden, und sie selbst verloren somit an Bedeutung. *Flachere Hierarchien* waren die unmittelbare Folge.

Die Globalisierung des Anbietermarktes und eine weltweit verbesserte Transport- und Distributionsleistung zwingt die Unternehmen, die Kosten der eigenen Leistungserstellung stets mit den Preisen des Marktes zu vergleichen. Eine konsequente Konzentration auf die eigenen Stärken und *Kernkompetenzen* reduziert die Kosten, steigert jedoch die Zahl der Zulieferer und die Abhängigkeit von ihnen. Gleichzeitig ging man dem japanischen Vorbild entsprechend weg von einem Beziehen der Teile von mehreren Zulieferern hin zu längerfristigen Partnerschaften mit wenigen Zulieferern, welche im Sinne des Simultaneous Engineering bereits in die Entwicklung mit eingeschaltet werden.

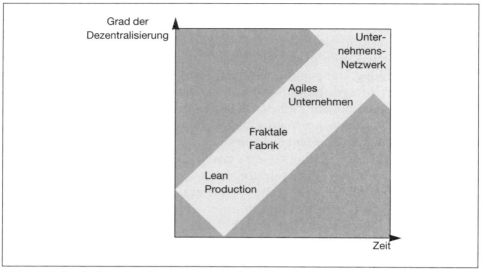

Abb. 4.3: Evolution der Gestaltungsansätze zur Geschäftsprozessreorganisation (IPA)

Im Rahmen dieser Neugestaltung verfolgte man insbesondere im Bereich des Automobilbaus das Ziel, zunehmend Verantwortung, wie etwa für Bestände, auf den Zulieferer zu übertragen. Konzepte wie Just-In-Time oder Just-In-Sequence waren Ergebnisse dieser Entwicklung. Dies hatte wiederum zur Folge, dass das Nettoumlaufvermögen sank und sich die Ergebnisse der Unternehmen weiter verbesserten. Gleichzeitig wurden die Zulieferer gezwungen, ihre logistischen Abläufe an die neuen Strukturen anzupassen. Montagebereiche oder Konsignationslager in den Werkshallen oder vor den Türen des Herstellers waren die Folge.

Der beschriebene Verlauf der Restrukturierung der Unternehmensabläufe führte dazu, dass aus selbstständig am Markt agierenden Erzeugern mit hoher Fertigungstiefe komplexe *Unternehmensnetzwerke* mit in sich verzahnten Logistikketten entstanden sind. De facto bestimmt somit nicht mehr ein einzelnes Unternehmen die grundlegenden Wettbewerbsfaktoren, sondern die Leistungsfähigkeit des Verbundes der an der Leistungserstellung beteiligten Unternehmen. Die Optimierungspotenziale sind dabei zum einen in der unternehmensübergreifenden Ausrichtung der Geschäftsprozesse und andererseits in der informationstechnischen Unterstützung der Informations- und Warenflüsse zu finden.

Hier setzen die Konzepte des *Supply Chain Managements* (SCM) an. Dieser auch im deutschsprachigen Raum gebräuchliche Begriff lässt sich defi-

266

nieren als „die prozessorientierte Gestaltung, Lenkung und Entwicklung aller Aktivitäten vom Endverbraucher bis zur Beschaffung der Rohmaterialien". Ziel ist es, ausgewählte Kooperationspartner in einer langfristigen und partnerschaftlichen win-win-Beziehung in das Wertschöpfungssystem des Unternehmens zu integrieren, um durch Abstimmung, Nutzung und Verbesserung der gemeinsamen Fähigkeiten die Wettbewerbsposition der gesamten Logistikkette zu steigern. Der Kundenwunsch ist Ausgangspunkt aller Aktivitäten im Wertschöpfungsnetzwerk und die Schaffung von Kundennutzen vorrangiges Ziel. Im Sinne eines Efficient Consumer Response (ECR) bestimmt der Kunde, was und wie viel vom Netzwerk produziert wird und dieses Produkt wird gleichsam „durch die Kette gezogen". Die Abkehr vom Push- zum Pull-Prinzip erfordert auch einen grundsätzlichen Wandel im Denken der beteiligten Partner und in der Zusammenarbeit in der Supply Chain.

Der Begriff des Supply Chain Management lässt sich deshalb weder auf die in diesem Zusammenhang angebotene Software, noch auf das Management innerbetrieblicher Unternehmensbereiche, mit der Zielrichtung auf lokale Optima, reduzieren. Die zugrunde liegende Theorie geht vielmehr davon aus, dass Kosten, die durch eine mangelhafte Ausführung und Vernetzung von Prozessen entstehen, letztendlich auf die gesamte Wertschöpfungskette zurückfallen. Wenn also Prozesse beim Lieferanten nicht fehlerlos ausgeführt werden, hat das Auswirkungen sowohl auf den Lieferanten als auch auf den Kunden. Die *ganzheitliche Optimierung* des überbetrieblichen Unternehmensnetzwerkes hinsichtlich Kosten, Qualität und Zeit mit Hilfe geeigneter *Prozesse, IT-Systeme* und *Kooperationsmodelle* unter Berücksichtigung der genannten Grundprinzipien moderner Managementkonzepte ist somit vorrangiges Ziel des Supply Chain Managements. Supply Chain Management ist als übergreifende Unternehmensstrategie zu verstehen – und nicht als Logistikaufgabe mit unternehmensübergreifender Koordinationsfunktion.

4.1 Grundlagen von SCM

4.1.1 Supply Chain

Die *Logistik* hat im Laufe der Entwicklung unterschiedliche Ausprägungen und Interpretationen erfahren. Ursprünglich als funktionaler Bereich mit material- und warenflussbezogenen Dienstleistungsaufgaben des Transportierens, Umschlagens und Lagerns stehen heute material- und warenflussbezogene Koordinationsaufgaben über die gesamte Wertschöpfungskette im Mittelpunkt. In Abhängigkeit der Produktionsstruktur und der -durchlaufzeiten sowie den Anforderungen des Marktes bezüglich Produktvarianten, Liefertreue, -zeiten, -bereitschaft oder -flexibilität kann der Erfolgsbeitrag der Logistik innerhalb eines Unternehmens sehr hoch sein. In Fällen stark umkämpfter Marksegmente mit einer hohen Zahl Wettbewerber hängt der Markterfolg mittlerweile fast ausschließlich von der *logistischen Leistungsfähigkeit* ab – im Sinne von Supply Chain Management jedoch nicht von der eines einzelnen Unternehmens, sondern von der des gesamten logistischen Netzwerkes.

Arnold versteht unter Logistik alle Managementaktivitäten in und zwischen Unternehmen, die sich auf die Gestaltung des gesamten Material- und Informationsflusses von den Lieferanten in ein Unternehmen hinein, innerhalb eines Unternehmens sowie vom Unternehmen zu den Abnehmern beziehen (vgl. Arnold 1995, S. 6).

Die Supply Chain oder Logistikkette umfasst alle Prozesse der Leistungserstellung und somit die Planungs-, Entwicklungs-, Beschaffungs-, Produktions-, Distributions- und Wiederverwertungsaufgaben vom Kundenkontakt über die Auslieferung bis zur Entsorgung und dem Recycling. Die wichtigsten *Kennzeichen einer logistischen Kette* sind (vgl. Thaler 1999):

● Beteiligte Unternehmen
● Geografische Verteilung der beteiligten Unternehmen, Standorte, Lager oder Kunden
● Branche und Produkt
● Beschaffungsstruktur und -strategie
● Distributionsstruktur und -strategie
● Entsorgungskreislauf und Wiederverwertung
● Informationsversorgung
● Fertigungsprinzip und -ablauf
● Zeitliche Struktur (Durchlaufzeit, Transportzeit, Liegezeit)
● Logistikleistung (Lieferbereitschaft, Lieferzeit, Liefertreue, Lieferflexibilität, Kundenzufriedenheit)
● Prozesskosten
● Wirkungszusammenhang

4.1.2 Unternehmenslogistik

Das Unternehmenslogistiksystem lässt sich entlang des Prozesses der unternehmerischen Wertschöpfung in die folgenden klassischen Bereiche gliedern (Abb. 4.4):

268

- Beschaffungslogistik
- Produktionslogistik
- Distributionslogistik
- Entsorgungslogistik

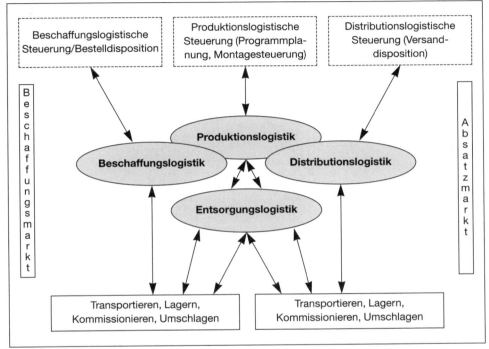

Abb. 4.4: Subsysteme der Unternehmenslogistik (in Anlehnung an Weber 1993)

Die Ziele der Leistung der Unternehmenslogistik lassen sich mit Hilfe des Erfolgstripels der Logistik visualisieren (Abb. 4.5). Die Kundenzufriedenheit des logistischen Erfolgstripels wird mit Größen wie Zuverlässigkeit (Termintreue, Lieferqualität), Service (Informationsbereitstellung, Lieferflexibilität, Beratung etc.), Reaktionszeit (Liefertermine, Auftragsabwicklungszeit), Kundennähe (Lagerstandorte, Dichte des Vertriebsnetzes) und Kooperationsbereitschaft (mit Lieferanten, Kunden, Dienstleistern) gemessen.

Die Wirtschaftlichkeit einer logistischen Leistung bezieht sich auf Effektivität bzw. Effizienz der Leistung. Unter Effektivität wird die Erreichung eines bestimmten Input- oder Outputziels verstanden, während Effizienz einen Kompromiss zwischen Input- und Outputzielen darstellt (vgl. Dreher 1997).

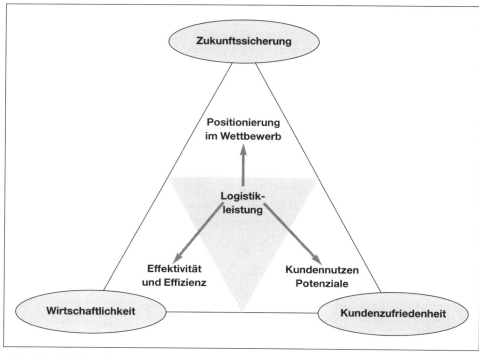

Abb. 4.5: Erfolgstripel der Logistik (vgl. Pieper 1995)

4.2 Supply Chain Prozessformen

4.2.1 Kern- und Schlüsselprozesse

„Als Prozess wird eine Reihe aufeinanderfolgender Aktivitäten und Handlungen definiert, die durch Ereignisse im Zeitablauf angestoßen werden und zu einem Ergebnis führen. Ein Schlüsselprozess umfasst wesentliche Prozesse (Hauptprozesse) oder Teilprozesse und trägt unmittelbar zur Zweckerfüllung im Kerngeschäft bei." (Thaler 1999)

Schlüsselprozesse im produzierenden Unternehmen sind:

- Produktentwicklungsprozess
- Auftragsgewinnungsprozess
- Produktionsplanungsprozess
- Auftragsabwicklungsprozess
  – Beschaffungsprozess

270

– Produktionsprozess
– Distributionsprozess
– Entsorgungsprozess
● Unterstützungsprozesse

Diese können beispielhaft in die allgemeinen Kernprozesse eingeteilt werden (Abb. 4.6):

● Produktentwicklung und Marktpositionierung
● Planung und Vorbereitung
● Auftragsabwicklung
● Unterstützung

Andere Kernprozesssichten wie beispielsweise nach dem zeitlichen Horizont oder nach dem unternehmensspezifischen Kerngeschäft sind ebenfalls denkbar.

Schlüsselprozesse	Kernprozesse
Produktentwicklungs-prozess	Produktentwicklung und Marktpositionierung
Kundenbetreuungs-prozess	
Produktionsplanungs-prozess	Planung und Vorbereitung
Auftragsabwicklungs-prozess Beschaffungsprozess Produktionsprozess Distributionsprozess Entsorgungsprozess	Auftragsabwicklung
Unterstützungs-prozess	Unterstützung

Abb. 4.6: Kernprozesse und Schlüsselprozesse im Unternehmen

Praxisbeispiel: DaimlerChrysler AG: Kernprozesse im Supply Chain Management

Der DaimlerChrysler Konzern erwirtschaftet einen jährlichen Umsatz von 149,9 Mrd. € (1999) in den Geschäftsbereichen Personenwagen, Nutzfahrzeuge, Dienstleistungen, Luft- und Raumfahrt, Antriebe Luftfahrt, Bahnsysteme, Automobil-Elektronik und Dieselantriebe. Die DaimlerChrysler AG hat Produktionsstätten in 34 Ländern und weltweit 466 938 Beschäftigte (Ende 1999). Unter den Marken Mercedes-Benz, Chrysler, Plymouth, Jeep®, Dodge, smart, Freightliner und anderen werden etwa 4,9 Millionen Pkw und Nutzfahrzeuge (1999) verkauft (vgl. Kimmich 2000).

Ein integraler Bestandteil der strategischen Neuausrichtung der DaimlerChrysler AG ist neben der Produkt- und Globalisierungsoffensive auch die Optimierung der Geschäftsprozesse und die Weiterentwicklung der Führungsorganisation. Im Geschäftsfeld Pkw wurden deshalb zur Erhöhung der organisatorischen Leistungsfähigkeit in Bezug auf Zeit, Kosten und Qualität die beiden Kernprozesse Produktentstehung und Kundenauftrag in den Mittelpunkt einer Neuausrichtung gestellt und hierfür Projekte aufgesetzt.

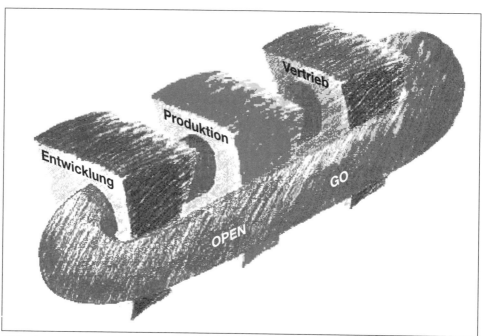

Abb. 4.7: Kernprozesse der DaimlerChrysler AG (DaimlerChrysler AG)

Während das Projekt Produktentstehung letztlich im Aufbau eines durchgängig prozessorientierten Entwicklungs- und Vorbereitungszentrums mündet, geht es beim Projekt Kundenauftrag darum, eine integrierte Vertriebsplanung und einen durchgängig optimierten Auftragssteuerungs- und Abwicklungsprozess (von Kunde zu Kunde) zu erreichen mit dem Ziel, die Kundenwünsche schneller und sicherer zu erfüllen.

Das Projekt Kundenauftrag wurde Mitte 1994 mit einem Vorprojekt gestartet, in dem prinzipielle Ideen bzw. Konzepte sowie aus den Benchmarks abgeleitete Ziele auf ihre Machbarkeit hin untersucht und bewertet wurden. Anfang 1995 wurden diese Ansätze zur weiteren Ausgestaltung und Konkretisierung als Projekt mit einer eigens dafür eingerichteten Projektorganisation beauftragt. Als Name für dieses Projekt wurde die Bezeichnung „GO Global Ordering – der neue Kundenauftragsprozess" festgelegt.

Das Projekt „GO Global Ordering"

Mit dem Reengineering des Kundenauftragsprozesses im Geschäftsfeld Pkw sollen optimale Voraussetzungen für die sich ständig wandelnden Märkte der Zukunft geschaffen werden. Hierbei wird von entscheidender Bedeutung sein, wie effizient und schnell die Umsetzung des Kundenauftrags bewältigt werden kann.

Das Projekt GO wird diesen Kernprozess neu gestalten, die Durchlaufzeit von der Kundenanfrage bis zur Fahrzeugauslieferung verkürzen und dadurch den Kundenauftrag im Sinne kompromissloser Kunden- und Marktorientierung in den Mittelpunkt stellen. Der Kundenauftrag hat also in GO absolute Priorität. Um ihm gerecht zu werden, richtet sich auch die organisatorische Struktur eng am Prozess aus.

Der neue Kundenauftragsprozess soll die Anforderungen aller Märkte, aller Kunden- und Produktsegmente sowie aller bestehenden Baureihen und Montagestandorte abdecken. Die angestrebte Optimierung berücksichtigt alle Wertschöpfungsstufen, beginnend bei der Bereitstellung der Pre-Sales-Informationen bis hin zur Auftragsabrechnung.

Von GO und dessen Durchsetzungskraft im gesamten Unternehmen hängt es ab, wie schnell sich die DaimlerChrysler AG im Geschäftsfeld Pkw zukünftig auf Marktanforderungen einstellen und eine bessere Ausgangsposition für Produkte und anspruchsvolle Absatzziele schaffen kann.

Der Kernprozess „Kundenauftrag" mit seinen Teilprozessen ist in folgender Abbildung (Abb. 4.8) dargestellt. Das sogenannte Y-Diagramm des Kundenauftragsprozesses gliedert sich in die folgenden Teilprozesse:

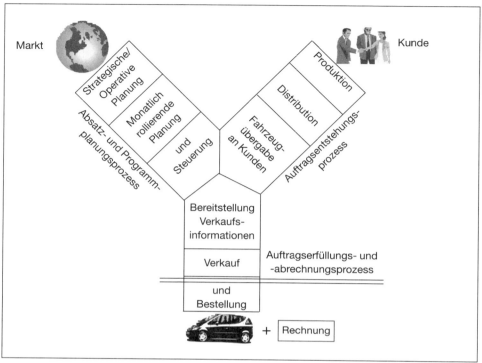

Abb. 4.8: Der Kernprozess Kundenauftrag (DaimlerChrysler AG)

- Absatz- und Programmplanungsprozess: Dieser Teilprozess umfasst die strategisch/operative Planung sowie die Kontingenteplanung und -steuerung.
- Auftragsentstehungsprozess: Dieser Zweig des Y-Diagramms enthält neben der Bereitstellung von Verkaufsinformationen den eigentlichen Auftrag bzw. die Bestellung des Kunden.
- Auftragserfüllungsprozess- und -abrechnungsprozess: Der Absatz- und Programmplanungsprozess sowie der Auftragsentstehungsprozess liefern die notwendigen Daten für die Fahrzeugproduktion, die Distribution bis hin zur Fahrzeugübergabe an den Kunden einschließlich der Rechnungserstellung.

Das Grundprinzip für den Ansatz des Projektes GO zeigt der Vergleich des Ausgangsprozesses (Altwelt) mit der geplanten Struktur des Neuprozesses (Neuwelt) in der folgenden Abbildung 4.9. Eine Vereinfachung der IST-

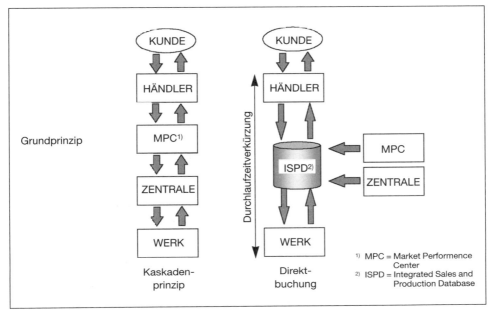

Abb. 4.9: Betrachtung Altwelt – Neuwelt (DaimlerChrysler AG)

Abläufe wird durch die Ablösung der DV-Systemwelt mit einer integrierten Vertriebs- und Produktionsdatenbank (ISPD) erreicht.

GO basiert im wesentlichen auf drei Prinzipien:

- Auf dem System der Platzbuchung
- Auf der Integration aller Daten von Vertrieb und Produktion in einer gemeinsamen Datenbank (ISPD = Integrated Sales and Production Database)
- Auf der „Rund um die Uhr"-Verfügbarkeit der ISPD

Die beteiligten Bereiche an der Projektarbeit bei der Realisierung einer durchgehenden Prozessgestaltung zeigt folgende Abbildung 4.10.

Die an der Prozessgestaltung beteiligten Bereiche kommen aus der Zentrale, den Werken und den Märkten der DaimlerChrysler AG.

Abgeleitet aus den Konzeptideen und den Zielen des Vorprojektes lag der Schwerpunkt bei der Umsetzung des Projektes „Global Ordering" 1995 auf der Neugestaltung der Prozesse und dem Aufzeigen der hieraus erforderlichen Konsequenzen für die Führungsorganisation und die notwendige IV-Unterstützung.

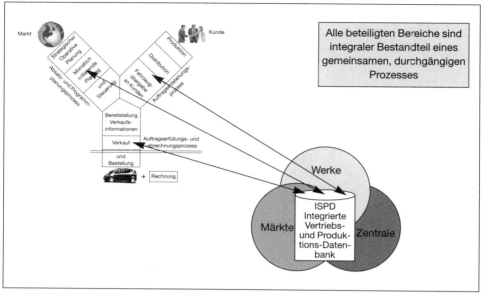

Abb. 4.10: Der Lösungsansatz für die Projektarbeit (DaimlerChrysler AG)

Als Ergebnis zeigte sich, dass es für eine Verbesserung der Abläufe und Prozesse sowie für die Zusammenarbeit zwingend notwendig ist, die für die Vertriebsplanung und Auftragsabwicklung bislang zuständigen Bereiche in allen diesen Funktionen betreffenden Umfängen auch strukturell prozessorientiert zusammenzuführen. 1996 wurde mit der Realisierung bzw. der Implementierung des neuen Konzeptes im Unternehmen begonnen. Als Pilotprojekt der Implementierung wurde zunächst der Kundenauftragsprozess der A-Klasse angegangen. Seit Herbst 1997 laufen alle A-Klasse-Aufträge über den GO-Prozess.

Für den ganzheitlichen Veränderungsansatzes im Projekt GO gibt es vier Stellhebel, die sich wie folgt darstellen lassen (Abb. 4.11).

Die Stellhebel Prozessgestaltung, Organisation und IV-Systeme ergeben sich mehr oder weniger aus dem zu realisierenden Konzept, während beim Stellhebel „Arbeitskultur und Zusammenarbeit" aufgrund der umfangreichen Beteiligung von Menschen mit unterschiedlichen Einzelzielen nicht so methodisch vorgegangen werden kann. Dieser Stellhebel beinhaltet die Schaffung von Prozessverständnis und Einführung von prozessorientierten Arbeitsformen bei den Mitarbeitern sowie die Unterstützung des Veränderungsprozesses durch umfassende Information und Kommunikation der Projektbeteiligten und Projektbetroffenen. Die Projektpartner für die

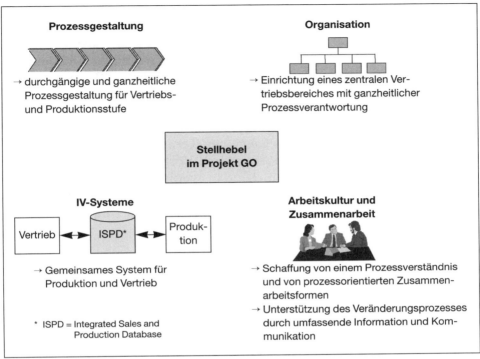

Abb. 4.11: Stellhebel im Projekt GO (DaimlerChrysler AG)

Kommunikation und Information kommen aus den beteiligten und betroffenen Bereichen des Kundenauftragsprozesses.

Im Supply Chain Management soll nun ausgehend von diesen Schlüsselprozessen das Zusammenwirken von Kunden, Lieferanten und weiteren Dienstleistern so koordiniert werden, dass im Idealfall durchgängige übergreifende Prozesse realisiert werden können. Während beim Auftragsabwicklungsprozess, der sich auf die laufenden Absatz-, Produktions-, Beschaffungs- und Logistikprozesse bezieht, die Vernetzung der PPS-Systeme mehrerer Unternehmen im Mittelpunkt steht, sollte bei der strategischen Ressourcengestaltung idealerweise ein Simultaneous Engineering der Supply Chain Partner über alle Unternehmensbereiche erfolgen, um einen Kapazitätsabgleich sicherzustellen (vgl. Hahn 2000, S. 176). Für einen reibungslosen Ablauf der gesamten Supply Chain ist vor allem das Verzahnen der Prozesse Beschaffung, Produktion, Distribution und Entsorgung von Bedeutung.

Besonders hier gilt es, Angebot und Nachfrage optimal abzustimmen, um einerseits eine kurze Durchlaufzeit und andererseits geringe Kapitalbindungskosten zu erreichen. Damit die benötigten Ressourcen zur richtigen Zeit und zur gewünschten Qualität zur Verfügung stehen, kommt dem Logistikdienstleiter und der Qualitätssicherung eine wichtige Rolle zu.

Abbildung 4.12 zeigt beispielhaft die wichtigsten Kernaufgaben und Hauptprozesse im produzierenden Unternehmen in den einzelnen Schlüsselprozessen.

Im Folgenden sollen die drei allgemeinen Kernprozesse Produktentwicklung und Marktpositionierung, Planung und Vorbereitung sowie Auftragsabwicklung beschrieben werden. Hierbei werden die Interdependenzen zwischen den einzelnen Schlüsselprozessen sowie die Abhängigkeit der Prozessdarstellung vom Kerngeschäft des betrachteten Unternehmens sowie seiner spezifischen Eigenheiten deutlich.

4.2.2 Produktentwicklung und Marktpositionierung

Der Produktentwicklungsprozess zu Beginn des Lebenszyklus beginnt mit dem Innovationsprozess und endet mit Produktspezifikationen, Prototypen oder – im Falle eines Serienprodukts – mit der Serienfertigung. In einigen Branchen wie beispielsweise der Automobilindustrie wechselt die Prozessverantwortung sogar erst nach der Anlaufphase, nachdem das System vollständig eingeschwungen, d.h. die Serienproduktion unter geplanter Vollauslastung angefahren ist.

Insbesondere der verschärfte Zeitwettbewerb beeinflusst den Produktentwicklungsprozess in den letzten Jahren enorm. Kürzere Produktlebenszeiten senken die Absatzzahlen pro Produkt, während aufgrund der Kundenforderungen nach hochqualitativen, komplexen, möglichst kundenindividuellen Produkten die Anzahl der Produkte kontinuierlich steigt. Amortisations- und Produktlebenszeiten nähern sich einander an, komplexere, technisch anspruchsvollere Produkte bedeuten längere Entwicklungszeiten und bei gleichzeitiger Verkürzung der Produktlebenszyklen reduziert sich die Pay-off-Periode auf ein Minimum.

Veränderte Beschaffungsstrategien im Zuge der Konzentration auf Kernkompetenzen etwa durch den Einkauf kompletter Systeme oder Module (modular sourcing) verlagern oftmals auch Entwicklungstätigkeiten auf Lieferanten. Durch ein konsequentes Simultaneous Engineering können Entwicklungsschritte inner- und überbetrieblich zwar parallelisiert werden – positive Effekte kommen jedoch erst bei einer reibungslosen Koordination im Rahmen einer Kooperation zum Tragen.

Kernaufgaben/Hauptprozesse (beispielhaft)

Schlüsselprozesse	Kernaufgaben/Hauptprozesse (beispielhaft)
Produktentwicklungsprozess	Strategische Produktplanung, Entwicklung/Design, Anlaufplanung, Anlaufmanagement, Teileverfolgung; Beschaffungsmarketing, Konzeptentwicklung, Machbarkeitsprüfung, Änderungsmanagement
Kundenbetreuungsprozess	Auftragsgewinnung, Auftragsplanung, Auftragsbearbeitung, Machbarkeitsprüfung, Angebotskalkulation; Marketing, Absatzprognose, Kundenmanagement, Vertriebs(programm)planung, Kalkulation, Änderungsmanagement
Produktionsplanungsprozess	Strategische Planung, Produktionsprogrammplanung/Feinplanung, Kapazitäts-/Termin- und Mengenplanung; Produktionsplanung/Arbeitsvorbereitung, Anlauf-/Auslaufmanagement, Änderungsmanagement
Auftragsabwicklungsprozess	Bestandsplanung, Bestandsführung, Bestandsoptimierung, Bevorratungsebenen; Leistungstiefengestaltung, Netzwerkplanung, Qualitätssicherung, Transportmittel/-hilfsmittel
Beschaffungsprozess	Materialwirtschaft, Beschaffungsmarketing, Lieferantenkommunikation, Warenvereinnahmung, Lagerung; Lieferantenauswahl, Bestellabwicklung, Einkauf/Beschaffung, Lieferanten- und Änderungsmanagement
Produktionsprozess	Produktionssteuerung, Materialversorgung, Transport, Informationsversorgung, Produktion und Montage; Bevorratung/Entsorgung, Auftragsfortschrittskontrolle, Instandhaltung, Störungs-/Änderungsmanagement
Distributionsprozess	Transportplanung, Transportsteuerung, Transportoptimierung, Kommissionierung; Versand, Lagerung, Verteilung, Distributionsplanung, Bestandssteuerung, Änderungsmanagement
Entsorgungsprozess	Entsorgung, Reststoffvermeidung, Leergutrückführung, Reststoffflussmanagement, Recycling
Unterstützungsprozess	Controlling, Personal-/Rechnungswesen, Unternehmensentwicklung/-leitung, Allg. Organisation

Abb. 4.12: Kernprozesse und Hauptaufgaben im produzierenden Unternehmen (IPA)

279

Ein verkürzter Produktentwicklungsprozess im Sinne eines schnellen Time-to-market ist ein immer entscheidenderer Wettbewerbsfaktor am Markt. Informationstechnische Unterstützung des Konstruktions- und Entwicklungsprozesses wie Computer-Aided-Techniken (Computer Aided Design CAD, Computer Aided Engineering CAE), Engineering Database Management (EDM) oder Virtual Reality im Prototypenbau sind in vielen Unternehmen bereits im Entwicklungsbereich im Einsatz. Die informationstechnische Integration und damit durchgängige Verwendung aller relevanten Produktdaten über den gesamten Lebenszyklus sowie eine effiziente Kommunikation zwischen allen Beteiligten muss in vielen Fällen jedoch noch angegangen werden und kann aufgrund ihres Querschnittscharakters als logistische Aufgabe im Rahmen des Managements von Informationsflüssen angesehen werden.

Neben der informationstechnischen ist auch die organisatorische Integration von Dienstleistern und Lieferanten zu bewältigen. Dieser Aufgabe kommt durch die Zunahme der externen Vergabe von Wertschöpfung und Produktentwicklung eine erfolgskritische Bedeutung zu. Neben der Koordination der Entwicklungstätigkeiten sind gemeinsam mit den Lieferanten, Dienstleistern und internen Bereichen Produkte und Prozesse zu definieren und zu optimieren. Im Bereich der Produkte können zur Reduzierung der Produkt-, Fertigungs- oder Montagekomplexität, zur Materialeinsparung oder zur Vereinfachung der Prozesse in der Beschaffung Strategien verfolgt werden wie:

● Gleichteileverwendung
● Plattformstrategien
● Baukastenprinzipien
● Standardisierung

Hierbei sind u.a. Restriktionen der Fertigung, der Montage, der Lieferanten und der Logistik sowie Anforderungen an Wiederverwertung und Recycling zu berücksichtigen.

Der Produktentwicklungsprozess kann nicht entkoppelt vom Kundenbetreuungsprozess betrachtet werden. Dieser enthält eine strategische Komponente, die das Unternehmen am Markt positioniert sowie den generellen Kundennutzen und somit die zu liefernden Produkte definiert. Die operative Komponente betrifft eher die kundenspezifischen Prozesse im Rahmen der Auftragsabwicklung.

Der im Rahmen der strategischen Planung durchgeführte Abgleich zwischen Kompetenz- und Erfolgspotenzialen eines Unternehmens und die Ableitung entsprechender Wettbewerbsstrategien, Ziele sowie Verhaltensweisen beinhaltet kunden- und marktbezogene Größen (Markt- und Kundenbedarfe, Wettbewerbs- und Konkurrenzanalysen, Wahl und die Gestaltung der Absatzwege, Distributionspolitik, Transportplanung etc.). Die Analyse der Kundenbedürfnisse ergeben mit den Fähigkeiten des Unternehmens und den aktueller sowie potenzieller Konkurrenten die Basis für den Produktentwicklungsprozess. Unter Einbeziehung des aktuellen Standes der Technik, des Marketings, des vorgegebenen Kostenrahmens und der am Markt erzielbaren Preise können Vertriebsprogrammplanungen und strategische Produktplanungen durchgeführt werden. Im Rahmen des Entwicklungsprozesses unter Kenntnis des Beschaffungsmarktes und der -kosten sowie der eigenen Potenziale führen Make-or-Buy-Entscheidungen zur eigenen Leistungstiefe und damit auch zur Gestaltung des gesamten Netzwerkes. Parallel zum Produktentwicklungsprozess und in enger Abstimmung mit diesem werden somit der gesamte Wertschöpfungsprozess, der Material- und Informationsfluss auf Beschaffungs-, Produktions- und Distributionsseite sowie der Entsorgungsprozess geplant und festgelegt. All diese Aktivitäten müssen koordiniert, kommuniziert, geplant und gesteuert und deren Termineinhaltung überprüft werden.

Auf operativer Ebene ist die Teile- und Materialversorgung sowie die Beschaffung geeigneter Produktionsmittel und -hilfsmittel zu gewährleisten. Entscheidend ist hier die Dokumentation und Verfolgung entsprechender Änderungs- oder Konstruktionsstände und der Informationsversorgung sowie Koordination aller beteiligten Stellen wie Lieferanten, Entwicklung, Qualitätssicherung, Werkzeugbau, Controlling etc. Bei Serienfertigern stellt sich zusätzlich noch die Aufgabe, dass der Serienanlauf und damit der Übergang zwischen altem und neuem Produkt möglichst sicher, schnell und damit kostengünstig verlaufen muss. Gleiches gilt auch für Änderungen laufender Serienprodukte. Insbesondere bei komplexen Produkten wie beispielsweise in der Automobilindustrie kommt der Anlaufplanung als Bindeglied zwischen Entwicklungs- und Serienphase eine hohe Bedeutung zu. Mit so genannten Try-outs werden Beschaffungs-, Fertigungs- und Montageprozesse geprobt, abgesichert und optimiert, Reifegrad und Qualitätsstand festgestellt und Änderungsnotwendigkeiten kommuniziert.

4.2.3 Planung und Vorbereitung

Die Aktivitäten im Rahmen des Kernprozesses Planung und Vorbereitung umfassen alle Entscheidungen und Tätigkeiten, die dem eigentlichen Fertigungs- oder Montageprozess zeitlich vorgelagert sind. Auf Basis der strategischen Unternehmens- und Produktplanung werden die dort formulierten

Schlüsselprozesse	Kernaufgaben/Hauptprozesse (beispielhaft)
Produktentwicklungsprozess	Strategische Produktplanung, Beschaffungsmarketing, Entwicklung/Design, Konzeptentwicklung, Anlaufplanung, Kalkulation, Machbarkeitsprüfung, Anlaufmanagement, Änderungsmanagement, Teileverfolgung
Kundenbetreuungsprozess	Marketing, Absatzprognose, Kundenmanagement, Vertriebs(programm)planung, Änderungsmanagement
Produktionsplanungsprozess	Strategische Planung, Anlauf-/Auslaufmanagement
Auftragsabwicklungsprozess	Leistungstiefengestaltung, Netzwerkplanung, Qualitätssicherung
Beschaffungsprozess	Lieferantenauswahl, Beschaffungsmarketing, Lieferantenkommunikation, Lieferanten- und Änderungsmanagement
Produktionsprozess	
Distributionsprozess	Transportplanung
Entsorgungsprozess	Entsorgung, Reststoffvermeidung, Reststoffflussmanagement, Recycling
Unterstützungsprozess	Controlling, Personal-/Rechnungswesen, Unternehmensentwicklung/-leitung, Allg. Organisation

Abb. 4.13: Kernaufgaben und Hauptprozesse im Kernprozess Produktentwicklung und Marktpositionierung (IPA)

Zielsetzungen, Wertesysteme und Wettbewerbsstrategien zeitlich und inhaltlich heruntergebrochen, um schlussendlich in operativen Maßnahmen oder Ergebnissen zu münden.

Pläne bezüglich Produkt, Markt oder Kunde, Leistungstiefe und damit Beschaffung oder Produktion sowie der Prozesse mit strategischem, taktischem und operativem Zeithorizont werden aus einer Kombination aus Vergangenheitsinformationen, Prognosen und Annahmen, in Einzelfällen unter Zugrundelegung von bestehenden Kundenaufträgen und Restriktionen gebildet. Planungsgenauigkeit und -sicherheit variieren somit sehr stark. Aufgrund der Tragweite der Planung und der wachsenden Dynamik, mit der sich Planungsrandbedingungen und -grundlagen ändern, unterstützen zunehmend Softwarepakete den Planungsprozess: So genannte Advanced Planning & Scheduling Systeme (APS- bzw. SCM-Systeme), die mit Hilfe komplexer Planungsalgorithmen und unter Berücksichtigung aller verfügbarer betrieblicher, lieferanten- und kundenseitiger Informationen den Planungsprozess über die gesamte Wertschöpfungskette hinweg optimieren, sowie Produktionsplanungs- und Steuerungssysteme (PPS-Systeme) zum Betrieb (operativen Planung, Steuerung und Überwachung) der innerbetrieblichen Produktionsabläufe.

Abbildung 4.14 zeigt das Aufgabenmodell der Planung im Überblick, Abbildung 4.15 einige fundamentale Prozesse in den unterschiedlichen Funktionsbereichen. Im Kapitel 4.5.3 werden die einzelnen Planungsschritte näher erläutert.

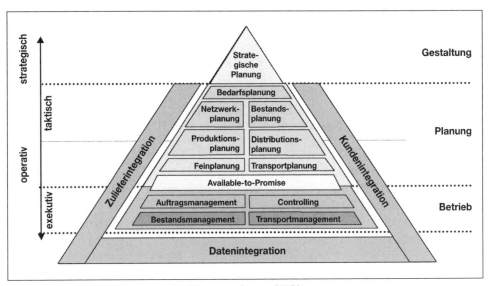

Abb. 4.14: Aufgabenmodell der Planung (scm-CTC)

	Beschaffung	Produktion	Lager	Vertrieb	Transport	
strategisch	Beschaffungs- und Outsourcing management	Kapazitäts-Entwicklung	Kapazitäts-Entwicklung	Kundenbedarf Vorhersage	Transportart, Transportkonzept (Intermodale Konzepte)	Supply Chain Planning
taktisch	Performance Management von Verkäufer und Käufer	Kapazitäts-Nutzung	Kapazitäts-Nutzung	Vertriebsgebiete, Vertriebs-vorgaben, Verfügbarkeit	Ladung und Auslieferung, Konsolidierung	
operativ	Einkaufs-management	Auftragseinplanung und Synchroni-sation	Ablaufplanung und Synchroni-sation	Vertrieb Forecast, Customer-service, available to promise, Auftrags-management	Stauraum, Arbeitsfolgen, Synchroni-sation	
exekutiv	Abrufüber-mittlung, Auftrags-verfolgung	Auftrags-abwicklung, Störungs-management	Bestands-höhen, Reichweiten	Auftrags-abwicklung, Störungs-management	Versand-abwicklung, Synchronisation, Sendungs-verfolgung, EDI	Supply Ch. Execution

Abb. 4.15: Fundamentale Prozesse im SCM (scm-CTC)

Gestaltung der Supply Chain

Modellierung/Konfiguration/Optimierung

→ Aufnahme aller Lieferkettenelemente (Lager-, Transport-, Produktionsressourcen)
→ Festlegung wesentlicher Regeln und Restriktionen
→ Optimale Konzeption von Lager und Produktion hinsichtlich Ort und Kapazität
→ Definition von Sourcingregeln
→ Ausgestaltung wiederkehrender Transportvolumina und -wege

Abb. 4.16: Strategische Gestaltungsfunktionen (scm-CTC)

Ausgangspunkt für die betrieblichen und überbetrieblichen Planungsaktivitäten ist die strategische Planung, die grundsätzliche Gestaltungselemente des Unternehmens festlegt (Abb. 4.16).

Auf Basis der strategischen Planung zumeist unter Nutzung der Vertriebsinformationen (Umsatzentwicklung und -vorhersage, Marktinformationen, Auftragslage, Produktspezifikationen, Marketingmaßnahmen) sowie der *Vertriebsprogrammplanung* werden Vertriebsprogramme nach unterschiedlichen Kriterien aufgestellt (Produkte, Kunden, Regionen etc.)

284

Die *Vertriebsplanung oder Bedarfsplanung* umfasst alle Planungshorizonte und durchläuft mehrere Iterationsstufen, in denen der zeitliche Horizont verfeinert und die Planungsgrundlage aktualisiert wird. Je nach Konzept der Produktionsprogrammplanung (Programm- oder Auftragsfertigung, Einzel- oder Serienfertigung) muss eine laufende Anpassung der Planung an die eingehenden Bestellungen oder Absatzmengen erfolgen. Insbesondere bei der programmgesteuerten Serienfertigung ist ein Erkennen von Abweichungen zwischen Plan und Ist von entscheidender Bedeutung, da Beschaffung und Produktion mit zeitlichem Vorlauf auf Basis der Pläne gesteuert werden. Planungsfehler führen somit zwangsläufig zu hohen Mehraufwänden und Verlusten.

In der *Netzwerkplanung* werden die Ergebnisse der Bedarfsplanung und -prognose auf taktischer Ebene den Kapazitäten (Werke, Lager, Lieferanten) der Supply Chain zugeordnet. Die *Distributions- und Bestandsplanung* haben optimierte Strukturen bezüglich Verteilzentren, Lagerhaltung, Bevorratungsebenen und Transport zum Ziel. Minimale Bestände bei maximalem Lieferservice sind dabei einander gegenläufige Ziele, die aufgrund strategischer Vorgaben unternehmens- und kundenspezifisch optimiert werden müssen.

Ausgehend von diesen Planungsergebnissen kommt es einerseits zur Gestaltung der entsprechenden Strukturen auf Beschaffungs- (Beschaffungsmarketing, Lieferantenauswahl, Abschluss von Rahmenverträgen, Festlegung der Beschaffungsprozesse und der Kommunikation etc.) und Distributionsseite (Auswahl und Einbindung von Dienstleistern, Festlegung von Distributionskanälen, Distributionsprozessen, Transportmitteln und -hilfsmitteln etc.) sowie in den Produktionsstätten. Die Produktions-, Anlauf- und Auslaufprozesse sowie Notfallkonzepte müssen gestaltet, Qualitätssicherungs- und Instandhaltungsmaßnahmen festgelegt, Produktionsmittel und -hilfsmittel bereitgestellt, Entsorgungsprozesse definiert, Fertigungs- und Montagepläne, Stücklisten sowie Arbeitunterlagen erstellt und erforderliche Personalbeschaffungs- und -qualifizierungsmaßnahmen eingeleitet werden. Die Strukturgestaltung endet mit einer vorbereiteten Produktion und einem vorbereitetem beschaffungslogistischen und Distributionsnetzwerk.

Andererseits werden die Planungsergebnisse zu einer integrierten *Kapazitäts-, Termin- und Mengenplanung* genutzt. Auf Basis des Vertriebsprogramms mit der kundenspezifischen Sichtweise auf Produkte, Varianten oder Typen wird unter Berücksichtigung logistischer und produktionstechnischer Kriterien das *Produktionsprogramm* mit dem Primärbedarf (verkaufsfähige Produkte) abgeleitet und auf Sekundär- (Module, Einzelteile, Rohstoffe) sowie Tertiärbedarf (Hilfs- und Betriebsstoffe) heruntergebrochen. Mit Hilfe von Zuschlägen (Ausschuss, Sicherheit) ergibt sich der Bruttobedarf, der unter Berücksichtigung der bestellten und verfügbaren Bestände in den Nettobedarf umgerechnet wird. Die ursprünglich auf Aufträge oder Perioden aggregierten Bedarfe müssen dabei in immer feinere Zeitraster unterteilt und eine Terminplanung – unter Berücksichtigung des Kapazitätsangebots, der Kundentermine und der Vorgänge im beschaffungslogistischen Netzwerk – durchgeführt werden. Die *Mengenplanung* oder Disposition versucht dabei, ein Optimum zwischen Lieferfähigkeit und Beständen zu finden und damit die Kosten für:

- Beschaffung und Entsorgung
- Lagerhaltung
- Bestellung
- Fehlmengen (Produktionsstillstand/Lieferunfähigkeit)

zu minimieren (vgl. Eschenbach 1999). Die *Feinplanung* im Rahmen der *Produktionsprogrammplanung* optimiert ebenfalls, allerdings auf die eingesetzten Ressourcen. Termintreue, Rüstzeiten, Durchlaufzeiten, Kapazitätsauslastungen, technologische Abhängigkeiten, Umrüstungen, Personalqualifikation und Umlaufbestand können hier Optimierungsziele sein. Auf Basis dieser Pläne werden im Anschluss Bestellung sowie interne Fertigungs- oder Montageaufträge ausgelöst.

Es wird deutlich, dass die beschriebene *Produktionsplanung* kaum manuell, sondern lediglich mit Unterstützung von Planungssystemen durchgeführt werden kann. Verschärft wird die Situation durch die zunehmende Dynamik auf Kunden- und Lieferantenseite, die eine permanente Anpassung der Planung notwendig macht. Zusätzlich werden im Supply Chain Management auch Transporte, Lieferanten, Dienstleister und andere werks- und unternehmensübergreifende Aspekte der gesamten Supply Chain in den Planungs- und Optimierungsprozess mit einbezogen. Dies können beispielsweise Marketingmaßnahmen oder andere absatzfördernde bzw. -hemmende Faktoren, Störungen im Wertschöpfungsnetzwerk und im eigenen Auftragsabwicklungsprozess sein. Abbildung 4.17 zeigt noch einmal zusammenfassend die wichtigsten taktischen, Abbildung 4.18 die operativen Planungsfunktionalitäten.

Die Funktion „Available-to-Promise" (ATP) in Abbildung 4.18 stellt die Schnittstelle zwischen Planungs- und Auftragsabwicklungsprozess dar. Es ist die Machbarkeitsprüfung und verbindliche Zusage eines Liefertermins für einen eingehenden Kundenauftrag oder eine Anfrage. Bei Konflikten zwischen Kundenwunschtermin und frühestmöglichem Fertigstellungstermin bzw. bei Auswirkungen auf das laufende Produktionsprogramm muss ein neuer Planungslauf unter den veränderten Bedingungen simuliert und nach erfolgter Beauftragung die Planung geändert werden.

Bedarfs-, Netzwerk-, Produktions- und Bestandsplanung

→ Bedarfsplanung & Prognose:
  – Prognose und Planung der Absatzmengen nach unterschiedlichen Kriterien (z. B. Kunden, Regionen)
  – Bedarfsplanung anhand der Prognosezahlen, der geplanten Aktivitäten sowie der Verkaufsmengen
→ Netzwerkplanung:
  – Zuordnung der Kapazitäten im Netz zum prognostizierten und existierenden Bedarf
→ Bestandsplanung und -steuerung für die Lagerorte der Supply Chain:
  – Definition von Belieferungs- und Nachschubstrategien, Planung und Kontrolle der Materialbestände, Veranlassen der Umlagerungs- und Auffüllvorgänge (incl. Fremdläger)
→ Produktionsplanung als integrierte Mengen-, Termin- und Kapazitätsplanung:
  – Gesamtplanerstellung für Produktions- und Transportabläufe durch
    a) Harmonisierung von Supply-Chain-Einzelplänen
    b) Manuelle Planungsänderungen sowie Simulation der Auswirkungen
    c) Optimierung und Bewertung von Gesamtplanvorschlägen auf der Basis definierter Zielvorgaben

---

Abb. 4.17: Taktische Planungsfunktionen (scm-CTC)

Fein- und Transportplanung, Available-to-Promise

→ Fertigungs- und Feinplanung:
  – Kurzfristige Planung und Abgleich der Kapazitäten und Produktionsressourcen
  – Erstellung eines optimierten Ablaufplans: Planung der Reihenfolgen der Produktionsvorgänge und Belegung der Produktionsressourcen
→ Transportplanung:
  – Ermittlung des Transportbedarfs (mittel- und kurzfristig) und Planung der Transportwege
→ Real-Time-Simulation (ATP) von Kundenaufträgen:
  – Echtzeitsimulation von Auswirkungen einer Kundenanfrage unter Berücksichtigung aktueller Auslastungen und definierter Restriktionen
  – Ermittlung des frühesten Liefertermins (Lieferfähigkeit)

Abb. 4.18: Operative Planungsfunktionen (scm-CTC)

Schlüsselprozesse	Planung und Vorbereitung
Produktentwicklungsprozess	
Kundenbetreuungsprozess	Marketing — Absatzprognose — Kundenmanagement — Vertriebs(programm)planung
Produktionsplanungsprozess	Strategische Planung — Produktionsplanung/Arbeitsvorbereitung — Produktionsprogrammplanung/Feinplanung — Anlauf-/Auslaufmanagement — Kapazitäts-/Termin- und Mengenplanung — Änderungsmanagement
Auftragsabwicklungsprozess	Bestandsplanung — Netzwerkplanung — Bestandsoptimierung — Bevorratungsebenen — Transportmittel/-hilfsmittel
Beschaffungsprozess	Lieferantenauswahl — Beschaffungsmarketing — Einkauf/Beschaffung — Lieferantenkommunikation
Produktionsprozess	Bevorratung/Entsorgung — Instandhaltung
Distributionsprozess	Transportplanung — Distributionsplanung — Bestandssteuerung — Transportoptimierung
Entsorgungsprozess	Reststoffvermeidung — Reststoffflussmanagement
Unterstützungsprozess	Controlling — Personal-/Rechnungswesen — Unternehmensentwicklung/-leitung — Allg. Organisation

Abb. 4.19: Kernaufgaben und Hauptprozesse im Kernprozess Planung und Vorbereitung (IPA)

288

4.2.4 Auftragsabwicklung

Der Kernprozess der Auftragsabwicklung umfasst den eigentlichen wertschöpfenden Prozess im Unternehmen. Er kann in die drei Teilprozesse *Beschaffung, Produktion und Distribution sowie Entsorgung* unterteilt werden, in den vorherigen beiden Unterkapiteln wurden jedoch bereits die Interdependenzen zum Kundenbetreuungs- und Planungsprozess deutlich. Der zyklische Anstoß von Planungsvorgängen auf Basis der Ist-Situation in der Supply Chain und im eigenen Unternehmen im Sinne eines kontinuierlichen Änderungsmanagements und die Integration von Kundenwünschen in den laufenden Planungs- und Auftragsabwicklungsprozess als aktives Kundenmanagement wurde bereits zu Anfang des Kapitels als erfolgskritisches Element herausgearbeitet.

Der Aufwand für Auftragsgewinnung, Auftragsbearbeitung mit Kalkulation, technischer, logistischer und produktionstechnischer Machbarkeitsprüfung, die Ermittlung des Liefertermins und nach Eingang der Bestellung die Einplanung des Auftrags und die Übernahme in die Vertriebsplanung ist stark unternehmensspezifisch. *Kundenorientierung* ist jedoch der Ausgangspunkt von Supply Chain Management. Alle Aktivitäten des Wertschöpfungsnetzwerks sind auf die Erfüllung des Kundenwunsches ausgerichtet. Eine Durchgängigkeit zur Realisierung eines *Efficient Consumer Response* (ECR) – der kosten- und zeitoptimalen Reaktion auf den Kundenauftrag – vom Kunden bis in das Lieferantennetzwerk hinein wird jedoch zum entscheidenden Erfolgsfaktor. Erst wenn die Lieferanten über Informationen am Point of Sales verfügen, Transparenz über Veränderungen im Kundenverhalten, Mengen- und Terminverschiebungenen besteht, dann kann auch die notwendige *Anpassungsfähigkeit* und *Flexibilität* in der gesamten Supply Chain erreicht werden. Die vorherrschende sequenzielle, oftmals gefilterte und geglättete Weiterreichung dieser Informationen durch das Netzwerk mit dem damit verbundenen zeitlichen Versatz beispielsweise in der Anpassung der Planungsdaten wird dieser Aufgabe nicht oder nur unzureichend gerecht.

Auch die Steuerungs- und Managementaufgaben in der Supply Chain können nur mit Echtzeitinformationen über den Zustand der Supply Chain optimal erfüllt werden. Abbildung 4.20 fasst die übergeordneten Funktionalitäten im Auftragsabwicklungsprozess zusammen.

Management- und Abwicklungsfunktionen in der Supply Chain

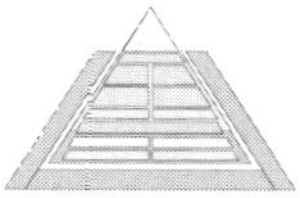

→ Auftragsmanagement:
- Management der Kundenaufträge (Eingabe, Verwaltung, kontinuierliche Kontrolle, Belegausgabe)
- Management der Produktionsaufträge (Eingabe, Verwaltung, Kontrolle von Produktionsaufträgen)

→ Controlling:
- Monitoring der Kennzahlen (Berechnung, Verwaltung, Überwachung, Konfiguration von Berichten und Diagrammen)
- Identifikation und Meldung von Planabweichungen, Engpässen und Störungen

→ Transportmanagement:
- Management der Transportaufträge (Verfolgung, Belegausgabe)

→ Bestandsmanagement:
- Lager- und Bestandsmanagement, unternehmensübergreifend auf Basis von Echtzeitinformationen
- Bearbeitung und Abwicklung von Bestellungen (Eingabe, Verwaltung, kontinuierliche Kontrolle, Belegausgabe)

Abb. 4.20: Ausführungs- und Kontrollfunktionen (scm-CTC)

4.2.5 Beschaffungsprozess

Der *Beschaffungsprozess* organisiert den Material- und Informationsfluss von den Lieferanten am Beschaffungsmarkt bis zur Einlagerung oder Bereitstellung am Verbraucherort in der Produktion. Der *Materialfluss* umfasst Roh-, Hilfs- und Betriebsstoffe, Kaufteile sowie Ersatzteile. Der *Informationsfluss* begleitet den physischen Materialfluss oder geht diesem zeitlich voraus. Die Zielsetzungen in der Beschaffung lassen sich wie folgt zusammenfassen:

- Lieferbereitschaft, Liefertreue und Versorgungssicherheit
- Flexibilität
- Qualität
- Wirtschaftlichkeit
- Kapitalbindung und Liquiditätserhaltung

Die *Beschaffungslogistik* als marktverbundenes System erfordert eine *ganzheitliche Betrachtung*, bei der Entscheidungen nicht nur die Beziehungen zwischen den logistischen Subsystemen innerhalb eines Unternehmens oder die Beziehungen zu anderen Funktionen im Unternehmen einbeziehen, sondern insbesondere auch die *Wirkungszusammenhänge* mit den Logistiksystemen der Lieferanten beachten (vgl. Pfohl 1996). Durch eine intensivere Zusammenarbeit mit den Lieferanten und der Integration durch Verfahren des elektronischen Datenaustauschs (EDI) soll das Ziel einer durchgängigen Bestellabwicklung realisiert werden.

Da die *Wertschöpfungstiefe* der Unternehmen aufgrund des Konzentrationsprozesses auf die eigenen Kernkompetenzen in den letzten Jahren stark zurückgegangen ist, kommt der Fremdbeschaffung und der Optimierung der Beschaffungsprozesse eine hohe Bedeutung zu. Leistungstiefen von unter 25% in produzierenden Unternehmen ist mittlerweile keine Seltenheit mehr. So liegt beispielsweise die durchschnittliche Wertschöpfung bei den Herstellern in der Automobilindustrie um 40%, bei neuen Fabrik- und Produktionskonzepten wie etwa der Smart-Produktion bei MCC nur noch bei rund 20%. Die restliche Wertschöpfung am Auto wird durch die Lieferanten erbracht.

Viele Maßnahmen im Beschaffungsprozess beziehen sich somit auf die direkte Potenzialerschließung beim Zulieferer. Bei der *Lieferantenauswahl, -bewertung und -entwicklung* werden die möglichen Lieferanten nach Anforderungskriterien wie Liefertermintreue oder -zuverlässigkeit ausgewählt und es werden Strategien für eine längerfristige Zusammenarbeit vereinbart. In der *Bedarfsermittlung* versucht man eine anforderungsgerechte Ermittlung des Teile- und Materialbedarfes zu erreichen. Im Rahmen der *Bestandsoptimierung* wird dann die *Bestandspolitik* festgelegt, die den Zielkonflikt zwischen Kosten für Lagerhaltung und Fehlmengenkosten lösen soll. Es ist hierbei zu beachten, dass sich Engpässe in der logistischen Kette aufschaukeln und so zu beachtlichen Lieferverzögerungen führen können. Ein Ziel von Supply Chain Management ist es deshalb, die Informations- und Bestandstransparenz im gesamten Netzwerk massiv zu erhöhen, um solcher Störung frühzeitig begegnen zu können.

Wichtige Kennzahlen zur Bestandspolitik sind Lieferbereitschaftsgrad, Umschlagshäufigkeit und Lagerreichweite. Ansätze zur Bestandsoptimierung sind die dezentrale Bestandsführung oder die Verlagerung der Bestandsverantwortung zum Lieferanten oder Logistikdienstleister.

4.2.6 Strategien und Konzepte der Beschaffung

Das wesentliche Kennzeichen der Beschaffung ist die Gestaltung der Schnittstelle zwischen Unternehmen und den Beschaffungsmärkten. Die Beschaffung umfasst somit sämtliche unternehmens- und/oder marktbezogenen Tätigkeiten, die darauf gerichtet sind, einem Unternehmen die benötigten, aber nicht selbst hergestellten Objekte verfügbar zu machen (vgl. Arnold 1995).

Die Beschaffung kann in folgende Aufgabenfelder untergliedert werden (vgl. Pfohl 1996):

- Beschaffungsmarketing – teilweise auch als Beschaffungsmanagement bezeichnet
- Beschaffungslogistik

Das *Beschaffungsmarketing* hat dabei die Aufgabe, unter Zuhilfenahme beschaffungspolitischer Instrumente Lieferkapazitäten zu entwickeln, zur Verfügung zu stellen und zu pflegen. Die Techniken zur Beurteilung und Findung von Beschaffungsquellen beziehen sich u.a. auf Produktkenntnisse, Marktkenntnisse, Technologietrends und die Kenntnisse über die weltweiten Beschaffungsmärkte (Baumgarten 1993). Die *Beschaffungslogistik* hat in dieser Unterteilung somit die Aufgabe, die physische Disposition und den Warenfluss zu organisieren.

4.2.6.1 Beschaffungsstrategien

Strategische Beschaffungsentscheidungen legen die Art der Zusammenarbeit und die Leistungsspektren der *Abnehmer-Lieferanten-Beziehung* langfristig fest. Kennzeichnend für Beschaffungsstrategien sind folgende Merkmale (vgl. Wildemann 1997):

- Ausrichtung auf die Erschließung zukünftiger Beschaffungspotenziale
- Festlegung mehrjähriger Entscheidungsfolgen für das Unternehmen
- Langfristige Sicherung der Existenz und Erfolgspotenziale des Unternehmens
- Hohe wirtschaftliche Bedeutung
- Langfristige Sicherstellung der Versorgung mit den wesentlichen materiellen Input-Faktoren

Die Inhalte der Beschaffungsentscheidungen betreffen sowohl die Festlegung effizienter Beschaffungsinstrumente und -methoden als auch formelle Gestaltungsparameter wie die Art und Intensität der Kooperation mit Lieferanten. Die strategische Interpretation der Beschaffungsfunktion ist im Wesentlichen mit vier Zielen verbunden (vgl. Arnold 1995):

- *Integration und Erschließung vertikaler Verbundeffekte:* Optimale Einpassung der Vorleistungen von Lieferanten in den eigenen Wertschöpfungsprozess. Dabei bezieht sich die Integration sowohl auf die Sachgüter als auch auf die Wertschöpfungsprozesse, beispielsweise auf die Gestaltung der Schnittstellen mit den Lieferanten. Wesentliche Optimierungspotenziale liegen in der *Reduzierung der zu beschaffenden Varianten* und der *besseren Ausgestaltung der Schnittstellen*, in der *Vermeidung paralleler Arbeitsgänge*, in der *Bereitstellung von Organisations-Knowhow*, in der *Erhöhung der Planungssicherheit* bei den Lieferanten durch frühzeitige Information über die Bedarfsentwicklung.

- *Innovation:* Erkennen, Erschließen und Sichern des Innovationspotenzials der Lieferanten durch gezielte *Lieferantenentwicklungsmaßnahmen*.
- *Erschließung horizontaler Verbundeffekte:* Bündelung von Einkaufsvolumina mit anderen Unternehmen beispielsweise in Form von *Einkaufskooperationen* oder *Internet-Einkaufsportalen* und Realisierung von Economies of Scale.
- *Minimierung der Transaktionskosten:* Automatisierung der Bestellabwicklung und Unterstützung des Bestellvorgangs durch Informationstechnik und *E-Business-Funktionalitäten*.

Die Umsetzung beschaffungsstrategischer Ziele erfolgt mit Hilfe von Sourcing-Konzepten. Sie bilden die grundlegenden Komponenten einer Beschaffungsstrategie. Sourcing-Konzepte können nach folgenden Typologien klassifiziert werden:

- Die Betrachtung der geografischen Ausdehnung der Sourcing-Konzepte führt zu einer Einteilung in *Local Sourcing* und *Global Sourcing*.
- Differenzierung der Sourcing-Konzepte nach der Anzahl der Bezugsquellen bzw. Lieferanten. Dabei werden *Single Sourcing, Dual Sourcing* und *Modular Sourcing* unterschieden.
- Einteilung der Konzepte nach dem Komplexitätsgrad der zu beschaffenden Input-Faktoren. Mit zunehmendem Komplexitätsgrad spricht man bei Bezug von Teilen und Komponenten von *Unit Sourcing* bzw. bei Beschaffung von Modulen und Systemen von *Modular Sourcing* und *System Sourcing*.

Die optimale Strategie für ein Beschaffungsgut findet sich jeweils in einer Kombination der unterschiedlichen Sourcing-Konzepte.

Global-Sourcing

Unter Global-Sourcing werden systematische, weltmarktorientierte, grenzüberschreitende Beschaffungsmaßnahmen verstanden, sei es:

- Durch direkten Einkauf

- Über inländische Repräsentanten des ausländischen Lieferanten
- Über eigene Einkaufsinitiativen (Kooperation, International Procurement Offices, Joint Ventures, etc.) im Ausland (vgl. Boutellier 1998)

Global-Sourcing ist eine *strategische Maßnahme mit Langzeitwirkung*, die in der Anfangsphase Zusatzkosten verursacht und deshalb wie eine Investition zu behandeln ist (vgl. Boutellier 1998). Dabei kann nicht jede Beschaffung einer einzelnen Komponente auf dem Weltmarkt als Global-Sourcing bezeichnet werden, vielmehr bedarf der Aufbau eines weltweiten Lieferantennetzwerkes intensiver Managementanstrengungen mit der Definition von Zielen und langfristiger Festlegung einer Systematik.

Folgende Zielsetzungen liegen einer Global-Sourcing-Strategie zugrunde:

- Ausnutzung von Preis- und Wechselkursvorteilen
- Ausnutzung von Lohnkostengefällen
- Informationsbeschaffung für Leistungs- und Kostenvergleiche mit Heimatlieferanten

Demgegenüber stehen die Nachteile:

- Größere Transportentfernung und höhere Transportkosten
- Längere Lieferzeiten
- Größere Umlaufbestände in der Lieferkette
- u. U. geringere Lieferzuverlässigkeit
- Logistischer Mehraufwand

Local-Sourcing

Die Strategie des Local-Sourcing zielt auf eine Beschaffung bei lokalen Lieferanten. Die wesentlichen Vorteile liegen in der einfacheren Kommunikation und den geringeren räumlichen Entfernungen zwischen Lieferant und Abnehmer, die zu geringeren Transportkosten und -zeiten führen.

Single-Sourcing

Single-Sourcing bezeichnet das Konzept der Ein-Quellen-Belieferung, das insbesondere dann zur Anwendung kommt, wenn abnehmerspezifische Güter mit hohem Komplexitätsgrad Gegenstand der Beschaffung sind. Zielsetzungen hierbei sind

- Die Reduzierung der Komplexität in den Lieferantenbeziehungen

- Die Kostensenkung in der Beschaffungsabwicklung
- Erhöhung der Transparenz in den Beschaffungsprozessen
- Kostendegression aufgrund von Mengen-, Lern- und Synergieeffekten

Voraussetzung für das Konzept ist eine längerfristige Kooperationsbeziehung zwischen Lieferant und Abnehmer, verbunden mit einer engen datentechnischen Kopplung. Single-Sourcing-Konzepte lassen sich, wie in Abbildung 4.21 dargestellt, nach Standort und Umfang der Anwendung weiter untergliedern in (vgl. Wildemann 1997):

- Werksspezifisches Single-Sourcing (Sourcing-Beschränkung auf einen einzigen Standort)
- Baureihenspezifisches Single-Sourcing (Sourcing-Beschränkung auf eine Baureihe)
- Teileartspezifisches Single-Sourcing (Sourcing-Beschränkung auf eine Teileart für alle Standorte; z.B. für alle Baureihen eines Automobilherstellers werden weltweit alle Achsen von nur einem einzigen Lieferanten bezogen)
- Parallel-Sourcing (Single-Sourcing produktverwandter Komponenten mit dem Ziel, Preis-Leistungs-Vergleiche und schnelle, kostengünstige Lieferantenwechsel durchführen zu können)

Einen Spezialfall des Single-Sourcing stellt das Sole-Sourcing dar. Hierbei besteht für den Abnehmer keine marktliche Alternative zu einer Ein-Quellen-Belieferung aufgrund von monopolistischen Anbieterstrukturen.

Standorte Single- Sourcing Umfang	Nur ein Standort	Alle Standorte
Alle Teilearten	Werksspezifisches Single-Sourcing	Teileartspezifisches Single-Sourcing
Baureihen	Werksspezifisches Singlesourcing	Baureihenspezifisches Singlesourcing

(In der Mitte: Parallel Sourcing)

Abb. 4.21: Single-Sourcing-Varianten (Wildemann 1997)

Multiple-Sourcing

Multiple-Sourcing bezeichnet die Beschaffung des gleichen Objekts von mehreren Lieferanten. Den einzelnen Lieferanten wird dabei oftmals ein bestimmter Anteil des zu beschaffenden Bedarfs zugewiesen (Quotierung). Im Gegensatz zum Single-Sourcing besteht die Zielsetzung des Multiple-Sourcing darin, unabhängig von der Abnehmerseite zu sein und zu niedrigsten Preisen zu beschaffen. Aufgrund der Existenz mehrerer konkurrierender Lieferanten kann mit Hilfe des Multiple-Sourcing der anbieterseitige Wettbewerb verstärkt werden. Die Unabhängigkeit zeigt sich in niedrigen Wechselkosten zu anderen Lieferanten sowie durch eine hohe Verfügbarkeit alternativer Bezugsquellen. Das Multiple-Sourcing kommt bei der Beschaffung von Gütern mit geringer Komplexität und niedriger Abnehmerspezifität zur Anwendung.

In Abbildung 4.22 sind die Unterscheidungskriterien zwischen Single- und Multiple-Sourcing in Übersichtsform zusammengefasst.

Modular-Sourcing

Unter Modular-Sourcing wird der Bezug von vormontierten Modulen oder Systemen verstanden, die wiederum aus Komponenten und Teilen bestehen. Der Modullieferant erbringt eine Montageleistung, indem er Komponenten verschiedener Lieferanten zu einem einbaufertigen Modul zusammenfügt. Die Verantwortung für die Beschaffung und die Koordination aller am Modul Beteiligten obliegt seiner Verantwortung. Die Module selbst werden maßgeblich vom Abnehmer (z.B. Automobilhersteller) entwickelt und konstruiert.

Bei Systemen, wie z.B. dem Bremssystem oder dem Beleuchtungssystem, steht die Entwicklung und Fertigung unterschiedlicher Teile oder Baugruppen im Vordergrund, die eine technologische und funktionale Zusammengehörigkeit aufweisen. Demgegenüber sind bei Modulen, wie z.B. Front-End oder Türen, montagebezogene Überlegungen ausschlaggebend. Der Systemlieferant bzw. Systemintegrator führt neben der Montageleistung auch Entwicklungsarbeit für ein einbaufertiges Modul durch und stellt die Integration aller im Modul enthaltenen Systeme sicher. Er übernimmt dabei den überwiegenden Teil der Leistungen in der Entwicklung, der Produktion, der Logistik und koordiniert die ihm zuliefernden Subunternehmen (vgl. Preissler 1994). Durch die Einbindung der Lieferanten ab der Produktentscheidung können Entwicklungszeiten erheblich verkürzt, Kosten gesenkt und der Steuerungsaufwand drastisch reduziert werden. Jedoch sollte das Unternehmen die Kontrolle über die eigenen zentralen Wertschöpfungsprozesse behalten, um sich nicht in Abhängigkeit zu begeben (vgl. Baumgarten 1996).

	Multiple-Sourcing	Single-Sourcing
Anzahl der Lieferanten	>1	1
Ziele des Abnehmers	• niedriger Einstandspreis durch Förderung des Wettbewerbs unter den Lieferanten • Reduktion des Versorgungsrisikos	• Senkung des Einstandspreises sowie eine hohe Qualität der Vorprodukte durch den aktiven Aufbau eines leistungsstarken und innovativen Lieferanten
Art der auszutauschenden Güter	• Güter mit geringer Komplexität und Spezifität sowie guter marktlicher Verfügbarkeit • Standardgüter	• Güter mit hoher Spezifität; • customer-tailored
Art der Zulieferer-Abnehmer-Beziehung	• rein auf Transaktionen ausgerichtete Beziehung • Gefahr von opportunistischem Verhalten der Beteiligten ist wegen der vorhandenen Markttransparenz gering bzw. ausgeschlossen	• mit institutionellem und persönlichem Vertrauen versehene Beziehung • Gefahr opportunistischen Verhaltens auf beiden Seiten erheblich (wechselseitig asymmetrische Informationsverteilung)
Fristigkeit der Zulieferer-Abnehmer-Beziehung	• kurzfristige Ausrichtung • keine Rahmenverträge oder Rahmenverträge mit kurzer Laufzeit möglich	• langfristige Ausrichtung • Rahmenverträge mit relativ langer Laufzeit
Substituierbarkeit des Zulieferers	• Lieferant ist kurzfristig substituierbar, da prinzipiell keine Austrittsbarrieren bestehen und für neue Anbieter der Marktzutritt leicht möglich ist	• Lieferant ist kurzfristig nicht substituierbar, da hohe Austrittsbarriere besteht • Gefahr des Produktionsstopps bei Ausfall eines Lieferanten
gegenseitige Abhängigkeit	• niedrig	• hoch
Wettbewerbssituation	• Förderung des Wettbewerbs unter den Lieferanten	• Förderung des bilateralen Monopols durch Spezifizierung der Transaktionsobjekte

Abb. 4.22: Charakteristik von Multiple- und Single-Sourcing (Arnold 1995)

4.2.6.2 Lieferantenformen

Lieferanten lassen sich nach der Leistung ihrer Beschaffungsbeziehungen klassifizieren in *Teilelieferanten, Komponentenlieferanten, Modullieferanten* und *Systemlieferanten.* Dabei unterscheiden sich die Leistungen der Beschaffungsbeziehungen in Forschung und Entwicklung, Produktion, Logistik, Teileaggregation/Komplettlieferung und der Steuerung von Sublieferanten. Eine Übersicht der unterschiedlichen Leistungen ist in Abbildung 4.23 dargestellt.

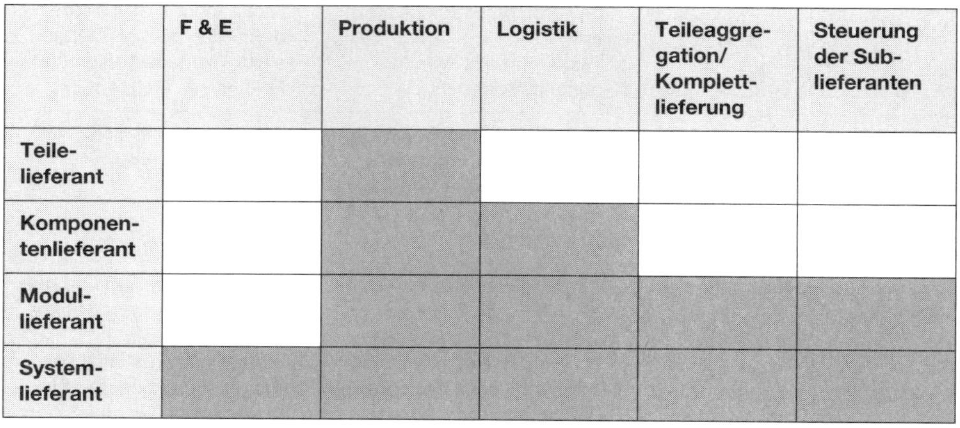

	F & E	Produktion	Logistik	Teileaggregation/ Komplettlieferung	Steuerung der Sublieferanten
Teilelieferant					
Komponentenlieferant					
Modullieferant					
Systemlieferant					

Abb. 4.23: Leistungen bei unterschiedlichen Beschaffungsbeziehungen (Wolters 1995)

4.2.6.3 Lieferantenmanagement

Der hohe Kostenanteil der Beschaffung am Endprodukt macht ein *aktives Management der Lieferanten* unumgänglich. Die Erfolge im Bereich Supply Chain Management durch die richtige Auswahl, die Bewertung und die Unterstützung der Lieferanten, ein sorgfältiges Beschaffungsmarketing, eine kooperative Zusammenarbeit in der gemeinsam vorhandene Kosten- und Innovationspotenziale erschlossen werden, eine Optimierung der Kommunikation, die Durchgängigkeit und Transparenz von Informationen sowie eine gegenseitige Prozesskenntnis unterstreichen die Wichtigkeit des Lieferantenmanagements. Neben der *Lieferantenbewertung* können die *Lieferantenauswahl* und der *Lieferantensupport* dem Oberbegriff des Lieferantenmanagements zugeordnet werden.

Lieferantenbewertung und -auswahl

Eine wichtige Aufgabe im strategischen Beschaffungsprozess ist die systematische Suche, Auswahl und Bewertung von Lieferanten. „Nach Festlegung und Spezifikation des Beschaffungsbedarfs, der Suche nach potenziellen Lieferanten und der Bewertung neuer wie bestehender Lieferanten sowie einer Angebotsanalyse hat sich die Beschaffung auf Basis der aufbereiteten Informationen für das Angebot eines oder mehrerer Lieferanten zu entscheiden" (Vahlen 1997). Zusätzlich zu den Zielen der Beschaffung wie niedriger Preis und hohe Qualität spielen auch logistische Anforderungen bei der Lieferantenauswahl eine wichtige Rolle. Hierzu zählen neben *Versorgungssicherheit, Lieferservice und Flexibilität* der Lieferanten auch die *Kompetenz zur Übernahme logistischer Aufgaben.*

Unter Lieferantenbewertung bestehender und potenzieller Lieferanten wird die „Informationsaufbereitung zum Zwecke der Vorbereitung der Lieferantenauswahl, zur Festlegung von lieferantenpolitischen Maßnahmen und zur Identifizierung von speziellen Beschaffungssituationen verstanden" (Vahlen 1997). Dabei lassen sich bei der Lieferantenbewertung die Schwerpunkte (einmalige oder zyklische) *Lieferantenanalyse* und laufendes *Lieferantencontrolling* identifizieren. *Lieferantenbewertungsverfahren* müssen unterschiedliche qualitative und quantitative Faktoren sowie verschiedene Zielsetzungen gemeinsam berücksichtigen. Zu ihnen zählen neben den unterschiedlichen Ausprägungen der Nutzwertanalyse wie Punktbewertungsverfahren, Scoring-Modelle, weighted-point-method, Indexverfahren, und Kennzahlenverfahren auch spezielle Checklisten, Portfoliotechniken oder lineare Optimierungsverfahren. Die Auswahl des Verfahrens richtet sich dabei nach dem Zweck der Bewertung und der jeweiligen Beschaffungssituation.

Bewertungskriterien beziehen sich auf:

- Qualität (Produkt, Qualitätssicherung etc.)
- Preis (Produktkosten, Zahlungs- und Lieferbedingungen, Transportkosten etc.)
- Produktion (Technologie, Prozesssicherheit, Kapazität, Flexibilität, Mitarbeiterkompetenz etc.)
- Logistik (Termintreue, Lieferzeit, Just-in-Time-Fähigkeit, Lieferflexibilität, Änderungsmanagement, Transportzeit, Transportart etc.)
- Entwicklung (Know-how, Potenzial, Kapazität etc.)
- Kommunikation (Bearbeitungszeit Anfragen/Aufträgen, EDI-Fähigkeit, Kompetenz der Ansprechpartner, Informationssysteme etc.)
- Risikofaktoren (Standort, Entfernung, Bonität, Ruf, Vorlieferanten etc.)
- Strategische Aspekte (andere Kunden des Lieferanten, Marktanteil, Finanzkraft, Image etc.)

Die Gewichtung dieser unternehmens- und produktindividueller Kriterien muss unter Berücksichtigung aller Anforderung wie z. B. aus Einkauf, Logistik, Produktion und Entwicklung erfolgen.

Lieferantencontrolling

Das Lieferantencontrolling dient der Beurteilung der erbrachten Leistung und der Leistungsfähigkeit der aktuellen Lieferanten. Während sich die Leistung der Lieferanten bezüglich Qualität durch Stichprobenprüfung oder Audits vor Ort ermitteln lässt, kann die Qualitätsfähigkeit nur durch Befragung oder Lieferantenbesuche erhoben werden. Den Schwerpunkt des logistisch orientierten Lieferantencontrollings bildet ebenfalls die Leistungsbeurteilung auf Basis von Kennzahlen zur Messung des Anteils termin-, qualitäts- und mengengerechter Lieferungen zu der Summe aller Lieferungen.

Lieferantensupport

Unter Lieferantensupport oder -entwicklung wird die Unterstützung der Lieferanten bei der Behebung von Defiziten durch den Abnehmer verstanden, die während der Lieferantenanalyse bzw. -bewertung festgestellt wurden. Der Lieferantensupport kann sich dabei sowohl auf organisatorische Aspekte beziehen als auch auf produktionstechnische und logistische Prozesse in der Wertschöpfungskette.

4.2.7 Materialfluss

Beschaffung, Bevorratung, Bereitstellung und Entsorgung von Material gehören zu den Aufgaben im Rahmen des *Materialflussmanagements* – oftmals auch auch als *Materialwirtschaft* bezeichnet. Der Sammelbegriff Material umfasst Rohstoffe, Hilfsstoffe, Betriebsstoffe, Zulieferteile und Handelswaren, die zu niedrigsten Kosten (Versorgungs-/Entsorgungskosten, Bestandskosten) bei bestmöglicher Qualität und Verfügbarkeit betrieblichen Leistungserstellern oder dem Kunden zur Verfügung gestellt werden sollen.

Beschaffung umfasst dabei die Ermittlung des Materialbedarfs und die Deckung dieses Bedarfs aus externen oder internen Quellen, *Bevorratung* die Übernahme, Prüfung, Einlagerung oder Pufferung des Materials sowie dessen Pflege während der Bevorratung und die *Bereitstellung* die Zuführung des Materials mit Hilfe von Umschlags- und Transporttätigkeiten. Im Rahmen der *Entsorgung* werden vom ursprünglichen Bedarfsträger Abfälle oder Überschussmaterial der Wiederverwendung, dem Recycling oder der Entsorgung zugeführt (vgl. Fieten 1999).

4.2.7.1 Bedarfsermittlung und Beschaffung

Grundsätzlich können drei Verfahren zur Bedarfsermittlung angewandt werden: die verbrauchs- und die programmgesteuerte Materialbedarfsermittlung sowie die Schätzung. Die Bedarfsermittlung durch *Schätzung* wird angewandt, wenn keinerlei Informationen zur Prognostizierung des Bedarfs vorliegen oder wenn es sich um geringwertige Materialien handelt und sich der Aufwand zur exakteren Bedarfsermittlung somit nicht lohnt. Auf die *deterministische* oder *programmgesteuerte Bedarfsermittlung* wurde bereits im Rahmen der Produktionsplanung des Kapitels Planung und Vorbereitung eingegangen. Bei ihr werden Planungswerte oder vorhandene Aufträge mit Hilfe von Stücklisten und vorhandenen Beständen in Nettobedarfe umgerechnet und dienen dann der Materialwirtschaft als Vorgaben für Mengen und Termine zur Beschaffung und Bereitstellung.

Die *verbrauchsgesteuerte* oder *stochastische Bedarfsermittlung* orientiert sich an den Vergangenheitswerten des tatsächlichen Verbrauchs an Gütern und Materialien. Oftmals unter Zuhilfenahme von Prognoseverfahren wie Mittelwertbildung, Regressionsanalyse oder exponentielle Glättung, deren Eignung sich hauptsächlich an dem Verbrauchsverhalten orientiert, werden bei Unterschreiten eines gewissen Materialbestands (Bestellpunktverfahren) oder in festgelegten zeitlichen Abständen (Bestellrhythmusverfahren) die zu beschaffenden Bedarfe ermittelt und Bestellungen ausgelöst.

Welches Teil mit welchem Bedarfsermittlungsverfahren disponiert wird, hängt wiederum von den unternehmensspezifischen Gegebenheiten ab und ist Teil der Optimierungsstrategie der Beschaffung. Generell werden jedoch aufgrund des höheren Aufwands vorrangig A- oder B-Teile mit Hilfe der deterministischen Bedarfsermittlung disponiert. Im Rahmen der *Bestandsoptimierung* müssen ebenfalls die Strategien der Beschaffung für die einzelnen Teile oder -klassen festgelegt werden. Drei Beschaffungsstrategien lassen sich hierbei unterscheiden: die *Einzelbeschaffung* nach Auftragseingang, *die Lager- oder Vorratsbeschaffung* und die *produktionssynchrone Beschaffung*. Die produktionssynchrone Beschaffung koppelt den Materialbedarf in der Produktion direkt mit der Vormaterialversorgung oder dem Lieferanten. Auf eine interne Lagerhaltung wird verzichtet, und der Bedarf wird aus Puffern gedeckt, die täglich oder untertägig von internen Stellen oder Lieferanten auf Basis des Produktionsfortschritts aufgefüllt werden.

4.2.7.2 Materialsteuerung

Die Steuerung des Materials von den Lieferanten, den internen Lagern oder Leistungserstellern zur Produktion unterteilt sich wie die Bedarfsermittlung in verbrauchsorientierte und bedarfsorientierte, programmgesteuerte Verfahren. Die *verbrauchsorientierte Steuerung* orientiert sich am Bedarf der letzten Stelle im Unternehmen (z. B. Endmontage). Denen dienen Kunden- oder Planaufträge als Eingangsparameter. Den zugehörigen Materialbedarf beziehen sie aus ihrem Umlaufbestand oder sie generieren Materialanforderungen an vorgelagerte Stellen. Diese verfahren ebenso, und das benötigte Material wird gleichsam durch das gesamte Unternehmen gezogen sowie die Anlieferungen von Lieferanten damit gesteuert. Dieses Hol- oder Pull-Prinzip liegt auch verschiedenen Produktionssteuerungsverfahren wie Kanban oder Mehrbehälterprinzipien zugrunde, auf die im nachfolgenden Kapitel näher eingegangen wird.

Bedarfsorientierte, programmgesteuerte Verfahren basieren auf einer zentralen Steuerungsinstanz (zumeist ein PPS-System), die für jede Stelle im Unternehmen den Materialbedarf festlegt und Mengen und Termine für die Fertigstellung der Produktionsaufträge festlegt. Das bedarfsorientierte, programmgesteuerte Verfahren wird auch als Bring- oder Push-Prinzip bezeichnet.

4.2.7.3 Belieferungskonzepte

Auf Basis der Materialsteuerung und der Beschaffungsstrategien können auch unterschiedliche interne und externe Belieferungskonzepte unterschieden werden. In der Automobilindustrie, aber auch in vielen anderen Industriezweigen kommen generell drei Standardbelieferungskonzepte zum Einsatz:

- Just-in-Time-Belieferung
- Direktbelieferung
- Lagerbelieferung

Just-in-Time-Belieferung

Bei der Just-in-Time-Belieferung werden die Beschaffungsobjekte produktionssynchron angeliefert. Der Abnehmer steuert dabei seinen Produktionsprozess und übermittelt den entstehenden Bedarf für einen Zeitabschnitt an den Lieferanten. Dabei werden die variantenbildenden Wertschöpfungsaktivitäten beim Lieferanten so spät wie möglich eingeleitet. Die Belieferung des Abnehmers kann entweder direkt mit fertigen Teilen bzw. Modulen erfolgen oder der Lieferant hat in unmittelbarer Nähe des Abnehmers eine Produktionsstätte zur Durchführung der variantenbildenden Wertschöpfungsaktivitäten. Die JIT-Belieferung kann in eine sequenzgenaue und eine kurzzyklische Form unterteilt werden.

- Sequenzgenaues JIT: Bei der sequenzgenauen Anlieferung wird die Reihenfolge der Anlieferung der unterschiedlichen Varianten genau auf die Montagereihenfolge des Abnehmers abgestimmt. Für den reibungslosen Ablauf ist eine schnelle, fehlerfreie Kommunikation zwischen Lieferant und Abnehmer sicherzustellen. Weitere Voraussetzungen für sequenzgenaues JIT sind Null-Fehler-Qualität und unmittelbare Lieferantennähe sowie hohe Lieferantenflexibilität.
- Kurzzyklisches JIT: Bei der kurzzyklischen JIT-Belieferung werden variantenarme Beschaffungsobjekte täglich oder mehrmals täglich angeliefert.

Direktbelieferung

Bei der Direktanlieferung wird auf eine Wareneingangsabwicklung und auf Lagerungen verzichtet, indem der Lieferant die Teile verbrauchsgerecht verpackt und in einen Puffer anliefert. Diese Abwicklung findet Anwendung, wenn an Verbraucherorten des Abnehmers relativ konstante Bedarfe bestehen und die Bedarfshöhen die direkte Belieferung wirtschaftlich sinnvoll machen. Diese lagerlose, meist sortenreine Belieferungsform eignet sich für Teile mit geringer Varianz und hohem Volumen, die zeitnah produziert und lagerlos versorgt werden können. Eine neuartige Form der Direktbelieferung ist die Nutzung von Lkw-Aufliegern oder Wechselbrücken als Puffer – das Warehouse-On-Wheels-Konzept. Diese werden möglichst verbraucherortnah abgestellt, daraus die Produktion versorgt und zyklisch durch volle Auflieger oder Wechselbrücken ersetzt.

Lagerbelieferung

Bei der Lagerbelieferung wird das Material an mindestens einer Stufe der Belieferungskette gelagert. Die einstufige Lagerhaltung stellt mit den reduzierten Handlingsaufwänden die optimale Form dar. Dabei kann die Lagerung sowohl vom Lieferanten, als auch verbraucherortnah vom Abnehmer oder von einem Dienstleister durchgeführt werden.

4.2.8 Informationsfluss

Begleitend zum Materialfluss oder diesem vorauseilend ist der Informationsfluss zu gestalten und zu managen. Informationen bearbeiten, weiterleiten und verteilen, verarbeiten, prüfen, speichern gehören hierbei zu den Aufgaben. Analog zur Materialwirtschaft wird häufig auch der Begriff der Informationswirtschaft verwendet. Die o. g. Aufgaben übernehmen zumeist mehrere Informationssysteme, die im Idealfall eine durchgängige Verteilung und Versorgung der gesamten Supply Chain gewährleisten. Aufgrund gewachsener Systemstrukturen in den Unternehmen kommen zahlreiche unterschiedliche Systeme zum Einsatz. Exemplarisch seien hier genannt:

● Entwicklungssysteme: CAD-, CAE-, CAM-Systeme, EDM-Systeme
● Produktionsplanungs- und Steuerungssysteme (PPS-Systeme) mit unterschiedlichen Modulen: z.B. Mengen, Termin und Kapazitätsplanung, Auftragsabwicklung, Produktionsprogrammplanung, Bedarfsermittlung, Distributions- und Transportplanung
● Warenwirtschaftssysteme: z.B. Bestandsführung, Materialverwaltung, Lagerverwaltung
● Betriebsdaten- und Maschinendatenerfassungssysteme
● Beschaffungs- und Bestellabwicklungssysteme
● Identifikationssysteme
● Kommunikationssysteme: z.B. EDI- oder DFÜ-Systeme, E-Mail
● Data-Mining-Systeme
● Supply Chain Management-Systeme

Die Integration dieser Systeme, die Datenhaltung und Schnittstellengestaltung ist eine äußerst komplexe Aufgabe, die zumeist erst in jüngster Zeit von den Unternehmen angegangen wird. Supply Chain Management-Systeme oder so genannte *Enterprise Application Integration* (EAI) Software helfen bei der Zusammenführung aller betrieblichen Informationen – in vielen Fällen muss jedoch die Systemarchitektur den betrieblichen Prozessen grundsätzlich angepasst werden, was zumeist mit einer informationstechnischen Neukonzeption einhergeht.

Im Rahmen des Beschaffungsprozesses kommt dem *elektronischen Datenaustausch* eine besondere Bedeutung zu, da er die unternehmensübergreifende Übermittlung von Informationen zu Lieferanten und Dienstleistern gewährleistet.

4.2.8.1 Elektronischer Datenaustausch

Der elektronische Datenaustausch (electronic data interchange, EDI) dient der Verteilung von relevanten Informationen in der gesamten logistischen Kette und hat einen entscheidenden Anteil an der Vernetzung und Beschleunigung von Prozessen in der Supply Chain. Träger der elektronischen Informationen können sein:

- Telefonleitungen
- Internet/Intranet
- Rechnernetzwerke (LAN, WAN)
- Funkübertragung

Systeme zur Übertragung der betrieblichen Informationen werden oftmals auch als DFÜ-Systeme (Datenfernübertragungssysteme) bezeichnet. Je nach Übertragungssystem kommen unterschiedliche Übertragungsprotokolle oder -standards zum Einsatz. Im Bereich von Internet oder Intranet wird hauptsächlich TCP/IP (Transmission Control Protocol/Internet Protocol), in anderen die Datex-P oder ISDN-Protokolle verwendet. Als Nachrichtenstandards oder -formate sind z.B. ODETTE, EDIFACT, VDA (4905, 4915) für Lieferabrufe in der Automobilindustrie oder STEP und XML zum Austausch technischer Informationen in Verwendung. Je nach Branche und teilweise je nach Hersteller können die Standards variieren, was deren operative Anwendung insbesondere für Zulieferer mit vielen Kundenbeziehungen operativ sehr erschwert. Eine Einigung auf einen weltweiten, allgemein gültigen Standard konnte bislang nicht erreicht werden. Mit dem Internet-Standard XML/ENX (Extended Markup Language/European Network Exchange) wird derzeit eine neuer Versuch unternommen – allerdings mit noch ungewissem Ausgang. Die Entwicklung im Bereich Internet und die Zunahme von weltweiten E-Business- und E-Commerce-Aktivitäten unterstützen jedoch die Bestrebungen, leicht und schnell Informationen auszutauschen und in Rechnersysteme zu integrieren.

4.2.8.2 Produktionsprozess

Der Produktionsprozess bildet den Schwerpunkt der betrieblichen Leistungserstellung. Es werden Güter und Dienstleistungen miteinander kombiniert und in andere Güter und Dienstleistungen transferiert. Die Teilprozesse *Fertigung* (Veränderung der Form und/oder der Stoffeigenschaften aus dem Rohzustand in den Fertigzustand) und *Montage* können unter dem Oberbegriff Produktion zusammengefasst werden.

Die *Produktionslogistik* plant, steuert und optimiert den Material- und Informationsfluss, der sich im Anschluss an die beschaffungslogistische Bereitstellung durch die Produktion bis zum Fertigwarenlager fortsetzt. Auf einige strategische Elemente im Produktionsprozess wurde bereits eingegangen. Hierzu gehört die:

- Leistungstiefengestaltung (Make-or-Buy-Entscheidung)
- Festlegung der Bevorratungsebenen und Wahl des Kundenentkopp-

lungspunktes (Trennung zwischen kundenneutraler und kundenauf-tragsbezogener Fertigung)

● Materialsteuerung (verbrauchs- oder bedarfsorientiert)

Weiterhin müssen materialflussgerechte Fabrikstrukturen geplant und ge-schaffen werden sowie grundsätzliche wettbewerbsbestimmende Faktoren mit einbezogen werden. Strategische Entscheidungen sind als Querschnitts-aufgaben zwar vom gesamten Unternehmen umzusetzen, der Logistik und Produktion kommt hierbei jedoch eine Schlüsselrolle zu. Aus Kunden- oder Marktsicht sind zunehmend insbesondere logistische Leistungen relevant:

● Lieferzeit (Zeit von der Auftragserteilung bis zur Auslieferung)
● Lieferflexibilität [Lieferbereitschaft, Flexibilität bezüglich Änderung von Terminen, Mengen oder Produkt (-spezifikation)]
● Lieferzuverlässigkeit (qualitative und quantitative Liefertermintreue)

Die Erfüllung dieser logistischen Leistungen beeinflussen einerseits den Umsatz des Unternehmens, aber andererseits auch massiv die Kosten. Eine Abstimmung mit der Produktion und der dort gewählten Strategie ist über-lebensentscheidend. Beispiele für Unternehmens- oder Produktionsstrate-gien sind:

● Maximale Auslastung und Produktivität
● Minimale Durchlaufzeit
● Lokale (Produktions-)Kostenminimierung
● Kostenführerschaft (am Markt)
● Maximale Termintreue
● Minimale Kapitalbindung
● Maximale Fertigungsflexibilität

Es wird deutlich, dass *Interdependenzen* zwischen diesen teilweise massiv konkurrierenden Zielen bestehen und eine auf die Unternehmensstrategie abgestimmte Lösung nur mit Hilfe einer ganzheitlichen Optimierung der Supply Chain erreicht werden kann.

Nachfolgend soll noch auf einige Produktionsgestaltungsmerkmale ein-gegangen werden, die starken Einfluss auf die Produktionslogistik und die Gestaltung der Produktionsprozesse haben.

Fertigungsprinzip

Das Fertigungsprinzip beschreibt die Organisation der Fertigung in logisch-räumlichen Anordnung. Es können unterschieden werden (vgl. Warnecke 1993):

- *Werkstattfertigung:* Organisation der Fertigung nach der Verrichtung; gleiche Fertigungsverfahren sind räumlich nebeneinander angeordnet
- *Gruppenfertigung:* Organisation der Fertigung nach dem Produkt oder Erzeugnis, für das Erzeugnis benötigte Fertigungsverfahren sind räumlich beieinander angeordnet
- *Fließfertigung:* Organisation der Fertigung nach dem Flussprinzip, benötigte Fertigungsverfahren für mehrere Erzeugnisse sind nacheinander angeordnet

Daneben existiert noch eine Reihe anderer Prinzipien wie beispielsweise die Baustellenfertigung, die im produktionstechnischen Alltag jedoch eine untergeordnete Rolle spielt. Bezüglich der im vorherigen Kapitel genannten logistischen Leistungen ist die Wahl des Fertigungsprinzip durchaus relevant. So unterstützt beispielsweise die Gruppenfertigung die Lieferflexibilität, wogegen diese in der Fließfertigung nur mit wesentlich höherem Aufwand erreichbar scheint bzw. nicht vorgesehene Produktänderungen nicht möglich sind.

Fertigungsart

Die Art der Produktionsaufträge werden durch die Fertigungsart festgelegt. Die wichtigsten Arten sind (vgl. Warnecke 1993):

- *Einzelfertigung:* auf Basis des individuellen Kundenauftrags werden Produkte einzeln gefertigt
- *Losfertigung:* Kundenaufträge werden zusammengefasst und gemeinsam in einem Los gefertigt (Kleinserien-, Großserienfertigung)
- *Model-Mix-Fertigung:* kundenindividuelle Produkte werden auf Basis eines gleichen Modells im Fließprinzip gefertigt (Automobilproduktion)

Fertigungsablauf

Grundprinzipien im Fertigungsablauf bestimmen ebenfalls die inner- und überbetrieblichen Material- und Informationsflüsse. Generell lassen sich unterscheiden (vgl. Warnecke 1993):

- *Lagerfertigung:* kundenauftragsneutrale Produktion und Kundenbelieferung aus dem Lager (z.B. Massenprodukte)
- *Auftragsfertigung:* kundenindividuelle Produktion und Auftragsabwicklung ohne Endproduktlagerhaltung (z.B. Anlagenbau)
- *Programmfertigung:* kundenauftragsneutrale Vorfertigung und kundenindividuelle Endmontage oder Customizing; der Kundenentkopplungspunkt kann hierbei sogar außerhalb der eigentliche Fertigung liegen (z.B. Automobilproduktion Vormontage kundenneutral, Endmontage kundenindividuell; Computer Modulherstellung kundenneutral, Montage der Module kundenspezifisch z.T. beim Händler)

Je nach Fertigungsablaufprinzip werden unterschiedliche logistische Leistungen bereits vordefiniert. Eine Lagerfertigung besitzt aufgrund ihrer Struktur keine Flexibilität bezüglich des Produkts, wogegen die Auftragsfertigung bezüglich Lieferzeit und Produktionskosten prinzipbedingte Nachteile gegenüber der Lagerfertigung hat. Aufgrund des Wunsches des Kunden zu kundenindividuellen Produkten bei niedrigen Preisen kommt der Programmfertigung eine steigende Bedeutung zu. Unter dem Stichwort Mass Customization wird versucht, durch geeignete Organisations-, Produkt-, Prozess- und Technologiegestaltung die Vorteile der Lager- und der Auftragsfertigung zu kombinieren.

Produktionssteuerung

Die Produktionssteuerung kann nicht isoliert von der Produktionsplanung betrachtet werden, da in zyklischen Abständen die Ist-Zustände in die Planung eingehen und die Termin-, Kapazitäts- und Mengenplanung aktualisiert und die neuen Plandaten zur Steuerung verwendet werden. Der Abgleich zwischen Plan- und Ist-Daten wird unter dem Begriff der Produktionskontrolle subsummiert. Grundsätzlich können die Produktionssteuerungsprinzipien gemäß den Materialsteuerungsprinzipien in bedarfs- und verbrauchsorientiert unterteilt werden.

Verbrauchsorientierte Steuerungsprinzipien

Bei den verbrauchsorientierten Steuerungsprinzipien oder Pull-Prinzipien wie Kanban oder der Mehrbehälter-Steuerung werden nacheinandergeschaltete selbststeuernde Regelkreise installiert, die auch werks- oder unternehmensübergreifend gestaltet werden können. Jeder Regelkreis besitzt eine Senke, in der Material vom nachgelagerten Regelkreis verbraucht wird und eine Quelle, die vom vorgelagerten Regelkreis befüllt wird. Verbrauchsorientierte Steuerungssysteme funktionieren am besten für Standardprodukte mit einem regelmäßigen, harmonischem Bedarfsverlauf, wenigen Varianten und einer materialflussorientierten Betriebsmittelanordnung. Folgende Varianten können unterschieden werden:

- Zweibehältersystem
- Mehrbehältersystem
- Ein-Karten Kanban
- Zwei-Karten Kanban
- Signal-Kanban
- Elektronischer Kanban

Zweibehältersystem, Mehrbehältersystem

Plan- oder Kundenaufträge werden an die letzte Stufe im Produktionsprozess (z. B. Endmontage) gegeben. Mit Hilfe des zur Verfügung stehenden Materials in der Quelle (ein voller Behälter an Material) werden die Kundenaufträge produziert. Ein leerer Behälter wird an die vorgelagerte Stelle zurückgegeben, wo bereits ein voller Behälter desselben Teils zur Verfügung steht. Die vorgelagerte Stelle bekommt mit dem Erhalt des leeren Behälters einen Produktionsauftrag für das zum Behälter gehörige Teil. Menge und Teiletyp sind am Behälter notiert. Die nachgelagerte Stelle verfährt mit der ihr nachgelagerten Stelle ebenso, womit sich ein ziehender Materialfluss durch die gesamte Wertschöpfungskette ergibt. Der Materialbestand wird somit auf maximal zwei Behälter Standardmenge pro Teil oder Komponente in der gesamten Wertschöpfungskette beschränkt. Steuerungsparameter ist die Menge an Teilen pro Behälter oder die Anzahl der Behälter pro Regelkreis beim Mehrbehältersystem. Eine Variante des Mehrbehältersystems ist die „elektronische" Auslösung der Materialbestellung, z.B. durch Scannen eines Barcodes am leeren Behälter.

Kanban

Kanban basiert grundsätzlich auf dem gleichen Prinzip wie das Zwei- oder Mehrbehältersystem. Statt Behälter werden Karten (japanisch Kanban) verwendet. Diese Karten mit Angaben zu Teiletyp und -menge dienen der produzierten Stelle als Produktionsauftrag. Zwischen den einzelnen Regelkreisen sind Auftragsboxen, in denen Karten deponiert werden und Pufferlager. Entnimmt eine vorgelagerte Stelle Material aus dem Pufferlager, so werden die beiliegenden Karten entfernt und in die Auftragsbox der nachgelagerten Stelle gelegt. Aufträge müssen nicht sofort nachproduziert werden, sondern es können Karten gesammelt werden und das Teil kann bei

Erreichen einer wirtschaftlichen Menge eigenverantwortlich von der nachgelagerten Stelle nachproduziert werden.

Dieses Grundprinzip des Kanban wurde seit seiner Entwicklung in den 40er Jahren in unterschiedlichster Weise variiert und angepasst. So können beispielsweise auf Basis der Kunden- oder Planaufträge zentral über eine Stücklistenauflösung für alle Regelkreise Produktions-Kanbans erzeugt werden, die dem Materialbedarf pro Werktag entsprechen. Auf Basis dieser Produktions-Kanbans werden Pufferlager mit der entnommenen Teilemenge aufgefüllt. Auftragsbildung, -terminierung und kurzfristige Disposition erfolgen eigenverantwortlich und dezentral in den entsprechenden Regelkreisen. Beim Zwei-Karten-Kanban wird zwischen Produktions- und Transportaufträgen unterschieden, das Signal-Kanban benutzt optische Signale bei Unterschreiten eines bestimmten Bestands als Auslöser für die Nachproduktion, der elektronische Kanban ersetzt Karten durch elektronisch übermittelte Signale. Im Vergleich zum Mehrbehältersystem kann über die Einsteuerung von Karten in die Produktion die dort befindliche Teilemenge spezifischer (auftragsorientierter) gesteuert werden.

Bedarfsorientierte Steuerungsprinzipien

Bedarfsorientierte Steuerungsprinzipien basieren zumeist auf dem *Manufacturing Resource Planning Konzept (MRP II-Konzept)*, das den meisten derzeitig erhältlichen PPS-Systemen zugrunde liegt. Hierbei wird ausgehend von allen Real- oder Planaufträgen mit den jeweiligen Fertigstellungsterminen eine Durchlaufterminierung der gesamten Produktionsablaufs durchgeführt. Dies geschieht mit Hilfe festgelegter bzw. ermittelter durchschnittlicher Zeiten für einzelne Bearbeitungsschritte. Alle Aufträge werden somit in ihre Arbeitsschritte unterteilt und für diese Anfangs- und Endzeiten festgelegt sowie die sich daraus ergebenden Anfangs- und Endzeiten für die Aufträge ermittelt. Eine Berücksichtigung möglicher Engpässe oder Störungen findet nicht statt. Im Anschluss an die Durchlaufterminierung erfolgt der Abgleich zwischen eingeplanten und zur Verfügung stehenden Kapazitäten pro betrachtete Periode. Im Falle einer kapazitiven Überlastung einer Arbeitsgruppe oder eines -systems können Kapazitätsangebote erhöht werden (z.B. Sonderschicht) oder es werden Verschiebungen von Auftragsterminen vorgenommen.

Die Starttermine der Aufträge auf den einzelnen Ressourcen werden im Rahmen der Feinterminplanung unter Anwendung unterschiedlicher Prioritätsregeln bis zu minutengenau heruntergebrochen und eine Auftragsreihenfolge mit genauem Start und Endtermin für jede Arbeitsgruppe oder

Maschine festgelegt. Dieses Terminraster dient dann der Steuerung des Informations- und Materialflusses in der Produktion.

An diesem Prinzip ist zu kritisieren, dass aufgrund unsicherer Planungsdaten (Arbeitspläne, Stücklisten, Auftragsdaten, Änderungsstände), Störungseinflüsse und den fälschlicherweise als konstant angenommenen Kapazitäten die Planung nie genau der Realität entsprechen kann. Durch Lieferverzögerungen, Fehlmengen, Kundenänderungen, Maschinenausfälle, operative Änderungen der Auftragsreihenfolge, mangelnde Berücksichtigung der Umlaufbestände können schnell die Planungsresultate überholt sein. Aufgrund des Zeitversatzes für die Planung hinkt sie immer der Realität hinterher – eine statische Planung eines dynamischen Prozesses. Die Produktion wird in ein starres Planungskorsett gezwängt, das bei einem dynamischen Produktionsgeschehen eher hinderlich als förderlich ist.

4.2.8.3 Distributionsprozess

Der Distributionsprozess organisiert die anforderungsgerechte Versorgung des Kunden oder des Marktes mit produzierten Waren oder Gütern unter Berücksichtigung der geforderten Lieferzeit, Lieferflexibilität und Lieferzuverlässigkeit. Der Güterfluss von der Produktion oder dem Fertigwarenlager über regionale Auslieferungslager bis zum Endkunden wird als Distributionslogistik bezeichnet. Die *Distributionslogistik* stellt somit die Transferfunktion zwischen der durch Produktionsprogramme und -technologien geprägten Güterbereitstellung durch Produktions- und Handelsunternehmen und der an Verhaltensmustern orientierten zeitlich und räumlich stochastischen Bedarfsstruktur von Verwendern dar (vgl. Wildemann 1997).

Der Kunde, auf den der Distributionsprozess ausgerichtet ist, unterscheidet sich oftmals stark. Dieser kann der Groß- oder Einzelhandel, andere Industrieunternehmen oder der Endverbraucher selbst sein. Neben der Anforderung des Produkts müssen auch die des Kunden im Rahmen der Distributionslogistik berücksichtigt werden. Lieferzeit, Lieferflexibilität und Lieferzuverlässigkeit müssen in Zusammenhang mit den Kosten der Distribution mit Lagerkosten, Bestandskosten, Handlingskosten, Transportkosten, Personalkosten und Auftragsabwicklungskosten optimiert werden. Hierbei sind noch interne Kosten mit den Kosten spezialisierter Transport- oder Logistikdienstleister zu vergleichen.

Schwerpunkte bei der Gestaltung des Distributionsprozess sind:

● Lagerhaltung und -struktur
● Transport
● Auftragsabwicklung

Lagerhaltung und -struktur

Lager oder Distributionszentren dienen unterschiedlichen Zwecken im Distributionsprozess. Güter werden dort vorübergehend gelagert oder gepuffert, für einen Auftrag kommissioniert, verpackt, kontrolliert oder kundenspezifisch fertiggestellt – die Warenverteilung und Lagerung ist zur Entkopplung von Zeit, Raum und Warenmengen notwendig. Neben den in den Lagern durchzuführenden Aktivitäten ist somit die Lagerstruktur von entscheidender Bedeutung. Die Struktur wird von der räumlichen Anordnung, der Dimensionierung und der Anzahl bestimmt, wobei sowohl einstufige als auch mehrstufige Konzepte zur Anwendung kommen. Folgende Unterscheidungskriterien bei der Einteilung von Lagerarten können zugrundegelegt werden (vgl. Pfohl 1994):

● Lagerstufen: einstufige, mehrstufige Lagerhaltung, Werkslager, Zentrallager, Regionallager, Auslieferungslager
● Lagerfunktion: Vorratslager, Umschlagslager, Verteilungslager/Distributionszentren, Kommissionierlager
● Nutzung: Pufferlager, Konsignationslager
● Typ: Hochregal-, Regal-, Frei-, Blocklager

Anforderungen an die Lagerlogistik lassen sich wie folgt zusammenfassen (vgl. Thaler 1999):

● Sach- und artikelgerechte Lagerung
● Ausreichende Marktabdeckung (räumlich, mengen-, sortimentsbezogen)
● Lieferzeit, Lieferflexibilität und Lieferzuverlässigkeit nach Kundenbedarf
● Kostenoptimierung
● Minimierung der Umlagerungen und des Handlings

Transport

Im Rahmen der Transportplanung und -optimierung müssen eine Reihe strategischer und operativer Entscheidungen getroffen werden. Hierzu gehören:

● Transportarten und Lieferrhythmen
● Transportstufen und Bestimmung der Transportflüsse
● Flottenplanung
● Tourenplanung und Fahrzeugeinsatzplanung
● Ladungsträger- und Frachtraumoptimierung

312

In den meisten Fällen wurden jedoch die Transportaktivitäten von Industrieunternehmen auf externe Dienstleister verlagert, so dass die Kernaufgabe der Transportplanung die Auswahl geeigneter Transport- oder Logistikspezialisten nach Kriterien umfasst wie (vgl. Delfmann 1999):

- Flächendeckung
- Preis
- Qualität
- Zuverlässigkeit
- Informationsverarbeitung
- Zeitleistung
- Intermodale Verkehrskonzepte
- Service- und Dienstleistung (z. B. Sequencing, Kommissionierung etc.)

Auftragsabwicklung

Auch in der Distributionslogistik müssen Informations- und Materialfluss gestaltet und optimiert werden. Der Kundenauftrag als Quelle des Informationsflusses im Auftragsabwicklungsprozess wird warenbegleitend im Versand zumeist an externe Transportdienstleister weitergeleitet. Neben der Frachtavisierung gehören Lieferschein, Warenbegleitschein und Warenanhänger zu den wichtigsten warenbegleitenden Informationen.

Zusätzlich zu den Ein- und Auslagerungsvorgängen im Falle eines Fertigteilelagers müssen Aufgaben wie Kommissionierung, Verpackung, Etikettierung, Bereitstellung und Versand im innerbetrieblichen Distributionsprozess durchgeführt werden (vgl. Thaler 1999).

4.2.8.4 Entsorgungsprozess

Die bei der Produktion, Distribution und Konsumption entstehenden Rückstände und Abfälle bedürfen einer gesonderten logistischen Betrachtung. Dabei ist die Entsorgungslogistik nicht als letztes Glied der logistischen Kette zu sehen, sondern als integraler Bestandteil aller logistischen Abläufe. Bereits in der Phase der Entwicklung werden die Voraussetzungen für ein Einhalten der Grundsätze des Kreislaufwirtschafts- und Abfallgesetzes

- Abfallvermeidung vor Abfallentstehung
- Abfallverwertung vor Abfallentsorgung

gelegt. Die Entsorgungslogistik umfasst die betrieblichen Aufgaben:

Schlüsselprozesse	Auftragsabwicklung
Produktentwicklungsprozess	
Kundenbetreuungsprozess	Auftragsgewinnung · Auftragsplanung · Auftragsbearbeitung · Machbarkeitsprüfung · Angebotskalkulation · Kundenmanagement · Vertriebs(programm)planung · Änderungsmanagement
Produktionsplanungsprozess	Produktionsplanung/Arbeitsvorbereitung · Produktionsprogrammplanung/Feinplanung · Kapazitäts-/Termin- und Mengenplanung · Änderungsmanagement
Auftragsabwicklungsprozess	Bestandsführung · Qualitätssicherung
Beschaffungsprozess	Materialwirtschaft · Bestellabwicklung · Lieferantenkommunikation · Einkauf/Beschaffung · Warenvereinnahmung, Lagerung · Lieferanten- und Änderungsmanagement
Produktionsprozess	Produktionssteuerung · Bevorratung/Entsorgung · Materialversorgung · Auftragsfortschrittskontrolle · Transport · Informationsversorgung · Instandhaltung · Produktion und Montage · Störungs-/Änderungsmanagement
Distributionsprozess	Versand · Lagerung · Transportsteuerung · Verteilung · Transportoptimierung · Bestandssteuerung · Kommissionierung · Änderungsmanagement
Entsorgungsprozess	Entsorgung · Leergutrückführung · Recycling
Unterstützungsprozess	Controlling · Personal-/Rechnungswesen · Unternehmensentwicklung/-leitung · Allg. Organisation

Abb. 4.24: Kernaufgaben und Hauptprozesse im Kernprozess Auftragsabwicklung (IPA)

314

- Leergutrückführung
- Kreislaufführung von Stoffen
- Verwertung von Abfällen
- Entsorgung von Abfällen

Neben der Entsorgung stehen Wiederverwendung und Recycling im Vordergrund des Entsorgungsprozesses. Bereits im Produktentwicklungsprozess ist somit auf eine recyclinggerechte Konstruktion der Produkte zu achten.

4.3 Modellierungsverfahren für die Supply Chain (SCOR)

Aus Interesse an der Anwendung und Weiterentwicklung des modernen Supply Chain Managements wurde im Juni 1997 der Supply Chain Council als gemeinnützige Vereinigung von Industrieunternehmen gegründet. Mit der Absicht, einen branchenübergreifenden Standard für die Prozessmodellierung zu definieren, entwickelten die Mitglieder das so genannte Supply Chain Operation Reference Modell (SCOR). SCOR ist ein *Prozessreferenzmodell*, das eine Sprache zur unternehmensinternen Kommunikation mit den Abteilungen und zur unternehmensübergreifenden Kommunikation mit den Supply Chain Partnern liefert. Der große Vorteil gegenüber klassischen Prozessmodellen liegt in der Darstellung verschiedener Konfigurationen des gleichen Prozesses.

Ein Prozessreferenzmodell integriert bekannte Managementkonzepte wie Prozess Reengineering, Benchmarking und Prozessleistungsmessung.

Das Modell enthält:

- Standardbeschreibungen der Managementprozesse
- Einen Rahmen für die Beziehungen zwischen den Standardprozessen
- Standardkennzahlen zur Messung der Prozessleistung
- Managementpraktiken, die Best-in-Class-Leistung ermöglichen
- Abgestimmte Standardsoftware, Eigenschaften und Funktionalität

Das Supply Chain Operation Reference Modell (SCOR) basiert auf den vier Managementprozessen Planen, Beschaffen, Herstellen und Liefern. Durch die Nutzung dieser Kettenglieder können sowohl sehr einfache als auch sehr komplexe Supply Chains, unabhängig von ihrer Branche, mit einer Reihe einheitlicher Definitionen beschrieben werden. Durch das Modell werden drei Prozessebenen vorgegeben; um aber die geforderte Flexibilität zu erreichen, muss das Modell mindestens auf Stufe vier erweitert werden. Dadurch kann man auf die spezifischen Prozesse, Systeme und Praktiken des jeweiligen Unternehmens eingehen. Durch SCOR sollen alle *Kundeninteraktionen, physischen Materialtransaktionen* und alle *Wechselwirkungen mit dem Markt* erfasst werden. Unternehmensprozesse wie z.B. Verwaltung und Entwicklung werden jedoch nicht berücksichtigt.

4.3.1 Struktur von SCOR

Auf Ebene eins (Abb. 4.25) wird die Supply Chain mit den vier *Hauptmanagementprozessen* Planen, Beschaffen, Herstellen, Liefern beschrieben. Die drei Ausführungsprozesse (Beschaffen – Herstellen – Liefern) können als Glieder einer Kette verstanden werden, wobei jedes Glied sowohl Kunde des vorherigen als auch Lieferant für das nächste Glied ist. Die Planungsprozesse sollen für einen harmonischen Ausgleich in der Supply Chain sorgen.

Auf Ebene zwei kann jeder SCOR-Prozess weiter nach *Prozesstyp* (Planung, Ausführung, Infrastruktur) unterschieden werden. Die sich ergebende Matrix definiert insgesamt 19 Prozesskategorien, mit denen jede Art einer Supply Chain abgebildet werden kann.

„SCOR-Konfigurations-werkzeuge"		SCOR-Prozess			
		Planen	Beschaffen	Herstellen	Liefern
Prozesstyp	Planung	P1	P2	P3	P4
	Ausführung		S1–S3	M1–M5	D1–D3	Prozess-kategorie
	Infrastruktur	P0	S0	M0	D0

Abb. 4.25: SCOR-Konfigurationswerkzeuge (http://www.supply-chain.org/eu/ Deutsch/SCOR/sld014.htm)

Auf Ebene drei wird nun jede Prozesskategorie weiter unterteilt in so genannte *Prozesselemente* (z.B. S1.1, S1.2, S1.3) und ihre Input-Output-Beziehungen. Jedes Element ist klar definiert und steht im Zusammenhang mit Standardleistungskennzahlen. In dieser Ebene werden nun jedem Prozesselement *Best Practices, Software-Funktionen* und *Anbieter* zugeordnet.

Nachdem die oberen drei Ebenen den standardisierten Rahmen des Modells festlegen, kann auf der vierten Ebene das Implementieren der Supply Chain Konfiguration durch einen klassischen hierarchischen Prozessaufbau erfolgen.

Die *Konfigurierung* einer Supply Chain verläuft in sieben Schritten (vgl. http://www.supply-chain.org/eu/Deutsch/SCOR/sld025.htm):

1. Abgrenzung der Geschäftseinheit
2. Darstellung des Standorts von
   – Vertriebsaktivitäten
   – Produktionseinrichtungen
   – Beschaffungsaktivitäten
3. Darstellung der wichtigsten Punkt-zu-Punkt-Materialflüsse durch Pfeile mit durchgezogener Linie
4. Auswahl und Platzierung der geeigneten Ausführungsprozesskategorien der Ebene 2, um Aktivitäten an jedem Standort zu beschreiben
5. Beschreibung jeder unterschiedlichen Supply Chain Teilprozesskette innerhalb des Unternehmens
6. Darstellung der Planungsprozesskategorien für jede Teilprozesskette unter der Anwendung von gestrichelten Linien, um die Verbindung zu den Ausführungsprozessen zu zeigen
7. Darstellung von P1, soweit geeignet

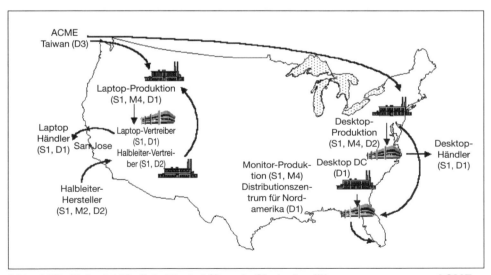

Abb. 4.26: Beispiel für Schritte 1-4 (Supply Chain Ausführungsprozess von ACME Nordamerika) (http://www.supply-chain.org/eu/Deutsch/SCOR/ sld026.htm)

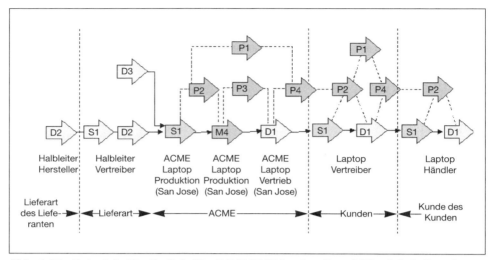

Abb. 4.27: **Beispiele für die Schritte 5-7 (ACME Laptop Geschäftseinheit Supply Chain Teilprozesskette) (http://www.supply-chain.org/eu/Deutsch/ SCOR/sld028.htm)**

4.4 Reorganisation und Optimierung

Bis vor wenigen Jahren war die Restrukturierung, also die völlige *Neugestaltung von Geschäftsprozessen* äußerst populär. Aufgrund der enorm hohen Kosten und des zeitlichen Aufwandes spricht man nun von Reorganisation und Optimierung und schlägt damit einen langsameren Weg organisatorischen Wandels ein. Optimierungen legen ihren Fokus zunehmend auf Verwaltungs- und Vertriebsprozesse und bilden damit eine gute Ergänzung zu bekannten Konzepten wie *Kontinuierlicher Verbesserungsprozess (KVP), Kaizen und Total Quality Management (TQM)*. Meist wird die Reorganisation durch ein Projekt angestoßen und durch einen kontinuierlichen Verbesserungsprozess weitergeführt. Da im Supply Chain Management die Effizienz der gesamten Versorgungskette optimiert werden soll, sind vor allem die unternehmensübergreifenden Prozesse und deren Schnittstellen zu betrachten. Da lokale Optima nicht unbedingt ein Gesamtoptimum ergeben, ist darauf zu achten, dass ein multifunktionales Team die Optimierung steuert.

318

4.4.1 Die sechs Phasen der Optimierung

Die sechs Phasen zur Optimierung der Logistikketten werden nachfolgend im Einzelnen vorgestellt und erläutert.

- Vision des Managements
- Auftrag und Mission des Steuerungsteams
- Analyse und Grobplanung durch das Planungsteam
- Planung einzelner Geschäftsprozesse
- Umsetzung und Anstoß für kontinuierliche Verbesserung
- Erfolgskontrolle und Evaluierung

Die erste Phase des Projektes dient der gemeinsamen *Zielfindung* und *Zielentwicklung*. Da im SCM die gesamte Logistikkette untersucht wird, sind hier vor allem auch die firmenübergreifenden Aspekte zu berücksichtigen. Eine klare *Vision* des SCM-Managements bildet die Grundlage für jede Prozessoptimierung. Diese Vision und die Gründe für die Veränderung sollten schon frühzeitig an die Mitarbeiter kommuniziert werden. Um die Vision zu stützen, bieten sich Referenzbeispiele ähnlicher Projekte oder die Durchführung von Machbarkeitsstudien an. Zwei wesentliche Ziele sind hohe Kundenorientierung und damit eine effiziente prozessorientierte Organisation.

In dieser ersten Phase sollte auch der organisatorische Rahmen für das weitere Vorgehen abgesteckt werden. Eine Möglichkeit ist die Aufteilung in einen Lenkungsausschuss und ein oder mehrere Planungsteams. Moderatoren sind für die Koordination der verschiedenen Planungsteams verantwortlich, um so den ganzheitlichen Ansatz zu gewährleisten.

Die sich anschließende Phase dient der *Projektkonkretisierung* und der Abstimmung der Aufgaben. Hier hat der Lenkungsausschuss die Aufgabe, die Ideen des Managements umzusetzen. Er legt die *Planungsteams* fest, wählt *Pilotbereiche* aus und ist zuständig für die Information der Mitarbeiter.

Mit Hilfe des Benchmarkings sollen die Zielvorgaben im Laufe des Projektfortschritts quantifiziert werden.

„Benchmarking ermöglicht den Leistungsvergleich von Prozessen durch eine systematische und methodisch fundierte Vorgehensweise" (Thaler 1999). Abhängig vom zugrunde gelegten Vergleichsprozess spricht man vom internen (… innerhalb eines Unternehmens), wettbewerbsorientierten (… mit Mitbewerbern) und funktionalen (… mit Branchenexternen) Benchmarking.

In der dritten Phase besteht die Aufgabe der Planungsteams in der *Analyse und Konzeption von Prozessen*.

„Die Prozessanalyse bildet die wesentliche Basis zur Prozessoptimierung. Durch die Prozessanalyse wird untersucht, ob und wie weit die betrachteten Betriebsabläufe, Prozesse und Aufgabenbereiche im Hinblick auf die zu erreichenden Ziele den Anforderungen und Erwartungen genügen." (Thaler 1999)

Die *Prozessanalyse* liefert zum einen die Struktur des Prozesses in Form eines *Prozessmodells* als auch die *Leistungsmerkmale* oder auch *Leistungsindikatoren*. Vor der Durchführung müssen die Zielkriterien, nach denen der Prozess optimiert werden soll, festgelegt und gewichtet werden. Da sich sinnvolle Kriterien nur funktionsübergreifend definieren lassen, werden die Planungsteams interdisziplinär mit Mitarbeitern des betrachteten Aufgabenbereichs besetzt. Die Teams können auch bei Bedarf durch Spezialisten oder externe Berater erweitert werden.

Die typischen Aufgaben der Planungsteams umfassen die *Terminplanung, Maßnahmenerarbeitung, Entwicklung von Soll-Konzepten* und die *Umsetzung der erarbeiteten Verbesserungsmaßnahmen*.

Die Prozessanalyse kann sowohl Top-Down als auch Bottom-Up erfolgen. Die *Top-Down-Methode*, bei welcher der Prozess von der gröbsten Planungsebene schrittweise verfeinert wird, dient der Identifikation von Schlüsselprozessen und dem Erkennen von grundlegenden Abläufen. Die *Bottom-Up-Methode* geht in unterschiedlicher Richtung vor und liefert so eine erweitere Sichtweise auf Teilprozesse und Aufgabenschritte. Die für die Beschreibung des Ist-Zustandes notwendige Datenerhebung erfolgt meist über Interview, Fragebogen, Beobachtung, Metaplantechnik (Zusammenführung der Analyse in Teamarbeit), Informations-fluss- und Materialfluss-Analyse (Thaler 1999).

Ausgehend vom Ist-Zustand besteht die Aufgabe des Planungsteams in der *Bewertung kritischer Prozesse* und in der *Identifikation von Schwachstellen*. Dazu werden zum einen gruppenbezogene Kreativitätstechniken wie Brainstorming und Metaplantechnik eingesetzt, zum anderen kommen Problem-Analyse-Schemata und Ichikawa-Diagramme zur Darstellung und Beschreibung von Ursache-Wirkungsketten zum Einsatz.

Nachdem in der *Grobplanung* ein allgemeines Verständnis für den Gesamtprozess und die Schwachstellen erarbeitet wurde, geht es in der sich anschließenden *Feinplanung*, der vierten Phase um die Darstellung der Prozessschritte und den Informationsfluss. Um den Erstellungs- und Änderungsaufwand in Grenzen zu halten, bieten sich rechnergestützte Modellierungsverfahren an. Das Ziel ist die *Abbildung der Prozesse* in Form von *Ablauf- oder Zustandsdiagrammen*.

Die am häufigsten verwendeten Hilfsmittel zur Darstellung der Prozesse sind:

320

- Flussdiagramm/Funktionsflussdiagramm:
  Die Aufgaben und Abläufe werden in ihren funktionalen und logischen Zusammenhängen und Reihefolgeabhängigkeiten dargestellt.
- Datenflussdiagramm:
  Darstellung der logischen Verarbeitung von Daten und Datenstrukturen.
- Hierarchy Input Process Output (HIPO):
  HIPO ist eine grafische Modellierungsmethode in Form eines Baum- oder Ebenendiagramms. Sie unterstützt die Top-Down-Modellierung, in der die Hierarchie schrittweise verfeinert werden kann.
- Structured Analysis and Design Technique (SADT):
  SADT ist ein grafisches Beschreibungshilfsmittel zur strukturierten Analyse von Systemen. Da sie sowohl die Funktions- als auch die Datensichtweise unterstützt, können Daten- und Funktionsmodelle ineinander überführt werden.
- Ereignisgesteuerte Prozesskette (EPK):
  Mit EPK können komplizierte Prozessabläufe dynamisch dargestellt werden. Ereignisse, Funktionen und Daten werden getrennt aufgezeigt und in einem Ablauf verbunden.
- Petri-Netz:
  Petri-Netze ermöglichen die Beschreibung von Steuerungsaufgaben und dynamischen Systemen.

Um sich bei der Feinplanung der Prozesse nicht zu früh festzulegen, bietet sich die Planung in Alternativen an. Verschiedene Sollkonzepte sollen nach den *quantitativen* und *qualitativen Zielkriterien* bewertet werden und entsprechend priorisiert werden. Dabei sollten Ursachen für mögliche Schwachstellen in der Folge mit Maßnahmen hinterlegt werden.

Nach der Analyse folgt die *Umsetzung* des erarbeiteten Sollkonzepts in Fach- und Projektteams. Diese Phase wird von einem kontinuierlichen Verbesserungsprozess begleitet, in dem der Moderator für die interne Koordination und die Aufrechterhaltung des Informationsflusses zuständig ist. An dieser Stelle findet oftmals auch ein Coaching durch einen externen Partner statt. Besondere Beachtung bei der Umsetzung verdient der Mitarbeiter als Ideenträger. Daher sollte er schon zu einem möglichst frühen Zeitpunkt der Planungsperiode mit einbezogen werden. Neben dieser Moderationskompetenz zur Motivation der Mitarbeiter sind fachliche, methodische und Managementkompetenz weitere wesentliche Erfolgsfaktoren im Umsetzungsprozess.

Die letzte Phase des Projektes dient der *Ergebnis- und Prozessevaluierung*. Durch Benchmarking und Prozessaudits wird der Umsetzungserfolg bewertet. „Ein Prozessaudit hat das Ziel zu prüfen, ob Aufgaben im Prozessablauf sowie die zugehörigen Ergebnisse dem vorgegebenen Prozessablauf entsprechen. Unklarheiten, Fehler und offene Punkte im Prozessablauf werden durchgesprochen und gegebenenfalls Korrekturmaßnahmen abgeleitet." (Thaler 1999).

4.4.2 Umsetzung von Supply Chain Prozessen

Die anspruchvollste Aufgabe bei der Reorganisation ist die Umsetzung der neu gestalteten Prozese. Jetzt müssen die Bedenken und Widerstände der Nichtbeteiligten überwunden und die Anlaufschwierigkeiten bewältigt werden. Durch die Umgestaltung der Prozesse entstehen für die Mitarbeiter teilweise völlig neue Aufgaben und es sollte ihnen in inhaltlicher, zeitlicher und personeller Hinsicht Sicherheit gegeben werden. Die Mitarbeiter müssen auf jeden Fall zum frühest möglichen Zeitpunkt in das Projekt mit einbezogen werden. Zum einen geben sie einen wesentlichen Input zur Prozessoptimierung und zum anderen werden sie bereits früh mit den Änderungen vertraut. Sind die Mitarbeiter aktiv an der Umgestaltung beteiligt, reduziert sich im Allgemeinen der Widerstand gegen Veränderungen. Dem Change Management kommt bei der unternehmensübergreifenden Optimierung noch mehr Gewicht zu, da hier unterschiedliche Unternehmenskulturen zusammenwachsen sollen.

4.5   SCM-Software und -Technologie

Nicht alle Themen, die heute mit Supply Chain Management in Verbindung gebracht werden, sind grundsätzlich neu. Lieferketten werden im Bereich der diskreten Fertigung spätestens seit dem Aufkommen des Business Process Reengineering und des Lean Management, also der Ära nach CIM, eingehend untersucht. Neu ist der Fokus, unter dem die Optimierung der Geschäftsprozesse vorangetrieben wird, durch das gesamte Unternehmen und über die Unternehmensgrenzen hinweg. Ermöglicht wird diese Neuausrichtung erst durch die Verfügbarkeit moderner Hardware- und darauf aufbauender Softwaretechnologien. Mit Hilfe der Informationstechnik können über hauptspeicherresidente Anwendungen komplexe Optimierungsprobleme in sehr kurzer Zeit bearbeitet werden. Dies fördert zum einen den Aufbau einer Entscheidungsunterstützung betrieblicher Abläufe in Echtzeit, zum anderen die komplexe, constraint-basierte Betrachtung unternehmensübergreifender betrieblicher Szenarien im Rahmen von Planungsprozessen. Durch die Verknüpfung von Informationstechnik und Telekommunikationstechnik (Telematik) ist es heute möglich, unternehmensübergreifende *Informationstransparenz* über den Material- und Auftragsfluss im Netzwerk zu erreichen. Auf die derzeit in den Unternehmen etablierten Planungsverfahren hat die aufgezeigte Entwicklung erhebliche Konsequenzen.

Während für große Unternehmen Fragestellungen zur *Beherrschung der Netzwerkkomplexität* in den Vordergrund rücken, haben für kleinere Unternehmen die *Erhöhung der Reaktionsfähigkeit* und die *Integrationsfähigkeit* des Unternehmens in bestehende Netzwerke entscheidende Bedeutung. Die auf jeder Wertschöpfungsstufe vorzunehmenden Planungen sind in SCM-Ansätzen nicht mehr voneinander losgelöst, sondern übergreifend verkettet. Lokale betriebliche Optima einzelner Unternehmen und Abteilungen werden so in Richtung auf ein *Gesamtoptimum* des beplanten Netzwerkes überwunden. Im Mittelpunkt dieses Wandels steht die aus der Prozessorientierung resultierende Erkenntnis, dass alle Kosten, die auf einer Wertschöpfungsstufe entstehen, letztendlich über den Preis auf die nachgelagerten Wertschöpfungsstufen übertragen werden. So wandelt sich zusehends das Selbstverständnis von SCM-orientierten Unternehmen. Ergebnis ist eine direkte Ausrichtung auf den Endkunden und das Agieren auf globalen Märkten.

Supply Chain Management, als revolutionärer Ansatz, umfasst die prozessorientierte integrierte Planung, Abwicklung, Koordination und Kontrolle von Material- und Informationsströmen in einstufigen oder mehrstufigen Lieferketten über die Bereiche Planung, Beschaffung, Produktion und Distribution.

4.5.1 Chancen und Nutzen durch den Einsatz von SCM-Software

Die *Potenziale von SCM-Software* liegen in folgenden Bereichen:

- Verbesserung des Lieferservice
- Bestandssenkung im Netzwerk
- Verringerung der Gesamtdurchlaufzeiten
- Erhöhung der Prognosegenauigkeit
- Erhöhung der Gesamtproduktivität
- Kostensenkung im Versorgungs-, Produktions- und Distributionsnetzwerk

Dabei lassen sich die Nutzenpotenziale nicht einzeln, sondern oft gemeinsam realisieren. Möglich wird dies über einige wichtige Prinzipien, die letztendlich auf Material- und Informationstransparenz sowie auf Flexibilität, d.h. auf eine schnelle Reaktionsfähigkeit der Unternehmen auf sich verändernde Rahmenbedingungen zurückzuführen sind. Die gewonnene Transparenz und Flexibilität wird dabei über verschiedene Planungshorizonte und entlang der gesamten Wertschöpfungskette angestrebt. Auf dieser Basis lassen sich Wirkungszusammenhänge definieren, die zu den erwünschten kombinierten Nutzenpotenzialen führen. Einige dieser Szenarien werden im Folgenden kurz umrissen.

4.5.1.1 Szenario 1: Erschließung von Kosteneinsparungspotenzialen in der Beschaffung

Voraussetzung: Informationstransparenz über Termine, Bestände und Kapazität im Beschaffungsnetzwerk. Durch den Einsatz von SCM-Systemen realisierbare Nutzenkategorien:

- Abbau von Sicherheitsbeständen entlang der Kette
- Abbau von unnötigen Lagerstufen
- Verringerung der Liegezeiten für Halb- und Fertigprodukte
- Senkung der Kapitalbindungskosten
- Verringerung der Gesamtdurchlaufzeit
- Gewinn an Produktionsflexibilität
- Flexibilität in der Preisgestaltung
- Steigerung der Kundenzufriedenheit
- Erschließung von Potenzialen im Distributionsnetzwerk

4.5.1.2 Szenario 2: Erhöhung der Prognosegenauigkeit und Berücksichtigung der Kundenaufträge durch Informationstransparenz zwischen Marketing und Verkauf

Durch den Einsatz von SCM-Systemen realisierbare Nutzenkategorien:

- Verbesserung der Prognosegenauigkeit des Bedarfs
- Bessere Planungsgrundlage zur Dimensionierung der Lager und Nutzung der vorhandenen Produktionskapazität
- Gewinn an Reaktionsfähigkeit in Produktion und Distribution
- Senkung der Produktions- und Distributionskosten bei gleichem Lieferservice
- Flexibilität in der Termin- und Preisgestaltung
- Erhöhung der Kundenzufriedenheit

4.5.1.3 Szenario 3: Informationstechnische Kopplung des Verkaufs mit den Distributionslagern und der Produktion

Durch den Einsatz von SCM-Systemen realisierbare Nutzenkategorien:

- Verkauf erhält den Überblick über die aktuelle Bestandssituation im Distributionsnetzwerk
- Flexibilität zur Versorgung der Endkunden steigt
- Sicherheitsbestände können reduziert werden
- Liefertermine können verbindlich auf Basis der aktuellen Bestands- und Kapazitätssituation im Netzwerk vereinbart werden (Available to promise)
- Versorgungsengpässe sind vorhersehbar, proaktives Handeln wird möglich
- Liefertermine werden eingehalten
- Kundenzufriedenheit steigt, ohne Mehrkosten über Bestände zu verursachen

Die in diesen Szenarien aufgezeigten Nutzen können durch den Einsatz von SCM (d.h. der Reorganisation der Wertschöpfungskette und die Einführung von SCM-Systemen) grundsätzlich erzielt werden. Der für ein spezifisches Unternehmen realisierbare Nutzen hängt aber sehr von der jeweiligen Unternehmenssituation ab.

Unternehmen, denen es gelingt, eine auf ihre Belange zugeschnittene SCM-Lösung vor dem Hintergrund ihrer Branche und ihrer Stellung im Wertschöpfungsnetzwerk zu finden und umzusetzen, werden die von den SCM-Softwareherstellern aufgezeigten Wettbewerbspotenziale auch erschließen können.

Aktuelle Supply Chain Software-Architekturen bestehen aus sich gegenseitig ergänzenden und miteinander integrierten Modulen, die auf die spezifischen Planungsprobleme in der Logistikkette zugeschnitten sind. Die verschiedenen Funktionsmodule unterstützen dabei, durch Berücksichtigung mehrerer Planungshorizonte, einerseits die zeitlichen Aspekte der Planung, andererseits die unterschiedlichen Planungsaufgaben entlang der Logistikkette. Unternehmensspezifische SCM-Lösungen sind deshalb oft eine Kombination mehrerer SCM-Funktionsmodule und nur in seltenen Fällen die Implementation der gesamten Toolsuite.

Der Erfolg liegt deshalb nicht in der Entscheidung für oder gegen ein SCM-Werkzeug, sondern vielmehr in dem Auffinden und der nutzenoptimalen Einführung der für das Unternehmen am besten geeigneten SCM-Lösung.

4.5.2 Warum reichen PPS- und ERP-Systeme nicht aus?

Bestehende betriebswirtschaftliche Softwarelösungen wie SAP/R3 oder Baan4 stellen die Basisarchitektur für die Supply Chain Management-Lösungen dar. Ihr Nutzen ist dabei hauptsächlich in der Bereitstellung einer einheitlichen Datenbasis zu sehen, aus der in kurzer Zeit aktuelle Zahlen über Auftragslage, Bestandssituation und insbesondere die buchhalterischen Kennzahlen abzufragen sind. Bei der ganzheitlichen Planung und Optimierung der Netze bzw. bei der Unterstützung von aktiven, über das Unternehmen hinausgehenden Frühwarnkonzepten stoßen die gängigen Lösungen aber an ihre Grenzen.

Die Schwäche des in vielen PPS-Systemen bzw. in den Produktionsplanungsmodulen betriebswirtschaftlicher Softwarelösungen wie SAP R/3 hinterlegten Planungskonzepts MRPII liegt in der sequenziellen Bearbeitung der Funktionen innerhalb des Terminierungsprozesses. Die Systeme leiten in der ersten Stufe aus den gebuchten oder prognostizierten Aufträgen Materialanforderungen ab und generieren daraus Plan- bzw. Produktionsaufträge; der Kundenauftragsbezug geht verloren. Mit Hilfe im System hinterlegter statischer Durchlaufzeitmodelle wird dann über eine Rückwärtsrechnung ein Zeitschema für die Produktionsaufträge entworfen. In diesem Zeitplan wird die im Werk zur Verfügung stehende Kapazität in der Regel nicht berücksichtigt. Erst im nachfolgenden Schritt werden die errechneten Bedarfsprofile mit den Profilen der zur Verfügung stehenden Kapazitäten verglichen. Bei knappen Kapazitäten ist es Zufall, wenn diese mit dem Bedarf übereinstimmen.

Völlig ungeeignet waren die MRP-Konzepte schon seit langem im Bereich der Prozessindustrie, wo der Fokus der Planung weniger in einer Terminierung komplexer Produkte lag, als vielmehr in der optimalen Organisation und Steuerung einfacher Artikel über komplexe und verzweigte Fertigungs- und Lagerstrukturen hinweg. Hier galt es, die relativ große Anzahl von Endprodukten, welche aus ähnlichen Basisstoffen herzustellen sind, so zu terminieren, dass der Kundenbedarf zu geringsten Kosten am Point of Sales bereitgestellt wird.

Der Ausgangspunkt für eine derartige Planung der Logistikkette ist eine möglichst exakte Vorhersage der Kundenbedarfe. Ziel der SCM-Lösungen ist es, diese Primärbedarfe optimal über eine auch mehrstufige Distributionsstruktur an die produzierenden Einheiten weiterzugeben, wo sie dann in optimierten Losen gefertigt werden können. Weiter werden auch Sekundärbedarfe wie Verpackungsmaterialien, welche im Bereich der Konsumgüter den größten Engpass für die Fertigung bilden, exakt vorhergesagt.

In heutigen MRP-Systemen wird die Planung der Logistikkette unzureichend unterstützt. Das hat in den meisten Unternehmen dazu geführt, dass in den Planungsabteilungen eigene Lösungen auf Basis von Tabellenkalkulationsprogrammen wie „Lotus123" und „Excel" aufgebaut wurden. Diese stoßen aber, wenn die Komplexität des Netzwerkes der Logistikkette steigt, an ihre Grenzen. Zudem wird der Planer in den eigenentwickelten Lösungen nur unzureichend von Standardabläufen in der Planung entlastet, da keine Optimierungsverfahren hinterlegt sind. 90% der Kapazität der Planung wird dadurch von Standardabläufen gebunden. Für Ausnahmesituationen bleibt deshalb nur noch wenig Zeit.

Genau hier setzten die SCM-Softwareanbieter an. Die Philosophie der SCM-Ansätze zielt auf die *Automatisierung der Standardabläufe* ab. Der Planer bekommt so die Möglichkeit, sich um Ausnahmesituationen zu kümmern. Um ein Optimum für den Kunden und das eigene Unternehmen zu finden, müssen verschiedene Szenarien gegeneinander gestellt werden. In der betrieblichen Praxis benötigt aber ein Abgleich der Kapazitäten über das Netz der Logistikkette meist mehrere Wochen. Auch bei Veränderungen der Bedarfsverläufe vergehen wieder ein bis zwei Wochen, bis die Kapazitäten an die veränderte Bedarfslage angepasst sind. Dies hat zur Folge, dass die Planung stets dem Markt nachläuft und die lange Reaktionszeit keine Flexibilität in den Plänen zulässt. Das Ziel muss aber vielmehr ein antizipatives Verhalten der Planung sein.

4.5.3 Aufgabenspektrum von Supply Chain Management-Software

Das Aufgabenspektrum von SCM-Software gliedert sich in die beiden Hauptbereiche des Supply Chain Planning und des Supply Chain Execution. Dazwischen liegt der Aufgabenbereich des Available-to-Promise (ATP = Zusicherung eines Produktes zu einem bestimmten Zeitpunkt unter Beachtung der im Netzwerk vorhandenen Fertigprodukte) und des Capable-to-Promise (CTP = Zusicherung eines Produktes zu einem bestimmten Zeitpunkt unter Beachtung der verfügbaren Fertigprodukte und Produktionskapazitäten). Über die darin enthaltenen Methoden wird die Verknüpfung von Planungs- und Ausführungsaufgaben realisiert (Abb. 4.28). Die Abgrenzung der Funktionalitäten im Gesamtaufgabenmodell einer SCM-Software und deren Umsetzung in Softwaremodule variiert jedoch stark von Anbieter zu Anbieter.

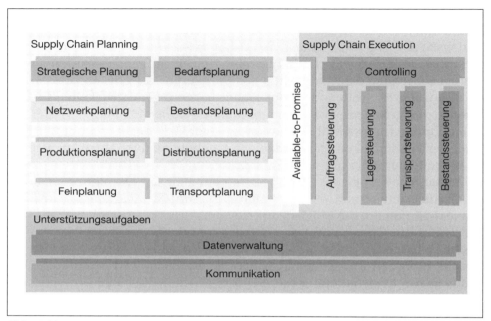

Abb. 4.28: **Aufgabenmodell des Supply Chain Managements (scm-CTC 00)**

4.5.4 Supply Chain Planning

Im *Supply Chain Planning* werden die zur Auftragserfüllung notwendigen Kapazitätszuordnungen entlang der Logistikkette getroffen, wobei unterschiedliche Zeithorizonte sowie eine differenzierte Betrachtung der Spannweite für die betroffenen Teile der Logistikkette ein Unterscheidungsmerkmal für die Funktionen bieten. Im Kontrast dazu erfüllen die Funktionen des *Supply Chain Execution* Aufgaben, die der Auskunftsfähigkeit und der operativen Prozessabwicklung dienen und direkt die Kundenzufriedenheit erhöhen. Unterlagert werden diese Funktionen durch die *Datenverwaltung* und *Kommunikation*, die den internen Datenhaushalt organisieren und die die Kommunikation unter den Modulen sowie mit Fremdsystemen realisieren.

Die beiden wesentlichen Ausgangspunkte der Entwicklung von SCM-Tools liegen in der Realisierung der so genannten „Advanced Planning & Scheduling"-Systeme (APS = Fortschrittliche Planungsansätze, die über die Funktionalität klassischer Materialplanungsansätze hinausgehen und anstelle sequenzieller Planungsverfahren Simultanplanungsverfahren benutzen) und in den Werkzeugen zur Absatzprognose. Die Entwicklung von

APS-Systemen wurde durch die Mängel bei MRPII Systemen in der Produktionsplanung motiviert. Deshalb wurden zumeist auf der Ebene der fertigungsnahen Feinplanung APS-Module entwickelt und eingesetzt. Während beim MRP II Material- und Kapazitätsbedarf sequenziell bestimmt werden, ermöglichen APS-Systeme eine simultane Beplanung. Hinzu kommen schnelle Verarbeitungsgeschwindigkeiten, so dass mit APS-Systemen *What-If-Analysen* möglich sind. Zu den Eigenschaften, die APS-Systeme charakterisieren, zählen:

- Hohe Planungsgeschwindigkeit durch Hauptspeicherresidenz
- Berücksichtigung von Randbedingungen bei der Planung
- Optimierung von Planungsergebnissen

Es zeigte sich, dass die zugrunde liegenden Algorithmen auch bei anderen Problemstellungen einsetzbar sind, so dass sich die APS-Ansätze in den Modulen der strategischen Planung, Netzwerkplanung, Produktionsplanung, Distributionsplanung und auch Transportplanung wiederfinden. Ein Unterscheidungsmerkmal neben der Abdeckung der Logistikkette durch die verschiedenen Funktionen ist der bei der Planung betrachtete Zeithorizont, d.h. die zeitliche Überdeckung der Planungsfunktionen vom operativen bis zum taktischen Bereich (Abb. 4.29). Der einer Planungsaufgabe zugrunde liegende Zeithorizont impliziert unterschiedliche Anforderungen an die Verarbeitungsgeschwindigkeit, die zu verarbeitenden Datenvolu-

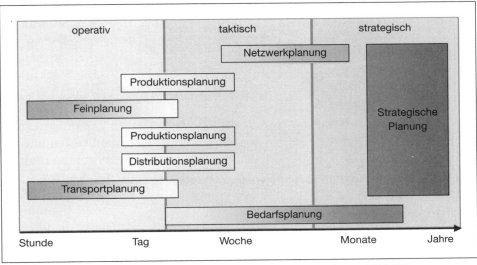

Abb. 4.29: Zeithorizonte der Planungsaufgaben des SCM (scm-CTC 00)

329

mina und an die Datenqualität. Daraus ergeben sich Unterschiede einerseits in den Funktionalitäten der Module, andererseits in der Art der Modulintegration. Während die Feinplanungsmodule und die Transportplanungsmodule sehr eng mit den nicht aggregierten Daten aus Transaktionssystemen gekoppelt sind, nehmen die Entfernung zum Transaktionssystem und der Aggregationsgrad der Daten tendenziell in Richtung der strategischen Planung zu.

Die Zuordnung von Produktionskapazitäten zu Kunden- oder prognostizierten Aufträgen wird durch die Aufgaben der Netzwerk-, Produktionsund Feinplanung übernommen. Unterscheidungskriterien zwischen den entsprechenden Modulen finden sich im betrachteten Planungszeitraum sowie dem Umfang der beplanten Logistikkette. Abbildung 4.28 zeigt die Beziehungen zwischen diesen Hauptplanungsaufgaben und angebundenen datenhaltenden Systemen auf. In einigen Punkten überlappen sich die Planungsfunktionalitäten, wie sie sich z.B. im ERP- und im SCM-System finden. In diesem Fall ersetzen oftmals die SCM-Funktionalitäten die des ERP-Systems. Dem ERP-System obliegt in den meisten Fällen jedoch die Stammdatenhaltung mit Teilebezeichnungen, Stücklisten etc.

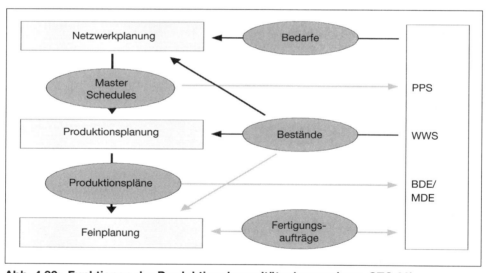

Abb. 4.30: Funktionen der Produktionskapazitätsplanung (scm-CTC 00)

4.5.4.1 Strategische Planung

Aufgabe der *strategischen Planung* ist die optimierte Gestaltung der Logistikkette, ausgerichtet an den Firmenzielen. Mit der strategischen Planung werden grundsätzliche Überlegungen hinsichtlich der *kostenoptimierten*

Struktur und *Ausgestaltung der Logistikkette* unterstützt, wobei ein Zeitraum von Jahren den Planungshorizont darstellt. Aus diesem Grund ist die strategische Planung losgelöst zu sehen von den mehr operativ orientierten, vorher aufgeführten Planungsaufgaben. Diese Trennung findet sich auch in den bisherigen SCM-Werkzeugen wieder, die nur eine schmale Schnittstelle zwischen der strategischen Planung und den anderen Modulen anbieten.

Eine Hauptfragestellung der strategischen Planung ist die *Bewertung von Investitionsentscheidungen.* So ist mit der strategischen Planungskomponente eine kostenmäßige Bewertung der Anzahl und der Standorte von Werken oder Distributionszentren möglich. Ebenfalls bietet das Modul Hilfestellung bei der Analyse unterschiedlicher Szenarien von Produktions- oder Lagerkapazitäten. Die Auswirkungen auf Distributionsstrategien durch Strukturveränderungen sowie die Bewertung geänderter Strategien gehören ebenfalls zum Funktionsumfang der strategischen Planung.

Die übergreifende Betrachtung der Logistikkette bezieht aber auch die Auswirkungen von Änderungen hinsichtlich der Partner in der Kette mit ein. So können über Szenarien die Auswirkungen z. B. des Wegfalls von Kunden bzw. des Wechsels von Zulieferern überprüft werden. Letztendlich können in der strategischen Planung auch Einflüsse auf die Logistikkette infolge einer Modifikation der Produktgruppen ausgemacht werden.

Aufgrund ihres strategischen Charakters werden diese Module vorwiegend in den Abteilungen zur Unternehmensentwicklung oder bei Unternehmensberatern eingesetzt.

4.5.4.2 Netzwerkplanung

Aufgabe der *Netzwerkplanung* ist die *optimierte Zuordnung von Kapazitäten* in der Supply Chain zum existierenden und prognostizierten Bedarf über einen Zeithorizont von einem Jahr bis zu mehreren Monaten. Das Abgleichen kann differenziert nach Produktgruppe oder Distributionskanal erfolgen und ermöglicht so eine genauere Betrachtung der in dem Planungszeitraum benötigten Produktionskapazitäten. Die in der Planung betrachteten Zeitscheiben liegen im Bereich von Monaten oder Wochen. In die Entscheidung, welche Kapazitäten genutzt werden, fließt auch die Information über die an den einzelnen Orten vorrätigen Bestände ein. Diese bilden zudem die Basis für die Bestimmung des noch zu beschaffenden Materials. Ergebnis der Supply Chain Planung ist die Zuordnung von Produktionsaufträgen zu Werken in einer Planungsperiode, die in einem Master Schedule festgehalten wird. Eine ergänzende Funktionalität liegt in der Bestimmung der aus dem Planungsergebnis resultierenden Distributionsanforderungen.

4.5.4.3 Produktionsplanung

Aufgabe der *Produktionsplanung* ist die *Erstellung eines optimierten Produktionsplans* hinsichtlich Auslastung und Bestandskosten, wobei der Produktionszeitpunkt so nah wie möglich an den bestehenden oder prognostizierten Bedarf gelegt wird. In der Produktionsplanung werden für ein Werk simultan Material und Kapazität über einen mittleren Planungshorizont von Monaten bis hin zu Wochen geplant. Die dabei betrachteten Zeitscheiben liegen im Wochen- bis Tagesbereich. Ausgehend von dem in der Netzwerkplanung bestimmten Master Schedule werden hier die Bedarfe an Materialien unter Berücksichtigung der vorhandenen Bestände, Kapazitäten der Vorproduktion sowie existierender Rahmenverträge mit Zulieferern ermittelt. Simultan zu der Materialplanung werden in einer Durchlaufterminierung die verschiedenen Produktionsaufträge zeitlich unter Berücksichtigung der ggf. vorhandenen Randbedingungen, wie z.B. Kapazitätsrestriktionen, Schichtpläne sowie Nutzung von Alternativressourcen, angeordnet. Hiermit sind dann Angaben über Ecktermine für die Nutzung von Kapazitäten bzw. Kapazitätsgruppen möglich, auf deren Basis die Kapazitätsbedarfe in den Planungsperioden ermittelt werden. In dieses Aufgabenfeld fällt auch die Bestimmung der optimalen Losgröße. Diese Planungen sind auch für mehrstufige Produktionsprozesse durchführbar. Ergebnis der Produktionsplanung sind Produktionspläne, die die Zuordnung von Kapazitäten und benötigtem Material zu Fertigungsaufträgen einer Planungsperiode enthalten.

4.5.4.4 Feinplanung

Aufgabe der *Feinplanung* ist die *Erstellung eines optimierten Ablaufplans* auf Ressourcenebene. In diesem Ablaufplan wird für die ermittelten Produktionslose der Produktionszeitpunkt den Ressourcen exakt zugeordnet. In der Feinplanung werden die der Produktion unterliegenden Randbedingungen wie Liefertermine, technologische Abhängigkeiten, Umrüstungen und Personalqualifikation berücksichtigt. Da diese Randbedingungen von Ressource zu Ressource wechseln und auch zeitlichen Änderungen unterworfen sind, werden sie zumeist explizit modelliert und können dabei auch in begrenztem Umfang vom Anwender modifiziert werden. Hinterlegte Optimierungsziele der Feinplanung sind Termintreue, Rüstzeiten, Durchlaufzeiten, Kapazitätsauslastungen und der Umlaufbestand. Die Erfüllung bzw. Nichterfüllung dieser Ziele können mit Kosten hinterlegt werden. Die Feinplanung findet im Allgemeinen zeitnah zum Produktionstermin statt und ist daher eine Aufgabe, die zumeist in den Werken durchgeführt wird. Mit der Feinplanung sollte auch eine kurzfristige Umplanung bei unvorhergesehenen Ereignissen wie Maschinenausfällen oder Eilaufträgen möglich sein. Hierzu ist allerdings eine enge Datenanbindung an die Ressourcenebene über eine Ankopplung an BDE/MDE-Syteme und an die auftragshaltenden Systeme wie ERP-Systeme notwendig.

4.5.4.5 Bedarfsplanung

Die Aufgabe der *Bedarfsplanung* liegt in der *Schaffung von Transparenz hinsichtlich des vorliegenden kurzfristigen Bedarfs* sowie der *Prognose des langfristigen Bedarfs*. Bedarfsinformationen bilden eine wesentliche Grundlage für eine effiziente Abstimmung der Planungs- und Entscheidungsprozesse entlang der logistischen Kette. Eine exakte Bedarfsvorhersage ist daher von zentraler Bedeutung für die Fähigkeit, Kundenbedarfe zu befriedigen, Kapazitäten in der Wertschöpfungskette zu planen und die Bestände darin zu optimieren. Aus diesem Grunde kommt dieser Aufgabe auch eine wesentliche Bedeutung bei den SCM-Werkzeugen zu und stellt neben den APS-Systemen einen Ausgangspunkt für deren Entwicklung dar.

Der kurzfristige Bedarf wird durch die Auswertung der vorliegenden Bestellungen, entnommen aus ERP-Systemen, und über die verschiedenen Stufen der Wertschöpfungskette ermittelt. Der Schwerpunkt liegt allerdings in den verschiedenen Methoden zur Prognose des zukünftigen Bedarfs. Hier bieten die Werkzeuge eine Vielzahl von statistischen Prognoseverfahren an, die, entsprechend parametrisiert, in verschiedensten Anwendungsfällen nutzbar sind. Ein wesentlicher Qualitätsfaktor ist hier die Berücksichtigung von Kausalfaktoren, die den Einfluss z. B. des Wetters oder von Werbeaktionen auf den Bedarf in der Prognose modellieren. In der Prognose können differenzierte Untersuchungen über verschiedene Abstraktionsebenen, unterschieden nach Produkt bzw. Produktgruppen, Einzelkunden oder Kundensegmenten sowie Regionen, durchgeführt werden. Dieser multi-dimensionale Einblick in die Daten seitens des Anwenders kann auch in anwenderspezifischen Sichten festgelegt werden. Generell wird dem Anwender zumeist eine einfach nutzbare, grafisch-visuelle Benutzeroberfläche angeboten.

Für Aufgaben wie die Planung von Markteinführungen oder von Werbeaktionen bieten die Systeme eigene Funktionalitäten an, mit denen, aufbauend auf Vergangenheitsdaten, Prognosen des Bedarfs für neue Produkte oder der Wirkung von Werbeaktionen erstellt werden können.

Der Zugriff auf die zur Erfüllung dieser Aufgaben notwendigen Vergangenheitsdaten wird über Schnittstellen zu ERP-Systemen oder Data Warehouse-Komponenten realisiert. Allerdings können ergänzend von Seiten der Unternehmensleitung oder des Marketings Vorgaben über strategische Produkte sowie spezifische Kundeninformationen von Key-Account-Managern in die Datenbasis eingebracht werden.

Ein weiterer wesentlicher Aspekt der Bedarfsplanung findet sich in der flexiblen *Aggregation der Prognose über die Struktur der Logistikkette*. Je nach Gestaltung der Logistikkette sollte es in Abhängigkeit von Produkt, Distributionsweg oder Partnerschaftsprofil möglich sein, entweder Daten vom Point of Sale in die Prognose zu integrieren oder nur die Abgänge aus einem Zentrallager zur berücksichtigen. An dieser Stelle setzen auch die Möglichkeiten der gemeinsamen Prognose der Partner der Logistikkette an. Zukünftig werden über die Firmengrenzen hinweg Prognosen kollaborativ erstellt, um so eine gemeinsame und einheitliche Sicht auf den Bedarf in einer Logistikkette zu bekommen.

4.5.4.6 Bestandsplanung

Aufgabe der *Bestandsplanung* ist die *optimierte Beplanung der Bestände einer mehrstufigen Lagerstruktur*, wie sie sich vorwiegend in der Distribution findet. Ziel bei der Planung ist es, ausreichend Produkte zur Befriedigung der Nachfrage am richtigen Ort zu haben und dabei gleichzeitig die Bestände minimal zu halten. Hierzu muss die Bestandsplanung auch Transparenz über die Bestände in der Logistikkette schaffen. Die in der Bestandsplanung betrachteten Zeiträume liegen im taktischen Bereich, d. h. zwischen Wochen bis Tagen.

Die für den Vertrieb wichtige Reichweitenbestimmung der Bestände kann durch die Bestandsplanung, basierend auf den bekannten Beständen, unter Verwendung der Prognoseergebnisse der Bedarfsplanung erfolgen. Hier unterstützt die Bestandsplanung den Vergleich verschiedener Versorgungsszenarien mit dem Ziel der optimierten Bedarfserfüllung.

Eine Kostenoptimierung hinsichtlich der Bestände ist in der Bestandsplanung durch hinterlegte Regeln zur Lagerhaltungsstrategie möglich. Mit diesen Regeln wird festgelegt, unter welchen Randbedingungen ein Produkt auf welcher Stufe der Lagerstruktur positioniert wird und wann Produkte in dieser Struktur umgeschichtet werden müssen. Diese Regeln ermöglichen so die Umsetzung einer weitestgehend automatisch ablaufenden dynamischen Lagerhaltungsstrategie. Im gleichen Kontext findet sich eine weitergehende Funktion der Bestandsplanung mit der automatischen Ermittlung der Sicherheitsbestände in den verschiedenen Lagerstufen, in Abhängigkeit von den in der Vergangenheit zu beobachtenden Prognoseabweichungen.

Unter dem Aspekt der Kooperation in der Logistikkette finden sich in einigen Modulen zur Bestandsplanung auch Funktionen, die die Beplanung fremder Lagerstrukturen ermöglichen. Durch die Integration von Bestands- und Bewegungsdaten aus fremden Systemen sind so Konzepte des Vendor Managed Inventory (VMI) – der Bevorratung und des Managements von Kundenlagern durch den Anbieter –, wie es sich im Efficient Consumer Response (ECR)-Ansatz findet, mit Hilfe dieses Moduls realisierbar.

4.5.4.7 Distributionsplanung

Aufgabe der *Distributionsplanung* ist die *optimierte Planung der Verteilung der Produkte hin zum Kunden*. Analog zur Bestandsplanung wird auch in der Distributionsplanung eine mehrstufige Distributionsstruktur betrachtet, wobei hier jedoch die Verteilung und der Abruf von Produkten im Distributionskanal/-netz fokussiert werden. Der betrachtete Planungszeitraum liegt aber ebenfalls in der Dimension von Wochen bis Tagen.

Die Distributionsplanung liefert eine optimierte Planung und Kombination der Lieferungen zur Befriedigung der Nachfrage. Ausgehend von dem Typ und den Standorten der einzelnen Lager, den Beständen sowie den Bedarfsprognosen werden hier die Transportkapazitäten grob verplant und die Kosten durch Kombinationsbildungen optimiert. Zur Optimierung trägt auch die Verwendung von definierten Lieferstrategien bei, mit der Maßnahmen bei Unter- bzw. Überversorgung, präferenzierte Produktzuordnungen sowie alternative Versorgungsstrategien formuliert werden. Der Distributionsplanung obliegt zudem die Aufgabe der zeitlichen Verwaltung von Intransit-Beständen.

4.5.4.8 Transportplanung

Aufgabe der *Transportplanung* ist die *optimierte Festlegung der Transportmittel, der Touren und der Beladung zur termingerechten Belieferung*. Die Transportplanung baut auf den Planungsvorgaben der Distributionsplanung auf und verfeinert diese Ergebnisse für einen kurzfristigen Zeithorizont.

Eine Optimierung der Transporte erfolgt über den Vergleich verschiedener Transportszenarien, in denen die Kosten alternativer Transportmöglichkeiten berechnet und gegenübergestellt werden. Hierbei ist eine Vielzahl von Transportaufträgen in einem kurzen Planungszeitraum (in der Regel Tagesbereich) zu berücksichtigen, wobei ggf. ein einzelner Auftrag ein Fahrzeug nicht auslastet. In diesem Fall werden im Rahmen einer Tourenplanung mehrere Aufträge zu einer Tour zusammengefasst, mit dem Ziel, die vorgegebenen Aufträge mit kostenminimalem Einsatz der vorhandenen Ressourcen (Fahrzeuge, Personal) zu erfüllen. Andererseits würde die Gesamtheit der Aufträge ein Fahrzeug überlasten, so dass mehrere Touren für mehrere Fahrzeuge zu planen sind. Variiert werden in den Szenarien sowohl die Transportmittel als auch die Speditionen mit dem Ziel der kostengünstigsten Lösung. Zu den Detailaufgaben in der Transportplanung gehören die Routenplanung, die Ladungsoptimierung sowie die Unterstützung bei Exporten.

4.5.5 Available-to-Promise

Die Aufgabe des „*Available-to-Promise*" (ATP) ist die *Zusicherung eines Liefertermins für einen Kundenauftrag*. Beim reinen ATP erfolgt eine Zuordnung der Auftragsmenge zu den in der Logistikkette vorhandenen Beständen oder zu den in den Produktionsplänen geplanten Produktionsumfängen. Ist eine Lieferung zum Wunschtermin des Kunden nicht möglich, so wird der nächstmögliche Termin für die Lieferung ermittelt. In einem erweiterten ATP, *Capable-to-Promise* (CTP) genannt, wird über eine Umplanung der existierenden Produktions- und Distributionspläne unter Berücksichtigung der vorhandenen Kapazitäten und Materialien überprüft, inwieweit eine Erfüllung des Kundenwunsches möglich ist. Hierzu werden die entsprechenden Planungsmodule eines SCM-Systems genutzt, so dass eine Bestätigung oder die Nennung eines Alternativtermins in kürzester Zeit erfolgen kann. Bei einer dann erfolgten Beauftragung können die Produktmengen im Bestand oder im Produktionsplan allokiert bzw. der neue Produktionsplan übernommen werden. In Weiterentwicklung der ATP/CTP-Funktionalität berücksichtigen diese Systeme heute zumeist auch Produktvarianten. Ist das Produkt nicht in der verlangten Variante bis zum Wunschtermin lieferbar, wird vom ATP überprüft, für welche Produktvarianten mit einer vergleichbaren Funktionalität dies evtl. zutrifft. Diese werden dann alternativ angeboten.

4.5.6 Supply Chain Execution

Unter dem Begriff *Supply Chain Execution* werden die Funktionalitäten zusammengefasst, die eine *unternehmensübergreifende Steuerung der Supply Chain* ermöglichen. Die Execution-Komponenten haben dabei die Aufgabe, vor dem Hintergrund der aktuellen betrieblichen Situation Entscheidungsunterstützung in der operativen Arbeit zu leisten. Dadurch sollen die Wertschöpfungsnetzwerke sehr flexibel auf eine Veränderung der externen Rahmenbedingungen im kurzfristigen Zeithorizont reagieren können. Ziel der SC-Execution ist eine direkte Verbesserung der Kundenzufriedenheit über das Beherrschen der dynamischen Komplexität, die aus den vielfältigen Kundenbeziehungen heraus entsteht. Die wesentlichen Komponenten der Execution-Systeme umfassen das *Controlling*, die *Auftragssteuerung*, die *Transportsteuerung* und die *Lager- und Bestandssteuerung*. Aufgrund dieser Beschreibung wird die Nähe zu den bereits bestehenden transaktionsorientierten ERP-Systemen deutlich. Diese haben momentan eine weniger integrative, sondern eine mehr auf einzelne Unternehmen bezogene Ausrichtung, so dass die Funktionalitäten meist nicht überbetrieblich eingesetzt werden können. Trotzdem spielen diese Systeme eine sehr wichtige Rolle, was durch die enge Kopplung von betrieblichen Warehouse-Managementsystemen (WMS) und Transport-Managementsystemen (TMS) mit SC-Execution-Komponenten deutlich wird.

Controlling

Aufgabe des *Controllings* ist die *Überwachung der Aktivitäten in der Logistikkette*, die *Meldung von Planabweichungen* sowie das *Einleiten notwendiger korrektiver Maßnahmen*. Im Controlling ist zunächst in Form einer „Cockpit"-Funktion eine Visualisierung der Bestände, Kapazitäten und Auftragssituation in der Logistikkette möglich. Basis dazu ist ein ereignisgesteuerter Informationsbus, der die entsprechenden Echtzeitdaten der Controlling-Komponente übermittelt. Mit der Festlegung von Zielgrößen sowie der Definition von Ausnahmesituationen ist die schnelle Erkennung von kritischen Planabweichungen in der Logistikkette möglich. Zusätzlich ermöglichen bestimmte Ansprechpersonen für spezifizierte Typen von Ausnahmen die schnelle Benachrichtigung dieser Personen und den Beginn der Problembehebung. Auch eine weitere Unterstützung des Entscheidungsprozesses beim Ergreifen von Sofortmaßnahmen wird so möglich. Die Definition und Initiierung von Workflow-Prozeduren ist mit dem Controlling möglich. Die Unterstützung dieser firmenübergreifenden Zusammenarbeit ist bisher in den Systemen nur ansatzweise realisiert, wird aber in Zukunft mehr und mehr an Bedeutung gewinnen. Ziel sind Aussagen über die Leistungsfähigkeit des gesamten Netzwerks, aber auch Aussagen über einzelne Netzwerkpartner, wie Logistikdienstleister oder Lieferanten.

Auftragssteuerung

Aufgabe der *Auftragssteuerung* ist die *Ausführung sämtlicher auftragsbezogener Aktivitäten von der Auftrags- bis hin zur Lieferbestätigung*. Eine Vielzahl der für das Supply Chain Management notwendigen Funktionen der Auftragssteuerung wird von den in den Unternehmen vorhandenen ERP-Systemen übernommen. Allerdings gibt es einige Lücken in deren Funktionalität, so dass für diese Aufgabenstellung eine Anzahl von dedizierten Softwarelösungen auf dem Markt existieren. Ein Themenschwerpunkt ist dabei die unternehmensübergreifende Auftragsverfolgung mit Echtzeitinformationen zum Auftragsstatus. Ein Auftragssteuerungssystem ist dabei eine wichtige Komponente für das Available-to-Promise.

Transportsteuerung

Die *Transportsteuerung* ermöglicht operative *Aussagen über Intransitbestände* und gibt *Informationen zum Status* von Transporten, wenn eine entsprechende Kopplung mit Tracing und Tracking Systemen vorgenommen wird. Dadurch wird eine flexible Steuerung der überbetrieblichen Transportströme nach unterschiedlichen Zielkriterien, wie Transportkosten, Transportauslastung oder Transportzeiten ermöglicht. Die Transportsteuerung ist dabei eng an die Funktionalitäten der Transportplanung und an Warenwirtschaftssysteme des Wertschöpfungsnetzwerkes gekoppelt, wodurch Aussagen über die Gesamtbestände im Netzwerk ermöglicht werden.

Lager- und Bestandssteuerung

Diese Systeme *verwalten unternehmensübergreifend Bestände* auf der Basis von Echtzeitinformationen und sind damit ein wesentlicher Bestandteil der SC-Execution. Ein großer Teil dieser Aufgaben wird dabei von Transaktionssystemen geleistet, so dass der Schwerpunkt der Executive-Komponente in der Verknüpfung und Steuerung von überbetrieblichen Bestandsinformationen angesiedelt ist. Ziel ist, die Informationstransparenz über die Bestände des Gesamtnetzwerkes und die aktuelle Bestandssituation einzelner Partner sicherzustellen.

4.5.7 Unterstützungsaufgaben

Datenverwaltung

Aufgabe der *Datenverwaltung* ist die *Pflege der für die jeweiligen Planungsaufgaben benötigten Daten*. Dabei müssen verschiedene Datenarten teilweise unterschiedlicher Herkunft verwaltet werden. Im Allgemeinen lässt sich dabei sagen, dass SCM-Systeme von den Daten aus den jeweiligen Transaktionssystemen abhängig sind und diese nicht ersetzen können.

Die verwalteten Daten können in die Kategorien Stammdaten, Transaktionsdaten und Planungsdaten eingeordnet werden. Stammdaten sind auftragsneutral und ändern sich nur mittel- bis langfristig, während Transaktionsdaten auftragsabhängig sind und daher einer schnellen Änderung unterliegen. Die Planungsdaten schließlich werden von den einzelnen Modulen eines SCM-Systems erzeugt.

Die Datenverwaltung hat zum einen die Aufgabe, die für die Planung notwendigen Stamm- und Transaktionsdaten aus den verschiedenen datenhaltenden Systemen zu übernehmen und, soweit notwendig, für die Planungsaufgaben zu aggregieren. Ebenfalls müssen die Planungsdaten durch die Datenverwaltung in die operativen Systeme eingebracht werden. Aber auch der Transfer von Planungsergebnissen von einem Planungsmodul zum anderen gehört zu den Funktionalitäten der Datenverwaltung. Die Datenhaltung selbst wird vorwiegend aus Gründen der Verarbeitungsgeschwindigkeit im Hauptspeicher oder über Datenbanken realisiert.

Eine besondere Problematik der Datenverwaltung ist die Kopplung von Transaktionsdaten über Unternehmensgrenzen hinweg. Hierbei muss die Datenverwaltung Inkonsistenzen zwischen den verschiedenen Systemen verhindern, die zu äußerst kostspieligen Fehlallokationen von Kapazitäten oder Material führen können.

Kommunikation

Die Aufgabe der *Kommunikation* ist der *Datenaustausch zwischen einem SCM-Werkzeug und einem SCM- oder Transaktionssystem*, entweder innerhalb eines Unternehmens oder zwischen unterschiedlichen Unternehmen. Diese Kommunikation ist durch verteilte, heterogene DV-Systeme, die von entscheidungsautonomen Einheiten verwaltet werden, gekennzeichnet. Ein weiterer wichtiger Aspekt dieser Kommunikation ist die Sicherheit: Die übertragenen Informationen müssen vollständig und unverfälscht beim Empfänger ankommen, die Vertraulichkeit muss gewährleistet und die Authentizität des Senders und Empfängers sichergestellt sein.

Die Kommunikation kann über dedizierte, bilaterale Datenfernverbindungen, geschlossene Netzwerke und über öffentliche Rechnernetze (Internet) erfolgen, bei denen die Sicherstellung der Vertraulichkeit besondere Bedeutung besitzt. Hier unterstützen die Kommunikationskomponenten unterschiedliche Standards wie z. B. EDI/EDIFact, ANSI x.12 oder Odette.

Auf Basis dieser grundlegenden Kommunikationsfähigkeit werden zunehmend auch Workflowsysteme zur Realisierung von Geschäftsprozessen in die gemeinsame Planung oder Problembehebung eingebunden oder eigene Workflowlösungen realisiert.

4.5.8 Integration von Transaktions- und SCM-Planungssystemen

Gerade die im Bereich der Unterstützungsaufgaben beschriebenen Gebiete der Datenverwaltung und Kommunikation lassen die mit der Integration verbundenen Schwierigkeiten und hohen Anforderungen deutlich werden. Neben den technischen Herausforderungen, die sich aus der Notwendigkeit der Integration der unterschiedlichen Planungsmodule ergeben, stellt die Bewältigung der damit verbundenen organisatorischen Veränderungen eine große Herausforderung dar. Ein hoher Grad an Vernetzung verlangt, gerade im Hinblick auf die unternehmensübergreifende Zusammenarbeit, eine hohe Bereitschaft und entsprechende Disziplin in der Zusammenarbeit. Voraussetzung hierfür ist eine entsprechende Kultur auf der Basis von Offenheit und Vertrauen zwischen den Wertschöpfungspartnern, denn ein hochintegriertes System benötigt die entsprechende Datenbasis, um die Planungsalgorithmen wirkungsvoll einsetzen zu können.

Moderne Integrationssoftware muss einem breiten Anforderungsspektrum gerecht werden. Die Anforderungen beinhalten folgende Bereiche:

- Unabhängigkeit von den zu integrierenden SCP-Anwendungen
- Technologieunabhängigkeit (Hardware; Betriebssysteme)
- Kombinationsfähigkeit und Erweiterungsflexibilität der Integrationssoftware
- Unkomplizierte Handhabung im Rahmen vorzunehmender Integrationen von Planungsmodulen z.B. durch grafische Benutzeroberflächen (Graphic User Interface, GUI)

Generell kann zwischen Online- und Offline-Anbindungen unterschieden werden. Die Art der Anbindung ergibt sich in erster Linie aus der Planungsaufgabe und dem daraus resultierenden Planungshorizont mit der dazu erforderlichen Datenqualität.

In den folgenden drei Abbildungen (Abb. 4.31, 4.32, 4.33) werden typische SCM-Architekturen und deren Verbindungen zu den Transaktionssystemen gezeigt.

4.5.9 SCM-Softwaremarkt

Der Supply Chain Management (SCM)-Softwaremarkt ist seit einigen Jahren durch eine hohe Dynamik gekennzeichnet. Laut einer Studie der KPMG Unternehmensberatung sind in Europa derzeit 85% Prozent der Unternehmen dabei, ihre Lieferketten zu restrukturieren. Die hohe Dyna-

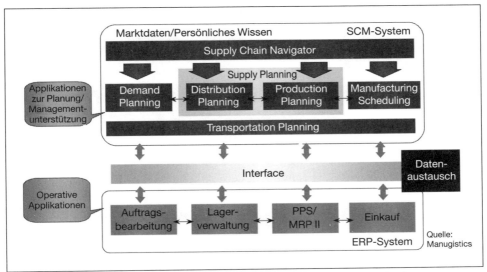

Abb. 4.31: Kopplung SCM/ERP-System bei Manugistics (Manugistics)

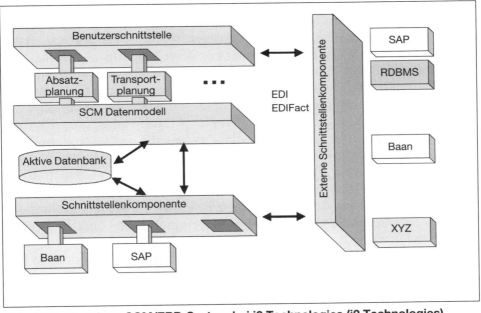

Abb. 4.32: Kopplung SCM/ERP-System bei i2 Technologies (i2 Technologies)

341

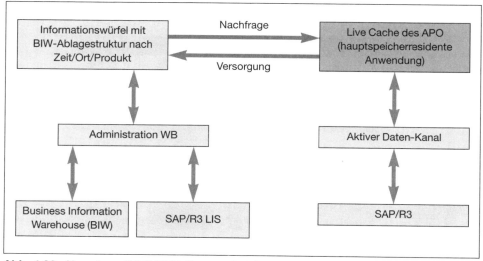

Abb. 4.33: Kopplung SCM/ERP-System bei SAP APO (SAP)

mik, mit den Veränderungen voranschreiten, steht in direktem Zusammenhang mit dem für dieses Marktsegment prognostizierten Wachstumspotenzial und dem daraus resultierenden Wettbewerb. So ist der Softwaremarkt rund um das Supply Chain Management in Bewegung. Bei der Suche nach SCM-Software stößt man schnell auf über 50 Anbieter weltweit, die unter dem Oberbegriff SCM ihre Software vertreiben. Es sind mehrere Kategorien von Anbietern tätig, die ihre angebotene Funktionalität kontinuierlich über Eigenentwicklung erweitern oder über Unternehmensakquisitionen ihr Produktportfolio ergänzen. Als ein Zeichen für die Veränderungsgeschwindigkeit des Marktes sind die im monatlichen Rhythmus eintreffenden Nachrichten über Firmenaufkäufe oder neu geschlossenen Partnerschaften zu sehen. Nicht alle der sehr unterschiedlichen Softwarewerkzeuge stehen unmittelbar mit dem SCM-Thema in Verbindung. Als Ergebnis dieser Entwicklung findet der SCM-Anwender einen sehr komplex strukturierten und intransparenten Markt für SCM-Software vor.

Bereits im Frühjahr 1999 wurden in der „Marktstudie Supply Chain Management Software – Planungssysteme im Überblick" der Fraunhofer Institute für Produktionstechnik und Automatisierung IPA, Stuttgart und Materialfluss und Logistik IML, Dortmund (Fraunhofer Institut 1999) 20 SCM-Softwareprodukte identifiziert, die im deutschsprachigen Raum eine wichtige, marktrelevante Rolle spielen (Abb. 4.34).

In ihrer Studie „The Supply Chain Market Leaders" vom September 1999

342

Unternehmen	Strategische Planung	Netzwerkplanung	Produktionsplanung	Feinplanung	Bedarfsplanung	Bestandsplanung	Distributionsplanung	Transportplanung	Controlling	Available-Promise
Aspentech	●	●	●	●	●	●	●	●	●	●
Baan	●	●	●	●	●	●	●	●	●	●
BLLB			○	○	○				●	
debis		●			●	●	●		●	●
DMC-KGC	●	●	●	●	●	●	●	○	●	●
DynaSys	○	●	●	●	●	●	○	○		●
i2	●	●	●	●	●	●	●	●	●	●
ICON		○	●	●	●	●	●	○		●
JBA	○	●	●	●	●	●	●	○	●	○
J.D. Edwards	●	●	●	●	●	●	●	○	●	●
Logility	●	●	●	●	●	●	●	●		○
Manugistics	●	●	●	●	●	●	●	●	●	●
PeopleSoft		●	●	●	●	●	●	●	●	●
SAP	○	●	●	●	●	●	●	○	●	●
SCT	●	●	●	●	●	●	●		●	●
SKYVA		●	●	●		○				●
Symix	●	●	●				●		●	●
Synquest	●	●	●	●	●	●	●	●	●	●
TRW	●	●	●	●	●		●		●	●
Wassermann	●	●	●	●	●	●			○	●

● volle Unterstützung der Funktionalität   ○ teilweise Unterstützung der Funktionalität

Abb. 4.34: Funktionsübersicht der wichtigsten SCM-Tools (FhG 1999)

(Benchmarking Partners 1999) untersuchte die Firma Benchmarking Partners Inc. den SCM-Markt und identifizierte die Produkte der Firmen:

- Aspen Technology
- Baan SCS
- i2 Technologies
- J.D. Edwards/Numetrix
- Logility
- Manugistics

- SAP SCMI
- Synquest

als die acht weltweit führenden Softwareanbieter.

4.5.9.1 Strukturierung des Anbietermarktes

Der SCM-Toolmarkt ist sehr heterogen aufgebaut. Das resultiert zum einen aus der Vielschichtigkeit der mit dem Supply Chain Management verbundenen Aufgaben, zum anderen aus der Entwicklungshistorie der heutigen Anbieter. Der Markt kann grob in vier Kategorien von Anbietern aufgeteilt werden:

1. Anbieter von SCM Toolsuites:
Die erste Kategorie umfasst Softwarehersteller, die mit „Advanced Planning & Scheduling Funktionalitäten" in ihren Werkzeugen starteten und ihre meist modulartig aufgebauten Produkte zu kompletten SCM-Toolsuiten weiterentwickelt und verbunden haben. Eine Toolsuite ist eine Palette von miteinander integrierten Softwareprodukten, mit der große Teile des SCM-Aufgabenspektrums abgedeckt werden können. Die Anbieter dieser Gruppe kommen aus dem Bereich der SCM-Planung und bieten neben grafischen und die SCM-Module integrierenden Komponenten auch zunehmend Funktionalitäten an, die im Bereich SCM-Execution angesiedelt sind. Kunden dieser Softwareunternehmen wie z. B. i2 Technologies Inc., Manugistics, Synquest oder Logility sind vorzugsweise Großunternehmen.

2. Anbieter von funktional erweiterten ERP-Systemen:
In der zweiten Kategorie sind Anbieter zusammengefasst, welche ihre SCM-Funktionalität als Erweiterung und Ergänzung zu den von ihnen angebotenen PPS- und ERP-Systemen entwickelt haben. Zu dieser Gruppe zählen die Unternehmen SAP, Baan, Peoplesoft, Aspentech, SCT sowie J.D. Edwards.
Ein Unterscheidungskriterium zwischen den beiden Kategorien findet sich insbesondere in der Philosophie der SCM-Lösungen. Die Toolanbieter der ersten Kategorie setzen sehr auf modular aufgebaute Produkte und bauen auf den Transaktionssystemen der klassischen ERP-Anbieter auf, wobei sie Teile der ERP-Funktionalität durch ihre Planungssysteme ersetzen. Die ERP-Anbieter beginnen hingegen mit den von ihnen entwickelten ERP-Funktionalitäten und erweitern diese im Hinblick auf die SCM-Anforderungen. Die so entstehende SCM-Funktionalität wird daher als „Add-on" zum bestehenden transaktionsorientierten ERP-System gesehen. In letzter Zeit verschwimmt aber diese Abgrenzung der beiden Kategorien im-

mer mehr, da sich Anbieter beider Gruppen über Unternehmensakquisitionen Funktionalitäten der jeweils anderen Anbieterkategorie hinzukaufen. So ergänzte sich z.B. Baan durch den Zukauf von Berclain, Peoplesoft durch den Kauf von Red Pepper. Die SAP AG, die ihre gesamte Toolsuite weitgehend in Eigenregie entwickelt, ist hierbei eine Ausnahme.

3. Anbieter von Supply Chain Execution-Systemen:
Unter dem Begriff der Supply Chain Execution werden die Funktionalitäten zusammengefasst, die eine unternehmensübergreifende Steuerung und Kontrolle der Supply Chain ermöglichen. Zu Anbietern zählen Unternehmen wie BLLB (Rockstar), Debis Systemhaus Retail & Distribution (Logistikbus) und Industri-Matematik (System ESS). Die Execution-Komponenten haben dabei die Aufgabe, vor dem Hintergrund der aktuellen betrieblichen Situation Entscheidungsunterstützung in der operativen Arbeit zu leisten. Die bereits beschriebene Nähe zu herkömmlichen transaktionsorientierten ERP-Systemen reduziert die Unterscheidungsmerkmale auf überbetriebliche Aspekte des Controllings, die Auftragssteuerung, die Transportsteuerung und die Lager- und Bestandssteuerung. Dadurch sollen die Wertschöpfungsnetzwerke befähigt werden, sehr flexibel auf eine Veränderung der externen Rahmenbedingungen in einem kurzfristigen Zeithorizont reagieren zu können.

4. Nischenanbieter:
Einige Anbieter haben für spezielle Teilaufgaben des SCM oder dedizierte Zielgruppen Lösungen entwickelt. Diese Anbieter weisen keine so genannten SCM-Gesamtlösungen oder SCM-Toolsuiten vor, was jedoch nicht heißt, dass die Software in dem vorgesehenen Einsatzbereich Mängel aufweist. Die Fokussierung der angebotenen Software auf bestimmte Aufgaben kann durchaus zu qualitativ und preislich sehr interessanten Lösungen führen. Während die Anbieter der ersten beiden Kategorien sich vorzugsweise auf Großunternehmen konzentrieren, gehen die Nischenanbieter auch auf die Anforderungen von mittelständischen Unternehmen ein. Die Leistungsfähigkeit und der Abdeckungsgrad der angebotenen Werkzeuge ist sehr unterschiedlich.

4.5.9.2 Marktentwicklung

Eine Stabilisierung des Marktes ist indes nicht zu erkennen. Folgende Trends können derzeit identifiziert werden

● Das Interesse der Unternehmen am Supply Chain Management wird weiter zunehmen, da die Mittel nicht mehr durch die Jahr-2000-Problematik gebunden sind.

- Auf dem SCM-Softwaremarkt haben sich in den vergangenen Jahren erhebliche Konzentrationsprozesse vollzogen (z.B. die Akquisition von Numetrix durch den ERP-Anbieter J.D. Edwards). Der Konzentrationsdruck auf dem Markt hält weiter an.
- Während der letzten Jahre wurden die SCM-Softwarelösungen hauptsächlich für die großen Unternehmen und Konzerne entwickelt. Heute geht der Trend auch in Richtung Mittelstandslösung.
- Die Softwarelösungen werden zunehmend mit grafischen Benutzeroberflächen versehen.
- Im Bereich der Vertragsgestaltung sind neben dem klassischen Verkauf von Softwarelösungen auch andere, flexiblere Vertragsformen möglich. So sind generell erfolgsorientierte Softwareverträge, Preise in Abhängigkeit von der tatsächlich genutzten Funktionalität oder Softwareleasing denkbar. Von transaktionsorientierten Verträgen sind die Anbieter aber noch entfernt.
- Application Service Provider werden zukünftig Client-Server-basierte Lösungen anbieten, die mittelständischen Unternehmen den Zugang zu SCM erleichtern.
- Im Bereich der kurzfristigen Planungsaufgaben, wie der Auftragsfeinplanung, ist der Trend zu hauptspeicherresidenten Anwendungen erkennbar.
- Alle führenden SCM-Anbieter sind gerade dabei, E-Commerce-Lösungen in ihr Leistungsangebot zu integrieren.
- Der Trend zu Funktionsmodulen auf der Basis von Webtechnologie ist deutlich erkennbar.

4.5.10 Auswahl und Einführung von SCM-Software

Zur Entscheidungsvorbereitung der Softwareauswahl und -einführung ist neben einem umfangreichen SCM-Fach- und Erfahrungswissen eine genaue Kenntnis des Softwaremarktes, die Unterstützung einzelner Funktionalitäten durch die jeweiligen Produkte und deren Eignung für spezielle Branchen-, Beschaffungs- Fertigungs-, Distributions- oder Kundenstrukturen unabdingbar. Nur dann lässt sich, bezogen auf das jeweilige unternehmensspezifische Anforderungsprofil, ein erfolgversprechendes Softwareprodukt identifizieren. Neben der dazu nötigen Fach- und Erfahrungskompetenz der Beteiligten ist vergleichende Betrachtung und Bewertung in Betracht zu ziehender SCM-Softwareprodukte immer eine umfassende und komplexe Aufgabe, die erheblichen zeitlichen Vorbereitungs- und Durchführungsaufwand erfordert. Bei der Entscheidung für ein SCM-System kann das Beantworten folgender Fragen Hilfestellung leisten:

- Welche Planungsprobleme bestehen in der spezifischen Supply Chain?
- Welche Entscheidungsunterstützung wird vom Unternehmen benötigt?
- Welcher Anbieter von SCM-Software liefert die besten Lösungen für die unternehmensspezifischen Problemstellungen?
- Welche Planungsmodule werden für die Lösung dieser Planungsprobleme benötigt? Auf welche Module kann verzichtet werden?
- Welche Faktoren lassen ein SCM-Projekt wirtschaftlich erfolgreich werden?
- Besitzt der Softwareanbieter entsprechende Referenzprojekte und Branchenerfahrungen?
- Wie leicht können bei der Modellierung Daten aus anderen Quellen (Transaktionssystemen etc.) integriert werden?
- Wie hoch ist der Lizenz- und Implementierungsaufwand, der Aufwand für externe Berater und Schulungsmaßnahmen?
- Wie hoch ist der Aufwand für die unternehmensspezifische Konfiguration des Systems?
- Können Optimierungziele im Betrieb verändert werden und somit unterschiedliche Szenarien simuliert werden?
- Wie ist die Benutzerschnittstelle gestaltet (grafische Modellierungsmöglichkeiten, Abbruch von Planungs- und Optimierungsläufen, Verwaltung von Szenarien etc.)?

Das richtige Datenmanagement ist in vielen Fällen ein entscheidender Erfolgsfaktor. Gegenstand des Datenmanagements ist das Aufnehmen, die Aufbereitung, die Speicherung und der Transport von für die SCM-Lösung erforderlichen Daten. Wichtige, im Rahmen des Datenmanagements zu beachtende Punkte sind: Die Art der Schnittstellengestaltung zu Alt- und Fremdsystemen (manuell, batch, online), die Art der Datenverbreitung (Pull-/Push-Prinzipien), (in Echtzeit/im Batchlauf), die Art des Datentransportes (verschlüsselt/nicht verschlüsselt), (webbasiert/DFÜ/FTP), Menge und Umfang der zu erfassenden Daten. Das Management der Daten beinhaltet ein erhebliches Machtpotenzial im Wertschöpfungsnetzwerk, so dass genaue Regeln bzgl. der Rechte und Pflichten aller Beteiligten vereinbart werden sollten.

Es gibt nicht *die* branchen- und unternehmensunabhängigen Erfolgsfaktoren für das Supply Chain Management. Im Umkehrschluss bedeutet dies, dass Unternehmen sich vor dem Hintergrund ihrer spezifischen Situation einen für sie passenden Lösungsumfang setzen und ihr Vorgehen hin zu einer für sie optimalen SCM-Lösung ausrichten sollten.

Steht man vor der Entscheidung, SCM-Software im Unternehmen einzuführen, so gibt es dafür vielfältige Möglichkeiten, die sich zwischen zwei extremen Positionen bewegen können. Ein mögliches Extrem ist die schlagartige Einführung einer kompletten SCM-Lösung über alle Planungsstufen und Ausführungsbereiche hinweg: der „Big Bang", um einen wirklichen Leistungssprung im Wertschöpfungsnetzwerk zu bewirken. Die wenigsten Unternehmen sind bereit, dieses Investitionsrisiko in Kauf zu nehmen. Das andere Extrem ist die Einführung eines lokalen Planungssystems, also eines singulären SCM-Bausteins, anstelle einer angemessenen SCM-Lösung. Der erwartete Leistungssprung wird hier in den meisten Fällen ausbleiben, denn die Summe lokaler Optima ergibt oft nicht das Gesamtoptimum im Netzwerk. Der Weg liegt wohl zwischen den erwähnten Extremen.

SCM-Projekte betreffen zumeist mehrere (unternehmensübergreifende) Organisationseinheiten, die oft nicht gleichberechtigt miteinander umgehen. Erfolgreiche Projekte zeichnen sich durch ein klares, die Organisationseinheiten übergreifendes Projektmanagement (PM) aus. Das Prozessdesign, d. h. die Ausrichtung der der SCM-Lösung zugrunde liegenden Prozesse, sollte im Rahmen des Projektes überprüft und validiert werden. Gerade durch die unternehmensübergreifende Diskussion von Prozesswissen unter den Prozessbeteiligten werden Verbesserungspotenziale in der Prozesskette deutlich und eine Einigung über zukünftige Veränderungen erst möglich. Wie umfangreich und wann Prozesswissen innerhalb von SCM-Projekten untersucht werden sollte, ist projektspezifisch abzuschätzen. Erfolgreiche Projekte zeichnen sich durch einen alle Organisationseinheiten übergreifenden harmonisierten Material- und Informationsfluss aus, der von den Prozessverantwortlichen verstanden und getragen wird.

Die Durchführung von Supply Chain Management-Projekten ist von vielen Erfolgsfaktoren abhängig. Dadurch sind derartige Projekte mit vielen Risiken belastet und sollten auch wegen der in den meisten Fällen erheblichen Investitionen nicht halbherzig angegangen werden. Mögliche Barrieren zeigt Abbildung 4.35.

Spezielle Problembereiche des Logistikmanagements	trifft zu
● Transparenz und Management der Einflussfaktoren	86,4%
● Mobilisierung aller Beteiligten	82,6%
● Unterschiedliche Interessen und Erwartungen	77,3%
● Verfügbarkeit leistungsfähiger Schnittstellen-Informationstechnologie	73,9%
● Erfahrungen und Werkzeugunterstützung für die Optimierung von Prozessen	68,2%
● Organisatorische Veränderungen	68,1%
● Offenlegung unternehmensspezifischer Daten	60,8%

Abb. 4.35: Mögliche Barrieren im Rahmen von SCM-Projekten (GDI 1996)

4.6 Kooperation in Supply Chains

Kooperationen als Form der Zusammenarbeit bietet für Unternehmen, die gemeinsam in einer Supply Chain Güter und Dienstleistungen produzieren, eine Möglichkeit, Optimierungspotenziale zu erschließen. Im Folgenden wird die Kooperation als Form der Zusammenarbeit in der Supply Chain beschrieben.

4.6.1 Ziele von Supply Chain Kooperationen

Das Ziel einer Kooperation in der Supply Chain besteht generell in einer Verbesserung der Wettbewerbssituation der beteiligten Unternehmen. Dieses übergeordnete Ziel kann in sieben Teilbereiche unterteilt werden (Abb. 4.36):

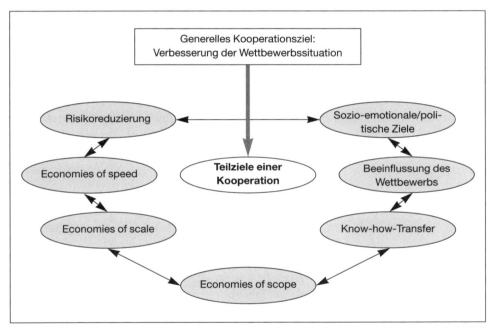

Abb. 4.36: Zielsystem unternehmensübergreifender Kooperation (vgl. Luczak 1999)

Diese Ziele werden meist als Bündel angestrebt, sie können aber einzeln betrachtet zu einer differenzierteren Sichtweise von Supply Chain-Kooperationen beitragen und sollen daher einzeln erklärt werden.

Risikoreduzierung

Risikoreduzierung unterteilt sich in die Reduzierung von Marktrisiken und Investitionsrisiken. Marktrisiken ergeben sich z.B. aus den wenigen Geschäftsfeldern kleiner und mittlerer Unternehmen, die vom Absatz dieser wenigen Produkte bzw. Dienstleistungen abhängig sind. Bei großen Unternehmen ist die Tendenz zur Konzentration auf wesentliche Kerngeschäfte zu verzeichnen. In der Automobilbranche sind dies etwa die OEM und Systemlieferanten. Weiteres Risiko birgt die schwankende Nachfrage am Markt. Kooperationen reduzieren dieses Marktrisiko durch Diversifikation des Produkt- bzw. Leistungsspektrums sowie durch die geografische Diversifikation durch gemeinsame Absatz- und Beschaffungsmärkte. Gemeinsame Forschungs- und Entwicklungsprojekte innerhalb der Supply Chain verteilen die hohen Kosten und das Risiko eines Fehlschlags auf mehrere Partner.

Economies of speed (Schaffung von Zeitvorteilen)

Die Verkürzung von Produktlebenszyklen fordert schnelle Innovationsprozesse, um am Markt ständig mit zeitgemäßen Leistungen präsent zu sein. Kooperationen können dazu beitragen, indem gemeinsam Personal, Technologie und finanzielle Ressourcen der Wertschöpfungspartner genutzt werden. Die Geschwindigkeit erhöht sich durch das Bearbeiten paralleler und ergänzender Aufgaben sowie das kurzfristige Erwerben von Knowhow durch Informations- und Erfahrungsaustausch (vgl. Rupprecht-Däullary 1994).

Economies of scale (Erzielen von Größendegressionseffekten)

Durch Kooperationen lässt sich eine „virtuelle" Größe aufbauen, die ökonomische Vorteile bietet. Durch die Verknüpfung unternehmerischer Ressourcen zu größeren Einheiten können durch die Abstimmung der jeweiligen Produktionsprogramme größere Stückzahlen oder bessere Maschinenauslastungen innerhalb der Supply Chain erreicht werden. Partnerunternehmen, die im Beschaffungsbereich gleiche Vorprodukte beziehen, können gegenüber Lieferanten Mengenrabatte aushandeln etc.

Economies of scope (Erzielen von Verbundseffekten)

Economies of scope-Effekte beruhen auf Ressourcen, die gemeinsam für die Erstellung unterschiedlicher Leistungen genutzt werden. Kapazitätsüberschuss in einem Unternehmen kann von Partnerunternehmen genutzt werden. Komplementäre Ergänzung von Produkt- und Dienstleistungsangeboten sowie die Vermeidung von redundanten Marketing-, Service- und Vertriebsaktivitäten ergeben geringere Kosten und gleichzeitig ein umfassenderes Angebot am Markt („Alles aus einer Hand").

Zu den Verbundseffekten gehören auch die Verbesserung des Organisationsablaufes, der Prozessstrukturen, Steigerung des Unternehmensimages und die Anwendung der aus der kooperativen Forschung gewonnenen Erkenntnisse im eigenen Unternehmen (vgl. Fontanari 1996).

Know-how-Transfer

Austausch von technologischem, führungs- oder marktbezogenem Know-how ist ein weiteres Ziel von Kooperationen. So kann etwa ein Partnerunternehmen seine speziellen Kenntnisse und Erfahrungen über einen ausländischen Markt in eine Kooperation einbringen. Bei Forschungs- und Entwicklungskooperationen steht der Austausch von technischem Know-how im Vordergrund. Wissen soll gebündelt und Doppelarbeit vermieden werden. Zusätzlich zu diesen Zeitvorteilen ergeben sich Kostenvorteile, da auf den Zukauf externen Wissens verzichtet werden kann.

Beeinflussung des Wettbewerbs

Durch Kooperation mit mehreren Partnern wird das Potenzial zur Umsetzung von Strategien vergrößert. Auf horizontaler Ebene kann eine Zusammenarbeit die Konkurrenzsituation entschärfen. Durch vertikale Kooperation können Abnahmeschwankungen ausgeglichen werden und ein durchgängiger Informationsfluss kann dafür sorgen, dass Material- und Teilebedarfe allen zur rechten Zeit bekannt sind. So lassen sich Kosten- und Zeitvorteile erzielen. Gegenüber der Konkurrenz bedeutet dies, dass aus der kooperierenden Supply-Chain heraus vergleichbare Leistungen schneller und günstiger am Markt angeboten werden.

Sozio-emotionale und politische Ziele

Politisches Ziel internationaler Kooperationen ist z.B. die Anpassung an die jeweiligen politischen Rahmenbedingungen des Landes. Die direkte Durchsetzung politischer Interessen geschieht zumeist nur durch Organisationen, die gemeinsam gebildet werden bzw. welche in einer Zusammenarbeit integriert sind.

4.6.2 Kooperation im Bereich Logistik

Große Potenziale bietet die Kooperation in einer Supply Chain vor allem im Bereich der Logistik. In der Beschaffungslogistik zielen Kooperationen auf Kostenreduktion im Einkauf sowie auf die Optimierung der Beschaffungsabläufe ab. Beispielsweise durch Mengenrabatte, gemeinsames C-Teile-Management, Qualitätserhöhung bei Zukaufteilen aufgrund einer größeren Abnehmermacht bzw. kooperativ durchgeführter Qualitätssicherung, gemeinschaftliche Investitionen in EDV-Lösungen und Internet-Technologien. Auch bei der Entsorgung können Größenvorteile infolge der Zusammenarbeit zu einer Reduzierung der Kosten führen.

Die Gestaltung der Vertriebslogistik ist ein wesentlicher Punkt für die Wettbewerbssicherung der Zulieferunternehmen. In Kooperationen wird es möglich, Vertriebsfunktionen wie etwa das Aufbauen bzw. Betreiben gemeinsamer Konsignationslager (direkt bei einem Automobilhersteller) oder Fuhrparks zusammenzulegen. Ebenso kann es lohnenswert sein, Logistikdienstleister in die Zusammenarbeit zu integrieren. Wichtig ist, bei der Umsetzung der geforderten Belieferungsstrategien wie Just-in-Time oder Just-in-Sequence überhaupt teilnehmen zu können. Neben den Direktlagern vor den Toren der Automobilhersteller sind moderne Kommunikationsmedien notwendig, aber auch Investitionen in EDI-Lösungen, Internettechnologien oder SCM-Software etwa, die in Kooperation durch Spezialisten-Sharing oder gemeinsame Auftragsvergabe an Softwaredienstleister kosteneffektiver gestaltet werden können. Die Möglichkeiten der Zusammenarbeit im internationalen Vertrieb wurden bereits erwähnt.

Ein weiterer Punkt ist die Gründung von so genannten „Ressourcenpools". Auf der einen Seite werden dazu Investitionskosten unter den Kooperationspartnern aufgeteilt, auf der anderen Seite wird eine höhere Auslastung, besonders bei Spezialmaschinen, gewährleistet. Unter Ressourcen werden Produktionstechnologien, Software, Personal, Gebäude, etc. verstanden.

4.6.3 Virtuelle Unternehmen als Kooperationsform in Supply Chains

Der Begriff des *virtuellen Unternehmens* wird häufig im Zusammenhang mit Kooperationen innerhalb einer Supply Chain genannt und soll daher kurz erläutert werden.

Byrne et al. (1993) erklären das Konzept des virtuellen Unternehmens mit dem Einsatz von Informations- und Kommunikationstechnologien, dem Fokus auf Kernkompetenzen und einem temporären Netzwerkgedanken. Sie bezeichnen es als ein „… temporary network of independent companies – suppliers, customers even erstwhile rivals – linked by information technology to share skills, costs and access to one's another markets. It will have neither central office nor organization chart. … In the concept's purest form, each company that links up with others to create a virtual corporation will be stripped to it's essence. It will contribute only regards as it core competencies." (Byrne et al. 1993).

Arnold & Härtling (1995) definieren virtuelle Unternehmen folgendermaßen:

„Ein virtuelles Unternehmen ist eine Kooperationsform rechtlich unabhängiger Unternehmen, Institutionen und/oder Einzelpersonen, die eine Leistung auf Basis eines gemeinsamen Geschäftsverständnisses erbringen. Die kooperierenden Einheiten beteiligen sich an der horizontalen und/oder vertikalen Zusammenarbeit vorrangig mit ihren Kernkompetenzen und wirken gegenüber Dritten als ein einheitliches Unternehmen. Dabei wird auf die Institutionalisierung zentraler Funktionen weitgehend verzichtet und der notwendige Koordinations- und Abstimmungsbedarf durch geeignete Informations- und Kommunikationssysteme realisiert. Das virtuelle Unternehmen besteht nur solange, bis sein Geschäftszweck erfüllt oder hinfällig geworden ist." (Arnold et al. 1995).

Mit dieser Definition greifen sie Merkmale der Kooperation im weiteren als auch im engeren Sinne auf, indem die Teilnehmer nicht nur auf Unternehmen beschränkt bleiben, die Forderung nach rechtlicher Unabhängigkeit der Partner besteht, ein gemeinsamer Geschäftszweck vorliegt und die Dauer von der Erfüllung des Geschäftszweckes bestimmt wird. Es gilt ein wichtiges Attribut des Unternehmensnetzwerks für das virtuelle Unternehmen: das Einbringen von Kernkompetenzen.

Die Besonderheit des virtuellen Unternehmens gegenüber anderen Kooperationsformen ist das einheitliche Auftreten gegenüber dem Kunden am Markt wie ein Unternehmen. Die Virtualität drückt sich weiter im Fehlen wesentlicher physikalischer Attribute eines realen Unternehmens aus. Das virtuelle Unternehmen verfügt beispielsweise über kein gemeinsames juristisches Dach und keine gemeinsame Verwaltung. Aufgrund der geringen Institutionalisierung zentraler Managementfunktionen können die Partner die Vorteile der Netzgröße nutzen, ohne die Flexibilität und Überschaubarkeit kleiner Einheiten aufgeben zu müssen (vgl. Mertens 1997).

Um das Fehlen physikalischer Attribute zu kompensieren, benötigt das virtuelle Unternehmen spezielle Zusatzspezifika, die für sein Funktionieren von großer Bedeutung sind. Hierzu zählen der Aufbau des *gegenseitigen Vertrauens* zwischen den Akteuren, *ausgereifte Informationstechnologien* zur Realisierung der Verbindung der einzelnen Einheiten sowie sich *synergetisch ergänzende Kernkompetenzen* der Partner.

Zu den Nutzeneffekten, durch die das Konzept des virtuellen Unternehmens attraktiv für die Beteiligten wird, zählen u.a. die hohe Flexibilität und die Vorteile eines gemeinsamen Synergiepotenzials innerhalb der Kooperation.

4.6.4 Phasen einer Supply Chain Kooperation

Um die genannten Ziele zu verwirklichen, müssen verschiedene Phasen in einer Supply Chain-Kooperation durchlaufen werden. Diese Phasen werden im Folgenden genauer erklärt.

4.6.4.1 Initiativprozess als Vorstadium der Kooperation

Dem eigentlichen Anbahnungsprozess einer Kooperation geht ein Initiativprozess voraus, in dem die Entscheidungsträger die Notwendigkeit zum Handeln erkennen.

Die Anregung zu einer Kooperation innerhalb der Supply Chain können zwei Wege einnehmen:

1. Eigeninitiative:
Unter der Wahrnehmung der Veränderungen und des Problemdruckes bieten sich dem Unternehmen verschiedene Alternativen, diesen Zustand in seinem Sinne zu verändern. Wird Kooperation als die bevorzugte Alternative angesehen, so kann das Unternehmen aus Eigeninitiative den Anbahnungsprozess einleiten, indem es potenzielle Kooperationspartner sucht und erste Kontakte aufnimmt.

2. Fremdinitiative:
Die zweite Möglichkeit, einen Anbahnungsprozess einzuleiten, geschieht über Fremdinitiative. Das Unternehmen wird von einem externen Akteur angesprochen, der hinsichtlich der institutionellen Zugehörigkeit entweder ein zukünftiges Partnerunternehmen oder Drittakteur (z.B. Dienstleister im Bereich des Kooperationsmanagements) sein kann. Bestimmte Rahmenbedingungen begünstigen den Initiativprozess:

● Situative Nähe: räumlich, Zugehörigkeit zur gleichen Branche, Verwendung vergleichbarer Technologien oder die Verfolgung ähnlicher Strategien
● Persönliche Kontakte der Unternehmensvertreter
● Innovationsbemühungen: Hierbei werden sowohl horizontale wie auch vertikale Formen der Zusammenarbeit angestrebt
● Marktbedingungen: hoher Wettbewerbsdruck etc.
● Zufälle: manche Kooperationen entstehen nicht durch einen gezielten, systematischen Planungsprozess, sondern durch Zufälle

4.6.4.2 Anbahnungsprozess/Initiierung

Die *Anbahnungsphase* ist die aktive Suche nach einem oder mehreren geeigneten Kooperationspartnern. Sie umfasst die Analyse des eigenen Kooperationsbedarfes sowie die Prüfung der Kooperationsfähigkeit der potenziellen Partner. Ein zentrales Element ist der *Zielbildungsprozess*, der als kontinuierlich anzusehen und auch in die nachfolgenden Phasen zu integrieren ist, da Ziele in der Regel definiert, verfeinert oder revidiert werden. Der Prozess der Zielbildung ist multi-personell. Es setzen sich mehrere Mitglieder der potenziellen Partnerunternehmen mit der Zieldefinition auseinander, da niemals die Zielvorstellung eines einzelnen übernommen wird. Es kann notwendig werden, externe Personen, wie bspw. Anteilseigner einzubeziehen.

Eine weitere wichtige Aktivität der Anbahnungsphase ist die Verhandlungsführung. Erste Gespräche über Anpassungs- und Investitionsmaßnahmen sowie über das Informationsverhalten und andere Spielregeln sind Bestandteile. Außerordentlich wichtig sind Schritte zur Vertrauensbildung. Diese Phase endet mit der Wahl der notwendigen Partner.

4.6.4.3 Konstituierung/Ausgestaltung

Diese Phase umfasst die intensive Vorbereitung auf den eigentlichen Betrieb der Kooperation. Die Vorbereitungen bestehen aus *Investitions- und Anpassungsmaßnahmen* z.B. auf dem Gebiet der Informations- und Kommunikationssysteme, Technologien, Transportsysteme und -mittel, der Weiterbildung von Personal sowie von evtl. notwendigen Umstrukturierungen der Aufbau- und Ablauforganisation. Ein vermehrter persönlicher Kontakt der Schlüsselpersonen der beteiligten Unternehmen ist erforderlich, um notwendige Informationen rechtzeitig auszutauschen und vor allem den Vertrauensaufbau zu unterstützen. Zu diesem Zeitpunkt werden Finanzierungsmaßnahmen abgesprochen sowie die Chancen und Risiken abgewogen. Eine intensive Betrachtung der Kompetenzen der Partner ist notwendig, um die Aufgaben- und Rollenverteilung möglichst effizient zu gestalten und dem Kooperationszweck anzupassen.

In Vereinbarungen oder Kooperationsverträgen werden Regelungen zur unternehmerischen Führung, zu Zielen und strategischer Ausrichtung, zu Koordinationsmechanismen, zum Beteiligungskapital und zu Maßnahmen bei einer Auflösung der Kooperation festgeschrieben. Das Gleichgewicht zwischen eingebrachter Leistung und Gegenleistung, der Erlösausgleich, die Interessenbewahrung und der Know-how-Schutz in der Kooperation werden definiert. Oft werden Klauseln integriert, die den Ressourcenzugang regeln. Wichtig ist auch das Aufnehmen einer Auflösungsregelung, in der über das Verfahren beim Ausscheiden eines Partners, über Ausschlusskriterien, Abfindungen und über das Aufteilen des Gewinns bzw. Verlustes beim Auflösen der Kooperation entschieden wird. Weiterhin kann eine Schiedsstelle, die bei schweren Konflikten hinzugezogen wird, vereinbart werden. Wenn diese nicht als notwendig erachtet wird, sind zumindest bestimmte Spielregeln abzustimmen, die zur Konfliktlösung in Kraft treten. Die vertragliche Gestaltung von Unternehmenskooperationen berührt mehrere Rechtsgebiete: das Kartellrecht, das Datenschutzgesetz, das Arbeitsrecht, Handels- und Steuerrechte; sie bedarf einer umfassenden rechtlichen Planung.

Neben den technischen, rechtlichen, finanziellen und organisatorischen Aspekten müssen auch *personelle Gesichtspunkte* beachtet werden – vor allem die Schaffung einer offenen Vertrauenskultur. Dafür sind persönliche Kontakte, das konsequente Einhalten von Absprachen, hohe Integrität im Sinne von Ehrlichkeit, hohe Diskretion bei der Bewahrung von Geheimnissen, hohe Kompetenz im erwarteten Aufgabenbereich und das aktive Einbringen von Ideen und Meinungen notwendig. Hinsichtlich der Unternehmenskultur geht es darum, sich mit den Unterschieden der Partner vertraut zu machen, um darauf aufbauend ein Verständnis für die Werte der anderen zu entwickeln. Bei intensiver Zusammenarbeit wird es jedoch notwendig, sich durch gewisse Spielregeln einer einheitlichen Unternehmenskultur zu nähern.

4.6.4.4 Betriebs- und Managementphase

Der Betrieb der Kooperation beginnt, wenn das Tagesgeschäft routinemäßig abgewickelt wird, d.h. die Prozesse der Zusammenarbeit definiert sind. Der Umfang der Managementaufgaben richtet sich nach dem Inhalt, der Intensität, dem Grad der Internalisierung, der Dauer der Kooperation und der Anzahl der Kooperationspartner (vgl. Staudt et al. 1992). Beim Management von Kooperationen geht es um:

- Koordination der Aktivitäten in zeitlicher und räumlicher Hinsicht
- Verteilung der zur Erfüllung von Aufgaben und Aufträgen erforderlichen Ressourcen
- Controlling der Kooperation
- Gestaltung des Informationsaustausches und der Entscheidungsfindung
- Außendarstellung der Kooperation
- Akquirieren von Aufträgen im Rahmen eines umfassenden Marketings
- Eventuelle Um- oder Neubesetzung von Kooperationspartnern
- Organisation der Beziehungen zwischen den beteiligten Unternehmen

4.6.4.5 Beendigung

Zur Auflösung einer Kooperation führen die verschiedensten Faktoren. Nach Staudt et al. liegen die Ursachen zur Kooperationsbeendigung in:

- Ökonomischen Gründen wie sinkende Gewinne und Umsätze, abnehmende Wirtschaftlichkeit, Produktivität und Rendite, fehlende Liquidität, Imageverluste, fehlende oder schlechte gemeinsame Auftragserfüllung, sinkende Produktqualität etc.
- Psychologischen Indikatoren wie fehlendes Vertrauen, welches entweder nicht aufgebaut wird oder bei gemeinsamen Aktivitäten verloren geht. Die Auslöser sind unzureichende oder fehlende offene Kommunikation, Unzuverlässigkeit hinsichtlich dem Einhalten von Absprachen, Verstoß gegen Geheimhaltungsgrundsätze etc.

Die Beendigung hängt von zwei Fragen ab: Kann ein Partner bzw. können mehrere Partner aus der Kooperation austreten oder muss die gesamte Kooperation aufgelöst werden? Wenn die Auflösung der Kooperation ansteht, gibt es unterschiedliche Möglichkeiten:

- Verkauf: Alle die Kooperation betreffenden Ressourcen werden verkauft, ausgenommen jene, die zur Fortführung der Unternehmenstätigkeit einzelner Unternehmen unabdingbar sind.
- Stillegung: Aufgrund zu hoher Spezialisierung oder zu hohem Alter bestimmter Ressourcen wird ein Verkauf unmöglich, weshalb es zur Stillegung dieser Sachmittel kommt.
- Senkung der Austrittsbarrieren: Aufgrund langfristig angelegter Verträge kann es notwendig werden, die Kooperation bis zum Auslauf der Verträge aufrechtzuerhalten. Das Ziel besteht bei dieser Vorgehensweise in der Verbesserung des Handlungsspielraums für die Partner im langfristigen Zeitablauf.
- Abschöpfung: Die innerhalb der Kooperation getätigten Investitionen sollen im Auslauf der Kooperation voll ausgeschöpft und Restnachfragen befriedigt werden. Es sind keine weiteren Investitionen vorgesehen.
- Übernahmen durch einen Partner: Entsprechend der Verkaufsvariante werden die Kooperationsressourcen von einem oder mehreren Partnern übernommen.

Literaturhinweise

Arnold, O./Härtling, M. (1995): Virtuelle Unternehmen: Begriffsbildung und -diskussion, Frankfurt 1995

Arnold, U. (1995): Beschaffungsmanagement, Stuttgart 1995

Baumgarten, H. (1993): RKW Handbuch Logistik, Berlin 1993

Baumgarten, H. (1996): Trends und Strategien in der Logistik 2000. Analysen –Potentiale – Perspektiven, Berlin 1996

Benchmarking Partners Inc. (1999): Supply Chain Management Market Leaders. Cambridge 1999

Boutellier, R. (1998): Beschaffungslogistik, München 1998

Byrne, J./Brandt, R./Port, O. (1993): The Virtual Corporation. In: Business Week 8. Februar, S. 36-40, 1993.

Delfmann, W. (1999): Industrielle Distributionslogistik. In: Weber, J./Baumgarten, H.: Handbuch Logistik, Stuttgart 1999

Dreher, D. (1997): Logistik-Benchmarking in der Automobil-Branche, Köln 1997

Eschenbach, R. (1999): Verfahren der Materialdisposition. In: Weber, J./Baumgarten, H.: Handbuch Logistik, Stuttgart 1999

FhG: Fraunhofer-Institute IPA und IML (1999): Marktstudie Supply Chain Management Software, Planungssysteme im Überblick, Stuttgart und Dortmund 1999

Fieten, R. (1999): Logistik und Materialwirtschaft. In: Weber, J./Baumgarten, H.: Handbuch Logistik. Stuttgart 1999

Fontanari, M. (1996): Kooperationsgestaltungsprozesse in Theorie und Praxis. Berlin, 1996

GDI: Repräsentative ECR-Befragung von 130 Handels- und Industrieunternehmen, GDI-Trendletter I/1996

Hahn (2000): Problemfelder des Supply Chain Management in ZWF Jahrg. 95 (2000) 4, S. 176

Hartmann, M. (1999): Früherkennung in wandlungsfähigen Unternehmen. In: Das Fledermaus Prinzip. Strategische Früherkennung in Unternehmen, Stuttgart, 1999

Kimmich, J. (2000): Kommunikation in Reorganisationsprojekten am Beispiel eines Kernprozesses der Automobilindustrie, Stuttgart 2000

Luczak, H./Schenk, M. (Hrsg., 1999): Kooperationen in Theorie und Praxis. Personale, organisatorische und juristische Aspekte bei Kooperationen industrieller Dienstleistungen im Mittelstand. Forschungsprojekt MiKo. Düsseldorf, 1999

Mertens, P./Faist. W. (1997): Virtuelle Unternehmen – Idee, Informationsverarbeitung, Illusion. In: Organisationsstrukturen und Informationssysteme auf dem Prüfstand. 18. Saarbrücker Arbeitstagung 1997 für Industrie, Dienstleistung und Verwaltung. Heidelberg, 1997.

Pfohl, H.-Ch. (1994): Logistikmanagement. Berlin, 1994

Pfohl, H.-Ch. (1996): Betriebswirtschaftliche Grundlagen, Berlin 1996

Pieper, C.B. (1995): Strategieorientierte Organisation der Logistikfunktion. Konzeption und empirische Untersuchung in der Automobilzulieferindustrie. München, 1995

Preissler, H. J. (1994): Der Modullieferant in der Elektronik in: Automobil Elektronik, Sonderausgabe der Automobil-Produktion, April 1994

Rupprecht-Däullary, M. (1994): Zwischenbetriebliche Kooperation : Möglichkeiten und Grenzen durch neue Informations- und Kommunikationstechnologien. Wiesbaden, 1994

SCM-CTC: Supply chain management Competence & Transfer Center; Internet http://www.scm-CTC.de

Staudt, E./Bock, J./Linné, H./Toberg M./Thielmann, F. (1992): Kooperationshandbuch – Ein Leitfaden für die Unternehmenspraxis. Stuttgart 1992

Thaler, Klaus (1999): Supply Chain Management. Prozessoptimierung in der logistischen Kette. Köln 1999

Vahlen (1997): Vahlens Großes Logistik Lexikon, München 1997

Warnecke, H.-J. (1993): Der Produktionsbetrieb. Band 1 – Organisation, Produkt, Planung. Berlin 1993

Weber, J. (1993): Logistik-Controlling, Stuttgart 1993

Wildemann, H. (1997): Logistik Prozessmanagement, München 1997

Wolters, H. (1995): Modul- und Systembeschaffung in der Automobilindustrie. Berlin 1995

Praxisbeispiel:
Voith Turbo GmbH & Co. KG: Supply Chain Veränderung

Frank Gehr, Hannes Winkler

Das Unternehmen

Die Voith AG ist mit etwa 4,5 Mrd. DM Umsatz und über 16.000 Mitarbeiterinnen und Mitarbeitern eines der weltweit führenden Unternehmen im Maschinen- und Anlagenbau. Zur Voith Unternehmensgruppe gehören die vier Konzernbereiche Voith Paper, Voith Fabrics Bespannungstechnik, Voith Turbo Antriebstechnik und Voith Siemens Hydro Power Generation.

1. Ausgangslage

Im Zuge der Einführung eines neuen Produkts plante das Unternehmen Voith Turbo GmbH & Co. KG eine Kooperation bezüglich der Montage einer Baugruppe. Über die engere Anbindung der Zulieferer sollte die Effizienz des gesamten Wertschöpfungsnetzwerks wesentlich erhöht werden.

Im Rahmen des Kooperationsprojekts mit A- und B-Lieferanten galt es zunächst, einen Modullieferanten als Regielieferanten zu identifizieren und ein Kooperationskonzept für die Modulzulieferung zu entwickeln und umzusetzen.

Das Fraunhofer-Institut für Produktionstechnik und Automatisierung (IPA) entwickelte das Konzept für die Modulzulieferkooperation und übernahm die Koordination.

Grundsätzlich ist eine Verlagerung von betrieblichen Funktionen auf Zulieferer nur dann sinnvoll, wenn dadurch bei Erhaltung des Qualitätsstandards sowie der Lieferzuverlässigkeit zusätzliches Know-how in die Wertschöpfungskette integriert werden kann bzw. Abläufe optimiert und Kosten gespart werden können.

Um eine erfolgreiche Abwicklung der Kooperationen sicherzustellen, wurde zunächst ein übertragbarer Handlungsleitfaden entwickelt. Aufgrund des mit der Verlagerung von Wertschöpfungsstufen verbundenen Risikos sollte als Ziel des Projekts eine Entscheidungsgrundlage sowohl für die Firma Voith als auch für die betroffenen Zulieferer geschaffen werden. Chancen und Risiken konnten so von allen Betroffenen objektiv und sicher eingeschätzt werden. Im Rahmen eines Projekts wurde ein auf weitere Baugruppen und Module übertragbares Standardkonzept für den

Aufbau und Betrieb derartiger Zulieferer-Kooperationen konzeptioniert und umgesetzt.

2. Vorgehensweise

Folgende Einzelschritte waren notwendig:

2.1 Lastenheft/Potenzialanalyse

Zu Beginn erfolgte eine gemeinsame Zieldefinition für das Kooperations-projekt. Parallel zur Zielfindung wurde ein Check der möglichen Kooperationspartner hinsichtlich der

- Bestehenden Montage- und Logistikkompetenzen
- Kapazitäten
- Informationssysteme
- Randbedingungen
- Planungsrestriktionen etc.

durchgeführt.

Die Eignung als Kooperationspartner wurde vom Fraunhofer IPA mit Hilfe eines ausführlichen Fragebogens untersucht. Inhalte des Fragebogens waren:

- Allgemeine Angaben zum Unternehmen (Branche, Bereiche, Anzahl der Mitarbeiter, Export/Import, Standorte, Jahresumsatz, Messen und Ausstellungen etc.)
- Unternehmensstrategie (Aspekte der langfristigen Planung, Messgrößen bei der Messung von Geschäftsergebnissen, Schwerpunkte für die Unternehmensaktivitäten, F&E etc.)
- Marketing-/Vertriebsstrategie (Marktstellung, Absatzzielgruppen, Qualitätsstandards etc.)
- Kernkompetenzen des Unternehmens (Kompetenzen/Fähigkeiten, Alleinstellungsmerkmale, welche Kompetenzen sollen in den nächsten Jahren zusätzlich aufgebaut werden etc.)
- Aufbaustruktur des Unternehmens (Hierarchieebenen, Bereiche/Abteilungen, Personal/Mitarbeiter etc.)
- Ablauforganisation (Geschäftsprozessmodelle, Kundenauftragsbearbeitung/Disposition, Produktionsplanung und -steuerung, Versandabwicklung, Qualitätsmanagement etc.)
- Logistik (Behälter/Ladungsträger, Geschäftsbeziehungen zu Speditionen/Logistikdienstleistern etc.)

- Kooperationen (Erfahrungen mit Kooperationen, Beweggründe, in welchen Phasen gab es die größten Probleme, was würden Sie bei zukünftigen Kooperationsprojekten anders machen etc.)
- Kundenfokus/Kundenservice (Anteil der termingerechten Auslieferungen, wie genau wird der Liefertermin bestätigt, durchschnittliche Auftragsbearbeitungszeit, Reklamationen, unvollständige Auslieferungen, Kontakte zwischen der Produktion und ihren Kunden etc.)
- Informations- und Kommunikationstechnik (interne Strukturen, externe Strukturen)
- Sicht auf die Firma Voith Turbo GmbH & Co. KG als Kunden (bisherige Lieferumfänge, positive und negative Aspekte der Zusammenarbeit etc.)

Ergebnis dieses Projektabschnitts war eine Potenzial- und Machbarkeitsanalyse für die einzelnen Zulieferer.

2.2 Kooperationskonzept und Vertragsgestaltung

Aufbauend auf die Ergebnisse aus Phase 1 wurden die rechtlichen Rahmenbedingungen und die finanziellen Verantwortlichkeiten für die Kooperation festgelegt. Folgende Arbeitsschritte wurden durchgeführt:

- Vertragsgestaltung Voith – Modulzulieferer
- Klärung der Investitionsverantwortlichkeiten
- Preisgestaltung/Fakturierung

2.3 Logistikkonzept

Im nächsten Schritt wurde vom Fraunhofer IPA ein Logistikkonzept für das Gesamtnetzwerk erstellt. Die einzelnen Teilbereiche umfassten die

- Planung und Synchronisation der Informationsflüsse und Kommunikationswege zwischen den beteiligten Unternehmen
- Entwicklung eines Transport- bzw. Speditionskonzeptes
- Festlegung eines Steuerungskonzeptes (z.B. Lieferfrequenz, Lieferzeitpunkt)
- Auswahl eines geeigneten Leergutkonzeptes

Zusätzlich wurden Notfallstrategien erarbeitet sowie geeignete Qualitätssicherungsprozesse für die Gesamtkette festgelegt. Tolerierbaren Fehlerquoten auf den unterschiedlichen Stufen der Wertschöpfung wurden definiert, redundante und überflüssige Prüfvorgänge konnten vermieden werden.

2.4 Supply Chain Software

In einer zweiten Projektphase sollte das Bestands- und Termincontrolling zwischen den Kooperationspartnern mit Hilfe einer geeigneten Softwarelösung unterstützt werden. Hier wurde das System SKEP der Firma DynaSis aus Schiltigheim/Frankreich als SCM-Planungssystem mit dem am Fraunhofer IPA entwickelten Tool SCIS (Supply Chain Information System) für die Informationsweitergabe kombiniert und an das ERP-System der Firma Voith angebunden (Abbildung 1).

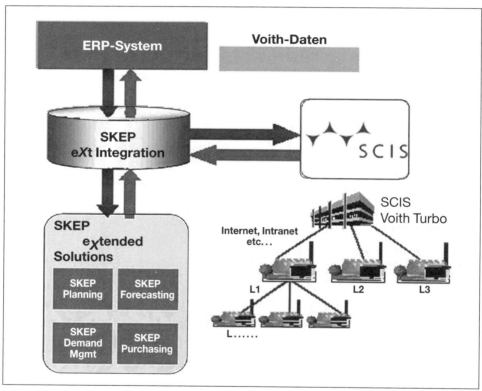

Abb. 1: Softwarearchitektur

Abbildung 2 zeigt das Softwarekonzept mit den dazugehörigen Informationsflüssen.

Um der Größe der beteiligten Lieferanten Rechnung zu tragen, wurde die Systemvoraussetzungen auf Lieferantenseite so niedrig wie möglich gehalten. Hier genügt eine einfache Internetverbindung damit sich die Lie-

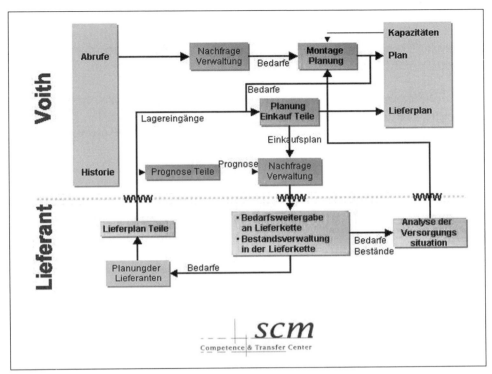

Abb. 2: Softwarekonzept

feranten via SCIS über die aktuellen Bedarfe von Voith informieren (Hol-Prinzip) und ihre Bestände rückmelden können. SCIS schafft somit Transparenz über Bedarfe und Bestände in einer Lieferkette über mehrere Unternehmen oder Standorte hinweg.

SKEP führt dagegen Simulationen von Machbarkeitsszenarien durch, plant und zeigt aktuelle Engpässe und Kapazitätsrestriktion in der Produktion auf. Die Disponenten können somit alternative Entscheidungsmöglichkeiten schnell durchzuspielen und flexibel auf Störungen (z. B. Lieferverzüge bei einzelnen Positionen) reagieren.

Die Koppelung von SCIS und SKEP ist damit Grundlage für: Bestandsoptimierung

● Bessere Planung der Produktion
● Versorgungssicherheit und Liefertreue

3. Ergebnisse

Folgende Projektziele beim Aufbau der Modulzuliefer-Kooperation konnten verwirklicht werden:

- Synchronisation der Auftragsabwicklungsprozesse zwischen den beteiligten Unternehmen
- Durchgängiges Informationsflusskonzept über den gesamten logistischen Zeithorizont
- Integrierter Material- und Informationsfluss
- Partnerschaftliche Kooperations- und Kommunikationskultur
- Einfacher und transparenter Logistikversorgungsprozess Modulzulieferung
- Kostenoptimale Erfüllung der Versorgungsfunktion (100%-ige Versorgungssicherheit)
- Sichere Beherrschung der Einsatz- und Auslaufsteuerung
- Sicherstellung der Übertragbarkeit des Prozessablaufs auf andere Modulzulieferungsumfänge

Praxisbeispiel:
DaimlerChrysler AG: Supply Chain Managementprozesse im Verbund von Zulieferern und Hersteller in der Automobilindustrie

Daniel Palm, Frank Gehr

1. Ausgangssituation und Zielsetzung

In der Automobilindustrie kann der Trend zu Single- und Global-Sourcing in den letzten Jahren verstärkt beobachtet werden. Während beispielsweise der Anteil von Modul- oder Systemlieferanten derzeit im Durchschnitt aller Industrieunternehmen bei knapp über 30% liegt und in den nächsten Jahren ein Anstieg auf 45% erwartet wird, entwickelt sich die Automobilindustrie von heute 25% sprunghaft auf knapp 50% bis in etwa drei Jahren.

Eine hohe Teilevielfalt, die extreme Komplexität des Produkts sowie die hohen Kosten bei einem Produktionsausfall verschärfen das Problem im Automobilbereich noch zusätzlich. Die Aufgabe der Logistik, den reibungslosen Ablauf des Beschaffungsprozesses zu organisieren, muss daher in einem vielschichtigen, weit verzweigten Produktions- und Zuliefernetzwerk bei hundertprozentiger Versorgungssicherheit gelöst werden.

Verbesserungspotenziale liegen insbesondere in der Schaffung schlanker, leistungsfähiger, unternehmensübergreifender Standardversorgungsketten mit einem effizienten Notfallmanagement. Durch partnerschaftliche Integration der Zulieferer und Berücksichtigung deren Informationsbedarfe zur Planung und Steuerung ihrer Produktionsprozesse sowie durch Schaffung von Transparenz über die gesamte Versorgungskette sowohl bezüglich der Prozessabläufe als auch der Bestände können erhebliche Kosteneinsparungen realisiert werden. In Projekten des IPA, Stuttgart, konnten in der Fahrzeugindustrie allein bei der Kapitalbindung Reduzierungen von 40% bis 50% erreicht werden. Die beschriebenen strukturellen, organisatorischen und prozessualen Veränderungen wirken darüber hinaus auch positiv auf den Produktentstehungs- und Kundenauftragsprozess, die Handling- und Transportkosten, die Liefertreue, die Produktqualität und den Aufwand für versorgungssichernde Maßnahmen.

Das vom Fraunhofer IPA, Bereich Unternehmensmanagement, durchgeführte Projekt in einem Werk der DaimlerChrysler AG hatte die Reorganisation der kompletten Beschaffungskette Lagerabwicklung zum Ziel. In einem Team aus externen Beratern, verschiedenen Fachbereichen der DaimlerChrysler AG wie Logistik, Einkauf und Datenverarbeitung sowie Lieferanten und Logistikdienstleistern wurde ein zukunftsweisendes Zielkonzept für die Beschaffung von Lagerteilen entwickelt und anschließend unter Berücksichtigung der aktuellen Rahmenbedingungen wie Produktions- und DV-Strukturen am Beispiel ausgewählter Teileumfänge pilothaft umgesetzt.

Der gesamte Reorganisationsprozess war in ein strategisches funktions- und werksübergreifendes Gesamtprojekt eingebunden, das folgende Zielsetzungen hatte:

- Konzernweite Standardisierung der Beschaffungsstrukturen und Reduzierung der Versorgungsketten auf:
  - Just in time
  - Direktbelieferung
  - Lagerabwicklung
- Erhöhung der Transparenz in der Supply Chain für alle beteiligten Partner
- Optimierung der Lagerhaltung und der Transportabwicklung

2. Ergebnisse der Lagerkette

Die ganzheitliche Betrachtung der Logistikprozesse vom Lieferanten über den Logistikdienstleister bis zu den unterschiedlichen Verbauorten der DaimlerChrysler AG und die prozessuale Neugestaltung erforderte aufgrund der Vielfalt der Themen und der hohen Komplexität im Material- und Informationsfluss eine tiefgreifende interdisziplinäre Zusammenarbeit der Spezialisten aller beteiligter Unternehmen. Nur dadurch war es möglich, ein unternehmensübergreifendes Prozessverständnis zu schaffen, singuläre, lokale Optimierungen zu vermeiden und damit den Projekterfolg sicherzustellen.

Das erarbeitete Zielkonzept beschreibt komplett die künftige Struktur des Beschaffungslogistiksystems ab der letzten Fertigungsstufe des Lieferanten und basiert auf am Materialfluss orientierten, selbststeuernden und selbstoptimierenden Prozessen in kleinen Regelkreisen. Grundprinzip im Materialfluss ist eine einstufige, verbrauchsortnahe Lagerung in einem Logistik-Lieferanten-Zentrum (LLZ) in unmittelbarer Werksnähe (vgl. Abb. 1).

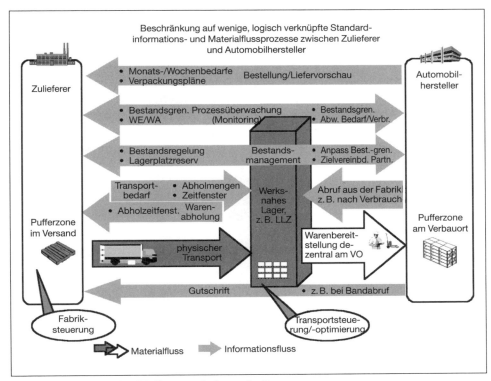

Abb. 1: Elemente des Zielkonzepts Lagerkette

Nach bilateraler Festlegung der minimalen und maximalen Bestandsgrenzen im Lager durch Hersteller und Lieferant ist der Lieferant für die Einhaltung der Bestandsgrenzen und Steuern des Lagerbestandes selbstverantwortlich. Auf Basis von mittel- und langfristigen Bedarfsprognosen, der verbrauchsorientierten Abrufe der Verbauorte aus dem Lager, der eigenen Auslastung der Fertigung sowie der Rahmenbedingungen des physischen Transports zum Lager führt der Lieferant die Optimierung seiner Fertigung, der Vormaterialdisposition, der Bestände im Lager sowie des Transports durch. Weitere Kennzeichen des Zielkonzepts sind:

a) *Informationsfluss*
● Durchgängig standardisierte Übertragungsmedien
● Prozessuale Trennung der Bestell- und Abruffunktion
● Durchgängige Transparenz über wichtige Prozessgrößen (z. B. Bestände) über die gesamte Zulieferkette
● Durchgängiges Bestandsmanagement für die gesamte Zulieferkette

- Lieferantenübergreifende Transportsteuerung/-optimierung
- Standardisierter Transportinformationsprozess zwischen Automobilhersteller, Zulieferer, Transport- und Lagerdienstleister

b) *Materialfluss*
- Einstufige Lagerhaltung in der gesamten Prozesskette
- Effiziente Abwicklung des physischen Transports über zeitfenstergenaue Abholungen und Anlieferungen, optimale Umschlagspunkte
- Abwicklung des Transportvolumens durch einen leistungsstarken Logistikdienstleister

c) *Logistiksysteme*
- Monitoring-/Frühwarnsystem zur Beobachtung von Mengenentwicklungen/-abweichungen
- Prozessabsicherungssysteme z. B. zur Sendungsverfolgung

d) *Produkt*
- Realisierung später Freeze-Points der Variantenfestlegung

Die sich an die Konzeptentwicklung anschließende Pilotierung am Beispiel ausgewählter Teileumfänge wurde in drei Monaten realisiert und musste weitgehend in bestehende Strukturen wie etwa die vorhandenen Datenverarbeitungssysteme eingebettet werden. Eine Modifikation der Zielprozesse zu so genannten „Bypass-Prozessen", insbesondere an Schnittstellen, ermöglichte die schnelle Umsetzung unter Beibehaltung einiger kurzfristig nicht veränderbarer Randbedingungen.

Die erfolgreiche Pilotierung des Zielkonzeptes war nur durch ein Umdenken aller am Projekt beteiligten Unternehmen möglich. Die notwendige kooperative Zusammenarbeit über die Grenzen interner und externer Organisationseinheiten hinweg, setzt neben der grundsätzlichen Akzeptanz für das neue strategische Konzept eine Vertrauensbasis – besonders zwischen Hersteller und Lieferant – voraus. Die klassische Rollenverteilung, die durch ein Abschotten des Lieferanten bezüglich seiner Kosten und Bestände und dem Bestreben des Automobilherstellers zum möglichst wirtschaftlichen Einkauf, geprägt ist, muss im Sinne einer gesamtoptimalen Lösung aufgegeben werden. Entsprechende Regelungen für den Umgang miteinander und für die Nutzung der erhobenen Daten sollten daher vor Projektbeginn getroffen werden.

Eine wesentliche Erleichterung für die Überwindung dieser Hürden stellt die Tatsache dar, dass sich alle Beteiligten in einer win-Situation befinden und „nur" die Kosteneinsparungen gerecht verteilt werden müssen.

Die Vorteile der unternehmensübergreifenden Reorganisation der Logistikketten können im Kurzfristbereich quantitativ recht gut beschrieben werden.

Abbildung 2 zeigt die Kostenverteilung für eine Teileklasse bei ein- und zweistufiger Lagerhaltung. Durch die Zusammenlegung der beiden Lager, dem Wegfall einer Handlingsstufe, der Möglichkeit zur Bestandsreduzierung aufgrund der Transparenz für alle Prozessbeteiligten und dem Wegfall der – vergleichsweise teuren – Lagerhaltung beim Automobilhersteller können für diese Teileklasse etwa 40% der Gesamtkosten eingespart werden.

Im Transport zwischen Lieferant und werksnahem Lager macht sich trotz des geringen Teileumfangs im Pilotversuch die Reduzierung der Anlieferfrequenz bemerkbar. Transporte zwischen Lieferant und Hersteller orientieren sich nicht mehr an den Tagesabrufen, sondern an der Fertigstellung eines Produktionsloses beim Lieferanten. Kostenmäßig höher schlägt dagegen der Transport zwischen Lager und Verbauort zu Buche. Hier steigt aufgrund des verbrauchsorientierten Abrufs von den Verbauorten die Transporthäufigkeit zugunsten eines reduzierten Flächenbedarfs in den Produktionshallen.

Zu den beschriebenen kurzfristigen Vorteilen kommen langfristige Effekte bei der Fertigungsoptimierung des Lieferanten und dem Notfallmanagement. Der werksnahe Gesamtbestand im Lager garantiert ein Höchstmaß an Versorgungssicherheit, da er Bedarfsschwankungen, Transportrisiken und damit verbundene Notfall- oder Sonderabwicklungen minimiert. Maximale Verfügbarkeit der Teile in kürzester Zeit erhöht darüber hinaus die Flexibilität des Automobilherstellers im Kurzfristbereich.

Die Entkopplung der Fertigung des Lieferanten von den kurzfristigen Bedarfsschwankungen erlaubt diesem, gemäß seiner optimalen Losgrößenverteilung zu produzieren. Kosteneinsparungen kommen hier jedoch erst zum Tragen, wenn ein Großteil des Teilespektrums des Lieferanten in den Prozess integriert ist.

Schwer quantifizierbar sind Folgen der kooperativen Zusammenarbeit, des gemeinsamen Prozessverständnisses, der Transparenz über Informationsbedarfe der Partner sowie der klar definierten Aufgabenverteilung und Eskalationsabläufe. Im Sinne der eingangs beschriebenen Veränderungen im Zuliefernetzwerk der Automobilindustrie sind diese Auswirkungen jedoch nicht zu unterschätzen.

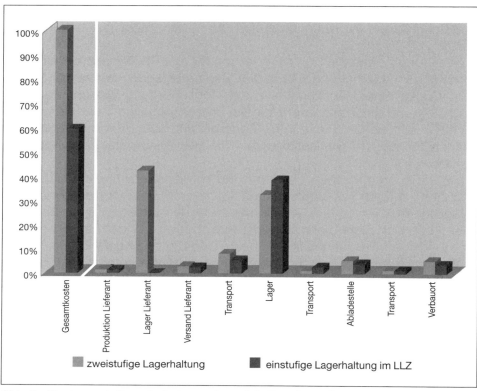

Abb. 2: Kostenverteilung bei ein- und zweistufiger Lagerhaltung am Beispiel einer Teileklasse

3. Ergebnisse der Direktbelieferung und der Verbrauchssteuerung

Auch im Bereich der Direktbelieferungskette konnten signifikante Verbesserungen erzielt werden. Examplarisch sei an dieser Stelle die Einführung eines Mehrbehälterkreislaufes zwischen Abnehmer und Lieferant genannt. Das verbrauchsorientierte Steuerungssystem sieht vor, dass sobald am Verbraucherort ein Behälter mit einer Standardmenge an Teilen aufgebraucht wurde, ein elektronischer Impuls an den Lieferanten übermittelt wird. Dieser versendet am nächsten Tag die Anzahl an verbrauchten Behältern des Vortags nach, die aufgrund der Transportzeit am folgenden Tag am Verbraucherort wieder eintreffen.

372

Zulieferer

- Abkopplung des Lieferantenprozesses von den kurzfristigen Bedarfsschwankungen des Abnehmers; dadurch beruhigte Produktion mit optimaler Losgrößenverteilung möglich
- Informationen vom Hersteller sind an Bedarf des Lieferanten angepasst
- Kenntnis über Fabrikgeschehen beim Hersteller (verbrauchsorientierte Abrufe aus dem Lager werden ohne Zeitverzug übermittelt)

alle Projektbeteiligte

- Gemeinsames Prozessverständnis
- Bestandstransparenz über die gesamte Prozesskette
- Reduzierter Aufwand für Disposition (Steuerung und Notfallabwicklung)

Automobilhersteller

- Reduzierung der Kapitalbindungskosten beim Automobilhersteller um über 85% (Eigentumsübergang bei Abruf aus Lager)
- Maximale Versorgungssicherheit sowie Flexibilität im Kurzfristbereich durch Gesamtbestand der Teile im werksnahen Lager
- Frühzeitiges Erkennen von drohenden Versorgungsengpässen durch Transparenz in der gesamten Versorgungskette

Abb. 3: Nutzen des Projekts

Steuerungsparameter sind die Anzahl der im Kreislauf befindlichen Behälter, deren Menge auf Basis langfristiger Prognosen vom Disponenten festgelegt wird und die Gesamtwiederbeschaffungszeit von zwei Tagen abdecken sowie die Höhe eines Sicherheitsbestands am Verbauort, der bei Unterschreiten ein manuelles Eingreifen des Disponenten in den ansonsten selbststeuernden Regelkreislauf auslöst.

Die eingeführte Verbrauchssteuerung führt trotz seines einfachen Prinzips zu hervorragenden Ergebnissen. Zum einen kann die Anzahl der sich im Kreislauf Lieferant – Transportdienstleister – Abnehmer befindlichen Behälter und somit der Maximalbestand in der Kette festgelegt werden. Dies führte im Pilotierungsbeispiel zu einer Reduzierung des durchschnittlichen Bestands um 40%.

Zum anderen kann der Disponent durch das selbststeuernde Prinzip von Routinetätigkeiten fast vollständig entlastet werden. Die Überwachung des Prozesses hinsichtlich verfügbarer Bestände am Verbraucherort (optisch, Anzahl der Behälter), der Einhaltung der eingestellten Bestandsparameter (markierter Maximal- und Sicherheitsbestand), der richtigen Anliefermenge (der Verbrauch vor zwei Tagen), des Transitbestands (Verbrauch des Vortags) sowie die Steuerung des Prozesses (Übermittlung der Verbrauchsmenge) liegt in einer Hand direkt beim zuständigen Mitarbeiter in der Montage.

Der Zulieferer, der vor der Pilotierung auf Basis von Systemvorhersagen zumeist alle zwei Tage anlieferte, wird von eventuellen Planungsfehlern sowie den kurzfristigen Bedarfsschwankungen beim Abnehmer abgekoppelt. Die Beruhigung des gesamten Prozesses zeigt Abbildung 4. Die vom Planungssystem festgelegten Abrufmengen im oberen Teil der Abbildung hatten eine Schwankungsbreite von durchschnittlich ±3,4 Behältern. Nach Einführung der Verbrauchssteuerung mit täglicher Anlieferung konnte die Schwankungsbreite auf ±0,7 Behälter reduziert werden. Eine Erhöhung des Lieferservicegrades von 54% auf 95% und eine Reduzierung unvorhergesehener Sonderfahrten um 90% im Betrachtungszeitraum war die unmittelbare Folge. Zusätzlich ergab sich beim Lieferanten ebenfalls ein geringerer dispositiver Aufwand, eine durchgängige Transparenz bezüglich Bestandsmengen und des aktuellen Verbrauchs beim Abnehmer sowie in der Summe eine beruhigtere Fertigung mit optimaler Losgrössenverteilung.

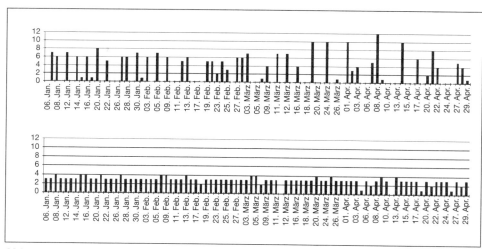

Abb. 4: Abrufmengen prognoseorientiert (oben) und verbrauchsorientiert

Praxisbeispiel:
Cisco Systems: Die „Networked" Supply Chain –
Business-to-Business (B2B)

Michael von der Horst

Das Unternehmen

Cisco Systems Inc., San Jose, California, USA, gilt als das weltweit größte Unternehmen auf dem Gebiet Netzwerktechnik im Internet. Ciscos Produkte basieren auf Hardware- und Software-Lösungen, die Computer-Netzwerke miteinander verbinden, unabhängig von Zeit, von Ort und von Computersystemen. Die aktuellen Produkte beinhalten Fähigkeiten zur besonderen Behandlung von Video- und Sprach-Daten, so dass Kunden in Multimedia-Netzwerken diese Daten realtime austauschen und nutzen können. Dies beschleunigt die Konvergenz von Sprach- und Datennetzen. Sprache und auch Video werden somit als gewöhnliche Daten behandelt.

Im Fiskaljahr 2000 setzt Cisco 18,9 Milliarden US-Dollar bei einer jährlichen Wachstumsrate von circa 56 % um. Gegründet wurde Cisco 1984 an der Stanford-University.

1. Ausgangssituation der „Networked" Supply Chain

Das starke Wachstum von Cisco bei gleichzeitiger Ressourcenknappheit führte 1995 dazu, Ciscos Produktion und Logistik auf eine „Networked" Supply Chain umzustellen. Dabei galt es, entscheidende Produktionsparameter wie Einführungszeit von neuen Produkten, Lieferzeit an Kunden, Lagervolumen, Grad der Eigenfertigung, etc. erheblich zu verbessern und zugleich die Kundenzufriedenheit zu steigern. Eine kontinuierlich steigende Kundenzufriedenheit stellt eine der Kernphilosophien von Cisco dar.

Die Umstellung des Produktionssystems sollte nicht auf einen Schlag erfolgen, vielmehr war eine kontinuierliche Optimierung geplant:

- Statischer und dynamischer Datenaustausch von ERP-Systemen über das Internet
- Transaktionsfähigkeit
- Bildung von Online-Communities

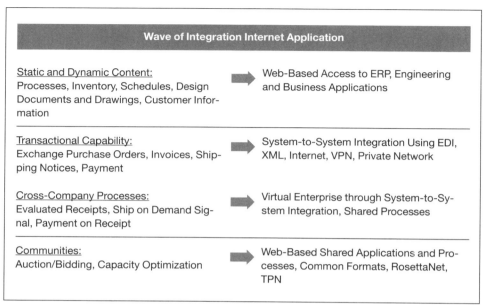

Abb. 1: Entwicklungsphasen (Cisco Systems Inc.)

Die Entwicklung der Elemente dieser Phasen erfolgte in einer Vielzahl von kleinen Projekten mit einer typischen Projektlaufzeit von 3 bis 6 Monaten. Bei der Umsetzung wurde voll auf die Realisierung von Ciscos Vision des Internets als das zukünftiges Kommunikationsmedium gesetzt und dessen Eigenschaften genutzt.

2. Umsetzung

Die Umsetzung der Komponenten dieser „Networked Supply Chain" war nicht unkritisch. Die Ausweitung der internen Kommunikationsstränge auf Geschäftspartner über das öffentliche Internet warf bei allen Beteiligten Fragen auf:

● Wie sicher ist „meine" Information gegen Dritte?
● Wie störungsfrei arbeitet das Internet?
● Welche eigenen Informationen (Auftragswesen, Produktionsplanung und -steuerung) gebe ich nach außen?
● Sollen Bestandteile der Produktion nach außen verlagert werden (Outsourcing)?

Outsourcing bedeutet für viele Unternehmen, dass fremde Unternehmen diejenigen Produkte herstellen, bei denen ein Wettbewerbsvorteil für den Zulieferer (Zeit, Kosten, Qualität) besteht. Für andere Unternehmen ist Outsourcing eine „Verlegenheitslösung bei Überkapazitäten".

Zusätzlich galt es Fragen hinsichtlich der DV-technischen Umsetzung der Lösung zu beantworten:

● Ist standardisierte Anwendungssoftware besser geeignet als die (vermeintlich) bessere selbstentwickelte Software?
● Hat man Zeit, Entwicklungs- und Wartungskosten und Betrieb der eigenen Software betrachtet?

Dabei gilt es zu berücksichtigen, dass die Übernahme von Fertigung und Logistik durch externe Unternehmen ist 1995 noch nicht so selbstverständlich war wie im Jahr 2000. Cisco als einer der weltweiten Führer im Internet hat diese Fragen wie folgt beantwortet:

Hinreichende Sicherheit des Systems und Offenheit, sowie Vertrauen mit den internen und verantwortlichen Partnern sind Grundvoraussetzungen des Erfolgs. Cisco setzt in Kongruenz mit seinen Kernkompetenzen Fremdfertigung für ca. 60 % seiner Produkte ein. Dabei sind die Kriterien zur Bestimmung dieser Fremdfertigungsfirmen strenger als bei der Lieferantenauswahl. Eine wesentliche Voraussetzung für die Fremdvergabe sind eine langfristige Zusammenarbeit und zentrale Planung, sowie Qualitätssicherung der Fertigung durch Cisco.

Dies wird durch eine standardisierte Softwarelandschaft unterstützt. Das integrierte Kommunikationsnetzwerk nach innen und außen unterstützt

● Die Realisierung von Kostensenkungsmaßnahmen auf der Basis von Best-practice Datenaustausch
● Den Dialog zwischen Cisco, Zulieferern und Fremdfertigern
● Die Qualitätserhöhung beim Outsourcing
● Und somit den Ausbau des Wettbewerbsvorteils durch Partnerschaften und Prozessintegration

Das Lösungskonzept von Cisco ist in Abbildung 2 wiedergegeben. Der Kern des erfolgreichen Konzepts liegt

● In der optimalen Mischung von eigenen Kernkompetenzen mit den extern führenden Prozessen („Best Practice") in der gesamten Industrie, die nach Benchmarking-Verfahren ermittelt sind und weiter optimiert wurden

Demand Management	Supply Management	Manufacturing Management	Customer Management
Forecasting • Single forecast for Supply Chain Procurement • Build requirements transmitted daily Inventory Mgmt. • Suppliers monitor and replenish	Order, Expedite... • Activity eliminated Planning • Done by supplier, based on „real" demand signal Payment • No invoicespayment on shopfloor transaction	Quality • Testing automated on supplier line with Cisco methodology Scheduling • Done by supplier on actual demand signal	Fulfillment • 56% filled directly by supplier Ordering • 80+% handled through Web Logistics • Decentralized shipment, coordinated delivery
New Product Introduction	• Integrate suppliers in new product development	• „Push" Engineering Change Orders to all parties, regardless of Cisco and supplier	

Abb. 2: „Networked" Supply Chain Strategie (Cisco Systems Inc.)

- In der Nutzung bestehender Standardsoftware, wie zum Beispiel Oracle financial solutions, i2 supply chain solutions, Tibco messaging
- Im Aufbau sicherer Kommunikationsnetzwerke mit Zulieferern und „contract manufacturers"

Das Team bildet eine offene, ergebnisorientierte Kooperation mit großem gegenseitigem Vertrauen und Geheimhaltungspflicht. Das bestehende und das neue Wissen sowie die Bildung des intellektuellen Kapitals der Mitarbeiter werden „lebend" bei der Arbeit und schriftlich in Dokumenten erarbeitet, gelernt und für die Teilprojekte der „Networked" Supply Chain umgesetzt.

Die neuen Fähigkeiten der virtuellen Organisation von Kunden, Lieferanten, Outsourcing-Unternehmen und dem eigenen Unternehmen sind zum Beispiel:

- Eine zentrale Stelle für eine Produkt-Vorhersage weltweit
- Tägliche Fertigungsauslösung, on demand
- Operation der Lieferanten auf Basis des aktuellen Auftragseingangs
- Ebenso Operation des „contract manufacturing" auf Basis des aktuellen Auftragseingangs, on demand

- Test/Qualitätssicherung der Produkte beim Lieferant/Outsourcing nach Cisco-Vorgabe und Methodologie, mit Datenübermittlung an Cisco
- Keine Rechnungen, Zahlungen erfolgen bei der Produkterstellung
- Direkte Kundenlieferung vom Lieferant/Outsourcing
- Dezentrale Logistik mit koordinierter Anlieferung beim Kunden
- Simultane Änderungen am laufenden Produkt bei Cisco und den Lieferanten/Outsourcing
- Kompatible Hardware und Software-Netzwerk-Systeme bei allen Beteiligten
- Laufende Integration und Verbesserung von Prozessen und von Verantwortlichkeiten

3. Ergebnis

Die Ergebnisse der „Networked" Supply Chain sind:

- Die Kundenzufriedenheit ist auf einer Skala von 1 bis 5 von 3,5 Punkten (1995) auf 4,2 Punkte (1999) gestiegen – führend im US-Markt
- Die Einführungszeit für neuen Produkten wurde über 25 % reduziert, dies führt zu einer Erhöhung des Deckungsbeitrags von über 100 Millionen US-Dollar pro Jahr (Fiskaljahr 1999)
- Die Ausführungszeit von Kundenaufträgen wurde von 6–7 Wochen auf 1–3 Wochen reduziert bei über 97 % Erfüllung der Kundenzusagen
- 45 % der Lagerbestände wurden im Produktionslager reduziert
- Über 88 % der Aufträge erfolgen Online
- Ca. 60 % der Aufträge werden mit Cisco-Software Input und mit Cisco-Produktionstests durch Outsourcing-Firmen (contract manufacturer) inkl. der Kundenauslieferung bearbeitet
- Die externe Lieferlogistik ist in den Produktionsprozess per Internet integriert

Insgesamt betragen die Kosteneinsparungen pro Jahr 440 Millionen US-Dollar (FY99), im Wesentlichen erzielt durch die Geschwindigkeit (time to market), „eine" Lieferantenbasis, Reduktion der Lagerbestände, Testintegration und Logistikoptimierung.

Die Konzentration auf die eigenen Kernkompetenzen, auf die Optimierung der gesamten Wertschöpfungskette und auf die Steuerung der sonstigen Beteiligten bei Nicht-Kernkompetenzen führen die „Networked" Supply Chain zum Erfolg.

Bei einem jährlichen Wachstum von über 50 % und keinem Ausbau der internen Produktion und seines Mitarbeiterstabs hat Cisco durch vernetzte Produktion neue Produkte mit neuen Prozessen geschaffen. Das Resultat ist ein großer Wettbewerbsvorteil, und gestiegene Kundenzufriedenheit und daraus resultierend die Marktposition von Cisco.

Praxisbeispiel:
DaimlerChrysler AG: Total Productive Maintenance (TPM)

Edward H. Hartmann

Diese Fallstudie bezieht sich auf das Produktleistungszentrum Motoren in Stuttgart-Untertürkheim und -Bad Cannstatt. Vorab zu sagen ist, dass diese TPM-Einführung eine der größten und erfolgreichsten in Deutschland ist.

1. Anfänge

Richtigerweise ging eine Phase der Informationssammlung voraus, wobei ein Produktionsleiter, Herr Narten und andere Mitarbeiter der damaligen Mercedes-Benz AG einige TPM-Seminare besuchten und Hartmanns TPM-Buch studierten. Der Anstoß für den Beginn erfolgte allerdings erst als Herr Lott, Abteilungsdirektor und Leiter der Mechanischen Fertigung Motoren, selbst das zweitägige TPM-Seminar besuchte und zur Überzeugung gelangte, dass TPM eine richtige und notwendige Methode sei, die Produktivität, Zuverlässigkeit, Sicherheit, Sauberkeit, Instandhaltung und den Zustand der Anlagen in den Motorenwerken nachhaltig zu verbessern. Diese Vision und Überzeugung hat sich hundertprozentig bestätigt.

Innerhalb zwei Wochen nach dem Seminarbesuch von Herrn Lott, am 23. Oktober 1995, hat Herr Hartmann zum ersten Mal die Motorenwerke besucht und den ersten Eindruck über die Anlagen, deren Zustand und die Sauberkeit der Kostenstellen gewonnen. In einem TPM-Vortrag am selben Nachmittag wurde dann TPM 100 Führungskräften, darunter 60 Meistern vorgestellt.

2. Vorarbeit und Strategie

In einem so großen und traditionsbehafteten Werk kann man aber nicht sofort mit TPM beginnen. Man musste grundlegende und weitsichtige Überlegungen anstellen, wie überhaupt TPM in die bestehende Arbeitspolitik und die Kultur des Unternehmens und des Werkes eingefügt werden kann. Schon in den Jahren 1992/93 ist bei Mercedes die Gruppenarbeit eingeführt worden, die jetzt auch als Basis für TPM dient. Es bestand eine gute KVP-Organisation und es wurde die sehr wichtige strategische Entscheidung gefällt, KVP und TPM in einen heute sehr effektiven „Verbesserungsprozess" zusammenzulegen. Dieser wurde GAB (Ganzheitliche Anlagen-Betreuung) in Anlehnung an TPEM® (Total Productive Equipment Management) genannt. Die bestehenden und erfahrenen KVP-Mitarbeiter waren dann auch das Rückgrat für die folgende Machbarkeitsstudie und die Anfänge von TPM. Es wurde eine schriftliche TPM-GAB-Strategie für die Machbarkeitsstudie und die Piloteinführung erstellt, in der alle wichtigen Rahmenbedingungen festgelegt wurden. Allen Mitarbeitern und dem Betriebsrat ist die Planung erläutert und bekannt gemacht worden.

3. Machbarkeitsstudie

Noch im Dezember 1995 wurde Ulrich Fischer zum TPM-Koordinator ernannt, die Machbarkeitsstudien-Teams wurden trotz hohem Produktionsdruck zusammengestellt und die TPM-Schulung durchgeführt. Die Durchführung der Machbarkeitsstudie dauerte im darauf folgenden Jahr die geplanten acht Wochen und resultierte in einer Fülle von Daten, von denen die neuen Verbesserungsteams monatelang profitieren konnten. Es wurde auch ganz klar erkannt, dass die Verluste bei den Anlagen größer waren als angenommen und der Zustand der Anlagen verbesserungswürdig war. Weiterhin wurde festgestellt, dass der Fähigkeitsstand der Mitarbeiter sehr hoch und die Motivation sehr gut war. Als Konsequenz wurde am 6. März 1996 anlässlich der Präsentation der Machbarkeitsstudie die Einführung von TPM (GAB) empfohlen. Diese Empfehlung ist von der Werksleitung angenommen worden.

4. Piloteinführung

Die Piloteinführung begann in der Motorenteilefertigung und beinhaltete die Kostenstellen Zylinderkurbelgehäuse, Kurbelwelle und Pleuel. Schon im Juni 1996 zeigte sich, dass TPM schnelle Fortschritte machte und bereits messbare Erfolge brachte. Das war darauf zurückzuführen, dass große Anstrengungen für die Schulung der Mitarbeiter aller Schichten unternommen worden sind, ein hoher Fähigkeitsstand und gute Motivation bereits vorhanden waren, und insbesondere, dass TPM durch den Abteilungsdirektor (Herr Lott) und den TPM-Koordinator (Herr Fischer) konsequent und tatkräftig unterstützt wurde. Die Maßnahmen zur Anlagenverbesserung, die sich aus der Machbarkeitsstudie ergeben haben, wurden abgearbeitet und Reinigungs-, Wartungs- und Inspektionspläne für die Anlagen durch die neuen Verbesserungsteams erstellt.

5. TPM-Organisation

In der Zwischenzeit wurde natürlich die TPM-Organisation aufgebaut, die speziell in einem großen Werk von hoher Wichtigkeit ist. Auf Centerebene besteht für alle Subcenter des Werkes ein Steuerkreis, der die Gesamtverantwortung trägt, die arbeitspolitischen Entscheidungen fällt, über die Strategie entscheidet und in dem über Fortschritt und Erfolg berichtet wird. Der TPM-Promotor, Herr Lott, steht dem Steuerkreis vor und hat speziell in dieser äußerst erfolgreichen Einführung eine wichtige Rolle gespielt und durch große Beharrlichkeit und klare Zielvorgaben diesen Erfolg unterstützt. Auf Subcenterebene, z. B. das V-Motorenwerk in Bad Cannstatt, besteht jeweils ein Kernteam, das vom Subcenterleiter geführt wird. Unter diesen Kernteams gibt es Teams auf Kostenstellenebene, die für die Umsetzung von TPM und KVP verantwortlich sind und die Gruppenarbeit unterstützen. Die wichtigsten Teams in jedem Werk sind die Verbesserungsteams, die aus Mitarbeitern der Produktion und der Instandhaltung, dem Meister und dem Trainer bestehen. Die TPM-Routinearbeiten wie tägliche Reinigung, Wartung usw. werden von den Gruppen in den einzelnen Kostenstellen durchgeführt. Was sich als sehr wichtig und als notwendig gezeigt hat, war die Ernennung eines TPM-„Kostenstellenverantwortlichen", der im Prinzip die lokale Verantwortung eines TPM-Koordinators übernahm. Es hat sich gezeigt, dass die Kostenstellen, in die ein „Verantwortlicher" vollzeitig abgestellt worden ist, besser und schneller TPM-Erfolge und Fortschritte erreicht haben. Die Verbesserungsteams und die einzelnen Gruppen werden von Trainern geschult und unterstützt. Bei den Mercedes Motorenwerke gibt es 45 Trainer, die eine sehr wichtige Rolle spielen und natürlich TPM bestens kennen und hoch motiviert sind. Diese Trainer erhalten eine intensive Ausbildung für ihre Aufgabe.

Die tatsächliche Umsetzung von TPM, die Entwicklung der Strategie und der maßgeschneiderten Methoden und Vorgehensweisen, die Erstellung von Einführungsplänen, das Controlling, die Schulung und Koordination der Trainer, die Unterstützung der Teams, die Motivierungsarbeit, die Erstellung von Standards, die Berichterstattung und die eigentliche tägliche Verantwortung für TPM liegt natürlich beim TPM-Koordinator. Diese unglaublich wichtige und verantwortungsvolle Aufgabe wird in Untertürkheim hervorragend durch Herrn Fischer erledigt, der in der Zwischenzeit zum TPM-Experten innerhalb DaimlerChrysler geworden ist. Es wurde ebenfalls ein TPM-Stab aus Trainern gebildet, der Herrn Fischer bei der Durchführung der genannten Aufgaben unterstützt.

6. TPM-Erweiterung

Schon vor September 1996 wurden Pläne für die flächendeckende Einführung erstellt, bereits unter Berücksichtigung der neuen, geplanten Produktionsstätten für die „A-Klasse" und „V-Klasse"-Motoren. Eine große Herausforderung war, Wartungspläne für Maschinen zu erstellen, die noch gar nicht in Betrieb waren und für die oft noch keine Unterlagen oder Anweisungen des Herstellers vorlagen. Als dann das neue Reihenmotorenwerk seinen Betrieb aufnahm, lief alles wie geplant. In der Zwischenzeit ist TPM planmäßig in allen über 60 Kostenstellen, in denen durchschnittlich 100 Mitarbeiter tätig sind, eingeführt worden.

Im Zusammenhang mit dem Fortschritt bei Mercedes ist eine interessante Bemerkung zu machen: Im Frühjahr 1997 wurde die jährliche „TPM-Konferenz" in Stuttgart durchgeführt, wobei jeweils ein interessantes TPM-Werk von den Teilnehmern besucht wird. Bei Besuchen des Mercedes-Werkes in Stuttgart konnte man die Kostenstellen besichtigen, bei denen im Frühjahr 1996 mit TPM begonnen wurde. Und das dort Erreichte übertraf alle Erwartungen der TPM-Fachleute.

7. TPM-Audits

Eine Methode zur Qualitäts- und Fortschrittskontrolle von TPM sind die Audits, die im Produktleistungszentrum Motoren konsequent durchgeführt werden. Das Audit der Stufe 1 prüft die Qualität und die Vollständigkeit der TPM-*Einführung*. Das Audit der Stufe 2 bewertet den TPM-*Fortschritt* und die erreichten Resultate und ist der letzte Schritt vor der TPM-Zertifizierung. Alle 60 Kostenstellen werden bis Ende 2000 die Audits der Stufen 1 und 2 bestanden haben. Diese Audits haben eine zusätzliche Wirkung auf die Motivation und Beschleunigung der Aktivitäten in den noch nicht auditierten Kostenstellen!

8. TPM-Zertifizierung

Der letzte Schritt und das Ziel für eine Kostenstelle ist die Zertifizierung, die nach sehr strengen „world-class" Standards vom International TPM

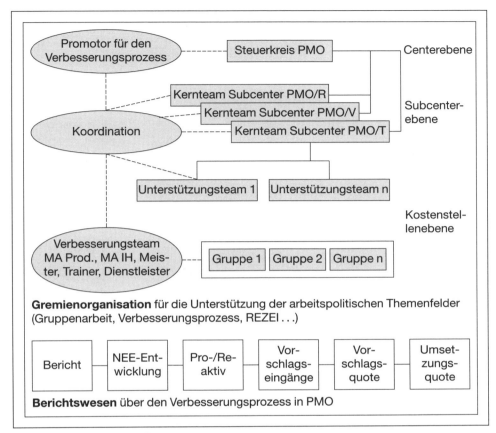

Abb. 1: TPM-Organisation

Institute, Inc. durchgeführt wird. Eine zertifizierte Kostenstelle hat alle Ziele von TPM erreicht. Zuverlässigkeit, Verfügbarkeit und Produktivität sowie die Sauberkeit und der Zustand aller Anlagen sind Weltklasse. Die Instandhaltung ist mehr als 80 Prozent pro-aktiv und die Instandhaltungskosten sind geringer als vor der TPM-Einführung. Die erhöhte Sicherheit und Produktqualität muss nachgewiesen werden und ein gutes ROI (Investitionsrückfluss) belegt sein. Bis heute haben die meisten Kostenstellen die Zertifizierung mit glänzenden Resultaten bestanden und die Planung sieht vor, dass bis 2001 alle über 60 Kostenstellen zertifiziert sind. Das durchschnittliche ROI beträgt mindestens zwischen 200 und 300 Prozent, d.h., dass jeder Euro, der in TPM investiert worden ist, sich zwei bis drei Mal ausgezahlt hat.

Praxisbeispiel:
Edscha AG: Internationale Anforderungen an das Projekt- und Qualitätsmanagement eines global orientierten Automobil-Zulieferers

Uwe Gohrbandt

Das Unternehmen

Kontinuität und Fortschritt haben seit 1870 die Geschichte von Edscha als zuverlässigen Partner der Automobilindustrie geprägt. Edscha zählt heute weltweit zu den Top-Zulieferern der Automobilindustrie. Diese Tatsache wird durch zahlreiche Ehrungen seitens unserer Kunden immer wieder aufs Neue bestätigt. Voraussetzung für die gute Zusammenarbeit ist eine funktionierende Organisation – von der Entwicklung bis zur Produktion.

1. Die Edscha Gruppe

Die Automobilindustrie ist heute überwiegend weltweit organisiert, um Kostenstrukturen und insbesondere die Markt- bzw. Kundennähe zu verbessern. Die Volumenhersteller erheben den Anspruch, auf allen wichtigen Weltmärkten mit einer umfassenden Modellpalette präsent zu sein. In Europa gehören heute alle Automobilhersteller, im NAFTA-Raum und Asien die wesentlichen Automobilhersteller zum Kundenkreis von Edscha.

Nach dem Grundsatz „follow your customer" hat Edscha bereits in den 70er Jahren begonnen, weltweit Produktionsstätten aufzubauen. Seit 1994 sind 14 neue Produktionswerke außerhalb Deutschlands hinzugekommen. Nach der Akquisition der Jackson Automotive Group in den USA verfügt Edscha über insgesamt 22 Fertigungsstandorte weltweit (Abb. 1). Vertriebs- und Entwicklungsbüros in Detroit, USA, und demnächst in Paris, Frankreich, erleichtern den direkten Kontakt zu den dort ansässigen Kunden.

Edscha versteht sich nicht nur als reiner Zulieferer, sondern vor allem als Dienstleister, Problemlöser und Wertschöpfungspartner der Kunden. In diesem Sinne erfolgte eine Veränderung vom „Blaupausenlieferanten" zum kompetenten „black-box-Entwickler", bzw. Full-Service-Supplier. Dem täglichen Handeln liegt die „best-in-class" Philosophie zugrunde, die

sich nicht unbedingt auf Umsätze oder Marktanteile, sondern hauptsächlich auf technologische Entwicklungen und Qualität bezieht. Produkte, die
diesem hohen Anspruch nicht genügten, wurden aufgegeben. Der Konzentration auf Kernkompetenzen entsprechend gibt es heute in der Edscha Gruppe die Geschäftsbereiche Scharniersysteme, Betätigungssys-
teme, Cabrio-Dachsysteme und Lkw-Schiebeverdecke.

Bei allen Produkten ist eine konsequente und frühzeitige Einbindung in
den Entwicklungsprozess unserer Kunden im Rahmen einer gelebten
Partnerschaft unbedingte Voraussetzung für anwendungs- und produkti-
onsgerechte Bauteile und damit verbundener konsequenter Kostenoptimierung. Notwendige Voraussetzung dafür ist ein abgestimmtes und
funktionierendes Projektmanagement, das die analog zur Automobilindustrie verkürzten Entwicklungszeiten ermöglicht.

Abb. 1: Fertigungsstandorte der Edscha Gruppe

2. Anforderungen an das Projektmanagement

Grundlegende Vorgehensweisen und Anforderungen für ein erfolgreiches Projektmanagement wurden in Gremien festgelegt, die aus Automobilherstellern und Zulieferern zusammengesetzt waren.

Aufbauend auf den Normen der ISO 9000 ff, dabei insbesondere den Abschnitten zum Qualitätsmanagement, wurden Standards entwickelt, in denen Forderungen und grundsätzliche Vorgehensweisen für ein speziell auf die Automobil- und Zuliefererindustrie zugeschnittenes Projektmanagement definiert sind. Die wichtigsten Standards hierzu sind das Advanced Product Quality Planning (APQP) aus Nordamerika, VDA Band 4, Teil 3, aus Deutschland sowie AVSQ aus Italien und EAQF aus Frankreich.

Darüber hinausgehend werden von einigen Automobilherstellern individuelle Forderungen auch zum Thema Projektmanagement an die Zulieferer gestellt. Sie sind in einer Vielzahl von Regelwerken dokumentiert und jeweils zu beachten. Die Forderungen gehen von zusätzlichen Dokumenten bis hin zu individuellen Verfahrensabläufen, die mehr oder weniger gravierend von den Standards abweichen.

3. Phasenmodell des VDA Band 4, Teil 3

Im deutschen und teilweise auch im europäischen Raum stellt das Phasenmodell des VDA den angestrebten idealen Projektablauf dar (Abb. 2).

Er umfasst in seiner Struktur die Aufgabenfelder und Meilensteine der Projektbearbeitung von der Konzeptphase bis zum Serienstart. Die Überlappung der Aufgabenfelder ist Indiz für einen gelebten Simultaneous Engineering (SE) Prozess. Die Ergebnisse der Projektaktivitäten werden mit Hilfe von Checklisten an den Meilensteinen bewertet. Für die Checklisten sind die jeweiligen Inhalte vorgegeben, nicht jedoch die Form.

Das Modell des VDA ist ähnlich dem des APQP, wobei in der APQP die Checklisten als Formular vollständig vorgegeben sind. Abweichend von der Elementstruktur der bisherigen Ausgabe der ISO 9000 sowie VDA 6.1 und QS 9000 ist der Entwurf der ISO 9000:2000 jetzt ebenfalls prozessorientiert aufgebaut und geht damit von einem ähnlichen Phasenmodell aus.

In der üblicherweise durch eine Anfrage ausgelösten Phase „Konzeption" werden Produkt- und Prozessalternativen unter Berücksichtigung der wirtschaftlichen, technischen und organisatorischen Rahmenvorgaben erarbeitet. Darauf folgt die Detailentwicklung der Produkte bis zur serienreifen Ausführung inkl. der meist versuchstechnischen Verifizierung.

Die Planung und Verifizierung des Produktionsprozesses startet parallel, um gemäß dem SE-Gedanken die Herstellbarkeit des Produktes bereits von Beginn an in der Entwicklung zu berücksichtigen und notwendige Änderungen am Bauteil einfließen zu lassen. Die Phase der Produktabnahme aus Kundensicht beginnt mit der Auslieferung der Prototypen und endet mit der Erstmusterabnahme. Wenn die grundlegende Konzeption des Fertigungsprozesses erarbeitet ist, kann die Vorbereitung zur Bereitstellung der Produktionsressourcen, d.h. Rohstoffe, Kaufteile, Werkzeuge, Prüfmittel, Maschinen und Mitarbeiter beginnen, um einen termingerechten Beginn der Serienproduktion zu gewährleisten.

Der kontinuierliche Verbesserungsprozess über alle Bearbeitungsstufen ist integraler Bestandteil eines modernen Qualitätsmanagementsystems und zieht sich daher über die gesamte Bearbeitungszeit.

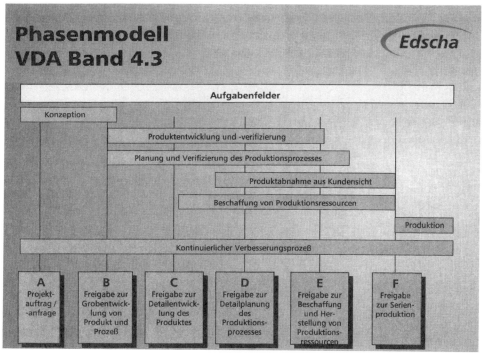

Abb. 2: Phasenmodell des VDA für Entwicklungsprozesse

4. Edscha SE-Phasenmodell

1997 wurde bei Edscha mit der Überarbeitung und Optimierung von Entwicklungsabläufen begonnen, wobei zunächst eine Unterteilung in die Kernprozesse Vorentwicklung, Neuteilentwicklung und Änderung in der laufenden Serie erfolgte.

Die Kernprozesse ihrerseits wurden in Querschnittsprozesse unterteilt, die jeweils vergleichbar in den verschiedenen Kernprozessen enthalten sind. Diese Querschnittsprozesse wurden einzeln einer Prozessketten-analyse unterzogen, indem zunächst der Ist-Zustand aufgenommen und anschließend ein optimaler Soll-Zustand erarbeitet wurde. Dazu wurden die Querschnittsprozesse mit Hilfe von Flussdiagrammen visualisiert, um die abteilungsübergreifenden Abläufe und deren Kommunikation untereinander darzustellen. Die informationstechnische Verknüpfung der Querschnittsprozesse untereinander erfolgt über die zu verwendenden Eingangs- und Ausgangsdokumente.

Mit diesen Informationen ist es möglich, Verfahrensanweisungen zu erstellen, die ein konsistentes und durchgängiges System abbilden, welches im internen Qualitäts- und Projektmanagementhandbuch dokumentiert ist und bereits die Vorbereitung auf die ISO 9000:2000 darstellt.

Aufbauend auf dem VDA-Phasenmodell wurde das Edscha spezifische SE-Phasenmodell entwickelt, in das die internen Querschnittsprozesse und Meilensteine eingefügt sind (Abb. 3). Ergänzend zu diesem für die gesamte Edscha Gruppe einheitlichen Ablauf gibt es einen Standardprojektplan, der alle grundlegenden Informationen und Abläufe für ein Entwicklungsprojekt enthält.

Die Grundstruktur dieses Projektplanes darf nicht verändert werden, da nur so Wechselwirkungen verschiedener konkurrierender Projekte untereinander erkannt werden können. Weitere Detaillierungen sind dagegen zulässig. Mit Überarbeitung der Entwicklungsprozesse wurde eine konsequente Matrixorganisation mit produktorientierten Teams und kundenorientierten Projektleitern eingeführt. Im Projektplan verantworten die Projektleiter die Meilensteine, die Teamleiter mit ihren Mitarbeitern die Projektbearbeitung dazwischen. Im Standardprojektplan wird bereits auf die anzuwendenden Verfahrens- und Arbeitsanweisungen des internen Qualitätsmanagement-Handbuchs verwiesen. Er ist damit gleichzeitig der Qualitätsmanagementplan für unsere Entwicklungsprojekte. Weiterhin erfolgt eine Referenzierung auf die verschiedenen Meilensteinen, zugeordneten Checklisten.

Diese Edscha-internen Checklisten dienen der Projektverfolgung und einer eindeutigen Ermittlung des Projektstatus. Sie sind an den Inhalt der

VDA-Checklisten für Meilensteine angelehnt. Zusätzlich wurde die Prüfung der Ergebnisse nach APQP sinngemäß eingefügt. Aufteilung und Inhalt der Checklisten wurde den eigenen Bedürfnissen angepasst. Sie sichern eine von Projekt zu Projekt einheitliche Informationsaufbereitung, -verfolgung und -dokumentation.

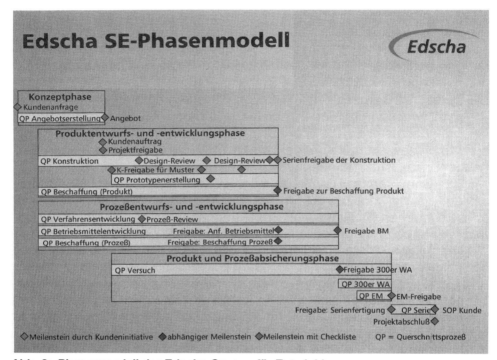

Abb. 3: Phasenmodell der Edscha Gruppe für Entwicklungsprozesse

5. Kapazitätsplanung als Bestandteil des Projektmanagements

Integraler Bestandteil der Projektplanung ist die Planung der erforderlichen Ressourcen, insbesondere der Mitarbeiter. Die rechtzeitige Bereitstellung der Ressourcen ist Grundvoraussetzung, um einen termingerechten Abschluss der Aufgaben und des Projektes zu gewährleisten.

Für die Ermittlung der Ressourcen wurde auf Basis der mit Stundenkontierung abgeschlossener Projekte ein Verbrauchsmodell erarbeitet, das sich an den Meilensteinen des Standardprojektplanes orientiert. Die Summation aller einzelnen Projekten zugeordneten Verbrauchsmodelle ermöglicht den einzelnen Abteilungen eine projektübergreifende Gesamt-kapazitätsplanung, aus der Engpässe frühzeitig erkannt werden können. Die Verwendung standardisierter Projektpläne ist hierfür unbedingte Vor-aus-setzung. Eine frühzeitige Festlegung der genauen Zeitpunkte der ein-zelnen Termine für die Bereitstellung von Mustern, Prototypen, Vorserien- und Serienteilen, wie sie derzeit leider nur von wenigen Automobilherstel-lern praktiziert wird, erhöht deutlich die Planungsgenauigkeit.

6. Projektmanagement der Automobilhersteller

Die Projektmanagementmodelle der nationalen Automobilverbände (VDA, AIAG, EAQF etc.) werden in der Regel von deren Mitgliedern mit eigenen Zusätzen oder Abänderungen nach und nach übernommen und ersetzen die bisherigen individuellen Systeme zum Projektmanagement. Diese neuen Modelle sind somit untereinander vergleichbar. Das Problem bei der Umsetzung in die Praxis besteht in vielfältigen Zusatzforderungen mit eigenen Dokumenten und Checklisten sowie den teilweise weiterhin indi-viduellen Verfahrensabläufen.

Solche kundenspezifizischen Anforderungen an Projektpläne, Arbeits-schritte und Dokumente können nicht, wie von einigen Kunden ge-wünscht, direkt übernommen werden, weil die Projekte mehrerer Kunden dann nicht zu einer unbedingt notwendigen Gesamtplanung zusammen-geführt werden können. Allein aus Gründen der Kapazitätsplanung müs-sen in einem solchen Falle ein interner und externer Projektplan mit der entsprechenden Dokumentation und Terminverfolgung erstellt werden, mit der damit verbundenen Gefahr, dass die Planungen nicht vollständig konsistent sind. Hierdurch werden weiterhin zusätzliche Kapazitäten, Geld und Zeit gebunden, die nicht zur Zielerreichung und schon gar nicht zum Wertschöpfungsprozess beitragen.

7. Ausblick

Der dadurch ausgelöste zusätzliche Aufwand ist in der Praxis erheblich, weil immer Projekte mit unterschiedlichen Kunden abgewickelt werden. Spezifische Vorgehensweisen erfordern speziell auf den einzelnen Kun-den zugeschnittene Ausbildungen der Mitarbeiter, die Vertretungen oder gegenseitiges Aushelfen erschweren.

Die Anerkennung eines vom Zulieferer auf Basis von Standards wie VDA 4, Teil 3, oder APQP erarbeiteten konformen Projektmanagement-systems durch alle Kunden würde eine wesentliche Vereinfachung bedeuten. Die Konformität kann im Rahmen eines Audits nach VDA 6.1 oder QS 9000 generell bestätigt werden. Die wesentliche Vereinfachung resultiert aus dem Verzicht auf zusätzliche kundenspezifische Dokumente und Verfahren sowie dem vermeidbaren Aufwand für weitere individuelle Zertifizierungen. Für die Zukunft ist die Erarbeitung einer international einheitlichen Projektmanagement-Richtlinie durch die nationalen Verbände wünschenswert, wie sie im Entwurf der ISO 9000:2000 vorgesehen ist.

Eine solche Vorgehensweise verbunden mit der Konzentration auf die Kernkompetenzen schafft den notwendigen Freiraum für die Betrachtung der Wechselwirkungen zwischen den eigenen Produkten und der Umgebung.

Als Einstieg in das E-Business hat Edscha mit dem Aufbau eines Supply Chain Management mit einem Kunden, zwei Produktionswerken, zwei Zulieferern und einer Spedition begonnen. Auch dafür sind dringend einheitliche Regelungen zur Einbindung in das Projektmanagement erforderlich.

Literaturhinweise

Adam Opel AG (1998): Supplier Quality Assurance Manual (SQAM). Rüsselsheim 1998

Automotive Industry Action Group (AIAG) (1996): Advanced Product Quality Planning (APQP). Detroit 1996

Automotive Industry Action Group (AIAG) (1998): Quality System Requirements, QS-9000. Detroit 1998

BMW AG (1992): Leitfaden der Qualitätssicherung für Entwicklungsteile. München 1992

International Organization for Standardization, TC 176 (2000): E DIN EN ISO 9000:2000-1. Genf 2000

Nissan Motor Manufacturing (UK) Ltd. (1997): Production Preparation Management System. Sunderland 1997

Renault S.A. (1996): Assurance Qualité Produit-Processus (A.Q.P.P.). Billancourt 1996

Rover Group (1996): RG200 Supplier Quality Policy. Warwick 1996

Verband der Automobilindustrie e.V. (VDA) (1998): QM-Systemaudit. In: Qualitätsmanagement in der Automobilindustrie, Band 6, Teil 1, 4. Aufl. Frankfurt/M. 1998

Verband der Automobilindustrie e.V. (VDA) (1998): Sicherung der Qualität vor Serieneinsatz. In: Qualitätsmanagement in der Automobilindustrie, Band 4, Teil 3, 4. Aufl. Frankfurt/M. 1998

Volkswagen AG (1991): Formel Q Neuteile. Wolfsburg 1991

Volvo Car Corporation (1997): Quality Assurance Document File (QADF). Göteborg 1997

Praxisbeispiel:
TEMIC TELEFUNKEN: Reengineering der Auftragsabwicklung

Bernhard Kohl, Martin Friedrichsen

1. Aufgabenstellung

Das Unternehmen TEMIC TELEFUNKEN microelectronic GmbH stand vor der Situation, dass innovative Produkte mit erheblichem Markterfolg implementiert wurden (mindestens 30% Umsatzwachstum), jedoch die organisatorischen Voraussetzungen für dieses ungebremste Wachstum nicht geschaffen worden waren. Die Folge waren Versorgungsprobleme zum Kunden, Lagerbestände für mehr als elf Wochen, inakzeptable Durchlaufzeiten, unzufriedene Mitarbeiter durch adhoc-Aktionen und Etliches mehr. Diese ungünstigen Rahmenbedingungen verschärften sich zunehmend durch eine Verdoppelung der technischen Änderungen.

Um einer Abkühlung des Erfolges durch zunehmende Schwierigkeiten rechtzeitig entgegenzuwirken, sah sich das Unternehmen vor der Situation, optimale Aufbau- und ablauforganisatorische Strukturen für ein stetiges kontinuierliches Wachstum zu schaffen.

In einem Reengineering-Prozess über einen Zeitraum von zwei Jahren wurden nun nicht nur das Geschäftsmodell der TEMIC den Marktanforderungen angepasst, sondern auch konsequent alle Kernprozesse des Unternehmens einem Redesign unterworfen. Als Geschäftsmodell wurden neben den kaufmännischen und Dienstleistungsbereichen eigenständige Profit-Center, so genannte Business Units, eingerichtet. Die rund um die Welt existierenden Werke (Operations) wurden ebenfalls nach dem Leistungs-Center-Prinzip als Cost-Center organisiert.

Als Schlüsselprozesse zwischen den Business Units und den Operations wurden die Kernprozesse Produktentstehung und Auftragsabwicklung identifiziert. Aufgabenstellung war hier die Ausrichtung dieser Prozesse an der Wertschöpfungskette und Optimierung der Performance durch die Schaffung geeigneter Organisationsstrukturen.

Im Folgenden wird nun beschrieben, in welchen Schritten der Prozess der Auftragsabwicklung von der Bedarfsermittlung über die Beschaffung und Produktionsplanung bis zur Distribution erfolgreich gestaltet wurde.

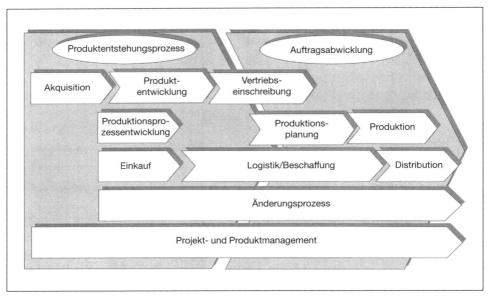

Abb. 1: Prozessmodell

2. Zielsetzung und Stellhebel

Die Performance-Optimierung des Kernprozesses der Auftragsabwicklung beinhaltete Organisations- und Führungsthemen, für welche im Reengineering-Prozess die folgenden drei Stellhebel identifiziert und fokussiert wurden.

Die Prozessgestaltung mit den Elementen Definition von Abläufen, Beschreibung von Schnittstellen, Gestaltung von geeigneten Instrumentarien und Einrichtung von klaren Spielregeln zwischen den beteiligten Partnern. Die Organisation mit den Inhalten Aufbau-, Projekt- und Entwicklungsorganisation sowie der Definition der Verantwortung und der Kompetenzen. Die Führung und Koordination mit geeignetem Führungsstil, vereinbarten Zielen und einem Bonus-/Malus-System.

Die Neugestaltung des Kernprozesses sollte signifikante Verbesserungen hervorbringen und aus diesem Grund wurden klare Zielvorgaben vereinbart:

- Die Leistung der neu zu gestaltenden Prozesse hat sich am internen und externen Kundennutzen auszurichten
- Die Qualität ist Voraussetzung für die Performance-Optimierung

396

- Die Leistung ist bei minimalen Kosten sowie zeiteffizient und zeittreu zu erbringen
- Gleichzeitig ist jegliche Verschwendung zu eliminieren

Die folgende Darstellung zeigt die Abhängigkeiten der Zielsetzungen und somit die Optimierungseffekte aus der Kosten- und Leistungsrelation entlang der Hauptprozesse der Auftragsabwicklung.

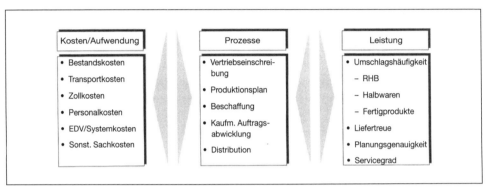

Abb. 2: Kosten- und Leistungsrelation

3. Strukturelle Rahmenbedingungen

Um die Performance-Optimierung in der Auftragsabwicklung zum Erfolg zu führen, mussten strukturelle Rahmenbedingungen als Basis der Prozessoptimierung entwickelt werden. Diese mündeten letztlich in ein Vier-Phasen-Modell:

Phase 1: Vorbereitende Aktivitäten
Durchführung von Interviews, Definition eines Grobstrukturkonzeptes, Prozessdefinition im Rahmen der Auftragsabwicklung, Problemfeldermittlung, Erarbeitung von Vision und Zielen sowie der Sichtung bisheriger und laufender Aktivitäten.

Phase 2: Strukturfragen
Strukturverfeinerung auf Organisationseinheitenebene, Schnittstellendefinition zwischen den Organisationseinheiten im Rahmen der Auftragsabwicklung, Formulierung von Verantwortungsbereichen in den Organisationseinheiten.

Phase 3: Prozessoptimierung
Identifikation der zu untersuchenden Prozessketten, Redesign der Prozesse (Vorbereitung durch Prozessowner: Prozessbewertung, Prozessquantifizierung, Redesign/Lösungen), Systemanpassungen, Potenzialabschätzung sowie Verknüpfung von Struktur und Prozessketten.

Phase 4: Umsetzungsplanung und Einführung
Maßnahmenplanung, Definition von Pilotwerken, Umsetzung und Controlling.

4. Definition von Messkriterien

Die Ziele der Neugestaltung des Auftragsabwicklungsprozesses lassen sich in vier Bereiche unterteilen. Um die Wirksamkeit der eingeleiteten Maßnahmen messen zu können, sind Messgrößen für die Ziele der Auftragsabwicklung im Vorfeld zu bestimmen.

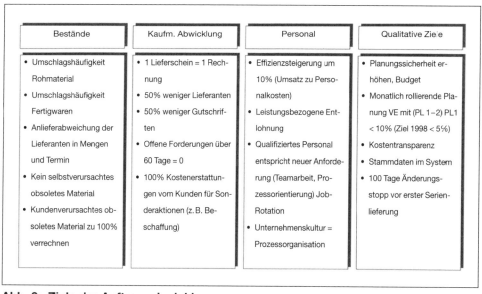

Bestände	Kaufm. Abwicklung	Personal	Qualitative Ziele
• Umschlagshäufigkeit Rohmaterial • Umschlagshäufigkeit Fertigwaren • Anlieferabweichung der Lieferanten in Mengen und Termin • Kein selbstverursachtes obsoletes Material • Kundenverursachtes obsoletes Material zu 100% verrechnen	• 1 Lieferschein = 1 Rechnung • 50% weniger Lieferanten • 50% weniger Gutschriften • Offene Forderungen über 60 Tage = 0 • 100% Kostenerstattungen vom Kunden für Sonderaktionen (z.B. Beschaffung)	• Effizienzsteigerung um 10% (Umsatz zu Personalkosten) • Leistungsbezogene Entlohnung • Qualifiziertes Personal entspricht neuer Anforderung (Teamarbeit, Prozessorientierung) Job-Rotation • Unternehmenskultur = Prozessorganisation	• Planungssicherheit erhöhen, Budget • Monatlich rollierende Planung VE mit (PL 1–2) PL1 < 10% (Ziel 1998 < 5%) • Kostentransparenz • Stammdaten im System • 100 Tage Änderungsstopp vor erster Serienlieferung

Abb. 3: Ziele der Auftragsabwicklung

5. Darstellung des Geschäftsprozesses

Wie im Vier-Phasen-Modell beschrieben, ist eine transparente Darstellung des Auftragsabwicklungsprozesses erforderlich, um im Anschluss in die Prozessanalyse einsteigen zu können. In der untenstehenden Abbildung ist der Auftragsabwicklungsprozess von der Vertriebsprognose bis zum Zahlungseingang innerhalb der TEMIC definiert.

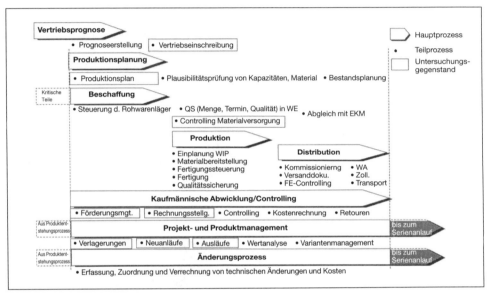

Abb. 4: Auftragsabwicklungsprozess

6. Redesign des Prozesses

Aus den Haupt- und Teilprozessen werden erforderliche Untersuchungsgegenstände abgeleitet (Abb. 4). Diese einzelnen Arbeitspakete werden im weiteren Projektfortschritt in mehreren Arbeitsgruppen bearbeitet. Hier wird definiert, welche Funktionen der Verantwortungsbereiche den Cost-Centern und welche den Profit-Centern zugeordnet werden sollten.

Zusätzlich werden Leitlinien zur Gestaltung der Auftragsabwicklung erarbeitet:

● Gleiche Schnittstellen für alle Werke zu Zentralfunktionen und den Business-Units
● Gleicher Autonomiegrad für alle Werke in zu definierenden Funktionen

- Gleiche interne Werksorganisation, insbesondere der Auftragsabwicklung
- Prozessorientierung in der Zusammenarbeit zwischen und in den Organisationseinheiten
- Transparenz der Material- und Informationsflüsse inklusive der Bestände
- Gleiche Controllingstruktur und homogene EDV-Landschaft

Aus der Prozessanalyse geht hervor, dass die Produktionsplanerstellung, die Beschaffung sowie das Controlling der Materialversorgung werkspezifisch, also im Cost-Center vorzunehmen ist. Folglich wird eine Gruppe mit dem Arbeitstitel „Produktionsplanerstellung und Beschaffung" eingesetzt. Diese kommt erwartungsgemäß zu folgenden Ergebnissen:

- In jedem Werk ist nach oben definierten Leitlinien die Funktion des Produktsteuerers mit der Verantwortung für A-Teile zu installieren.
- Die Qualität der Vertriebseinschreibung ist durch Maßnahmen wie Übertragung der Verantwortung für den Fertigwarenbestand in den Vertrieb, Definition von Spielregeln zwischen Business Units und Werken über Fristen der Verbindlichkeiten der Vertriebseinschreibung, etc. sicherzustellen.
- Die Disposition von B- und C-Artikeln soll zukünftig über KANBAN erfolgen.
- Zur Reduzierung der Komplexität ist eine Vereinheitlichung von Sachnummern unter den Werken vorzunehmen.
- Die eingesetzten EDV-Systeme, in erster Linie das ERP-System, sind auf ihre Wirksamkeit hin zu überprüfen.

Umsetzung der Funktion des Produktsteuerers

Als zentrales Ergebnis wird, wie oben beschrieben erkannt, dass der Auftragsabwicklung eine Schlüsselrolle in der Performance-Optimierung zufällt, es wird daher die Funktion des Produktsteuerers neu geschaffen. In dieser Funktion werden in der Umsetzung der Arbeitsgruppenergebnisse die bekannten Verantwortlichkeiten der bis dato funktionsgegliederten Struktur des Prozesses mit der Auftragsabwicklung kombiniert. In diesem Integrationsprozess werden die Materialbeschaffung, die Fertigungssteuerung und die Distributionslogistik zur Funktion des Produktsteuerers zusammengefasst.

Die Effekte aus diesem Integrationsprozess sind:

- Klare und messbare Zielsetzungen durch eindeutige Verantwortung
- Deutlich höhere Produktidentifikation
- Gestiegene Mitarbeiterqualifizierung und -motivation
- Bessere Lieferanteneinbindung von der Produktentstehung bis in den Serienprozess
- Ein gesamtheitliches Prozessverständnis bei gleichzeitiger Förderung des kontinuierlichen Verbesserungsprozesses

Organisatorische Einbindung

Die positiven Effekte des Integrationsprozesses werden noch durch die Einbindung des Produktsteuerers in ein interdisziplinäres Segment-Team verstärkt. Dieses Segment-Team setzt sich vorzugsweise aus Mitarbeitern der klassischen Organisationseinheiten Fertigung, Qualitätsmanagement, Industrial Engineering und Logistik zusammen. Über diesen integrativen Ansatz werden neben den oben beschriebenen Effekten auch die Vorteile der Teamarbeit, der flachen Hierarchie und somit kurzer Entscheidungswege, gemeinsamer und eindeutiger Zielsetzung und klarer Zuständigkeiten genutzt.

7. Ergebnis

Dieser Reengineering-Prozess führte letztlich zu einer erfolgreichen und nachhaltigen Optimierung des Kernprozesses der Auftragsabwicklung. Dies belegen folgende Kennzahlen:

- Reduzierung der Bestände um den Faktor 5
- Reduzierung der Produktionsdurchlaufzeit um den Faktor 7
- Reduzierung der Fehlteile zum Produktionsstart um den Faktor 10
- Entlastung der gesamten Organisation durch weniger Ad-Hoc-Entscheidungen
- Signifikante Steigerung der Motivation aufgrund der oben erwähnten Erfolge und erweiterter Verantwortung des Einzelnen

Das Reengineering legte somit auch den Prozess- und aufbauorganisatorischen Grundstein für die Implementierung der Philosophie des Supply Chain Management bei TEMIC.

Praxisbeispiel:
Siemens AG Medizinische Technik, Computer-Tomografie Forchheim:
„Alles ist Logistik"

Franz Grasser

Das Unternehmen

Siemens CT stellt mit 430 Mitarbeitern am Produktionsstandort Forchheim bei Nürnberg jährlich rund 1000 Computer-Tomografen zwei verschiedener Bauarten her. Etwa tausend Mitarbeiter unterstützen das Unternehmen weltweit in Service und Verkauf.

Mit rund einer Milliarde Mark Umsatz ist Siemens nach General Electric die Nummer zwei am CT-Weltmarkt, der etwa 5500 installierte Systeme umfasst und nur noch geringe Wachstumsraten zeigt.

Kunden von Siemens CT sind Krankenhäuser, Universitäten und niedergelassene Radiologen. Über ein Drittel der Abnehmer kommt aus Europa, je ein Viertel aus Amerika und Asien.

1. Aufgabenstellung

Die Zufriedenheit des Kunden als oberstes Ziel – mit dieser Vorgabe haben wir die CT-Produktion von Siemens komplett umgestellt. Die Prozessstrecke wurde als „order to billing" neu definiert, ebenso die Logistik, die nun nicht nur die Beschaffung, sondern auch die Information und Wertschöpfung umfasst. Durch die Prozess-Reorganisation sollte ein zweistelliger Millionenbetrag gespart und ein kontinuierlicher Verbesserungsprozess eingerichtet werden.

2. Ausgangssituation

Im Jahr 1996 betrug die *Lieferzeit* für einen Siemens-Computer-Tomografen rund 22 Wochen. Vor allem im Mid- und Low-End-Bereich verliert das Unternehmen deswegen immer wieder Kunden. Und auch das Betriebsergebnis ließ zu wünschen übrig.

Es gibt *Qualitätsprobleme*: Niemand fühlt sich mehr für die Geräte verantwortlich, wenn sie die Fabrik erst mal verlassen haben – das bekannte

403

„Rampe-Denken". Die Disponenten sind zu „Teile-Jägern und -Samm-lern" geworden, die sich kaum um die Qualität der Teile kümmern: Schuld war immer der Lieferant.

3. Umsetzung

Logistik ist mehr als nur Support – nicht nur das Management von Mate-rial, sondern auch von Information und Werten. Es gilt vielmehr: Die ge-samte Prozesskette ist *Logistik*, vom Auftrag bis zur Abrechnung. Da darf es zwischen den einzelnen Schritten keine Stopps mehr geben, denn die kosten Zeit und Geld.

Trotzdem ist Logistik nur Mittel zum Zweck: Unser oberstes Ziel ist die *Kundenzufriedenheit*. Um hier neue Maßstäbe zu setzen, haben wir in-nerhalb eines Jahres unsere ganze Fabrik umgebaut. In erster Linie ha-ben wir weggelassen: eine komplette Fertigungslinie, das ganze Lager, unsere Transportflotte, unnütze Verpackung, überflüssige Hierarchien. Und wir haben unseren Mitarbeitern und Dienstleistern mehr Freiraum zur ständigen Verbesserung gegeben. Nun sind die Kommunikations-wege kurz, die Entscheidungen kreativ und schnell, die Umsetzung kon-sequent.

So haben wir 1997 mit vier neuen Mitarbeitern zwei Aktionsprogramme implementiert: „High Speed Logistik", um die Lieferzeit zu verkürzen, und „Power Factory", um die Qualität zu verbessern. Unser Ziel war, von einer Werks- zur Kundenorientierung zu kommen.

Prozesse

Als Erstes wurde ein neuer Geschäftsprozess eingeführt: *„Auftrag bis Ab-rechnung"*. Er umfasst alle Teilfunktionen, die bis dahin in einzelnen Ab-teilungen angesiedelt waren:

- Kunden-/Auftragsmanagement
- Materiallogistik
- Produktion
- Verpackung, Transport
- Installation, Übergabe
- Bezahlung

Damit liegt die Verantwortung für die komplette *Auftragsabwicklung* nun in einer Hand – ein Vorteil für den Kunden, der stets nur einen Ansprech-partner hat, und für das Unternehmen, das unnötige Stop's zwischen den einzelnen Produktionsphasen sowie Informationsverluste vermeidet – „High Speed Logistik" eben.

Das Werk wurde entsprechend dieser neuen Prozessstrecke umgebaut. Dabei sind klare *Materialflüsse* eingerichtet worden, die durch entsprechende Informationsabläufe unterstützt werden. Die Fertigungstiefe wurde deutlich reduziert, um die Komplexität aus der Produktion zu nehmen: Man braucht ein hohes Niveau an *Prozesssicherheit*, um auf die Störungen, die im Tagesgeschäft immer auftreten, schnell reagieren zu können.

Alle *Planungssysteme*, die man verwendet, müssen daher einfach und leicht verständlich sein. Deswegen bevorzuge ich Papier und Bleistift: Was man damit nicht erklären kann, ist zu komplex.

Subsysteme und Module waren also gefragt. Durch verstärkte Bildung von fertig angelieferten *Materialsätzen* konnten die Bestände um 40 Prozent reduziert werden. Die Teilelieferung wird dabei über Kanban gesteuert. Und via Outsourcing im Werk gibt es nun 57 Prozent weniger C-Teile: Die Firma Würth stellt ein Teileregal direkt an einer Fertigungslinie zur Verfügung, das über Barcodes aufgefüllt und abgerechnet wird. So konnte vor allem durch den Abbau des Lagers die Fertigungsfläche halbiert werden.

Lieferanten

Nächste Prozessoptimierung: Die Haupt-*Lieferanten* (zu 90 Prozent single source) werden zu echten Partnern. Wir versuchen, unsere Auftraggeber-Mentalität zugunsten einer wirklichen Zusammenarbeit aufzugeben. Aber das ist eine der schwierigsten Änderungen, die im Kopf passieren muss. Und das muss man täglich vorleben, damit es akzeptiert wird. Als Vertrauensmaßnahme und zur besseren Koordination haben wir die großen Lieferanten daher online mit unserer Auftrags- und Fertigungssteuerung im Werk verbunden – denn zu 90 Prozent ist mangelnde Kommunikation für Fehler verantwortlich.

Eine massive Veränderung für viele Lieferanten war, dass sie ihre Teile nun in sogenannten *Bereitstelllagern* im Werk anliefern müssen und Siemens CT erst nach Entnahme bezahlt – das so genannte Consignment: So haben wir Liefertreue und -fähigkeit von rund 60 auf fast 100 Prozent steigern können. Und auch die Qualität der angelieferten Teile ist deutlich besser. Wenn es Probleme gibt, wird das Teil einfach wieder ins Bereitstelllager gebracht und ein neues entnommen. Bezahlt wird immer nur, was in Ordnung ist. So sparen wir uns die Eingangs-Qualitätskontrolle, denn der Lieferant hat ein hohes Interesse, dass sein Teil auch eingebaut wird.

Mitarbeiter

Auch die Mitarbeiter mussten sich umstellen: Gefertigt wird nur dann, wenn ein Auftrag vorliegt. Die so genannte *atmende Fabrik* muss äußerst flexibel und schnell sein, denn die monatliche Produktion schwankt zwischen rund 40 Prozent unter dem Durchschnitt und fast 60 Prozent darüber. Erreicht wird das durch sehr flexible Arbeitszeiten (zwischen 6 und 20 Uhr) sowie ein neues Entlohnungs- und Incentive-System, mit Arbeitszeitkonten und einem Lohn, der bis zu 40 Prozent über dem Durchschnitt liegen kann.

Gearbeitet wird in *Projektteams* von je ca. 25 Mitarbeitern, die aus Facharbeitern, Meistern und Ingenieuren bestehen. Diese Teams sind sehr selbstständig: Sie entnehmen ihr Material selbst, wählen die Lieferanten mit aus, teilen die Arbeit ein, finden Fehler und lösen Probleme eigenständig. Termintreue, Qualität und Durchlauf werden wöchentlich gemessen. Dabei wird relativ wenig geschult: Wir setzen vor allem auf learning by doing – das ist in der Praxis am schnellsten, und man geht die wirklichen Probleme an.

Was mich erstaunt hat, war der relativ hohe Anteil an Mitarbeitern, die mit den Veränderungen nicht zurecht kamen – vor allem zeigte sich dies bei den jungen Mitarbeitern. Da hat sich einmal mehr gezeigt, dass der Kopf eine enorme Rolle spielt. Ich glaube, dass zu 80 Prozent die Mentalität die Arbeit bestimmt. Die rein technischen Fähigkeiten machen nicht mehr als 20 Prozent aus. Deswegen ist es auch nicht leicht gewesen, geeignete neue Mitarbeiter zu bekommen, die mit den Veränderungen mitwachsen.

Die hohe Verantwortung der einzelnen Mitarbeiter zeigt sich auch in der Halbierung der *Hierarchie-Ebenen* auf drei (Mitarbeiter, Prozess-Verantwortlicher, Geschäftsführer), die wir gegen einige Widerstände durchsetzen konnten. Da gab es natürlich Ressort-Egoismen, die zu überwinden waren, aber es hat sich gelohnt – die Kommunikation ist seitdem deutlich besser.

Kunden

Wichtigster Punkt der Kundenorientierung: Parallel zur Fertigung muss die *Vorbereitung beim Kunden* erfolgen. Der Auftragsmanager im Werk ist dazu im engen Kontakt mit dem Projektleiter vor Ort, damit der Installationsraum fertig vorbereitet ist, wenn das Gerät angeliefert wird – schließlich will der Kunde sein modernes neues CT sofort nutzen. Die Vor-Ort-Betreuung hatten wir zunächst übersehen, da wir sehr auf die Produktion fixiert waren. Die Lieferzeit war bald von 22 auf 3 Wochen reduziert, aber als ich dann bei einem Kunden anrief, ob es denn nun besser als früher laufe, war ich doch erstaunt, als der sagte, dass das Gerät immer noch unbenutzt herumstehe: Die Installation war noch nicht abgeschlossen, und eine Übergabe nicht mal geplant!

Um auch vor Ort die Kundenzufriedenheit zu verbessern, schickt Siemens CT daher nun seine eigenen Systemingenieure zum Kunden, die für eine zügige *Installation* und Übergabe sorgen. Das hat zwei schöne Nebeneffekte: Unsere Ingenieure sehen auch sofort, was für Probleme beim Kunden auftreten können. Das fließt dann direkt in die Entwicklung ein. Und die Motivation der Teams hat sich weiter verbessert: Jeder fliegt gern für ein paar Tage nach Italien oder Norwegen, um dort ein Gerät aufzustellen. Man lernt nicht nur seine Kunden kennen – das erweitert auch den Horizont.

Den Kunden lernen wir selbst immer wieder bei unangekündigten Besuchen mit dem Technischen Dienst vor Ort kennen. Man muss sich in die Situation des Kunden hinein versetzen, um zu verstehen, was er wirklich will. Und so erleben wir auch die Probleme, die der Kunde hat: Er will *Verfügbarkeit*, immer und zu 100 Prozent. Deswegen übernimmt Siemens CT auch die Kosten der täglichen Remote-Überprüfung, um die Qualität nicht nur bis zur Installation, sondern auch danach vor Ort halten zu können: Für uns ist nur ein Ziel wichtig – die maximale Kundenzufriedenheit.

4. Ergebnis

Mancher Kollege wollte die Erfolgsmeldungen nicht glauben: Lieferzeit um 86 Prozent gesenkt, Termineinhaltung um 65 Prozent verbessert, Bestände um 40 Prozent reduziert, Durchlaufzeit um 67 Prozent verkürzt – die Liste lässt sich fortsetzen. Alles in allem wurde damit eine Produktivitätssteigerung von 36 Millionen Mark erreicht.

5. Moderne Personalführung, Organisation, Personalentwicklung und Personalschulung

Jan K. Barta

In diesem Kapitel wird das Thema aus der Sicht des Vorgesetzten und nicht aus der Sicht der Personalleitung dargestellt. Nicht behandelt sind Themen, wie personnel-recruiting, Personalverwaltung und Ähnliches. Hier sei auf die einschlägige Literatur hingewiesen; siehe Küttner (2000) und Scholz (1997).

5.1 Ziele

5.1.1 Produktivität und Kundenzufriedenheit

Es ist schon lange ein allgemein akzeptierter Grundsatz, dass die Steigerung der Produktivität die Basis des modernen Wohlstandes ist und eine Daueraufgabe der Wirtschaft darstellt. Die Produktivität kann sich jedoch nur auf dem Feld der Kundenzufriedenheit entfalten. Dabei wird die Einstellung und Qualifikation der Mitarbeiter zur zentralen „Wettbewerbswaffe". Jeder Vorgesetzte und jeder Mitarbeiter muss sich dessen bewusst sein und durch entsprechende Maßnahmen für eine dauernd anforderungsgerechte Mannschaft sorgen.

5.1.2 Veränderungsmaßnahmen

Die Produktivität als Quotient aus Leistungserbringung und Mitteleinsatz wird häufig auf monetäre Größen bezogen. Allerdings greift man damit in wesentlichen Dingen zu kurz. Die höchste Arbeitsproduktivität nützt nichts, wenn Produkte auf Halde produziert werden, weil der Kunde nicht am Produkt interessiert ist. Produktivität im Gesamtzusammenhang des Geschäftes ist als das Produkt aus Kundenzufriedenheit, Qualität des Gesamtangebotes, zeitgerechter Erledigung usw. zu verstehen. Es ist das Ziel der modernen Personalführung, die Mitarbeiter zur Einstellung hinzuführen, dass Verbesserungen der klassischen Produktivität, der Qualität, der Bearbeitungszeiten und Kundenzufriedenheit jeden Einzelnen direkt angehen. So und nur so können dauerhafte, wirtschaftliche Spitzenleistungen von Unternehmen erbracht werden.

Wie weiter unten ausgeführt wird, muss durch einen Veränderungsprozess oder Kulturwandel die Mitarbeiterkreativität von den Fesseln einer unzweckmäßigen, traditionellen Einstellung befreit und insgesamt ein Paradigmenwechsel herbeigeführt werden.

Wenn hier von den Mitarbeitern gesprochen wird, dann in dem Sinne, dass möglichst alle Mitarbeiter in ihrem Vermögen so gesteigert werden, dass sie der sich wandelnden Welt gewachsen sind und freiwillig aus dem Blickwinkel des Kunden mit Enthusiasmus positive Impulse zur Verbesserung des jeweiligen Geschäftes geben, und seien sie auch noch so klein.

Warum ist ein Veränderungsprozess überhaupt erforderlich? Sowohl die Rahmenbedingungen der Geschäfte als auch die Erkenntnisse auf dem Gebiet der Personalführung und Organisation haben sich in den letzten Jahrzehnten signifikant geändert. In den Abschnitten Wandel und Umfeld (Kap. 5.2) sowie Änderungsmanagement und Kulturwandel (Kap. 5.4) wird näher auf die Veränderungen eingegangen.

5.2 Wandel und Umfeld

Die Globalisierung – grob die Internationalisierung der Märkte – und die Änderungsgeschwindigkeit stellen neben dem exponentiellen Zuwachs des Wissens jene Faktoren dar, welche das geschäftliche Umfeld und damit die Rahmenbedingungen am stärksten beeinflusst haben und beeinflussen.

5.2.1 Globalisierung

Unter Globalisierung des Handels und der Wirtschaft soll hier der freie, weltweite Zugang zu den Märkten ohne regulatorische Barrieren oder Schutzzölle und ähnlichem verstanden werden, also die Freizügigkeit des Waren- und Kapitalverkehrs inklusive der Freiheit, weltweit zu investieren.

Mit dem Beginn der Globalisierung wurde der Wettbewerb deutlich verschärft. Wurde zu Beginn der vernetzten Weltwirtschaft noch mit niedrigen Preisen standardisierter und austauschbarer Massenartikel mit akzeptabler Qualität operiert, entdeckten einige Wettbewerber die Stärke einer flexiblen Produktpalette auf der Basis von Produkt-Plattformen. Hinzu kamen als weitere Wettbewerbsfaktoren die Themen Lieferzuverlässigkeit und Service als Maßstäbe für die Hinwendung zum Kunden neben Preisstellung und Qualität. Alle diese Faktoren erfordern Personal mit neuen Qualitäten im Vergleich zum rein funktional unvernetzt denkenden und handelnden Mitarbeiter der „alten" Schule.

Die Globalisierung des Wettbewerbes führt letztlich zum Wissenskrieg.

5.2.2 Änderungsgeschwindigkeit

Neben der Globalisierung ist ein weiterer, wesentlicher Faktor die Änderungsgeschwindigkeit. Unser Wissen explodiert förmlich. Ein Wettbewerber, der ein neues Modell eines Produktes mehrere Monate vor seinen Mitbewerbern auf den Markt bringt, hat die Möglichkeit, für kurze Zeit Preise mit relativ höheren Margen im Markt durchzusetzen, bis der Wettbewerb gleichzieht. Allerdings verzeichnet der Erste noch ein gutes Gesamtergebnis, während der Nächste bereits Marktanteile mittels abgesenkter Preisstellung erkämpfen muss und damit sein Ergebnis deutlich niedriger ausfällt. Dies führt zum strategischen Ziel, die Entwicklungs- und Produktionseinführungszeiten deutlich zu senken. Es bedeutet die Bewältigung der Aufgabe, die gesamte Organisation, mit anderen Worten die gesamte Mannschaft, auf Änderungswilligkeit und schnellste proaktive Änderungsmitarbeit einzustellen und einzuüben. Dies bedeutet weiterhin, dass man auf systematische Weiterbildung nicht verzichten kann, da die Leistungsfähigkeit der Organisation dem Wettbewerbsstand adäquat hoch gehalten werden muss.

5.2.3 Grundsätzliche Überlegungen

Bevor man sich mit dem Thema Personalführung und Organisation näher befasst, ist es zweckmäßig, sich mit den folgenden drei Wertepaaren auseinanderzusetzen, die direkte oder indirekte gegensätzliche Konzepte darstellen.

Diese sind:

Zentralisierung	↔	Dezentralisierung
Synergie	↔	Flexibilität
Effizienz	↔	Effektivität

Es ist unschwer zu erkennen, dass die Wahl von Konzepten, welche durch die Betonung eines der beiden Parameter der Wertepaare bestimmt werden, entscheidenden Einfluss auf das Ergebnis einer Wirtschaftstätigkeit hat.

Man kann überspitzt und im übertragenen Sinne sagen, dass die linke Seite das „Traditionelle" aufzeigt, während die zeitgemäße Einstellung mehr durch die rechte Seite dargestellt wird. Grob gesagt könnte man folgende Wertepaare aufstellen, falls jeweils eine der beiden Seiten konzeptionell als Grundlage der Handlungskonzepte in toto herangezogen wird:

Voriges Jahrhundert	↔	Heute und Morgen
Absolutismus	↔	Demokratie
Kommandowirtschaft	↔	weitgehende Delegation

Das mag zu diesem Zeitpunkt zur Charakterisierung „traditionell gegenüber modern" ausreichen. Wie gezeigt werden wird, orientiert sich moderne Personalführung und Organisation wegen der stärkeren Betonung der Anforderungen hinsichtlich Flexibilität, Schnelligkeit und Effektivität stark an den Konzepten Dezentralisierung, Delegation und Führung durch Zielvereinbarungen.

5.2.4 Zentralisierung und Dezentralisierung

Zentralisierung ist ein Merkmal des Absolutismus. Ein gutes Beispiel lieferte der französische König Ludwig XIV mit seinem Leitsatz „L'état c'est moi", der damit seinen Anspruch auf absolute Macht dokumentieren sollte. „Ich bin der Staat" definierte nicht nur die Weltanschauung des Monarchen, sondern bildete das Grundmodell der absolutistischen Staatsorganisation.

Alles wurde in Paris entschieden, denn „die Bürger waren ungebildet und dumm, oder sie waren aufsässig" und mussten mit harter, zentralistischer Hand regiert werden. Dezentrale Funktionsträger waren nur eingesetzte Verwalter der zentralistischen Entscheidungen.

Absolutismus und Zentralismus sind nicht notwendigerweise negative Organisationsmodelle. Die Randbedingungen der damaligen Zeitepoche mit relativ niedrigem Bildungsstand der Durchschnittsbevölkerung und einer für damalige Verhältnisse extrem dünnen Schicht von „gebildeten" Mandatsträgern führten zur Ausprägung der zentralen Organisation, die im Zeitvergleich durchaus gute Ergebnisse zeitigte, die mit dezentralen Strukturen wahrscheinlich nicht erreichbar gewesen wären.

Demgegenüber ist die Dezentralisierung ein Merkmal der Aufklärung und der Neuzeit. Je weiter sich ein Staat oder eine Organisation entwickelte, desto mehr Entscheidungsfreiheit ging in dezentrale Strukturen über. Das Wissen, welche Probleme sozusagen vor Ort am drückendsten und damit am wichtigsten zu lösen sind, wurde mehr und mehr Grundlage der Entscheidungen – sofern sich ein Staat zur dezentralen Organisationsform bekannte, beispielweise zum Föderalismus.

Insgesamt kann man folgern, dass der Zentralismus für seine Zeit wahrscheinlich erforderlich war, da die damaligen Probleme den gesamten Staat betrafen und nur dirigistisch zu beheben waren. Je entwickelter später ein Staat war, desto mehr Nutzen zog er aus der Stärke der dezentralen Organisationsform.

Die innere Stärke eines entwickelten Staates bezog dieser aus dem Verständnis, dass die Wirkung verschiedenster Meinungen und Konzepte mehr

Erfolg garantierte, als die „alleinige Meinung eines Herrschers". Dies allerdings nur, solange sich die dezentralen Mächte im Rahmen einer wohl definierten Verfassung bewegten. Diese Entwicklung zeigt uns den Weg zu einer modernen Führungsauffassung im Unternehmen.

Es wird später nicht schwer sein, Parallelen zwischen den politischen Organisationsformen einerseits und den Organisationsformen in den Unternehmen andererseits zu ziehen.

5.2.5 Synergie und Flexibilität

Der Begriff Synergie ist als das Zusammenwirken verschiedener Faktoren zu einer gemeinsamen, abgestimmten Leistung zu verstehen (vgl. Brockhaus, 1973). Die Synergie wird in der moderneren Unternehmensführung als erstrebenswerter Parameter zur effizienten Organisierung gesehen. Sie fördert den organisatorischen Ansatz, *funktional arbeitsteilige* Organisationen zu schaffen, deren Stärke in der Vervielfachung von repetitiven Arbeitsschritten besteht. Im Gebiet Wissen soll die Synergie zur vielfachen Anwendung von Know how mit allen denkbaren positiven Auswirkungen führen. Die Staatsverwaltung ist beispielsweise von hoher Synergie geprägt, ist funktional effizient, meistens langsam und dem Staat verpflichtet, nicht unbedingt dem Individuum.

Flexibilität bezeichnet die Agilität, auf veränderte Anforderungen zeit- und sachgerecht zu reagieren. Je schneller ein Wesen, eine Organisation, auf sich verändernde Anforderungen reagieren kann, desto größer ist die Flexibilität. Allerdings ist damit noch nicht gesagt, dass das Wesen, die Organisation, auch auf die Veränderung schnell reagieren will, obwohl die Fähigkeit dazu, also eine hohe Flexibilität, gegeben ist. Es kommt darauf an, ob das jeweilige Leistungsziel als relevant erachtet wird. Dies wird noch näher zu diskutieren sein.

5.2.6 Effizienz und Effektivität

Es ist unschwer zu erkennen, dass in einer funktionalen Organisation die Synergiegewinne im Vordergrund stehen. Die funktionalen Stufen wurden in sich als erste Priorität auf höchsten Wirkungsgrad der in diesen Funktionsabschnitten gebündelten Einzelvorgänge ausgerichtet. Prioritäten gingen verloren. Statt Nahtstellen im Prozessfluss herrschten Schnittstellen zwischen Funktionen vor. Die funktionale Organisation verbürokratisierte.

Die Flexibilität als Grundlage der schnellen Anpassung an sich verändernde Anforderungen in der Leistungserbringung wurde Nebensache. Der Kunde geriet aus dem Fokus der Bemühungen.

Überspitzt gesagt, arbeitete man nach dem Grundsatz der *Effizienz*: Wir machen es mit höchstem Wirkungsgrad, egal wie wichtig es im Moment ist.

Der Prozesszusammenhang und die Sinnhaftigkeit des eigenen Tuns im Gesamtprozess gingen verloren. Der Zeitfaktor und die Flexibilität traten, wie oben bereits erwähnt, in den Hintergrund.

Demgegenüber steht die prozessorientierte Sichtweise, welche, ohne den Wirkungsgrad zu vernachlässigen, stets das geforderte zeitgerechte Endergebnis im Auge behält. Der Grundsatz der prozessorientierten Sicht ist der Grundsatz der *Effektivität*: Das Richtige effizient tun, um das gewünschte, zeitgerechte Endergebnis zu erreichen.

Wie unschwer zu erkennen ist, umfasst die Effektivität sowohl die Sicht der Effizienz als auch die Fokussierung auf das zeit- und sachgerecht erbrachte Ziel, das „Richtige"!

5.2.7 Taylorismus

Neben Unternehmertum und Administration ist eine der wichtigsten Aufgaben des Managements, den Einsatz vorhandener Ressourcen möglichst produktiv zu gestalten. Dies hat Peter F. Drucker in seinem 1980 erschienenen Werk „Managing in Turbulent Times" (vgl. Drucker 1980) ausgeführt.

Diese Aussage Druckers basierte auf der Entdeckung des ersten modernen Arbeitswissenschaftlers, F.W. Taylor im Jahr 1875, dass man menschliche Arbeit managen und damit produktiver machen kann. Zusätzlich stellte Taylor fest, dass Produktivitätsgewinne das Ergebnis der Anwendung der speziell im Menschen vorhandenen Ressource, dem Wissen, sind.

Diese Erkenntnis führte in Folge zur Entwicklung des „Taylorismus", der sich durch teilweise ins Extreme gesteigerte Arbeitsteilung auszeichnete. Es entstand das Fließband und mit diesem der erste größere Konsumartikel, das Automobil, in Form des Ford T-Modells. Industriearbeiter mit geringster Schul- bzw. Ausbildung waren unter Anwendung vorgegebener Arbeitsabläufe kürzester Taktzeit in der Lage, zuvor nicht denkbare Arbeitsproduktivitäten zu erreichen. Weiterhin konnten sie Produkte mit vergleichbar hoher und uniformer Qualität herstellen. Die erforderliche Durchschnittsqualifikation der Mitarbeiter sank mit dem erwünschten Effekt sinkender Lohnkosten.

Als Kehrseite der positiven Produktivitätsentwicklung stellte sich laufend steigende Monotonie der Arbeit und damit einhergehende Sinnentleerung ein. Auch im Bereich der Planung und Abwicklung, also im klassischen Angestelltenbereich, machte sich Taylorismus und funktionales Abteilungsdenken breit. In der Industrie wurde dem „Meisterbetrieb" mit seiner

416

ganzheitlichen Betrachtungsweise der Garaus gemacht. Das Geschäft und der Kunde gerieten mehr und mehr aus dem Fokus der nach Meinung bedeutender Fachleute fast perfekten, funktional orientierten Organisation. Prozesse wurden infolge der häufigen Schnittstellen langsam und träge. Flexibilität geriet unter die Räder.

Parallel zu dieser Entwicklung stieg in industrialisierten Ländern die Schulbildung aller Bevölkerungsschichten. Die zunehmende Bildung wurde in Verfolgung der taylorschen Arbeitsteilung vordergründig aus Synergiegründen in Richtung Spezialisierung gedrängt. Sie konnte sich nicht in ausreichender und erschöpfender Verbesserung der Erfüllung der Kundenbedürfnisse auswirken. Bildung lag brach und suchte in Ermangelung eines ganzheitlich herausfordernden, beruflichen Betätigungsfeldes Anwendungen in der Privatsphäre.

5.2.8 Prozesse und Mitarbeiter

Früher wurde mit viel Aufwand durch Entwicklungs- und Planungsabteilungen jeder Produktionsschritt vorab bis ins kleinste Detail festgelegt. Dies geschieht heute selbstverständlich auch. Der wesentliche Unterschied besteht allerdings im Einfluss folgender Trends:

- Die Komplexität der heutigen Produkte ist, gemessen an der Vergangenheit, dramatisch gestiegen
- Die Ansprüche der Kunden an Zuverlässigkeit und Qualität steigen laufend
- Die Entwicklungs- und Produktionseinführungszeiten verkürzen sich kontinuierlich

Diese Trends erzwingen, dass Entwicklung und Produkt-Fertigungsplanung statt wie früher, seriell zu arbeiten, nun von Beginn der Produktentstehungsphase an parallel im concurrent engineering arbeiten müssen.

Es ist nicht nur eine Parallelarbeit erforderlich, sondern heute wird in institutionalisierten Produkt-Projektteams fast von der ersten Produktidee bis hin zum Liefereinsatz in Projektgruppen engstens zusammengearbeitet. Dies erfordert von den Mitarbeitern, dass sie auf hohem Niveau teamfähig sein müssen.

Außerdem müssen sich im Idealfall alle Mitarbeiter bemühen, die Prozesse ständig zu verbessern und zu verkürzen, die Qualität kontinuierlich zu steigern und mit der steigenden Komplexität der Produkte mitzuhalten. Dies erfordert eine neue, wesentlich breitere Einstellung der Mitarbeiter zu ihrer Aufgabe, verglichen mit der alten taylorschen Welt.

5.3　Organisation

Organisation ist eine standardisierende Festlegung von Führungsstrukturen (Hierarchien), Abläufen, Prozessketten und Veranwortlichkeiten. Durch die Organisationsform wird sehr stark die Leistungsfähigkeit, Flexibilität und Kostenlage definiert und damit letztlich die Kundenzufriedenheit beeinflusst.

5.3.1　Trends in der Organisation

Die steigenden Anforderungen an Flexibilität und die zunehmende Komplexität des Geschäftes können durch eine rein hierarchisch aufgebaute Organisationsform nicht geleistet werden.

Obwohl meist auf eine hierarchisch geprägte Organisation als Skelett nicht verzichtet werden kann, werden viele Vorhaben in einer Projektorganisation abgewickelt. Der Mitarbeiter gehört disziplinarisch einer Hausabteilung an, ist aber fachlich einem Projektleiter mit sachlichem Weisungsrecht untergeordnet. Ein Mitarbeiter kann so an mehr als einem Projekt für verschiedene Projektleiter arbeiten. In der Produktion sind typische Projekte die Einführung neuer Produkte in die Fertigung oder die Planung und Einführung neuer Fertigungsverfahren.

Die Arbeit in Projektorganisationen nimmt stetig zu. Die Dynamik von Organisationsänderungen steigt als Ergebnis der Schnelligkeit der Vorgänge in den Märkten, die durch den globalen Wettbewerb auch und besonders in der Logistikleistung hochgetrieben wird. Jeder Wettbewerber treibt die Erwartungshaltung der Kunden durch Streben nach höherem Marktanteil nach oben.

Jede Organisationsänderung ist ein Rüsten für neue Geschäftsgegebenheiten oder Antwort auf Aktivitäten des Wettbewerbs. Wird ohne Not zu häufig geändert, schlägt sich dies in einer reduzierten Leistungsfähigkeit nieder. Die Mannschaft erhält nicht die Chance, die Lernkurven zu durchlaufen, um die erworbenen und eingeübten Verhalten und Fertigkeiten wirken zu lassen.

5.3.2　Aufgabenstellung und Rahmenbedingungen

Es gibt keine Organisationsform einer Produktion, welche für alle Geschäftstypen optimale Ergebnisse zeitgt. Jedes Geschäft schafft Rahmenbedingungen, zu denen die Organisationsform passen muss.

Welche Parameter sind für die Gestaltung der Organisation relevant und deshalb bei der Planung einer Organisation zu beachten? Die Organisationsaufgabe besteht in der Schaffung und Festlegung von Netzwerken der Zusammenarbeit, welche die optimale Erfüllung von realistischen Kundenerwartungen grundsätzlich ermöglichen.

Gepaart mit einem leistungsfähigen, in geeigneter Richtung motivierten Mitarbeiterstamm kann das Ziel erreicht werden, dass der Kunde/Abnehmer begeistert immer wieder kommt und die Geschäftsbeziehung zur Selbstverständlichkeit ohne Wenn und Aber wird. Die Organisationsform wird durch die Rahmenbedingungen des Geschäftes stark beeinflusst.

5.3.2.1 Rahmenbedingung Produktionsmenge

Ein wesentlicher Faktor ist die zu produzierende Menge gleicher Produkte je Periode. Als diametrale Eckpunkte könnte man nennen:

- Die Herstellung von Unikaten (one of a kind) durch Anlagenbauer, Schiffswerften oder Hochbaufirmen/Architekten und beispielsweise Künstler
- Als Gegenpol steht hier die Großserienfertigung eines Konsumartikels

Üblicherweise hängt der Stückzahlbereich mit dem Geschäft und der Geschäftsentwicklung unabänderlich zusammen und kann nur in relativ engen Grenzen selbst gewählt werden.

5.3.2.2 Rahmenbedingung Fertigungstiefe

Die Fertigungstiefe ist beeinflussbar. Es ist ein wesentlicher Unterschied, ob die Produktion auf eingekauften Grundstoffen und Halbzeugen basiert oder auf komplexeren Vorprodukten bis hin zu kompletten, von Lieferanten vorgefertigten Subbaugruppen aufbaut (Abb. 5.1).

In der Vergangenheit der Industrialisierung waren viele Industrien geneigt, die Fertigungstiefe zur Steigerung der Wertschöpfung möglichst hoch anzusetzen. Beispielsweise hatte Ford Motor Co. eigene Stahlwerke als Zulieferant nur für den Eigenbedarf.

Heute geht der Trend in die Richtung Partnerschafts-Zusammenarbeit, wobei größere Baugruppen eines komplexen Produktes von Lieferanten entwickelt, produziert und bis zum Montageort in der Montagelinie angeliefert werden. Auch der Einbau der Baugruppe in das Produkt wird in einigen Fällen von Mitarbeitern des Subunternehmers durchgeführt.

In der Wirtschaft eines Landes wird heute mit mehr oder weniger Nachdruck die Innovations- und geschäftsstützende Clusterung bestimmter Technologien in enger umschriebenen Regionen verfolgt. Beispiele sind die

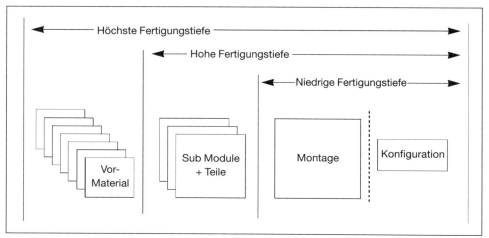

Abb. 5.1: Fertigungstiefen

Cluster Silicon Valley, Kalifornien, Medical Valley, Region Erlangen/Nürnberg in Deutschland oder Bangalore, Indien, bei bestimmter Software.

Die Frage der Fertigungstiefe wird heute häufig auf der Basis von zwei Grundüberlegungen festgelegt:

● Was sind unsere Kernkompetenzen (Know-how Vorteile gegenüber Mitbewerbern)?
● Wie tief will man den Break-even-Punkt legen (Höhe des Anlagevermögens verglichen mit dem Risiko von Volumensschwankungen)?

Je geringer die Fertigungstiefe, umso leistungsfähiger muss selbstverständlich die Einkaufsorganisation sein. Dabei schiebt sich das Management der Versorgungskette bis zum Kunden, das „Supply Chain Management", in den Vordergrund. Die Versorgungskette muss in allen Gliedern die gleiche Ausformung von Qualität, Liefertreue und Kostenlage aufweisen, sonst leidet das Gesamtangebot. Häufig findet man immer noch Versorgungsketten, in denen ein oder mehrere Lieferanten nicht harmonisch aufeinander abgestimmt sind. Letztlich leidet in einer solchen Situation der Kunde und der Ruf der jeweiligen geschäftsführenden Gesellschaft. In diesem Fall muss der Abnehmer „Lieferantenertüchtigung" in einer kombinierten Anstrengung von Einkauf und Qualitätswesen und ggf. anderen Funktionen betreiben, um alle Lieferanten auf das gleiche Leistungsniveau zu bringen.

Die Fertigungstiefe wird selbstverständlich auch von der Aufteilung der Entwicklungsleistung auf verschiedene Geschäftspartner-Firmen beeinflusst, da heute häufig ganze Subaggregate nicht nur von „Partnern" entwickelt, sondern auch gefertigt werden. Hierbei wird die „Kernkompetenz" des Partners genutzt, den dieser sich durch Spezialisierung erworben hat. Beispielsweise ist diese Art der Partnerschaft in der Automobilindustrie besonders ausgeprägt.

5.3.2.3 Rahmenbedingung Breite der Produktpalette

Organisationen mit einer großen Breite der Produktpalette sind anfällig, hohe Komplexitätskosten nach sich zu ziehen und tendieren zur Unflexibilität. Eine überbreite Produktpalette ist häufig das Ergebnis einer zu geringen Marktsegmentierung bzw. Differenzierung.

Obwohl eine hohe Breite der Produktpalette hohe Flexibilität im Angebot darstellt, wird die allgemeine Flexibilität durch überkomplexe Strukturen reduziert. Dies gilt besonders dort, wo unter dem Deckmantel der Synergiegewinne oder Festhalten am Gewohnten eine rein funktionale Organisation „über alles" gestellt wird.

5.3.3 Organisation des schlanken Unternehmens

Aufgabe der modernen Aufbauorganisation ist es, Strukturen zu schaffen, die:

- Geringe Komplexität aufweisen und damit eine niedrige Kostenlage ermöglichen
- Hohe Reagibilität als Grundlage zur Erfüllung kurzfristiger Kundenwünsche bereitstellen
- Hohe Flexibilität zur relativ einfachen Anpassung an sich schnell ändernde Produkt- und Umweltstrukturen gewährleisten

Die „klassische" Organisation mit ihrer Betonung der funktionalen Sichtweise (siehe obere Hälfte der Abbildung 5.2) ist nicht in der Lage, obige Anforderungen zu erfüllen.

Was bedeutet das in der Praxis? Die funktionale Organisation ist üblicherweise so aufgeteilt, dass sämtliche gleichartigen Verrichtungen eines Gesamtgeschäftes in Funktionsblöcken seriell abgearbeitet werden, unabhängig vom Temperament der Teilmärkte oder Geschäftsfelder. Die Funktionsblöcke werden von „Funktionsmanagern" geleitet, die gleichgewichtig ihren Funktions-Organisationsteil nach ihren eigenen Zielen optimieren, mit wenig Rücksichtnahme auf das Markt- oder Kundengesamtergebnis. Meistens herrscht das Prinzip „Kosten vor Kundenzufriedenheit" vor.

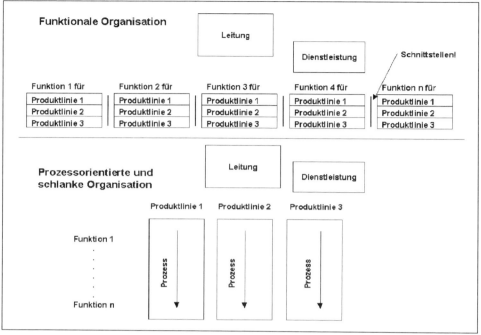

Abb. 5.2: Funktionale und prozessorientierte Organisation

Die „moderne" Organisation dagegen ist aus der Kundensicht segmentiert und prozessorientiert angelegt. Das Prinzip lautet „Kundenzufriedenheit mit geringsten Kosten".

5.3.4 Prozessorientierung

Die prozessorientierte Organisation sortiert innerhalb eines Gesamtgeschäftes die den unterschiedlichen Geschäftsfeldern/Produktlinien zugrunde liegenden Prozessketten. Die Geschäftsfelder sind auf Erfüllung der Kundenwünsche im speziellen Marktsegment optimiert. Die Prozesskette bildet jeweils ein vollständiges Geschäftssegment oder eine Produktlinie über alle Funktionen hin ab. Mehrere Segmente arbeiten innerhalb des Gesamtgeschäftes parallel mit ggf. unterschiedlichem Temperament und unterschiedlicher Ausprägung von Stärken. Segmentmanager vereinigen im optimalen Fall alle Ressourcen unter sich, die zur Erfüllung des Geschäftsauftrages im jeweiligen Marktsegment erforderlich sind.

Der Segmentmanager optimiert nach der Erfüllung legitimer Kundenwünsche, d.h. den nach Kundenzufriedenheit und sichert damit nachhaltig seine Geschäftsgrundlage.

Die Devise der Optimierung lautet: Qualität und Kundenattraktivität sind die primären Ziele zur Steigerung des Ertrages aus Volumen, ohne die Kosten zu vernachlässigen. Die Kosten sind nicht zweitrangig, sondern nachrangig. Funktionen, deren organisatorische Aufteilung auf Segmente sich aus Gründen der Wirtschaftlichkeit verbieten, werden als Dienstleistungsabteilungen für die Segmente geführt und verrechnen intern ihre Dienste an die Segmente.

5.3.5 Organisationstiefe

Die Führungsstruktur, d.h. die Unterstellungsverhältnisse der Leistungs- und Verantwortungsträger, muss sowohl aufgrund der Dominanz der Zeit als Kundenwunsch als auch aus Kostengründen begrenzt werden. Je weniger Hierarchiestufen eine Organisation aufweist, umso agiler kann sie regieren. Jede zusätzliche Hierarchiestufe trägt in sich das Potenzial einer vermeidbaren Entscheidungsverschleppung und ist häufig Ausdruck der Bürokratisierung einer Organisation (Abb. 5.3).

Bei einer Organisation mit minimalen Hierarchiestufen spricht man auch von „schlanker Organisation", die nicht nur wegen geringerer Kosten, sondern besonders durch kurze und schnelle Entscheidungswege anzustreben ist. Die Ablauforganisation, d.h. die Gestaltung der Geschäftsprozesse, hat bis in die Details hinein so zu erfolgen, dass realistische Kundenerwartungen hinsichtlich Lieferfähigkeit und Liefertreue sowie Qualität und Kosten ohne aufwendige Sonderaktivitäten erfüllbar sind.

5.3.6 Struktur und Führung

Eine gut gestaltete Struktur, welche sich an den Erfordernissen der Geschäftsprozessketten orientiert, wirkt wie ein Skelett, auf das sich das Geschäftsgeschehen stützt. Allerdings ist Struktur nicht alles und bewirkt für sich allein gesehen noch nichts!

Die Mitarbeiter mit ihren vielfältigen Qualifikationen sind die Muskeln des Geschäftes und ermöglichen erst den Aufbau einer leistungsfähigen Organisation. Damit diese Organisation optimal arbeitet, muss noch ein wesentlicher Bestandteil hinzugefügt werden, und dieser Bestandteil ist *Führung*. Führung gibt Ziele vor, die sich an den legitimen Kundenerfordernissen ausrichten. Die Ziele sind in zwei Kategorien zerlegbar:

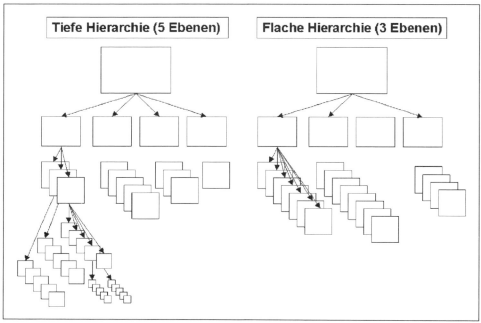

Tiefe Hierarchie (5 Ebenen)   **Flache Hierarchie (3 Ebenen)**

Abb. 5.3: Tiefe Hierarchie/Flache Hierarchie

- Ziele, basierend auf Grundprinzipien oder Überzeugungen. Sie sind langfristiger Natur und für die gesamte Organisation ohne Ausnahme richtungsweisend. Sie werden von der Geschäftsleitung definiert.
- Ziele operationeller Natur. Diese haben kurzfristige bis mittelfristige Gültigkeit bzw. Wirksamkeit. Die verschiedenen Untergliederungen einer Organisation haben üblicherweise funktionsabhängig unterschiedliche Ziele. Bei der Zieldefinition ist auf Widerspruchsfreiheit zu achten, obwohl sich in der Praxis Prioritätskonflikte zwischen Zielen ergeben können. Es ist dann Aufgabe der Leitung der Organisation oder der entsprechenden Untergliederung, die Prioritätskonflikte ohne Verletzung der Grundprinzipien unter Beachtung der operationellen Situation aufzulösen.

Führung setzt herausfordernde Ziele, an denen Geschäft und Mitarbeiter wachsen können, so genannte „stretch goals". Führung achtet dabei auf Erfüllbarkeit der Ziele. Beim besten Willen nicht erfüllbare Ziele führen zur Demotivation der Mitarbeiter. Vorgesetzte, die laufend unerfüllbare Ziele setzen, verlieren die Achtung der Mannschaft. Führung monitort den Prozess und gibt sofortige Rückkopplung. Sie ermöglicht damit schnelle Selbstkorrektur und befördert permanentes Lernen. Die Mitarbeiter können an ihrer Aufgabe wachsen. Führung wirkt konsistent beispielgebend. Sie duldet auch unter Berücksichtigung der Opportunität keine Verletzung der Grundprinzipien. Führung ändert nicht ohne Not kurzzyklisch einmal eingeschlagene Richtungen.

Das Reagieren auf wesentliche Änderungen der geschäftlich relevanten Umgebungsparameter ist jedoch manchmal erforderlich. Führung erzeugt eine „winner"-Mentalität in der Mannschaft. Führung erlaubt nicht, dass Projekte „versanden". Das erste versandete Projekt trägt den Nukleus für die nächste Niederlage in sich!

5.4 Änderungsmanagement/Kulturwandel

5.4.1 Paradigmenwechsel

Kunden erwarten neben der Selbstverständlichkeit niedriger Preise durch niedrige Kosten gleichzeitig:

- Schnellste Bedienung, d.h. kürzeste Lieferzeiten
- Flexibilität hinsichtlich Änderungswünschen
- Selbstverständliche Qualität als Konformität hinsichtlich der Kundenbedürfnisse
- Verlässlichkeit aller Aussagen, besonders auch hinsichtlich zugesagter Liefertermine
- Ausgezeichneten After-Sales-Service von der Anwendungsberatung bis zur Störungsbehebung

Wenn man als Selbstverständlichkeit die Erfüllung der Kundenbedürfnisse an die Spitze der Prioritäten setzt, dann reicht die Konzentration auf niedrige Kosten und damit niedrige Preisstellung für den Kunden durch eine synergetisch ausgerichtete, d.h. stark funktional ausgerichtete Organisation nicht aus. Die Organisation muss sich, wie bereits in vorherigen Abschnitten diskutiert, in Richtung einer prozessorientierten Aufstellung weiterentwickeln. Allerdings steht die organisatorische Aufstellung nicht am Beginn einer Veränderung. Am Beginn einer Veränderung muss die Einsicht einer kritischen Menge von Vorgesetzten und Mitarbeitern stehen, dass in einer traditionell aufgestellten und traditionell geführten Organisation eine Umorientierung der Einstellungen und Handlungsweisen erforderlich ist, schlussendlich bis hin zur Änderung der Aufbau- und Ablauforganisation, um auch in Zukunft die Existenz des Geschäftes im globalen Wettbewerb abzusichern. Die Erkenntnis der Notwendigkeit eines Ausbrechens einer gesamten Geschäftseinheit aus alten, eingeübten Denkschablonen, Denkmodellen und langzeitlich geübten Verfahren, der Paradigmenwechsel, ist der erste Schritt zum Kulturwandel.

Die Erkenntnis dieser umfangreichen Veränderungsnotwendigkeit, gepaart mit dem Willen zur Umsetzung, markiert den Beginn eines relativ mühsamen und zeitraubenden Veränderungsprozesses, des Kulturwandels. Es muss nicht besonders erwähnt werden, dass im Mittelpunkt des durch die moderne Personalführung begleiteten Kulturwandels der Mitarbeiter, der Mensch, steht mit seinen Potenzialen, Qualitäten und entwicklungsbedingten Grenzen.

Ein wertvolles Mittel, um Vorgesetzte und Mitarbeiter auf den Kulturwandel vorzubereiten und aufnahmefähig zu machen, ist die Einführung der kontinuierlichen Verbesserung, wie im nächsten Abschnitt diskutiert.

5.4.2 Die zwei Seiten von KAIZEN/KVP

Das japanische Management-Konzept KAIZEN (japanisch für „Verbesserung") wurde zum Beginn der 90-er Jahre als eines der wichtigsten Werkzeuge für die Schließung der damals gesehenen Produktivitätslücke zwischen Japan einerseits und USA sowie Westeuropa andererseits gesehen.

Ziel von KAIZEN ist die kontinuierliche Verbesserung aller Prozesse durch alle Mitarbeiter. Wie Abbildung 5.4 „Innovation allein" zeigt, ist der Ansatz , dass sich die Qualität/Produktivität ohne dauernde Verbesserungsanstrengungen nicht auf einem Niveau bewegen oder halten lassen, sondern sich laufend ohne diese Anstrengungen verschlechtern.

Zwischen innovationsbedingten Produktivitätsschüben soll kein Abfallen, sondern ein weiterer Anstieg der Produktivität in kleineren, aber in der Summe bedeutungsvollen Produktivitätverbesserungen durch „Kleininnovationen" erreicht werden, also kein Innovationsschub, sondern KAIZEN/KVP-Verbesserungen. Das Konzept zeigt grafisch die Abbildung 5.5.

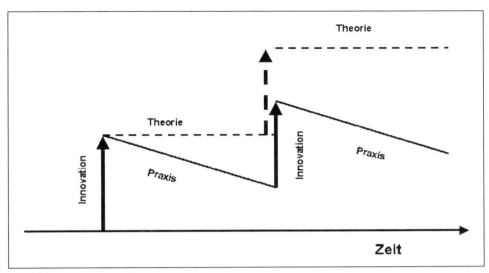

Abb. 5.4: Innovation allein

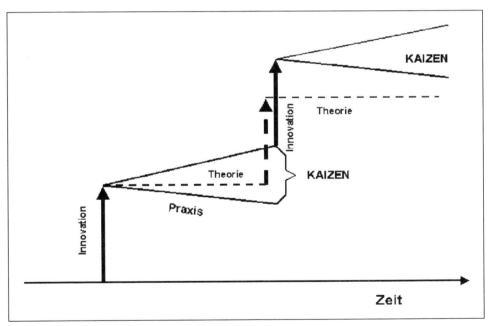

Abb. 5.5: Grundprinzip von KAIZEN/KVP

Jeder verbesserte Zustand wird als neuer Standard festgeschrieben. Als deutsche Übersetzung von KAIZEN hat sich KVP als Abkürzung für „Kontinuierlicher Verbesserungs-Prozess" eingebürgert, weshalb dieser Begriff fortan hier benutzt wird.

In diesem Abschnitt soll nicht darüber gesprochen werden, wie man im Detail KVP einführt. Dies sei speziellen Publikationen vorbehalten (vgl. Imai 1993). Es werden einige Aspekte besprochen, die für den Kultur- oder Bewusstseinswandel wichtig sind, und wie einige andere Werkzeuge auf diesem Bewusstseinswandel aufbauen.

Oberflächlich betrachtet ist die durch KVP erzielte Produktivitätsstabilisierung und Produktivitätssteigerung für sich Grund genug, das Werkzeug einzusetzen. Jeder, der KVP ernsthaft und mit Konsequenz einsetzt, kommt nicht umhin, als Folge der KVP-Einführung seinen Mitarbeitern wesentlich mehr Entscheidungsfreiheiten zu geben als in der Vergangenheit. Ohne diese Ermächtigung zur Entscheidung ist ein Programm-KVP zur Wirkungslosigkeit verurteilt, denn KVP braucht kürzeste, schlanke Entscheidungswege! Wenn möglich, soll der Verbesserungsinnovator in die Lage versetzt werden, schnellstens selbst zu entscheiden und alle Maßnahmen zur Implementierung der Verbesserung selbst auszuführen. Eine schnell wirksam werdende Verbesserung zählt im wahrsten Sinne doppelt.

Die Ermächtigung zur Entscheidung muss sich daher bis zur untersten Ebene der Organisation, den Nicht-Hierarchen oder der „Person an der Werkbank" erstrecken. Es ist einsichtig, dass derartige Verschiebungen der Entscheidungsverantwortung zu einer durchgängigen Bewegung der Entscheidungsbefugnisse von oben nach unten führt. Häufig führt die Neuverteilung der Entscheidungsverantwortung dazu, dass ganze Hierarchieebenen überflüssig werden und deren Mitglieder als Konsequenz einer wertschöpfenderen Arbeit zuzuführen sind.

Mitarbeiter, die nicht ausreichend und klar über die Vorteile von KVP, und wie sich das Leben für sie selbst deswegen erleichtert, informiert werden, neigen zu einer negativen Sicht und befürchten für sich persönliche Nachteile. Dies kann bis zur Existenzangst gehen. Die Inhaber von bestimmten Organisationsebenen werden aus diesen Befürchtungen heraus zu Bremsern des kontinuierlichen Verbesserungsprozesses. Leider hat sich in der Praxis das böse Wort von der „Lähmschicht" für diese Situation bei jenen Vorgesetzten eingebürgert, welche sich grobe Kommunikationsfehlleistungen vorwerfen lassen müssen.

Wenn man mehr oder minder parallel zur Einführung von KVP die in den nachfolgenden Abschnitten beschriebenen Themen Verbesserungsvorschlagswesen, Gruppenarbeit, Kreativitätsmaschine Workshop, Zielvereinbarung, Eigensteuerung/Visuelles Management in der Organisation konsequent eingeführt hat, dann wird man langsam aber sicher eine Veränderung in der Mannschaft bemerken. Die Mitarbeiter orientieren sich an den abgesprochenen Zielen und agieren daher wesentlich schneller als in einer „Kommandolinie". Sie arbeiten und argumentieren sachlich und bekämpfen Fehlentwicklungen, ohne in Schuldzuweisungen zu verfallen. Sie arbeiten gerne in Teams, da sie damit positive Erfahrungen verknüpfen. Es gibt für sie keine Tabus. Sie haben Respekt vor der Arbeitsleistung und lassen sich durch Hierarchie nicht übermäßig beeindrucken. Änderungen sind nichts Bedrohliches, sondern erfreulicher Bestandteil jedes Tages.

Die Einführung von KVP hat neben der Verbesserung der Produktivität und Qualität auch bewirkt, dass die Mannschaft den positiven Bewusstseinswandel durchlaufen hat, der ihnen hilft, teilweise in die Rolle des Unternehmers zu schlüpfen und selbstständig zum Wohl des Unternehmens zu handeln. Dies ist die zweite, nach Meinung des Autors wichtigere Seite von KVP.

5.4.3 Verbesserungsvorschlagswesen

Erfolge durch KVP in der operativen Sicht müssen gemessen und an alle kommuniziert werden, um die segensreiche Wirkung des positiven Feedbacks zu erreichen. Der Bewusstseinswandel ist dagegen nur indirekt über externe und interne Kundenzufriedenheit sowie über die Verbesserungs-Beteiligungsquote messbar.

Die Erfahrung des Autors zeigt, dass die operationellen Erfolge durch KVP am besten durch ein formalisiertes Verbesserungsvorschlagssystem gemessen werden können, welches sowohl Anzahl als auch Güte der Verbesserungen festhält. Dieses System muss mehrere Kriterien erfüllen:

● Es muss eine objektive, nachvollziehbare Verbesserung festhalten.
● Die gewichtigen Verbesserungen müssen monetär bewertbar sein.
● Falls man sich zur Beteiligung der Mitarbeiter, die die Verbesserung initiiert haben, entschließt, muss es genaue Regeln zur Höhe des Beteiligungsanteiles geben. Da es sich um eine Frage der Entgeltgestaltung handelt, ist in Deutschland der Betriebsrat einzubinden.
● Verbesserungen der eigenen Arbeit als Arbeitsaufgabe müssen durch eine Pflichtenkreisregelung abgedeckt sein.

Die Überlastung der Planungsabteilungen durch die Beurteilung vieler erwünschter Verbesserungsvorschläge ist zu verhindern, da sich durch zu lange Liegezeiten von Vorschlägen das Verbesserungsvorschlagswesen totläuft. Im Betrieb des Autors, in dem die Mitarbeiterbeteiligung praktiziert wird, wird mit Erfolg folgende Regelung angewandt. Es gibt „Klein-VV's und „Normale" VV's. Die Klein-VV's werden vom direkten Vorgesetzten beurteilt, nach vorgegebenem Schema bewertet und ein Gutschein ausgehändigt. Dies sind bis zu 85% der Verbesserungsvorschläge. Die gewichtigeren Vorschläge werden von der Planung beurteilt und bewertet und über eine VV-Kommission mit Betriebsratsbeteiligung freigegeben. Erst die Aufteilung in die beiden Kategorien „Klein"-VV und „Normaler" VV hat es erlaubt, die Anzahl der Verbesserungen und Beteiligungen hochzuschrauben, ohne die Planungsabteilungen zu ersticken.

Die folgenden Abbildungen zeigen den erfolgreichen Verlauf der Verbesserungsarbeit in den letzten sieben Jahren in Form der Verbesserungen pro Mitarbeiter und Jahr sowie die Entwicklung der Beteiligungsquote.

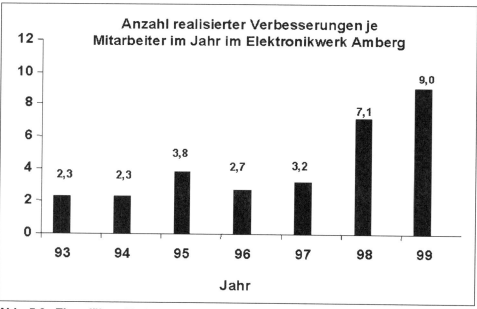

Abb. 5.6: Eingeführte Verbesserungsvorschläge je Mitarbeiter und Jahr im Betrieb (Siemens, Amberg)

Die beiden Parameter Vorschläge je Mitarbeiter und Jahr sowie die Beteiligung werden als Jahresziele mit den Gruppen/Abteilungen vereinbart (siehe Kap. 5.4.5 Zielvereinbarungsprozess).

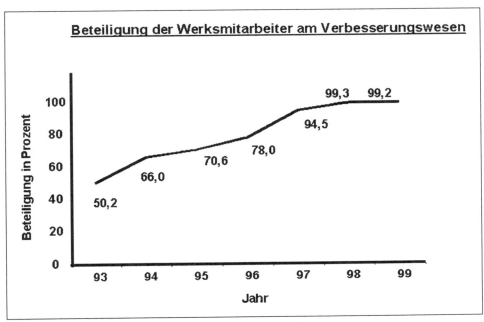

Abb. 5.7: Mitarbeiterbeteiligung (Siemens, Amberg)

Es könnte vermutet werden, dass mit dem Anwachsen der Verbesserungs-vorschläge die Qualität der Vorschläge, d.h. der mittlere Einsparerfolg je Verbesserungsvorschlag sinkt. Nach der Erfahrung des Autors ist jedoch der mittlere Einsparerfolg ungefähr konstant geblieben. Die Vermutung, dass die Steigerung der Anzahl je Mitarbeiter zu einer Fülle wertloser Vor-schläge führt und kaum wertvolle dazukommen, hat sich nicht bestätigt.

5.4.4 Gruppenarbeit/Teamfähigkeit

Die Arbeitsleistung wird im Zuge der Abkehr vom übertriebenen Tayloris-mus immer mehr in Gruppen erbracht. Der Einzelakkord, d.h. das auf eine Person mit Normalleistung bezogene Entgelt mit Überverdienst, wird zu-nehmend durch die Gruppenarbeit mit Prämienzahlung ersetzt. Im Wesent-lichen ist jeder Mitarbeiter am Erfolg der Gruppe mit der gleichen Prämie beteiligt.

Die Mitarbeiter in einer Gruppe müssen in der Lage sein, harmonisch zu-sammen zu arbeiten, d.h. gemeinsam ein oder mehrere Ziele zu verfolgen, wenn sie Prämienentgelt erhalten wollen, was hier als selbstverständlich vorausgesetzt wird.

Die Leistung einer Gruppe in Qualität und Quantität ist abhängig von vielen Faktoren, wie:

● Abgestimmtes Arbeiten
● Optimale Gestaltung der Prozesse
● Einsatz sinnvoller Hilfsmittel
● Optimaler Einsatz der Gruppenmitglieder nach ihren individuellen Stärken

Die Gruppe kann nun durch sinnvolle Verbesserungen die Leistung bei gleicher Arbeitsintensität steigern oder den Ressourceneinsatz vermindern und damit die Prämie positiv beeinflussen. Von Zeit zu Zeit muss die erwartete Normalleistung der Gruppe an die verbesserte Situation angepasst werden. Da es unfair ist, der Gruppe die durch Eigenleistung verbesserte Leistungsfähigkeit durch eine neue Normleistung ganz einfach zu stehlen, wird die Setzung eines neuen Leistungsstandards der Gruppe über eine Zeitperiode abgekauft. Wenn dies nicht geschieht, fehlt die Motivation für weitere Verbesserungsaktivitäten.

Mit der Einführung von KVP hat es sich als zweckmäßig herausgestellt, den Gruppen die Möglichkeit zu geben, einen gewissen Zeitanteil für Verbesserungsaktivitäten gemeinsam in der Gruppe zu verwenden. Diese Aktivitäten sind KVP-Aktivitäten in der Family-Gruppe. Hier werden die KVP-Werkzeuge intensiv und systematisch zur Verbesserung von Prozessen und Zuständen angewandt. Die Gruppen wählen meist ihren informellen Führer als Gruppensprecher. Dieser ist häufig bereits als Moderator ausgebildet und kann so effektiv die Gruppen-Verbesserungsarbeit leiten. Im Betrieb des Autors wird der Ausbildung als Moderator große Bedeutung beigemessen. Im Abschnitt Schulung (Kap. 5.5) wird darauf etwas näher eingegangen. Die Ergebnisse der Verbesserungsarbeit werden in den meisten Fällen sofort eingeführt. Sofern ein formalisiertes Verbesserungsvorschlagswesen existiert, wird die Gruppenarbeit mit der Erstellung des Verbesserungsvorschlages abgeschlossen.

Ausgesprochen wichtig ist, dass die KVP-Arbeit in der Gruppe nicht durch lange Rüstzeiten und fehlende Arbeitsmittel behindert wird. Deshalb werden vorbestimmte Punkte in der Werkstatt als KVP-Arbeitsinseln definiert und mit Pinnstellwänden ausgerüstet, an denen für alle Gruppenmitglieder sichtbar an den Verbesserungsalternativen usw. gearbeitet wird. Wenn erforderlich, dienen die Stellwände mit den Arbeitsergebnissen als Präsentationsmedium.

Abb 5.8: KVP-Gruppenarbeit (Siemens Amberg)

In jedem Betrieb gibt es auch emotionale Probleme. Der Einsatz von Mitarbeitern mit Moderatorenkenntnissen sowie die Verbesserungsarbeit in
der Gruppe führen zu einer Versachlichung der Arbeitswelt und führen zur
verbesserten Kommunikation der Mitarbeiter untereinander. Dies löst
manche emotionalen Probleme wesentlich leichter oder verhindert das Entstehen dieser Probleme.

5.4.5 Zielvereinbarungsprozess

Ist die Selbstständigkeit des Mitarbeiters durch KVP-Gruppenarbeit und
eine vernünftige Aufbauorganisation weiter fortgeschritten, ist als nächster
sinnvoller Schritt die Einführung eines Zielvereinbarungsprozesses ins
Auge zu fassen.

Die Vereinbarung von sinnvollen, jahresfristigen Zielen mit der Mannschaft ist ein weiteres wichtiges Mittel, um den Bewusstseinswandel und die
Produktivität positiv zu beeinflussen. In die Zielsetzung müssen möglichst
viele Mitarbeiter eingebunden werden, um die Identifikation aller mit den
Zielen sicherzustellen. Die Ziele sind möglichst operationell verständlich zu

definieren, um die direkte Beeinflussbarkeit durch die Mitarbeiter offensichtlich werden zu lassen. Eine Vereinbarung über betriebswirtschaftliche Ziele, die vom durchschnittlichen Mitarbeiter nicht auf seine eigene Tätigkeit bezogen werden kann, sind nicht zielführend, wie beispielsweise Gesamtergebnis einer Firma oder eines Betriebes. Wesentlich zweckmäßiger sind Ziele, wie beispielsweise Qualität als Fehlerrate oder Durchlaufzeit in Stunden/Tagen der eigenen Abteilung/Gruppe usw. Diese Ziele sind nur mit Aufwand in der klassischen betriebswirtschaftlichen Rechnung berücksichtigbar. Eine direkte Korrelation zum Ergebnis oder zur Produktivität ist nur über Umwege herstellbar. Allerdings weiß jeder Mitarbeiter, dass er keine minderwertige Qualität kaufen würde usw. Der durchschnittliche Mitarbeiter benötigt direkt zugängliche und möglichst leicht messbare Kenngrössen.

In der Abbildung 5.9 ist eine der jeweils acht Zielvereinbarungstafeln dargestellt, wie sie im Betrieb des Autors jedes Jahr neu entstehen.

Abb. 5.9: Zieltafel mit den im 3-Ebenen-Meeting erarbeiteten Zielen

Neben der zweckmäßigen Auswahl der Zielparameter ist der Prozess der Zielvereinbarung ausgesprochen wichtig.

Der Prozess ist als eine Folge von 3-Ebenen-Gesprächen angelegt. Zum Geschäftsjahresende werden die Ergebnisse des vergangenen Geschäftsjahres in einer ersten 3-Ebenen-Besprechung (Review) vorgestellt, kommentiert und diskutiert. Die 3 Ebenen der Werksgruppengespräche sind:

● Werksleitung
● Abteilungsleiter
● Gruppenführer/Meister

Die Diskussion thematisiert entweder besonders guten Erfüllungsgrad oder das Verfehlen einzelner Ziele und deren Ursachen. Die Abteilungen haben dann zwei Wochen Zeit, um in 3-Ebenen-Abteilungsgruppengesprächen Zielvorschläge für das neue Geschäftsjahr zu erarbeiten.
Die 3 Ebenen der Abteilungsgruppengespräche sind:

● Abteilungsleitung
● Gruppenführer/Meister
● Werkstattmitarbeiter oder Tarifangestellte

Auf diese Art und Weise werden praktisch alle Mitarbeiter in den Zielfindungsprozess einbezogen. Die als Vorschlag festgehalten Ziele werden in einer Zielvereinbarungsbesprechung diskutiert und verabschiedet oder ggf. nach Diskussion geändert und endgültig vereinbart. Die Teilnehmer der Vereinbarungsrunde sind die Personen, die auch in der Review-Besprechung dabei sind.
Die Ziele sind für ein volles Jahr festgeschrieben. Jeder kennt die Ziele, sowohl die eigenen als auch die der anderen Abteilungen. Zielkonflikte sind allen bekannt und können bei Entscheidungen berücksichtigt werden.
Die Gruppen haben im Rahmen des Geschäftsganges weitestgehend freie Hand bei der Wahl der Mittel, wie sie ihr Ziel erreichen. Damit hat der gelebte Zielvereinbarungsprozess die Gruppenmitarbeiter ermächtigt, ohne spezielle Weisungen im Sinne der Geschäftsleitung zu handeln. Damit ist die Einheit von Verantwortung und Entscheidungsfreiheit als einer der Hauptgrundsätze des modernen Managements weitestgehend hergestellt und eine wirkungsvolle Eigensteuerung durch vereinbarte längerfristige Ziele erreicht.

5.4.6 Eigensteuerung/Visuelles Management

Ist der Zielerreichungsprozess erfolgreich durchlaufen, ist die Hauptgrundlage für die Eigensteuerung gelegt. Allerdings fehlt ein wesentlicher Bestandteil, und zwar eine effektive Rückkopplung mit Soll-Ist-Vergleich.

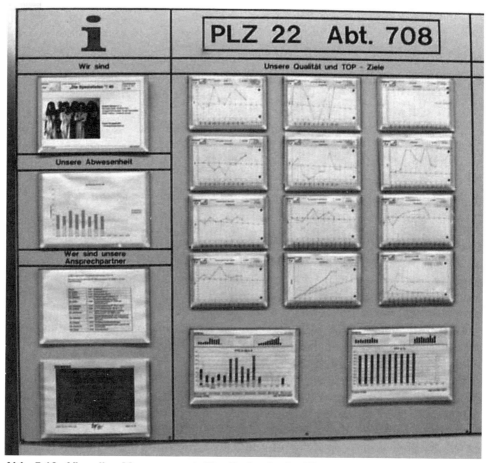

Abb. 5.10: Visuelles Management, Monitoring in der Werkstatt

Wie bereits im Zielvereinbarungsprozess festgestellt, müssen alle Zielparameter nicht nur messbar sein, sondern es muss effektiv ein Messsystem in Betrieb sein, das alle vereinbarten Parameter in der erforderlichen Zeitauflösung misst. Diese Parameter werden dann meist in Form von Zeitgrafen in der Werkstatt ausgehängt (Abb. 5.10).

Das Aushängen der Ergebnisse in der Werkstatt hat mehrere Gründe. Ein Werkzeug, wie beispielsweise eine Pendelmappe, hätte in der Gruppe einen Besitzer. Es müssen aber „alle" Mitarbeiter einer Gruppe über den Grad der Zielerreichung Bescheid wissen. Nur so ist gewährleistet, dass alle Mitglieder mit hoher Intensität an der Erreichung der Ziele arbeiten. Außerdem ist der öffentliche Aushang geeignet, das „management by walking around" zu unterstützen, da die Zielgrafik gute Ansatzpunkte für sachbezogene Kommunikation darstellt. Als letzter Punkt sei noch erwähnt, dass Zieltafeln auch geeignet sind, die Identifikation der Mitglieder zur Gruppe darzustellen und mit Stolz die Ergebnisse öffentlich zu präsentieren.

5.4.7 Kreativitätsmaschine Workshop

Bis jetzt wurde von Gruppen und deren Mitgliedern gesprochen, die in einer Organisation zur Erfüllung operationeller Leistungen zusammengesetzt wurden (Mitglieder einer Montagegruppe, Mitglieder einer Abwicklungsgruppe, Mitglieder einer Fertigungslinie etc.). Wir haben auch von Family-Gruppen gesprochen. Allerdings fallen in einem agilen Betrieb auch laufend Aufgaben zur Überprüfung und Verbesserung bestehender Prozesse an. Die Prozesse sind funktionsübergreifender Natur. Wenn jede Funktion am übergreifenden Prozess herumverbessern würde, ohne den Gesamtprozess im Auge zu haben, wäre der Katastrophenprozess vorprogrammiert. Deshalb werden selbstverständlich Prozessanalysen und Verbesserungen in interdisziplinären Teams kurzzeitig durchgeführt. Das organisierte Zusammenkommen einer interdisziplinären Gruppe zum Zwecke von Problemlösungen, wie beispielsweise Prozessverbesserungen, nennt man allgemein „Workshop".

Die Effektivität eines Workshops hängt von vielen Faktoren ab, allerdings lassen sich einige Grundsätze festhalten. Der Workshop hat immer einen vorbestimmten Termin, an dem die Ergebnisse präsentiert werden, er ist also nie „open ended". Der Workshop hat als Ergebnis nie nur Analyseergebnisse.

Die Ergebnisse bestehen immer aus:

- Problem-/Zieldefinition
- Analyse
- Problemlösung
- Maßnahmen(-bündel) mit Verantwortlichkeiten
- Ressourcenbedarf und Termine für jede Einzelmaßnahme

Wird gegen diese Grundsätze verstoßen, wird der Grundstein für die gefürchtete Umsetzungsschwäche einer Organisation gelegt.

Der Autor hat in seinem Betrieb mit bestem Erfolg die KVP^2 Workshopmethode des Volkswagenkonzerns übernommen. Mit freundlicher Genehmigung von VW Deutschland sollen hier die Grundzüge, sozusagen das Organisationsgerüst, dargestellt werden.

Die Teams sind der Aufgabenstellung entsprechend interdisziplinär zusammengesetzt und haben häufig die Stärke von fünf bis sieben Mitgliedern. Zwei Mitglieder erheben ca. vier bis sechs Wochen für das Workshopziel relevante Daten, ohne sich mit Verbesserungsmöglichkeiten zu befassen. Es werden nur Daten gesammelt und auf Flipchart oder Packpapier dargestellt, nichts weiter. Dann beginnt der Hauptteil, der Workshop selbst (Abb. 5.11). Der Workshop hat immer eine Dauer von genau einer Woche und beginnt immer an einem Montag. Er endet am Freitag Nachmittag der gleichen Woche mit der Ergebnispräsentation. Nach ungefähr vier Wochen wird eine Nachlesesitzung anberaumt, in dem der Status der Maßnahmenumsetzung diskutiert wird. Gegebenfalls muss dann nachgesteuert werden, um den gesamten Erfolg sicherzustellen.

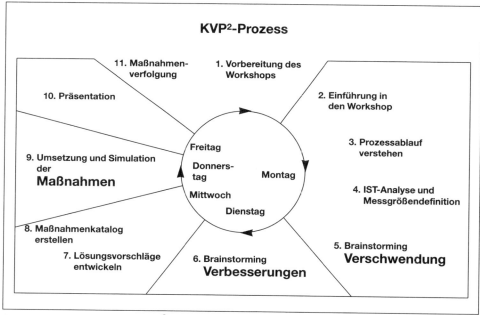

Abb. 5.11: Ablauf einer KVP^2 Workshopwoche

438

Es muss besonders betont werden, dass die Teilnahme an moderierten Workshops viele positive Auswirkungen auf die Workshop-Teilnehmer selbst hat:

- Das Verhalten in der Gruppe wird trainiert
- Die Angst vor einer Blamage wird genommen
- Die Teilnehmer erhalten einen Einblick in Prozesse und Werkzeuge in einem Ausmaß, den sie ohne Workshop kaum je erhalten hätten
- Die Kreativität des Einzelnen wird gefördert
- Persönliche Animositäten werden reduziert
- Es wird die Fähigkeit zur Teilnahme an längerfristigen Projekten mit einem gemeinsamen Ziel gefördert, wie im Kapitel Organsiation bereits angesprochen

Insgesamt leistet damit das Workshop-System einen wesentlichen, positiven Beitrag zur Personalentwicklung, ohne dass diese immer allen bewusst wird.

5.5 Personalentwicklung/Personalschulung

5.5.1 Grundsätzliches

„The ability to learn faster and better than your competitor will be the only sustainable competitive advantage of the future"
(Arie de Geus, Royal Dutch Shell)

Dieses Statement eines erfahrenen Wirtschaftsführers zeigt überdeutlich auf, dass sich alle Wirtschaftsunternehmen zur „permanent learning company" entwickeln müssen, wenn sie erfolgreich überleben wollen. Im letzten Jahrzehnt des vergangenen Jahrhunderts hat sich der Begriff des „lebenslangen Lernens" auch deswegen durchgesetzt, weil uns allen bewusst wurde, dass wir in einem Zeitalter der Wissensexplosion leben und wir zumindest mit dieser Entwicklung mithalten müssen. Das exponentielle Wachstum des Wissens erfordert die Entwicklung einer effektiv arbeitenden Disziplin samt zugehörigen Werkzeugen, dem Wissensmanagement. Überall wird an diesem Thema mit mehr oder weniger Nachdruck gearbeitet und es ist derzeit noch in der Entwicklungsphase. Für weitergehende Information wird auf die entsprechende Fachliteratur verwiesen.

Grundsätzlich ist berufliche Fortbildung im weitesten Sinn eine unentrinnbare Daueraufgabe für alle Mitarbeiter eines Unternehmens. Da der Begriff „berufliche Fortbildung" sehr stark mit externer Klassenraumschulung verknüpft ist, die Personalentwicklungsaufgabe aber weiter gefasst werden muss, soll hier der Begriff „berufliche Weiterbildung" verwendet werden.

5.5.2 Personalstruktur und Weiterbildung

In einem erfolgreichen Produktionsbetrieb wird man heute häufig folgende Personalstruktur finden, ohne die Anteile prozentual beziffern zu wollen:

- Ingenieure und Betriebswirte
- Techniker und Büroangestellte
- Facharbeiter
- Angelernte Produktionsmitarbeiter, berufsfremd oder ohne gewerbliche Ausbildung für den Einsatz
- Ggf. Hilfskräfte für logistische und sonstige Aufgaben

Wie im Unterabschnitt „Grundsätzliches" festgestellt, ist berufliche Weiterbildung eine Daueraufgabe. Doch woraus besteht sie?
Man kann die Weiterbildung grob in zwei Kategorien einteilen:

1. Kategorie: Pflege des persönlichen, unternehmensunabhängigen professionellen Wissens hin zum Status „State of the Art" und darüber hinaus.

2. Kategorie: Erwerb und Pflege des unternehmensabhängigen, speziellen Know-Hows, welches stark von der Unternehmenskultur, vom unternehmensgeprägten Führungsstil, den verwendeten Managementwerkzeugen, dem Grad der Kundennähe und Orientierung, dem Temperament des jeweiligen Marktes usw. abhängt. Die weite Verbreitung dieses speziellen Wissens bildet die Basis für eine erfolgreiche Zusammenarbeit über alle Ebenen und quer über alle Funktionen hinweg.

5.5.3 Beruflicher Weiterbildungsbedarf

Der Bedarf ist stark von den Grundvoraussetzungen und den Potenzialen abhängig, welche der Mitarbeiter mitbringt. Für Akademiker, ausgebildete Angestellte und Facharbeiter gibt es in unserem Lande selbstverständlich ein umfangreiches Angebot an extern erhältlichen Weiterbildungsmöglichkeiten, wie Seminare, Symposien, Kurse und sonstigen Maßnahmen für die oben definierte Kategorie 1, der Weiterentwicklung des persönlichen, professionellen Wissens. Auf diesen Teil der Weiterbildung soll hier nicht näher eingegangen werden. Er wird in allen Unternehmen mehr oder weniger erfolgreich direkt finanziell und zeitlich unterstützt.

In einem Unternehmen, das sich erfolgreich im Markt bewegen will, muss „eine Sprache gesprochen" werden. Jeder Mitarbeiter sollte angefangen von der Unternehmensvision und Mission bis zum Verhaltenskodex, von den Prozessabläufen und verwendeten Werkzeugen bis zur wenigstens groben Produktkenntnis und dem Produkteinsatz über ausreichendes Wissen verfügen. Dieses Wissen kann nicht außerhalb des Unternehmens erworben werden. Hier muss das Unternehmen die „Lernstatt" sein.

5.5.4 Der Betrieb als Lernstatt, bausteinorientierte Weiterbildung

Die Schulung der Mitarbeiter findet üblicherweise auf zwei Wegen statt: Durch das Training vor Ort durch Vorgesetzte, Paten und Kollegen, durch Mitarbeit beim Verbesserungswesen, KVP, Workshops, Family-Gruppen-Aktivitäten usw. Die wichtige Aufgabe des Vorgesetzten ist, erwünschte, mit dem Unternehmensziel konforme Verhaltensweisen zu stärken und zu unterstützen und unerwünschtes Verhalten abzutrainieren.

Der zweite Weg ist die Einrichtung eines Klassenraumtrainings, welches die Grundlagen der Arbeit in der speziellen Organisation usw. vermittelt. Im Betrieb des Verfassers wird seit Jahren mit Erfolg das bausteinorientiert aufgebaute Trainingsprogramm durchgeführt, das mit dem Baustein „Unsere Arbeit, unser Umfeld" beginnt. Zusätzlich wird das fachliche Training durch interaktives multimediales Training auf dem besonders wichtigen Feld „Qualität" unterstützt. Dieses für eine Elektronikfertigung bedeutsame Werkzeug wurde im Betrieb des Verfassers entwickelt und zeichnet sich durch besondere Praxisnähe aus.

Wie man aus dem Programm (Abb. 5.12) ersehen kann, wird in den Trainingsbausteinen neben ganz speziellem fachlichem Training auch eine gut dosierte Auswahl von „soft factor"-Themen geschult.

Unter anderem werden folgende Gebiete besonders thematisiert:

- Lernwilligkeit
- Selbstständigkeit
- Aus Befehlsempfängern werden Unternehmer
- Identifikation mit „unserem" Geschäft
- Antrieb/Eigensteuerung

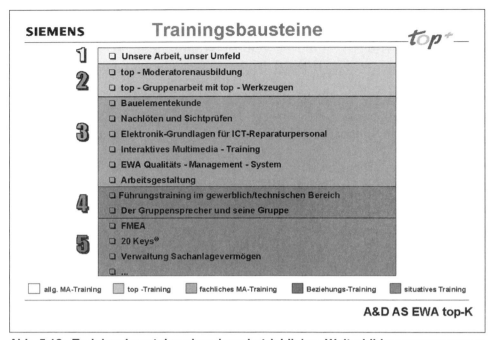

Abb. 5.12: Trainingsbausteine eines innerbetrieblichen Weiterbildungsprogrammes

- Intoleranz gegenüber Fehlern, nicht gegenüber Menschen
- Teamgeist/Teamfähigkeit
- Kommunikationsfähigkeit
- „Can do"-Geist (Wir können das!)
- Einheit von Verantwortung und Entscheidungsbefugnis
- Aus Denkmustern ausbrechen, Paradigmen wechseln
- Offenheit für Neues und permanente Veränderungen
- Veränderungen als Chance, nicht als Lästigkeitsfaktor
- Mobilisierung kollektiven Wissens
- Fähigkeit zum Umgang mit Wissen
- Sportsgeist (Winner Attitude)
- Denkhorizont
- Eigenführung durch Ziele
- Freude am Gesamterfolg

Durch das Training wird gewährleistet, dass sich die Mannschaft, das Team, eindeutig in Richtung mehr Unternehmertum, mehr Universalität und Flexibilität bewegt. Die kontinuierliche Veränderung wird zur Normalität.

442

Programme werden bis zum Erfolg weitergeführt. Es wird kein Misserfolg zugelassen, da darin die Quelle für den nächsten Misserfolg enthalten ist.

Üblicherweise gibt es in einem Produktionsbetrieb auch eine relativ große Lebensalterbandbreite. Der positiven Qualität eines höheren Lebensalters durch Erfahrung steht größeres Beharrungsvermögen infolge Einübungseffekten bestimmter Verhaltensweisen gegenüber. Statische Einstellungen vertiefen sich. Allerdings werden auch weniger Fehler gemacht. Die Zuverlässigkeit steigt. Die Veränderungsbereitschaft sinkt.

In jüngerem Lebensalter ist der Mensch noch gut formbar, die dynamische Verhaltensweise herrscht vor. Das heißt, die Veränderungsbereitschaft ist größer. Die Experimentierfreudigkeit ist relativ hoch. Fehler infolge fehlender Erfahrung sind demgegenüber wahrscheinlicher.

Die Feststellungen sind selbstverständlich nur statistisch zu sehen. Merkmale einzelner Individuen können von dem Bild gravierend abweichen. Wozu nun diese Betrachtung? Sie erlaubt die Abschätzung von Potenzialen und Risiken bei der Initiierung eines herbeizuführenden Kulturwandels und gibt Hinweise auf Potenziale, die man sich in der Organisation des Kulturwandels zu Nutze machen kann.

5.6 Zusammenfassung

Moderne Personalführung zeichnet sich aus durch:

- Fokussierung auf legitime Kundenerwartungen
- Vertrauen in die Mitarbeiter
- Weitgehende Delegation der Verantwortung
- Einheit von Verantwortung und Entscheidungsbefugnis
- Flache und schlanke Organisation
- Führung durch Zielvereinbarung
- Zusammenarbeit in Teams und Gruppenarbeit
- Verfolgen der kontinuierlichen Verbesserungsmethodik
- Veränderungen als normal akzeptieren
- Betonung gemeinsamer Werte
- Beseitigen der Schulungslücken, auch bei den „soft factors"
- Vorgesetzte coachen und räumen Barrieren beiseite
- Schaffen eines innovativen Klimas

Es wurde diskutiert, dass das Potenzial aller Mitarbeiter in einer rein funktionalen Organisation nicht ausgeschöpft wurde, sondern dass innovatives Handeln auf einen zu kleinen Mitarbeiterkreis beschränkt blieb. Zusätzlich trat der negative Effekt auf, dass diese Mitarbeiter sich mit Angelegenheiten beschäftigen mussten, welche durchaus auch von anderen erledigt werden konnten. Diese anderen Mitarbeiter wurden infolge der einengenden Organisation, wegen des Kommando-Führungsprinzips und wegen der hohen Arbeitsteiligkeit bei der Aufgabenverteilung nicht berücksichtigt und gingen als Entlastungspotenzial für die erste Gruppe, die höher Innovativen, verloren. Die Effektivität und Effizienz waren gegenüber einem möglichen Optimum deutlich reduziert. Die negativen Auswirkungen wurde durch Organisationsänderungen und durch intensive Schulung mehr als kompensiert. Erst dadurch war der Betrieb des Verfassers in der Lage, im Wettbewerb „Fabrik des Jahres 1997" des Verlages Moderne Industrie und der Unternehmensberatung AT Kearney den ersten Platz zu belegen.

Wenn man klug in seine Mitarbeiter investiert, erhält man überdurchschnittlichen Return. Jeder Vorgesetzte muss als eines seiner Hauptziele anstreben, alle seine Belegschaftsmitglieder vom Mitarbeiter zum Mitdenker zu formen. *So züchten Erfolge Erfolgreiche und Erfolgreiche Erfolge!*

Fotografien und Grafiken

Die Inhalte der Abb. 5.4 und 5.5 wurden mit freundlicher Genehmigung des Wirtschaftsverlags Langen Müller / Herbig, München, in diese Publikation aufgenommen.
Die Darstellung der Abb. 5.11 erfolgte mit freundlicher Genehmigung der Volkswagen AG. Alle anderen Abbildungen in diesem Kapitel wurden mit freundlicher Genehmigung der SIEMENS AG, Bereich Automation & Drives, veröffentlicht.

Literaturhinweise

Drucker, P.F. (1980): Managing in Turbulent Times, New York 1980
Imai, M. (1992): KAIZEN, München 1992
Kobayashi, I. (1994): Die Japan Diät, Landsberg/Lech 1994
Küttner, W. (2000): Personalhandbuch 2000, München 2000
Scholz, C. (2000): Personalmanagement, München 2000

Praxisbeispiel:
Vaillant GmbH:
„Den Kunden begeistern"

Marcus Kalde

Das Unternehmen

Das 1874 in Remscheid gegründete Unternehmen stellt Heizungs- und Warmwassergeräte her. Bekannt wurde Vaillant Anfang des letzten Jahrhunderts mit seinen Gas-Badeöfen, den so genannten „Geysern". Das Unternehmen produziert heute in fünf Werken in Deutschland und in einem Werk in Spanien. Vaillant hat in 16 Ländern Europas Vertriebs-Tochtergesellschaften.

Mit über 5000 Mitarbeitern (davon 1100 im Ausland) werden jährlich rund 1,8 Milliarden Mark umgesetzt, über die Hälfte davon im Ausland. Den größten Anteil erwirtschaftet das Unternehmen mit wandhängenden Heizgeräten (960 Millionen DM), gefolgt von Kesseln und Speichern (300 Millionen DM).

27 Vertriebsbüros, 700 Ersatzteildepots und 300 Kundendienst-Techniker unterstützen Vaillant in Deutschland.

1. Aufgabenstellung

Handwerker und Kunden sollen mit der Qualität der Produkte und Dienstleistungen von Vaillant nicht nur zufrieden, sondern begeistert sein. Daher führte das Unternehmen1996 den firmenweiten Qualitätsverbesserungsprozess „Vaillant Exzellenz" ein. Eine wichtige Rolle spielt dabei LISA – das Qualitätsmanagementprogramm für alle Mitarbeiter. LISA steht für „Lernen – Implementieren – Schulen – Auditieren". Mit LISA sollte die Fehlerrate um über die Hälfte verringert werden.

2. Zielsetzung

Exzellenz ist einer der Kernpunkte unserer Unternehmenskultur geworden. Unsere Mitarbeiter haben *Qualität* im Kopf, aber auch im Herzen. Wir haben überall im Unternehmen standardisierte Methoden für unseren ständigen Verbesserungsprozess. Auch die Teamarbeit spielt eine wich-

tige Rolle: Nur wer interdisziplinär arbeitet, kann auch mal Mauern einrei-
ßen. Und das ist oft genug notwendig, um den Kunden wirklich zu begeistern, denn ein nur zufriedener Kunde reicht heute nicht mehr. Deswegen
haben wir unser Vaillant-Exzellenz-Modell eingeführt – Total Quality Management auf allen Ebenen.

Das fängt schon bei der *Kommunikation* an: Wir haben Besprechungs-
regeln eingeführt, an die sich alle, auch die Chefs, halten müssen und die
jeder Teilnehmer einklagen kann. So gibt es eine verbindliche Agenda und
ein festes Zeitbudget, das nur per Mehrheitsbeschluss überschritten werden darf. Und es gibt Verhaltensregeln, die Introvertierte anregen und Ex-
trovertierte bremsen sollen.

3. Problemlösung

Nächster Schritt beim „Lernen" mit LISA ist ein standardisierter *Problem-
lösungsprozess* (PLP) in sechs Schritten. PLP benutzen wir immer dann,
wenn es Probleme bei Arbeitsabläufen, -ergebnissen oder -bedingungen
gibt bzw. wenn Managementprozesse oder Systeme betroffen sind.

Dazu wird ein Problemlösungsteam zusammengestellt, aus Beteiligten,
Experten, Verantwortlichen und einem „Vaillant Exzellenz-Spezialisten".
Dann wird schrittweise vorgegangen:

- Problem beschreiben, samt Differenz „Ist – Soll"
- Hauptursachen identifizieren
- Möglichst viele Lösungsvorschläge machen
- Sich auf eine Lösung und ihre Umsetzung einigen
- Lösung umsetzen und überwachen
- Lösung mit „Ist – Soll"-Status vergleichen;
  evtl. neue Probleme ermitteln

Falls ein Problem mit der Qualität eines Produkts oder einer Dienstleistung oder mit einem bestimmten Prozess zu tun hat, wird eine andere Methode angewendet – der *Qualitätsverbesserungsprozess* (QVP). Er läuft in
neun Stufen ab und besteht aus den Segmenten Qualität, Planen, Organisieren und Auditieren. Falls sich aber während des Verbesserungsprozesses herausstellt, dass doch der gegenwärtige Arbeitsablauf die Kundenanforderungen nicht erfüllt, gehen wir wieder zum PLP über.

4. Umsetzung

Der nächste große Schritt bei LISA ist das *Implementieren*, das zuvor Gelernte in die Praxis umzusetzen. Hier wollten wir so schnell wie möglich von ARD zum ZDF kommen – von „Alle reden drumherum" zu „Zahlen, Daten, Fakten". Dazu gibt es regelmäßige Besprechungen der Mitarbeiter, zusammen mit einem „Exzellenz-Spezialisten", der beobachtet, ob die Umsetzung des Gelernten richtig und zielführend ist. Anfangs gab es die Spezialisten in allen Geschäftsbereichen. Heute haben das oft die Mitarbeiter selbst übernommen, da keine externe Überwachung mehr nötig ist.

Gemessen wird der Verbesserungsfortschritt mittels Statistical Process Control (SPC). Wir nennen das *Statistische Prozessregelung*, denn jeder Prozess hat eine natürliche Streuung. Wenn man diese Streuung kennt, kann man null Fehler schaffen. Eine wirkliche Kontrolle findet dabei aber nicht statt. Es werden Spannweiten festgelegt, bei deren Einhaltung der Prozess beherrscht wird.

Ein beherrschter Prozess wird dann nach *„sechs sigma"* spezifiziert, um das Verhältnis der erlaubten Spannweiten zur gesamten Streuung zu ermitteln. Da Vaillant seine Prozesse „zentriert", den Mittelwert also als Null setzt, ergeben sich auch entsprechend verschobene Sigma-Werte – die „sechs sigma Vaillant".

5. Schulung

Der dritte Punkt bei LISA ist *Schulen*. Hier achten wir darauf, dass alle Führungskräfte auch als Trainer und Coaches Verantwortung übernehmen. Um SPC bei Vaillant einzuführen, wurden die 800 Mitarbeiter im Werk drei Tage trainiert. Zunächst schulte man alle Führungskräfte mit Implementierungsaufgaben, die dann wiederum ihre Mitarbeiter trainierten. Diese „waterfall"-Methode stellt sicher, dass SPC auch wirklich verstanden wurde: Man kann nur das erklären, was man selbst begriffen hat.

Natürlich mussten wir für das Training heftig kämpfen: Wir haben drei Tage lang nicht produziert; das hat immerhin 800 000 Mark Kosten verursacht. Aber schon im ersten Jahr haben wir durch die umgesetzten Verbesserungen 900 000 Mark eingespart – und das seitdem jährlich.

Daran zeigt sich, dass die alte Becher-Kurve falsch ist: Bessere *Qualität* muss nicht mehr kosten, im Gegenteil – sie ist sogar mit Einsparungen verbunden. Unser Ziel ist eine Reklamationsrate beim Kunden von unter

2%. Dazu wurde ein eigener „Zentralbereich Qualitätswesen" eingerichtet, der mittlerweile Qualitätstrainings als eigenen Geschäftsbereich anbietet.

Wir wollen die Fehlerrate kontinuierlich halbieren, und dazu müssen die Prozesse stabil sein. Erst dann kann man sie optimieren. Wir achten daher streng darauf, dass es bei Vaillant kein „Overengineering" gibt. Mancher Ingenieur neigt ja dazu, seine „nice to have"-Listen als absolut notwendig hinzustellen.

6. Auditierung

Letzter LISA-Punkt ist die *Auditierung*: Welche Potenziale können weiter ausgebaut werden? Von welchen Stärken können andere Mitarbeiter lernen? Dazu erstellt die Vaillant-Geschäftsführung jährlich ein „Kursbuch", das Stärken und Schwächen feststellt und die Ziele für das Unternehmen niederlegt. Diese Ziele werden in „Unterziele" aufgegliedert, die „Abteilungs-Werkbücher" dann für jeden Bereich genau darstellen.

7. Fertigung

Eine wichtige Neuerung war die 1996 eingeführte „One Piece Flow"-Fertigungsmethode. Dabei erledigt ein Mitarbeiter alle Arbeitsgänge hintereinander, an direkt aufeinander folgenden Stationen, ohne Zwischenlagerung. Arbeitsergebnis ist stets eine prüfbare Baugruppe oder ein Produkt. Durch diese Methode wurde die Qualitätsverantwortung des einzelnen Mitarbeiters deutlich höher. Die Folgen waren äußerst positiv: Die Fehlerrate sank um über die Hälfte, und die Zufriedenheit der Mitarbeiter stieg von 65% auf über 90%.

Die Fehlerrate konnte weiter durch Einführung der „Schnellen Produktfehler-Eliminierung" (SPE) gesenkt werden. Ein Team kümmert sich um auftretende Fehler an den Produkten und stellt sie so schnell wie möglich direkt in der Produktionslinie ab. So können wir schneller auf Probleme beim Kunden reagieren.

Wir haben drei verschiedene *Kunden*: die Großhändler, den Fachhandwerker oder Installateur – der die Entscheidung stark beeinflusst, was beim Kunden eingebaut wird –, und den Endkunden selbst, dessen Einfluss übrigens stetig zunimmt. Daher sind alle Führungskräfte bei Vaillant ein paar Tage im Jahr mit einem Kundendienst-Techniker unterwegs: Da erfährt man dann, ob der Kunde wirklich begeistert ist – oder warum sich seine Begeisterung in Grenzen hält.

8. Ergebnis

Die Fehlerrate wurde um über die Hälfte verringert, und durch die umgesetzten Verbesserungen werden jährlich 900 000 Mark eingespart. Die Zufriedenheit der Mitarbeiter nahm auf über 90% zu.

Vaillant hat mittlerweile zahlreiche Qualitätspreise gewonnen: Unter anderem wurde das Werk Gelsenkirchen 1999 im Wettbewerb „Die Fabrik des Jahres – Bester Serienfertiger"; das Gesamtunternehmen gewann 1999 den „Ludwig-Erhard-Preis" (deutscher Qualitätspreis) und war 1999 Finalist im „European Quality Award".

Praxisbeispiel:
Deutsche Shell GmbH: Der Einsatz von Kennzahlen

Thomas Zengerly

Das Unternehmen

Das Shell Raffineriezentrum Harburg gehört zur Deutschen Shell GmbH, welche wiederum zur *Royal Dutch/Shell-Gruppe* gehört. Diese entstand 1907 aus einer Allianz zwischen der holländischen Royal Dutch Petroleum Company und der britischen Shell Transport and Trading Company plc. Die Gruppe, eine der größten Firmen der Welt, ist heute in über 130 Ländern tätig und besteht aus über 1 700 aktiven Gesellschaften, von denen die meisten ihr Geschäft in folgenden Hauptgeschäftszweigen betreiben:

● Exploration and Production
● Oil Products
● Chemicals
● Downstream Gas and Power Generation
● Renewables

Die *Deutsche Shell* ging aus der 1902 gegründeten Tochtergesellschaft der Royal Dutch Shell Benzinwerke Rhenania GmbH in Düsseldorf zur Verarbeitung von Rohbenzin hervor. Die erste Tankstelle wurde 1924 in Neuss am Rhein in Betrieb genommen. Im Jahre 1945 waren als Folge des Zweiten Weltkrieges alle Werke und Raffinerien erheblich zerstört und die Vertriebseinrichtungen durch Kriegseinwirkungen zerschlagen. 1947 wird der Firmenname in Deutsche Shell Aktiengesellschaft, Mitte 2000 schließlich in Deutsche Shell GmbH umgewandelt. Heute präsentiert sich die Deutsche Shell als ein modernes Energie- und Chemieunternehmen in den Geschäftsfeldern Mineralöl, Erdgas, Chemie und erneuerbare Energien. Rund 2 400 Mitarbeiter sorgen für den reibungslosen Betrieb von zwei Raffinerien, einem Schmierstoffwerk, einem Entwicklungslaboratorium und über 1 500 Tankstellen.

Die Raffinerie in Harburg/Wilhelmsburg nahe Hamburg ist eine der beiden Raffinerien der Deutschen Shell innerhalb des europäischen Raffineriesystems der Shell-Gruppe. Sie wurde bereits 1926 in Harburg gegründet, nach der totalen Zerstörung im Zweiten Weltkrieg wieder aufgebaut, 1955 um einen weiteren Werksteil in Wilhelmsburg ergänzt und seitdem mehrfach erweitert und an neue Marktanforderungen angepasst. Die Raffinerie setzte 1999 ca. 5 Mio t Rohöl vor allem aus der Nordsee, Venezuela und Deutschland durch und produziert neben den Mineralölhauptprodukten LPG, Benzin, Diesel, Heizöl, Fueloil und Bitumen zusammen mit dem Schmierstoffwerk Grasbrook ein großes Sortiment an hochqualitativen Schmierstoffen insbesondere für den deutschen und skandinavischen Markt. Die Raffinerie ist nach ISO 9001, ISO 14001 zertifiziert und nach EMAS validiert.

1. Ausgangslage

Seit Mitte der 90er Jahre erwirtschaftete die Raffinerie Harburg keine zufrieden stellenden Ergebnisse. Hauptursache für den hohen Kostendruck waren und sind Raffinerieüberkapazitäten in Europa. Zudem war aufgrund weiter steigender Anforderungen an Produktqualität und Umweltschutzstandards ein zusätzlicher Investitionsbedarf absehbar.

Die Raffinerie besaß bis Ende 1999 eine „traditionelle" Organisationsstruktur u. a. mit getrennter Produktion und Instandhaltung. Die Mitarbeiter waren kaum in den Prozess der Zieldefinition eingebunden, vielmehr wurden die Ziele von der Raffinerieleitung vorgegeben. Es gab kein durchgängiges Kennzahlen-System, um individuelle Arbeitsziele eindeutig und transparent mit den Zielen der gesamten Raffinerie zu verknüpfen. Bestimmte Werttreiber, wie z. B. Umstellzeiten bei dem Wechsel von Anlagenfahrweisen, wurden überhaupt nicht erfasst. Vor diesem Hintergrund war es notwendig, die Arbeitsprozesse zu überarbeiten und das Raffineriemanagementsystem an neue Erfordernisse anzupassen, um die Wettbewerbsfähigkeit zu verbessern und den Raffineriestandort Harburg langfristig zu sichern.

2. Die Raffinerie auf dem Weg zur lernenden Organisation

Der Ende 1998 eingeleitete Transformationsprozess wurde mit Hilfe von gemischt zusammengesetzten Projektgruppen und mit Unterstützung eines externen Beraters gestaltet. Es wurde eine umfangreiche Neuorganisation auf der Basis von „Asset teams" und Servicefunktionen durchgeführt. Die neu gegründeten Asset teams umfassen alle Mitarbeiter, die zu 100% in dem jeweiligen Anlagenbereich tätig sind, also Mitarbeiter aus Betrieb, Technologie und Instandhaltung. Daneben wurden Servicefunktionen eingerichtet, in denen die Mitarbeiter zusammengefasst sind, die mehrere Anlagenkomplexe bedienen.

Das Raffineriemanagementsystem wurde so umgestellt, dass in allen Prozessen Planungs-, Kontroll- und Reviewelemente angemessen vertreten sind. Raffinerieziele wurden aus der neu entwickelten Vision für den Standort abgeleitet und mithilfe des Hoshin-Prozesses auf alle Teams heruntergebrochen. Abbildung 1 zeigt das neu entwickelte Managementsystem in Grundzügen.

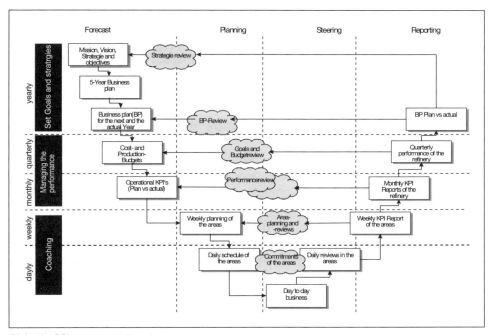

Abb. 1: Managementsystem

3. Einführung einer neuen Kennzahlenstruktur

Im folgenden Schritt mussten Kennzahlen (Key Performance Indicators, KPI) für das Produktions- und Instandhaltungsmanagement identifiziert werden, die folgende Grundfunktionen erfüllen sollten:

● Informationen reduzieren und dadurch das Verständnis von komplexen Abläufen ermöglichen
● Kommunikationsmittel innerhalb und außerhalb eines Betriebs
● Möglichkeit um Verbesserungspotenziale zu identifizieren
● Instrumente zur Kontrolle von Verbesserungsprozessen

- Verknüpfung mit variablen Vergütungselementen und damit Verwendung als Führungsinstrument

4. Praktische Hinweise für die Einführung eines Kennzahlensystems

- Es gibt gute Vorlagen im eigenen Haus, bei Wettbewerbern, in der Literatur, von Beratern
- Ansatzpunkte für die Kennzahlendefinition bieten die Fragen:
  - Welche Parameter sollen kontrolliert werden?
  - Welche Parameter sollen über Abweichungsanalysen optimiert werden?
  - Auf welche Parameter sollen die Aufmerksamkeit und Energie des Betriebs fokussiert werden?
- Mit wenigen High-Level-Kennzahlen beginnen und von hier aus nach unten vorarbeiten
- Mitarbeiter bei der Definition einbinden
- Definitionen für alle zugänglich dokumentieren
- Kennzahlen machen nur Sinn, wenn sie benutzt, analysiert und zur Optimierung verwendet werden
- Nicht nur Kennzahlen für technische Bereiche definieren
- Überschneidungen sind möglich, sollten aber nur im Ausnahmefall zugelassen werden (etwa wenn mehrere Bereiche zu der Optimierung eines Parameters beitragen, aber unterschiedliche Hebel zur Leistungsverbesserung angesetzt werden sollen)
- Ein variables Vergütungssystem mit den entscheidenden Kennzahlen verknüpfen
- Nicht auf hochkomplexe Instandhaltungsmanagement-Systeme setzen (es ist leicht, in die „Systemfalle" hineinzutappen) – ein Kennzahlenverfolgungssystem kann man schnell mit Standardsoftware aufbauen und am Leben halten
- Ein pragmatischer Ansatz hilft, Perfektionismus führt selten zum Erfolg

Weiterhin wurden an geeignete Kennzahlen folgende Anforderungen gestellt: Sie müssen:

- Fit for purpose, also auf die Bedürfnisse des Benutzers abgestellt sein
- Eindeutig definiert sein
- Kommuniziert, verstanden und akzeptiert sein
- Mit Zielen versehen sein
- Zur Steuerung geeignet und in der Praxis verwendet werden

Ferner ist es hilfreich, wenn die in einem Betrieb verwendeten Kennzahlen eine Verbindung zu Industrie-Benchmarks aufweisen. Sie sollten Teil eines kontinuierlichen Verbesserungsprozesses und evtl. Zertifizierungen sein.

Beispielsweise wurden im Instandhaltungsbereich der Raffinerie Harburg folgende Bereiche durch Kennzahlen abgedeckt (die angegebenen Kennzahlen sind nicht als vollständiger Satz zu betrachten):

Zuverlässigkeit und Instandhaltbarkeit
- Zuverlässigkeit und Verfügbarkeit der Anlagen
- Fehlerfrequenz
- Notstandsreparaturen (Priorität 1 Job)
- Mean time between failures (MTBF)

Instandhaltungseffizienz
- Stillstandstage
- Geplante/ungeplante Instandhaltungsaufgaben
- Fehlerrate bei Reparaturen
- Kleine Instandhaltungsjobs durch eigenes Personal ausgeführt (z. B. Minor Maintenance by operators)
- Kopfzahl Instandhaltung (interne + Kontraktoren)
- Backlog (Nicht erledigte Aufgaben in Vorlage)

Instandhaltungskosten
- Gesamte Instandhaltungskosten (intern + extern)
- Zahl von Kontraktoren + -kosten
- Bestand an Ersatzteilen und Durchlaufzeiten (ABC-Analyse)

Andere Kennzahlen
- Kontraktmanagement: z. B. Anzahl unit rate Kontrakte vs. stundenbasierter Kontrakte
- Einkauf: z. B. Verhandlungserfolg, Anteil E-Commerce am gesamten Einkaufsvolumen etc.
- etc.

Die o. a. Kennzahlen können sowohl als absolute wie auch als spezifische Größen (z. B. bezogen auf Produktionsvolumen) verwendet werden.

Weitere Kennzahlen wurden für die neu gegründeten Asset teams und Servicefunktionen, wie Personal, Projektabwicklung, IT-Funktionen etc. entwickelt. Abbildung 2 zeigt einen Auszug aus dem Kennzahlenbaum für die gesamte Raffinerie.

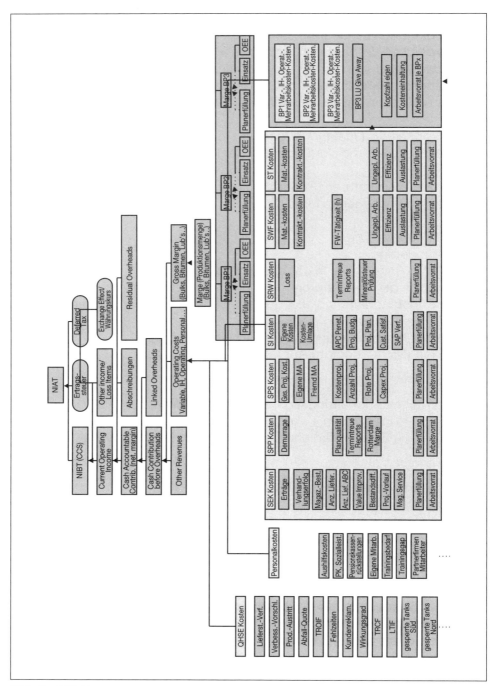

Abb. 2: KPI Tree

Wie verwendet man Kennzahlen? Kennzahlen sind wertlos, falls sie im Betrieb nicht benutzt werden. Sie sollten regelmäßig ausgewertet werden und Abweichungen von der Planung nach eingehender Analyse in Verbesserungsinitiativen münden. Ferner sollte die Kommunikation innerhalb des Betriebs regelmäßig auf die Kennzahlen Bezug nehmen. In Harburg wurden hierzu wöchentliche und monatliche Reviewzyklen eingerichtet.

5. Implementierung von Kennzahlensystemen

Der Prozess zur Implementierung von Kennzahlensystemen hängt stark von dem Umfang und der Qualität der Vorarbeiten ab. Zunächst müssen alle Sollprozesse definiert werden. Im nächsten Schritt werden geeignete Steuerungskennzahlen von den „Prozessownern" und den Beteiligten benachbarter Prozesse abgeleitet. Anschließend werden Ziele für diese Kennzahlen definiert und in einem Probelauf Erfahrungen mit den neu entwickelten Kennzahlen gesammelt. Schließlich wird überprüft, ob und welche Veränderungen der IT-Systeme vorgenommen werden müssen, um die Erfassung und Verfolgung der Kennzahlen zu erleichtern, bevor das neue System live geschaltet werden kann. Besonderes Augenmerk sollte auf die Dokumentation der Kennzahlen und der Verantwortlichen gelegt werden. Ferner ist genügend Zeit für die Information aller Betroffenen einzuplanen. In der Praxis hat sich eine Projektstruktur mit dem Führungsteam als Steuerungsgremium bewährt. In jedem Fall genügt es nicht, die Einführung von Kennzahlen isoliert zu betrachten, vielmehr müssen ebenfalls Prozesse zur Zielsetzung, zur Überprüfung der Zielerreichung und zur Korrektur von Abweichungen mit einbezogen werden. Ein Beispiel für einen wöchentlich erstellten KPI Report der Raffinerie findet sich in Abbildung 3.

Stand Mitte 2000

Alle neuen Systeme wurden zu Beginn des Jahres 2000 eingeführt. Einige Kennzahlen wurden nach den ersten Erfahrungen entweder neu definiert oder modifiziert, um sie tatsächlich in der täglichen Arbeit anwendbar zu machen. Bereits acht Monate nach Einführung war absehbar, dass die mit dem Transformationsprojekt verbundenen, ehrgeizigen Ziele erreicht werden und die Raffinerie im Jahr 2000 trotz eines geplanten Großstillstands gute Ergebnisse erzielen wird. Der Anteil geplanter Instandhaltungstätigkeiten ist von 50% auf ca. 80% gestiegen und die Verfügbarkeit der Anlagen konnte um weitere 3% (von 95 auf 98%) verbessert werden. Neben der Einführung des oben beschriebenen KPI-Systems wurden durch die

Weekly KPI s		BPx			Maintenance							
						October					November	
Area	KPI	Unit	Target	Nr.		40	41	42	43	44	45	46
Maintenance	New Work Orders	number		1	Actual							
General	Respective Costs	TDM		2	Actual							
	Cost attainment	%		3	Actual							
	Maintenance and Operating costs	TDM		4	Actual							
	Respective costs without prior estimates	TDM		5	Actual							
Contractors	Planned contractor availability	Hrs		6	Plan							
	Reserved Capacity	Hrs		7	Actual							
	Actual contractor capacity worked	Hrs		8	Actual							
	Actual contractor capacity unplanned	Hrs		9	Actual							
	Backlog	Hrs (TDM)		10	Actual							
I & E	Planned availability total	Hrs		11	Plan							
	Reserved Capacity	Hrs		13	Actual							
	Planned availability [Service & Contractors]	Hrs		12	Plan							
	Actual Service & Contractors worked	Hrs		14	Actual							
	Backlog	Hrs (TDM)		15	Actual							
Mechanical	Planned Service & contractors availability	Hrs		16	Plan							
Workshop	Actual Service & Contractors worked	Hrs		17	Actual							
	Unplanned work	Hrs		18	Actual							
	Backlog	Hrs		19	Actual							
	Backlog	TDM		20	Actual							
MMBO	No of activities	Number		21	Actual							
	Available Capacity used	%		22	Actual							
	Lost Potential	%		23	Actual							

Abb. 3: Beispiel KPI REPORT

konsequente Anwendung moderner risikobasierter Instandhaltungsmethoden, wie z. B. RBI (Risk based inspection), RCM (Reliability Centered Maintenance) oder IPF (Instrument Protective Function) weitere Kostensenkungspotenziale erschlossen.

Ausblick

Die Raffinerie Harburg wird bis zum Jahr 2002 in allen wesentlichen Performance-Parametern, wie z. B. Anlagenverfügbarkeit, spezifische Kosten, QHSE-Standards (für Qualität, Gesundheitsschutz, Sicherheit und Umweltschutz) zu den besten Raffinerien Europas gehören und dies durch Benchmarking-Studien überprüfen.

Die Raffinerie liefert bereits heute einen umweltfreundlichen, schwefelfreien Kraftstoff der neuesten Generation (Shell Optimax©) aus und bereitet sich darauf vor, weitere verbesserte Produkte „auf die Straße" zu bringen.

Die Mitarbeiter der Raffinerie sind über die neu eingeführten Instrumente verstärkt in die Zielsetzungs-, Review- und Lernprozesse eingebunden und beteiligen sich aktiv an dem Austausch von Best practices innerhalb des europäischen Raffineriesystems der Shell Gruppe.

Literaturhinweise

Babich, P. (1998): Hoshin Handbook, Total Quality Engineering, Inc. 2nd Ed., 1998 [siehe auch www.tqe.com]

Suzuki, T. (Hrsg., 1994): TPM in process industries, Productivity press, Portland (Oregon) 1994

Praxisbeispiel:
Hella KG Hueck & Co.:
„Kontinuierliches Produktbenchmarking"

Manfred Vorweg, Burkard Wördenweber

Das Unternehmen

Hella KG Hueck & Co. hat 22 000 Mitarbeiter und macht einen Umsatz von 2,5 Milliarden Euro an 33 internationalen Standorten. Die Kunden von Hella sind internationale Automobilhersteller, Werkstätten und Großhändler für Fahrzeugbeleuchtung, Elektronik und Frontendmodule.

1. Aufgabenstellung

Das schnelle Wachstum des Unternehmens in den 80er und 90er Jahren zog eine starke Kundenorientierung und zunehmende Dezentralisierung nach sich. Entwickler und Konstrukteure bekamen einen immer kleineren Teil an Produkten zu sehen, und das Wissen der Mitarbeiter wurde fragmentiert. Aufgrund fehlender Transparenz kamen Synergien nicht mehr zum Tragen.

Die Kundenerwartungen an Hella änderten sich in den 90er Jahren zusehendst. Die Automobilhersteller verlangten nach Produkten, die im Design eigenständig waren und sich von Mitbewerbern abhoben. Ein marktübergreifendes Wissen zu neuen Fahrzeugmodellen und Trends wurde notwendig.

Im Jahr 1995 war die Aufgabe klar:

Wir mussten uns an den Besten im Wettbewerb orientieren (Benchmark) und dazu einen kontinuierlichen Prozess des Benchmarking aufbauen.

Die Umsetzung wird im Praxisbeispiel erläutert. Sie begann zunächst mit dem Aufbau einer neuen Kultur.

2. Aufbau einer Informationskultur

Zunächst wurde ein „Info-Centre" (Abb. 1) aufgebaut, welches ausschließlich für Mitarbeiter aus den verschiedensten Bereichen von Produktion bis Vertrieb gedacht war. Hierin wurden noch vor dem Erscheinen der Fahrzeugmodelle Produkte ausgestellt. Probate Lösungen wurden gezeigt, aber auch Fehler nicht verschwiegen. Wieder verwendbare Lösungen zu Komponenten und Baugruppen fanden dort ihren Platz. Produkte und Fremdprodukte wurden, nach Automobilhersteller und Markt geordnet, direkt nebeneinander gestellt, um den direkten Vergleich zu fördern. Informationsmaterial aus Patentschriften, eigene Recherchen bis hin zu Fachzeitschriften und Videos wurden bereitgestellt.

Regelmäßige Neuigkeiten und kontinuierliche Änderungen der Beiträge sorgten dafür, dass das „Info-Centre" zum Ort des Lernens wurde. Erstmalig war „Wissen anfassbar geworden" und im Unternehmen jedem lernbereiten Mitarbeiter zugänglich. Anonym gehaltene Strichlisten zeigen noch heute, sechs Jahre nach Start, dass das „Info-Centre" aktuell und vom Informationsgehalt her begehrenswert ist.

Abb. 1: Das „Info-Centre" für Mitarbeiter

3. Blick nach Außen

Als nächsten Schritt ging es jetzt darum, den Denkrahmen eines jeden Mitarbeiters zu erweitern. Dazu war es notwendig, den Blick bewusst nach außen und auf den Vergleich im Mitbewerb zu lenken. Dieses geschah 1996 durch die Einführung eines systematischen und bald auch softwaregestützten Fremdmusterdurchlaufs (Abb. 2).

 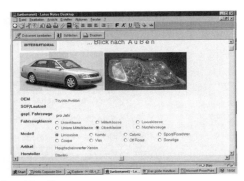

Abb. 2: Softwaregestützter Fremdmusterdurchlauf

Das „Info-Centre" hatte den Hinweis geliefert, dass Lernen bei den Mitarbeitern begehrt war. Daher fiel die Auswahl von geeigneten Experten für eine erste Bewertung von Fremdmustern nicht schwer. Jeder sollte vom anderen lernen: die Produktion von der Logistik, die Entwicklung von der Produktion und der Verkauf von der Entwicklung. Jeder Fremdmusterdurchlauf startet daher im Bereich Verpackungswesen und Logistik, läuft dann durch Montage, Werkzeugbau, Werkzeugkonstruktion, Vorkalkulation, Patentabteilung, Lichtlabor, Vorentwicklung bis zur Forschung. Die gewonnenen Erkenntnisse werden mit jedem Fremdmuster wie auf einem Durchlaufzettel kontinuierlich dokumentiert. Diese Dokumentation findet jedoch nicht auf einem Zettel, sondern in einem Datenbanksystem (Abb. 3) mit integrierter Mail-Funktion statt. Am Ende eines jeweiligen Durchlaufs wird ein neues Fremdprodukt bestellt und das bewertete Produkt im „Info-Centre" aufgenommen, wo es dann jedem zugänglich ist. Die Ergebnisse sind im Intranet sichtbar.

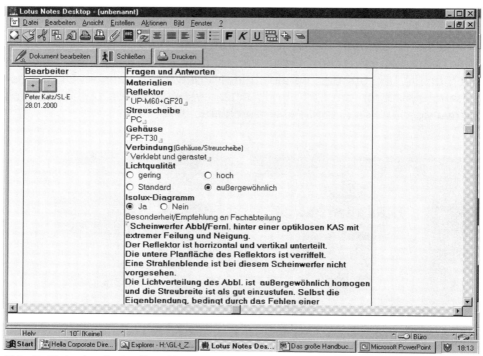

Abb. 3: Datenbank als „Durchlaufzettel"

Der Fremdmusterdurchlauf und die damit verbundene Bewertung führten zu einem Wissensaustausch in einer bis dahin unbekannten Qualität, welches folgendes Beispiel erläutert:

Montage: „In der Vergangenheit wurden Abdeckkappen ohne Dichtung abgelehnt."

Entwicklung: „Der Kunde hat die Lösung vorgegeben."

Montage: „Der Kunde erlaubt es aber unserem Mitbewerber."

Aus der hier dargestellten Streitkultur entwickelte sich ein systematischer und interaktiver Wissensaustausch. So wurden z. B. Experten der Montage bei Konzeptfreigabe von Neuentwicklungen mit eingebunden. Aufbauend auf der Fremdmusterbeurteilung war das Produktbenchmarking vorprogrammiert.

464

4. Von Einzelbeobachtungen zum Gesamteindruck

Die Bewertung eines Fremdmusters beruhte auf subjektiven Beobachtungen. Das fehlende Umfeld und ein nicht einheitlicher Maßstab machten die Einzelbeobachtungen im Wert vergänglich. Um zu einer Gesamtaussage zu kommen, musste der Bewertungsprozess strukturiert werden. Hierzu wurden Merkmale, Bewertungseinheiten und Datenbanken definiert.

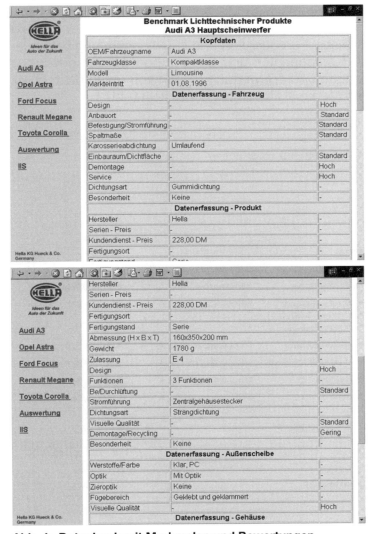

Abb. 4: Datenbank mit Merkmalen und Bewertungen

Als Merkmale wurden Komponenten und Eigenschaften der Geräte herangezogen. Befestigungen, Belüftungen, Verbindungen, Lichtqualität oder auch Recyclingeigenschaften waren leicht zu identifizieren. Die Merkmale sollten dann so einfach wie möglich bewertet werden. Die vierstufige Skala von „gering" bis „außergewöhnlich" war leicht verständlich und wurde von allen Fachbereichen angewandt.

Die zugrunde liegende Datenbank sollte so offen wie möglich sein, um Verknüpfungen mit bestehenden Marktdatenbanken so einfach wie möglich zu gestalten. Zu jedem Gerät gehörten daher Informationen über Fahrzeughersteller, Fahrzeugklasse, Modell und Markt wie auch Fahrzeuginformationen zu Design, Anbauort, Befestigung etc. Jedes Produkt war mit Hersteller, Preisen, Fertigungsort und Funktionsumfang beschrieben. Entsprechende Komponenten und Baugruppen wurden gesondert ausgewiesen. Bewertung und Auswertung gingen von unten nach oben, wie in dem folgenden Merkmal Hierarchie dargestellt (Abb. 5):

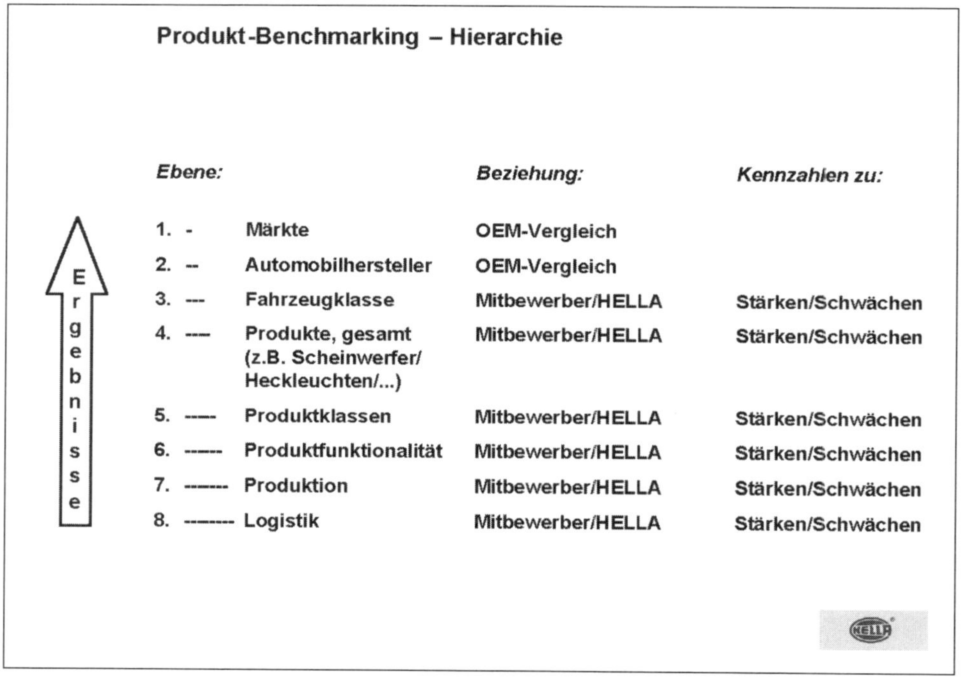

Produkt-Benchmarking – Hierarchie

Ebene:		Beziehung:	Kennzahlen zu:
1. -	Märkte	OEM-Vergleich	
2. --	Automobilhersteller	OEM-Vergleich	
3. ---	Fahrzeugklasse	Mitbewerber/HELLA	Stärken/Schwächen
4. ----	Produkte, gesamt (z.B. Scheinwerfer/ Heckleuchten/...)	Mitbewerber/HELLA	Stärken/Schwächen
5. -----	Produktklassen	Mitbewerber/HELLA	Stärken/Schwächen
6. ------	Produktfunktionalität	Mitbewerber/HELLA	Stärken/Schwächen
7. -------	Produktion	Mitbewerber/HELLA	Stärken/Schwächen
8. --------	Logistik	Mitbewerber/HELLA	Stärken/Schwächen

Ergebnisse (↑)

Abb. 5: Merkmal Hierarchie

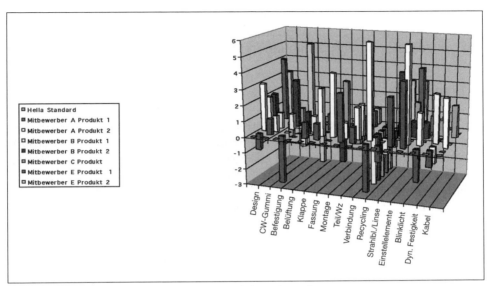

Abb. 6: Typische Auswertung von Produktbenchmarks

Mit der kontinuierlich wachsenden Zahl von Bewertungen für Fremdmuster und eigenen Produkten ließ sich recht bald eine Gesamtbewertung verdichten. Mit der Methode der „Fuzzy-Logic" ließen sich die Qualitätseigenschaften der verschiedensten Merkmalgruppen ermitteln. Die Berechnung kann sich auf einen Vergleich von Funktionsqualitäten beziehen, kann aber auch potentielle Schwächen durch Under-Engineering oder Over-Engineering aufzeigen. Die verschiedensten Auswertungen sind möglich (Abb. 6). Der ständige Verbesserungsprozess kann beginnen.

5. Ständiger Verbesserungsprozess als Selbstläufer

Mit dem „Info-Centre" und dem Fremdmusterdurchlauf war zunächst nur unbewertetes Wissen, d.h. Information, zum einzelnen Mitarbeiter gelangt. Das Benchmarking mit der neutralen und daher nachvollziehbaren Bewertungsskala erzeugt jedoch bewertete Informationen, d.h. Wissen. Durch die damit einhergehende neue Einsicht eines jeden ist ein Verbesserungsprozess gestartet, der zunächst bei jedem einzelnen und im Detail beginnt. So ist z.B. Verpackungsmaterial vereinfacht und den neuen Anforderungen zum Recycling angepasst worden.

Aber auch größere Verbesserungen werden durch das immer offensichtlicher werdende Potenzial angestoßen. So ist z. B. eine Prozesstechnologie zur Verbindung von Gehäuse und Streuscheibe gewechselt worden.

6. Ergebnis

Bei der Einführung des Benchmarkingprozesses waren handverlesene Experten beteiligt, die mit großer Begeisterung Bewertung und Dokumentation von Fremdprodukten und eigenen Produkten durchführten. Neben der Berechnung der direkt beteiligten Mitarbeiter ergeben sich neue Erkenntnisse zu Stärken und Schwächen an Produkten und Prozessen. Die Transparenz der Ergebnisse im Intranet und die Einflussmöglichkeit z. B. auf die Produktgestaltung führen zu Begehrlichkeit bei nicht beteiligten Fachbereichen. Heute sind nicht mehr 6, sondern 16 Fachbereiche am Bewertungsdurchlauf beteiligt. Der Nutzen liegt auf der Hand:

● Systematischer und interaktiver Wissensaustausch im Entwicklungsprozess
● Lernen von Lösungen der Mitbewerber und Betrachtung der Schutzrechte
● Durchsetzung eigener Schutzrechte
● Vermeidung von Over- und Underengineering
● Einflussnahme auf Produkt und Prozess
● Systematischer Überblick über Produkte im Markt
● Befriedigung des zunehmenden Kundenbedürfnisses nach Beratung zu Markt- und Technologiemöglichkeiten

6. Kosten, Investitionen und Controlling

Bernhard Glampe

Globale Märkte und internationaler Wettbewerb machen es Unternehmen immer schwerer, dauerhaft zu bestehen. Der Wettbewerb führt zu sinkenden Marktpreisen und damit zu geringeren Gewinnspannen vieler Unternehmen. Zugleich führen kürzere Produktlebenszyklen und kurzfristigere Anlagestrategien der Aktionäre zu kürzeren Amortisationszeiten für Investitionen. Weiterhin erleben wir täglich eine schnellere Überalterung von bestehenden Technologien und ständig steigende Serviceanforderungen der Kunden.

Die Antwort/Reaktion vieler Unternehmen liegt in steigenden Investitionen, besonders auch für Automatisierung und höheren Gemeinkosten für Serviceleistungen. Höhere Kosten führen zur Verringerung der globalen Wettbewerbsfähigkeit und damit auch zur ca. zehn Jahre alten Diskussion „Standort Deutschland" – heute eher „Standort Europa".

Um diesen Trend umzukehren, ist es notwendig, die kostentreibenden Faktoren eines Unternehmens zu kennen und diese aktiv zu verbessern (Kosten-KVP/Kaizen/Kostenmanagement). Hierzu werden heute eine Vielzahl von Methoden und Verfahren angeboten und diskutiert. Auswahl und Anwendung dieser Methoden umfassen das breite Aufgabengebiet des Controllings.

6.1 Kosten

6.1.1 Aufgaben der Kostenrechnung

Komplexe Unternehmensentscheidungen erfordern den Einsatz leistungs- und aussagefähiger Methoden, die die Unternehmensführung in ihren Entscheidungen wirkungsvoll unterstützen. Jede Methode ist nicht immer für jeden Zweck und jedes Unternehmen geeignet. Also gilt es wieder einmal vorab zu analysieren, welche Vor- und Nachteile die unterschiedlichen Methoden bieten, welches Maß an Kosteninformationen überhaupt notwendig ist (Vorsicht: zusätzliches Personal, neue EDV, mehr Papier = mehr Kosten/mehr Verschwendung von Zeit und Ressourcen?) und welche Methode am besten zum Unternehmensziel oder -zweck passt. Zum Verständnis der neueren Kostenmanagementmethoden werden wir anfangs die überwiegend vorhandenen Kostenrechnungssysteme erläutern, dann die neuen Methoden darstellen und versuchen, an Beispielen die Unterschiede und Grenzen der Aussagefähigkeiten aufzuzeigen.

Die Kostenrechnung dient folgenden Aufgaben:

- Preiskalkulation und Preisbeurteilung
- Erstellung von Unterlagen zur Entscheidungsrechnung
- Kontrolle der Wirtschaftlichkeit
- Erfolgsermittlung und Bestandsbewertung

Die Kostenrechnungsmethoden sind hierbei Voraussetzung und Bestandteil der Ergebnisrechnung eines Unternehmens (Abb. 6.1).

Es gilt die Formel:

Gewinn = Umsatz – Kosten

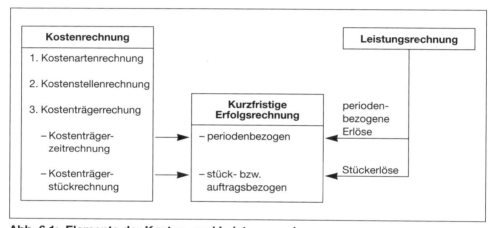

Abb. 6.1: Elemente der Kosten- und Leistungsrechnung

6.1.2 Traditionelle Kostenrechnung

Die heute üblichen Kostenrechnungsmethoden umfassen in der Regel drei Arten:

Kostenartenrechnung (Kap. 6.1.2.1)
Kostenstellenrechnung (Kap. 6.1.2.2)
Kostenträgerrechnung (Kap. 6.1.2.3)

Zum besseren Verständnis werden wir zunächst vier wichtige Begriffe erläutern:

Variable und *fixe Kosten*: Reden wir von diesem Kostenpaar, muss immer der Bezug zur Beschäftigung und auf Kosteneinflussgrößen (Ausbringungsmenge: Stück, Einheiten, Fahrleistung etc.) gegeben sein.

472

Zur besseren Klarheit sprechen wir besser von beschäftigungsfixen und beschäftigungsvariablen Kosten. Die beschäftigungsfixen Kosten sind Bereitschaftskosten und damit leistungs- und beschäftigungsunabhängig. Fixe Kosten werden variabel durch Entscheidungen über Aufbau, Aufrechterhaltung oder Abbau von Kapazitäten und Betriebswirtschaft. Variable Kosten sind leistungsabhängig und ändern sich mit der Beschäftigung, gemessen z.B. an der Produktionsmenge (gefertigte Stückzahl, Anzahl Briefe, Anzahl Wareneingänge etc.)

Gemeinkosten und Einzelkosten: Der Unterschied zwischen Gemeinkosten und Einzelkosten ist in Theorie und Praxis genauso wichtig wie die Kenntnis der variablen und fixen Kosten. Einzelkosten sind die Kostenteile, die einzelnen Endprodukten oder Aufträgen auf Basis detaillierter Aufzeichnungen zugeordnet werden können. Gemeinkosten können demgegenüber nicht unmittelbar dem einzelnen Endprodukt oder Auftrag zugeordnet werden. Sie fallen für eine Gesamtheit von Aufträgen mehrerer Kostenstellen oder Betriebseinheiten an.

Im Idealfall eines Einproduktbetriebes (ein Produkt in großer Stückzahl) sind:

Einzelkosten   = variable Kosten
Gemeinkosten = fixe Kosten

Wenn es zudem gelingt, Gemein- bzw. Fixkosten in Einzel- bzw. variable Kosten umzuwandeln, ist das Ideal aller Unternehmen erreicht. Bei Mehrproduktbetrieben gilt dies nicht und wir müssen zwischen Kostenabhängigkeit (fix/variabel) und Kostenzurechenbarkeit (Einzel/Gemein) unterscheiden. Auf diesen Zusammenhang werden wir im Kap. 6.1.3 „Prozesskostenrechnung" zurückkommen.

6.1.2.1 Die Kostenartenrechnung

Die Kostenartenrechnung dient der Erfassung und Gruppierung aller Verbrauchs- bzw. Kostenarten in einer Abrechnungsperiode. Sie gibt Auskunft, welche Produktionsfaktoren in der jeweiligen Periode in Anspruch genommen bzw. verbraucht werden. Es werden die Kosten entsprechend ihrer Art nach Material, Personal, Hilfs- und Betriebsstoffen, Fremdleistung etc. erfasst (Abb. 6.2).

Darüber hinaus kommen die kalkulatorischen Faktoren wie Zinsen, Abschreibung, Unternehmerlohn etc. zum Ansatz (siehe Abb. 6.2 – Kontenklasse 48). Die kalkulatorischen Kosten gehen über den tatsächlichen An-

40–42 Stoffkosten u.dgl.

40–41 Stoffverbrauch (ohne Brennstoffe und Energien)
- 400 Stoffverbrauch-Sammelkonto
- 400–402 Einsatzstoffe
- 403–404 Fertigungsstoffe
- 405 Klein- und Normteile
- 406 Bestandteile (Einbauteile), Zwischenerzeugnisse und dergleichen
- 407 Handelsware
- 408 Auswärtige Bearbeitung
- 409 Stoffe für innerbetriebliche Leistungen
- 410–411 Hilfsstoffe
- 412–415 Betriebsstoffe
- 416 Verpackungsstoffe (z. B. Kisten- und Lattenholz, Nägel, Bandeisen usw.)
- 417–419 Werkzeuge u. dgl.

42 Brennstoffe, Energie u. dgl.
- 420–424 Feste, flüssige und gasförmige Brenn- und Treibstoffe
- 425–429 Energie u. dgl.

43–44 Personalkosten u. dgl.

43 Löhne und Gehälter
- 430 Löhne-Sammelkonto (einschließlich Lohnabschlagszahlungen)
- 431 Fertigungslöhne
- 432 Löhne für innerbetriebliche Leistungen
- 433–435 Hilfslöhne
- 436 Betrieblich bedingte, bezahlte Wartezeiten
- 437 Lohnarbeitszuschläge und besondere Zulagen
- 438 Bezahlte Freizeit
- 439 Gehälter

44 Sozialkosten u. and. Personalkosten
- 440 Gesetzliche und tarifliche Sozialkosten
- 441–447 Freiwillige Sozialkosten
- 448 Andere Personalkosten

45 Instandhaltung, verschiedene Leistungen u. dgl.
- 450–454 Instandhaltung
- 455 Allgemeine Dienstleistungen
- 456 Entwicklungs-, Versuchs- und Konstruktionskosten
- 457–459 Mehr- bzw. Minderkosten

46 Steuern, Gebühren, Beiträge, Versicherungsprämien u.dgl.
- 460–463 Steuern
- 464–467 Abgaben, Gebühren u. dgl.
- 468 Beiträge und Spenden
- 469 Versicherungsprämien

47 Mieten, Verkehrs-, Büro-, Werbekosten u. dgl.
- 470–471 Raum-, Maschinenmieten u. dgl.
- 472–475 Verkehrskosten
- 476 Bürokosten
- 477–478 Werbe- und Vertreterkosten
- 479 Finanzspesen und sonstige Kosten

48 Kalkulatorische Kosten
- 480 Betriebsbedingte Abschreibungen
- 481 Betriebsbedingte Zinsen
- 482 Betriebsbedingte Wagnisprämien
- 483 Kalkulatorischer Unternehmerlohn
- 484 Sonstige kalkulatorische Kosten

49 Innerbetriebliche Kosten- und Leistungsverrechung, Sondereinzelkosten und Sammelverrechnungen
- 490–494 Sondereinzelkosten
- 495–497 Innerbetriebliche Kosten- und Leistungsverrechnung
- 498 Sammelkonto, zeitliche Abgrenzung
- 499 Sammelkonto Kostenarten

Abb. 6.2: Gliederung der Kostenarten innerhalb der Kontenklasse 4 des Gemeinschafts-Kontenrahmens für die Industrie

fall der Kosten hinaus und versuchen, einen zukünftigen Wert als Risiko-faktor in die heutige Betrachtung für Kalkulation und Preisfindung mit ein-zubeziehen. Die Festlegung der Art und Höhe der kalkulatorischen Kosten und die Methode und Dauer ihrer Verrechnung beinhalten bereits wichtige Entscheidungen, die letztlich Kosten, Preise und Gewinnspannen beeinflus-sen. Die Kostenartenrechnung ist in ihrem Aufbau mit einer Gewinn- und Verlustrechnung vergleichbar.

6.1.2.2 Die Kostenstellenrechnung

Die Kostenstellenrechnung versucht, die entstandenen Kosten dem Verur-sacher zuzuordnen und damit die Frage, wo im Unternehmen die Kosten entstehen, zu beantworten. Der Aufbau der Kostenstellenrechnung kann nach verschiedenen Kriterien erfolgen, z.B. nach Organisation oder Funk-tion im Unternehmen.

Bei der Organisationsorientierung bildet das Organigramm einer Firma die Basis des Kostenstellenplans. Hierbei werden die personelle und die kostenmässige Verantwortung miteinander verknüpft (Abb. 6.3). Bei ei-nem funktionsorientierten Kostenstellenplan werden entlang der Wert-schöpfungskette Kostenbereiche für z.B. Logistik, Fertigung, Administra-tion, Vertrieb etc. gebildet. Servicebereiche wie Instandhaltung, Energie, Personal, EDV etc. werden hierbei in Hilfskostenstellen dargestellt.

Am häufigsten in der Praxis anzutreffen ist sicherlich ein Kostenstellen-plan auf Basis des Organigrammes des Unternehmens. Wie viele Kosten-stellen vorhanden sind bzw. wie weit die Kostenstrukturen aufgebrochen werden, ist entscheidend für die Aussagefähigkeit des Systems und letztlich damit für die Kostenverantwortung der Mitarbeiter in den Hierarchiestufen des Unternehmen.

In der Verbindung aus Kostenarten- und Kostenstellenrechnung wird der Betriebsabrechnungsbogen (BAB) gebildet (Abb. 6.4). Im BAB werden nur die Gemeinkosten dargestellt, die (scheinbar) nicht auf das Produkt verrechnet werden können. So wird dem Kostenstellenverantwortlichen mit dem BAB eine wesentliche Information über Kostenverzehr und Leis-tungserbringung auf Basis von Personalstunden oder Anlagen-, Maschinen-stunden gegeben. Wie bereits erwähnt, beinhaltet der BAB die Umlage von Gemeinkosten und stellt damit die Basis für die innerbetriebliche Leis-tungsverrechnung dar. Es werden hierbei bestimmte Kostenbestandteile von einer Kostenstelle auf die verursachende bzw. verbrauchende Kosten-stelle umgebucht.

```
┌─────────────────────────────────────────────────────────────────────────┐
│ 1 Allgemeine Bereiche          3 Fertigungsbereich                        │
│    11 Immobilien                  31 Fertigungshilfsstellen               │
│       111 Heizung                    311 Werkzeugmacherei                 │
│       112 Reinigung                  312 Arbeitsvorbereitung              │
│       113 Bewachung               32 Fertigungshauptstellen               │
│       114 Grundstücke, Gebäude       321 Dreherei                         │
│    12 Sozialdienste                  322 Fräserei                         │
│       121 Kantine                    323 Galvanische Abteilung            │
│       122 Sanitätsstelle             324 Montage                          │
│       123 Werksbibliothek         33 Fertigungsnebenstellen               │
│    13 Energie                        331 Abfallverwertung                 │
│       131 Wasserversorgung           332 Kuppelprodukteverarbeitung       │
│       132 Stromerzeugung                                                  │
│       133 Gaserzeugung         4 Vertriebsbereich                         │
│       134 Dampferzeugung          41 Verkauf                              │
│    14 Instandhaltung                 411 Verkauf Inland                   │
│       141 Schlosserei                412 Verkauf Ausland                  │
│       142 Tischlerei              42 Werbung                              │
│       143 Elektrowerkstatt        43 Versandlager                         │
│       144 Bauabteilung            44 Kundendienst                         │
│                                   45 Expedition                           │
│ 2 Materialbereich                                                         │
│    21 Einkauf                  5 Verwaltungsbereich                       │
│       211 Einkaufsabteilung       51 Geschäftsleitung                     │
│       212 Prüflabor               52 Interne Revision                     │
│    22 Lager                       53 Rechtsabteilung                      │
│       221 Werkstofflager          54 Rechnungswesen                       │
│       222 Warenannahme            55 Personalabteilung                    │
│       223 Lagerbuchhaltung        56 Registratur                         │
│                                   57 Rechenzentrum                        │
└─────────────────────────────────────────────────────────────────────────┘
```

Abb. 6.3: Beispiel eines Kostenstellenplans

6.1.2.3 Die Kostenträgerrechnung

Mit dem Kap. 6.1.2.1 (Kostenarten) haben wir die Frage, welche Kosten wo (6.1.2.2 – Kostenstellen) anfallen, beantwortet. Die Kostenträgerrechnung stellt die Frage, wofür (welches Produkt, Auftrag, Maschine, Kunde) Kosten zuzuordnen sind (Abb. 6.5).

Kostenträger sind folglich die betrieblichen Leistungen, die den Güter- und Dienstleistungsverzehr ausgelöst haben und demzufolge auch die Kosten tragen sollen. Man unterscheidet die Kostenträgerrechnung in zwei Gruppen nach zeit- und stückbezogener Rechnung. Die Kostenträgerstückrechnung, besser auch als Kalkulation mit unterschiedlichen Verfahren bekannt, ermittelt die Kosten für die einzelnen Leistungseinheiten bzw. Produkte. Die Kostenträgerzeitrechnung stellt die Kosten eines Abrechnungszeitraumes als Periodenrechnung nach einzelnen Kostenträgerarten (Erzeugnis-, Produktart) dar. Die Zusammenhänge und der Aufbau der bishe-

(A) BAB im engeren (eigentlichen Sinne)

Spalten →		1	2	3	4	5	6	7	8	9
Kostenstellen →		Zahlen der Kostenarten-rechnung	Vorkostenstellen			Endkostenstellen				
↓ Kostenarten			Allgemeine (Hilfs-) Kostenstellen		Fert.-hilfs-stellen	Material stellen	Fertigungs-hauptstellen		Verwalt. stellen	Vertriebs stellen
			I	II			A	B		
I. Erfassung der primären Kostenarten (Zeilen 1 – 10)										
1	Gemeinkostenlöhne	4000	400	500	1000	800	200	200	600	300
2	Gehälter	7500	400	300	300	1200	500	300	2500	2000
3	Gesetzl. Sozialleistung.	1150	80	80	130	200	70	50	310	230
4	Gemeinkostenmaterial	3000	400	200	400	200	500	600	400	300
5	Instandhaltung	250	10	20	40	20	60	70	20	10
6	Fremdstrom	180	20	10	20	20	40	40	20	10
7	Miete	400	20	30	30	40	60	50	100	70
8	Versicherungen	140	10	10	20	10	30	40	10	10
9	Kalk. Abschreibungen	500	30	50	60	60	100	110	50	40
10	Kalk. Zinsen	130	10	20	20	10	30	20	10	10
11	Summe der primären Kostenarten (Zeilen 1 – 10)	17250	1380	1220	2020	2560	1590	1480	4020	2980
II. Umlage d. allgemeinen (Hilfs-) Kostenstellen (Zeilen 12 – 15)										
12	Uml.Stelle I (Spalte 2)		1380							
13				+100	+300	+400	+200	+200	+100	+80
14	Uml.Stelle II (Spalte 3)			1320						
15					+200	+300	+200	+220	+300	+100
16	Zwischensumme	17250	0	0	2520	3260	1990	1900	4420	3160
17	**III.** Umlage der Fertig.-hilfsstellen (Zeilen 17 + 18)				2520					
18							+1500	+1020		
19	Gesamtkosten der Endkostenstelle	17250			0	3260	3490	2920	4420	3160

(B) Ergänzende Ermittlung von Zuschlags- bzw. Verrechnungssätzen

	I. Ermittl. von Zuschl.sätzen									
	Zuschlagbasis:									
20	a) Mat.-einzelkosten					20000				
21	b) Fertigungslöhne						3000	5000		
22	c) Herstellungskosten*)								37760*)	37760*)
23	IST-Zuschlagssätze					16,3 %	116,3 %	58,4 %	11,7 %	8,4 %

*) ∑ Zeile 20 + Spalten 6 und 7 der Zeile 21 + Spalten 5 – 7 der Zeile 19

Abb. 6.4: Betriebsabrechnungsbogen (BAB)

477

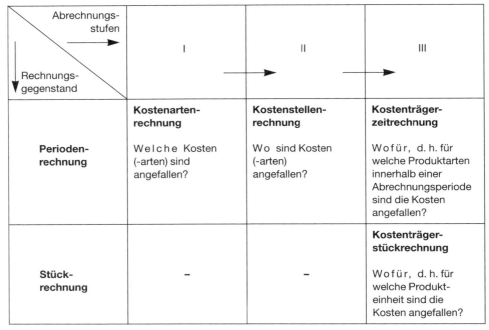

Abrechnungs- stufen → Rechnungs- gegenstand	I	II	III
Perioden- rechnung	**Kostenarten- rechnung** Welche Kosten (-arten) sind angefallen?	**Kostenstellen- rechnung** Wo sind Kosten (-arten) angefallen?	**Kostenträger- zeitrechnung** Wofür, d.h. für welche Produktarten innerhalb einer Abrechnungsperiode sind die Kosten angefallen?
Stück- rechnung	–	–	**Kostenträger- stückrechnung** Wofür, d.h. für welche Produkt- einheit sind die Kosten angefallen?

Abb. 6.5: Aufbau der Kostenrechnung

rigen Abschnitte über die Kostenrechnung ist schematisch in der Abbildung 6.6 dargestellt.

6.1.2.4 Die Vollkostenrechnung

Die Vollkostenrechnung verrechnet alle Kostenarten über die Kostenstellen zum Teil direkt (Einzelkosten) und indirekt (Gemeinkosten) auf die verschiedenen Leistungen (Produkte) des Betriebes. Die Vollkostenrechnung ist das traditionelle Kostenrechnungssystem zum Zweck der Preiskalkulation (siehe Kostenträgerrechnung). Das besondere der Vollkostenrechnung besteht darin, dass sie nicht nur Einzelkosten weiterberechnet, sondern auch alle Gemeinkosten für einzelne Kalkulationsobjekte aufschlüsselt und zuschlägt.

Diese Schlüsselung und damit Proportionalisierung der Gemeinkosten ist seit längerem Anlass der Kritik an der Vollkostenrechnung. Die Gemeinkosten können nicht mehr verursachungsgerecht auf die Kostenträger zugerechnet werden. Es gibt keinen Gemeinkostenschlüssel, der sachlich einwandfrei begründbar ist. Die Vollkostenrechnung ist für die Vorbereitung und Kontrolle unternehmerischer Entscheidungen wie z.B. Make-or-buy/

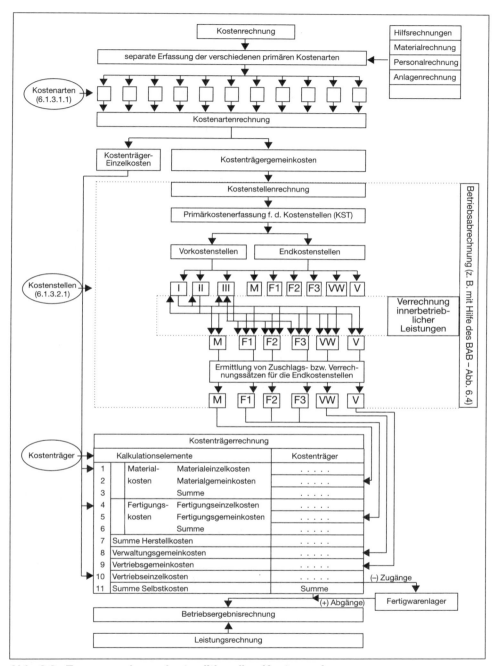

Abb. 6.6: Zusammenhang der traditionellen Kostenrechnung

479

Investitionen, Preisuntergrenzen und daher für betriebswirtschaftliche Belange bedingt geeignet.

6.1.2.5 Die Teilkostenrechnung

Teilkostensysteme vermeiden die Schlüsselung der Gemeinkosten. Es werden den Kostenträgern nur die Teile der Gesamtkosten zugerechnet, die sich direkt (variabel) auf diese erfassen lassen. Zwingende Voraussetzung ist also eine analytische Kostenspaltung in fix und variabel und damit in bereitschafts- und leistungsabhängige Komponenten (Kap. 6.1.2).

Aber auch in Teilkostensystemen erscheint es wenig sinnvoll, z. B. die Kapitalkosten einer Produktionsanlage mit dem Gehalt des Pförtners in einen gemeinsamen Fixkostentopf zu werfen. In der Praxis wird deshalb der Gesamtfixkostenblock eines Unternehmens in mehrere Fixkostenschichten aufgegliedert. Diese Fixkosten können wie folgt gebildet werden:

- Erzeugnisart: sind der Produktart direkt zuzuordnen, z. B. Einproduktmaschine
- Erzeugnisgruppen: sind einer Gruppe artähnlicher Produkte direkt zuzuordnen, z. B. Universalmaschine
- Kostenstellen: sind nicht einzelnen Produkten oder Produktgruppen zuzuordnen, sondern nur einer Kostenstelle, z. B. Meistergehalt
- Geschäftsbereich: sind Kosten, die wegfallen, wenn bestimmte Bereiche völlig eingestellt würden, z. B. Abschreibungen von Gebäuden für mehrere Kostenstellen und Gehälter für technische oder kaufmännische Bereichsleitungen
- Gesamtunternehmung: sind unverteilbare Restfixkosten des Gesamtunternehmens

Die so gewonnene stufenweise Abdeckung der Fixkosten (Deckungsbeitragsrechnung) wird schematisch in Abbildung 6.7 erläutert. Die Teilkostenrechnung (Deckungsbeitragsrechnung) gibt bessere Einblicke in die Erfolgsstruktur des Unternehmens und eröffnet zusätzliche Möglichkeiten zur Unternehmenssteuerung. So werden z. B. die Ergebnisbeiträge einzelner Produkte transparenter und auch eine *Break-even-Analyse* (ab welchem Zeitpunkt in Jahren das Unternehmen seine Fixkosten abgedeckt hat) möglich. Einen entscheidenden Mangel haben alle bisher gezeigten Kostenrechnungssysteme: In der Betrachtung der Gemein- bzw. Fixkosten haben wir bislang nichts über Leistungsgrößen und -beurteilung und damit Verbesserungsansätze gesagt. Zu diesem Thema kommen wir in den folgenden Kapiteln.

480

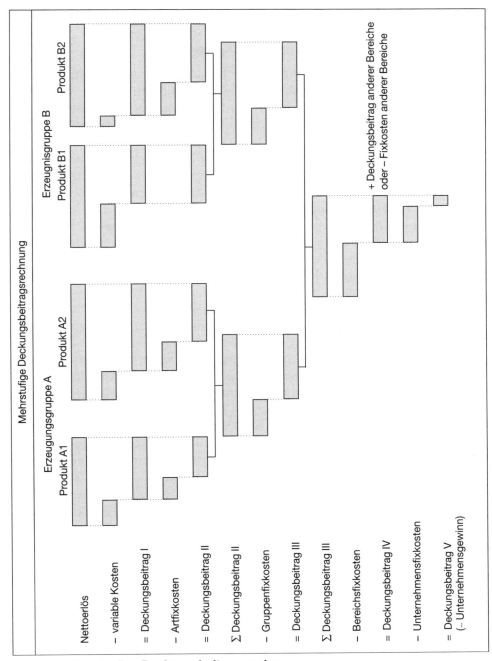

Abb. 6.7: Mehrstufige Deckungsbeitragsrechnung

6.1.3 Prozesskostenrechnung

6.1.3.1 Gründe für neue Kostenrechnungsmethoden

Alle bisher dargestellten traditionellen Kostenrechnungsverfahren haben den Nachteil, Gemeinkosten unzureichend zuordnen zu können. Wie in der Einführung zu Kapitel 6 dargestellt, wird in wettbewerbsintensiven Märkten der Druck zu Preissenkungen oder zumindest für Preisstabilität bei gleichzeitig besserer Ausstattung, Qualität und immer deutlicher ausgeweiteten Serviceleistungen höher. Der Drang zu Innovationen führt zu zunehmend breiteren Produktpaletten, folglich zu inhomogenen Produktstrukturen, steigendem Aufwand für Forschung und Entwicklung und umfangreicherem Qualitätsmanagement.

Diese führen zu überproportional steigenden Gemeinkosten. Ein weiterer Grund für hohe Gemeinkosten ist in der Unternehmensentwicklung der letzten Jahrzehnte zu finden. In ertragreichen und wachstumsstarken Geschäftsjahren wurden in vielen Unternehmen Stabstellen und Koordinationsfunktionen und damit zusätzliche Personal- und IT-Kosten in administrativen Bereichen geschaffen. Dieser „Organisationskomfort" (vgl. Wieselhuber 1992) stellt heute einen Block an schwerabbaubaren Gemein- bzw. Fixkosten dar.

Hier sei nochmals darauf hingewiesen: Neue oder zusätzliche Kostenrechnungsmethoden verursachen zunächst Einführungskosten, die – wenn nicht gleichzeitig ein Kostensenkungsprogramm dahintersteht – nur zum Aufbau des Organisationskomforts und damit zur Zementierung weiterer Gemein- oder Fixkosten führen. Nun werden bislang Gemeinkosten in Form von Zuschlägen oder verteilt nach Schlüsseln auf Fertigungskosten (Lohn, Material) erhoben. Jede Unterteilung von Gemeinkosten in Form von Zuschlägen und nach Schlüsseln ist in den meisten Fällen fragwürdig. Ein Produkt mit hohen Fertigungskosten (hoher Materialeinsatz, aufwendige Verarbeitung) erhält automatisch einen hohen Anteil an Gemeinkosten. Genauso werden Produkte mit hohen Stückzahlen ebenfalls mit hohen Gemeinkosten belastet. Umgekehrt haben Produkte mit kleinen Stückzahlen weniger Gemeinkosten zu tragen, obwohl in der Praxis diese Produkte einen überdurchschnittlichen Aufwand an Verwaltung, Steuerung, Vertrieb und Entwicklung verursachen.

Die Prozesskostenrechnung, im amerikanischen Raum auch als ABC *(Activity based costing)* bekannt, ist als Methode zur Steuerung und Kontrolle steigender Gemeinkosten entwickelt worden. Viele Veröffentlichungen (Autoren), speziell im deutschen Raum, sehen den Ansatz der Prozesskostenrechnung überwiegend im Gemeinkostenbereich, weniger im Fertigungsbereich, da die Produktionsprozesse in der Regel in Arbeitsplänen abgebildet sind.

Diese Einschränkung erscheint wenig sinnvoll. Firmenspezifisch sollte man hier das Verhältnis von direkten zu indirekten Kosten, Einzel- zu Fertigungsgemeinkosten untersuchen und einen Verbesserungsansatz über Total Productivity Maintenance (TPM) und Kontinuierliche Verbesserungsprozesse (KVP) oder Kaizen-Aktivitäten suchen (siehe Kap. 6.1.5.2).

Nicht nach Aufbauorganisation, Verantwortungsbereichen, Funktionen und Kostenstellen wird die Kostenentstehung betrachtet, sondern nach der Ablauforganisation, also funktionsübergreifend und damit geschäftsprozessorientiert gemäß der tatsächlichen Inanspruchnahme der Ressourcen.

Oder anders ausgedrückt: sprechen wir anstelle der vertikalen Betrachtungsweise der Verantwortungsbereiche von der horizontalen Bewertung der Abläufe (Abb. 6.8). Ziel ist es, diejenigen Faktoren transparent zu machen, die abteilungsübergreifend das Ansteigen der Gemeinkosten verursachen. Diese Faktoren nennen wir *Kostentreiber*. Kostentreiber sind Leistungsgrößen von Kostenstellen, die am Prozessergebnis beteiligt sind.

6.1.3.2 Aufbau und Einführung der Prozesskostenrechnung

Für jeden Geschäftsbereich (Abb. 6.9, Spalte 1) werden zunächst die Hauptprozesse definiert (Spalte 2). Die Hauptprozesse werden in einer Tätigkeitsanalyse in Teilprozesse (Spalte 3) und die dazugehörenden Kostentreiber (Spalte 4) untergliedert. Die Anzahl/die Häufigkeit der Kostentreiber wird durch Selbstaufzeichnungen oder – soweit vorhanden – EDV-Auswertungen festgestellt (Spalte 5). Ebenso muss der Zeitaufwand pro Kostentreiber durch Selbstaufzeichnungen der Mitarbeiter, Schätzungen oder Analysen ermittelt werden (Spalte 6). Weiterhin werden die Jahreskosten des Geschäftsbereiches bzw. der Kostenstelle ohne Zuschläge und Umverteilungen von Gemeinkosten gemäß der Kostenartenaufstellung (Kap. 6.1.2.1) dargestellt (Spalte 7). Teilen wir jetzt die Kosten der Kostenstelle bzw. des Bereiches durch den Zeitaufwand und/oder den Kostentreiber, erhalten wir den Stundensatz pro Kostentreiber bzw. die Kostenaufteilung nach Teilprozessen. Die Spalten 6 und 9 sind in der Abbildung 6.9 nicht mit Werten belegt.

6.1.3.3 Kalkulation mit Prozesskosten

Die Auswirkungen dieser Sichtweise auf die Produktkalkulation stellen wir in folgendem Beispiel anhand verschiedener Bereiche dar. Zunächst werden für die Zuschlagskalkulation die Ist-Kosten aus der Abbildung 6.9 ent-

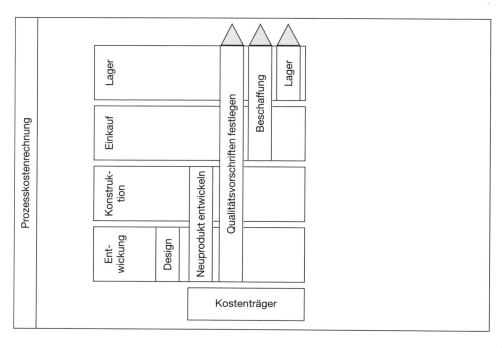

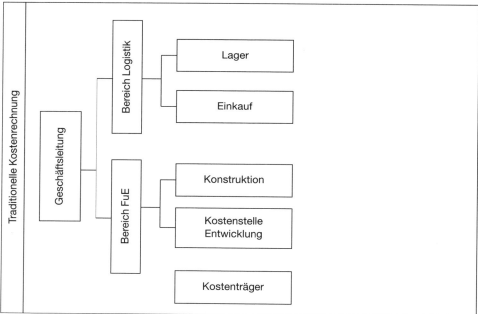

Abb. 6.8: Gegenüberstellung Traditionelle Kostenrechnung – Prozesskostenrechnung

Geschäfts-bereich (1)	Nr.	Hauptprozess (2)	Nr.	Teilprozess (3)	Kostentreiber (4)	Menge (5)	Pers.-Std. (6)	Kosten/ Jahr (7)	Kosten/ Ko.treiber (8)	Std.satz/ Kosten-treiber (9)
Forschung + Entwicklung	1	Forschung	1.1	Materialforschung	Anzahl Neumaterial	3		140	47	
			1.2	Verfahrens-forschung	Anzahl Neuverfahren	5		150	30	
	2	Entwicklung	2.1	Design entwickeln	Anzahl Designstudien	4		200	50	
			2.2	Neuprodukte entwickeln	Anzahl Neuprodukte	20		180	9	
			2.3	Einzelteil entwickeln	Anzahl Einzelteile	100		100	1	
	3	Konstruktion	3.1	Werkzeug-konstruktion	Anzahl Werkzeuge	60		185	3,1	
			3.2	Zeichnungspflege/-erstellung	Anzahl Zeichnungen	200		300	1,5	
			3.3	Werkzeugbau	Anzahl Werkzeuge	60		1200	20	
Qualitäts-management	4	Fehlerverhü-tungskosten	4.1	Qualitätsplanung	Anzahl FMEA	30		150	5	
			4.2	Qualitätsschulung	Anzahl Schulungen	15		150	10	
	5	Externe Fehler-kosten	5.1	Lieferanten-betreuung	Anzahl Lieferanten-gespr./-besuche	20		120	6	
			5.2	Lieferanten-beurteilung	Anzahl Fehllief./ Sperrberichte	10		120	12	

Abb. 6.9: Beispiel Prozesskostenrechnung

Geschäfts-bereich (1)	Nr.	Hauptprozess (2)	Nr.	Teilprozess (3)	Kostentreiber (4)	Menge (5)	Pers.-Std. (6)	Kosten/Jahr (7)	Kosten/Ko.treiber (8)	Std.satz/Kosten-treiber (9)
	6	Interne Fehler-kosten	6.1	Nacharbeit	Anzahl Sperrungen	120		320	2,7	
			6.2	Mehrarbeit	Anzahl Sperrungen	120		120	1	
			6.3	Ausschuss	Anzahl Sperrungen	120		160	1,3	
	7	Prüfkosten	7.1	Laborkosten	Anzahl Prüfungen	100		300	3	
			7.2	Prüfkosten	Anzahl Prüfun-gen lt. Plan	5000		250	0,05	
Logistik	8	Beschaffung	8.1	Rohstoffe und Teile	Anzahl Vorgänge	30000		250	0,01	
			8.2	Handelsware	Anzahl Vorgänge	100		130	1,3	
			8.3	Maschinen und H+B	Anzahl Vorgänge	25 / 250		200 / 70	8 / 0,28	
			8.4	Kreditoren	Anzahl Rechnungen	6000		120	0,02	
			8.5	Lieferanten-betreuung	Anzahl Lieferanten	100		140	1,4	
	9	Logist. Abwick-lung	9.1	Lagern	Anzahl Lagerplätze	5000		100	0,02	
			9.2	Kommissionieren	Anzahl Paletten, Artikelzahl	240 / 12000		900	3,75 / 0,075	

Abb. 6.9: Beispiel Prozesskostenrechnung (Fortsetzung)

486

Geschäfts-bereich (1)	Nr.	Hauptprozess (2)	Nr.	Teilprozess (3)	Kostentreiber (4)	Menge (5)	Pers.-Std. (6)	Kosten/Jahr (7)	Kosten/Ko.treiber (8)	Std.satz/Kosten-treiber (9)
			9.3	Abwicklung	Anzahl Versandaufträge	5000		140	0,028	
			9.4	Packen	Anzahl Artikel	12000		300	0,025	
			9.5	Retouren	Anzahl Artikel	300		120	0,4	
	10	Fertigungs-steuerung	10.1	Auftragskom-missionierung	Anzahl Positionen auf Stücklisten	96000		600	~0,006	
			10.2	Auftragssteuerung	Anzahl Positionen im Arbeitsplan	36000		150	~0,004	
Vertrieb	11	Kunden-betreuung	11.1	Verkäuferschulung	Anzahl Schulungen/Teilnehmer	10 / 200		400	40 / 2	
			11.2	Inland	Anzahl Besuche	5000		2200	0,44	
			11.3	Export	Anzahl Besuche	1000		2200	2,2	
	12	Kaufm. Auftrags-abwicklung	12.1	Inland	Anzahl Aufträge/Positionen	3000		200	~0,07	
			12.2	Export	Anzahl Aufträge/Positionen	2000		200	0,1	
			12.3	Debitoren	Anzahl Rechnungen	5000		200	0,4	
	13	Kundendienst	13.1	Telefonservive	Anzahl Kontakte	2400		150	~0,063	
			13.2	Reklamationen	Anzahl Artikel	150		300	2	

Abb. 6.9: **Beispiel Prozesskostenrechnung (Fortsetzung)**

Geschäfts-bereich (1)	Nr.	Hauptprozess (2)	Nr.	Teilprozess (3)	Kostentreiber (4)	Menge (5)	Pers.-Std. (6)	Kosten/Jahr (7)	Kosten/Ko.treiber (8)	Std.satz/Kostentreiber (9)
			13.3	Reparaturaufträge	Anzahl Reparaturen	350		1000	2,86	
	14	Verkaufs-förderung	14.1	Messen	Anzahl Messen	2		1000	500	
			14.2	Werbung Fernsehen	Anzahl Aktionen	6		600	100	
			14.3	Werbung Zeitun-gen/Prospekte	Anzahl Aktionen	280		1400	50	
			14.4	Werbung Internet	Anzahl Aktionen	40		200	5	
Management	15	EDV	15.1	Programm-entwicklung	Anzahl Projekte	10		400	40	
			15.2	Rechenzentrum	Kapazität pro Bereich	100		600	6	
			15.3	PC-Service	Anzahl PC's	100		400	4	
	16	Personal	16.1	Betreuung	Anzahl Mitarbeiter	1000		500	0,5	
			16.2	Ausbildung	Anzahl Azubis	50		200	4	
			16.3	Schulung	Anzahl Schulun-gen/Teilnehmer	400		400	1	
			16.4	Lohn und Gehalt	Anzahl Mitarbeiter	1000		600	0,6	
	17	Controlling	17.1	Kostenplanung und Steuerung	Anzahl Kostenstellen	100		650	6,5	

Abb. 6.9: Beispiel Prozesskostenrechnung (Fortsetzung)

Geschäfts-bereich (1)	Nr.	Hauptprozess (2)	Nr.	Teilprozess (3)	Kostentreiber (4)	Menge (5)	Pers.-Std. (6)	Kosten/ Jahr (7)	Kosten/ Ko.treiber (8)	Std.satz/ Kosten-treiber (9)
	18	Geschäfts-führung	18.1	Ohne Verrechnung						

Abb. 6.9: **Beispiel Prozesskostenrechnung (Fortsetzung)**

nommen und in prozentuale Zuschläge umgerechnet und so die Gesamtkosten des Produktes berechnet (Abb. 6.10 – Spalte 1).

In der Abbildung 6.11 unterstellen wir die Inanspruchnahme der Kostentreiber (Abb. 6.9 – Spalte 4) mit den Kosten pro Treiber (Spalte 8) für drei
Bereiche (Forschung und Entwicklung/Qualitätsmanagement/Logistik).
Die berechneten Prozesskosten werden als Stückkosten (Auftragsvolumen
20000 Teile) den Ergebnissen der Zuschlagskalkulation in Spalte 2 (Abb.
6.10) gegenübergestellt.

	Zuschlagskalkulation (Neuteil)		20 000 Teile Änderungen aus Prozesskostenrechnung
Material	10,0 + 2,5 12,5	+ Material-Gemeinkosten 25%	0,783
Fertigungskosten	11,67		
Summe	24,17 1,09 1,45	+ Forschungs- u. Entwicklungs- kosten 4,5% + Qualitätskosten 6%	5,27 1,215
Herstellkosten	26,71		
	10,74	+ Verwaltungs- u. Vertriebs- kosten 40,2%	
	37,45	Gesamtkosten	

Abb. 6.10: Gegenüberstellung Zuschlagskalkulation – Prozesskostenkalkulation

Bereits dieses einfache Beispiel zeigt, zu welch unterschiedlichen Aussagen
und Ergebnissen die Prozesskostenrechnung führen kann. Mit der Prozesskostenrechnung erhält die Unternehmensführung ein Instrumentarium zur
strategieorientierten Kalkulation und Kostenrechnung.

Bei konsequentem Einsatz der Prozesskostenrechnung, den Gemeinkostenbereich bei z.B. Erzeugen zusätzlicher Varianten eines bestehenden
Produktprogramms, Erschließung neuer Vertriebswege oder neuer Produktgruppen aufzubauen, lassen sich die Auswirkungen besser planen und
abschätzen als mit allen traditionellen Kostenrechnungsmethoden.

Die Ergebnisse der Tätigkeitsanalyse erlauben die Straffung der Abläufe und Strukturen und damit das gezielte Verbessern der Kostentreiber.

Die Kenntnis des Mengengerüsts der Kostentreiber verbessert die Plangenauigkeit im Gemeinkostenbereich. Der Ergebnisbeitrag nach Produkt-, Kunden- und Vertriebswegstrukturen ist eindeutiger zu beurteilen und Make-or-Buy-Entscheidungen werden sicherer.

Zu entscheiden bleibt unternehmensspezifisch, ob die Prozesskostenrechnung als integrierter oder paralleler Bestandteil der Kostenrechnung einzusetzen ist und weiterhin, inwieweit damit traditionelle Kostenrechnungen des Unternehmens ersetzt werden sollen. Für die unterschiedlichen Vorgehensweisen werden im Markt ausreichende Softwareprogramme angeboten.

	Prozesskostenrechnung (Neuteil)				
	Annahmen		Summe		
1.	Design entwickeln	1 x 50,0	=	50,0	2,1
	Neuprodukt	2 x 9,0	=	18,0	2,2
	Einzelteile	4 x 1,0	=	4,0	2,3
	Werkzeuge	4 x 3,1	=	12,4	3,1
	Zeichnungen	14 x 1,5	=	21,0	3,2
		Summe		105,4	5,27/Stück
2.	Qualitätsplanung	1 x 5,0	=	5,0	4,1
	Lieferantenbesuche	2 x 6,0	=	12,0	5,1
	Labor	2 x 3,0	=	6,0	7,1
	Ausschuss	1 x 1,3	=	1,3	6,3
		Summe		24,3	1,215/Stück
3.	Rohstoff bestellen	8 x 0,01	=	0,08	8,1
	Rechnungen	8 x 0,02	=	0,16	8,4
	Lieferanten	2 x 1,4	=	2,8	8,5
	Lagern	80 x 0,02	=	1,6	9,1
	Kommissionierung	80 x 0,075	=	6,0	9,2
	Abwicklung	5 x 0,028	=	0,14	9,3
	Packen	160 x 0,025	=	4,0	9,4
	Kommissionierung	80 x 0,006	=	0,48	10,1
	Steuerung	100 x 0,004	=	0,4	10,2
		Summe		15,66	0,783/Stück

Abb. 6.11: Prozesskostenkalkulation

491

6.1.4 Target Costing, Kosten-KVP

6.1.4.1 Zielkosten

Zum Verständnis von Target Costing (Zielkostenmanagement) seien zuerst einige Voraussetzungen im generellen Ansatz erläutert. Die Inhalte der vorangegangenen Kapitel basieren, grob vereinfacht, auf der Philosophie von Anweisung und Kontrolle. Target Costing orientiert sich an der Philosophie wettbewerbsfähiger Teams und damit an der Einbeziehung und Teilnahme der Mitarbeiter bei der Führung des Unternehmens. Die Mitarbeiter sind aktiv und effektiv in die Schaffung und Realisierung einer wettbewerbsfähigen Strategie eingebunden.

Ein weiterer Grundgedanke des Target Costings ist, dass 80% aller später entstehenden Herstellkosten in der frühen Designphase eines Produktes festgelegt werden und bei immer kürzeren Produktlebenszyklen während der Produktionsphase später kaum nachzubessern sind. Folglich beschreibt das Zielkostenmanagement ein Werkzeug zur Kostenreduzierung in der Planungs- und Entwicklungsphase unter Einbeziehung aller Bereiche wie Forschung, Konstruktion, Materialwirtschaft, Produktion, Vertrieb, Qualität, Controlling und – sehr oft übersehen – frühzeitiger Einbeziehung auch der Lieferanten.

Voraussetzung für Target Costing sind also Strukturen der Teamarbeit, die unter den Begriff *Projektmanagement* manchmal auch umgesetzt wurden. Die Unterschiede zwischen Target Costing und der traditionellen Kostenermittlung sind in Abbildung 6.12 dargestellt. Target Costing ist ein Projektmanagementprozess zur Festlegung, was ein neues Produkt kosten darf.

Target Costing erfolgt in vier Schritten:

- Strategische Zielbestimmung
- Zielkostenplanung
- Zielkostenaufspaltung
- Zielkostengestaltung

In der Anwenderpraxis muss die strategische Zielbestimmung nicht in jedem Fall neu diskutiert werden, da die Strategie eines Unternehmens nicht mit jedem neuen Produkt wechseln kann. Deshalb wird ohne nähere Erläuterungen in folgender Checkliste die Vorgehensweise zur strategischen Zielbestimmung dargestellt (Abb. 6.13).

In jedem Fall ist zunächst der *Zielpreis* durch die von den Kunden gewünschten Funktionen und Eigenschaften des neuen Produktes und des zukünftig erwarteten Preises, Kosten- und Qualitätsniveau des Marktes fest-

492

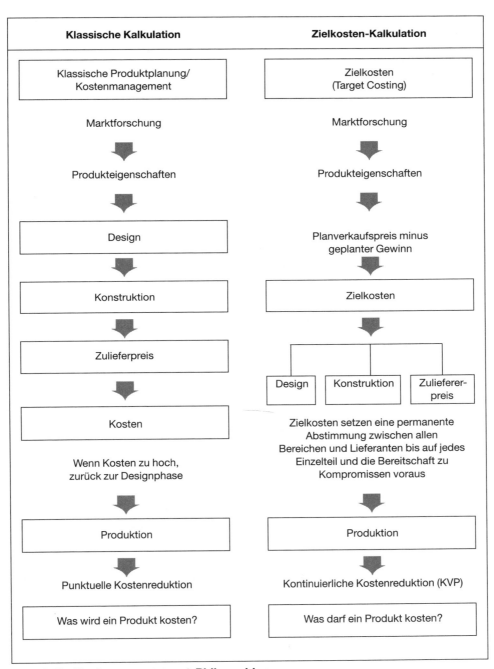

Klassische Kalkulation	Zielkosten-Kalkulation
Klassische Produktplanung/ Kostenmanagement	Zielkosten (Target Costing)
Marktforschung	Marktforschung
Produkteigenschaften	Produkteigenschaften
Design	Planverkaufspreis minus geplanter Gewinn
Konstruktion	Zielkosten
Zulieferpreis	Design / Konstruktion / Zulieferer-preis
Kosten	Zielkosten setzen eine permanente Abstimmung zwischen allen Bereichen und Lieferanten bis auf jedes Einzelteil und die Bereitschaft zu Kompromissen voraus
Wenn Kosten zu hoch, zurück zur Designphase	
Produktion	Produktion
Punktuelle Kostenreduktion	Kontinuierliche Kostenreduktion (KVP)
Was wird ein Produkt kosten?	Was darf ein Produkt kosten?

Abb. 6.12: Kostenmanagement-Philosophien

Schritte zur strategischen Zielbestimmung

1. Welche Zielmärkte und Zielsegmente sollten angestrebt werden?
   1. Zielmärkte (national, international, global)
   2. Zielsegmente (Preissegmente, Anwendungssegmente etc.)
   3. Attraktivität der Zielmärkte und Segmente

2. Wie entwickelt sich der Wettbewerb?
   1. Wettbewerbsstruktur (Marktvolumen, Marktanteile, Fokus des Wettbewerbs)
   2. Kostenstruktur und Qualitätsstandards
   3. Zukünftige Preise und Preispolitik

3. Wie entwickeln sich die Kundenzielgruppen und welche Kundenanforderungen werden sie haben?
   1. Kundenzielgruppenentwicklung (Segmententwicklungen)
   2. Zukünftige Kundenanforderungen, z. B. hinsichtlich
      – Preis
      – Ausstattungsmerkmale der Produkte/Leistungen
      – Qualitätsmerkmale der Produkte/Leistungen
      – Funktionsmerkmale der Produkte/Leistungen
      – Liefer- und Servicezeiten etc.
   3. Zukünftige Preisvorstellungen der Kunden

4. Welche Produktstrategie verfolgt das Unternehmen?
   1. Angestrebte Produktstrategie für welche Märkte und Kunden (Produkte, Märkte, Lebenszyklus)
   2. Programmstrategie und Auswahl der Produkte, für die das Target Pricing und Costing entwickelt werden soll

5. Welche internen Unternehmensziele werden angestrebt?
   1. Erwartete Kapitalrendite (ROI, Shareholder Value)
   2. Cashflow
   3. Operative Ergebnisse

6. Bestimmung der Produktoberziele mit Zieldimensionen wie
   1. Zukünftige Verkaufspreise
   2. Angestrebte Marktanteile und Absatzmengen über den Produktlebenszyklus
   3. Entwicklungszeiten
   4. Markteinführungszeiten etc.

Abb. 6.13: Strategische Zielbestimmung („Controller-Statements", Controller Verein e.V.)

zulegen. Im globalen Markt sind hierbei durchaus länder- und vertriebs-kanalspezifische Zielpreispositionierungen zu berücksichtigen.

Zielkostenermittlung

Aus dem ermittelten Zielpreis werden durch Abzug der unternehmerisch festgelegten Gewinnmarge die Zielkosten errechnet.

Marktpreis/Zielpreis
– geplanter Gewinn
= Gesamtzielkosten
– Vertriebskosten/Verwaltungskosten etc.
= Zielherstellkosten

Zielkostenaufspaltung

Die vorzunehmende Aufspaltung der Gesamtzielkosten wird in drei Schritten vorgenommen. In den Gesamtzielkosten sind die Produkt-, Struktur- und Vorleistungskosten enthalten.

Die Strukturkosten entsprechen hierbei den im Kapitel 6.1.3.2 beschriebenen Kostenstellen und beinhalten folglich die Gemeinkosten des Unternehmens. Sollte, wie in Kapitel 6.1.4 dargestellt, bereits Prozesskostenrechnung im Unternehmen vorhanden sein, verwenden wir deren Ergebnisse für die Kostenaufspaltung der Strukturkosten.

Die Prozesskostenrechnung ist aber keine Voraussetzung zum Target Costing. Wo nicht vorhanden, verwenden wir die Kostenarten (Kap. 6.1.3.1) pro Kostenstelle, wir verzichten also auf jegliche Schlüsselung und Umverteilung. Dies ist (zur Erinnerung) auch der erste Schritt zur Prozesskostenrechnung. Die kalkulatorischen Faktoren in den Kostenarten wie Zinsen, Abschreibung, Unternehmerlohn etc. (Kontenklasse 48) können hierbei ebenfalls außer Ansatz bleiben, müssen dann aber Bestandteil des Zielgewinnes des Target Costings sein.

Die Vorleistungskosten sind administrativ-planerische Kosten in der Produktentwicklungs- und Marktvorbereitungsphase, die nicht auf die Projektaufträge geschrieben werden und stattdessen als Produktlebenszykluskosten zu behandeln sind.

Im zweiten Schritt wird die funktionale Aufspaltung (welche Funktionen das Produkt aus Kundensicht zu erfüllen hat) der Gesamtzielkosten der Zielkostenermittlung vorgenommen. Danach werden die funktionsorientierten Kostenvorgaben auf die verwendeten Komponenten (Baugruppen) und Einzelteile aufgespalten (Struktur-, Konstruktionsstückliste, Arbeitsplan).

Zielkostenplanung

Den festgelegten Zielkosten werden die heutigen Kosten, selbstverständlich auf Basis vergleichbarer Darstellung, gegenübergestellt (Abb. 6.14).

Aus den Abweichungen werden die notwendig einzuleitenden Aktionen zur Kostenreduzierung abgeleitet.

		IST-KOSTEN		ZIELKOSTEN	
		%	E		D
PRODUKTSORTEN	Materialkosten	2,7%	10	8	2
	Fertigungskosten davon	31,5% davon	11,67 davon	10,17	1,5
	direkt indirekt Angestellte	15% 10% 6,5%	5,56 3,70 2,41		
STRUKTURKOSTEN	Forschung u. Entwicklung	2,5%	1,09	1,00	0,09
	Qualitätskosten	6,0%	1,45	0,95	0,5
	Logistikkosten	6,7%	2,50	2,05	0,45
	Vertriebskosten	21,0%	7,83	6,83	1,00
	Verwaltungskosten	7,8%	2,91	2,91	
	Summe	100%	37,45	31,91	5,54

Abb. 6.14: Ist-/Zielkostenaufstellung

6.1.4.2 Kosten-KVP

Der Kontinuierliche Verbesserungsprozess (KVP/Kaizen) besteht vereinfacht gesagt nur aus der Suche nach Verschwendung, Überflüssigem und
Unnützem. Handhabung, Transport, Lagern, Formulare, Papier, Nacharbeit, Ausschuss, Schrott, Ausfallzeiten usw. sind Verschwendung und damit
überflüssig.

Die Suche nach Verschwendung ist grundsätzlich im Produktionsbereich
wie in allen anderen Bereichen eines Unternehmens anwendbar und erfolgreich. Dies gilt nicht nur in seiner Anwendung auf neuproduktbezogenes
Target Costing, sondern ist besonders auch als kontinuierlicher, permanenter, konsequenter Verbesserungsprozess zu sehen.

In dieser Gesamtbetrachtung gehören ebenfalls Methoden wie *TQM*
(Total Quality Management) mit den kundenorientierten betrieblichen
Qualitätskostenreduzierungen, *TPM* (Total Productive Maintenance) mit
den Ausfallzeitenreduzierungen, die altbekannten Methoden wie *Value Engineering* und *Value Analyse* (Wertgestaltung und Wertanalyse), *REFA-
Methoden* und *MTM* und nicht zu vergessen die Organisationsansätze wie
Focus- bzw. *Fraktale Fabrik*. Unabdingbar ist die Einbeziehung der Kunden
und Lieferanten über *Make-or-buy*, In-/Outsourcing-Entscheidung bis zum
Supply Chain Management. *Benchmarking* ist dabei das Korrekturinstru-
ment zur eigenen Zielsetzung und Teamarbeit die Voraussetzung zur Bewältigung der Aufgaben. Anhand der Strukturen und Zahlen aus Abbildung 6.14 werden im Folgenden mögliche Lösungsansätze näher beschrieben.

Materialkosten

Materialkosten senkt man traditionell durch mehrere Angebote und Zuschlag für den günstigsten Anbieter, vorausgesetzt Termintreue, Qualität
und Zuverlässigkeit sind durch Lieferantenbeurteilungen nachweislich
vergleichbar. Zielkostenmanagement geht jedoch von einem Zielkosten-
team aus, in dem die Lieferanten zum frühestmöglichen Zeitpunkt Teilnehmer sind.

Folglich hat der Lieferant hierbei bereits die Möglichkeit, sein Design
und seine Konstruktion bezüglich Kosten und Qualität zu beeinflussen. Da
er ebenfalls die Verwendung und Weiterverarbeitung seiner Teile kennen
lernt, sind auch hier für Folgearbeitsgänge Kostenreduzierungsvorschläge
bis hin zur Abgabe von Eigenfertigungsfolgen an den Lieferanten oder umgekehrt denkbar.

Zudem unterliegen Lieferanten ebenfalls Kostenstrukturen, die Ansatz
zu Verbesserungen bieten. Alle folgenden Zielkostenschritte sind grund-

sätzlich auch bei dem Lieferanten anzuwenden. Das gemeinsame Target-kostenteam sollte folglich ein Lieferanten-KVP starten, wobei vorher die Aufteilung der gefundenen Einsparungen festgelegt sein sollte.

Fertigungskosten

Fertigungskosten werden heute üblicherweise mit den Methoden von TPM, TQM und KVP/Kaizen reduziert. Erfahrungsgemäß sind Reduzierungen in den folgenden Größen eher die Regel und die Auswirkung auf die Kosten entsprechend:

- Durchlaufzeiten um 70%
- Flächenbedarf um 50%
- Bestände (Ware in Arbeit) um 90%
- Ausfallzeiten um 50%
- Steigerung der Ausbringung um 30%

FuE-Kosten

Forschungs-, Entwicklungs- und Konstruktionskosten sind grundsätzlich durch Simultanous Engineering, Simulationsverfahren, Einsatz von C-Techniken (CAD etc.), Projektmanagement und Wertgestaltung zu senken. Ebenso sind hier Make-or-Buy-Entscheidungen wichtig, gezielt Leistungen zu kaufen wie Zeichnungen, Werkzeuge, Patente etc. oder durch Vergabe von Aufgaben an Hochschulen, Institute etc. Bei der FuE-Kostensenkung gibt es unbedingt Folgendes zu beachten: Ein Produktionsbetrieb lebt nicht nur durch Kostensenkungen, sondern auch durch Innovationen. Wenn Kostenreduzierungen bei Standardabläufen wenigstens teilweise dazu genutzt werden, mehr Innovationen zu finanzieren, wird der Erfolg des Unternehmens sicher sein.

Qualitätskosten

Qualitätskosten müssen sich wandeln: Mehrausgaben für Qualitätsvorausplanung und über Null-Fehler-Ziel und nachgewiesene Prozessfähigkeiten Einsparungen bei Ausschuss, Nacharbeit und Reklamationen.

Logistik- (Materialversorgungs-)kosten

Logistik- (Materialversorgungs-)kosten sind zu beeinflussen z.B. durch Rahmenverträge, Lieferantenreduzierung, Just-in-time-Lieferungen direkt an den Verwendungsort, Abstimmung der Menge der Verpackung und Lieferteil nach Menge pro Fertigteilbehälter, Einführung von Kanban.

498

Werkzellen (fraktale Fabrik) benötigen kein aufwendiges PPS (Produktionsplanungs- und Steuerungssystem), weniger Positionen im Arbeitsplan und in der Stückliste und steuern ihre Aufträge selbst.

Vertriebs- und Verwaltungskosten

Vertriebs- und Verwaltungskosten lassen sich – wie im Kapitel 6.1.4 Prozesskostenrechnung beschrieben – analysieren und senken.

Einfacher und erfolgreicher sind die Vorgehensweisen des Fertigungsbereiches wie TQM, TPM und KVP/Kaizen ebenfalls im Vertriebs- und Verwaltungsbereich. Vor Beginn solcher Aktivitäten muss jedoch absolut sichergestellt sein, dass Vorstand, Geschäftsführung und Betriebsrat hinter dem Projektleiter stehen. Die zu erzielenden Ergebnisse entsprechen den im Absatz Fertigung beschriebenen Zielsetzungen. Als nächsten Schritt schauen wir uns die Kostentreiber bzw. Kostenarten genauer an, die im ersten Durchlauf nicht ausreichend optimiert werden konnten, oder man beginnt wieder bei den Materialkosten und startet damit einen Kontinuierlichen Verbesserungsprozess.

6.2 Investitionen

6.2.1 Aufgabe der Investition

Investitionen im Produktionsbetrieb beziehen sich in der Regel auf die Ausstattung des Betriebes mit Sachanlagen wie Maschinen, Anlagen, Gebäuden, Energie-Infrastruktur etc. und werden allgemein nach Ziel oder Ursache unterschieden. Es sind hier zu nennen:

1. Erstinvestitionen: fallen bei Betriebsgründung und Unternehmensgründung an und dienen der Einleitung des Produktionsprozesses oder sie fallen an beim Start neuer Produktionsverfahren (Innovationen/neue Produkte)
2. Erweiterungsinvestitionen: sind notwendig zur Beseitigung von Engpässen oder zur Kapazitätserhöhung
3. Rationalisierungsinvestitionen: sie dienen der Produktionskostensenkung oder der Qualitätsverbesserung
4. Ersatzinvestitionen: sie werden notwendig zum Ersatz verbrauchter, nicht mehr produktionsfähiger Anlagen und Maschinen

Die klare Trennung dieser Investitionsarten kommt in der Praxis selten vor, meist haben wir es mit Mischformen zu tun.

Eins haben alle Investitionen gemeinsam: Sie bedeuten die langfristige (gesamte produktive Zeit der Anlage) Umwandlung von Geldkapital in Produktionsmittel des Anlagevermögens. Damit sind Investitionen Grundlage für betriebsbedingte Abschreibungen und Zinsen (siehe Kostenarten Klasse 48, Abb. 6.2) und darüber hinaus Verursacher der Kostenarten Instandhaltung (Klasse 45) und Betriebsstoffe (Klasse 412), teilweise Werkzeuge (Klasse 417) und Energie (Klasse 425).

Investitionen lassen sich durch Miete oder Leasing ersetzen, verursachen dann aber die entsprechenden laufenden Kostenarten. Mit diesen Alternativen setzen wir uns in diesem Kapitel nicht auseinander. Sie sind jedoch am Ende jeder Investitionsentscheidung zu prüfen und Bestandteil von Make-or-Buy-Entscheidungen.

Investitionen bleiben in Produktionsbetrieben die Basis jeder Geschäftstätigkeit. Der Investor (Kapitalgeber) wird bestrebt sein, für das eingesetzte Kapital die Anlageform mit der höchsten wahrscheinlichen Verzinsung zu finden. Ist die Verzinsung der Investition besser als die anderer Anlageformen, wird investiert. Ausnahme ist sicherlich, wenn die Nichtinvestition bereits investiertes Kapital gefährdet, wie z. B. bei Ersatzinvestitionen.

Im globalen Wettbewerb spielen vor jeder regionalen Investitionsentscheidung Standortentscheidungen eine große Rolle:

● Wo ist der Markt (neue Kunden in anderen Ländern)?
● Welche Maschinenlaufzeiten sind erlaubt?
● Welche Umweltschutz-/Arbeitsschutzauflagen müssen erfüllt werden?
● Welche Import-/Exportzölle fallen an?
● Welche Transportkosten sind zu berücksichtigen?
● Welche Infrastruktur (Transportmöglichkeiten) ist gegeben?
● Welche Steuern entfallen auf Gewinne, Kapital etc.?
● Welche Zustände herrschen bzgl. Sozialer Frieden (Krisengebiet Streikhäufigkeit) und Umweltkatastrophen (Erdbeben, Überschwemmung, Stürme etc.)?
● Welche Personalverfügbarkeit besteht?
● Welcher Personalausbildungsstand besteht?
● Welche Personalkosten fallen an?
● Wie hoch ist das Qualitätsbewusstsein?
● Ist Management vorhanden?

Die Planung einer Investition erfolgt in vier Schritten:

1. Bestimmung des Planziels (siehe Investitionsarten)
   – Kapazitätsausweitung (Umsatz, Stück, Kosten usw.)

– Neuprodukte (Umsatz, Stück, Kosten usw.)
– Ersatz (Hohe Reparaturen, gefährdeter Umsatz usw.)
2. Suche nach Alternativen und Daten
3. Investitionsrechnung (Abb. 6.15); die Berechnungsmethoden und die anzuwendenden Formeln sind in dieser Schrift ausführlich behandelt.
4. Entscheidung bzw. bei unbefriedigendem Ergebnis Wiederholen der vorangegangenen Schritte

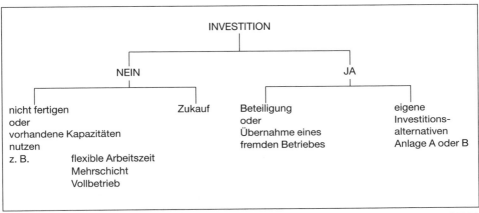

Abb. 6.15: **Investitionsalternativen (Investitionsrechnung im Maschinenbau, VDMA Frankfurt)**

6.2.2 Investitions-KVP

Im Kapitel 6.1.1 wurden die Änderungen der Wettbewerbsbedingungen wie schnellere Innovationsfolgen, also kürzere Produkt-Lebenszyklen, geringere Produktionsstückzahlen bei steigender Anzahl von Produktvarianten, höhere Lieferbereitschaftsgrade durch höhere Bestände oder (besser) kürzere Durchlaufzeiten dargestellt. Hieraus ergeben sich Anpassungsnotwendigkeiten für unsere Investitionsentscheidungen. Das Ziel für Investitionen ergibt sich aus dem bereits Gesagten:

Die Amortisationszeit (siehe Abb. 6.16) sollte kürzer als die Produktlebenszeit sein. Hierzu sind einige Rahmenbedingungen zu beachten:

● Sind die Maschinen und Anlagen nach Auslauf des Produktes für ähnliche zukünftige Produkte weiterverwendbar (also einfache standardisierte Maschinen und Steuerungen)?

501

Dynamisches Verfahren

Kriterium	relative Wirtschaft-lichkeit	absolute Wirtschaft-lichkeit	Erläuterung	Methode
Kapitalwert [DM]	X	X	Als Kapitalwert einer Investition bezeichnet man die Summe aller auf einem vorgegebenen Zeitpunkt (Gegenwartszeitpunkt oder Zeitpunkt der Inbetriebnahme) aufgezinsten bzw. abgezinsten Einnahmen- oder Ausgabenüberschüsse. Den Auf- bzw. Abzinsungsfaktor erhält man aus dem so genannten Kalkulationszinsfuß. (Die Anlage mit dem größten Kapitalwert erscheint als die vorteilhafteste.) Absolut wirtschaftlich ist eine Investition, wenn der Kapitalwert positiv ist. →	Kapital-wert-methode
Annuität [DM/Periode]	X	X	Als Annuität bezeichnet man die im finanzmathematischen Sinn durchschnittlichen jährlichen Einsatz- bzw. Ausgabenüberschüsse pro Periode. Die Annuität ergibt sich als die Rente, die dem Kapitalwert der Investition bei einer Verzinsung mit dem Kalkulationszinsfuß für den Zeitraum der Investition entspricht. Die Anlage mit der größten Annuität erscheint am wirtschaftlichsten. Eine Anlage mit einer positiven Annuität ist absolut wirtschaftlich. →	Annuitäts-methode
Interner Zinsfuss (Rendite) [%]	X	X	Als internen Zinsfuß einer Investition bezeichnet man den Zinsfuß, bei dem der Kapitalwert gerade Null ist. Die Investition mit dem größten internen Zinsfuß gilt als beste. Ist der interne Zinsfuß größer als der Kalkulationszinsfuß, so ist die Investition absolut wirtschaftlich. →	Methode des internen Zinsfußes (Cashflow-Methode)

Statisches Verfahren

Kriterium	relative Wirtschaftlichkeit	absolute Wirtschaftlichkeit	Erläuterung	Methode
Kosteneinsparung [DM/Jahr]	X		Alle zur Wahl stehenden Anlagen werden durch die ihnen jeweils direkt zurechenbaren Kosten *) in einem Jahr miteinander verglichen. Die Anlage, bei der die Kosten am niedrigsten sind (ausgehend von repräsentativen Teilen), ist danach die günstigste. →	Kostenvergleichsrechnung
Mehrgewinn [DM/Jahr]	X		Alle zur Wahl stehenden Anlagen werden durch die von ihnen erzeugten Gewinne (Erträge – Kosten) miteinander verglichen. Die Anlage, bei der der Gewinn am größten ist, ist demnach am günstigsten. Es ist jedoch auch denkbar, anstelle des Gewinnes Deckungsbeiträge zu vergleichen (Erlöse – variable Kosten) →	Gewinnvergleichsrechnung
Rentabilität (Return on Investment) [%]	X	X	Die Rentabilität ist definiert als das Verhältnis von Gewinn zu investiertem Kapital. Für alle zur Wahl stehenden Anlagen wird die Rentabilität berechnet und die Anlage mit der grössten Rentabilitätsziffer ausgewählt. (Ist die errechnete Rentabilitätsziffer grösser als eine vorgegebenen Schranke, so gilt die Investition als absolut wirtschaftlich.) →	Rentabilitätsrechnung
Amortisationszeit (Payback-Periode) [.... Jahr]	X	X	Die Amortisationszeit ist die Zeit, innerhalb welcher der durch die Investition verursachte Gewinn (bzw. Deckungsbeiträge) die Investitionsausgaben deckt (Selbstzahlungszeit). Die Anlage mit der geringsten Amortisationszeit ist auszuwählen. (Ist die Amortisationszeit geringer als eine vorgegebene Schranke, so gilt die Investition als wirtschaftlich.) →	Amortisationsrechnung

*) Fertigungsstoffe und die beim Rechnen mit Maschinenstundensätzen geplanten kapazitätsabh. Kosten vgl. VDMA-BwB 7 „Das Rechnen mit Maschinenstundensätzen"; 3. überarb. Auflage, Frankfurt 1970

Abb. 6.16: Investitionsrechnungsmethoden

503

- Sind Automatisierungsgeräte, Handlingsgeräte, Roboter etc. fester Bestandteil der Maschine oder sind sie flexibel und ohne größere Umbaukosten anderen Anwendungen, Maschinen, Arbeitsgängen zuzuordnen?
- Sind Altmaschinen (Rundgang im Maschinenmuseum des Betriebes ist hier zu empfehlen) in das neue Produktionskonzept integriert?
- Wie hoch ist der zu erwartende Reparaturaufwand (Garantie über Produktlebenszeit mit Maschinenlieferanten abschließen)?
- Wie hoch ist die Rüstzeiten (Ziel: Null-Rüsten oder Rüsten bei laufender Fertigung ohne Ausfallzeiten)?
- Welche Prozess- bzw. Maschinenfähigkeit (Cm_K Cp_K) ist zu erreichen?
- Sind Prozessregelkarten und Qualitätsstop-Funktionen integriert (Schrott, Nacharbeit, Fehlteile, Einrichtteile bei Produktionsbeginn)?
- Sind Arbeits- und Umweltschutz gewährleistet?
- Ist das Layout (Aufstellungsplan) der Fertigung materialfluss-, prozessorientiert? (hier helfen Simulationsprogramme)
- Wurde ein KVP-/Kaizen-Workshop durchgeführt?
- Welcher Einfluss wird durch die neue Anlage auf die Gemeinkosten ausgeübt?
- Welcher Schulungs-, Trainings-, Einarbeitungsaufwand ist geplant? Jegliche Ausbildungen, Schulungen und Trainings von Mitarbeitern sind als Investition zu sehen. Gerade auch zur Vorbereitung der genannten Investitionsarten, teilweise auch als Ersatz solcher z.B. im Rahmen von KVP-, Kaizen-, Qualitätsoptimierungs-Programmen und immer als Grundvoraussetzung zur Einleitung jeglicher Veränderungsprozesse im Unternehmen.
- Just-in-Time (ohne Puffer, Zwischenlager, aber mit Reservekapazität geplant)

Darüber hinaus wird deutlich, dass die beschriebenen Vorgehensweisen der Prozesskostenrechnung (siehe Kap. 6.1.4) und Zielkosten (siehe Kap. 6.1.5) voll zur Anwendung kommen sollten. Zu empfehlen ist aber auch eine Vorgehensweise gemäß dem Arbeitsplan der Wertanalyse (DIN 69910; siehe Abb. 6.17). Die beschriebenen Lösungsansätze führen erfahrungsgemäß in der Praxis zu Amortisationszeiten zwischen ein und zwei Jahren für die zu tätigenden Investitionen.

Wertanalyse Arbeitsplan gemäss DIN 69910 Teil 3				Phasen der Investitions-planung
Nr.	Grundschritte	Nr.	Teilschritte	
1.	Projekt vorbereiten	1.	Auftrag entgegennehmen: Aufgabe definieren	Anregungs- und Problem-stellungsphase:
		2.	Ziele setzen	
		3.	Untersuchungsrahmen ab-grenzen	→ Aufgabenfestlegung
		4.	Projektorganisation festle-gen: Team bilden	→ Analyse des Ist-Zu-standes
		5.	Projektablauf planen: Termi-ne festlegen	
2.	Ausgangssituation analysieren	1.	Projekt- und Umfeld-Infor-mationen beschaffen:	→ Anforderungsnorm
		2.	Marktdaten, Schwachstel-len	
		3.	Kosteninformationen be-schaffen	
		4.	Funktionsstruktur erstellen Eigenschaften quantifizieren	
		5.	Kosten der Funktionen zu-ordnen	
3.	Soll-Zustand festlegen	1.	Informationen auswerten	
		2.	Soll-Funktionen festlegen	
		3.	Soll-Kosten festlegen	
		4.	Aufgabenstellung prüfen	
4.	Lösungsideen entwickeln	1.	Ideenfindungstechniken an-wenden: Kreativitätstechnik wählen und Kreativitätsre-geln beachten Informationsquellen nutzen	Suchphase: Suchen von technischen und ggf. wirtschaftlichen Alternativlösungen
5.	Lösung auswählen	1.	Lösungsideen klassifizieren und bewerten	Beurteilungsphase: → Klassifizierung
		2.	Lösungen ermitteln	→ Vorauswahl
		3.	Lösungen bewerten: Detailbewertung	→ Detailbewertung durch Investitionsrechnun-gen
		4.	Entscheidungsvorlage er-stellen	→ Verdichten zu einem Entscheidungskriteri-um
		5.	Entscheidungen herbeifüh-ren	
				Entscheidungsphase
6.	Lösung verwirklichen	1.	Realisierung im Detail pla-nen	Realisierungsphase
		2.	Realisierung einleiten	
		3.	Realisierung überwachen	
		4.	Projekt abschließen	
				Kontrollphase

Abb. 6.17: Arbeitsschritte der Wertanalyse und Phasen den Investitionsplanung (Reichmann 1988)

6.3 Controlling

6.3.1 Controllingaufgaben

Allgemein werden die Controllingaufgaben unter den Feldern Planung, Information und Koordination sowie Kontrolle gesehen. Die Planungsaufgabe umfasst die Entwicklung und Pflege eines Planungssystems, die Durchführung von Planungsrechnungen und das Erstellen von Budgets für das Gesamtunternehmen und alle Teilbereiche unter Mitwirkung der Bereiche und Abteilungen. Die Informations- und Koordinationsaufgaben bestehen im Berichtswesen zu den Planungen aus: Planungs- und Kontroll-, Kosten- und Leistungsrechnungen, Rentabilitäts-, Kennzahlen- und Wertanalyserechnungen, Sammeln und Auswerten von Benchmarkingdaten. Die Kontrolle umfasst alle Abweichungen zwischen Planungs- und Ist- und auch Zielwerten, mit Ursachenanalyse und Anregung und Überwachung von Abstellmaßnahmen. Das ganze Spektrum der Aufgaben ist in Abbildung 6.18 dargestellt.

6.3.2 Controllingsystem

Controlling ist in der Summe als Steuerungs- und Regelungsmethode aller Geschäftsprozesse auf Basis festgelegter und vereinbarter Unternehmensziele zu sehen. Hierzu sind „Zahlenfriedhöfe" in Form von endlosen Computerlisten oder seitenlangen Tabellen erfahrungsgemäß eher ungeeignet. Schneller aussagefähig sind heute visuelle Darstellungen, wie sie vor ca. zehn Jahren als QOS (Qualitätsoperationssystem) entwickelt und heute unter den Begriffen BOS (Business operation system) oder Balanced Scorecard mehr und mehr angewendet werden.

Am Beispiel der Qualitätskosten wird der Aufbau eines BOS dargestellt.

Als Basis ist es sinnvoll, die Unternehmensziele auf die einzelnen Abteilungsziele heruntergebrochen zu haben (Abb. 6.19). Diese Ziele für die Qualitätskosten sind in Abbildung 6.20 beispielhaft dargestellt.

Für die Steuerung der Zielgrößen verwenden wir eine Trenddarstellung mit Balkendiagramm der Monatswerte, Darstellung der Ziellinie und einem 12-Monats-Mittelwert. Die Anteile der Hauptelemente an den Gesamtkosten stellen wir in einem Paretodiagramm dar (Abb. 6.21). Die Hauptelemente werden ihrerseits wieder in Einzelelemente aufgegliedert und als Trend und Pareto dargestellt (siehe Abb. 6.21a – Interne Fehlerkosten). Die Einzelelemente lassen sich bei Bedarf weiter aufgliedern, bis die Verursacherebene erreicht ist (siehe Abb. 6.21c – Schrott).

I.	**Controlling**
	(inkl. operatives und strategisches Controlling, Unterstützung des Controllingverständnisses)
	– Aufbau und Weiterentwicklung eines Controllingssystems (inkl. Planungs-, Steuerungs- und Informationssystem
	– Aufbau und Ausbau sowie Anwendung der Controllinginstrumente
II.	**Informationen**
	– Managementberatung
	– Berichtswesen
	– Überwachung von Hauptkennziffern
	– Betriebswirtschaftliche Sonderuntersuchungen
III.	**Unternehmensplanung**
	(inkl. betriebswirtschaftliche Planung und Mitwirkung bei der Zielsetzung)
	– Strategische Unternehmensplanung
	– Operative Unternehmensplanung
	– Budgetierung
	– Abweichungsanalyse
IV.	**Rechnungswesen**
V.	**Kostenrechnung**
	– Kalkulation
	– Kostenplanung und -kontrolle
	– Sonstige Kostenrechnungsaufgaben (z. B. spezielle Kostenanalysen)
VI.	**Kurzfristige Erfolgsrechnung, Ergebnisanalyse**
VII.	**Investitionscontrolling**
	– Investitionsplanung (inkl. Investitionsanregungen, -budgets, -rechnungen)
	– Laufende Investitionsnachrechnung/-kontrolle
VIII.	**Finanzwesen**
	– Laufende Liquiditätssicherung
	– Finanzplanung und -kontrolle
	– Finanzierung
IX.	**Funktionsbezogenes Controlling**
	– Beschaffungs-Controlling
	– Produktions-Controlling
	– Logistik-Controlling
	– Absatz-Controlling
	– Forschungs- und Entwicklungs-Controlling
	– Personal-Controlling
X.	**Projekt-Controlling**
	(inkl. projektbezogene Informationssysteme: Auswirkungen von Projekten auf Produktivität, Aufbau- bzw. Ablauforganisation und Personalbedarf)
XI.	**Überwachung von Gliedbetrieben**
	– Werke
	– Geschäftsbereiche
	– Tochtergesellschaften
XII.	**Bilanzierung**
	– Finanzbuchhaltung
	– Jahresabschluss
XIII.	**Steuern**
XIV.	**EDV-gestützes Controlling**
XV.	**Organisation und Verwaltung**
XVI.	**Revision**
XVII.	**Rechtswesen**
XVIII.	**Versicherungswesen**

Abb. 6.18: Aufgaben des Controlling (Reichmann 1988)

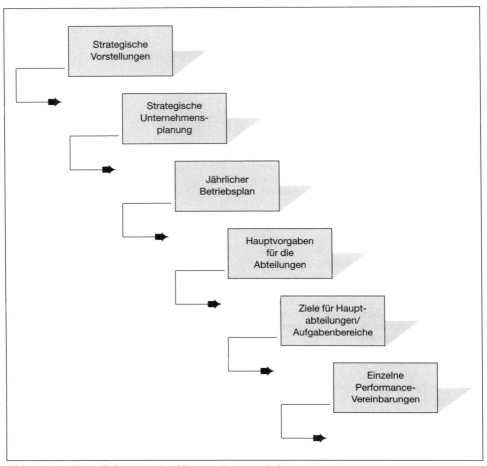

Abb. 6.19: Koordinierung der Unternehmensziele

Entscheidend für den Erfolg dieser Controllingmethode ist, dass bis zum Erreichen der gesetzten Ziele und bei jeder Abweichung auf allen Verdichtungsebenen Aktivitäten eingeleitet, Verantwortliche benannt, eventuell (bei größeren Aufgaben) Teams gegründet und Zieltermine vereinbart werden. Mit den hier dargestellten Controllingsystemen sind grundsätzlich alle Zielwerte des Unternehmens (monetäre und nichtmonetäre) als auch die Aktivitäten wie in den Kapiteln 6.1.4, 6.1.5 und 6.2.1 beschrieben, zu steuern und zu regeln.

		Jahr 1 %	Jahr 2 %	Jahr 3 %
1.	**Qualitätskosten**	**9,53**	**9,16**	**8,00**
1.1	Vorbeugende Qualitätskosten	1,20	1,20	1,00
1.2	Prüfkosten	1,26	1,26	1,10
1.3	Interne Fehlerkosten	5,34	5,34	4,51
1.3.1	Schrott	4,65	4,65	3,83
1.3.2	Nacharbeit	0,70	0,55	0,54
1.4	Externe Fehlerkosten	1,73	1,36	1,39

Abb. 6.20: Zielanpassungen

Literaturhinweise

Clüsserath, E./Reichle, W. (1973): Investitionsrechnung im Maschinenbau, Frankfurt 1973

Controller Verein e.V. (1997): Controller Statements, Gauting 1997

Mayer, R. (1998): Prozesskostenrechnung – State of Art, Stuttgart 1998

Reichmann, T. (1988): Controlling-Praxis – Erfolgsorientierte Unternehmenssteuerung, München 1988

Sakurai, M./Keating, P.J. (1994): Target Costing und Activity-Based Costing, in: Controlling, H.2, 3/4 1994

Wieselhuber + Partner (1992): Kostenmanagement – Kostenstrukturen systematisch optimieren, München 1992

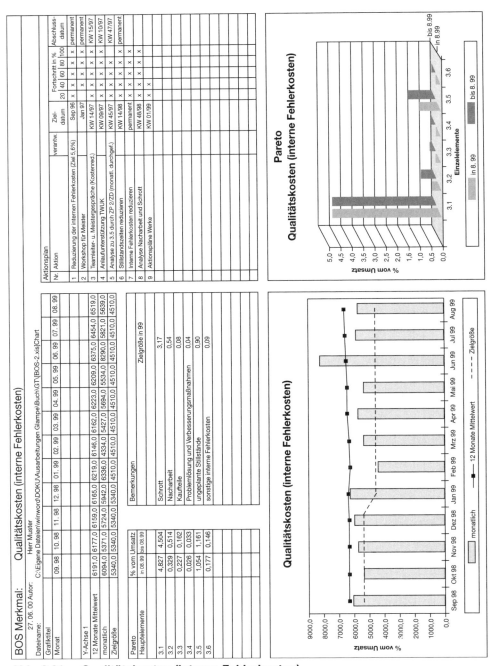

Abb. 6.21a: Qualitätskosten (Interne Fehlerkosten)

510

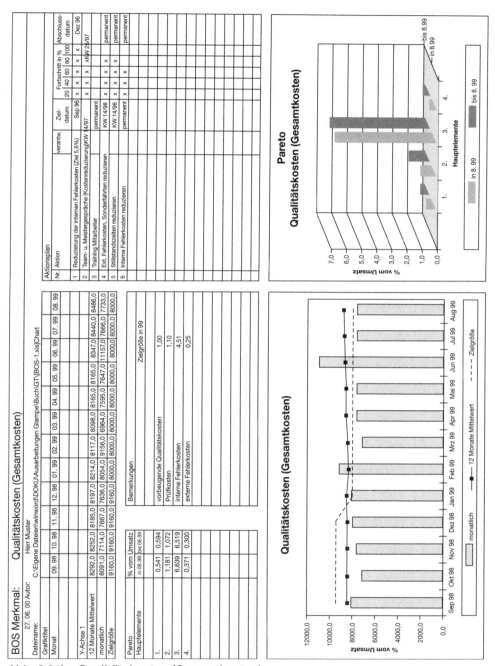

BOS Merkmal: Qualitätskosten (Gesamtkosten)

27. 06. 00 Autor: Herr Muster

Dateiname: C:\Eigene Dateien\winword\DOKU\Ausarbeitungen Glampe\Buch\GT\BOS-1.xls\Chart

Grafiktitel

Monat	09. 98	10. 98	11. 98	12. 98	01. 99	02. 99	03. 99	04. 99	05. 99	06. 99	07. 99	08. 99
Y-Achse 1												
12 Monate Mittelwert	8292,0	8252,0	8185,0	8197,0	8214,0	8117,0	8098,0	8165,0	8165,0	8347,0	8440,0	8486,0
monatlich	8091,0	7114,0	7667,0	7636,0	8054,0	9156,0	6964,0	7595,0	7647,0	11157,0	7666,0	7733,0
Zielgröße	9160,0	9160,0	9160,0	8000,0	8000,0	8000,0	8000,0	8000,0	8000,0	8000,0	8000,0	8000,0

Pareto	% vom Umsatz		Bemerkungen	Zielgröße in 99
Hauptelemente	in 08.99	bis 08.99		
1.	0,541	0,594	vorbeugende Qualitätskosten	1,00
2.	1,181	1,072	Prüfkosten	1,10
3.	6,639	6,519	interne Fehlerkosten	4,51
4.	0,371	0,300	externe Fehlerkosten	0,25

Aktionsplan

Nr.	Aktion	verantw.	Ziel-datum	Fortschritt in % 20	40	60	80	100	Abschluss-datum
1	Reduzierung der internen Fehlerkosten (Ziel 5,6%)		Sep 96	x	x	x	x	x	Dez 96
2	Team- u. Meistergespräche (Kostenreduzierung)	KW 14/97	permanent	x		x	x	xKW 25/97	
3	Training Mitarbeiter		permanent						permanent
4	Ext. Fehlerkosten, Sonderfahrten reduzieren		KW 14/98	x	x	x	x		permanent
5	Stillstandszeiten reduzieren		KW 14/98	x	x	x			permanent
6	Interne Fehlerkosten reduzieren		permanent	x	x				permanent

Qualitätskosten (Gesamtkosten)

Pareto Qualitätskosten (Gesamtkosten)

Abb. 6.21b: Qualitätskosten (Gesamtkosten)

511

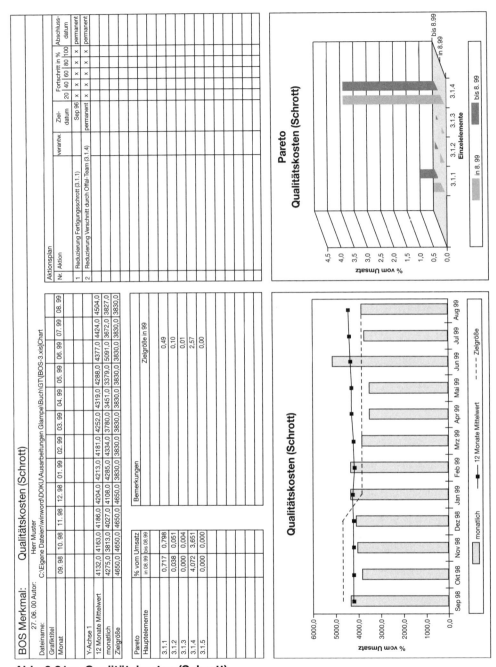

Abb. 6.21c: Qualitätskosten (Schrott)

512

7. Elektronische Information, Wissen und Entscheidungsunterstützung

Peter Hinzmann, Lothar Hansen, Tom Linckens, Christoph Neufeldt, Helmut Peters

513

Weder die größte, noch die stärkste oder die intelligenteste Art
wird überleben, sondern einzig diejenige, die sich am Besten
an wandelnde Bedingungen anpasst.

Charles Darwin

Veränderte Konstellationen des Wettbewerbs der modernen Industrieunternehmen sind beeinflusst durch den Wandel der Informationstechnologie. Netzwerkverknüpfungen verändern Strategiemöglichkeiten durch
Optimierung von Wertschöpfungsketten. Das erforderliche Denken der
Unternehmensmitarbeiter in Geschäftsprozessen führt zu veränderten Anforderungen an Fähigkeiten im IT-Umfeld.

Netzwerke und Unternehmenspartnerschaften bestimmen das Bild. Erfolgsfaktoren werden durch Investitionen in Innovationstätigkeit und Informationsfähigkeit aufgebaut. Die Globalisierung des Wettbewerbs verändert in rasantem Tempo immer mehr Arbeitsplätze. IT-Systemstrategien
fokussieren auf Plattformen und veränderte Strukturen der Organisation.
Fragen des Zentralisierungs- und Dezentralisierungsgrades werden neu
stellt. Die Rolle der Dienstleister innerhalb von IT wird beleuchtet.

7.1 Unternehmen und Informationstechnologie (IT) – Organisation der Zukunft

7.1.1 Wettbewerb

Der fundamentale Wandel der Informationstechnologie (IT) verändert
ganze Branchen und zwingt die Unternehmen zu anderen Wettbewerbsstrategien. Offenbar bekommt die Informationslandschaft bisher nicht ge-
kannte Konturen, seitdem sich die diversen Netztechniken rasant ausbrei-
ten, die Zahl der Netzanbindungen geradezu explosionsartig ansteigt (vgl.
Evans 1999).

Veränderungen

Was wird mit den Unternehmen geschehen? Alle Unternehmen werden
letztlich von der sich verändernden Informationsorientierung (vgl. Mar-
chand/Kettinger 1999) betroffen sein, wenn auch nicht alle in gleichem Ausmaß oder auf die gleiche Weise. Antworten auf die nachstehenden Fragen
sind erste Schritte zur Bestimmung des Weges, wie das Unternehmen um-
gestaltet werden könnte:

- In welcher Weise und an welcher Stelle ist Information in der aktuellen Wertkette des Unternehmens eine wertschaffende Komponente?
- Welche wichtigen Arbeitsbereiche – insbesondere Informationstätigkeiten – können zu eigenständigen Geschäften gemacht werden?
- Könnte das physische Basisgeschäft effizienter bewältigt werden, wenn die Informationsfunktionen ausgegliedert würden?
- Welche neuen Aktivitäten – insbesondere Funktionen etablierter Informationsmittler – würden dann erforderlich werden?
- Welche neuen Fähigkeiten werden benötigt, um neu entstehende Geschäfte zu beherrschen?

Anpassungen an das Umfeld

Die Unternehmen müssen sich heute in ihrem Verhalten auf die Veränderung ihres Umfeldes einstellen – die höhere Dynamik des Wettbewerbs, des technischen Wandels und der Marktanforderungen erfordern größere Flexibilität und Effizienz. Das betrifft alle Wirtschaftszweige (vgl. Sommerlatte 2000, S. K4). Was tun diese Unternehmen, um die Flexibilität und die auf neue Anforderungen ausgerichtete Leistungsfähigkeit zu erzeugen?

Es sind vier Ansatzpunkte der Unternehmensorganisation, an denen sie arbeiten, um traditionelle Hindernisse gegen Innovationsfähigkeit und Schlagkraft abzubauen:

- Sie haben die Bedeutung der Hierarchie und der Abteilungsstrukturen reduziert und fördern das Zusammenwirken aller Mitarbeiter in markt- und kundenorientierten Geschäftsprozessen
- Sie kultivieren Teamarbeit und nutzen abteilungsübergreifende Teams und Projekte für Zukunftsaufgaben
- Sie gehen Partnerschaften ein, um Know-how und spezialisierte Leistung günstiger von leistungsfähigen Partnern zu erwerben
- Sie haben den Innovationsprozess zum wichtigsten Leistungsprozess des Unternehmens gemacht

7.1.2 Geschäftsverständnis

Spezialisierung kann nur dazu dienen, in der Gesamtheit dem Kunden das bessere Produkt oder die bessere Leistung zu bieten. In stärker prozessorientierten Organisationen steht im Vordergrund, welchen Beitrag der Mitarbeiter für die Gesamtleistung dem Kunden gegenüber erbringt und wie er sich mit anderen Leistungserbringern abstimmt. Der Einzelne muss mindestens ebenso viel Verständnis für die Gesamtheit des Geschäftes mitbringen wie spezialisierte Kompetenz. Diese Anforderung gilt für viele Unternehmen, die ihre Geschäftsabläufe im Zuge der Einführung von Enterprise-Resource-Planning (ERP)-Systemen durchorganisiert haben.

Vom Geschäftsverständnis zur IT-Strategie

Entscheidend für den nachhaltigen IT-Erfolg im Unternehmen ist die Unterstützung der Geschäftsprozesse durch IT. Dabei ist zu leisten, dass Informationsobjekte in Datenmodelle sowie in Anwendungsysteme und Infrastruktur heruntergebrochen werden. Funktionen und Methoden müssen zu Funktions- und Methodenmodellen zusammengebaut werden. Instrumente müssen hinsichtlich ihrer technischen Anforderungen innerhalb der aufzubauenden Anwendungssysteme überprüft werden. Generelle Qualitätsziele müssen Raum geben für operative Ziele, die zu einer zuverlässigen Infrastruktur führen. Die Benutzeranforderungen sind schnell in Prototypen abzubilden, die dann in ausgefeilte Anwendungssysteme mit zuverlässiger Infrastruktur übergehen.

Teamarbeit

Zukunftsorientierte Unternehmen schaffen es, ihre Mitarbeiter außerhalb oder eigentlich oberhalb der bestehenden Organisation in wechselnde Teams einzubinden, die mit wichtigen zeitlich begrenzten Projekten betraut werden. Diese Projektorganisation überlagert die Linienorganisation und bewirkt das Zusammenführen von Wissen in immer wieder neuen aufgabengerechten Kombinationen und in Austausch von bewährten Erfahrungen zwischen den verschiedenen Bereichen des Unternehmens. Soziale Kompetenz ist gefordert, oft auch der Mut, die Abteilungsinteressen hinten anzustellen und auf Teamergebnisse zu setzen. Am ausgeprägtesten ist dieses Organisationsprinzip bei Beratungsfirmen und in der Software-Entwicklungsbranche.

Netz und Verhaltensweisen

Schon heute kommunizieren Millionen von Menschen über das Netz, sei es vom Arbeitsplatz oder von zu Hause aus. Diese Menschen gehen zu neuen Verhaltensweisen über und knüpfen neuartige Geschäftsbeziehungen. Dadurch werden in vielen Bereichen der Wirtschaft lang etablierte Wertschöpfungsketten zerrissen und neue aufgebaut.

Partnerschaften

Unternehmensorganisationen der Zukunft sind intern wie extern durch partnerschaftliches Verhalten gekennzeichnet. Sie sind darauf aus, durch Partnerschaft mit Kunden, Zulieferern, Forschungsinstituten in Joint Ventures und gemeinsamen Vorhaben ihre eigene Kompetenz zu erweitern, neue Ideen zu entwickeln und innovative Entwicklungen schneller voranzutreiben.

Für den einzelnen Mitarbeiter heißt das, dass er über die Teamarbeit im eigenen Unternehmen hinaus auch mit Menschen aus anderen Unternehmenskulturen und mit partiell sehr unterschiedlichen Interessen konstruktiv zusammenarbeiten können muss. Erfolgreiche Unternehmen zeigen, dass Zusammenarbeit mit externen Partnern schon zum ständigen Bestandteil des täglichen Arbeitslebens gehört. Die großen Software-Entwickler könnten ohne eine Vielzahl von Vertragspartnern die Implementierung und Weiterentwicklung der zahlreichen Module nicht mehr bewerkstelligen.

7.1.3 Innovationen – Organisation und Einflussfaktoren

Zukunftsorientierte Unternehmen haben erkannt, dass die Schnelligkeit und Ergiebigkeit ihrer Innovation von zentraler Bedeutung für Wachstum und ihren zukünftigen Ertrag sind, und dass dieser Prozess mit höchster Priorität optimiert werden muss. Das ist nicht nur die Phase der Entwicklung im Rahmen bereits definierter Produktlinien, sondern heißt auch, dass Innovation nicht die isolierte Aufgabe von Forschung und Entwicklung ist. Alle Verantwortungsbereiche müssen mitwirken in der Findung und Umsetzung von Innovationsideen. Wie das in der Praxis erfolgreich geht, beweisen zahlreiche Firmen im Technologiesektor. Die Suche nach Innovationsideen verläuft systematisch, quer durch die Unternehmung, unter Beteiligung eines breiten Spektrums von Mitarbeitern, bei intensiver Auseinandersetzung mit Kunden und Geschäftspartnern.

Wertketten durch Information

Jedes Geschäft ist auch ein Informationsgeschäft. Die Wertkette eines Unternehmens setzt sich aus allen Tätigkeiten zusammen, die erbracht werden, um ein Produkt zu konzipieren, herzustellen, anzubieten, auszuliefern und nach Verkauf im Kundendienst zu betreuen. Die Wertketten aller Unternehmen, die von anderen Firmen kaufen und an andere verkaufen, bilden die Branchenwertkette. Diese ist eine ganz spezifische Konstellation von Mitbewerbern, Lieferanten, Vertriebswegen und Kunden (vgl. Porter 1985, S. 33f). Zu einer Wertkette gehören alle Informationen, die innerhalb eines Unternehmens sowie zwischen ihm und seinen Lieferanten, seinen Handelspartnern und seinen derzeitigen potenziellen Kunden fließen. Lieferantenbeziehung, Markenidentität, Prozessabstimmung, Kunden- und Mitarbeiterloyalität sowie Umweltkontakte hängen allesamt von unterschiedlichen Informationen ab.

Innovatives Informationsmanagement

Im Rahmen eines zunehmend vernetzten Informationsmanagements zwischen den Unternehmen müssen mögliche denkbare und sinnvolle Wert-(schöpfungs)ketten schnell und flexibel abbildbar sein sowie unterstützt werden (vgl. Baumgart 2000).

Was müssen die Prozessorganisationen immer neuer Unternehmens-Kooperationen leisten? Im Idealfall erbringen die nach gleicher Prozesssicht organisierten IT-Bereiche der Unternehmen koordiniert Teilleistung für das Informationsnetz, das alle Partner anbindet.

Herausforderungen für die IT sind immer:

- Die Geschäftsprozesse müssen über die Grenzen der Unternehmenseinheiten hinaus mit hoher Zuverlässigkeit unterstützt werden
- Neue virtuelle und temporäre Einheiten müssen bedient werden
- Neue Geschäftsprozesse müssen in der Systemarchitektur schnell abbildbar sein
- Neue Technologien (E-Business, Business to Business [B2B]) erfordern eine Anpassung der IT-Strategie
- Wachsende Komplexität in der IT-Infrastruktur bei gleichzeitig sinkender Ressourcenverfügbarkeit (Skills und Budget) muss bedient und gesteuert werden

7.1.4 Globalisierung und Folgen

Wer Trends aufmerksam beobachtet und nüchtern analysiert, wird bestätigen, was schnelle technische Entwicklung und die Globalisierung schon jetzt für Folgen – hier beispielhaft in der Produktion – haben (vgl. Forschungszentrum Karlsruhe 1999):

- Rasant beschleunigte Entwicklung von neuen Methoden in der Produktion basierend auf Quantensprüngen in der Technologie
- Globalisierung mit größeren Märkten und Aufbau von Grenzen bei

schnellen Reaktionen und Entscheidungen – insbesondere in der Welt des Internets

- Mehr und mehr Arbeitsplätze sind gefährdet, gleichzeitig müssen mit individuellen Produkten neue Bedürfnisse optimal erfüllt werden
- Zeit als entscheidender Faktor im Wettbewerb, Produktentwicklung- und Serviceinnovationen folgen schneller als früher aufeinander. Nur schnell umgesetztes Wissen wirkt
- Die Zukunft gewinnt, wer Produkte und Leistungen noch schneller ganz kundennah anbietet und noch stärker in wechselnden regionalen oder internationalen Netzen kooperiert, eine Unternehmenskultur entwickelt, in der noch mehr auf die Fähigkeiten der Mitarbeiter gesetzt wird als bisher

7.1.5 IT-Systemstrategie (Standards, Module und Plattformen)

Top-down-Ansatz

Die Ursachen eines Redesigns der IT-Systemstrategie liegen in den eingangs geschilderten geänderten organisatorischen Anforderungen. Abgeleitet aus dem möglichst klaren Leitbild (Mission, Vision) ist die Position der IT als Dienstleister zu beschreiben. Diese Leitbildvorstellung wirkt sich aus auf die Einsatzstrategie, die Investitions- und Leistungsfelder beleuchtet und abklärt, welche technologischen Innovationen für das Unternehmen notwendig sind. Das leitet in eine Systemstrategie über, in der die Plattformen gelegt werden, um Anwendungen zu ermöglichen. Insbesondere wird fokussiert auf die Datenbasis, die Anwendungssysteme selbst sowie die IT-Infrastruktur. Geklärt werden muss die Organisationsstrategie mit Ablauforganisation (durch die Informatik gestützte Geschäftsprozesse) und adäquaten Strukturen mit ihren Verantwortlichen.

Kommunikationsstandards

Das rasche Auftauchen universeller technischer Kommunikationsstandards zwingt die Firmen, sich intern und extern auf ihre Anwendung zu einigen, da sie sich nur so die verfügbaren Netztechniken kostengünstig erschließen können.[1] Das gilt für das Internet, das alle miteinander verknüpft, wie Ex-

---

[1] vgl. dazu auch die aktuellen Forschungsgruppen der GCI (Global Commerce Initiative). GCI wird unterstützt von den führenden standardsetzenden Vereinigungen wie u.a. UCC und EAN sowie weltweit namhaften Vertretern der Industrie und des Handels. In einer Zeit des rasanten Auf- und Ausbaus so genannter „elektronischer marketplaces" (exchanges) sollen diesen bis 31.7.2000 praktikable Standards in „simple-EDI" sowie „ebXML" angedient werden, um Kommunikationschaos zu vermeiden. In: Open Letter for Internet data exchange standards, CCG, Köln, May 2, 2000

tranets, die Firmen miteinander verbinden, oder Intranets, die Firmenange-
hörige elektronisch zusammenschließen.

Plattformkonzepte

Wie will man damit Kundenwünsche nach immer neuen und angepassten
Varianten erfüllen? Interne und externe Standards reichen häufig kaum
aus. Plattformkonzepte, wie sie in der Automobilindustrie üblich sind, können auf andere Gebiete übertragen werden. Plattform heißt dann, nur einmal entwickeln, aber vielfach nutzen (z. B. in der Anwendungssoftware die
mehrfache Verwendung von logischen Funktionsbausteinen [„templates"]). Jedes Unternehmen wird also für sich entscheiden müssen, wie es
Systeme nach Plattformkonzepten strukturiert, die eine schnelle Anpassung an neue Anforderungen ermöglicht.

7.1.6 Netze – global und lokal

Kooperationen

Im weltweiten Wettbewerb reagieren Unternehmen mit Spezialisierung
und Konzentrationen auf Kerngeschäfte sowie mit Kooperation, Auslagerung oder Fremdbezug. Die Strukturen von solchen Netzen zu organisieren
und zu koordinieren wird wettbewerbsentscheidend sein.

Mit welchen Faktoren muss man in regionalen oder globalen Netzen planen? Wie steuert man? Wie beherrscht man die inner- und die überbetriebliche Organisation?

Überlebenswichtig ist:

- Herausfiltern relevanter Informationen aus einem weltweiten Informati-
onsangebot
- Entscheidungen fällen, was globalisiert/regionalisiert werden muss und
was durch Kooperation (ab-)gelöst werden kann
- Organisation globaler/regionaler Strukturen zu einem Minimum an Gemeinkosten
- Globale/regionale Prozessketten unterstützt mit angepasster Technik
- Mitarbeiter müssen für die Globalisierung/Regionalisierung qualifiziert,
d.h. interessiert, motiviert und ausgebildet werden

7.2 Mission und Rollenverständnis von IT

Die veränderte IT-Rolle im Unternehmen führt zu Strukturveränderungen. Es steht immer wieder die Frage der Outsourcing-Fähigkeiten von IT-Prozessen an. Kernkompetenz bei den Sekundärprozessen sind Innovationsmanagement und strategisches Management. Wichtige Entscheidungen werden zur Rolle der Competence Center getroffen. Es wird auch die Aufgabe des IT-Key-Account-Managers beleuchtet. Angesprochen wird das Thema „Interner Markt" sowie der Ansatz von Verrechnungspreisen.

7.2.1 Rolle

Die Rolle der IT im Unternehmen hat sich zusehends verändert (vgl. Eckhardt/Hovelmanns 1999, S. 20ff). Die Bedeutung der IT für die Wettbewerbsfähigkeit und den Geschäftserfolg eines Unternehmens werden heute allgemein anerkannt. Die Qualität der IT-Unterstützung ist sogar zum kritischen Erfolgsfaktor geworden.

7.2.2 Strukturen

In einem größeren Konzern stellt sich ständig die Frage, ob man richtig strukturiert ist, ob man nicht besser eine Geschäftseinheit ausgliedert, mehrere Einheiten zusammenfasst oder gemeinsame Dienste begründet. Bei mittleren Unternehmen geht der Trend in Richtung Kooperationen, die häufig zeitlich begrenzt sind, z.B. für die Dauer eines Projektes. Jede Art der Änderung der Unternehmensstruktur stellt für die IT eine Herausforderung dar. Dabei liegen die Herausforderungen bei Fusionen vorrangig im Management der Heterogenität und der Harmonisierung der IT-Landschaften. Bei Kooperation muss die IT vorrangig die Kommunikation und den Datenaustausch zwischen den beteiligten Kooperationspartnern sichern.

7.2.3 Prozessorientierung

Der fruchtbarste Ansatz zur Bestimmung einer anforderungsgerechten IT-Organisation ist die Orientierung an Prozessen. In einem Prozessmodell muss definiert werden, welche Leistungen („Service Lines") die IT ihren Kunden zur Verfügung stellen muss und welche Prozesse zur Erbringung dieser Leistungen erforderlich sind.

Diese Frage korreliert unmittelbar mit der Outsourcing-Fähigkeit von IT-Prozessen und wird wohl immer aktuell sein. Der Schwerpunkt des Prozesses Systementwicklung wird hier in der qualifizierten Auswahl und dem Anpassen von Standardsoftware liegen. Individualentwicklungen werden nur dort anzutreffen sein, wo keine Standardlösungen verfügbar sind.

7.2.4 Strategische Aufgaben

Beratung und Projektplanung gehören zu den Kernkompetenzen der Unternehmens-IT. In Zukunft wird sie sich verstärkt auf den optimierten Abgleich von Geschäftsprozessen und Funktionalität der eingesetzten bzw. einzusetzenden Software und das Aufzeigen der Auswirkungen technologischer Entwicklungen der IT auf die Geschäftsprozesse fokussieren.

Die Schwerpunkte der Zukunftsaufgaben des IT-Managements werden sein (vgl. Eckhardt 1999, S. 12ff):

● Aufbau von IT Competence Centers
● IT-Organisation für das Management von Wissen
● Internet – Intranet; Aufbau, Management, Weiterentwicklung
● IT Human Resource Management
● Datenschutz und Datensicherheit
● Service Level Management
● Management von IT-Innovationen
● Management des Software Lifecycles
● Management der Konsolidierung von IT-Einheiten

Die Bewältigung dieser Schwerpunkte erfordert die Beherrschung der „neuen Kernkompetenzen" der IT-Organisation:

● Marketing/Vertrieb
● Beratung/Projektplanung
● Innovation/Weiterentwicklung von Service Lines
● Ressourcen-Management
● Strategisches Management
● IT-Marketing und IT-Vertrieb
● Werbung für die eigenen Leistungsangebote

Fast müßig darauf hinzuweisen, dass die IT-Strategie konsequent aus der Unternehmensstrategie abgeleitet wird.

7.2.5 Bündelungen

Großer Einflussfaktor für die Ausgestaltung der IT-Organisation ist der Zentralisierungs- bzw. Dezentralisierungsgrad. Nicht jeder Prozess lässt sich sinnvoll dezentralisieren. Die Systementwicklung lässt sich von der operativen Durchführung her betrachtet in virtueller Zusammenarbeit internationaler Arbeitsgruppen durchaus dezentralisieren. Das bedeutet aber konkret die Vorgabe von Richtlinien und Standards, um Investitionen, Werkzeuge und Anwendungssysteme zu optimieren, Know-how-Austausch zu ermöglichen und (technische und menschliche) Kommunikation sicherzustellen (vgl. Woolfe 2000, S. 4ff).

Bereitstellung der Infrastruktur und Anwendungs- und Systembetrieb lassen sich sowohl zentral als auch dezentral organisieren. Bündelungen werden hier zunehmend erfolgreicher. Die Anwenderbetreuung muss in jedem Fall dezentralisiert sein, da hier die Kundennähe einen wesentlichen Erfolgsfaktor darstellt. Nachgelagerter (2nd level) Support sollte demgegenüber zentral organisiert werden. Das strategische IT-Management („IT-Governance") sollte immer einheitlich koordiniert werden.

Für die IT-Organisation bedeutet dies: das IT-Know-how ist weltweit mit Anspruchnahme von Competence Centern für die in Regionen und Erdteilen agierenden Geschäftseinheiten auf einem qualitativ gleichhohen Niveau zur Verfügung zu stellen. Die Competence Center sind verteilt über Standorte, die IT-Mitarbeiter arbeiten mit Groupware und Mail als Werkzeuge, um ihre Projekte miteinander voranzutreiben. Wissen und Umsetzungskompetenz für Standardsoftwarebereiche, für objektorientierte Lösungen (z.B. Datenbankeinsatz), Customer Relationship Management (CRM), E-Commerce-Lösungen etc. werden gebündelt.

7.2.6 Wissensbrokerage und Human Resources (HR) Management

„Business based on IT" ist ein Schlagwort für eine neue Rolle des IT-Managers, nämlich „Wissensbrokerage" für technische und organisatorische Fragestellungen zu übernehmen.

In Verbindung mit Organisations-, Motivations- und Kommunikations-Konzepten wird individuelles Wissen in den Unternehmen gesammelt, zu vermarktbaren Organisationswissen umgearbeitet und den Mitarbeitern zur Verfügung gestellt. Die IT-Infrastruktur für die Organisation von Wissensmanagement sind Intranet, Extranet und das Internet. Die IT-Organisationen müssen diese Strukturen aufbauen und betreiben. Es ergeben sich hier neue Rollen. Aufgaben wie Web-Administration und Web-Design werden in den Alltag der IT-Crews einziehen und in vielen Bereichen „mission critical"-Applikationen unterstützen, die dadurch webfähig werden. Die notwendigen Fähigkeiten müssen von den Unternehmen dringend aufgebaut werden.

7.2.7 Dienstleistung an interne Kunden

Jeder interne Kunde, d.h. eine genau definierte Geschäftseinheit, eine Abteilung etc. wird idealerweise von einem IT-Key-Account-Manager betreut. Er identifiziert den Bedarf, erkennt, welche Produkte das Problem lösen und definiert die Leistung (Projektplanung, Definition des individuellen Beratungsbedarfs). Der Key-Account-Manager soll gleichzeitig Marketing-Manager und Kommunikator sein, der die Gesamtleistung auf seinem Markt bekannt macht und der neue strategische Entwicklungen als Erster wahrnimmt.

Von steigender Wichtigkeit ist die Rolle des Personal- und Budget-Managers („IT-Governance"), der den IT-Key-Account-Managern und den Competence Centern mit ihren Projekten und Projekt-Managern zuarbeitet. Er ist für Personalentwicklung und für die Bereitstellung von Fähigkeiten, die die Projekt-Manager benötigen, verantwortlich.

7.2.8 Netze und Change Management

Struktur und Aufbauorganisation werden sich immer mehr in Richtung Netzwerk-Organisation wandeln. Nicht ohne Schmerzen werden sich die IT-Abteilungen der Zukunft stärker zu virtuellen Organisationen verändern. Global agierende Unternehmen sind in gut organisierte übergreifende Lieferketten eingebunden. Deshalb muss der Auf- und Abbau von IT-Organisationseinheiten schnell und geräuschlos vor sich gehen. IT-Manager müssen das Thema Change Management auf professionellem Niveau beherrschen. IT-Fachmann zu sein wird als Grundbedingung vorausgesetzt.

7.2.9 Konfliktlösungen

Die Zielorientierung der bisherigen Rollen verändert sich. Es ist heute erlaubt, dass eine Person mehrere Rollen ausfüllt – zeitlich parallel oder sequenziell. Daraus resultiert eine große Flexibilität in der Reaktion auf Kundenanforderungen.

Best Practice ist, dass bei technologischen Entwicklungen, die als wesentlich für das Unternehmen erkannt sind, interne Projekte als Produktentwicklung definiert werden. Wichtig ist ein ausreichendes Budget, um die nötigen Erfolge schnell zu erreichen.

Einige Firmen lösen unternehmungsinterne IT-Steuerungsprobleme durch die Implementierung „interner Märkte", marktgängige Organisationsleistungen werden durch den Ansatz von Verrechnungspreisen dem „Diktat des Preises" unterworfen. Fachleute warnen, dass eine vollständige Ablösung von ganzheitlichen Steuerungskonzepten durch interne Marktmechanismen nicht immer realistisch ist.

Gerade die Entscheidung über Ausbau und Anpassung von Infrastrukturen (und dafür nötige Kapazitäten) sowie gruppenweite Aussteuerung bleiben auch in Zukunft eine Domäne der zentralen strategieorientierten Planung, gestützt auf ausreichendes „funding". Bei der laufenden Steuerung von Organisationsleistungen im Rahmen gegebener Kapazitäten müssen die (negativen) Grenzen interner marktlicher Regelung beachtet werden (vgl. Freese 2000, S. 1–5).

7.3 IT zur Verbesserung und Optimierung der Produktion und der Prozesse

Wir haben uns an dieser Stelle auf die Funktionalität von integrierter Standard-Software konzentriert und bewusst die Auseinandersetzung mit „E-Business"-Prozessveränderungen ausgeklammert. Solche „E-Business"-Beispiele werden durch Fallstudien aufgegriffen. Unsere Aussagen zu ERP Standard-Software basieren auf SAP (hohe Analogie zu Baan, Oracle etc.).

Prozessverantwortung beeinflusst die notwendige Ablauf- und Strukturorganisation, auf der bei Einführung von neuer Software aufgebaut wird. „Solutionmaps" steuern Standard-Anwendungspakete. Herausforderungen sind dabei Verkürzung von Planungsfenstern, globale Systemflexibilität, Make-to-order, Gründung von Produktionsgesellschaften, Design von internationalen Prozessen. Bei den Prozessen innerhalb der Produktion: Beschaffungsprozess-Optimierung, Einbindung von Lieferanten, dezentrale Verantwortung, vertikale Integration, Prozessleitsysteme, Netzwerkplanung, Scheduler zur Feinplanung, Datawarehouse, mögliche KPIs in der Supply Chain. Die Optimierung von Standorten wird nicht detailliert aufgeführt. Hier wird auf ein früheres Kapitel im Handbuch hingewiesen, aber ein kurzer Anriss dazu notwendiger Voraussetzungen (Harmonisierung von Stammdaten und Prozessen, Harmonisierung technischer Spezifikationen, Verpackungsharmonisierung, gleiches Product Costing) gegeben.

7.3.1 Prozessverantwortung, Ablauf und Strukturorganisation

Die CAx-Techniken (CAD, CAE, CAP, CAM, CAQ) unterstützen nahezu alle Phasen in dem technischen Bereich der Produktion; eine gute Beschreibung findet sich in dem Handwörterbuch der Produktionswirtschaft (vgl. ebenda 1996, S. 708 ff), so dass an dieser Stelle nicht weiter darauf eingegangen wird. Der betriebswirtschaftliche Bereich wird durch die Produktionsplanungs- und -steuerungssysteme (PPS) abgedeckt.

Unter dem Schlagwort CIM (Computer Integrated Manufacturing) wurde bereits Anfang der 90er Jahre die Integration der Wertkette von Auftragseingang über Produktion, Logistik, Fakturierung bis zur Buchhaltung gefordert und damit gleichzeitig die Integration der technisch orientierten CAx-Anwendungen mit den PPS-Systemen bezeichnet. Heute wird unter „Supply chain management" (SCM) die komplette Integration inklusive der Lieferanten- und Kundensysteme verstanden. Eine ausführliche Beschreibung der wesentlichen Aspekte findet sich im Kapitel 4 dieses Handbuchs. „Backbone" eines funktionierenden SCM-Systems ist in jedem Fall ein integriertes ERP-System. Ohne ein solides ERP-System „steht das Traumhaus SCM auf Treibsand" (vgl. Diebold 1999).

Weitere Themen im Zusammenhang mit SCM sind:

● Internet-Verbindungen zu Partnern
  – Business to Business (B2B)
  – Business to Consumer (B2C)
  – Business to Authorities (B2A)
● Customer Relationship Management (CRM)

Eine weitere wesentliche Herausforderung, vor der alle Industrieunternehmen heute stehen, ist die zunehmende Globalisierung (siehe Kap. 7.1.4). Viele Unternehmen fokussieren auf europäische Produktionsstandorte, von denen aus eine Region, die nicht an den Landesgrenzen aufhört, mit Produkten versorgt wird.

Prozessverantwortung

Zur Erreichung dieser Integration muss bei der Einführung neuer Software streng prozessorientiert vorgegangen werden. Der gesamte Geschäftsprozess muss im Fokus der Einführung liegen, so beispielsweise der Beschaffungsprozess von der Anforderung aus der Produktion über die Bestellung, den Wareneingang, Rechnungsprüfung bis zur Zahlung an den Lieferanten. Wichtig ist die eindeutige Zuordnung der Prozessverantwortung in der Fachabteilung.

Modelle

Bei Einsatz einer Standardsoftware (z. B. SAP) werden entsprechende Prozessmodelle mitgeliefert. Die „Solution maps" der SAP zeigen auf oberster Ebene eine grobe industriespezifische Beschreibung der globalen Geschäftsprozesse (Abb. 7.1). Diese Standard-Prozessmodelle können bei der Realisierung eines entsprechenden Projekts auf die tatsächlichen Gegebenheiten adaptiert werden.

Enterprise Management	Strategic Enterprise Management	Business Intelligence & Data Warehousing	Managerial Accounting	Financial Accounting		
Customer Relationship Management	Prospecting	Selling	Servicing	Retaining		
Research & Development	Product Development	R & D Administration	New Technologies			
Plant Engineering	Facilities Management	Maintenance Planning	Maintenance Execution	Regulatory Compliance		
Process Engineering	Pilot & Technology Transfer	Quality Management	Regulatory Compliance	Operations Analysis		
Sales & Services	Sales Force Automation	Order Management & Fulfillment	Customer Service	Trading Partner Management	Technical Service	Internet Sales & Service
Operations	Production Planning	Production Execution	Quality Management	Process Control	Procurement	
Distribution	Logistics Planning	Transportation Execution	Storage & Site Management	Regulatory Compliance	Tank & Warehouse Management	Filling & Picking
Business Support	Human Ressource Management	Procurement	Treasury	Fixed Asset Management	Environmental Health & Safety	

Abb. 7.1: „Solution map" Geschäftsprozesse (Chemie)

In weiteren Ebenen werden diese Prozesse weiter detailliert und beschrieben, so dass bei der Implementierung entsprechend darauf zurückgegriffen werden kann.

7.3.2 Prozesse in der Produktion

Ausgangspunkt für den Geschäftsprozess Produktion ist die Verkaufsplanung des Vertriebs. Aufbauend auf dieser Planung wird die Produktion und über den Materials Requirement Planning (MRP) die Beschaffung geplant. Nach der Feinplanung der Produktionsaufträge werden durch die Freigabe der Aufträge eventuell eingebundene Subsysteme (BDE oder Prozessleitsysteme) mit Daten versorgt. Abschluss der eigentlichen Produktion ist die Rückmeldung (mit Aktualisierung der Bestände und der Kostenpositionen) sowie der Versand zum Kunden bzw. Lager. Dieser Geschäftsprozess ist mehr oder weniger stark verzahnt mit der Bestandsführung, der Produktkostenrechnung und dem Qualitätsmanagement.

Standardsoftwarepakete sind im Allgemeinen funktionsorientiert in Module unterteilt. Ein Geschäftsprozess wie oben beschrieben benötigt Funktionalitäten vieler Module. Am Beispiel von SAP R/3 sind dies:

- PP für die Produktionsplanung inkl. Bedarfsplanung (eventuell PP/PI für die Integration von Prozessleitsystemen)
- MM für die Bestandsführung
- QM für das Qualitätsmanagement
- CO für Kalkulation und Bewertung der Produktionsaufträge
- SD für den Versand

Die Einführung integrierter ERP-Systeme sollte sich in jedem Fall an den Prozessen orientieren und diese in den Fokus der Implementierung setzen.

7.3.3 Neue Herausforderungen in der Produktion

Steuerungskennzahlen

Durch zunehmenden Wettbewerbsdruck und neue Vertriebsformen muss sich die Produktion als Teil der „Supply Chain" immer neuen Herausforderungen stellen. Während noch vor einigen Jahren die wesentliche Kennzahl für die Produktion die produzierte Menge pro Betriebsstunde/Lohnstunde war, sind heute Kennzahlen wie z.B. „service reliability" das wesentliche Steuerungskriterium. Die Minimierung der Rüstzeiten ist dem Wunsch nach Flexibilisierung der Auftragsmengen untergeordnet. Im Sinne der Bestandsreduzierung entlang der gesamten „Supply Chain" werden die Planungsfenster immer weiter verkürzt, um möglichst zeitnah auf Änderungen der Absatzsituation reagieren zu können (siehe Kap. 7.5.1).

Interner Wettbewerb

Dieser Paradigmenwechsel geht einher mit der fortschreitenden Globalisierung der Geschäfte und damit zunehmendem Kostendruck auf die Produktion (siehe Kap. 7.4.4). Die Produktionsstätten produzieren nicht mehr primär für die eigene Landesgesellschaft, sondern werden immer stärker in einen Verbund zusammengeführt. Als eigene Profitcenter stehen die Produktionswerke dann in direktem Wettbewerb mit anderen Werken oder fremden Lohnherstellern.

Flexibilität durch IT

Welche Anforderungen entstehen daraus für die IT? Oberstes Ziel der IT-Architektur muss es sein, flexibel auf die sich ändernden Organisationen (Merger, Carve-Outs,…) und die sich wandelnden Prozesse reagieren zu können (siehe Kap. 7.1.6). Die Software muss flexible Planungszeiträume unterstützen und selbst bei normalerweise anonym produzierten Produkten (wie z.B. Markenartikeln) eine Kundenauftrags-Fertigung ermöglichen („make-to-order"). Themen wie CRM oder Vendor Managed Inventory (VMI), denen zukünftig immer größere Bedeutung zukommen wird, verlangen eine entsprechende Flexibilität in der Produktion.

Regionale Standorte/Prozesse

Die Globalisierung und die daraus resultierende Bildung von regionalen Produkionsstandorten bedeuten eine weitere Herausforderung an die IT-Architektur. Wurden traditionell die ERP-Systeme pro Landesgesellschaft entwickelt, so stellt sich heute die Frage, wie globale Prozesse über die verschiedenen Systemgrenzen hinweg unterstützt werden können. Neben dem Aufbau zentraler Stammdaten für das Unternehmen – auf diesen Aspekt wird im Kapitel 7.3.4 näher eingegangen – ist eine Harmonisierung von Geschäftsprozessen zur Steuerung der regionalen Einheiten notwendig. So ist eine zentrale Steuerung verschiedener Produktionswerke nach Kostengesichtspunkten nur möglich, wenn zumindest die Herstellkosten vergleichbar berechnet werden.

Auswertung von Key Performance Indicators (KPI)

Für die sinnvolle Auswertung von KPIs müssen die zugrunde liegenden Daten und damit die entsprechenden Geschäftsprozesse harmonisiert sein. Das Kapitel 7.5.1 geht explizit auf das Thema KPI ein.

Nachfolgend einige Verbesserungspotenziale innerhalb der „Supply Chain", die über die Berechnung entsprechender Kennzahlen gemessen und damit permanent optimiert werden können („Management is Measurement"):

- Bestandsreduzierung innerhalb des gesamten Netzwerkes (Fertigwaren/ Einsatzstoffe)
- Reduzierung der Kapitalbindungskosten
- Reduzierung von Planungsvorlaufzeiten
- Reduzierung der Durchlaufzeiten
- Optimierung der Kundenbelieferung (Service reliability)
- Optimierung der Forecast-Genauigkeit
- Reduzierung von Sicherheitsbeständen
- Reduzierung von „obsolete stocks"
- Verbesserung der Produktionsflexibilität

Architekturfragen

Jedes Unternehmen muss zunächst die globalen Geschäftsprozesse identifizieren und im ersten Schritt Fragen beantworten, wie z. B.:

- Werden Bedarfskonsolidierung und erster Kapazitätscheck zentral gemacht?
- Wie wird die Bedarfsverteilung auf verschiedene Produktionswerke gesteuert?
- Wie wird die Planung der Beschaffung von Rohstoffen/Verpackungen/ Halbfabrikaten durchgeführt?
- Werden Entscheidungen über Demand/Supplyplan im Konfliktfall zentral oder dezentral getroffen?
- Welche KPIs werden zentral zur Steuerung benötigt?
- Welche Synergien bestehen zu anderen Geschäftsbereichen (z. B. gemeinsame Logistik)?

Auf Basis der vordefinierten Geschäftsstrategie kann dann unter Berücksichtigung der geforderten Flexibilität eine Applikationsarchitektur erstellt werden.

Permanente Anpassungen

Die Geschäftsprozesse müssen den sich ändernden Gegebenheiten permanent angepasst werden. So haben neue Vertriebsformen, die durch E-Commerce erschlossen werden, direkten Einfluss auf die gesamte Supply Chain und damit insbesondere auf die Produktion. Methoden, wie z. B. „continuous business improvement", unterstützen diese notwendigen Anpassungen. Im Rahmen des Life-Cycles der Software ist diese permanente Prozess-verbesserung und -anpassung ein wesentlicher Bestandteil (vgl. Kap. 7.8.2).

Datenaktualität

Zeitnahe verlässliche Daten sind für die Steuerung der Prozesse in der Pro-duktion unerlässlich. Bei verkürzten Planungsfenstern und einer geforder-ten hohen Flexibilität der Produktion auf geänderte Bedarfssituationen er-gibt eine taggenaue Planung und Bestandsführung im Allgemeinen keine hinreichend genauen Informationen für den Disponenten.

Zur Unterstützung der Feinplanungsaktivitäten werden immer mehr leis-tungsfähige Scheduler (Software-Planungsmodul) gefordert und eingesetzt, mit denen kurzfristig eine neue Belegungsplanung erstellt werden kann. Die Gegenüberstellung von alternativen Planungen (mit Ausweis der Kos-ten) und der Einsatz von Optimierungsverfahren bieten dem Planer eine fundierte Basis, um kurzfristig die richtigen Entscheidungen treffen zu kön-nen.

Eine aktuelle Feinplanung benötigt jedoch auch eine zeitnahe Rückmel-dung der Produktionsaufträge und eine daraus resultierende aktuelle Be-standsübersicht. Bei teilweise mehr als 100 Produktionsaufträgen pro Tag ist eine zeitnahe Rückmeldung nur über entsprechende Subsysteme mög-lich. Alle modernen ERP-Systeme verfügen heute über standardisierte Schnittstellen, über die BDE-Systeme oder Prozessleitsysteme online mit dem ERP-System kommunizieren können. Über diese „vertikale Prozess-integration" werden einerseits den untergeordneten Systemen Basisdaten (Produktionsauftrag mit Steuerrezept) übermittelt und andererseits die Prozessdaten dem ERP-System zur Verfügung gestellt. Neben reinen Men-gendaten werden zur Steuerung der Produktqualität auch Qualitätsdaten und sonstige wichtige Prozessparameter übertragen.

7.3.4 Produktionszuordnungen

Grundanforderungen

Die generellen Fragestellungen im Hinblick auf die Planung einer Fabrik und damit insbesondere bezüglich der Standortentscheidung sind ausführ-lich in Kapitel 3 dieses Handbuchs beschrieben. In diesem Kapitel wird da-her nur auf die Voraussetzungen in den entsprechenden IT-Systemen ein-gegangen, die für „permanente" Allokierung von Produktionsaufträgen erforderlich sind.

Im Rahmen der notwendigen zunehmenden Flexibilisierung und der

Verkürzung der Planungszyklen kommt der kurzfristigen Auswahl des Produktionsstandorts zunehmende Bedeutung zu. Im Extremfall muss bei jedem Auftrag die Zuordnung des Produkts zu dem Produktionswerk auf Basis von Ressourcenverfügbarkeit (Anlagen, Personal, Einsatzstoffe) und Kosten (Herstell- und Transportkosten) neu entschieden werden. Für diese Entscheidung sind Vergleichbarkeit der Herstellkosten und harmonisierte Stammdaten unbedingte Voraussetzungen. Generell kommen in integrierten ERP-Systemen den primären Stammdaten, wie Kunden, Lieferanten und Materialien eine hohe Bedeutung zu. Internationale Informationssysteme sind ohne entsprechende Stammdatenbasis nur mit sehr hohem Aufwand über entsprechende „Übersetzungstabellen" realisierbar. Globale operative Prozesse über verteilte Systeme sind nur auf Basis (intern und möglichst auch extern) harmonisierter Stammdaten implementierbar (Bspw. das in Deutschland praktizierte SINFOS-Konzept sowie die GCI-Recherchen in Zusammenarbeit mit UCC und EAN). UCC hat ein fertiges Konzept zum „Master Data Alignment" für USA. EAN wird sich mit Hilfe von GCI (Global Commerce Initiative) in 87 Ländern parallel zu UCC abstimmen.

Internationale Datenharmonisierung (IDH) bei Henkel

1995 wurde bei Henkel ein weltweites Projekt gestartet mit dem Ziel, eine harmonisierte Stammdatenbasis zu erhalten. Da in etwa zur gleichen Zeit die strategische Entscheidung für den Einsatz der Standardsoftware SAP R/3 fiel, wurde auch dieses System unter intensiver Nutzung der Klassifizierungsmöglichkeiten für Stammdaten eingesetzt. Wesentliche Herausforderung in diesem Projekt war jedoch die Etablierung einer adäquaten Organisation für die „Maintenance" der Daten.

Heute existiert bei Henkel ein eigenes SAP R/3-System, in dem zur Zeit etwa

- 30000 Rohstoffe
- 50000 Verpackungsmaterialien
- 160000 Artikel/Halbfabrikate
- 200000 Kunden und
- 50000 Lieferanten

zentral für die gesamte Henkel-Gruppe verwaltet werden. Über entsprechende Workflows werden neue Stammdaten oder Änderungen bei zentralen Einheiten angefordert. Für Rohstoffe, Verpackungsmaterialien und Lieferanten sind geschäftsübergreifende zentrale Einheiten für die „Maintenance" verantwortlich, während für Kunden, Artikel und Halbfabrikate eine entsprechende Organisationseinheit pro Geschäft verantwortlich ist. Aus diesem zentralen SAP-System werden die Daten dann weltweit in die operativen SAP-Systeme verteilt.

Zukünftige Erweiterungen dieses Stammdatensystems für die gesamte Henkel-Gruppe gehen insbesondere in Richtung zusätzlicher Informationen, um die Möglichkeiten der Harmonisierung weiter zu erhöhen. Zu nennen ist hier die „Stoffdatenbank" unter Nutzung des neuen SAP-Moduls „EH&S" (Environment, Health & Safety), in der die Spezifikationen für Roh- und Verpackungsstoffe sowie Halb- und Fertigfabrikate abgelegt und mit den einzelnen Materialien verknüpft werden. Über diese Zuordnungen lassen sich potenziell gleiche Materialien identifizieren und eventuell harmonisieren.

7.3.5 Praxisbeispiel: Schwarzkopf & Henkel Kosmetik: Integrierte Planungssysteme

Mit den Zielen des Material-Managementsystems (Core-Elemente des Systems, verbesserte Verkaufsplanung, detaillierte Nachschubplanung, Verringerung der Produktionszyklen) erfolgt ein kurzer Abriss über Ausrollen der neuen Organisation. Dazu gehören zentrale Supervisory-Funktionen innerhalb der neuen Materialwirtschaft, Aufgaben der verbundenen Unternehmen und veränderte Aufgaben innerhalb der einzelnen Produktionsstätten, abgestellt auf neue Regeln der Verkaufsplanung, Produktionszeitfenster, Produktion auf Direktnachfrage, Produktionsplanung und Scheduling, Losgrößenüberlegungen, Beschaffungsplanung, Anbindung an Distributions-Centers, Promotionsplanung, Produktneueinführungen. Ein weiterer Punkt ist das Management von überalteter Ware sowie die Organisation der Beschaffung.

Hochdynamische Märkte

Die wesentlichen Charakteristika der „Supply Chain" der Schwarzkopf & Henkel Kosmetik lassen sich sicherlich auf eine Vielzahl größerer Unternehmen, welche auf einem europäischen/globalen Markt agieren, übertragen. Schnelle Reaktionszeiten auf Schwankungen des Marktes, zunehmende Komplexität des Produktportfolios, immer kürzer werdende Produktlebenszyklen und die damit stetig wachsende Anzahl an Produktlaunches und -relaunches (siehe Kap. 7.4.2) stellen eine permante Herausforderung an die Leistungsfähigkeit der materialwirtschaftlichen Organisation und IT-Systeme dar.

Prozessregeln

Kernelemente des europäischen „Materials Management (MM) Approach" der Schwarzkopf & Henkel Kosmetik liegen in dem Aufbau einer prozessorientierten Organisation, mit definierten Regeln für die dezentrale (länderspezifische), zentrale (europäische) und produktionsnahe (werksspezifische) Materialwirtschaft, in der Verbesserung der Verkaufsplanungs- und Replenishmentgenauigkeit (replenishment = Nachschubbedarf) innerhalb definierter Planungshorizonte und in der Reduzierung von Produktionsrhythmen in Abhängigkeit von Produktklassifizierungen.

Die Langfrist- und Mittelfristplanung liegt in der Verantwortung der strategischen Geschäftseinheiten und verbundenen Unternehmen. Auf Basis rollierender Monatsplanzahlen (i.d.R. 12 bis 18 Monate) werden auf Produktmarken und Formatebene notwendige Kapazitäts- und Geschäftsplanungen durchgeführt.

Eine 12- bis 16-wöchige rollierende Planung auf Stock Keeping Unit/Artikel-(Nr.) mit Bestand (SKU)-Ebene bildet den Input für eine wöchentliche „Replenishment-Planung", welche sowohl von der dezentralen als auch zentralen Materialwirtschaft verantwortet wird und in die schichtgenaue Feinplanung der Produktion einfließt.

Verantwortlichkeiten

Hauptaufgaben der dezentralen Materialwirtschaft liegen je SKU in der Definition des Ziellagerbestandes, im „Forecasting" der Abverkäufe und in der Planung der wöchentlichen „Replenishment-Mengen". Das Handling und Managing der lokalen Warehouses und die Distribution zum Kunden liegen ebenfalls in der Verantwortung der verbundenen (Gruppen-) Unternehmen (VU) in den Ländern. Ein Kundenservice-Level von 100% für Key-Kunden, niedrige Bestandslevel, eine hohe „Forecast"- und „Replenishment"-Genauigkeit sowie niedrige Kosten für obsolete Bestände sind die Key Performance Indikatoren (KPI) der dezentralen Materialwirtschaft.

Zeitfenster

Die zentrale Materialwirtschaft wird wöchentlich über ermittelte „Replenishment"-Bedarfsmengen der Länder informiert. Als Kommunikationsplattform dienen vordefinierte Produktionswochenfenster, welche von der zentralen Materialwirtschaft nach Absprache mit der Produktion je SKU bereitgestellt werden. Liegen freigegebene Wochenfenster zeitnah zur Produktion, können Planungsmengen nur innerhalb vordefinierter Toleranzgrenzen verändert werden. Eingestellte Planungsmengen werden hinsichtlich produzierbarer Losgrößen automatisch optimiert.

So genannte ABC-Klassifizierungen der Produkte helfen bei der Vergabe möglicher Produktionsfenster. A-Produkte werden beispielsweise wöchentlich, B-Produkte 14-tägig mit vordefinierten Produktionstagen geplant und produziert, während für D-Produkte erst durch einen länderspezifischen Bedarf, d.h. „on demand", eine Produktionsfensterfreigabe innerhalb der maximal erlaubten Vorlaufzeit (in der Regel 6 Wochen) erfolgt.

Zentralsteuerung

Die Übermittlung der dezentralen „Replenishment"-Mengen wird über ein zentrales europäisches IT-System gesteuert. Aufgabe der zentralen Materialwirtschaft ist es, auf Basis der so bereitgestellten „Replenishment"-Mengen und Parameter je Land und SKU eine gegenüber verfügbarer Produktionsressourcen abgestimmte, länderübergreifende Konsolidierung vorzunehmen und eine zeitnahe Produktionsfreigabe zu veranlassen. Verantwortung und Entscheidungsbefugnis liegen einzig und allein im zentralen MM.

Toleranzen

Eine Konsolidierung der „Replenishment"-Mengen kann und soll nur für diejenigen SKUs und Produktionsfenster stattfinden, in denen entweder Toleranzgrenzen überschritten oder bereits fixierte Produktionsmengen verändert werden sollen. Dezentrale MM-Verantwortliche sind bezüglich notwendiger Änderungen der „Replenishment"-Mengen für C- und D-Artikel zu informieren. Werden notwendige „Batch"-Losgrößen nicht erreicht, werden die „Replenishment"-Mengen der Länder anteilsmäßig erhöht und dementsprechende Mehrproduktionen von den dezentralen MM getragen. Die Definition minimaler „Batch"-Losgrößen und „Replenishment"-Mengen werden vom zentralen MM in Abstimmung mit der Produktion auf SKU-Ebene definiert und verbindlich festgeschrieben.

Servicelevels und Bestände

Durch die Produktionsfreigabe werden in dem zugrunde liegenden ERP-System automatisch notwendige Kunden- und Planaufträge angelegt bzw. verwaltet. Die Hauptaufgaben des Material-Managements der Produktion bestehen darin, unter Berücksichtigung eines minimalen „inventory holdings" durchführbare Produktionsprogramme auf Anlagen- und Linienniveau zu erstellen und für eine reibungslose Distribution der Fertigware auf Basis der generierten Kundenaufträge zu sorgen.

538

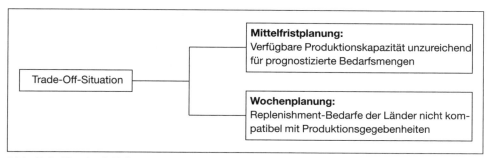

Abb. 7.2: Trade-Off-Situation

Messgrößen der Produktionsstätten sind neben den betrieblichen Produktionskosten der „Service Level" zu den Distributionslägern, auftretende Transportkosten und die Minimierung der Bestände, insbesondere die der notwendigen Einsatzstoffe.

Die so definierte Bestandsverantwortung führt einerseits zu einer massiven Verlagerung aller operativen Beschaffungstätigkeiten aus dem Einkauf heraus, hinein in die Produktionsbetriebe und andererseits zu neuen optimierten Konzepten im Beschaffungsmarketing.

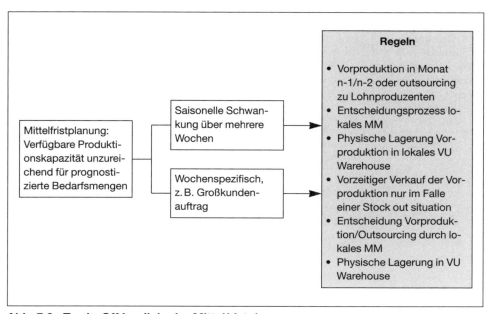

Abb. 7.3: Trade-Off Logik in der Mittelfristplanung

„Just in Time"-Belieferungen, Konsignationsläger, Internet gestützte „Supplier Managed Inventories" (SMI) für MRP und B2B-Katalogbeschaffungen für Maintenance Repair Operation (MRO) Materialien sind Elemente optimierter Beschaffungsprozesse, welche vom Einkaufsmarketing initiiert und operativ von den Produktionsstätten eingesetzt und gesteuert werden.

Materialfluss

Der gesamte Materialfluss von der länderspezifischen Planung der Fertigwaren, der zentralen Konsolidierung und Produktionsfreigabe, der Produktion, der Beschaffung notwendiger Einsatzstoffe, bis hin zur Distribution in die Fertigwarenläger ist durch einen hohen Grad an Restriktionen und Re-

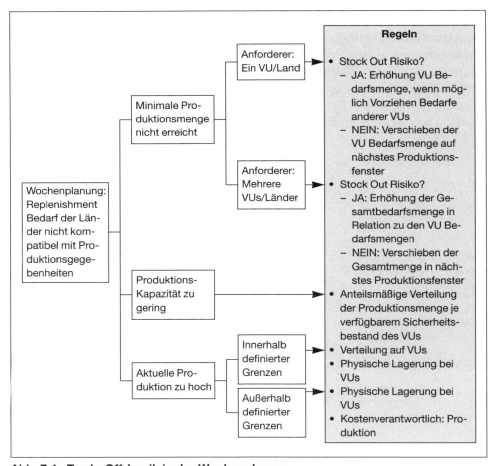

Abb. 7.4: Trade-Off-Logik in der Wochenplanung

geln, automatisierter Abläufe sowie innerbetrieblicher und externer Vernetzungen gekennzeichnet.

Neben dem eingesetzten ERP-System SAP R/3 bieten hier optimierte „Supply Chain Management Tools" effiziente Unterstützung u. a. in der Bedarfsplanung, Netzwerkplanung, Beschaffung und Umsetzung.

Dennoch entbinden sie den „Materials Manager" in der Regel nicht davon, für geplante oder ungeplante Ausnahmesituationen entsprechende Verhaltensregeln und Muster für das Zusammenspiel zentraler und dezentraler Materialwirtschaft zu definieren und organisieren.

Die folgenden zwei „Trade-off"-Situationen, d. h. Abhängigkeiten in der Wertkette, mögen dies verdeutlichen (Abb. 7.2, 7.3 und 7.4):

Ergebnis und Ausblick

Die genutzten Ziele Steigerung Planungsflexibilität und Abbau Bestände sowie Beibehaltung Servicegrad zu Kunden wurden mit dem in den letzten zwei Jahren entwickelten System voll erreicht. Ergänzungen in Richtung E-Business (B2B-Verbindungen, Verknüpfungen mit „Internet" market places) werden zurzeit geprüft und dann schrittweise umgesetzt.

7.4 Sortimentsentscheidungen und Einfluss auf die Produktion

Die Wertketten haben sich im Einklang mit Veränderung zu hochleistungsfähigen IT-Transaktions- und Management-Informationssystemen verändert. Eine „Gesundheitskontrolle" des Sortimentes wird in seinen Einwirkungsmöglichkeiten angesprochen. Ein kontinuierliches und konsequentes Portfoliomanagement ist Voraussetzung für die Effizienzgewinnung in den Produktionsstrukturen. Beobachtet wird die gegenseitige Abhängigkeit von Artikeln und Artikelgruppen. Eine verfeinerte Analyse zur Fokussierung auf überlebensfähige Produkte und Artikel beleuchtet die Charakteristik der benötigten internen und externen Informationssysteme.

7.4.1 Rekonfigurierung der Wertketten in sich öffnenden Märkten

Zur Verbesserung des Wirkungsgrades der eigenen Produktion haben viele Unternehmen in den letzten Jahren dramatische Veränderungen ihrer relativen Kostenposition durch „Rekonfigurierung" ihrer Wert(schöpfungs)ketten (vgl. Porter 1985, S. 107), insbesondere im europäischen Markt erreicht. „Neuer Wert" basiert auf einer Reihe von Stoßrichtungen, z. B.:

- Veränderung des Produktionsprozesses in Linien und Standorten (neue Technologien, Technologiebündelungen)
- Veränderung der Automation (Personalintensität, Kapazitäten, schnellere Sortenwechsel)
- Neue Vertriebskanäle
- Rohstoffsubstitutionen
- Verpackungsinnovationen
- Vertikale Integrationen „forward/backward" (Fertigungstiefen)
- Standortveränderungen (-verlagerungen, -bündelungen, -auflösungen) im Einklang mit Lieferanten und Kunden
- Intensivere Marktbearbeitung durch neue Medien (z. B. E-Business)

Diese beispielhaft genannten Hebel sind keinesfalls vollständig, setzen aber allesamt hochleistungsfähige (IT) Transaktions- und Managementinformationssysteme bei voller Nutzung von Web-Verbindungen (B2B, B2C im E-Business) voraus, um die nötigen Optimierungsentscheidungen in immer kürzeren Zeitspannen durch Daten und Informationen vorzubereiten.

7.4.2 Produktionszyklus und „Gesundheitskontrolle" durch Sortimentsanalyse/Standardisierungsmöglichkeiten

Parallel zur Wertkettenoptimierung ist in regelmäßigen Abständen eine „Gesundheitskontrolle" des in den internationalen Märkten angebotenen Produktsortiments nötig. Eine solche „Sortimentsanalyse" ist ein wichtiger Bestandteil des „Portfoliomanagements" (vgl. Deyle 1990, S. 165 ff), das sich zudem mit nationaler und internationaler Markenführung (Dachmarken, Produktmarken) sowie kontinuierlicher länderübergreifender Standardisierung und möglicher Harmonisierung der Produkteigenschaften und des Produktauftritts befasst.

Standardisierung im europäischen Binnenmarkt

Die Frage der Standardisierung von Produkten und Sortimenten in Verbindung mit einer durchgreifenden Standortpolitik ist insbesondere im zusammenwachsenden europäischen Markt für viele Unternehmen ein Dauerthema. Durch die Abschaffung von Grenzbarrieren öffnet sich ein Tor zu beträchtlichen Einsparungspotenzialen. Die Erwartung einer ausgeprägten Integration und Zentralisierung der Warenverteilsysteme erscheint logisch. Auf der Ebene eines bestimmten Unternehmens mit konkreten Produkten, Kunden und Konkurrenten können jedoch nachhaltige Eingriffe in das Wertkettenmanagement, hier z.B. die Logistiksysteme, in Konflikt geraten mit übergeordneten marketingstrategischen Zielen des Unternehmens.

Viele Unternehmen haben jedoch festgestellt, wie wenig sich die in den einzelnen europäischen Ländern vertriebenen Sortimente überschneiden. Bisweilen sind für die Existenz nationaler Produkte technische Gründe ausschlaggebend (z.B. unterschiedliche technische Normen verschiedener Länder). Häufiger jedoch sind die Gründe wohl im Marketingbereich zu suchen.

Abbau Lagerstandorte

Unbestrittenes „Trade-Off" im Bereich der Logistiksysteme ist z.B. für ein europaweit agierendes Unternehmen die Reduktion der Anzahl seiner Distributionsläger; allerdings bleiben die Einsparungseffekte im Lagerbereich auf diejenigen Produkte beschränkt, die als europäische Artikel länderübergreifend vertrieben werden können. Oft ergibt sich unter dem Strich die ernüchternde Erkenntnis, dass sich eine Zusammenfassung nationaler Vertriebsläger zu europäischen Regionallägern nur innerhalb sehr enger geografischer Radien lohnt.

„Postponement"

Dennoch können Systemlösungen gefunden werden, die das Unternehmen in der Logistik schlanker werden lässt. Findet die Ausprägung landesspezifischer Produktvarianten jeweils erst im letzten Arbeitsgang der Produktion statt (beispielsweise durch die Wahl landesspezifisch ausgeprägter Verpackungsvarianten), so können die Voraussetzungen für eine Zentralisierung der Distribution unter Umständen durch eine „Postponementstrategie" geschaffen werden. Die Produkte werden auf der letzten Wertschöpfungsstufe gelagert, auf der sie sich noch nicht nach Ländern unterscheiden. Sie erhalten ihre nationale Prägung jeweils erst nach der Auftragserteilung durch den Kunden in einem bestimmten europäischen Land. Eine solche Postponementstrategie ist allerdings schon deshalb kein einfaches Patentrezept, weil sich die zusätzlichen, nach Auftragserteilung noch erforderlichen Arbeitsgänge nicht immer ohne weiteres in der vom Markt tolerierten Lieferzeit unterbringen lassen (vgl. Bretzke 2000, S. 5–8).

Sortimentsbereinigung in „reifen" Märkten

Besonders in „reifen" Märkten mit langfristig etablierten Kundenbeziehungen ist es wichtig:

- Mit „state-of-the-art"-Systemen Kundenbindung durch hohe Zufriedenheit und „loyalty"-Programme zu stimulieren
- Während des gesamten Produkt-Lebenszyklus die niedrigsten „delivered cost" zu realisieren
- Die höchste „wahrgenommene" Qualität zu vermitteln
- Im Kundenservice dem Wettbewerb überlegen zu sein (vgl. Walker/ Boyd/Larreché 1992, S. 300ff)

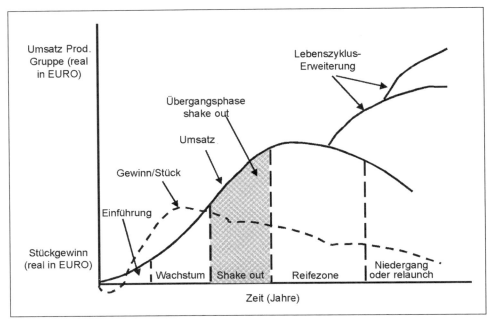

Abb. 7.5: Vom Wachstum zur Reife

Fallen

Aus Sicht der Produktion gibt es klassische Fallen, nötige Optimierungen zu übersehen (vielfach durch Schwächen der verwendeten Management-Informationssysteme):

1. Zu spätes Reagieren auf Wachstumsveränderungen:
   - Zu optimistische Absatzvorhersage
   - Hohe Beschäftigungsabweichungen
   - Verspätete Kapazitätsanpassungen, Technologievielfalt
2. Keine klare Vorteilsposition

544

- Keine Niedrigkostenposition
- Qualität und Service nicht führend
3. Frühe Innovationserfolge halten (keinen) Abstand zu Preis- und Servicewettbewerb
   - Mehr Nachahmer treten in Wachstumsmärkte ein
   - Selbstgefälligkeit verlangsamt oder versäumte Strukturanpassungen
4. Opfern von Marktanteil (MA) vs. Gewinn („milking strategy")
   - Abbau Marktinvestitionen und R&D
   - Erosion MA pusht Stückkosten und Leerkapazitäten

Strategische Geschäftseinheiten (SGE)-Portfolioanalyse

Um diese Fallen zu vermeiden, ist laufend eine marktorientierte „Portfolio-Analyse" nötig. Hier bietet sich die „9-Felder-Matrix" (nach McKinsey) der SGE je Produktgruppe an (vgl. Deyle 1990):

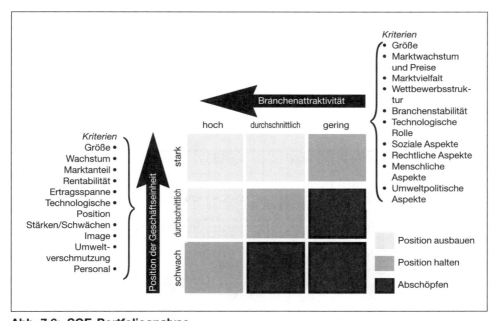

Abb. 7.6: SGE-Portfolioanalyse

Es handelt sich immer um „Es müsste möglich sein, dass…"-Empfehlungen, die konsequent mit den vorliegenden Steuerungsinformationen abgearbeitet werden müssen.

Sortimentsanalyse versus Markenführung

Ziel der Sortimentsanalyse ist es, nicht die Markenführung in Zweifel zu ziehen, sondern die „under-performer" im Sortiment zu erkennen und eine Verbesserungs- oder Eliminationsstrategie zu finden.

Häufig hilfreich sind einfache „Hürden", wie z.B.

● Mindestdeckungsbeitragsschwelle (vor Werbung) und
● Rotationshäufigkeit (definiert als Umschlag/Monat in bestimmten Vertriebskanälen),

die helfen, sich auf langfristig erfolgreiche Sortimente zu konzentrieren.

Damit lassen sich „cluster" von Artikelreferenzen innerhalb der Produktgruppen bilden, die unter vereinfachenden Annahmen schrittweise überprüft oder nach bestimmten Regeln, z.B. (a) sofortiger Produktionsstopp mit Abschreibung auf Rest Packmaterial, (b) erst Aufbrauch VP Material und wichtigste spez. Rohstoffe, (c) Stopp zu einem bestimmten Zukunftsdatum in Übereinstimmung mit z.B. „Jahresvereinbarungen" mit beteiligten Handelspartnern (Basis: Analysen und Entscheidungen aus gemeinsamen „Warengruppen-Management") „ausgegrenzt" werden, ohne dass es zu wesentlichen Umsatz- und Ertragslücken kommt.

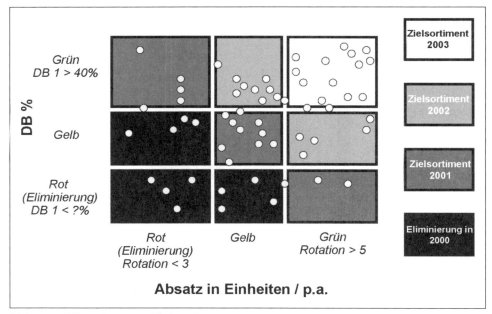

Abb. 7.7: Migration zum Zielsortiment

546

Die verbleibenden „STAR"-Produkte (Artikelreferenzen im Quadranten rechts oben) genießen verstärkt die Aufmerksamkeit von Verkauf und Marketing; die Produktionsverantwortlichen können hierdurch kurz- bis mittelfristig durch Technologiefokussierung einen entscheidenden Beitrag zur Steigerung der Produktivität ihres Teils der „Wertkette" durch Senken der Produktstückkosten und Abbau der Beschäftigungsabweichungen leisten.

7.4.3 Abhängigkeiten zwischen Artikelgruppen

Es ist jedoch zu beachten, dass innerhalb der SGE die Produkte (Artikelreferenzen) häufig aufgrund der Verbrauchernachfrage in einem Abhängigkeitsverhältnis, z.B. Sortimentsbreitepräferenzen aus Sicht bestimmter Verbraucherzielgruppen, stehen. Besondere Aufmerksamkeit gilt den Produkten in den „GELB"-Quadranten (Abb. 7.7).

Hier muss die Analyse der möglichen Chancen und Fragestellungen wesentlich verfeinert werden. Der immer noch aktuelle (vereinfachende) „klassische" Analysebaum sieht dann so aus (vgl. Ohmae 1982, S. 30 ff):

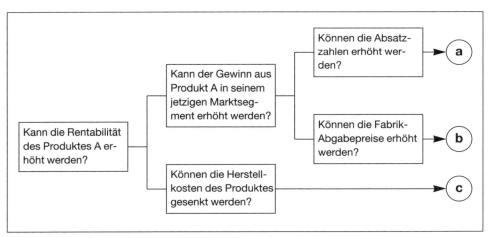

Abb. 7.8: Gewinnanalyse

Direkt nachgeordnet sind die Fragen, ob eine weitere Steigerung des Marktanteils möglich ist:

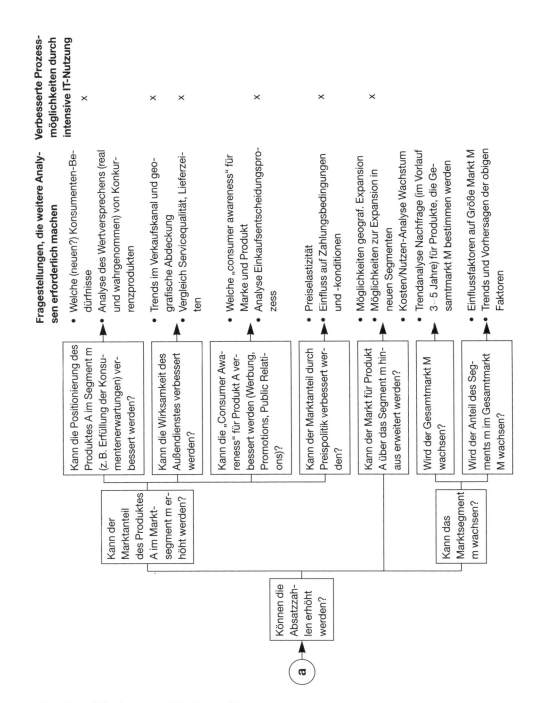

Abb. 7.9: Wachsender Marktanteil

In Ergänzung zur Marktfähigkeit des Produktes (Artikelreferenz) muss aber auch nach seiner Preiselastizität im Markt gefragt werden:

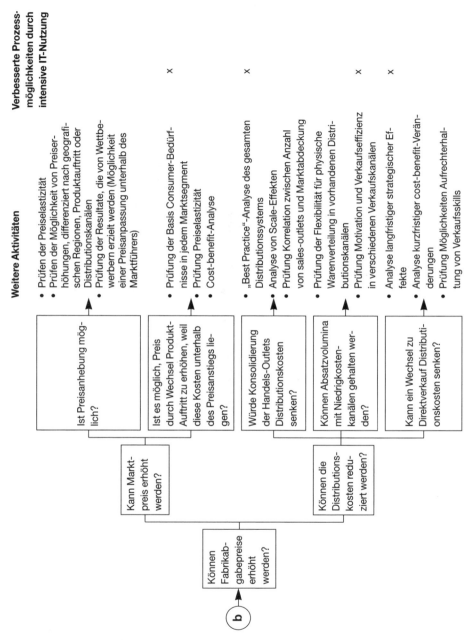

Abb. 7.10: Analyse Preiselastizität

549

Detailarbeit muss dann in der „Effizienzanalyse" der wichtigsten Geschäftsprozesse geleistet werden, um die Chancen einer (Produkt-) Herstellkostenreduzierung auszuloten:

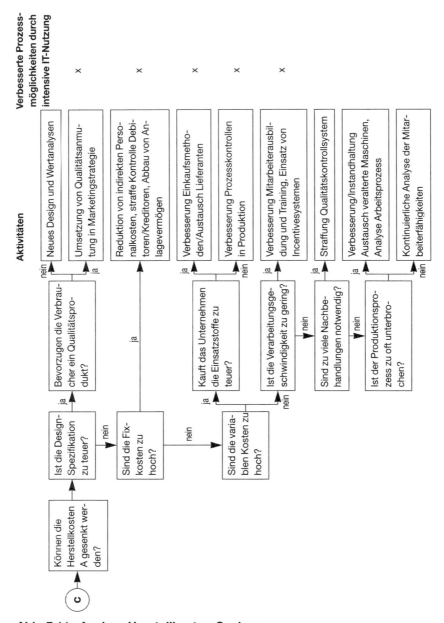

Abb. 7.11: Analyse Herstellkosten-Senkung

7.4.4 Anforderungen an Analysesysteme (IT)

Auf die Frage nach dem richtigen Standardisierungsgrad von Produkten und Sortimenten z. B. im europäischen Binnenmarkt gibt es in vielen Branchen noch keine oder keine einfachen Antworten. Unternehmen, die durch heterogene Sortimente ihre eigenen Synergiepotenziale auf dem Wege zu vernetzten paneuropäischen Logistiksystemen verkleinern, sollten in jedem Falle das Verhalten ihrer wichtigsten Wettbewerber aufmerksam beobachten (vgl. Bretzke 2000). Das gilt sowohl für die Fähigkeit der paneuropäischen Durchsteuerung von Geschäftsprozessen auf der Transaktionsebene wie auch für die oben beschriebene Analysefähigkeit der im Markt bekannten Wertketten (vgl. Bretzke 2000).

Die Aufbereitung der für die Wertketten-Analysen benötigten internen und externen Informationen geht über die Leistungsfähigkeit der heutigen (ERP-) Standardtransaktionssysteme weit hinaus und hat bei den großen Markenartikelunternehmen seit Beginn der 80er Jahre zu einem schrittweisen Aufbau von komplexen Datenbanksystemen geführt.

Die Herausforderung an die Architektur dieser Systeme heute ist in erster Linie ihre Benutzerfreundlichkeit, ihre Fähigkeit zur Abbildung und Strukturierung unternehmensexterner Daten sowie ihre zunehmende Fokussierung auf die Abnahme- und Gebrauchsgewohnheiten nicht nur des Handelskunden, sondern auch des Endverbrauchers – eine immer stärker werdende Unterstützung dazu sind die Informationsverknüpfungen im Internet, „business to business" sowie „business to consumer".

7.5 Performanceverbesserung durch Key Performance Indicators (KPI)

Die Entwicklung von ehemals rechnungswesenlastigen EDV-Systemen geht hin zu modernen integrierten ERP (Enterprise Resource Planning)-Systemen. Gemeinsam mit dieser Entwicklung vollzieht sich der Wandel von dem reinen Systemeinsatz zur Analyse klassisch-finanzwirtschaftlicher Kennzahlen (z. B. EBIT, ROI) zur zusätzlichen Analyse von unternehmensindividuell definierten Key-Performance-Indikatoren (KPI). Bei ständig wachsenden ERP-Systemen werden historische und aktuelle Zahlen sowie auch Planzahlen zunehmend in so genannte Data Warehouses ausgelagert.

7.5.1 Von der klassischen Berichterstattung zum Einsatz von Key-Performance-Indikatoren zur Unternehmenssteuerung

Erreichung Ziele

Nachteil einer auf finanzwirtschaftliche und mengenbezogene Kenngrößen beschränkten Berichterstattung ist, dass sich kaum oder nur sehr schwer erfolgswirksame Maßnahmen zur Veränderungen der Kernprozesse ableiten lassen. Außerdem wird kein adäquates Bild bezüglich des Erreichungsgrades der Unternehmensziele und -strategien geliefert.

Diesen Nachteil erkennend, sowie unter dem Druck von zunehmendem Wettbewerb und Globalisierung, gewinnen die so genannten nicht-finanzwirtschaftlichen Key-Performance-Indikatoren zunehmend die Aufmerksamkeit des Managements. Sie sollen die klassische Berichterstattung mit ihrer periodenbezogenen Wert- und Mengenbetrachtung ergänzen und eine gezielte Maßnahmenableitung zur Performanceverbesserung ermöglichen. Außerdem können potenzielle strategische Entscheidungen auf ihre Auswirkungen auf die relevanten KPI untersucht werden (vgl. Weber/Schäfer 1999, S. 3).

Ganzheitlicher Ansatz

Die richtige Mischung aus finanzwirtschaftlichen und nicht-finanzwirtschaftlichen Kenngrößen bei Transparenz der relevanten Ursache-Wirkung-Beziehungen ermöglicht somit einen ganzheitlichen Ansatz zum „Business Performance Management (BPM)". Die Voraussetzungen hierzu schaffen die implementierten ERP-Systeme im Zusammenspiel mit Customer Relationship Management (CRM) Lösungen und Advanced Planning and Scheduling (APS) Systeme, ergänzt durch moderne Data Warehouses und auf ihnen aufgesetzte Business Intelligence Applikationen (auch: Management Cockpits).

7.5.2 Key-Performance-Indikatoren

Analyseunterstützung

Um die Performance der einzelnen Prozesse und der operativen Einheiten im Unternehmensverbund zu erfassen und optimal auszusteuern, ist ein ausgefeiltes Kennzahlensystem erforderlich.

Ein Key-Performance-Indikator lässt sich definieren als eine Kennzahl zur Messung des Erfolges eines bestimmten Geschäftsprozesses innerhalb einer vordefinierten Zeitspanne. Im Zusammenspiel mit seinen identifizierten Einflussgrößen zeigt ein KPI an:

- Wie Aktionen von heute auf die Zielerreichung von morgen wirken (bottom-up)
- Wie sich zurückliegende Entscheidungen auf die relevanten Kenngrößen ausgewirkt haben (top-down)

Dabei müssen KPI top-down aus den Geschäftszielen und Strategien abgeleitet werden, was bei entsprechender Zielvereinbarung zur Visualisierung der Rolle von Zielen operativer Einheiten im Gesamtkontext führt.

Abbildung 7.12 zeigt beispielhaft die Ableitung von kritischen Erfolgsfaktoren (Critical Success Factors – CSF) aus einem strategischen Unternehmensziel, die Ableitung von (generischen) KPI aus den CSF und die weitere Detaillierung hin zu konkret messbaren Größen („operative" KPI).

Auswahlkriterien und Messbarkeit

Vorausgesetzt, es existieren klar definierte strategische Unternehmensziele, so ist die Ableitung der richtigen KPI entscheidend. Hauptkriterien für die Auswahl der KPI sollten sein:

- Messbarkeit bzw. die Ableitbarkeit von messbaren „operativen KPI"
- Beeinflussbarkeit
- Verfügbarkeit relevanter Datenbestände in harmonisierter Form
- Verständlichkeit
- Akzeptanz

Der Grund für die Ergänzung der klassischen Berichterstattung durch KPI ist darin zu suchen, dass neben den finanzwirtschaftlichen Kennzahlen konkrete Messgrößen für die Erreichung der Unternehmensziele benötigt werden. Damit erklärt sich die Forderung nach Messbarkeit. Je nachdem, auf welcher Detaillierungsebene man sich befindet, kann eine weitere Ableitung von operativen Messgrößen erforderlich sein.

Eine zwar messbare, jedoch kaum oder gar nicht beeinflussbare Größe ist als KPI ungeeignet. Mehr noch – es müssen konkrete Aktionen („corrective actions") und ihre „Hebelwirkung" bekannt sein, um abschätzen zu können, wie und mit welchem Aufwand Kenngrößen, die außerhalb eines vordefinierten Zielkorridors liegen, korrigiert werden können.

Benötigte Daten

Die für die Messung benötigten Datenbestände müssen verfügbar sein bzw. verfügbar gemacht werden können. Intern sind die Datenlieferanten meist ERP-, CRM- oder BDE-Systeme, die transaktionsnahe Daten verwalten.

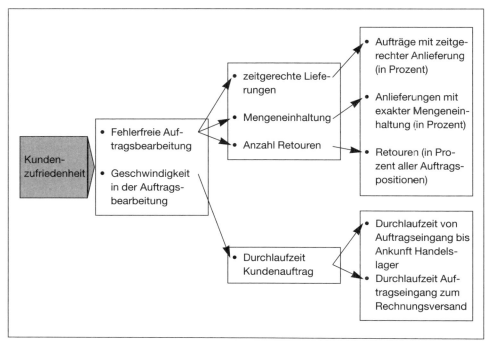

Abb. 7.12: Ableitung operativer KPI aus einem strategischen Unternehmensziel (Henkel KGaA)

Extern können Daten z.B. von Marktforschungsinstituten oder Verbänden bezogen werden.

KPI sowie die entsprechenden Messgrößen müssen verständlich sein – d.h. Mitarbeiter in den operativen Einheiten müssen sowohl die Zusammenhänge der Messgrößen mit den Unternehmenszielen verstehen, als auch das konkrete Messverfahren nachvollziehen können.

Akzeptanz

Sollen KPI das Portfolio der unternehmerischen Steuerungsgrößen sinnvoll ergänzen, so müssen sie als solche vom Management akzeptiert sein. Sind die KPI im Zusammenspiel mit den Unternehmenszielen verstanden und die installierten Messverfahren nachvollziehbar, so muss die Akzeptanz der operativen Einheiten erzielt werden, um die Messgrößen als Teil der Zielvereinbarung etablieren zu können.

Nachfolgend einige Beispiele für KPI in der Produktion bzw. Supply Chain:

● Linieneffizienz	Schichtleistung effektiv/theoretisch
● Planungsgenauigkeit	Planabweichung der tatsächlichen Produktion
● Durchschnittliche Verbrauchsabwicklung pro Produktionsauftrag	
● „out of stock"	Anzahl der Fälle „nicht verfügbares Material"
● Ausschuss	in DM
● Lieferzuverlässigkeit (Termin)	Lagerzugang Fertigware (Termin) geplant/tatsächlich
● Lieferzuverlässigkeit (Menge)	Lagerzugang Fertigware (Menge) geplant/tatsächlich
● Durchschnittliche Durchlaufzeit	Rohmaterial → Lagerzugang Fertigware
● Bestände Roh- und Verpackungsmaterial	in DM
● Anzahl nicht termingerechter belieferter Kundenaufträge	
● Anzahl Kundenbeschwerden	

Abb. 7.13: Beispiele für häufig anzutreffende KPI der Produktion bzw. Supply Chain

Trade-Offs

Wie wir an der beispielhaften Übersicht erkennen, können unterschiedliche KPI bzw. ableitbare Messgrößen durchaus teils gegensätzlichen Charakters sein. Zielkonflikte sind normal bei der Ableitung von KPI für ein Unternehmen und führen dazu, dass die isolierte Betrachtung einzelner KPI oftmals wenig Sinn macht. Vielmehr müssen geeignete „KPI Cluster", d. h. Bündel von KPI, definiert werden, die gemeinsam zu betrachten sind.

Sind KPI einmal abgeleitet und messbar gemacht – und entsprechen sie den genannten Kriterien, so ist weiterhin ein kritisches „Monitoring" erforderlich. Dies kann dazu führen, dass Entscheidungen revidiert werden und gewisse KPI durch andere ersetzt werden bzw. kann es zur Neudefinition der „KPI Cluster" führen. Ebenfalls sind die korrektiven Maßnahmen zu den einzelnen KPI zu hinterfragen.

7.5.3 Der Balanced Scorecard-Ansatz

Systematische Verknüpfungen

Eine Methode zur systematischen Verknüpfung der klassischen Kennzahlen wie Umsatz, Deckungsbeitrag und Cashflow mit nicht finanzwirtschaftlichen Kennzahlen (KPI) ist die Balanced Scorecard. Die strategischen Ziele des Unternehmens werden dazu in vier „Sichten" auf das Unternehmen eingeteilt:

- Finanzen, d.h. die Betrachtung aus der Sicht der Kapitalgeber
- Kunden, d.h. die Betrachtung aus der Sicht der Kunden bzw. der Umwelt
- Interne Abläufe, d.h. die Sicht auf die internen Prozesse und ihre Effizienz und Effektivität
- Lernen und Wachsen, d.h. die Sicht auf Lern- und Entwicklungspotenziale von Mitarbeitern

Herunterbrechen auf Erfolgsfaktoren

Die so eingeteilten Strategien werden konsequent in ihre kritischen Erfolgsfaktoren und KPI heruntergebrochen und messbar gemacht. Gleichzeitig kann jeder Bereich bzw. jede Abteilung wiederum eine eigene Balanced Scorecard entwickeln, mit den für sie relevanten Sichten und Kenngrößen. Die führt neben der übergeordneten Unternehmens-Scorecard z.B. zu einer Produktions-Scorecard oder einer IT-Scorecard, welche natürlich aufeinander abzustimmen sind.

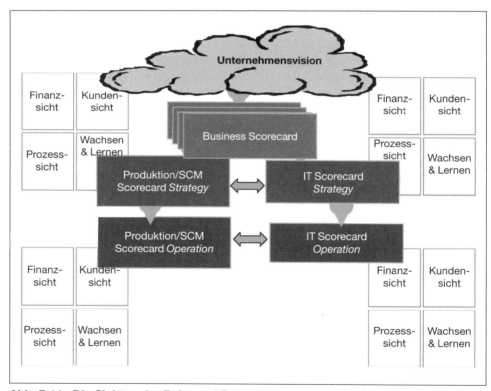

Abb. 7.14: Die Sichten der Balanced Scorecard

556

Die Balanced Scorecard fußt auf dem in Kapitel 7.5.3 erläuterten KPI-Einsatz und vervollständigt diesen durch eine bewährte Methodik zur Integration der unterschiedlichen – unter strategischen Gesichtspunkten – relevanten Sichten auf das Unternehmen. Sie bietet eine Methodik zur zukunftsgerichteten und ganzheitlichen Performancesteuerung des Unternehmens. Wie zu den KPI beschrieben, handelt es sich dabei keinesfalls um ein statisches Steuerungsinstrument, sondern muss konstanter Beobachtung unterzogen werden und sich verändernden Umweltbedingungen und strategischen Zielsetzungen angepasst werden (vg. Weber/Schäffer 1999, S. 4ff).

7.5.4 Die Rolle von IT bei der Implementierung von KPI bzw. Balanced Scorecard (BSC) -Ansätzen im Unternehmen

Die Sammlung sowie die Aufbereitung bzw. Verdichtung der zur Unternehmenssteuerung relevanten Daten ist ohne IT-Einsatz nicht mehr denkbar. Als Datenlieferanten sind insbesondere ERP-Systeme zu finden, ergänzt durch angeschlossene BDE-Systeme, APS-Systeme (advanced planning and scheduling systems) und CRM-Systeme. Desweiteren dienen moderne Data Warehouse Systeme zur zentralen Datenverwaltung und -aufbereitung, wobei sich die Datenorganisation in erster Linie an betriebswirtschaftlichen Fragestellungen orientiert. Sie werden durch aufgesetzte Business Intelligence Applikationen ergänzt (auch: Management Cockpits), die die Daten des Data Warehouses zielgruppenspezifisch zur Entscheidungsunterstützung aufbereiten.

Transaktions- und Planungssysteme

Sind die wichtigsten wertschöpfenden Prozesse eines Unternehmens durch ein ERP-System unterstützt, so liegen fast alle für den Aufbau eines Kennzahlensystems benötigten Daten in einer Datenbank vor. Warum also nicht einfach die Daten über Berichte direkt aus dem ERP-System extrahieren?

- Häufig werden noch nicht alle Prozesse des Unternehmens komplett über das ERP-System unterstützt. Satelliten- bzw. Legacy-Systeme sind im Einsatz, was dazu führt, dass nicht alle relevanten Daten in der Datenbank des ERP-Systems vorliegen.
- In vielen Konzernen werden häufig nicht alle angeschlossenen Unternehmen durch dasselbe ERP-System unterstützt. Selbst in dem Fall, in dem alle Unternehmen im Verbund ein ERP-System desselben Herstellers und desselben Release-Standes implementiert haben, sind doch in

der Regel die lokalen bzw. regionalen Systeme nicht deckungsgleich konfiguriert. Damit ergeben sich Prozessvarianten, die die Vergleichbarkeit der Datenbestände fragwürdig machen.

- Selbst wenn die Prozesse vergleichbar konfiguriert sind, so sind die Voraussetzungen auf Ebene der Stammdaten (insbesondere Kunden, Materialien, Lieferanten) zu schaffen, um die entsprechenden Analysen zur Maßnahmenableitung anzustellen. Eine Analyse ist oftmals erst nach umfangreichen Umformatierungen von ERP-Daten möglich (vgl. Vorgehen bei Henkel: IDH in Kap. 7.3.4).
- Nicht zuletzt sind die ERP eigenen Datenbankstrukturen oftmals nicht dazu geeignet, umfangreiche Kennzahlenauswertungen zu fahren. Die relevanten Daten sind auf zu viele unterschiedliche Tabellen verteilt, als dass eine performante Datenabfrage möglich ist. Gleichzeitig sind die Werkzeuge zur Datenbankabfrage häufig nicht benutzerfreundlich und es können nicht historische Daten in zu Analysezwecken gewünschtem Umfang vorgehalten werden, da dies die Gesamtperformance (Antwortzeit) des ERP-Systems negativ beeinträchtigen würde.

Ergänzt werden die ERP-Systeme im Allgemeinen durch angeschlossene MES (Manufacturing Execution Systems), welche die Daten automatisch und unmittelbar an Produkt- bzw. Prozesslinien registrieren und teils an die ERP-Systeme weiterreichen. Sie haben nur mittelbare Bedeutung für die Fütterung von Kennzahlensystemen, da der Großteil der steuerungsrelevanten Daten an die ERP-Systeme weitergereicht wird bzw. die „Granularität" der Daten zu fein ist.

Die Implementierung von so genannten Advanced Planning and Scheduling (APS) Systemen schreitet nur langsam voran. Grund hierfür ist im Allgemeinen die hohe Komplexität der Aufgabenstellung sowie die Tatsache, dass viele Systeme erst vor nicht allzu langer Zeit zur Marktreife gelangt sind. APS-Systeme zielen auf die Optimierung der Supply Chain durch eine Integration der unterschiedlichen Planungsstufen und den Einsatz komplexer Optimierungsalgorithmen und What-If-Analysen.

Planungsergebnisse der APS-Systeme können entsprechend in Kennzahlensysteme einfließen. Teilweise können Kennzahlen auch bereits in den Optimierungsalgorithmen der APS-Systeme mit ihren entsprechenden Zielkorridoren hinterlegt werden, was die entsprechende Aussteuerung der Absatzplanung mit den vorhandenen Kapazitäten ermöglicht bzw. dem Planer hier schon individuell zu lösende Ausnahmemeldungen bereitstellt.

Data Warehouse und Management Cockpit

Herzstück der Systemarchitektur zur Unterstützung einer unternehmens-weiten Kennzahlensteuerung ist das *Data Warehouse (DW)* (vgl. auch http://www.dwinfocenter.org). Ein DW kann alle entscheidungsrelevanten Daten eines Unternehmens bzw. eines Teilbereiches des Unternehmens speichern (in letztem Falle spricht man auch von so genannten Data Marts) und in einer auf umfangreiche Analysen ausgelegten Weise den Benutzern zugän-gig machen. Dabei kommen als Datenquellen alle internen und externen Systeme in Frage. Daten können beim Laden entsprechend umformatiert und bereinigt werden und werden einem unternehmensweiten Metadaten-modell entsprechend aufbereitet, um so den höchstmöglichen Nutzen für die Entscheidungsfindung zu generieren.

Vorteile des Einsatzes von Data Warehouses bei der kennzahlenbasier-ten Entscheidungsfindung sind:

- Homogenität und Konsistenz der Daten aus ursprünglich unterschiedli-chen Quellsystemen
- Schnelle und effektive Abfragemöglichkeiten durch lösungsorientierte und an einem unternehmensweiten Metadatenmodell ausgerichtete Da-tenablage
- Möglichkeit der Speicherung großer Datenmengen und damit auch um-fangreicher historischer Datenbestände
- Umfangreiche Analyse- und Drill-Down-Möglichkeiten zur Ursachen-analyse

Business Intelligence Software-Produkte ermöglichen einen benutzer-freundlichen und aus entsprechend betriebswirtschaftlicher Sicht selbster-klärenden Zugriff auf die Unternehmensdaten. In der Regel handelt es sich um so genannte OLAP (Online Analytical Processing) -Werkzeuge, die ei-nen schnellen Datenzugriff mit entsprechenden Drill-Down-Funktionalitä-ten bereitstellen. Zu den Business Intelligence-Lösungen gehören auch die so genannten Management Cockpits, welche als Frontend zum Data Ware-house dienen können und den Unternehmenslenkern einen effektiven und effzienten Überblick über die relevanten Steuerungsgrößen (wie z.B. defi-niert laut Unternehmens-BSC) bietet (vgl. auch http://www.dwinfocen-ter.org). Wie bereits in Kapitel 7.5.1 beschrieben, bietet das Management Cockpit:

- Einen raschen Überblick über die Kritischen Erfolgsfaktoren/KPI, wie z.B. definiert in der Unternehmens-BSC

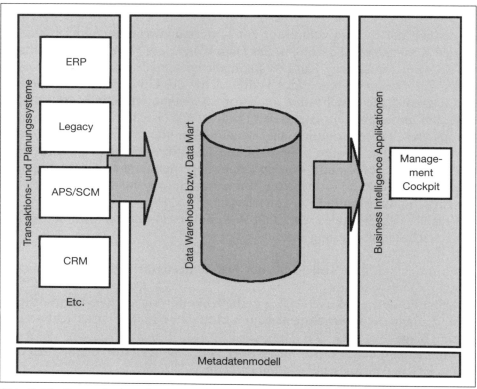

Abb. 7.15: Gesamtschau Systemarchitektur

- Aufbereitung der KPI in sinnvollen KPI-Clustern gemäß der gestellten betriebswirtschaftlichen Fragestellung
- Umfangreiche Drill-Down/Data Mining-Funktionalitäten zur Ursache-Wirkungsanalyse
- Simulationsmechanismen zur Durchführung von „What-if"-Analysen, um Auswirkungen potenzieller Entscheidungen auf die KPI zu simulieren
- Ampelfunktionalität zur vereinfachten visuellen Anzeige von KPI (Clustern) ausserhalb vordefinierter Toleranzbereiche

Basierend auf aktuell gehaltenen Data Warehouses, rundet das Management Cockpit die Systemarchitektur für ganzheitliches „Business Performance Management" auf Gesamtunternehmensebene ab.

560

7.5.5 Problemfelder bei der Einführung von KPI in Unternehmen

Unter 7.5.2 sind Kriterien zur Auswahl von KPI beschrieben worden. Zusammenfassend hier nun noch einmal einige typische Stolperfallen bei der Einführung von KPI- bzw. BSC-Ansätzen mit entsprechenden IT-Tools:

- Definition der falschen KPI (vgl. Kriterienliste unter 7.5.2)
- Mangelnde Ressourcenbereitstellung für Projekte aufgrund schwer kalkulierbaren ROI für DW/KPI Projekte; mangelnde Beachtung der strategischen Relevanz
- Fehlende Ziel-Architektur (IT Systeme) und damit Unsicherheit bzgl. Anschluss von Transaktionssystemen (Drill Down, Data Mining) und Prozessharmonisierung systemübergreifend
- Mangelhafte Analyse der Ursache-Wirkungsbeziehungen (wie abgebildet in Transaktionssystemen) zur Ableitung konkreter Maßnahmen zur Steuerung der KPI-Parameter
- Projekt-Owner nicht im Top-Management
- Verzögerung im Projekt durch Einsatz nicht-marktreifer Technologie/ Produkte
- Schlecht operationalisierbare Unternehmensstrategie und damit problematische Ableitung der richtigen CSF/KPI

7.6 Kommunikationsplattformen (IT-Kommunikation und Geschäftsplattformen)

Die Analyse von Kommunikationsnetzwerken differenziert, welche Werkzeuge welchen spezifischen Mitarbeitern innerhalb der Organisation zur Verfügung stehen und wie diese Werkzeuge eingesetzt werden. Einzelne Kommunikationswerkzeuge werden in ihrer Kosten-Nutzen-Relation bewertet, um die notwendigen Plattformen für Investitionen begründen zu können. Ein wichtiger Beitrag ist die Erörterung der notwendigen Infrastrukturmaßnahmen mit Auswirkung auf die Gesamtkosten der Beherrschung von Kommunikationsketten (Total cost of ownership) sowie das notwendige Training, um die vorhandenen Kommunikationswerkzeuge im Unternehmen optimal zu nutzen.

7.6.1 Die zu betrachtenden Kommunikationsplattformen

Die zunehmende Internationalisierung bzw. Globalisierung erfordert nicht nur eine Beschleunigung und engere Verzahnung der Geschäftsprozesse sowohl in multinationalen Organisationen als auch in über die Unternehmensgrenzen hinausgehenden Prozessketten, sondern auch eine deutlich schnellere Abstimmung von in verschiedenen Ländern, ggf. auch in verschiedenen Zeitzonen operierenden Organisationseinheiten.

Beide Aspekte werden durch die Kommunikationstechnologie, hier die durch die Informationstechnologie (IT) unterstützte Kommunikation, nachhaltig unterstützt. Neben den einzelnen Komponenten des globalen Kommunikationsnetzwerks werden im Folgenden deren Anwendungsbereiche und Nutzenpotenziale dargestellt. Es wird erläutert, welche Kommunikationswerkzeuge welchen spezifischen Mitarbeitern bzw. Mitarbeitergruppen innerhalb einer Organisation zur Verfügung stehen und welche organisatorischen Regelungen zusätzlich erforderlich sind, um nach der Installation der Kommunikationswerkzeuge deren Nutzen auch tatsächlich realisieren zu können.

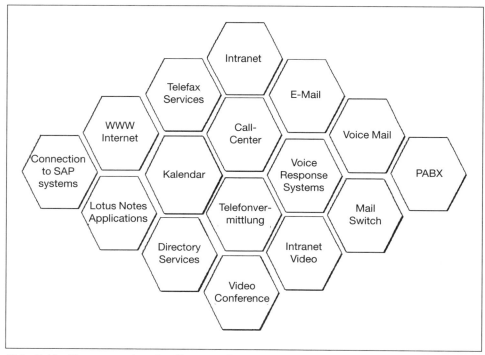

Abb. 7.16: Komponenten der Kommunikationstechnologie

Die Abbildung zeigt die derzeit in einem global tätigen Konzern eingesetzten Kommunikationswerkzeuge. Diese setzen sich zusammen aus:

- Infrastrukturkomponenten, z. B. PABX, Schnittstellen zu anderen Systemen
- Anwendungen, z. B. E-Mail, Voice Response Systems
- Organisatorischen Komponenten, z. B. Call-Center, Telefonvermittlung

Die folgenden Ausführungen beziehen sich im Wesentlichen auf die organisierte, auf die jeweiligen Ziele der Unternehmung ausgerichtete Kommunikation. Inwieweit es möglich ist, die organisierte Kommunikation von der informellen Kommunikation zu trennen, ist nicht Gegenstand der Betrachtung.

Ebenso wird auf eine umfassende Definition des Begriffs „Kommunikation" verzichtet. In Anlehnung an Lipinski wird mit Kommunikation die Verständigung zwischen Menschen, Mensch und Maschine oder zwischen Maschinen bezeichnet. „Die Kommunikation dient dem einseitigen oder wechselseitigen Austausch von Nachrichten in Form von Sprache, Text, Bildern oder Daten. Voraussetzung für Kommunikation sind Sender, Empfänger und eine gemeinsame Verständigungsweise (‚Sprache'), bei der direkten Kommunikation zudem ein Übertragungsweg (Kanal)." (Lipinski 1994, S. 485)

7.6.2 Die Komponenten der organisierten Kommunikation

7.6.2.1 Kommunikationspartner

Die ausschließliche Implementierung von schnelleren, kostengünstigeren und bequemer zu handhabenden Kommunikationswerkzeugen führt nicht zwangsläufig zu einer Verbesserung der Kommunikation. Eine wesentliche Voraussetzung für die adäquate Nutzung ist die sichere und für alle Beteiligten nachvollziehbare Auswahl der relevanten Kommunikationspartner. Die durch eine Organisationsstruktur implizit vorgegebenen Ansprechpartner stellen nur einen Teil der erforderlichen Auswahlkriterien dar. Die permanente Adjustierung von Organisationen an neue Marktgegebenheiten sowie die zunehmende Bearbeitung von einzelnen Aufgaben in speziell für diese Tätigkeiten temporär zusammengestellten Projektteams stellen weitere bei der Auswahl der relevanten Kommunikationspartner zu berücksichtigende Aspekte dar. Folgende Fragen lassen sich mit herkömmlichen Organigrammen nicht beantworten:

- Wer sind die Mitarbeiter des Qualitätsbeauftragten unseres Großkunden?
- Durch wen wird die Kooperation unserer Lieferanten in den Vereinigten Staaten gesteuert?
- An wen habe ich mich im Falle von Datenübertragungsstörungen zu wenden?

Die direkte Ansprache der relevanten Kommunikationspartner ist aber essenziell, sollen die Vorteile der neuen Kommunikationswerkzeuge nutzbringend umgesetzt werden. Hierzu ist es notwendig, neben der Darstellung der „traditionellen" Organisationsstruktur die einzelnen Mitarbeitern derzeit zugewiesenen Verantwortlichkeiten in einem konzernweit zugänglichen Verzeichnis (Datenbank) zur Verfügung zu stellen. Um die Aktualität der Daten sicherzustellen, kann die Pflege der entsprechenden Daten nur von den einzelnen Mitarbeitern selbst vorgenommen werden. Die Eindeutigkeit der Einträge ist durch einen zentral zu pflegenden Schlagwortkatalog sicherzustellen. Idealerweise wird ausschließlich eine Sprache verwandt. Allerdings ist hier zu prüfen, ob und inwieweit wegen nicht ausreichender Sprachkenntnisse potenzielle Einträge nicht realisiert werden. Dies gilt insbesondere dann, wenn der Einsatz eines derartigen Verzeichnisses auch für externe Geschäftspartner vorgesehen ist.

Zielorientierter Einsatz der Kommunikationstechnologie

Eine weitere wesentliche Voraussetzung für die Realisierung adäquaten Nutzens ist der zielorientierte Einsatz der Kommunikationstechnologie. Der unreflektierte Einsatz von Kommunikationswerkzeugen kann eine Organisation in der Gesamtbetrachtung erheblich belasten. Dies zeigen derzeit viele unorganisierte „Chatrooms". Die grundsätzlich positiv zu beurteilende Möglichkeit, in Foren gemeinsame Fragestellungen auch über große Entfernungen hinweg diskutieren zu können, führt bei fehlender Organisation sehr schnell zurück zur bilateralen Kommunikation. Wenig oder gar nicht organisierte Chatrooms dienen eher der informellen Kommunikation. Für die organisierte Kommunikation scheinen Regeln unterworfene Diskussionsforen besser geeignet.

Anzahl der Kommunikationspartner

Die bereits erwähnte Auswahl der relevanten Kommunikationspartner ist nicht nur bezüglich der Qualifikation, sondern auch unter numerischen Gesichtspunkten zu betrachten. Die Anzahl der Empfänger einer E-Mail lässt sich heute, sieht man vom Aufwand für die Erstellung der Distributionslisten ab, ohne großen Aufwand steigern. Die Kosten für die Übertragung, insbesondere beim Versand von großen Anlagen (attachments), sowie die Zeit, die alle Empfänger benötigen, um die Nachricht zumindest auf Relevanz zu prüfen, werden vom Sender in der Regel nicht berücksichtigt. Ein Teil der Zielorientierung ist gegeben, wenn der Sender vor dem Versand einer Nachricht auf die Kosten hingewiesen wird.

Nachrichtenselektion

Der zweite Teil der Zielorientierung bezieht sich auf die schnelle Auswahl der Nachrichten. Hier ist es erforderlich, dass eine elektronische Nachricht vorab kategorisiert wird. Eine effiziente Kategorisierung kann bereits mit wenigen Kategorien realisiert werden. Kategorien können z. B. auf das Ziel der Kommunikation ausgerichtet sein:

● Allgemeine Information
● Vertrauliche Information
● Entscheidung erforderlich
● Terminabsprache etc.

7.6.2.2 Der Standort

Ein wesentlicher Nutzenfaktor der elektronischen Kommunikation ist die weitgehende Entkopplung der Nutzung vom Standort des Nutzers. Insbesondere E-Mail und die Mobiltelefone können heute bis auf wenige Einschränkungen weltweit eingesetzt werden. Hierdurch wird die Mobilität von Mitarbeitern signifikant unterstützt. Mit entsprechender Ausrüstung kann die Kontinuität der Kommunikation sowohl bei kurzfristigen als auch bei längerfristigen Abwesenheiten gewährleistet werden. Der Reisende hat die Möglichkeit, sein „back-office" weiterhin zu nutzen und somit entsprechende Unterstützung erhalten zu können.

Den genannten Vorteilen steht der Nachteil gegenüber, dass der Reisende durch die erhöhte Erreichbarkeit teilweise zusätzlichen Belastungen ausgesetzt ist, da er sowohl vor Ort als auch im Homeoffice „präsent" ist.

7.6.2.3 Inhalte

Die zunehmende Informationsflut erfordert auch in Bezug auf die Inhalte die sorgfältige Analyse der Nutzung. Zunächst ist zwischen dem Push- und Pull-Verfahren zu unterscheiden. Im Zuge der Organisation der Kommunikation ist innerhalb einer Organisation eindeutig zu definieren, welche Information an die relevanten Kommunikationspartner zu versenden und welche Informationen allen in das Kommunikationsnetz einer Organisation involvierten Kommunikationspartner an zentraler Stelle zur Verfügung zu stellen sind. Hierbei kann es sich z.B. um ein Informationsportal handeln, das neben den oben erwähnten internen Informationen weitere Komponenten enthält wie z.B.:

- Presseberichte über das Unternehmen und den Wettbewerb
- Informationen bezüglich organisatorischer Veränderungen
- CBT-Module (Computer Based Training)
- Darstellungen neuer Themenkomplexe (z.B. Electronic Business)
- Beschreibungen von Kommunikationskomponenten (z.B. Videokonferenz-Systeme)
- Börsenkurs-Ticker
- Aktuelle Informationen zu den Aktivitäten des Unternehmens

7.6.2.4 Archivierung

Die Organisation der Archivierung elektronisch versandter Dokumente erfordert die Etablierung neuer bzw. Anpassung bestehender Prozesse. Die elektronischen Kommunikationswerkzeuge vereinfachen die Speicherung von Dokumenten. Da dies in der Regel auf der Basis individuell gestalteter Strukturen erfolgt, ist eine Nutzung bzw. das Wiederauffinden durch andere Interessenten nicht gegeben. Es ist außerdem davon auszugehen, dass eine Vielzahl von Dokumenten redundant gespeichert wird. Die Redundanz bezieht sich zum einem auf Sender und Empfänger sowie ggf. die Empfänger von Kopien und zum anderen auf die mehrfache Speicherung von Frage- und Antwort-Sequenzen.

Auch im Sinne des Knowledge Management (vgl. Kap. 7.7) ist es erforderlich, die Archivierung elektronisch versandter bzw. erstellter Dokumente neu zu organisieren. Das Argument, dass auch die traditionellen Dokumente nicht einheitlichen Archivierungsregeln unterworfen waren, greift insofern nur teilweise, da gerade die Nutzung elektronischer Medien die Möglichkeiten des Zugriffs signifikant erweitert.

Auf elektronische Archive kann global zugegriffen werden. Gerade deshalb ist eine sorgfältige Strukturierung der Inhalte sowie die Kommunikation der definierten Strukturen erforderlich. Der Aspekt der Aktualität ist besonders zu berücksichtigen; viele interne Dokumente sind im Sinne des operativen Geschäfts sehr schnell veraltet.

Sie sind im Rahmen eines „deletemanagement" auf andere Datenbanken zu transferieren.

566

7.6.3 Praxisbeispiel: Henkel KGaA: Kommunikationswerkzeuge

Der Fokus der Darstellung der Kommunikationswerkzeuge ist im Folgenden wesentlich auf die oben erwähnten Anwendungen (Abb. 7.16) eingeschränkt. Hierunter werden

- Internet/Intranet
- Electronic Mail
- Databases
- Voice Mail
- Fax
- Mobiltelefon/Telefon
- WAP-Technologie
- Videokonferenzsysteme

subsummiert und im Folgenden auszugsweise detailliert dargestellt.

Beispiel Kommunikationsinitiative für die Henkel-Gruppe

Die Henkel-Gruppe analysierte 1998 im Rahmen einer weltweit angelegten Studie das Kommunikationsverhalten und die Nutzung der unterschiedlichen Kommunikationswerkzeuge durch die entsprechenden Anwendergruppen.

Mit der Studie konnten wichtige Hinweise auf die Anwendungsbereiche der Kommunikationskomponenten, die Nutzungsintensität sowie die Einschätzung der Anwender auf deren zukünftige Entwicklung erarbeitet werden. Aus den Ergebnissen wurden konkrete Vorgaben für den weiteren Ausbau der Infrastruktur, Maßnahmen zur Steigerung der Produktivität sowie Trainingsprogramme abgeleitet.

Die Analyse wurde fast ausschließlich auf der Basis elektronisch verschickter Fragebögen durchgeführt. Von 18 500 versandten Fragebogen wurden 7400 beantwortet. Die sehr hohe Rücklaufquote wurde als erster Indikator auf das hohe Interesse an diesem Thema gewertet. Ergänzend zu den Fragebogen wurden Interviews mit den Mitgliedern der Geschäftsführung durchgeführt.

Die wesentlichen Ergebnisse seien hier kurz zusammengefasst:

- Die Henkel-Gruppe repräsentiert einen sehr hohen Standard in Bezug auf die Bereitstellung von Kommunikationswerkzeugen an den einzelnen Arbeitsplätzen. Weitgehende Standardisierung und konsequente Implementierung einer ausreichenden Infrastruktur waren und sind weiterhin wesentliche Voraussetzungen, die zu einer schnellen Verbreitung der Kommunikationswerkzeuge führen.

● Beide Komponenten haben zu einer schnellen Akzeptanz der neuen Medien geführt. Allerdings bleibt die Nutzung in den meisten Fällen auf die Basisfunktionalitäten beschränkt.

● Die Analyse zeigte aber auch, dass die ausschließlich technisch orientierte Implementierung von Kommunikationswerkzeugen nicht ausreichend ist, um deren Nutzen voll zu erschließen. Der Schaffung einer auf die neuen Technologien abgestimmten Kommunikationskultur ist ebenso großes Gewicht beizumessen wie der Ausbildung im Umgang mit den neuen Werkzeugen und dem permanenten Training der weniger genutzten Funktionen.

● Die an sich einfache Nutzung der installierten Videokonferenzsysteme zeigte deutlich diese Defizite. In allen wesentlichen Standorten der Gruppe installiert und grundsätzlich für alle zugänglich, zeigen gerade diese Systeme erhebliche Akzeptanzprobleme. Dies wird im Wesentlichen auf die nicht ausreichende Schulung im Umgang mit diesen Systemen zurückgeführt.

● Die Nutzung der Electronic Mail ist seit der Implementierung der ersten zentralen Systeme zu Beginn der 90er Jahre zu einem zentralen Faktor

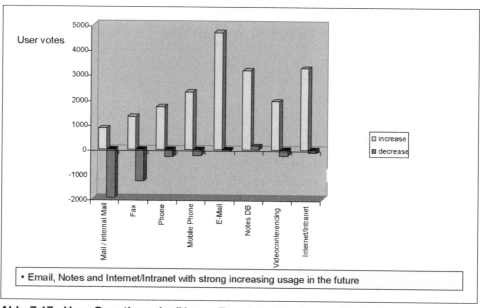

Abb. 7.17: User Questionnaire/Usage Trends in Employees Workplace

der gruppeninternen Kommunikation etabliert. Darüber hinaus wurden auch externe Geschäftspartner in das elektronische Kommunikationsnetz einbezogen. Der Einsatz der Technik und die adäquate Nutzung führten hier sehr früh zu Veränderungen von Geschäftsprozessen (z. B. Bestellungen).

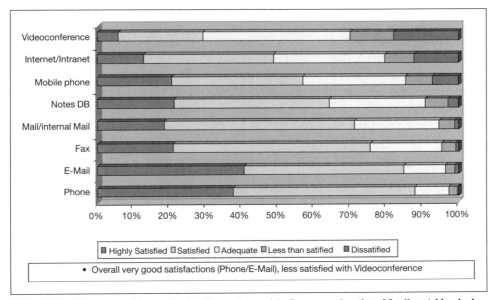

Abb. 7.18: User Questionnaire/Satisfaction with Communication Media at Henkel

Electronic Mail

Die Electronic Mail avancierte in der Zwischenzeit (Abb. 7.17) zum wichtigsten Kommunikationsmedium der Henkel-Gruppe. Das System steht derzeit ca. 22000 Mitarbeitern zur Verfügung. Jeder ist mit einer persönlichen Mailbox und individuellem Password ausgestattet und kann direkt adressiert werden. Durch den konsequenten Einsatz der Electronic Mail werden traditionelle Kommunikationsmedien wie Post, Fax, aber auch Telefon in zunehmendem Maße substituiert.

Die Umfrage ergab, dass die Nutzer dieses Medium als das mit der höchsten Steigerung der Produktivität in Verbindung bringen. Electronic Mail weist innerhalb der Gruppe das breiteste Anwendungsspektrum aus: Neben der interaktiven Kommunikation wird das Werkzeug für den Versand zeitkritischer Informationen, den Austausch von Dokumenten und Protokollen sowie simultan dokumentierter Schriftwechsel genutzt.

Mobiltelefon/Telefon

Die Anzahl der bei der Henkel KGaA am Standort Düsseldorf eingehenden Anrufe stieg im Zeitraum von 1995 bis 1998 um 40% auf ca. 28 500 täglich. Obwohl im selben Zeitraum die Anzahl der beantworteten Anrufe überproportional gesteigert werden konnte, bleibt die Erreichbarkeit – die unmittelbare Beantwortung eingehender Anrufe – ein Kriterium, das zu verbessern ist.

In Verbindung mit der allen Mitarbeitern zur Verfügung stehenden Voice Mail werden die größten regionalen Unterschiede offensichtlich. Voice Mail wird in den USA wesentlich intensiver, zeitnäher und informativer eingesetzt als an allen anderen Standorten. Insbesondere in Europa weist die Akzeptanz der Voice Mail Defizite auf. Dies gilt sowohl für den Besitzer des Telefons als auch für den Empfänger der Abwesenheitsnachricht.

Die genannten Zahlen schließen nicht die Nutzung der Mobiltelefone ein. Trotz der nach wie vor deutlich höheren Kosten werden in der Bereitstellung von Mobiltelefonen erhebliche Nutzenkomponenten gesehen, da hiermit die Erreichbarkeit der Mitarbeiter – insbesondere der Experten – erhöht werden kann. Bereitschaftsdienste können reduziert bzw. für den Betroffenen erleichtert werden und im Falle von Störungen oder anderer außergewöhnlicher Situationen kann schneller und effizienter Unterstützung angefordert werden.

Videokonferenzsysteme

Videokonferenzsysteme werden sowohl für reguläre Besprechungen als auch für Ad-hoc-Meetings genutzt. Die Anzahl der angeschlossenen Stationen beträgt in Einzelfällen bis zu acht. Da mit der vorhandenen Technologie nur bis zu vier Partner gleichzeitig sichtbar gemacht werden können, ist bei Videokonferenzsystemen mit mehr als vier Partnern eine außerordentliche Gesprächsdisziplin erforderlich.

Die bereits erwähnte mangelnde Akzeptanz der Videokonferenzsysteme lässt sich auf diverse Ursachen zurückführen:

- Die Unsicherheit der Teilnehmer ist zu Beginn unterschätzt worden. Es bedarf einer gewissen Überwindung, sich selber auf dem Bildschirm zu sehen, Sprache und auch Bewegungen werden abweichend übertragen und mit einem geringen Zeitverzug dargestellt.
- Solange nicht PC-Systeme direkt am Arbeitsplatz eingesetzt werden, bedarf es zusätzlicher Maßnahmen, um eine Videokonferenz zu organisieren. Neben der auch bei regulären Konferenzen erforderlichen Termin-

abstimmung und Raumbuchung ist es zumindest für Mehrpunkt- oder interkontinentale Konferenzen erforderlich, entsprechende Leitungen der öffentlichen Carrier anzumelden und zu schalten. Diese Tätigkeiten werden für die Henkel-Gruppe von einem zentralen Serviceteam übernommen. Mit der Raumbuchung und der Nennung der Teilnehmer werden durch das Team die technischen Voraussetzungen organisiert.

- Die Bedienung der Systeme wurde nicht ausreichend geschult. Die technische Implementierung erfolgte teilweise mit sehr hohem Aufwand, die daraus resultierenden komplexen Anwendungssysteme konnten aber nicht bedient werden. Hinzu kommt, dass eine Vielzahl kleinerer Aspekte erst während der Nutzung der Systeme offensichtlich wurden. Hierzu zählen die Platzierung der Mikrofone, die architektonische Gestaltung der Hintergründe, die Gesprächsdisziplin, insbesondere bei Mehrpunktkonferenzen, die Aufbereitung der Projektionsfolien bis hin zur Steuerung der Kameras. Die genannten Aspekte werden in Informationsbroschüren kommuniziert, darüber hinaus wurde der Umfang der Schulungen erweitert.

Die Nutzenpotenziale von Videokonferenzen lassen sich wie folgt zusammenfassen:

- Bessere Nutzung der Arbeitszeit durch Reduktion unproduktiver Reisezeiten
- Zusätzliche, weiter entfernte Entscheidungsträger können mit einbezogen werden
- Schnellere Reaktion auf Probleme
- Möglichkeit, auch weit entfernte Mitarbeiter ohne Vorlaufzeiten häufiger Besprechungen durchführen zu lassen und damit die Kooperation zu intensivieren
- Reduktion von Kosten

Videokonferenzen werden konzentrierter durchgeführt und dauern in der Regel nicht so lange wie traditionelle Besprechungen.

Videokonferenzen können persönliche Treffen nicht vollständig ersetzen. Aber sie haben eine höhere Verbindlichkeit als Schriftverkehr oder Telefonate. Komplexe Sachverhalte können visualisiert und somit besser dargestellt, Besprechungstermine können häufiger und spontaner arrangiert werden.

Datenbanken

Mit der Einführung der Electronic Mail hatten die Anwender gleichzeitig die Möglichkeit, Datenbanken zu implementieren. Derzeit existieren ca. 1300 individuell erstellte Datenbanken. Diese dezentralen Datenbanken sind für spezifische Themen etabliert und stehen spezifischen Gruppen zur Verfügung. Die dezentrale Realisierung hat allerdings zur Folge, dass die Inhalte weder für die User noch für die Systemadministratoren ganzheitlich erfasst werden. Hieraus resultieren Redundanzen und Unklarheiten bzgl. des notwendigen Supports besonders dann, wenn Datenbanken zu replizieren sind.

Mit dem Ziel, die genannten Schwachpunkte zu eliminieren, werden zunächst alle Datenbanken zentral erfasst und grob kategorisiert. Hiermit können erste Hinweise auf Redundanzen gefunden werden. Das Programm sieht weiter vor, dass die Verantwortlichen der Datenbanken bzgl. der Nutzungsintensität befragt werden. Datenbanken, die gering oder seit einiger Zeit nicht mehr genutzt werden, werden zur Löschung vorgemerkt.

Die Replikation der Datenbanken ist sowohl unter Kosten- als auch unter Sicherheitsaspekten zu organisieren. International genutzte Datenbanken werden explizit in Replikationspläne aufgenommen.

Bewertungskriterien sind hier die genannte Nutzungsintensität und die Standorte, an denen die Datenbanken genutzt werden. In einigen Regionen ist der Online-Zugriff aufgrund von geringen Übertragungskapazitäten eingeschränkt. Hier spielen weniger technische als finanzielle Aspekte eine Rolle; in einigen Regionen führt die Nutzung hoher Übertragungskapazitäten nach wie vor zu sehr hohen Kosten.

7.6.4 Der Nutzen technischer Kommunikationswerkzeuge

Der Einsatz technischer Kommunikationswerkzeuge ist auch unter betriebswirtschaftlichen Aspekten zu prüfen. Da die Kosten in der Regel strukturiert (siehe Kap. 7.6.5.1) erfasst werden können, soll hier nur die Ermittlung des Nutzens anhand einiger Beispiele dargestellt werden.

Electronic Mail

Die Reduktion von Arbeitszeit durch die weniger formale Gestaltung der elektronischen Nachrichten, der gegenüber regulären Briefen eliminierte Unterschriftsvorgang, die Erreichbarkeit des Empfängers auch auf Reisen und damit die Möglichkeit der unmittelbaren Antwort sowie die Einsparung von Portokosten stellen die wesentlichen Nutzenkomponenten dar.

Intranet/dezentrale Datenbanken

Mit der Bereitstellung von Informationen im Intranet oder in dezentral erstellten Datenbanken können Nachrichten mit minimalem Aufwand und innerhalb kürzester Zeit allen Mitarbeitern zur Verfügung gestellt werden. Die Erstellung, Adressierung und der Transport von Dokumenten entfällt.

Darüber hinaus ist davon auszugehen, dass die Mitarbeiter umfassender und zeitnäher informiert sind, da mehr Informationen elektronisch zur Verfügung gestellt als verschickt werden können.

Remote Access

Die Vorteile sind hier ebenfalls in der beschleunigten Abwicklung der Kommunikation zu sehen. Insbesondere im Außendienst tätige Mitarbeiter sind wesentlich besser zu erreichen. Es können mehr Informationen zeitnäher zur Verfügung gestellt werden, Anfragen können schneller beantwortet werden und die Kommunikation kann zeitversetzt erfolgen. Permanente Versuche, Kommunikationspartner telefonisch zu erreichen, entfallen.

7.6.5 Management der Infrastruktur

7.6.5.1 Total Cost of Ownership (TCO)

Seit die Gartner Group 1987 das TCO-Konzept veröffentlicht hat, gibt es eine Vielzahl von Methoden zur Erfassung von Gesamtkosten des Technologieeinsatzes. Vergleiche am Beispiel der PC-Kosten pro Jahr zwischen den Anbietern wie Gartner Group, Forrester, Andersen Consulting, Fortune, Zona Research etc. zeigen aber Abweichungen von mehr als 200%. Da die Ist-Kosten einfach zu ermitteln sind, ist es offensichtlich, dass diese Abweichungen aus der unterschiedlichen Anzahl und Bewertung der in der Methode erfassten Kriterien resultieren. Insofern ist es wichtig, dass die angewandte Methode auf die Gegebenheiten des Unternehmens abgestimmt wird.

Die in Kap. 7.6.3 dargestellten Kommunikationswerkzeuge erfordern unterschiedliche Aufwendungen für die Infrastruktur. Die Infrastruktur wird aus Sicht der sie nutzenden Organisationen betrachtet; die zusätzlich erforderliche öffentliche oder private Infrastruktur bleibt in technischer Hinsicht außer Betracht.

Die unmittelbaren Aufwendungen für die Infrastruktur lassen sich in vier Kategorien unterteilen:

- Hardware:
  Hier ist zwischen direkt zurechenbaren und indirekten Kosten zu differenzieren. Bei Mobiltelefonen, Telefonen, Videokonferenzsystemen können sowohl die Investitionen als auch die jeweilige Nutzung direkt zugerechnet werden. Hingegen lassen sich die Kosten eines PC nur teilweise einzelnen Kommunikationswerkzeugen zurechnen.
  Weitere nicht im ursächlichen Zusammenhang mit der Kommunikation bestehende Aufwendungen sind u.a. die Bereitstellung der LAN und WAN, der Kommunikationsserver, des User-Supports bis hin zum Betrieb des Rechenzentrums.
- Software/Lizenzen:
  Client- und Serverkomponenten der Software, Kosten für Service und Wartung können unter Nutzung adäquater Schlüssel den einzelnen Arbeitsplätze direkt zugerechnet werden.
- Training:
  Die permanente Weiterentwicklung aller IT-Komponenten, zunehmende Komplexität, hervorgerufen sowohl durch den Einsatz neuer Programme als auch durch eine breitere Funktionalität neuer Versionen, erfordern eine konsequente Ausbildung der Anwender. Die tatsächlich für Trainingsmaßnahmen investierte Zeit steht aber oft im Missverhältnis zu dem Aufwand, der durch Selbststudium, Ausprobieren, Trial and Error und der Benutzung der Hilfe-Komponenten entsteht.
  Die auch durch die Werbung bedingte Unterschätzung der Trainingsbedarfe sowohl von den Administratoren als auch von den Nutzern ist mit umfangreichen Trainingsprogrammen zu begegnen.
  Die in der Vergangenheit eher technisch orientierte Implementierung von Hard- und Software am Arbeitsplatz ist in Zukunft an der Produktivitätssteigerung auszurichten.

7.6.5.2 Effizienz der Nutzung

Ein weiterer wesentlicher Bestandteil, die derzeit wenig Beachtung findet, sind die Zeitverluste, die durch die nicht zielgerichtete Anwendung der Kommunikationswerkzeuge generiert werden. Hierzu zählen (vgl. Conti/Zollikofer 1998, S. 62ff):

- Ineffizienzen bei der Problemlösung:
  Unabhängig von der Ursache versuchen Anwender technische Probleme selber zu beheben. Die Kosten werden weiter erhöht, wenn zunächst weitere Kollegen um Unterstützung gebeten werden, bevor letztendlich die Lösung den professionellen Services angetragen wird. Die aus dem

Problem resultierenden Standzeiten bzw. Unterbrechungen sind in jedem Falle zu berücksichtigen.

- Spezialistentätigkeiten:
  Die Entwicklung kleinerer Programme, die Perfektion von Dokumenten insbesondere Grafiken, die Implementierung zusätzlicher Softwarekomponenten sind Aktivitäten, die ohne spezifische Ausbildung sehr zeit- und damit kostenintensiv werden können. Diese Ineffizienzen können durch den Einsatz von Spezialisten signifikant reduziert werden.
- Nicht berufsbezogene Aktivitäten:
  Nach Aussagen des U.S. Department of Labor werden ca. 40% aller privaten Internetgeschäfte während der Arbeitszeit getätigt. Private Briefe, Computerspiele etc. reduzieren darüber hinaus den produktiven Anteil der Arbeitszeit. Diese einfach zu erfassenden und unmittelbar sichtbaren Verluste werden mit hoher Aufmerksamkeit behandelt und reduzieren damit auch die produktive Arbeitszeit des Managements, obwohl nicht davon ausgegangen werden kann, dass aus diesen Aktivitäten der größte Produktivitätsverlust resultiert.

In diesem Zusammenhang ist zunächst zu analysieren, in welcher der drei genannten Kategorien die größte Ursache für Zeitverluste liegt.

7.7 Wissen und seine zunehmende Bedeutung in Unternehmen

Es werden die Unterschiede zwischen impliziten und expliziten Wissensinhalten erläutert. Bei den Bestandteilen des Wissensmanagements wird auf die externe Dokumentation (Patente, Magazine, Internet, Informationen, Zeitungen) verwiesen. Zu den internen Dokumenten gehören Forschungsberichte, Systemdokumentationen, Protokolle, ausgesuchte Knowledge-Basen, Datenmanagementsysteme, Produktinformationen, Organisationsinformationen. Wichtig ist ein Hinweis auf die Organisation des Prozesses „Knowledge Management". Die Projektdefinition, die Kick-off-Meetings, die notwendige Instandhaltung, der zu erwartende Managementsupport, neue Funktionsverantwortungen, das Briefing von Erfahrungen.

Zusammengefasst werden kurz Erläuterungen zu Instrumenten und Infrastrukturen, die benötigt werden (Datenbanken, Zugriffsmethoden, Eingabeorganisationen, Veränderungsmöglichkeiten und Workflow-Organisationen).

7.7.1 Kulturveränderungen

Wissen unterscheidet sich von bloßen Daten vor allem dadurch, dass es strukturiert und kontextbezogen ist. Verbindungen zwischen Informationen zeit- und themenübergreifend erkennen zu können, zeichnet menschliche Intelligenz aus (vgl. Probst/Ronhardt).

Wissensmanagement bezeichnet den Umgang mit Wissen durch Menschen und bezieht hauptsächlich Unternehmen in die Betrachtung ein. Wesentliche Voraussetzung für die Einführung von Wissensmanagement ist die Veränderung der Kultur und zwar dahingehend, dass Wissen nicht mehr als Garant für die Sicherheit des eigenen Arbeitsplatzes angesehen wird.

In der Wirtschaft ist dieses Problem sicherlich stärker ausgeprägt, da in der Wirtschaft die Weitergabe von Wissen im Extremfall eine existenzielle Bedrohung darstellen kann (vgl. v. Rosenstiel 1999, S. 47). In dem Moment, in dem Wissen allen Mitarbeitern zur Verfügung gestellt wird, geht dieses Wissen in den Besitz der Organisation über. Die bisherige Kultur, unsere Erziehung und auch Entlohnungssysteme fördern nicht eine uneingeschränkte Weitergabe von Wissen.

Die Herausforderung ist derzeit darin zu sehen, dass im Zeitalter des Wandels von der Produktionsgesellschaft zur Informationsgesellschaft der Produktionsfaktor Wissen zu erfassen, zu strukturieren, weiterzugeben und – dies ist die wichtigste Komponente – anzuwenden ist.

Fokus der entsprechenden Projekte in vielen Unternehmen ist das implizite Wissen. Wird das explizite, bereits in irgendeiner Form dokumentierte Wissen, schon lange und teilweise sehr effektiv gemanagt, gestaltet sich die Erfassung des impliziten Wissens, der Erfahrungen, Intuitionen, Ableitungen und Schlüsse sowie des Kombinationsvermögens wesentlich schwieriger.

Die systematische Erfassung und Bereitstellung des impliziten Wissens bedarf einer Strategie, der Einbeziehung des Managements, einer entsprechenden Organisation, der bereits angesprochenen Veränderung der Kultur, adäquater Komponenten zur Strukturierung des impliziten Wissens und technischer Hilfsmittel, mit denen die Wissenskomponenten den Mitarbeitern zur richtigen Zeit, am richtigen Ort, zielgerichtet und benutzerfreundlich zur Verfügung gestellt werden können.

7.7.2 Ziele des Wissensmanagements

Neben dem generellen Ziel, das in einem Unternehmen vorhandene Wissen systematisch zu erfassen, anderen zur Verfügung zu stellen und anzuwenden, lassen sich folgende Einzelziele ableiten:

Darstellung des Wissens

Die systematische Erfassung des impliziten Wissens wird es Unternehmen erstmals ermöglichen, ihr geistiges Eigentum sichtbar zu machen. Auf dieser Basis können dann weitere Schritte zur Implementierung des Wissensmanagements realisiert werden.

Erhalt des Wissens

Einer der am häufigsten genannten Gründe für die Einführung des Wissensmanagement ist der Erhalt des Wissens. Verlässt ein Mitarbeiter ein Unternehmen, wird er versetzt oder befördert, dann erfolgt die Weitergabe seines Wissens derzeit in den meisten Fällen unstrukturiert. Neben dem Erhalt des Wissens spielt die Wiederverwendbarkeit eine große Rolle.

Zeitersparnis

Zeiträume für die Übergabe von Wissen, Einarbeitung neuer Mitarbeiter, Implementierung neuer Projektteams sowie die Weitergabe von Wissen an andere Projektteams, die sich mit verwandten Themen befassen, können durch die strukturierte Bereitstellung von Wissen nachhaltig verkürzt werden.

Kostenreduktion

Neben der erwähnten Zeitersparnis, die in der Regel auch zu finanziellen Einsparungen führt, können Kosten durch die permanente und schnelle Verbreitung von Wissenskomponenten innerhalb eines Unternehmens reduziert werden. Darüber hinaus kann die Einführung des Wissensmanagements zu neuen Kooperationsmodellen führen, da mit dem Bereitstellen des Wissens an eine größere Anzahl von Mitarbeitern oder externen Partnern bisher bestehende strukturelle und regionale Organisationsgrenzen überschritten werden können.

Fehlerreduktion

Mit der Einführung des Wissensmanagement können Fehler reduziert werden, indem gerade die Resultate weniger erfolgreicher Projekte den in Frage kommenden Mitarbeitern zur Verfügung gestellt werden. Die Vermeidung oder zumindest Reduktion der Wiederholung von Fehlern birgt ein großes Einsparpotenzial innerhalb einer Organisation.

7.7.3 Komponenten des Wissensmanagements

7.7.3.1 Organisation

Die derzeitige inflationäre Verwendung des Begriffs Wissensmanagement erfordert zunächst eine konkrete Zieldefinition, Regelung der Verantwortlichkeiten, Benennung der Zielgruppen sowie die Analyse möglicher Barrieren innerhalb des Unternehmens.

Zieldefinition

Eine Umfrage unter den 200 größten deutschen Unternehmen (PWT Studie) zeigt, dass 96% der Befragten der besseren Nutzung des vorhandenen Wissens die größte Bedeutung bei der Einführung von Wissensmanagement beimessen. Es folgen „Förderung des internen Wissenstransfers" (92%). Nur 13% der befragten Unternehmen nennen Kostenreduktion mit hoher Gewichtung. Die überwiegend weichen Formulierungen zeigen, dass hiermit neue, bisher wenig oder nicht organisierte Prozesse zu initiieren sind.

Verantwortlichkeiten

Voraussetzungen für die erfolgreiche Einführung des Wissensmanagements sind die umfangreiche Kommunikation der zu erreichenden Ziele, die kontinuierliche Unterstützung des Programms durch das Top-Management sowie ausreichend finanzielle, personelle und technische Kapazitäten.

Darüber hinaus sind folgende Fragen vorab zu klären, um den Prozess der Einführung des Wissensmanagements weitgehend friktionsfrei zu gestalten:

- Wer ist für den Inhalt der Wissensbasis bzw. -basen verantwortlich?
- Ist ein Wissensmanager zu benennen?
- Wer überprüft die zur Verfügung gestellten Wissenskomponenten?
- Wie sollen Mitarbeiter motiviert werden, Wissen zur Verfügung zu stellen bzw. zur Verfügung gestelltes Wissen abzurufen?

- Ist vorab ein Prüfungsverfahren zu etablieren, um ein definiertes Qualitätsniveau zu erhalten?
- Wie lange sollen Wissenskomponenten gespeichert werden?
- Welche Sprache ist anzuwenden?
- Ist spezielle Software einzusetzen?
- Welche Mitarbeiter sollen die Wissensbasis nutzen?
- Sollen auch externe Partner in das Wissensmanagement einbezogen werden?

Barrieren

Die bisherigen Erfahrungen zeigen, dass Wissensmanagement ohne begleitende Maßnahmen nicht erfolgreich eingeführt werden kann (vgl. PWT Studie). Weitergabe impliziten Wissens wird bisher nur in wenigen Unternehmen, wie z. B. Beratungshäusern, zielgerichtet und organisiert gefördert.

Die bei der Einführung von Wissensmanagement zu berücksichtigenden Barrieren kann den Kategorien Aufwand zur Wissenspflege und -kontrolle sowie fehlende Anreizsysteme für die Weitergabe und auch Anwendung von Wissen zugeordnet werden. Die Anreizsysteme können zum einen quantitativ auf die Eingabe von Wissenskomponenten ausgerichtet sein. Schwieriger wird die Ausgestaltung eines derartigen Systems, wenn zusätzlich qualitative Aspekte erfasst werden sollen. Hier empfiehlt es sich, vor Freigabe der einzustellenden Wissenskomponente unabhängige Qualitätssicherer einzusetzen.

Im Sinne der angestrebten Kulturveränderung sollte das Wissensmanagement integraler Bestandteil von Fortbildungsmaßnahmen sein.

7.7.3.2 Werkzeuge/Infrastruktur

Wesentlicher Bestandteil der zu implementierenden Applikation ist die entsprechende Wissensdatenbank. Bei der Entwicklung der Datenbank ist die schnelle und zielgerichtete Selektion von Wissenskomponenten in den Vordergrund zu stellen. Mit flexiblen Strukturen ist sicherzustellen, dass auch nachträgliche Erweiterungen bzw. Veränderungen ohne großen Änderungsaufwand realisiert werden können.

Sorgfältig definierte Schlagwortkataloge sowie die explizite Nennung der in den Katalogen aufgeführten Schlagworte bei der Einstellung erleichtern das Wiederauffinden von Wissenskomponenten. Eine Volltextsuche sollte insbesondere in großen Wissensdatenbanken nur ergänzend eingesetzt werden, da diese in der Regel zu weniger fokussierten Antworten führt als eine auf Schlagwortkatalogen basierende Suche.

Das Erkennen von Beziehungsmustern wie z.B. Regelmäßigkeiten oder Auffälligkeiten (vgl. Fayyad/Piatetsky-Shapiro/Smyth 1966, S. 1–34) in den gespeicherten Daten kann ebenfalls in die Anwendung des Wissensmanagements integriert werden. Dieser als knowledge discovery bezeichnete Ansatz lässt sich durch ein Phasenmodell beschreiben, das wie folgt gegliedert ist: Auswahl, Aufbereitung, Festlegung, Analyse und Interpretation.

Knowledge discovery (vgl. Adriaans/Zantinge 1996) wird z.B. im Bereich des Direct Mailing eingesetzt.

7.7.3.3 Zugriffsschutz

Im Rahmen der Implementierung von Wissensbasen ist es erforderlich, differenzierte, rollenspezifische Zugriffsschutzkonzepte zu implementieren. Für die Eingabe, Qualitätssicherung, Freigabe und den Zugriff auf die Wissenskomponenten müssen die erforderlichen organisatorischen Regelungen technisch abgebildet werden können. Die verschiedenen Stati der einzustellenden Beiträge sind bei der Definition des Zugriffskonzepts einzubeziehen, damit verfrühte Zugriffe auf noch nicht freigegebene Wissenskomponenten durch die vorgesehene Zielgruppe vermieden werden können.

7.7.3.4 Dokumente

Wissenskomponenten können diversen Quellen entstammen; diese können den Kategorien externe bzw. interne, d.h. im Unternehmen generierte Dokumente zugeordnet werden.

Beispiele für externe Dokumente sind Patente, Magazine, das Internet, Tageszeitungen, Fachliteratur etc. Interne Berichte, z.B. über Forschungsaktivitäten oder Projekte, Dokumentationen, Protokolle, Wissensdatenbanken, Produktbeschreibungen sowie organisatorische Informationen werden als interne Dokumente bezeichnet.

Im Anschluss an eine Kategorisierung, eventuell erforderliche Aufbereitung sowie notwendige Qualitätssicherung können die Dokumente in das Wissensmanagement-System eingestellt werden. Hierbei ist zu berücksichtigen, dass erst die unternehmens- bzw. organisationsspezifische Strukturierung der Wissenskomponenten sowie die Verwendung der vereinbarten Schlagworte mit Unterstützung der adäquaten Organisation zu einer umfassenden Wissensbasis führen.

7.7.3.5 Anwender

Grundsätzlich sind alle Mitarbeiter potenzielle Anwender von Wissensmanagement-Systemen. Die vorschnelle Reduktion der Anzahl der Anwender widerspricht der Idee des Wissensmanagements, der Verbreitung bzw. der Weitergabe von Wissen.

Wie in anderem Zusammenhang erwähnt (siehe Kap. 7.6.5.2) ist das zielgerichtete Training der Anwender entscheidend für die Akzeptanz des Tools und die effektive Nutzung der Wissensbasis. Weiterhin ist es erforderlich, ein Konzept für die dauerhafte Nutzung der Wissensbasis zu entwickeln. Hierzu gehört die sorgfältige Pflege der Wissensbasis, der hohe Aktualitätsgrad des Inhalts sowie die konsequente Einhaltung der Qualitätsstandards.

Es darf aber nicht übersehen werden, dass letztendlich der Anwender für sich oder seine Organisationseinheit Nutzenpotenziale erkennen können muss, um einen langfristigen Erfolg des Wissensmanagements sicherzustellen.

7.8 Wandel von Managern und Mitarbeitern, Organisation und Lernen

Dieser Unterpunkt widmet sich der Informationsorientierung und Beschreibung der so genannten „Informationsfähigkeiten". Die unterdurchschnittliche Entwicklung der Informationsfähigkeiten hat eine reduzierte Leistungsfähigkeit der Unternehmen zur Folge und gefährdet ihre Überlebenschancen. Beobachtet wird das Verhalten der Manager in Bezug auf das Management von Informationen und ihrer Ansprache an die Mitarbeiter, die Informationen zu nutzen. Der ganzheitliche Ansatz zur Verbesserung der Informationsfähigkeiten wird herausgestellt und die Problematik der Beeinflussung des Informationsverhaltens bewertet. Erfolgreiche Informationspraktiken münden ein in die Diskussion der Informationsfähigkeit mit ihren Auswirkungen auf das Management der IT-Organisation.

7.8.1 Neue Informationsfähigkeiten (IF)

Informationsfähigkeiten (IF) beruhen auf der Beherrschung von:

- IT-Technologie
- Informationsmanagement
- Informationsverhalten (Praktiken)

IF beeinflusst „Business Performance" durch die Interaktion der drei genannten Informationsplattformen. Die jüngste IMD Studie (vgl. Merchand/
Kettinger 1999, S. 3) zum Thema IF bestätigt, dass jede der drei Informati-
onskomponenten eine genau abgegrenzte Konzeption in den Händen des
Senior Managers sein sollte. Schließlich bestätigt die Studie, dass solche Firmen, die zu wenig in die Informationsfähigkeiten investieren, eine unterdurchschnittliche Performance hatten und ihr Überleben riskieren.

7.8.1.1 Performance-Herausforderungen

In der letzten Hälfte des 20. Jahrhunderts haben Manager vorwiegend versucht, sich auf die *Nutzung* der IT zu konzentrieren (im Gegensatz zum *Management* von Informationen!). Manager lernten IT zu nutzen, z. B. für die
Auftragsabwicklung, Zahlung, Planung von Produktionen sowie den Customer Service, jedoch der Begriff „Information" schwächte sich ab.

Heute im Zeitalter von Internet und E-Commerce gilt (vgl. Evans/Wurs-
ter 2000, S. 21)

- Jedes Geschäft ist ein „Informations"-Geschäft
- Information ist der Leim, der Wertketten, Zulieferbeziehungen, Fran-
chisekonzepte und ganze Organisationen zusammenhält. Der Leim löst
sich auf
- Information (-sfähigkeit) steht aber für Schaffung von Wettbewerbsvor-
teilen und daher Gewinn
- Die Ökonomie des Informationsmanagement (-fähigkeiten) ist sehr unterschiedlich von der Ökonomie der „realen" Abläufe. In vielen Geschäftseinheiten sind beide verknüpft und behindern sich zunehmend
- Das Risiko eines Geschäftes ist proportional zur Anzahl der nicht gelös-
ten Kompromisse zwischen Informationsfähigkeit und realen Abläufen

IT und das Internet sind wettbewerbsfördernde Notwendigkeiten in allen
Industrien der Welt geworden. Manager müssen sich darauf konzentrieren,
wie sie ihre Mitarbeiter anhalten, Information zu nutzen und zu lernen (Informationsverhalten).

7.8.1.2 Erkenntnisse

- Der Aufbau von verbesserter Informationsfähigkeit benötigt Zeit. Es
gibt keine Abkürzungen durch Crashprogramme, um von einem niedrigen Niveau zu einem hohen Niveau der IF zu kommen.
- Unternehmen sollten ihre Bemühungen um eine verbesserte IF nicht
fragmentieren. Die Verbesserung der Informationsfähigkeit muss ganz-

heitlich angegangen werden. Die Ebenen der Informationsfähigkeiten müssen gleichzeitig und nicht sequenziell aufgebaut werden.

Das bedeutet, Qualität und (Selbst-)Qualifikation müssen in den Mittelpunkt unserer Managementkonzepte gerückt werden (vgl. Heidack/Robejsek/Zander 1999, S. 55). Nicht nur eine veränderte Einstellung zu den Informationsfähigkeiten, sondern auch ein darauf aufbauendes erweitertes Qualitätsverständnis spielt für Leistungswirksamkeit der Gesamtorganisation eine besondere Rolle. Der zugleich selbstständig und kooperativ tätige Mitarbeiter braucht Impulse aus einer sich wandelnden Unternehmenskultur und ein klares Leitbild für die neue Unternehmensorganisation.

Das nötige „Empowerment" der Mannschaft wurde bereits in den 80er Jahren als „human integrated manufacturing" (vgl. Heidack 2000, S. 301 ff) bezeichnet. Ein Fortschritt in Qualität ist ohne Fortschritt der Informationsfähigkeiten zusammen mit Wissen und Erfahrung nicht vorstellbar. Manager sollten sich dabei als Dienstleister verstehen, deren Aufgabe darin besteht, den ihnen zugeordneten Teams die Rahmenbedingungen für einen reibungslosen Ablauf zu sichern.

7.8.1.3 Informationsverhalten und Führungsverständnis

Die Beeinflussung des Informationsverhaltens und der Bewertung von Information ist eine dauernde Herausforderung für Manager. Dafür gibt es mehrere Gründe:

● Die Kulturen der Unternehmen ändern sich ständig. Der Wechsel von Verhalten benötigt graduelle Anpassung und Akzeptanz durch die Mitarbeiter in Monaten und Jahren, jedoch nicht in Tagen oder Wochen.

● Bevor Verhalten sich verändern, müssen die Menschen ihre „mind-sets" verändern. Je bedeutsamer die Verhaltensänderung ist, desto mehr zögern Mitarbeiter, bevor sie sich den neuen Orientierungen öffnen.

● Veränderte „mind-sets" der Mitarbeiter garantieren nicht, dass sich die Mitarbeiter konsequent daran halten.

● Bevor die Unternehmensmitarbeiter neue Verhalten an den Tag legen, werden sie auf die Manager schauen, wie sie sich verhalten. Falls Manager nur über neue „mind-sets"-Werte und Verhaltensweisen reden, jedoch nicht dieses für sich selbst in die Praxis umsetzen, werden Mitarbeiter sehr schnell entscheiden, nicht an dieser Veränderung teilzunehmen (vgl. Merchand/Kettinger 1999, S. 15).

Um über Veränderung des Informationsverhaltens mehr Effektivität im Führungsverständnis zu erreichen, muss die Forderung nach kooperativer Führung mit der Forderung „kooperativer Selbstqualifikation" (vgl. Heidach/Robejzek/Zander 1999, S. 119) verbunden werden.

Mehr Leistungswirksamkeit wird erreicht durch:

- Das partnerschaftliche Verhalten von Personen mit unterschiedlichen Fachkenntnissen und Erfahrungen
- Solchen, die sich gegenseitig helfen, die bestehenden und entstehenden Konflikte zu handhaben
- Als Fach- und Führungskräfte Selbststeuerung zuzulassen, keine Dominanz aufkommen zu lassen und die Prozesse schon im Vorfeld zu fördern

7.8.1.4 Informationspraktiken zur Unterstützung von Lernprozessen

Manager und Mitarbeiter müssen ein Bewusstsein für relevante Geschäftsinformationen ihres Umfeldes entwickeln. So lange Mitarbeiter die Geschäftszusammenhänge nicht verstehen, sind sie nicht in der Lage, die richtigen Informationen zu hinterfragen, die sie brauchen, um dieses Geschäft zu führen.

Informationsaufbereitung muss mit solchen Mitarbeitern geführt werden, die primäre Kenntnisse über die Geschäftsvorgänge haben. Die Aufbereitung, die Klassifizierung, das Indizieren und die Verknüpfung von Informationen sind Voraussetzung für eine wirksame Nutzung.

Eine Verbesserung der Definition von Informationsbedarfen resultiert in einer verbesserten Analyse und Entscheidung. Informationen, die nicht aktualisiert werden, können zu einem Verlust des gesamten betreuten Geschäftes führen. Nur eine Beherzigung dieser Erkenntnisse befähigt uns, im Unternehmen konsequent den Nutzen von Lernprozessen auszusteuern.

7.8.2 Informationsfähigkeit und Management der IT-Organisation

Geschäftsorientiertes Management der IT-Organisation (vgl. Frese 2000, S. 4f) ist Teil des Wandlungsprozesses. „IT-Organisationen" und „Management" rücken näher zusammen und sind integriert. Um komplexe Veränderungsprozesse bewältigen zu können, benötigt der IT-Manager unternehmenbezogenes Markt- und Strategiewissen. Nur so kann er zum Berater des Top-Managements und der beteiligten Bereiche werden. Für den Linienmanager gilt, dass er neben der Bewältigung seines Tagesgeschäftes auch an seiner permanenten Weiterentwicklung arbeiten und damit Teilaufgaben des IT-Organisationsmanagements übernehmen muss. Bereichsübergreifendes Management zur Generierung und zum Transfer von Organisationswissen gewinnt herausragende Bedeutung. „Competence Centres" für IT-Organisationsfragen werden in Zukunft unverzichtbar.

Eine im hohen Maße strategisch bestimmte IT-Organisationsaufgabe lässt sich nicht von den generellen Aufgaben der Unternehmungsentwicklung trennen. Die Forderung nach „vernetzt denken und unternehmerisch handeln" (Gomez/Probst 1995, S. 219) unterstreicht, dass Organisationskompetenz und Strategiekompetenz eine Einheit bilden.

Literaturhinweise

Adriaans P./Zantinge D. (1996): Data Mining, Harlow u.a. 1996

Baumgart, H.W. (2000): Ausrichtung auf die Zukunft – Anforderungen an die Informationsorganisation, Diebold-Kongress, Frankfurt 03/2000

Bretzke, W.R. (2000): Der Euro als Impuls für die Entwicklung paneuropäischer Distributionssysteme, Int. Strategiebeitrag KPMG, Düsseldorf 03/2000

CCG, Open letter for internet exchange standards, Köln 5/2000

Conti, G./Zollikofer, M. (1998): Problemen bei der Optimierung der IT-Kosten auf der Spur, io management 11/1998

Deyhle, A. (1990): Controller-Handbuch IV, München 1990

Diebold Management Report Nr. 12/99, 1999

Eckardt, C. (1999): Lösungen für das 21. Jahrhundert, Diebold MR 8/1999

Eckardt, C./Hovelmanns, N. (1999): Der Weg ist das Ziel, Diebold MR 1/1999

Evans, P.B. (1999): Die Internet-Revolution (BCG-Studie), München 1999

Evans, P./Wurster, T.S.: Web att@ck, München 2000

Fayyad U. M./Piatetsky-Shapiro, G./Smyth P./Uthurusamy, R. (Hrsg., 1966): Advances in knowledge discovery and data mining. Menlo Park, Cambridge, London 1966

Forschungszentrum Karlsruhe (Hrsg., 1999): Produktion 2000 plus, Karlsruhe 1999

Frese, E. (Hrsg., 2000): Organisationsmanagement, Stuttgart 2000

Gomez, P./Probst, G. (1995): Die Praxis des ganzheitlichen Problemlösens, Bern 1995

Handwörterbuch der Produktionswirtschaft, Stuttgart 1996

Heidack, C. (2000): High Tech – High Risk, München und Mering 2000

Heidack, C./Robejsek, P./Zander, E. (1999): Leistung als Prinzip, München 1999

Lipinski, K. (Hrsg., 1994): Lexikon der Datenkommunikation, Haar 1994

Merchand, J.P./Kettinger, J.P. (1999): Managing the Information Orientation of your Company, IMD, Lausanne 1999

Ohmae, K. (1982): The mind of the strategist, New York 1982

Porter, M. (1985): Competitive Advantage, New York 1985

Probst, G./Ronhardt, K.: Schweizerisches Forum für Organisationales Lernen und Wissensmanagement der Universität Genf, http://www.mb.seminare.de/innovationsmanagement.html

Rosenstiel, L. von, (1999): Wissen ist Macht, Wissensmanagement 01/99

Sommerlatte, T. (2000): Die Organisation der Zukunft, Handelsblatt 7.1.2000

Walker, O.C./Boyd, H.W./Larreché, J.C. (1992): Marketing Strategy: Planning & Implementation, Boston 1992

Woolfe, R. (2000): The future IS Organization: IS Life, Findings 2000

Praxisbeispiel:
Audi AG: Virtuelle Fertigungsprozesse in Ingolstadt

Martin Coordes, Dirk Wortmann

Das Unternehmen

Audi fertigt in Deutschland, Ungarn, Brasilien, China und Südafrika. 1999 lieferte Audi rund 635 000 Fahrzeuge aus und stellte mehr als 1,2 Millionen Motoren her. Der Umsatz lag bei 29,6 Milliarden Mark. Im Audi-Konzern sind rund 47 000 Mitarbeiter beschäftigt.

1. Aufgabenstellung

Immer kürzere Produktlebenszyklen (Audi: früher 56 Monate, heute 24 Monate), steigende Produktvarianz und -komplexität (Audi: 1986: 2 Modellreihen, 1 Derivat; 2000: 6 Modellreihen, 10 Derivate) und zunehmender Kostendruck durch wachsenden Wettbewerb: In der Automobilindustrie müssen Produktentstehungs- und Fertigungsprozesse sowie wichtige begleitende Prozesse wie Logistik, Beschaffung/Disposition, interne und externe IT-Strukturen (bei Lieferanten und Kunden) nachhaltig verbessert werden. Die daraus resultierenden Veränderungen stellen höhere Ansprüche an die Fertigungstechnologie, erhöhen die Anzahl Teile und somit die Anforderungen an alle Prozessbeteiligten. Schließlich führen sie auch zu mehr Daten und Informationen, die wiederum höhere Anforderungen an die Beteiligten und an die Informationssysteme stellen.

Vor allem der Übergang vom Produktentstehungs- in den Fertigungsprozess, der so genannte Anlaufprozess, ist besonders kritisch, wie verschiedene Beispiele aus der Praxis zeigen.

Um Probleme beim Anlaufprozess des neuen Audi A4 zu vermeiden, starteten wir das Projekt „Simulation Fertigungsanlauf" oder kurz „SiFa", in dem die Fertigungsabläufe des Fahrzeugs vom Karosseriebau bis zur Endmontage in einem Simulationsmodell untersucht wurden.

Der Blick in den künftigen Anlaufprozess sollte Audi in die Lage versetzen, mögliche Probleme in der Fertigung frühzeitig zu erkennen und die erforderlichen Gegenmaßnahmen parat zu haben: Agieren statt Reagieren war das Ziel.

Die Projektziele:

- Absicherung und Unterstützung des Fertigungsanlaufs mittels Simulation (z.B. Volumen, Liefertreue, Lieferzeit)
- Ausrichtung der Entscheidungsabläufe für die Fertigungsanlauf-Planung und -Steuerung an den Simulationsergebnissen
- Steigerung des Simulations-Einsatzes innerhalb der Fertigungsanlauf-Planung und -Steuerung, im Serienanlauf sowie in der Serie

Nach der Simulation des Planungs- und Anlaufprozesses sollte das Modell operativ zur Prognose des Auftragsdurchlaufs und zur Untersuchung von werksweiten Strategie- und Strukturänderungen während der Serienfertigung verwendet werden.

Die Projektstrategie umfasste:

- Eine Simulation zum Nachweis der Funktionsfähigkeit des Produktionsprozesses sowie des Material- und Informationsflussprozesses

2. Umsetzung

2.1 Randbedingungen

Um eine sichere Basis zu haben, wurde zunächst ein Simulationsmodell der bestehenden Fertigung aufgebaut, damit die Realitätstreue des Modells anhand realer Fertigungszahlen gemessen werden kann. Ziel war es, bezogen auf die wichtigsten Kennzahlen (Durchsatz, Füllstand, Durchlaufzeit, Reihenfolgequalität etc.) eine Genauigkeit von ca. 95% zu erreichen.
   Im nächsten Schritt wurden die geplanten Struktur- und Strategieänderungen zur Fertigung des neuen A4 im Modell nachvollzogen. Anhand eigens für die Simulation generierter zukünftiger Fertigungsaufträge sollte das Systemverhalten in den nächsten sechs Monaten untersucht werden.
   Die Erfahrung aus früheren Anläufen zeigt, dass kritische Teile nicht nur in der Konstruktion, sondern auch aus Kapazitätsgründen oft zu Engpässen im Anlaufprozess führen. Wenn das Simulationsmodell auch keine konstruktive Unterstützung bieten konnte, so wollte man doch die Planung der Fertigungskapazitäten für Teile unterstützen und mögliche Engpässe entschärfen.
   Folgende Bedingungen für das Modell ließen sich aus den Anforderungen ableiten:

- Das Modell muss die gesamte Fertigung des Werkes Ingolstadt (also alle Modellreihen) beinhalten
- Die Betrachtung des Karossenflusses reicht nicht aus; auch der Teile- und der Informationsfluss sind einzubeziehen
- Das Projekt ist so in den A4-Anlaufprozess zu integrieren, dass die Daten- und Informationsaktualität jederzeit sichergestellt ist
- Die Projektergebnisse sollen für alle am Planungs-, Anlauf- und Serienprozess Beteiligten verfügbar sein
- Die Abbildungsgenauigkeit musste so gewählt werden, dass eine ausreichende Modelllaufgeschwindigkeit und gleichzeitig 95% Realitätstreue erreicht werden

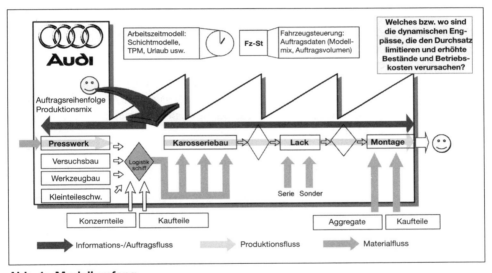

Abb. 1: Modellumfang

Für die Planungs-, Anlauf- und Serienphase ergeben sich folgende Einsatzmöglichkeiten:

Variation mit aktuellen Plandaten:

- Geplanten und tatsächlichen Teilebedarf gegenüberstellen (Planung auf Konsistenz prüfen)
- Lieferengpässe/Verfügbarkeitsengpässe feststellen
- Erreichbare Anlaufkurve bestimmen

Variation des Fahrzeugprogramms:

- Anlagenauslastung optimieren
- Teilebedarf an Lieferfähigkeit anpassen
- Anlaufkurve bei unveränderten Rahmenbedingungen anheben

Variation von Lieferfähigkeit und Verfügbarkeit:

- Auswirkungen von Troubleshooting-Maßnahmen auf den Gesamtprozess erkennen
- Kritische Größen erkennen

2.2 Analyse

Um alle erforderlichen Daten und Informationen für die Abbildung der bestehenden Fertigung aufzunehmen, mussten zunächst alle Know-how-Träger ausfindig gemacht werden. Die Suche nach ihnen und die Vereinbarung von Gesprächsterminen dauerte mehrere Wochen. Oft war das Wissen über bestimmte Abläufe nur über die Anlagenlieferanten zu bekommen. Und etliches war nicht dokumentiert, sondern nur in den Köpfen der Beteiligten vorhanden.

Bereits zu diesem Zeitpunkt war zu erkennen, dass eine deutliche Effizienzsteigerung in der Informationsbeschaffung erforderlich ist. Es war zu vermuten, dass auch die Informationsbeschaffung für andere Projekte einen ähnlichen Aufwand erzeugen musste. Schätzungen von Audi (und übrigens auch von DaimlerChrysler) besagen, dass Planer heute ca. 30% ihrer Arbeitszeit mit Daten- und Informationsbeschaffung verbringen. Das traf auch für SiFa zu. Allein die Reduzierung dieses Anteils würde eine erhebliche Beschleunigung der Projekte und letztlich auch der Prozesse bringen.

Es wurden deshalb erste Überlegungen angestellt, wie man vorhandene Informationen und vorhandenes Wissen strukturieren kann. Für die Simulationsprojekte (immerhin mehr als 20) wurde aus diesem Grund ein Koordinator eingesetzt, der Standards für alle Projekte definiert, Umfang und Inhalte der Projekte dokumentiert sowie den Informationsaustausch zwischen den Beteiligten sicherstellt.

Für ein weiterführendes Wissensmanagement war es erforderlich, zunächst die Basis des Wissens, die Daten, in möglichst konzentrierter und einfacher Form verfügbar zu machen. Dazu musste SiFa eng in das übergreifende Projekt „Virtuelles Produkt" (ViPro) eingebunden werden, denn für eine Vielzahl von ViPro-Teilprojekten erwartete man einen ähnlichen

Wissensbedarf und somit hohen Aufwand. Das Projekt ViPro hatte zum Ziel, den Produktentstehungs- und Fertigungsprozess mit Hilfe virtueller Arbeitstechniken wie z. B. „Digital Mockup" oder Simulationen zu unterstützen und zu beschleunigen.

SiFa ist ein Teilprojekt der virtuellen Fabrik, die auf folgender Vision basiert:

- In der virtuellen Fabrik werden sämtliche Fertigungs-, Materialfluss- und Informationsflussprozesse abgebildet, die die reale Fabrik kennzeichnen
- Die reale Fabrik wird erst gebaut, wenn Stückzahl und Qualität virtuell erreicht wurden
- Die virtuelle Fabrik ist zu jedem Zeitpunkt ein Abbild der realen Fabrik

Die virtuelle Fabrik ist einer der vielversprechendsten Ansätze, um eine signifikante Verbesserung der Prozesse in Fertigungsplanung und Produktion zu erreichen. Auf Basis einer einheitlichen, möglichst unternehmensweiten Datenbank werden virtuelle Arbeitstechniken eingesetzt. Generelles Ziel dieser Techniken ist die Vorwegnahme realer Systeme mit Hilfe von Computermodellen. Anhand dieser Modelle werden schnell, risikolos und kostengünstig Wirkungszusammenhänge innerhalb des realen Systems erkannt, mögliche Systemfehler und -engpässe aufgezeigt und bereits in der Planung adäquate Lösungen erarbeitet oder optimiert.

Virtuelle Arbeitstechniken wie Ablauf-, Roboter- oder Ergonomiesimulationen werden heute bereits erfolgreich eingesetzt. Diese Techniken erhöhen zwar die Qualität des Planungsergebnisses, bremsen aber aufgrund des umfangreichen Datenbedarfs und entsprechenden Aufwands oft einen laufenden Planungsprozess, statt ihn zu beschleunigen. Den Kern der virtuellen Fabrik bildet deshalb die so genannte Prozessplanungsdatenbank, die sicherstellt, dass alle am Planungsprozess Beteiligten jederzeit auf die aktuellen Daten zugreifen können.

SiFa stand nun vor dem Problem, dass diese Prozessplanungsdatenbank noch nicht existierte, da es eines der ersten Projekte der virtuellen Fabrik war. Zudem deckte die kommerzielle Software im Bereich der virtuellen Fabrik nur einen Bruchteil der für SiFa erforderlichen Funktionen ab.

Auch auf Seiten der Produktion fand man eine heterogene Systemlandschaft vor. In jedem Fertigungsabschnitt (Karosseriebau, Lack, Montage) wurden die Betriebsdaten anders erfasst. Das erschwerte nicht nur den Zugriff, sondern bedeutete auch, dass der Datenumfang ganz unterschiedlich gestaltet und mal mehr, mal weniger vollständig vorhanden

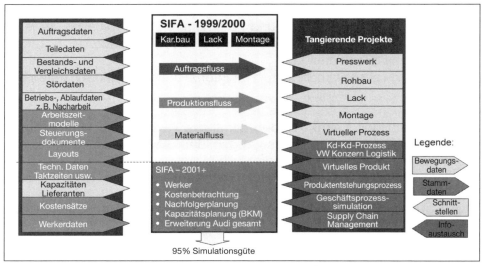

Abb. 2: Idealbild der Daten- und Projektschnittstellen SiFa

war. Ähnliches fand man bei der Analyse weiterer Datenquellen vor. Das stand im Widerspruch zu der Idee, alle notwendigen Daten stets aktuell und ohne weiteren Aufwand per Schnittstelle zu den entsprechenden Informationssystemen in das Modell zu laden.

Wie Abbildung 2 zeigt, war auch ein enger Kontakt zu anderen Projekten erforderlich, um wechselseitig Synergien (etwa bei der Datenrecherche oder dem Aufbau von Schnittstellen) nutzen zu können. Um diesen Anforderungen gerecht zu werden und für die weitere Nutzung des Modells eine effizientere Methode zur Aufnahme der Eingangsdaten zu entwickeln, entschieden wir uns für den Start eines zusätzlichen Projekts zum Datenmanagement.

Im Rahmen dieses Projekts sollten

- Eine Datenbank für SiFa entwickelt werden, die aus den Daten liefernden Systemen gespeist wird und alle Ein- und Ausgangsdaten zentralisiert
- Eine werksweite, standardisierte Betriebsdatenerfassung erarbeitet werden
- Vorhandene Lücken in der Datenverwaltung aufgezeigt und adäquate Lösungen dazu konzipiert werden

Schnell kam man in die Situation, dass die durch die Simulation initiierten Projekte umfangreicher und langwieriger waren als SiFa selbst. Die vorgefundenen Bedingungen zeigten, dass die Nutzung moderner Technologien wie der Simulation noch viel Grundlagenarbeit voraussetzt. Der Weg hin zur virtuellen Fabrik musste also genau an diesem Punkt beginnen: dem Aufbau einer vollständigen, möglichst homogenen und zentralisierten Datenlandschaft. Um das zu erreichen, waren organisatorische Voraussetzungen zu schaffen, dass überhaupt alle Daten entstehen.

Zur Erhebung der ersten Daten für SiFa und für den Aufbau der Datenbank musste ein aufwendiger Weg gegangen werden: Suche der Knowhow-Träger oder -Gremien, Gespräche über die Analyse der vorhandenen Informationssysteme, Aufbau einer Vielzahl von Schnittstellen und Einbindung individuell erfasster Daten. Letztlich war der Aufwand für die Analyse und den Aufbau der Datenbank deutlich höher als der Aufwand für die Modellerstellung. Es bestätigte sich die Erfahrung aus früheren Simulationen bei Audi, dass das Verhältnis Datenbeschaffung zu Modellerstellung bei ca. 4:1 liegt.

Eine weitere Erfahrung ist, dass die aus den Analysen entstandene Informationsflut durch die Simulation kanalisiert wird: Entscheidungen und Handlungen, die wertvolle Informationen ergeben, werden herausgefiltert. Dies kann noch während der Analysephase direkt an die Realität zur Optimierung der Prozesse rückgekoppelt werden.

Informationen sind nur dann wertvoll, wenn sie zu Entscheidungen und Handlungen führen.

2.3 Modellaufbau

Auf Basis der Analyseergebnisse wurde das Modell aufgebaut. Aufgrund des Umfangs beschäftigte sich je ein Projektmitarbeiter mit der Abbildung eines Fertigungsabschnittes (Karosseriebau, Lack, Montage). Ein weiterer Mitarbeiter koordinierte die Teilentwicklungen, beschäftigte sich mit der Abbildung des Teileflusses und der Anbindung der Datenbank an das Modell.

Um einen strukturierten Zugriff auf das Modell zu ermöglichen, wurde es über vier Hierarchie-Ebenen aufgebaut. Diese Gliederung erlaubt dem Anwender die Übersicht über das ganze Werk (Ebene 1) bis zur detaillierten Sicht auf einzelne Anlagen, Arbeitsplätze oder Förderstrecken (Ebene 4).

Die mit dem Modell und der Datenbank kombinierte Benutzeroberfläche ermöglicht auch Laien einen verständlichen Blick auf die Daten, Abläufe und Ergebnisse. Basis hierfür ist die SiFa-Systemstruktur.

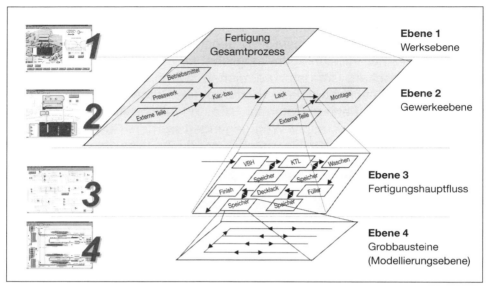

Abb. 3: Modellhierarchien

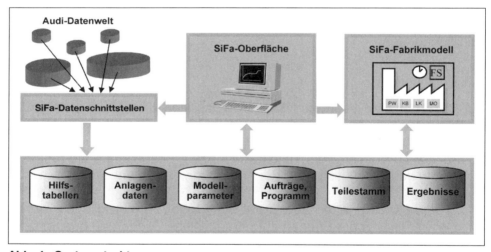

Abb. 4: Systemstruktur

594

3. Ergebnisse

Die ersten Ergebnisse, die im Rahmen der Validierung (Vergleich des Modells mit den Realwerten) entstanden, zeigten signifikante Unterschiede zwischen Simulation und Realität. Die Ursachenforschung führte auf einige Modellungenauigkeiten. Es war aber auch schnell festzustellen, dass die Eingangsdaten nicht die erforderliche Qualität hatten. Die Mängel wurden ausführlich dokumentiert, um im Rahmen des Datenmanagement-Projekts konkrete Hinweise zu den Schwachstellen in der Datenwelt zu haben.

Da aus dem Datenmanagement-Projekt erst mittel- bis langfristig Lösungen zu erwarten waren, entschied man, das Lieferanten-Empfänger-Prinzip für die Eingangsdaten einfach umzudrehen: Konnten also einzelne Anlaufkurven für die Anlagenverfügbarkeiten oder Kapazitäten und Liefertreue der Teilelieferanten nicht bereitgestellt werden, ermittelte man einfach mit Hilfe des Modells die Sollwerte. Ergebnis: Verfügbarkeits-Anlaufkurven und wochengenaue Teilebedarfskurven in Abhängigkeit von der definierten Anlaufkurve und den Vorgaben über den Mix an Produkteigenschaften über einen Zeitraum von rund sechs Monaten. Diese Ergebnisse konnten bei Änderung der Annahmen innerhalb weniger Stunden erzeugt und allen Beteiligten, einschließlich Teilelieferanten, zur Verfügung gestellt werden.

Ziel ist es, die Annahmen der Simulationswelt durch Entscheidungen der Realwelt zu ersetzen.

Über diese Werte hinaus konnte auch die Stimmigkeit der Planungsannahmen für den Anlaufprozess ermittelt werden.

Durch die Aufzeichnung jedes einzelnen simulierten Karossendurchlaufs durch die Fertigung konnten Auswertungen zu den kritischen Pfaden in der Anlage bzw. kritischen Karossen und zum Wertschöpfungsanteil durchgeführt werden.

Doch nicht nur in der eigentlichen Fertigung wurde Verbesserungspotenzial vermutet. Auch die Abstimmung der vorgelagerten Entscheidungen über Programm, Eigenschafts-Mix, Kapazitäten usw. auf die Bedingungen im Werk standen im Fokus der Untersuchungen. Da jedoch das Fertigungsmodell an dem Punkt aufsetzte, wo bereits die für die Fertigung freigegebenen Aufträge als Eingangsgröße verarbeitet werden, war hierfür eine weitergehende Analyse der vorgelagerten Geschäftsprozesse (Produktentstehungs- sowie Programmplanungs- und Auftragsabwicklungs-Prozess) erforderlich.

Mit Hilfe eines Prozessanalysewerkzeugs wurden die Abläufe erfasst und die Abhängigkeiten der vorgelagerten Prozesse des Simulationsmodells SiFa im Sinn einer Geschäftsprozess-Modellierung aus bestehenden Dokumentationen (gedruckte Unterlagen, Geschäftsprozess-Modelle usw.) dargestellt. Ausgehend von den Eingangsparametern des Simulationsmodells (z.B. Auftragsfluss) kann die vorgelagerte Prozesskette (Funktionen, Gremien, Systeme) durchwandert werden. So ist ein schneller Durchgriff, z.B. bei der Ursachenanalyse möglich.

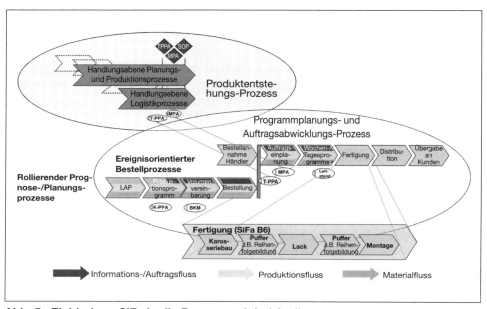

Abb. 5: Einbindung SiFa in die Prozesswelt bei Audi

4. Kritische Erfolgsfaktoren

Um ein Projekt, das gemessen an den Rahmenbedingungen so weit voraus ist und hohe Anforderungen an das Umfeld stellt, zum Erfolg zu führen, waren folgende Faktoren besonders wichtig:

1. Ein Projektpromotor musste dafür sorgen, dass alle relevanten Personen aus den Bereichen Fertigungsplanung, Logistik, Fertigung und IT eingebunden werden.
2. Bereits von Anfang an wurde über das Projekt im Haus Audi und im VW-Konzern informiert, um die möglichen Nutznießer der Projektergebnisse zu erreichen und Fürsprecher für das Projekt zu gewinnen.

Der Start und die Finanzierung neuer durch SiFa initiierter Projekte zur Umgestaltung der Rahmenbedingungen verlangte die Akzeptanz und Mitarbeit einer Vielzahl von Personen.

3. Ein Projekt wird erst wertvoll, wenn es Nutzen stiftet. Deshalb wurden bereits sehr früh Untersuchungen mit dem Modell durchgeführt, um den Planern und der Fertigung wichtige Hinweise für die Fertigung des neuen A4 zu geben. Durch den Einsatz von Teilsegmenten (z.B. Lack) des Gesamtmodells für diese Untersuchungen konnten Synergien gezeigt und die Akzeptanz für die Simulation erhöht werden.

4. Sich permanent ändernde Datenquellen mussten „online" angebunden werden, also durch eine direkte Verbindung der Simulationsdatenbank mit den entsprechenden betrieblichen Informationssystemen. Nur auf diesem Weg war eine echte Begleitung des Anlaufprozesses möglich.

Die Auswirkung und die Vernetzung des ursprünglichen Themas „Simulation SiFa" in die Fachbereiche, Systemstellen und Projektwelten bei Audi und im VW-Konzern verdeutlicht Abbildung 6.

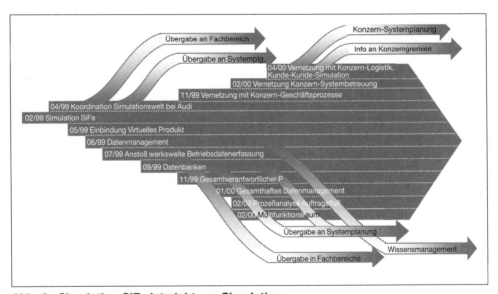

Abb. 6: Simulation SiFa ist nicht nur Simulation

597

5. Perspektiven

Das ursprünglich als Simulationsprojekt gestartete SiFa leitete einen Um-
denkprozess bei Audi ein, der langfristig nicht nur zu einer Umstrukturierung der IT-Landschaft führen, sondern auch organisatorische Änderungen in den Prozessen nach sich ziehen wird. Die Standardisierung und
Konzentration von Daten, Informationen und Wissen in den verarbeitenden Systemen (angefangen bei einem werksweit einheitlichen Betriebs-
datenerfassungs-System bis zum Aufbau einer Unternehmensdatenbank)
werden diese Umstrukturierung kennzeichnen. Erst wenn diese Aufgabe
erfolgreich umgesetzt wird, ist die Grundlage zum Aufbau einer virtuellen
Fabrik geschaffen.

Das entstandene Simulationsmodell wird weiter ausgebaut (Abb. 2 –
SIFA 2001+) und mit anderen Modellen wie der bei VW entwickelten Simulation des Programmplanungs- und Auftragsabwicklungs-Prozesses
(Abb. 5) vernetzt, um zukünftig Aussagen über die gesamte Prozesskette
zu erhalten.

Über die Anbindung des Modells und der Datenbank an das Intranet
werden alle relevanten Personen auf Modelldaten und -ergebnisse zugreifen können. Als „Management-Cockpit" wird es der Werksleitung einen
Überblick über den Stand der Fertigung, Engpässe in der Auftragsabar-
beitung oder auch Informationen über wichtige Fertigungsparameter liefern.

Für die Werkleitung ist die Simulation

- der Einstieg in die Virtuelle Unternehmensanalyse und -steuerung und
- ein Anforderungsprofil für die vorgelagerten Prozesse der realen und
  der virtuellen Welt.

Literaturhinweise

Collisi, T./Fahlbusch, M./Hagmann, M./Ostermann, A./Weiß, M./Wuttke, C.C. (2000): „Hierarchische Simulationsmodelle" in Logistik für Unternehmen, Heidelberg/Düsseldorf
2000

Coordes, M. (2000): „Durchgängige Erfassungssysteme – Neue Anforderungen durch Virtuelle Techniken/Simulation" in Tagungsunterlagen, Siemens solution day, Nürnberg/
Hannover 2000

Fechteler, T./Spieckermann, S. (2000): „Referenzmodelle für Automobilrohbau und Lackie-
rerei" in Wenzel, S. (Hrsg.): Referenzmodelle für die Simulation in Produktion und Logistik; Erlangen 2000

Schmahls, Th. (1999): „Produktionsanlaufcontrolling" in VDI Berichte Nr. 1469, Düsseldorf
1999

Spieckermann, S./Griffel, N./Prof. Dr.-Ing. Hoffmann, H. (1997): „Neues Simulationsmodell bildet Materialfluss im Rohbau eines Automobilherstellers ab – Ein Münchner im Himmel" in Logistik im Unternehmen; Düsseldorf 1997

Spieckermann, S./Wortmann, D. (1995): „Manufacturing Line Simulation Of Automotive Industry To Enhance Productivity And Profitability" in „Automotive Simulation", Fourth European Cars/Trucks Simulation Symposium, Moshe R. Heller (Editor); SCS-Society for Computer Simulation International, Erlangen 1995

8. Qualitätsmanagement

Werner Burckhardt

Qualität bedeutet die „Gesamtheit von Merkmalen einer Einheit bezüglich ihrer Eignung, festgelegte und vorausgesetzte Erfordernisse zu erfüllen" (ISO 1994).

Aus Kundensicht umfasst die Qualität von Produkten/Dienstleistungen objektive (anbieterbezogene) und subjektive (abnehmerbezogene) Komponenten. Darin sind enthalten:

- Die Erwartungshaltungen von Kunden und Unternehmen
- Die Erfüllung und die Leistung in Bezug auf das Produkt
- Die damit verbundenen Dienstleistungen im Verkehr zwischen Kunden und Unternehmen/Handel

Hier stehen die objektiven, anbieterorientierten Qualitätsmerkmale im Vordergrund, wobei die subjektiven Qualitätsmerkmale, beeinflussbar durch die Produktion, ebenfalls betrachtet werden.

Die Qualität von Produkten/Dienstleistungen wird in kundenorientierten Prozessen erzeugt, Qualitätsmerkmale werden nicht statistisch „hineinkontrolliert". Die Kunden sind externe Kunden (Endverbraucher, Kunden, Lieferanten) und interne Kunden (eigene Mitarbeiter). Zukünftige Erfolgsfaktoren für die Güte der Produkte/Dienstleistungen sind die Technologie, die Innovation, die Informationsnetze und die Mitarbeiter. Der Wissensstand des Kunden nimmt ständig zu. Er wird die Qualitätskennzahlen der von ihm gekauften Produkte/Dienstleistungen einfach erwarten. Er ist Entscheider in regelmäßigen Kundenzufriedenheitstests. Seine Entscheidungen sind für die beteiligten Unternehmen von strategischer Bedeutung.

Das Unternehmen hat die Aufgabe, ein Qualitätsmanagement aufzubauen und zu pflegen, dynamisch zu führen und durch seine Mitarbeiter laufend umzusetzen und zu verbessern. Qualitätsmanagement ist ein Bestandteil der Unternehmenskultur. Es fordert den Aufbau und Ausbau von horizontalen (bereichsübergreifenden), von vertikalen (bereichsvertiefenden) und von kundennahen Aufgaben und Teams in Leitung, Durchführung und Umsetzung.

Das Qualitätsmanagement wurde und wird systematisch analysiert, beschrieben und national/international dynamisch genormt. Jährlich werden europäische (European Quality Award), deutsche (Ludwig-Erhard-Preis) und regionale Qualitätspreise ausgeschrieben.

In diesem Kapitel geht es um Methoden, Werkzeuge, Prozesse, Anforderungen, Kennzahlen, Kommunikation, Qualitätscontrolling und Computer Aided Quality Assurance (CAQ). Weiterhin werden die juristische Verantwortung der Produktion sowie Kontaktmöglichkeiten mit offiziellen akkreditierten Verbänden und Institutionen dargestellt.

In zahlreichen Untersuchungen wurde ermittelt, dass Unternehmen mit hoher Qualitätskultur und damit führenden Qualitätskennzahlen umsatz- und gewinnmäßig kontinuierlich die Führung behaupten.

8.1 Kundenorientierte Qualität als Führungsaufgabe des Unternehmens

Der Kundenwunsch (prognostiziert oder erahnt) stellt die Nachfrage nach Produkten/Dienstleistungen dar. Der Kunde repräsentiert hierbei den Markt und den Wettbewerb in seiner Dynamik. Wenn der objektive und der subjektive Qualitätsanspruch des Kunden erfüllt sind, wird das Produkt/die Dienstleistung erworben. Das Unternehmen wird den Kunden bei der Nutzung und der Entsorgung so betreuen, dass er auch in Zukunft wieder bei diesem Unternehmen kauft.

Auf die Definition von Begriffen im Qualitätsmanagement wird in dem Handbuch nicht detailliert eingegangen. Sie sind in „Qualitätslehre – Einführung, Systematik, Terminologie" (vgl. DGQ 11-20, 1998) zusammengestellt.

8.1.1 Qualität aus Kundensicht

Qualität besteht aus objektiven und subjektiven Komponenten. Dabei beinhaltet die objektive oder technische Qualität vor allem anbieterbezogene Kriterien wie Übereinstimmung mit technischen Spezifikationen. Die subjektive abnehmerbezogene Qualität ist das Ergebnis von Wahrnehmungs- und Bewertungsvorgängen von Seiten der Kunden. Hierbei wird in der neueren Marketinglehre Qualität als Erfüllungsgrad eines individuellen Abnehmerbedürfnisses gesehen. Die Qualitätsbeurteilung durch den Kunden wird „neben der Erwartungshaltung, der tatsächlich erlebten Leistung und bestimmten, situativen Faktoren auch vom Vergleich mit Konkurrenzprodukten" (Meffert 1997, S. 265) beeinflusst, was als relative Qualität bezeichnet werden kann.

Um einen führenden Qualitätsstandard zu erreichen, muss dem Unternehmen bekannt sein, welche Bestandteile die relative und wahrgenommene Qualität umfasst. Die Qualitätsdimensionen lassen sich einteilen in:

● Gebrauchsnutzen
● Haltbarkeit
● Zuverlässigkeit

- Ausstattung
- Normgerechtigkeit
- Ästhetik

Die Qualität von Serviceleistungen bzw. des Kundendienstes stellt eine weitere zentrale Qualitätsdimension dar, die direkt das Kaufverhalten und damit den Absatz beeinflussen. Sie sind zur Bewertung der relativen Qualität zu erfassen. Dazu zählen:

- Sachliche und personelle Ausstattung
- Verlässlichkeit
- Bereitschaft
- Glaubwürdigkeit
- Kundenverständnis

In der Praxis hat sich die Zeitkomponente in Bereichen wie Warenauslieferung oder bei der Ausführung von Kundendienstaktivitäten als bedeutsam erwiesen. Die Behandlung von Reklamationen beeinflusst deutlich die Qualität von Serviceleistungen. Weiterhin ist das Umweltbewusstsein, z. B. die Entsorgung von Altprodukten, ein weiteres Qualitätskriterium.

8.1.2 Spannungsfelder im Unternehmen

Als Kundenwünsche beim Erwerb von Produkten/Dienstleistungen können z. B. die Erfüllung der Anforderungen, Lieferzeit, Preis, Gebrauchskosten, Flexibilität, Einfachheit, Zuverlässigkeit, Verfügbarkeit und Schnelligkeit im Service sowie der Entsorgung genannt werden.

Niedrige Kosten, hoher Ertrag, kurze Durchlaufzeit, effiziente Mengen- und Ressourcenbewirtschaftung, Wettbewerbsvorteile, Risikobeherrschung, hohes Image sind Beispiele für Unternehmensziele. Durch den Vergleich der Kundenwünsche und der Unternehmensziele sind die Spannungsfelder zwischen Kunde und Unternehmen eindeutig sichtbar.

In Abbildung 8.1 wird dargestellt, welche Entscheidungen in der Wertschöpfungskette des Produkts bereits nach Abschluss der Produktplanung fallen: Produktqualität ca. 90%, Termine ca. 80% und Produktkosten ca. 70%. Neue Prozesse und Organisationen, die diese traditionelle Strukturen ablösen, sind im Kapitel 8.4 beschrieben.

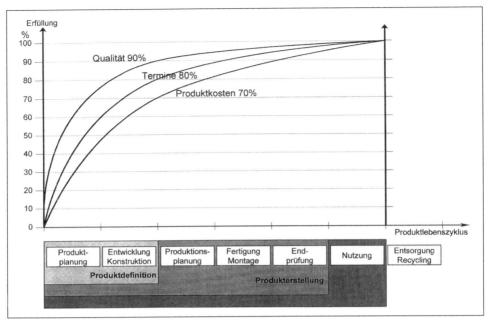

Abb. 8.1: Quantitative Entscheidung für Qualität, Termin und Produktkosten nach der Produktplanung

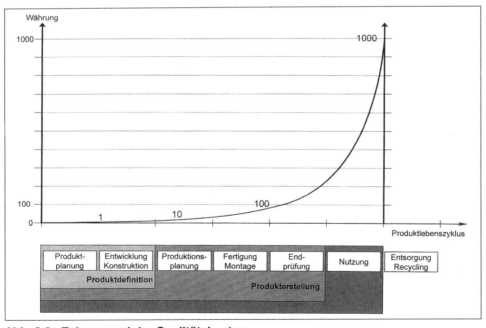

Abb. 8.2: Zehnerregel der Qualitätskosten

Aus den genannten Gründen sind die Kosten der Änderungen zur Behebung der Fehler von der Produktplanung (Prävention) über die Produktion (Detektion) bis zur Nutzung (Reparation) dargestellt (Abb. 8.2). Die so genannte „Zehnerregel" besagt, dass die Qualitätskosten für einen Fehler durchschnittlich von einer Geldeinheit in der Entwicklung auf 10 Geldeinheiten in der Produktionsplanung, auf 100 Geldeinheiten bei der Endprüfung und auf 1000 Geldeinheiten bei der Nutzung ansteigen. Deshalb soll in der Konkretisierung von Produktmerkmalen zum realen Produkt die Nutzung intensiv getestet, geprüft und verbessert werden, bevor der Kunde das Produkt erwirbt und die vorhersehbaren und nicht vorhersehbaren Fehler eintreten. Falls der Kunde die Fehler moniert, zahlt das Unternehmen hohe Garantieleistungen, tauscht und/oder zahlt zurück. Umsatz-, Gewinn- und Imageverluste sind die langfristigen Folgen für das Unternehmen. Zur Prävention und Detektion sind Methoden und Werkzeuge in Kapitel 8.4 dargestellt. Die Qualitätskosten und ihre Verbesserung werden in Kapitel 8.5 näher behandelt.

8.1.3 Qualitätsmanagement als Unternehmensaufgabe

Die angegebenen Zusammenhänge führen dazu, dass Qualitätsmanagement eine Unternehmensaufgabe und integriert im Unternehmen geführt wird. In der Vergangenheit wurde Qualität als eine singuläre, statistische Maßnahme durchgeführt, häufig als Endkontrolle von Produkten und Produktteilen mit dem Ergebnis „Akzeptiert" oder „Nicht akzeptiert". Über Qualitätsverbesserungsprojekte hat sich Qualität zum Total Quality Management (TQM) entwickelt, wie es im Kapitel 8.3 näher ausgeführt wird.

Qualitätsverantwortung am Arbeitsplatz ist nicht, wie häufig in der Vergangenheit betrachtet, die Aufgabe des Qualitätsverantwortlichen. Es ist heute die Aufgabe eines jeden einzelnen Mitarbeiters. Die Unternehmensleitung geht hierbei mit „gutem Beispiel" voran. Gemeinsam mit den Mitarbeitern werden die Ziele formuliert sowie strategisch und operativ realisiert. Die Grundsätze und Regeln des Qualitätsmanagements lauten:

1. Der *Kunde* wird mit Produkten bzw. Dienstleistungen und Unternehmensleistungen kontinuierlich zufrieden gestellt.
2. Die *Qualitätskultur* als Bestandteil der Unternehmenskultur wird gemeinsam erarbeitet und ist allen Mitarbeitern bekannt.
3. *Alle Mitarbeiter*, von der Unternehmensführung bis zum Reinigungsdienst, formulieren, realisieren und verbessern in Eigenverantwortung und gemeinsam die Qualitätsziele.

4. Das *Wertschöpfungsnetz* umfasst Kundenwunsch, Entwicklung, Lieferanten, Produktion, Vertrieb, Handel, Kundenerwerb, Kundennutzen, Service und Entsorgung. Es arbeitet proaktiv und vorbeugend.
5. Das *Informationsnetz* als Wertschöpfungsnetz unterstützt die Ergebnisse und die Mitarbeiter intern und extern.
6. Neue und führende *Prozesse, Methoden und Werkzeuge* werden kundenorientiert eingesetzt und kontinuierlich verbessert.
7. Reklamationen und Ergebnisse des *Qualitäts-Auditing* sind sofort an die Verantwortlichen weiterzuleiten, die ggf. unverzüglich Verbesserungen initiieren.

8.2 Qualitätsphasen, Kennzahlen, Mitarbeiter und Wandel

8.2.1 Qualitätsphasen

Das Qualitätsmanagement muss die folgenden Fragen für das Unternehmen beantworten:

1. Qualitätsplanung:	● Was schätzt der Kunde an unserem Produkt?
	● Wie erzeugen wir diese Qualität?
2. Qualitätssicherung:	● Wie erfüllen wir alle Qualitätsforderungen?
	● Wie beugen wir Fehlern vor, ehe der Kunde das Produkt nutzt?
3. Qualitätslenkung:	● Mit welchen Arbeitstechniken und Methoden arbeiten wir am Produkt, im Prozess und mit den Mitarbeitern?
	● Wie lernen wir im Regelkreis Vorbeugung, Überwachung, Korrektur?
4. Qualitätsverbesserung:	● Wie erreichen wir eine kontinuierliche Verbesserung für Prozesse und Produkte?
	● Welche Verbesserungen können die Mitarbeiter selbstständig durchführen?

Die vier Phasen des Qualitätsmanagements bilden einen geschlossenen Regelkreis. Methoden und Werkzeuge zu den einzelnen Phasen sind in Kapitel 8.3, 8.4, 8.5 und 8.6 beschrieben.

8.2.2 Ziele und Kennzahlen

Eine wesentliche Aufgabe des Qualitätsmanagement besteht darin, sicherzustellen, dass alle Mitarbeiter ihre Aufgabe kennen, umsetzen, überprüfen und verbessern. Deshalb sind benutzergerechte und produktspezifische Ziele und Kennzahlen notwendig.

Die Ziele und Kennzahlen verdichten sich von Ebene zu Ebene:

- Basiskennzahl: technische Messgrößen je erzeugtes Produkt, Selbstkontrolle und Verbesserungsmaßnahmen
- Produkteinheitskennzahl: Güterate nach Produkten in Abhängigkeit von Maschinen, Material, Prozess, Mitarbeiter
- Bereichskennzahl: Güterate nach Produkten
- Unternehmenskennzahl: Güterate eines Werks

Beispiele von Zielen und Kennzahlen sind in Abbildung 8.3 wiedergegeben.

Die ausgewählten Ziele und Kennzahlen sind Orientierungsgrößen. Für die einzelnen Unternehmen und Produktionen müssen sie spezifisch definiert und von den Mitarbeitern akzeptiert werden.

8.2.3 Mitarbeiter und Wandel

Für ein erfolgreiches Qualitätsmanagement im Unternehmen ist die Qualitätskultur von sehr großer Bedeutung. Als Qualitätskultur kann man den Teil der gesamten Unternehmenskultur bezeichnen, der die Grundeinstellung zur Qualität bezeichnet. Dazu gehören:

- Führungsverhalten
- Qualitätsbewusstsein
- Selbstverständnis der Mitarbeiter
- Verantwortungsübernahme

Führungsverhalten bewegt sich zwischen „Vorgeben" und „Vorleben". Vorgeben operiert in traditionellen Hierarchieebenen, es gibt wenig Kontakt zwischen den Ebenen und in Diskussionen bekommt der Höhergestellte Recht. Vorleben heißt, dass Informationen allen zugänglich sind und die besseren Argumente sich durchsetzen.

Qualitätsbewusstsein bewegt sich zwischen „relativer" und „absoluter" Position. „Sich führen lassen" bzw. „Sich selbst aktiv qualitativ führen" sind diese Positionen. Die Aktivität muss durch Schulung, Kommunikation,

Gebiet	Kennzahl	Messgröße	Bezugsgröße	Einheit
Qualität	• Ausschussquote	Anzahl Ausschuss-teile	Gesamtanzahl ge-fertigter Teile	ppm
	• Prozessfähigkeit	Toleranz	Prozesssteuerung	Cp, CpK
	• Effizienz der Kon-struktions-FMEA	Anzahl FMEA-Pro-jekte minus FMEA-Projekte mit nach-folgendem Fehler-auftritt	Gesamtzahl der FMEA-Projekte	%
Kosten	• Ausschusskosten anteil (gesamt oder je Teilpro-zess)	Kosten für Aus-schuss	Herstellkosten	%
	• Prüfkostenanteil	Prüf- und Inspekti-onskosten	Anzahl produzier-ter Einheiten	DM/Einheit
	• Änderungskosten	qualitätsbedingte Kosten der Ferti-gungsänderung	Entwicklungs-kosten	%
Zeit	• Prüfanteil	Zeit für Prüfungen	Fertigungsplanzeit	Zeit
	• Durchlaufzeit	gesamte Produkti-onszeit vom ersten Bearbeitungs-schritt bis zur Fer-tigstellung	gesamte Lieferun-gen	Zeit
	• Termintreue	termingerechte Lie-ferungen	gesamte Lieferun-gen	%
Human-faktor	• Schulungsquote	Schulungstage pro Mitarbeiter	Arbeitstage pro Mitarbeiter	%
	• Vorschlagsquote	Anzahl Verbesse-rungsvorschläge	Anzahl Mitarbeiter	%
	• Zufriedenheits-index Tätigkeit	Bewertung von Ar-beitsaufgabe, -um-fang, Selbstver-wirklichung		Note

Abb. 8.3: Ausgewählte Kennzahlen, Messgrößen, Bezugsgrößen und Einheiten (Hansen/Kamiske 1995, Sektion 11, Tab. 1–4)

Kundenkontakte und geeignete Anreizsysteme gefördert werden. Die Dynamik des sich ändernden Umfelds muss laufend eingebaut werden.

Selbstverständnis der Mitarbeiter reicht von „funktionsbezogen" bis „unternehmensbezogen". „Ich führe aus, was mein Chef sagt" ist funktionsbezogen. Die Ziele des Unternehmens durchzusetzen, z.B. als Projektmanager in Teams mit Mitarbeitern anderer Funktionen zusammenzuarbeiten, das ist unternehmensbezogene Arbeit. Hierbei gelten die Werte des Unternehmens.

Verantwortungsübernahme bewegt sich zwischen „passiv" und „aktiv". Passiv heißt: auf Anweisungen warten und sie ausführen. Aktiv ist die Verantwortungsübernahme aus eigenem Antrieb, es ist die provokante Darstellung von Kundenerwartungen und die Darstellung eigener Lösungsvorstellungen.

Die Qualitätsverbesserung des mittleren und unteren Managements in Qualitätszirkeln nach japanischem Vorbild hat in Deutschland in der Vergangenheit keine große Verbreitung gefunden. Vielmehr werden Verbesserungskonzepte und -verfahren, ausgewählt von der Unternehmensleitung, für alle Mitarbeiter im Unternehmen gestartet und umgesetzt, wie z.B. der kontinuierliche Verbesserungsprozess (KVP) oder Internet-Anwendungen. Die kontinuierliche Arbeit von Teams in Unternehmen, die die oben genannten Anforderungen anstreben, ist Grundlage für die laufende Verbesserung von Prozessen und Kennzahlen. Der Wandel und die Veränderung der Mitarbeiter setzen Geduld, Hartnäckigkeit und ein neues Verhalten voraus. In aktiver, offener Teamarbeit wird das Vorschlagswesen verstärkt. Wandel bedeutet unter Umständen auch, ein neues Produkt mit Zeit- und Kostenreduktion von über 30% zu entwickeln und herzustellen. Wandel und Veränderung durch neue Prozesse sind auch die wesentlichen Aspekte von Benchmarking. Das „Über-den-Zaun-Schauen" zeigt die gegenwärtigen Positionen von Konkurrenzunternehmen oder von anderen Industrien (s. Kap. 8.4.10).

Das Lernen soll nicht nur bei einzelnen Mitarbeitern oder Gruppen stattfinden, sondern die gesamte Organisation muss lernen, um Verhaltensentwicklungen und -änderungen herbeizuführen. Dabei stehen „Befehlen und Gehorsam" im Gegensatz zum „Coachen". Coaching bedeutet Training und Betreuung von Mitarbeitern, die mit neuen Zielen und Aufgabengebieten konfrontiert werden. Weitere Einzelheiten zu den neuen Anforderungen an die Mitarbeiter sind in Kapitel 5 „Moderne Personalführung, Organisation, Personalentwicklung und Personalschulung" dargestellt.

8.3 Zertifizierung, Total Quality Management (TQM), Qualitätspreise

Qualitätsmanagement von Unternehmen nach der ISO-Norm, nach VDA 6.1 oder QS 9000 in der Automobilindustrie sieht das Produkt, den Prozess und den Kunden im Vordergrund. Hier wird von neutralen autorisierten Personen eine Zertifizierung vorgenommen, dokumentiert und für die Industrie und Öffentlichkeit bekannt gegeben. Nach zwei Routine-Überprüfungen erfolgt das Wiederholungsaudit nach drei Jahren.

Das TQM-Unternehmensmodell ist das strategische und operative Qualitätsführungsmodell, das zusätzlich zur ISO-Norm die Leistungsträger und die Ergebnisse des gesamten Unternehmens mit ihren Mitarbeitern, ihrem Wandel, den Verbesserungen sowie den Kunden- und Geschäftsergebnissen beinhaltet. Hier werden in jedem Jahr Preise ausgeschrieben, in Europa der European Quality Award (EQA), in Deutschland der Ludwig-Erhard-Preis, in verschiedenen deutschen Bundesländern gibt es regionale Preise.

8.3.1 DIN EN ISO 9000:2000, VDA 6.1, QS 9000

Die funktionale Normenreihe DIN EN ISO 9000 ff. ist seit 1.1.2000 erweitert worden auf die prozessorientierte Norm DIN EN ISO 9000:2000. Hierbei wird die alte Norm DIN EN ISO 9000 von 1994 mit der Qualitätsplanung, der Qualitätslenkung und der Qualitätssicherung um die prozessorientierte Organisationsform und Dokumentation erweitert. Auf die bis zum 31.12.1999 gültige Norm ISO 9000 ff.:1994, die noch bis zum 31.12.2002 im Einsatz ist, wird wegen des bestehenden Bekanntheitsgrades nicht näher eingegangen. Für eine neue Zertifizierung nach ISO 9000:2000 ist eine Systemanpassung in den Unternehmen notwendig. Die acht neuen Grundsätze bzw. Leitlinien von ISO 9000:2000 sind (Schreiber 1999):

● *Kundenorientierte Organisation:* Organisationen hängen von ihren Kunden ab und sollten daher die jetzigen und künftigen Erfordernisse der Kunden verstehen, Kundenforderungen erfüllen und danach streben, die Erwartungen ihrer Kunden zu übertreffen.

- *Führung:* Führungskräfte legen die einheitliche Zielsetzung, die Richtung und das interne Umfeld der Organisation fest. Sie schaffen die Umgebung, in der Mitarbeiter sich voll und ganz für die Erreichung der Ziele der Organisation einsetzen.
- *Einbeziehung der Mitarbeiter:* Mitarbeiter machen auf allen Ebenen das Wesen einer Organisation aus, und ihre vollständige Einbeziehung gestattet die Nutzung ihrer Fähigkeiten zum Nutzen der Organisation.
- *Prozessorientierter Ansatz:* Das gewünschte Ergebnis lässt sich auf effizientere Weise erreichen, wenn zusammengehörige Mittel und Tätigkeiten als ein Prozess geleitet werden.
- *Systemorientierter Managementansatz:* Das Erkennen, Verstehen und Führen eines Systems miteinander in Wechselbeziehung stehender Prozesse für ein gegebenes Ziel trägt zur Wirksamkeit und Effizienz der Organisation bei.
- *Ständige Verbesserung:* Ständige Verbesserung ist ein permanentes Ziel der Organisation.
- *Sachlicher Ansatz zur Entscheidungsfindung:* Wirksame Entscheidungen beruhen auf der logischen und intuitiven Analyse von Daten und Informationen.
- *Lieferantenbeziehungen zum gegenseitigen Nutzen:* Beziehungen zum gegenseitigen Nutzen zwischen der Organisation und ihren Lieferanten fördern die Fähigkeit beider Organisationen, Werte zu schaffen.

Die Norm DIN EN ISO 9000:2000 besitzt einen Regelkreis im Qualitätsmanagement-Prozessmodell (Abb. 8.4). Der Regelkreis zeigt die Zusammenarbeit des Unternehmens mit dem Kunden und die Messung der Kundenzufriedenheit.

Abb. 8.4: ISO 9000:2000-Modell

Die neuen Prozesse führen zu neuen Anforderungen im Unternehmen:

Prozessorientierung:	Von definierten Prozessen auf die jeweiligen Kapitel eines bestehenden, elementeorientierten QM-Systems verweisen (z. B. QM-Plan)
Pflichten des Managements:	Umfangreichere, verantwortliche Einbindung in das QM-System (z. B. Ermittlung der Kundenbedürfnisse, Schaffen eines entsprechenden Arbeitsumfelds, Aufrechterhalten kontinuierlicher Verbesserungsprogramme, Management-Review)
Qualitätsziele und -planung:	Ableitung von Qualitätszielen für jede Funktionsebene und jede relevante Funktion aus den übergeordneten Zielen
Ressourcenmanagement:	Bereitstellung der Infrastruktur zur Erreichung der Produkt- bzw. Dienstleistungsqualität (z. B. Informationen)

Messung der Prozessfähigkeit:	Definition angemessener Methoden zur Überwachung der Prozessergebnisse und zur Eignung der Prozesse
Validierung von Prozessen:	Messung der Prozesse an den Ergebnissen und ggf. Implementierung
Wirksamkeitsnachweis für QM-Systeme:	Periodischer Nachweis der Wirksamkeit des QM-Systems inkl. Schulungen
Messung der Kundenzufriedenheit:	Ausarbeitung von Methoden zur Messung der Kundenzufriedenheit
Übereinstimmung mit den Kundenforderungen:	Identifizierung und Umsetzung von Kundenforderungen
Kontinuierliche Verbesserung und Fehlervermeidung:	Installation und Nutzung einer Systematik der kontinuierlichen Verbesserung sowie Demonstration der Kontinuität
Anforderungen ausgrenzen (Tailoring):	Ausschluss von Forderungen der Norm, die zum Zeitpunkt der Zertifizierung für das Unternehmen nicht zutreffend sind
Selbstbewertung:	Bewertung des Gesamtsystems einer Organisation gemäß der international anerkannten Messlatte von Award-Kriterien

Der Zertifizierungsablauf ist in Abbildung 8.5 dargestellt.

In Informations- und Vorgesprächen werden die Anforderungen und die Ausgangsbedingungen im Unternehmen geklärt. Ein Voraudit wird notwendig, wenn Schwachstellen entdeckt und abgestellt werden müssen. Ein Zertifizierungsaudit wird üblicherweise von zwei neutralen Auditoren durchgeführt, die über Prozess- und Branchenkenntnisse verfügen. Sie erstatten Bericht über das Ergebnis, das nur das Unternehmen – kein Auditor! – korrigieren muss. Jährlich erfolgt eine Stichprobenüberprüfung, nach drei Jahren ein Wiederholungsaudit des Gesamtsystems.

In Deutschland hat der Verband Deutscher Automobilhersteller (VDA) mit den deutschen Automobilherstellern eigene Zusatzanforderungen zur DIN EN ISO 9000 ff.:1994 definiert und in der Schrift VDA 6.1 festgelegt. Die Zusatzanforderungen umfassen die Erweiterung der Leitung, die Benennung des internen Qualitätsaudits als selbstständige Einheit, Trennung von Designlenkung und Teilung in Produktentwicklung und Prozessplanung, Schaffung einer selbstständigen Qualitätsaufzeichnung, Wartung als neuer Oberbegriff und Unternehmensstrategie als neues Element.

Die Hersteller General Motors, Ford und teilweise DaimlerChrysler zertifizieren nach QS 9000 (Quality System Requirements). Bei der QS 9000

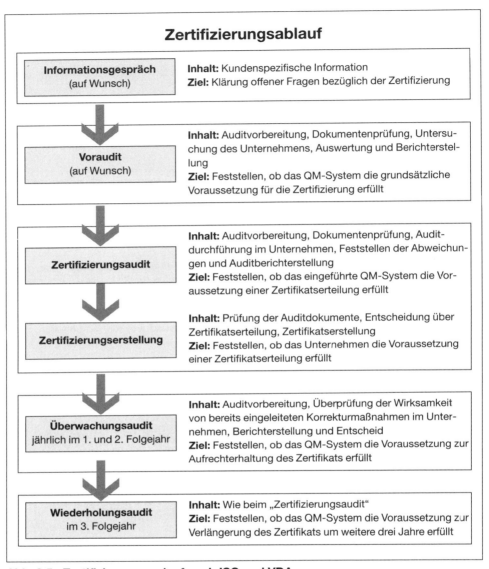

Zertifizierungsablauf

Informationsgespräch (auf Wunsch)	**Inhalt:** Kundenspezifische Information **Ziel:** Klärung offener Fragen bezüglich der Zertifizierung
Voraudit (auf Wunsch)	**Inhalt:** Auditvorbereitung, Dokumentenprüfung, Untersuchung des Unternehmens, Auswertung und Berichterstellung **Ziel:** Feststellen, ob das QM-System die grundsätzliche Voraussetzung für die Zertifizierung erfüllt
Zertifizierungsaudit	**Inhalt:** Auditvorbereitung, Dokumentenprüfung, Auditdurchführung im Unternehmen, Feststellen der Abweichungen und Auditberichterstellung **Ziel:** Feststellen, ob das eingeführte QM-System die Voraussetzung einer Zertifikatserteilung erfüllt
Zertifizierungserstellung	**Inhalt:** Prüfung der Auditdokumente, Entscheidung über Zertifikatserteilung, Zertifikatserstellung **Ziel:** Feststellen, ob das Unternehmen die Voraussetzung einer Zertifikatserteilung erfüllt
Überwachungsaudit jährlich im 1. und 2. Folgejahr	**Inhalt:** Auditvorbereitung, Überprüfung der Wirksamkeit von bereits eingeleiteten Korrekturmaßnahmen im Unternehmen, Berichterstellung und Entscheid **Ziel:** Feststellen, ob das QM-System die Voraussetzung zur Aufrechterhaltung des Zertifikats erfüllt
Wiederholungsaudit im 3. Folgejahr	**Inhalt:** Wie beim „Zertifizierungsaudit" **Ziel:** Feststellen, ob das QM-System die Voraussetzung zur Verlängerung des Zertifikats um weitere drei Jahre erfüllt

Abb. 8.5: Zertifizierungsverlauf nach ISO und VDA

geht es zusätzlich zur DIN EN ISO 9000 ff.:1994 um kontinuierliche Verbesserung, Fehlervermeidung, Verstärkung in Zuverlässigkeit und Prozessfähigkeit und vor allem um Kundenzufriedenheit. Gleichzeitig wird QS 9000 von fünf ergänzenden Handbüchern unterstützt. Diese sind:

616

PPAP	Production Part Approval Process,
	Freigabeverfahren für Lieferungen
APQP	Advanced Product Quality Planning,
	Qualitätsplanung in der Produktentstehungsphase
FMEA	Failure Mode and Effect Analysis,
	Fehlermöglichkeits- und Einflussanalyse
SPC	Statistical Process Control
	Statistische Prozesskontrolle
MSA	Measurement System Analysis,
	Messmittelanalyse

Die Zertifizierungen von QS 9000 werden seit Jahren auch in Deutschland durchgeführt. VDA 6.1 und QS 9000 sind zu über 90 % deckungsgleich, eine weitere Harmonisierung wird angestrebt.

8.3.2 TQM, European Quality Award (EQA), Ludwig-Erhard-Preis

Das Total Quality Management Unternehmensmodell (TQM) betrachtet das gesamte Wertschöpfungsnetz des Unternehmens vom Kundenwunsch über Entwicklung, Produktion/Logistik, Verkauf, Handel, Service bis zur Kundenwunscherfüllung und -zufriedenheit. Das führende TQM-Modell ist seit 1992 das Bewertungsmodell der European Foundation for Quality Management (EFQM) oder der European Quality Award (EQA). Das Modell ist ebenfalls die Beurteilungsbasis für den deutschen Ludwig-Erhard-Preis, der seit 1997 jährlich vergeben wird. Es ist in Abbildung 8.6 dargestellt. Die einzelnen Geschäftsbereiche sind in Abbildung 8.7 zusammengefasst.

Im offenen EQA-Modell sind die wesentlichen Geschäftselemente des Unternehmens enthalten und gewichtet. Die Ergebnisse für die einzelnen Geschäftsbereiche sind im Unternehmen zu messen und zu kommunizieren. So können ohne Zeitverluste Verbesserungen in den richtigen Bereichen erarbeitet und durchgeführt werden. Das EQA-Modell erlaubt weiterhin, dass Mitarbeiter im Unternehmen eine Selbstanalyse und -bewertung durchführen. Damit können sie die Selbststeuerung für die nächsten Zeitperioden erarbeiten.

Das TQM-Modell ist die Basis für die erfolgreiche Teamarbeit von Mitarbeitern aus allen Bereichen des Unternehmens zur erfolgreichen Umsetzung der Kundenorientierung.

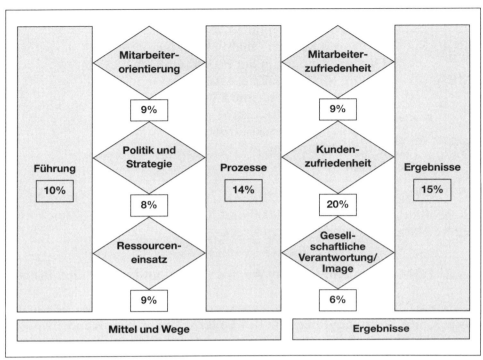

Abb. 8.6: Das Bewertungsmodell für die Vergabe des EQA

Nr.	Bezeichnung	Erklärung	Bewertung
1	Führung	Aktives Vorleben der Führung in Bezug auf Kundenerwartungen, Anforderung und Erfüllung der Kundenzufriedenheit, Vorgaben an die Mitarbeiter zum Planen und Realisieren	10
2	Politik und Strategie	Laufendes Benchmarking mit messbaren Planzahlen für das eigene Unternehmen und Mitarbeiter als Basis für kontinuierliche Verbesserungsprozesse	8
3	Mitarbeiter-orientierung	Aus- und Weiterbildung in zukünftigen fachlichen, methodischen, sozialen Fähigkeiten, Teamarbeit, Wissen, Eigenverantwortung, Verbesserungsvorschläge, Entlohnung	9
4	Ressourceneinsatz	Nutzung/Beschaffung und Zuordnung von Betriebsmitteln für wettbewerbsfähige Schaffung von Produkten/Dienstleistungen	8

Nr.	Bezeichnung	Erklärung	Bewertung
5	Prozesse	Stabile Hauptprozesse, Management der Nahtstellen, Kennzahlen, weitere Verbesserung, neue Prozesse mit Hilfe der Informationsnetze, Wille zum Wandel bei der Organisation und den Mitarbeitern	14
6	Kundenzufriedenheit	Produkte, Kundenunterstützung, Einhaltung von Vereinbarungen zur Kundenzufriedenheit	20
7	Mitarbeiter-zufriedenheit	Erfassung und Bewertung der Mitarbeiterzufriedenheit für zukünftige eigene Zielsetzungen	9
8	Gesellschaftliche Verantwortung/Image	Verantwortung in der Gesellschaft, Engagement in der Gemeinde, unternehmerische Offenheit	6
9	Ergebnisse	Ergebnis als Bindeglied zwischen Kunden und Unternehmen; Umsatz, Marktanteil, Gewinn	15
Summe			100

Abb. 8.7: Erklärung zum EQA

8.4 Werkzeuge, Methoden, Prozesse

In diesem Abschnitt werden die sieben Werkzeuge, die sieben neuen Werkzeuge und Poka Yoke beschrieben, ebenso Quality Function Deployment (QFD), Fehlermöglichkeits- und Einflussanalyse (FMEA), Fehlerbaumanalyse (FBA) und die statistische Prozessregelung (SPC). Als Verbesserung von objektiven und subjektiven Kundenqualitätskennzahlen werden Prozesse wie Benchmarking, Simultaneous Engineering, Target Costing und Six Sigma behandelt. Kreative Lösungsansätze wie Brainstorming, Synektik und TRIZ-Methode sind angesprochen.

8.4.1 Sieben Werkzeuge

Die Unterstützung von Problemlösungsprozessen kann mit den aus Japan bekannten sieben Werkzeugen (vgl. Ozeki/Asaka, 1990) erzielt werden.

1. Fehlersammelliste
Fehlersammellisten können beobachtete und gemessene Fehler einfach erfassen. Hierbei werden Trends von Fehlerhäufigkeiten ermittelt.

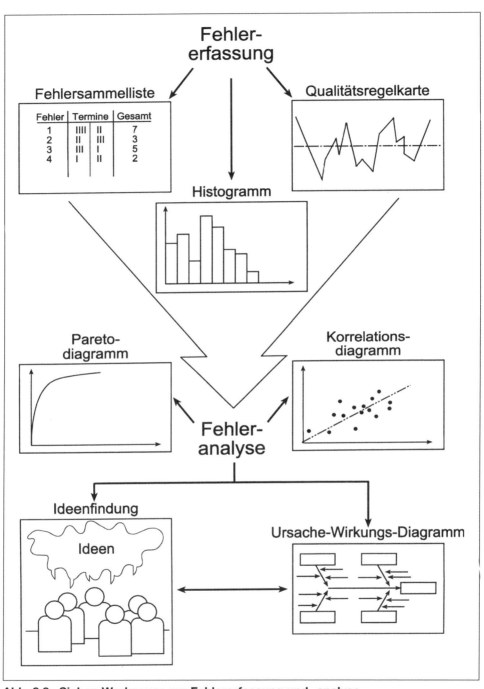

Abb. 8.8: Sieben Werkzeuge zur Fehlererfassung und -analyse

2. Histogramm

Die Veranschaulichung größerer Datenmengen geschieht in einem Balkendiagramm. Es bietet eine Übersicht über Häufigkeitsverteilungen und eventuelle Abweichungen, die eine schnelle Ursachenfindung ermöglichen.

3. Qualitätsregelkarten/Statistische Prozesskontrolle

Diese Methode ist von besonderer Bedeutung in Bezug auf Kontrolle und Korrektur von Prozessen und Ermittlung der Prozessfähigkeit. Sie wird in Kapitel 8.4.6 und 8.4.8 näher besprochen.

4. Paretodiagramm

Das Paretodiagramm besagt, dass z. B. ca. 80% der Probleme auf ca. 20% der Gründe beruhen oder ca. 80% der Fertigung mit einem Aufwand von ca. 20% der Zeit geschehen. Paretodiagramme können helfen, wenige Hauptparameter aus einer Menge von zahlreichen Parametern zu bestimmen.

5. Korrelationsdiagramm

Das Korrelationsdiagramm stellt grafisch dar, welche Korrelation zwischen zwei Größen besteht.

6. Ideenfindung

Ideen werden in Teams mit Kreativitätstechniken entwickelt und in das Wissensmanagement integriert. Sie werden in Erfassungslisten dokumentiert.

7. Ursache-Wirkungs-Diagramm (Ishikawa-Diagramm)

Das Ishikawa-Diagramm, nach seiner Form auch Fischgrätdiagramm genannt, stellt einen Ursachen-Wirkungs-Zusammenhang her. Einflussgrößen und gegenseitige Abhängigkeiten können gemeinsam erarbeitet, zusammengestellt und kommuniziert werden.

8.4.2 Sieben neue Werkzeuge

Als Erweiterung sind in Japan sieben neue Werkzeuge für operative und quantitative Daten und Information, Problemlösungsfindung und Umsetzung entwickelt worden (vgl. Mizuno 1988).

1. Affinitätsdiagramm

Das Zusammenfassen und Gruppieren von ähnlichen Ideen, z. B. im Brainstorming, führt zu affinitiven Gruppen, z. B. Clustern.

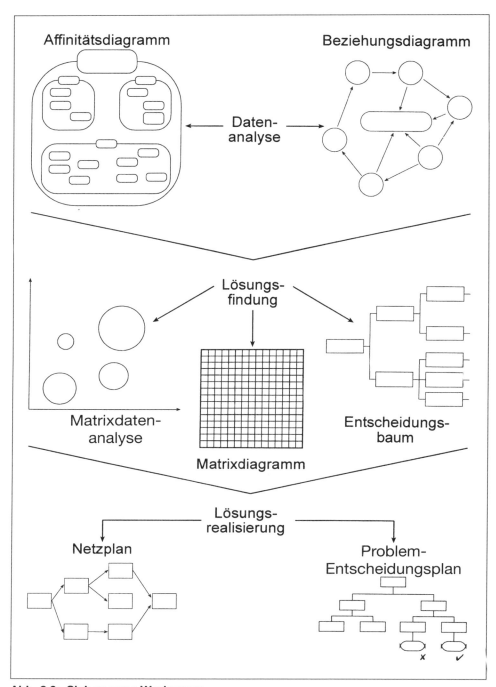

Abb. 8.9: Sieben neue Werkzeuge

2. Beziehungsdiagramm

Bei multivariablen Aufgaben sind der Zusammenhang und die Beeinflussung der Variablen zu erkennen und transparent zu machen. Die Pfeile können Informationen, Warenflüsse, Krafteinwirkungen etc. sein. Bei einer Zahl von über 40 Variablen sind IT-Programme einzusetzen.

3. Matrixdatenanalyse

Die Matrixdatenanalyse führt zu dem Ergebnis, welche Datenkombinationen in der Matrix die minimalen oder maximalen Werte ergeben.

4. Matrixdiagramm

Das Matrixdiagramm stellt die Beziehungen zwischen den unterschiedlichen Ausprägungen zweier Faktoren grafisch dar. Die Intensität von Zusammenhängen kann durch unterschiedliche Symbole gekennzeichnet werden.

5. Entscheidungsbaum

Wie die Struktur einer Stückliste stellt der Entscheidungsbaum die Zerlegung von Teilen in Untergruppen und Unter-Untergruppen dar. Die Methode empfiehlt sich bei Pflichtenheften, Kundenproblemen, Nutzwertanalysen, auch bei der Zusammenfassung von Kennzahlen.

6. Netzplan

Netzpläne sind aus Projektplänen oder der Netzwerktechnik geläufig. Kritische Pfade sind besonders zu beachten, weil hier kein Zeitpuffer existiert.

7. Problem-Entscheidungsplan

Flow Charts oder Flussdiagramme sind Prozess- oder Ablaufdarstellungen, in denen Tätigkeiten, Fristen, Abhängigkeiten, Entscheidungen und Endergebnisse festgehalten werden. Sie sind für das prozessorientierte Qualitätsmanagement eine unverzichtbare Hilfe. Die Problem-Entscheidungspläne sind eine in Japan genormte Form von Flow Charts, in denen waagerecht die Arten der Tätigkeit und senkrecht die Tätigkeitsschritte dargestellt werden, die zu Verbesserungen herangezogen werden können.

8.4.3 Poka Yoke

Das Poka Yoke-Prinzip aus Japan hat die Zielsetzung, Produkte und Prozesse so zu entwerfen, dass Irrtümer und Unachtsamkeiten von Menschen bei der Fertigung ausgeschlossen werden. Japanisch heißt poka „Irrtum" und yoke „vermeiden", also „Irrtum vermeiden". Es ist ein Schritt zum Null-Fehler-Ergebnis.

In Abbildung 8.10 ist ein Beispiel dargestellt, wie ein ungenauer Entwurf, geeignet zur fehlerhaften Montage, durch eine Änderung zum fehlerfreien Entwurf wird, wodurch eine falsche Montage ausgeschlossen ist. Poka Yoke setzt eine sorgfältige Inspektion der Fehlerquellen sowie eine präzise Analyse und Untersuchung der Kausalkette von der Fehlhandlung bis zur Produktfunktion voraus. Die Fehlerfreiheit liegt bei 100%.

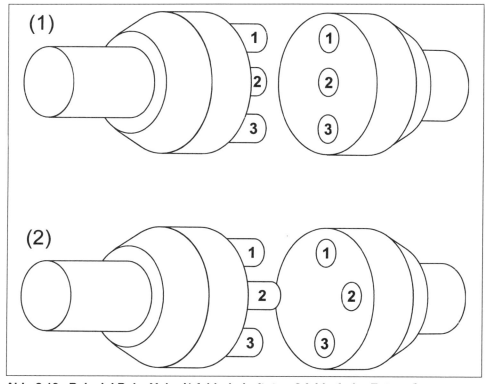

Abb. 8.10: Beispiel Poka Yoke (1 fehlerbehafteter, 2 fehlerfreier Entwurf)

8.4.4 Quality Function Deployment (QFD)

In einem Phasen-Rahmenwerk lässt Quality Function Deployment (QFD) die Kundenanforderungen und die Designanforderungen im Wettbewerbsvergleich miteinander „kämpfen". Unter Einsatz von verschiedenen Kommunikations- und Problemlösungstechniken, die das Wissen und die Strate-

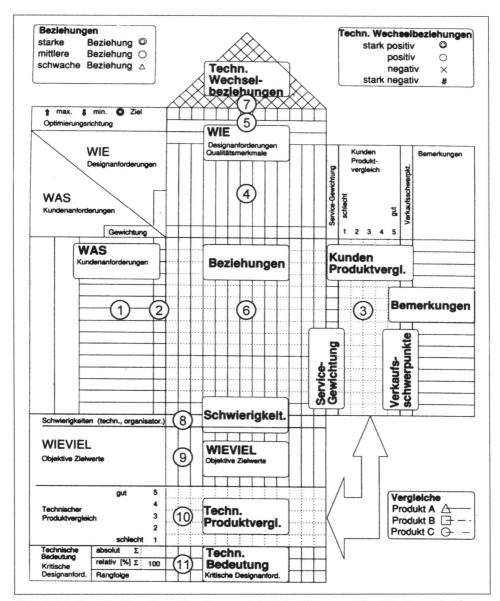

Bezlehungen
starke	Bezlehung	◎
mittlere	Bezlehung	○
schwache	Bezlehung	△

Techn. Wechselbeziehungen
stark positiv	◎
positiv	○
negativ	✕
stark negativ	#

Techn. Wechsel- beziehungen ⑦

⑤
WIE
Designanforderungen
Qualitätsmerkmale

↑ max. ↓ min. ◉ Ziel
Optimierungsrichtung

WIE
Designanforderungen

WAS
Kundenanforderungen

④

Service-Gewichtung

schlecht

Kunden Produkt- vergleich

gut

Verkaufsschwerpkt.

Bemerkungen

Gewichtung

1 2 3 4 5

WAS
Kundenanforderungen

Beziehungen

Kunden Produktvergl.

① ②

⑥

③

Bemerkungen

Service- Gewichtung

Verkaufs- schwerpunkte

Schwierigkeiten (techn., organisator.) ⑧ **Schwierigkeit.**

WIEVIEL
Objektive Zielwerte

⑨ **WIEVIEL**
Objektive Zielwerte

	gut	5
Technischer Produktvergleich		4
		3
		2
	schlecht	1

⑩ **Techn. Produktvergl.**

Vergleiche
Produkt A	△——
Produkt B	⊟ – –
Produkt C	⊖ · –

Technische Bedeutung	absolut	Σ	
	relativ [%]	Σ	100
Kritische Designanford.	Rangfolge		

⑪ **Techn. Bedeutung**
Kritische Designanford.

Abb. 8.11: Quality Functional Deployment (QFD) – (House of Quality-Formblatt)

625

gien aller Mitarbeiter fordern, werden Produkte kundengerecht entwickelt und gefertigt. Diese Methode wurde 1966 von Akao in Japan entworfen.

Die Kundenanforderungen (das „WAS") werden den Designanforderungen (dem „WIE") gegenübergestellt. Gleichzeitig werden Konkurrenzvergleiche simultan mit einem „Kundenproduktvergleich" und mit einem „Technischen Produktvergleich" durchgeführt. Daraus lassen sich die kritischen technischen Designanforderungen ableiten. Die folgenden elf Schritte beschreiben QFD (Abb. 8.11):

1. Kundenforderungen ermitteln: maximal 20 Konfliktkriterien.
2. Bewertung der Kundenforderungen: Bewertung 1 („für Kunden eher unbedeutend") bis 10 („für den Kunden sehr bedeutend").
3. Vergleich des eigenen Produkts mit Konkurrenzprodukten aus Kundensicht: Bewertung 1 („schlecht") bis 5 („gut").
4. Produktmerkmale ermitteln: Produktmerkmale aus Sicht der Entwicklung stehen immer im Zusammenhang mit Kundenanforderungen.
5. Optimierungsrichtung festlegen.
6. Beziehungsmatrix erstellen: Der Zusammenhang von Kundenanforderungen und Produktmerkmalen wird ermittelt. Durch die Gewichtung in Schritt 2 kann die Güte der Entwicklungsvorschläge festgestellt werden.
7. Technische Wechselbeziehungen bestimmen: Zielharmonien, Zielkonflikte und Zielneutralität werden zur Bewertung von Lösungsvorschlägen bestimmt.
8. Technische Schwierigkeiten bewerten: Bewertung von 1 („sehr leicht erreichbar") bis 10 („sehr schwer erreichbar").
9. Zielwerte festlegen: Die aus Kundenanforderungen entwickelten Produktmerkmale können mit Kennzahlen gemessen werden.
10. Produktvergleich aus technischer Entwicklungssicht: Wie in Schritt 4 für Kunden wird hier der Vergleich des eigenen Vorschlags mit denen der Konkurrenten aus Entwicklungssicht vorgenommen.
11. Bewertung der technischen Bedeutung: Die Gewichtung der Kundenanforderung in Schritt 2 wird mit den Bewertungen in der Beziehungsmatrix in Schritt 6 multipliziert und spaltenweise addiert. Die Produktmerkmale mit den höchsten Zahlenwerten gelten als kritisch und bilden die Eingangsdaten für die gestellten Kundenanforderungen.

Der QFD-Ansatz umfasst vier aufeinander bauende Phasen:

1. Produktplanung: Aus den Kundenanforderungen werden die Design- und Qualitätsmerkmale eines Produkts abgeleitet.

2. Teileplanung: Aus diesen Merkmalen werden ein Realisierungskonzept sowie die einzelnen Komponenten und Subsysteme des Produkts erarbeitet.
3. Prozessplanung: Aus der Spezifikation der Komponenten und Systeme wird ein Realisierungskonzept für die Produktions- und Prozessparameter mit Prüfablaufplan entwickelt.
4. Produktionsplanung: Für die Einhaltung von Prozessgrößen werden qualitätssichernde Arbeitspläne erstellt.

In jeder dieser Phasen werden spezifische Teams gebildet. „Ableiten" und „Erarbeiten" sind das Ergebnis von offenen und ehrlichen Teamarbeiten, sie bedeuten die Lösung von Konflikten zwischen Kundenanforderungen, eigenen Realisierungsmöglichkeiten und den Konkurrenzprodukten.

Zusammengefasst ist QFD eine systematische Qualitätsplanungsmethode, die vom externen Kundenwunsch über das Design der Entwicklung, die Prozesse in der Produktion bis zum Verkauf/Service beim Endkunden reicht.

8.4.5 Fehlermöglichkeits- und Einflussanalyse (FMEA)

Die Fehlermöglichkeits- und Einflussanalyse (FMEA) ist eine formalisierte analytische Methode. Sie ermöglicht eine systematische Erfassung und Vermeidung potenzieller Fehler bei der Entwicklung neuer und bestehender Produkte sowie bei der Planung von Herstell- und Montageprozessen. Auf der Basis der quantifizierten Größen erfolgt eine Risikobewertung, im Anschluss werden Verbesserungsmaßnahmen eingeleitet. FMEA wird erfolgreich sein, wenn die Aufgaben im Team erarbeitet und von allen anerkannt werden. FMEA hat die Einsatzgebiete:

1. Konstruktions-FMEA und Entwicklungs-FMEA
2. Prozess-FMEA
3. System-FMEA bzw. Produkt-FMEA

Die Entwicklungs-FMEA bzw. Konstruktions-FMEA wird zur Analyse von Entwicklungskonzepten eingesetzt. Ziel ist, Schwachstellen im Entwurf zu erkennen, zu bewerten und ihre Risiken abzuschätzen. Ferner können Alternativen miteinander verglichen werden.

Die Prozess-FMEA wird für Fertigungskonzepte eingesetzt. Sie baut auf der Konstruktions-FMEA auf, kann aber auch eigenständig durchgeführt werden. Ziele der Prozess-FMEA sind das Auffinden und die Beseitigung von Schwachstellen im geplanten Fertigungsprozess.

FMEA-Formblatt

Teil-Name
Modell/System/Fertigung
Teil-Nr.
Tech. Änderungsstand

verantwortlicher Bereich
betroffener Bereich
betroffener Lieferant

System Merkmal Prozess	Potenzielle Fehler	Potenzielle Folgen des Fehlers	Potenzielle Fehlerursachen	Vorgesehene Prüfmaßnahmen	Derzeitiger Zustand				Empfohlene Abstellmaßnahme	Verant-wortung	Verbesserter Zustand				
					Auftreten	Bedeutung	Entdeckung	RPZ			Getroffene Maßnahme	Auftreten	Bedeutung	Entdeckung	RPZ
Fahrrad-Gabel	Gabel bricht an Schweiß-naht	Fahrer stürzt schwer	Schweiß-naht zu schwach	keine	3	10	10	300	Schweißnaht nachrechnen und Belas-tungsversuch	Kon-struktion Müller	Schweiß-naht ver-stärkt	1	10	1	10

Risikoanalyse — Risiko-bewertung — Verbesserungsmaßnahmen — erneute Risiko-bewertung

Abb. 8.12: FMEA-Formblatt

628

Die System-FMEA und Produkt-FMEA verbinden Konstruktions-FMEA und Prozess-FMEA. Hierbei werden die Auswirkungen der Risiken auf das System, bekannt von der Konstruktions-FMEA und der Prozess-FMEA, untersucht.

In Abbildung 8.12 ist eine Übersicht zum FMEA-Vorgehen am Beispiel einer Fahrradgabel dargestellt. Dabei wurde in folgenden Schritten vorgegangen:

1. Analyse mit Risikobewertung
2. Berechnung der Risiko-Prioritäten-Zahl
3. Verbesserungsverfahren mit erneuter Risikobewertung

Die Berechnung der Risiko-Prioritäten-Zahl (RPZ) geschieht nach der Formel

$$RPZ = A \times B \times E$$

A: Wahrscheinlichkeit des Auftretens
   (1 = unwahrscheinlich, 10 = hoch)
B: Bedeutung für den Kunden
   (1 = unwahrscheinlich, 10 = äußerst schwerwiegend)
E: Wahrscheinlichkeit der Entdeckung beim Kunden
   (1 = Entdeckung hoch, 10 = Entdeckung niedrig)

Risiko-Prioritäten-Zahlen von RPZ > 125 oder A > 8 oder B > 8 oder E > 8 gelten als kritisch und verbesserungspflichtig.

Der Einsatz der FMEA ist in der Entwicklung bis zum Produktionsbeginn wie auch in der Produktion für die objektive und subjektive Kundenqualität und Risikominimierung von sehr großer Bedeutung. So werden die Qualitätsansprüche nahezu erfüllt und es treten beim Nutzer fast keine Schäden mit entsprechenden hohen Kosten und Imageverlust auf.

8.4.6 Versuchsplanung, Prüfmethoden, Regelkarten

Statistische Versuchsplanung
Die Qualität von Produkten/Dienstleistungen und Prozessen wird von zahlreichen Parametern und Variablen bestimmt.

Die statistische Versuchsplanung hilft, Methoden, Parameter und Variablen zu bestimmen und diese dann so zu untersuchen, dass Produkte und Prozesse stabil, verbesserungsfähig und dokumentiert werden. Die statistische Versuchsplanung wird an Prototypen bzw. Vorserienprodukten getestet, sie kann auch an bestehenden Produkten zur Problemvermeidung bzw. Problemlösung eingesetzt werden. Die Versuchspläne unterscheiden

● Einfaktormethode
● Faktorielle Versuchspläne in teil- oder vollfaktorieller Form

Um den Prüfungsaufwand nicht zu umfangreich werden zu lassen, empfiehlt es sich, maximal vier Faktoren gelten zu lassen. Das führt in der Praxis zu vermengten Versuchsplätzen.

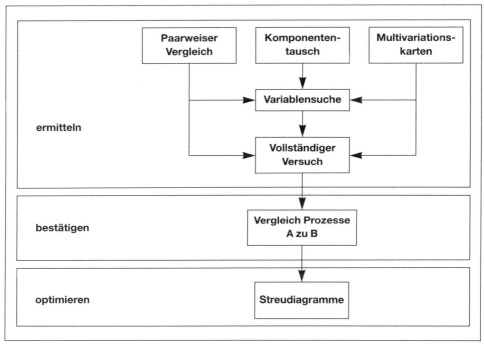

Abb. 8.13: Methode der Versuchsplanung nach Shainin

Folgen die Einflussfaktoren der Qualität dem Pareto-Prinzip, so kann die Methode von Shainin eingesetzt werden. Dieses Prinzip setzt voraus, dass unter vielen Faktoren nur wenige einen dominanten Einfluss auf den Prozess bzw. auf das Produkt/die Dienstleistung besitzen. Wie in Abbildung 8.13 dargestellt, werden der paarweise Vergleich, der Komponententausch und Multivariationskarten zur Variablensuche und zum vollständigen Versuch eingesetzt. Der Vergleich von externen Produkten führt über Streudiagramme zur Optimierung. Detaillierte Unterlagen sind bei Pfeifer (1996) und Theden/Colsmann (1997) dargestellt.

Taguchi sucht nach Prozessen, die unempfindlich gegen äußere Einflüsse sind und damit ihre Zielwerte gut und zuverlässig erreichen. Er unterteilt die Einflussfaktoren in Konzeptfaktoren (design factors) und Rauschfaktoren (noise factors). Bei der Suche nach dem robusten Prozess gilt es, eine Einstellung der Konzeptfaktoren zu finden, bei der die Sensibilität des Prozesses gegenüber den Rauschfaktoren verschwindend gering ist. Taguchi versucht mit seinem Ansatz die drastische Reduzierung von Versuchszahlen durch Hochvermengung, welche auf vermengten Versuchsplänen basiert. Fehlinterpretationen sind möglich, so dass Bestätigungsversuche notwendig werden, was den breiten Einsatz von Taguchis Vorgehen hemmen kann. Genaue Unterlagen sind bei Taguchi (1989) wiedergegeben.

Stichprobenprüfung
Das „reine" Wertschöpfungsnetz an Produkten/Dienstleistungen beinhaltet keine Testprüfung in der Produktionsherstellung. Es treten jedoch Unzulänglichkeiten auf, z. B. in der Konstruktion, im Prozess, beim Material und beim Menschen. Deshalb ist es empfehlenswert, wohl geplante Tests im Produktionsverfahren durchzuführen. Tests dürfen Produkte im Testverfahren nicht zerstören.

Wenn Prozesse stabil sind, reichen Stichprobenprüfungen aus. Bei Fehlersystematiken können FMEA die Fehler identifizieren und zu ihrer Beseitigung beitragen. Wenn kritische Fehler auftreten, wird man eine Vollprüfung, also eine 100%-Prüfung, nach jedem Schritt im Produktionsprozess vornehmen.

Bei einer quantitativen Losgröße wird eine annehmbare Qualitätsgrenzlage, Acceptable Quality Level (AQL), zur Annahme- oder Rückweisentscheidung für das geprüfte Los eingeführt. Ein AQL-Wert von 0,1 bedeutet, dass ein Fehler bei 1000 geprüften Einheiten eines Loses geduldet wird, mehr als ein Fehler führt zu einer Rückweisung des Loses.

Die Festlegung des AQL-Wertes muss in Abhängigkeit von Merkmal und Produkt sowie in Abstimmung zwischen dem Lieferanten und dem Abnehmer erfolgen, insbesondere bei zunehmendem Produktions-Outsourcing und virtueller Fertigung. Die Bestimmung der geeigneten AQL-Werte geschieht über Fragenkataloge (DGQ-SAQ-ÖVQ 16-26, 1990).

In Abhängigkeit vom AQL-Wert und der Losgröße N sind Stichprobentabellen nach DIN ISO 2859 für attributive Prüfung und nach DIN ISO 3951 für die Variablenprüfung aufgeführt, die den Stichprobenumfang und die Annahmezahl c festlegen. Dynamisierte Stichprobenprüfungen erfolgen unter Zugrundelegung der letzten Stichprobenergebnisse in Bezug auf das

Prüfniveau und damit auf den Prüfumfang. Dabei wird nach DIN ISO 2859 zwischen ausgesetzter, verschärfter, normaler, reduzierter und Skip-Lot-Prüfung unterschieden.

Regelkarten
Regelkarten sind grafische Verfahren, die etwa den „Fingerabdruck" des Prozesses liefern. Es gibt Regelkarten für variable (messbare) Prüfmerkmale oder solche für attributive (zählbare) Prüfungsmerkmale. Die Vorgehensweise zum Führen einer Regelkarte ist weitgehend identisch für alle Regelkartentypen mit Bestimmung von Mittelwert x und Spannweite R.

$$\text{Mittelwert } \overline{x} = \frac{1}{n} \sum_{i=1}^{n} x_i$$

$$\text{Spannweite } R = X_{max} - X_{min}$$

Die Regelkarten beinhalten ein Koordinationssystem, in dem über die horizontale Zeitachse die Merkmalswerte der Stichprobe mit den Größen x und R aufgetragen sind. Wenn Verletzungen von Grenzwerten vorliegen, kann geprüft werden, ob in den Prozess eingegriffen wird.

Diese Regelkarten sind zur Dokumentation von Prozessen und Produkten/Dienstleistungen geeignet. Sie sollen regelmäßig erfasst und analysiert werden. Attributive Regelkarten, z.B. bei Zwischen- und Endprüfungen, sind ebenfalls regelmäßig zu erfassen, zu analysieren und bezüglich der Prozessstabilität zu prüfen.

8.4.7 Fehlerbaumanalyse (FBA)

Die Fehlerbaumanalyse (FBA) nach DIN 25424 wird zur systematischen Untersuchung von Produkten und Fertigungsverfahren eingesetzt, wobei ausgehend von einem Fehler die potenziellen Ausfallursachen ermittelt werden.

Ziele der FBA sind:

● Identifikation aller möglichen Ausfälle bzw. Ausfallkombinationen und ihrer Ursachen
● Übersichtliche Dokumentation und Darstellung von Ausfallmechanismen und ihrer funktionellen Zusammenhänge

- Berechnung von Zuverlässigkeitskenngrößen, z.B. Wahrscheinlichkeit eines Ereignisses oder Versagens, Verfügbarkeit eines Systems
- Identifikation und Darstellung der kritischen Ereigniskombinationen
- Gezielte Abstellmaßnahmen zur Vermeidung der wesentlichen Ausfallursachen
- Objektive Kriterien zum Vergleich und zur Beurteilung von Systemkonzepten

Der Ablauf der FBA geschieht in drei Schritten:

1. Erstellung der Systemanalyse
2. Aufstellen des Fehlerbaums
3. Auswertung des Fehlerbaums

Die Aufstellung des Fehlerbaums muss in einem Team von Kunden und Mitarbeitern aus Entwicklung, Fertigung und Service erfolgen, damit die Fehlerfolgen definiert werden, bis in allen Fehlerbaumzweigen nur noch Basisereignisse auftreten. Die Bewertung und Auswertung geschieht qualitativ und quantitativ. Das qualitative Element ist das allgemeine Verständnis für die Logik der Zusammenhänge. Die quantitativen Auswertungen können Handauswertungen bis zu Computersimulationsmodellen und -verfahren umfassen.

8.4.8 Statistische Prozessregelung (SPC)

Die statistische Prozessregelung (SPC, Statistical Process Control) hat die Aufgabe, systematische und spezielle Einflüsse auf einen Fertigungsprozess frühzeitig zu erkennen und möglichst schnell zu korrigieren. Aufgrund von Stichproben sind Aussagen über die Grundgesamtheit des Fertigungsprozesses und seine Ergebnisse zu machen, siehe Regelkarten in Kapitel 8.4.6. In der SPC wird von Normalverteilungen der Messgrößen ausgegangen, weil die Zufallseinflüsse der abhängigen Prozesse additiv wirken. Es wird eine Stichprobe aus dieser normalverteilten Grundgesamtheit entnommen, um das arithmetische Mittel x und die Standardabweichung s abzuschätzen.

Voraussetzung ist, dass der Fertigungsprozess eine Stabilität besitzt. Zur Eignung für die SPC wird eine Anzahl von Stichproben (ca. 20) untersucht, um Fertigungsprozessmittelwerte und die Eingriffsgrenzen zu berechnen. Die Eingriffsgrenzen bilden ein Intervall von ± 3s um den Mittelwert, so dass nach der Normalverteilung 99,73% aller Werte im Intervall liegen.

In regelmäßigen zeitlichen Stichproben werden die variablen und attributiven Merkmale ermittelt, in die Qualitätsregelkarten eingetragen und ausgewertet, um die Prozessfähigkeit zu ermitteln. Falls unzulässige Abweichungen auftreten, ist z. B. mit FMEA der Fertigungsprozess zu analysieren und eine Korrektur vorzunehmen. Es ist zu beachten, dass die Stichproben oder die Messtechnik keinen Einfluss auf die Veränderung von Merkmalen besitzen dürfen und die Qualitätsregelkarten für die SPC geeignet sind.

8.4.9 Prozessfähigkeit

Die Prozessfähigkeit beschreibt die Stabilität des Prozesses in der Produktion. Ist der Prozess robust und beherrscht, kann er mit vorgegebenen Grenzwerten und seinem Verhalten bei Mittelwerten und Streuung quantifiziert werden. Die Prozessfähigkeit wird durch die Fähigkeitindizes c_p und c_{pk} definiert, wobei c_p das Prozesspotenzial als Maß der Toleranzbreite im Verhältnis zur Breite der Prozessstreuung und für den praktischen Prozess c_{pk} die Lage der Verteilung berücksichtigt. In einer Stichprobe von $n = 50$ oder mehreren Stichproben werden c_p in der Toleranzbreite und c_{pk} bestimmt:

$$\text{Prozessleistung: } c_p = \frac{\text{Toleranz}}{\text{Prozessstreubreite}}$$

$$c_p = \frac{\text{OGW} - \text{UGW}}{2 \cdot (3s)}$$

$$\text{Prozessfähigkeit: } c_{pk} = \min\left[\frac{\text{OGW} - \bar{\bar{x}}}{3s}; \frac{\bar{\bar{x}} - \text{UGW}}{3s}\right]$$

Erklärung:
OGW: oberer Grenzwert
UGW: unterer Grenzwert
$\bar{\bar{x}}$: Mittelwert der Mittelwerte der Stichproben
s: mittlere Standardabweichung der Stichproben

$$s = \sqrt{\frac{\sum\limits_{i=1}^{n}(x_i - \bar{\bar{x}})^2}{n-1}}$$

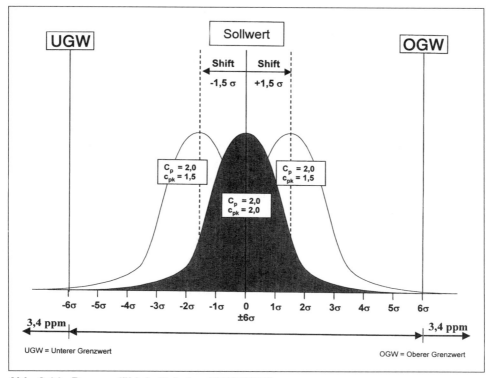

Im Bild: UGW | Sollwert | OGW

Shift -1,5 σ | Shift +1,5 σ

$C_p = 2,0$
$c_{pk} = 1,5$

$C_p = 2,0$
$c_{pk} = 1,5$

$C_p = 2,0$
$c_{pk} = 2,0$

-6σ -5σ -4σ -3σ -2σ -1σ 0 1σ 2σ 3σ 4σ 5σ 6σ
±6σ

3,4 ppm | 3,4 ppm

UGW = Unterer Grenzwert

OGW = Oberer Grenzwert

Abb. 8.14: Prozessfähigkeitsindex (QZ 5/1998)

In Abbildung 8.14 sind Normalverteilungen in ihrer Streuung und ihre Mittelwertlage zu den Grenzwerten dargestellt. In der Praxis wird von einer Schwankung des Mittelwerts von ± 1.5 mittlere Standardabweichung ausgegangen. Die in der Abbildung angegebenen Prozessfähigkeiten beziehen sich auf die Werte von „Six-Sigma"-Prozessen mit 3,4 fehlerhafter Teile in einer Million Teile (ppm = parts per million), siehe Kapitel 8.4.10. In den früheren Vorgehensweisen genügen Drei-Sigma-Prozesse mit c_p = 1,33 und c_{pk} ≥ 0,83 bei 6210 ppm. Unterschreitungen von c_{pk} führen zu unrobusten Prozessen und zur Notwendigkeit der Verbesserung.

Maschinenfähigkeit C_m und C_{mk} werden ebenso wie c_p und c_{pk} berechnet. Sie sind nur in Kurzzeitstudien zur Untersuchung von Einflusskomponenten der Maschine gültig, ansonsten wird von der Prozessfähigkeit ausgegangen. Ist die gültige Prozessfähigkeit erreicht, ist der Prozess mittels SPC laufend zu überwachen. Wenn es notwendig wird, ist er zu korrigieren.

8.4.10 Strategien und Prozesse zur Verbesserung der objektiven und subjektiven Kundenqualität

Die Werkzeuge und Methoden in den Kapiteln 8.4.1 bis 8.4.9 konzentrieren sich im Wesentlichen auf die Steigerung von objektiven Qualitätsmerkmalen an Produkten/Dienstleistungen. Die Steigerung der objektiven und subjektiven Qualität verfolgt Ziele wie „Der Zeitschnellste für den Kunden", „Der Preis-Leistungs-Fähigste für den Kunden", „Der Fehlerfreiste für den Kunden", „Das Kundenfreundliche Unternehmen" oder eine Kombination dieser Zielsetzungen.

Um die definierten Zielsetzungen zu erreichen, werden unternehmensweite Strategien und Prozesse benötigt. Folgende Beispiele werden dazu dargestellt:

- Benchmarking
- Simultaneous Engineering
- Target Costing
- Six-Sigma

Benchmarking ist die Suche nach den besten Prozessen (Best Processes) in der Praxis und ihre Umsetzung im eigenen Unternehmen. Simultaneous Engineering ist das Konzept paralleler Teamarbeit von Aufgaben, ursprünglich definiert für Entwicklung und Produktion. Beispiele offener Prozesse sind Target Costing nach Marktpreisorientierung und Six-Sigma nach Null-Fehler-Leistungen. Die Prozesse sind seit vielen Jahren bekannt. Der Einsatz in der Praxis erfolgt nur vereinzelt. Darüber hinaus existieren heute neue Prozesse, z.B. elektronische „Business to Business" (B2B) oder „Business to Consumer" (B2C).

Die Vorgehensweise beim Einsatz der genannten Prozesse verlangt von den Mitarbeitern das Vergessen, das Neu-Lernen, das Verstehen und das Arbeiten im Team. Für viele Mitarbeiter entsteht dabei ein Wandel in physischer, beruflicher, sozialer und geistiger Hinsicht, oft verbunden mit zunächst persönlichen Unannehmlichkeiten der anfangs „unerwünschten" Veränderungen.

Die objektiven und subjektiven Qualitätsverbesserungen bei Produkten/Dienstleistungen und vor allem im Unternehmen können nur mit der Führung des Unternehmens geschehen. Wandel, z.B. in der Kommunikation, in der Struktur, im Kontakt zu Kunden, zu Lieferanten und zu Partnern, bedeutet oft eine Änderung der Unternehmenskultur. Es ist empfehlenswert, Verbesserungsprojekte von der Unternehmensleitung fördern und „sponsern" zu lassen.

Benchmarking

Benchmarking umfasst den Vergleich der eigenen Leistung und Kennzahlen mit der entsprechenden Leistung von führenden (weltbesten) Unternehmen anhand von deren Kennzahlen (Benchmark). Benchmarking bedeutet, im führenden Unternehmen die besten Prozesse und Verfahren kennen zu lernen, um sie dann im eigenen Unternehmen anzupassen und umzusetzen.

Entscheidend sind die Unterstützung der Geschäftsführung und die Teamarbeit der eigenen Mitarbeiter, um gemeinsam die Aufgabe (das Benchmarking-Objekt) zu verstehen, daraus zu lernen und selbst umzusetzen. Die interne Analyse wird mit den besten Unternehmen im eigenen Konzern („intern"), in der Branche („extern") oder in anderen Industrien („funktional") verglichen. Stärken und Schwächen führen zur Neuformulierung der eigenen Ziele. Das „Wie", d. h., die neuen Verbesserungsprozesse, wird entdeckt, beschrieben und verstanden. Für logistische Prozesse in einem Industrieunternehmen wird Federal Express, für Kommunikationsprozesse Intel als eines der besten Unternehmen in der Welt untersucht. Es werden dabei Prozesse abstrakt betrachtet. Die Umsetzung dieser Prozesse beinhaltet immer einen Wandel, insbesondere der Mitarbeiter. Dieses Vorgehen wird bei zahlreichen Unternehmen zu einem Kontinuum.

Simultaneous Engineering (SE)

Simultaneous Engineering (SE) oder Concurrent Engineering ist der Oberbegriff von folgender Vorgehensweise:

- Parallele anstelle sequenzielle Zusammenarbeit
- Produktentwicklung und Produktion in paralleler Zusammenarbeit anstelle von funktionaler Trennung – auch mit Bereichen wie Marketing, Vertrieb, Service
- Integration mit hierarchiefreien und abteilungsübergreifenden Teams, oft auch mit Mitarbeitern von Lieferanten und mit Kunden

Design for Manufacturing, Design for Quality, Design for Service sind unterschiedliche Zielgrößen und Ergebnisse von SE. SE ist eine strategische Verhaltensweise der parallelen, simultanen Arbeit der Mitarbeiter. SE wird bei Produkten und Projekten eingesetzt; es ist gleichzeitig mit der Fertigstellung dieser Produkte und Projekte abgeschlossen. SE ist immer mit der Linienorganisation gekoppelt. Die Eignung der Mitarbeiter für die SE-Zusammenarbeit kann gesteigert werden, wenn sie vorher in den anderen Bereichen gearbeitet haben.

Target Costing
Der Kunde besitzt beim Produkterwerb die Entscheidung über den Marktpreis. Abzüglich des zu erwartenden Unternehmensgewinns ergeben sich so
die erlaubten Zielkosten des Produkts für das Unternehmen.

Marktpreis – Gewinn = Zielkosten

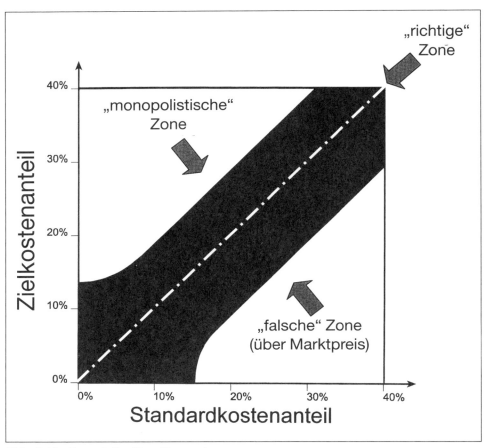

Abb. 8.15: **Target-Costing-Konzept**

Die Zielkosten werden auf die Komponenten bzw. Baugruppen von Pro-
dukten/Dienstleistungen aufgeteilt. Die folgenden zwei unterschiedlichen
Wege können bei der Aufteilung beschritten werden. Die Funktionskosten-
ermittlung verarbeitet die Informationen aus Marktstudien (Conjoint-Ana-
lyse), bei denen Kunden Wertschätzungen für bestimmte Produktfunktio-

nen abgeben. Diese funktionsorientierte Kostenspaltung harmoniert mit dem QFD. Der methodisch einfache Weg ist die Komponentenmethode. Dabei werden die Zielkosten aus der Fortschreibung der Produktstruktur abgeleitet. Die Lücke zwischen den fortgeschriebenen Kosten (drifting costs) und den erlaubten Kosten wird dann durch Beeinflussung der Produkt- und Prozessstruktur, z.B. durch Neuentwicklung, Funktionsänderung, Ideen von Lieferanten, geschlossen.

In vielen Industrien ist es gegenwärtig üblich, beim Vertragsabschluss Preisreduktionen für die kommenden Jahre unterschreiben zu lassen, ohne zu diesem Zeitpunkt den genauen Weg zur Preisreduktion zu kennen. In der Praxis werden die Zielgrößen Marktpreiserreichung und Kostenreduktion des Target Costing mit Prozessen verknüpft, die Zielgrößen wie Zeit, Produktgüte und Kundenzufriedenheit beinhalten und steigern.

Six-Sigma-Prozess
Null-Fehler-Produkte sind die eigentliche Zielgröße von Six-Sigma-Prozessen bei Produkten/Dienstleistungen. Der Six-Sigma-Prozess ist von dem Unternehmen Motorola Inc., USA, entwickelt worden, und Motorola erhielt 1988 die jährliche amerikanische Qualitätsauszeichnung, den Malcolm-Baldridge-Award. Seitdem haben zahlreiche Unternehmen Six-Sigma-Prozesse eingesetzt, um der Null-Fehler-Grenze nahe zu kommen, Kosten zu reduzieren, den Zeiteintritt am Markt (time-to-market) ihrer Produkte zu erhöhen und eine höhere Kundenzufriedenheit zu erreichen. Six Sigma ist für zahlreiche Unternehmen gegenwärtig eine Strategie, wie z.B. bei General Electric, Siemens, Bayer, Allied Signals.

Six Sigma ist ursprünglich die statistische Verteilung von $\pm\,6\sigma$ in einer Normalverteilung, die mit Zielerreichung und der Fehlerzahl von 3,4 ppm (parts per million) verknüpft ist. In Abbildung 8.16 sind das Sigma-Niveau von eins bis sechs, die Zielerreichung nach der Normalverteilung, die ppm-Zahl und als Beispiel die „Ausfallzeit pro Jahr", z.B. eines Computers oder eines Zugs, angegeben.

Im Six-Sigma-Prozess werden die Komplexität des Ablaufs und die Prozessfähigkeit (s. Kap. 8.4.9) gegenübergestellt. Die Komplexität des Ablaufs d.h., die Möglichkeit von Defekten (OFD = opportunity for defects), wird näherungsweise berechnet:

$$OFD = 3N + P + C + T + 2$$

Zielerreichung			
Sigma Level	Sigma Niveau %	PPM	Ausfallzeit pro Jahr
1 σ	30,2	697 700	255 Tage
2 σ	69,12	308 800	112 Tage
3 σ	93,32	66 810	24 Tage
4 σ	93,379	6210	54 Stunden
5 σ	99,9767	233	121 Minuten
6 σ	99,99666	3,4	107 Sekunden

Abb. 8.16: Six-Sigma-Niveaus und Leistungen

Erklärung:

	Produkt	Dienstleistung (IT)
N	Zahl der Prozessschritte	Zahl der Prozessschritte
P	Zahl der Teile	Zahl der Masken/Seiten
C	Zahl der Verbindungen	Zahl der Zeiten/des Eintritts
T	Zahl der Transfers	Zahl der Transfers/Duplikation
2	Input/Output	Input/Output

Hierbei erfolgt die Berechnung der PPM-Rate und des σ-Niveaus anhand der folgenden Formel

$$\text{ppm} = \frac{\dfrac{\text{Defekte}}{\text{Einheiten}} \cdot 10^6}{\text{OFD}}$$

Beispiel:
Ein Prozess besitzt 80 OFDs. Nach der Produktion von 2 500 Produkten sind total 45 Fehler ermittelt:

$$\text{ppm} = \frac{\dfrac{45}{2500} \cdot 10^6}{80} = 225$$

$$\sigma \approx 5.0$$

Sechs Regeln definieren den Six-Sigma-Prozess:

1. Identifiziere die Qualitätsmerkmale des Kunden.
2. Bestimme die kritischen Merkmale von Produkt/Dienstleistung.

640

3. Bestimme für jedes Merkmal, ob es vom Material oder vom Prozess oder von beiden beeinflusst werden kann.
4. Bestimme die Toleranzgrenzen für jedes Merkmal.
5. Bestimme die Prozessfähigkeit für jedes Merkmal.
6. Ist $\sigma < 6\sigma$, dann überarbeite Material, Produkt und Prozess.

In der praktischen Einführung werden „Wasserfallprozesse" (top-down Prozesse, d. h. das Wissen von der Führung kommend) eingesetzt, d. h., die Unternehmensleitung übernimmt die Einführung an ihre direkten Mitarbeiter. Die schulen dann ihre Mitarbeiter weiter, bis alle Mitarbeiter auch auf dem unteren Organisationsniveau vorgebildet sind. Die intensive Schulung der Mitarbeiter ist in Abbildung 8.17 dargestellt.

Produkte/Dienstleistungen, bei denen Six-Sigma-Prozesse eingesetzt werden, erreichen eine geringe Zahl von Fehlern, niedrige Kosten (insbesondere Qualitätskosten) und eine hohe Kundenzufriedenheit.

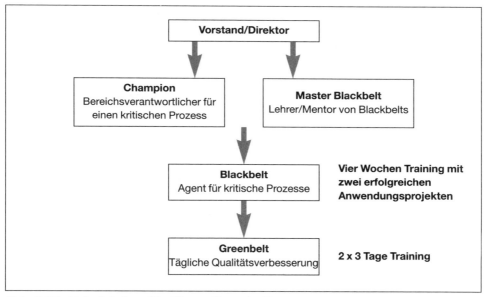

Abb. 8.17: Beispiel einer Six-Sigma-Organisation

8.4.11 Kreative Lösungsansätze

Bereits bei den sieben Werkzeugen (Kap. 8.4.1) wird die Ideenfindung angesprochen. Sie beinhaltet Innovation und Realisierung evolutionärer und revolutionärer Art. Die Methoden für die Lösung von evolutionären Innovationen sind bereits in diesem Kapitel dargestellt worden. Die revolutionären Innovationen sind oft schlecht planbar, erfordern Risikobereitschaft, Intuition und Durchhaltevermögen von der Idee bis zur konkreten Umsetzung. Welche Werkzeuge gibt es auf diesem Gebiet? Dazu zählen u. a.:

● Brainstorming
● Synektik
● TRIZ (russisch: Theorie des erfinderischen Problemlösens)

Brainstorming ist ein Denkprozess in Gruppen, in denen nicht verneint und verurteilt wird, sondern in denen Ideenfindungen veranlasst und dokumentiert werden. Die im Unterbewusstsein lauernden Ideen gilt es hierbei „aufzugreifen". Die Synektik ist ein Netzwerk von Brainstorming, kritischem Denken und analogem Denken. In diesem Netzwerk werden die mentalen Prozesse verknüpft, Synergie wird entwickelt und kreative Lösungswege werden sichtbar.

TRIZ ist von Altschuller vor über 50 Jahren entwickelt worden (vgl. Herb, Herb, Kohnhauser 2000). Die Vorgehensweise beinhaltet:

● Systematische und gesamthafte Analyse des Problems
● Nutzung von Fachwissen aus möglichst vielen Gebieten
● Einsatz von analogen Problemlösungen aus anderen Fachgebieten
● Berücksichtigung der Gesetze der technischen Weiterentwicklung

Zu TRIZ liegt zur weiteren Vertiefung ein Praxisbeispiel vor.

8.5 Qualitätscontrolling

Das Qualitätscontrolling unterstützt in den Planungs-, Steuerungs-, Kontroll- und Verbesserungsaufgaben das Qualitätsmanagement und die verantwortlichen Mitarbeiter. Qualitätscontrolling ist ein Teilsystem des Unternehmenscontrolling. In Kapitel 8.1.2 ist bereits die „Zehnerregel" von Qualitätskosten zur Beseitigung von Fehlern in den Phasen Produktplanung, Produktion bis zur Produktnutzung dargestellt.

8.5.1 Definition qualitätsbezogener Kosten und Leistungen

Qualitätskosten sind in Abbildung 8.18 zusammengefasst und können in zwei Arten aufgeteilt werden:

- Kosten, die in der Produktion zur Sicherstellung der produktbezogenen Qualität erforderlich sind, d. h. Übereinstimmungskosten, Konformitätskosten; Beispiel: Schulung, Prüfgeräte
- Kosten, die durch Tätigkeiten verursacht werden, die zur Beseitigung und/oder Kompensation von produktbezogenen Qualitätsmängeln auch bei der Kundennutzung erforderlich sind, d. h. Abweichungskosten, Nichtkonformitätskosten; Beispiel: Ausschuss, Nacharbeit, Ersatzlieferung, Preisnachlass, Garantieleistung, Rückrufaktion, Kulanz

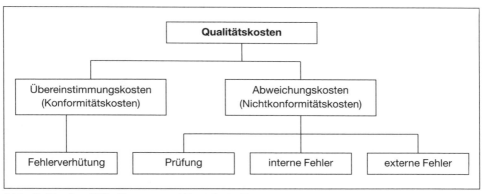

Abb. 8.18: Qualitätskosten und ihre Aufteilung

8.5.2 Qualitätscontrolling-Bericht

Das Qualitätscontrolling erstellt monatlich einen Bericht. Aktuelle Ist- und Planzahlen, ihre Abweichung, die Ist-Zahlen des Vorjahres und die Kennzahl im Verhältnis zum aktuellen Ist-Umsatz werden für die vier Qualitätskostengruppen erfasst. Auch aktuelle externe Informationen über die führenden Konkurrenten werden hinzugezogen. Ganzheitliche Leistungskennzahlen wie Rate fehlerhafter Teile, Nacharbeitsstunden, Anzahl fehlerhafter Produkte und Anzahl von Reklamationen werden ermittelt und verglichen. Diese Kennzahlen stammen aus der Betriebsdatenerfassung (BDE) oder dem Produktplanungssystem (PPS). Diese Unterlagen können unternehmensspezifisch erweitert werden.

Im Qualitätsmanagement haben die Verantwortlichen mit ihren Teams negative Abweichungen, besonders im Bereich der Kundenzufriedenheit (Reklamationen!) sofort zu besprechen und zu lösen. Sie müssen die Kostenverursacher finden und das Produkt/die Dienstleistung sofort verbessern. Das Prozesscontrolling beschäftigt sich mit Informationen wie Fehlleistung (Ausschuss), Blindleistung, Materialliegezeiten und Kapazitätsunterbelastung und dient der Verbesserung der Produktionsleistungsfähigkeit.

Bereich: Kostenstelle: Verantwortlicher: Datum:	Unternehmenskosten					Zielkosten				Kennzahlen				
	Ist aktuelle Periode	Plan aktuelle Periode	Plan-/Ist-Abweichung	Ist Vorjahr	In % vom Umsatz	Konkurrent A	In % vom Umsatz	Konkurrent B	In % vom Umsatz	Ist aktuelle Periode	Ist Vorjahr	Konkurrent A Vorjahr	Konkurrent B Vorjahr	
Fehlerverhütungskosten Qualitätssicherung Systementwicklung ...														Rate fehlerhafter Teile
Prüfkosten Materialprüfung Laborprüfung ...														Nacharbeitsstunden
Interne Fehlerkosten Ausschusskosten Nacharbeitskosten ...														Anzahl fehlerhafter Produkte
Externe Fehlerkosten Transportschäden Gewährleistungen ...														Anzahl Reklamationen
Summe Kosten														
Strategische Folgekosten	(Controlling)					(Marktforschung)								Maßnahmenpakete siehe Berichte…

Abb. 8.19: Regelmäßiger Qualitätscontrollingbericht

644

8.5.3 Ausbau des Qualitätscontrolling-Systems

Horváth (1996) hat sechs aufeinander aufbauende Stufen im Qualitätscontrolling entwickelt, wie in nachfolgender Abbildung 8.20 aufgezeigt.

Baustein	1	2	3	4	5	6
Bezeichnung	Qualitätskosten-rechnung	Qualitäts-berichtswesen	Qualitätsorien-tiertes Prozess-controlling	Qualitätscon-trolling bei Pro-dukt- und Pro-zessplanung	Planung und Steuerung von Qualitätsverbes-serungsprojek-ten	Integration in die strategische Unternehmens-planung
Inhalt und Methode	Fehler-, Prüf- und Fehlerver-hütungskosten	Produktions-nahe Kennzah-len	Kosten Qualität Zeit	QFD Target Costing Benchmarking	Projektselektion Projektcontrol-ling als Unter-stützung	TQM

(Horváth S. 64, in: Eversheim/Schuh 1996)

Abb. 8.20: Sechs Bausteine des Qualitätscontrolling

Baustein 1 mit Erfassung der Qualitätskosten und Baustein 2 mit fertigungsnahen Kennzahlen, Konkurrenzvergleich und Angaben über den Produktlebenszyklus sind bereits in Kapitel 8.5.2 dargestellt.

Baustein 3 ist prozessorientiert mit den Kennzahlbereichen Kosten, Zeit und Qualität und berücksichtigt subjektive, kundenorientierte Qualitätskennzahlen. Baustein 4 beinhaltet Produkt- und Prozessplanung der Unternehmensführung mit Methoden und Prozessen wie QFD, Target Costing, Benchmarking und der laufenden Verbesserung. Den Wandel in Baustein 4 erleben zahlreiche Unternehmen, die gegenwärtig Verträge über ihre Zulieferteile mit festen Kostenreduktionen für die kommenden Jahre abschließen. In Baustein 5 sind Projektmanagement und Projektcontrolling gefordert, d.h., dass Hersteller und Lieferanten gemeinsam die neuen Projekte erarbeiten – definiert nach Projektziel, Zeit und Kosten. Baustein 6 macht Qualitätscontrolling und TQM-Konzept zur strategischen Unternehmensführungsaufgabe.

Im Kapitel 6 „Kosten, Investitionen und Controlling" sind weitere Überlegungen über Prozesskosten und Controlling festgehalten.

8.6   Computer Aided Quality Assurance (CAQ)

CAQ (Computer Aided Quality Assurance) bedeutet IT-gestützte Planung und Durchführung von Qualitätsmaßnahmen im Unternehmen. CAQ ist in der Industrie in den letzten Jahrzehnten unterschiedlich gehandelt worden und ist gegenwärtig nicht eindeutig definiert.

Vor 1990 wurde CAQ u.a. im Wareneingang zur Prüfauswertung von Komponenten sowie in Insellösungen des SPC eingesetzt. Durch Client-Server-Computermodelle stieg der Einsatz mit eigener Software weiter an. In einzelnen funktionalen Bereichen (darum isoliert) wird CAQ heute z.B. in Systemdokumentation, Fehlerbearbeitung, Prozessfähigkeit und Prüfplanung eingesetzt.

Aufgrund der Verbreitung von Internet und zunehmender Standardsoftware ist es empfehlenswert, IT-gestützte Qualitätsmanagement-Lösungen im CAQ zu integrieren. Dabei gilt es, die aufgeführten Bereiche (Abb. 8.21) zu bearbeiten und miteinander in einem Netzwerk zu verknüpfen, z.B.:

● QFD
● FMEA
● Zwischenprüfung
● Kundenbestellung
● SPC-Warenausgang

646

- Chargen- und Einzelteilverfolgung
- Prüfdatenauswertung
- Qualitätsberichterstellung
- Reklamationsbearbeitung
- Prüfmittelüberwachung
- Produktlebenslauf
- Qualitätsmanagement-System, Dokumentation, Audit und Verbesserung

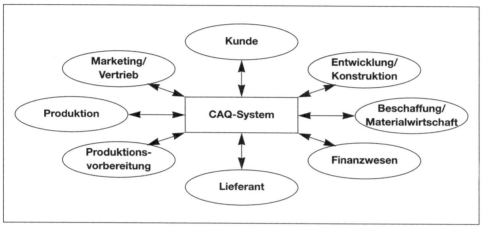

Abb. 8.21: Computer Aided Quality Assurance (CAQ)-System in der Integration mit Unternehmensbereichen

Vorteile sind die Aktualität, die Schnelligkeit und die Transparenz der Daten für die verantwortlichen Mitarbeiter. Bei Abweichungen werden nicht irgendwelche Gründe von „Experten" vermutet, sondern es werden sofort Informationen und Tatsachen aus der Wertschöpfungskette geliefert. Die neue „CAQ-Potenz" ermöglicht es, CAQ mit den CAX-Systemen der Entwicklung, der Produktion und der Betriebswirtschaft im Unternehmen zu verbinden. So können Simulationen, virtuelle Produkte wie Digital Mock-Up-Einheiten, Entwicklungsdokumentationen, Einsatz kundenspezifischer CAD-Systeme bzw. die Abdeckung von Schnittstellen zu den Kundensystemen vernetzt werden. Weiterhin können Risikoanalysemethoden, Problembearbeitungssysteme und Änderungen für Entwicklung und Fertigung mit entsprechenden Datenbanken als „Wissensspeicher", Logistiksysteme in Kundenrichtung, bearbeitet werden.

Die Zusammenarbeit von Lieferanten mit ihren internationalen Kunden, z.B. in der Automobilhersteller-Industrie, steht vor komplexen Aufgaben. Lieferanten arbeiten meist für mehrere Hersteller und werden nicht nur mit mehreren verschiedenen Qualitätsmanagement-Systemforderungen, sondern auch mit der Anwendung mehrerer CAQ- und CAX-Systeme konfrontiert. Aus diesem Grund sind einheitliche Ansätze für Industrien von sehr großer Bedeutung.

CAQ befindet sich in einem starken Wachstum, sowohl in der Integration im Unternehmen, mit Partnern außerhalb des Unternehmens als auch bei den Software-Werkzeugen.

8.7 Produkthaftung

Das Kundenversprechen eines Unternehmens in Bezug auf Produkte/ Dienstleistungen besitzt juristische Inhalte und Verpflichtungen. Bei einer Nichterfüllung können in Abhängigkeit von der Art des Schadens und seiner Ursachen vom Kunden Schadensersatzansprüche geltend gemacht werden. Außerdem können unabhängig von den juristischen Ansprüchen Imageschäden für das Unternehmen mit langfristigen wirtschaftlichen Verlusten entstehen.

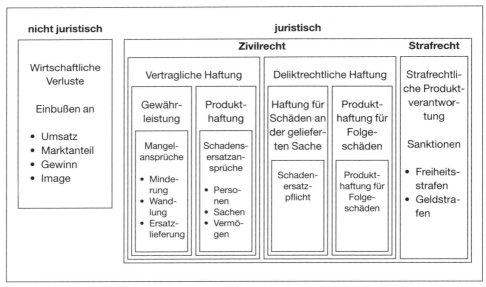

Abb. 8.22: Rechtliche Grundlagen der Verantwortung für fehlerhafte Produkte

In Abbildung 8.22 sind die nichtjuristischen und juristischen Konsequenzen der vertraglichen Verantwortung von Produkt- und Gewährleistungsschäden aufgeführt. Deliktrechtliche Haftung nach §§ 823 ff. BGB ist eine Verschuldenshaftung, die auch auf andere Unternehmen übertragen werden kann, z.B. Haftungsrisiken beim Zulieferer. Die Gefährdungshaftung wird vom § 3 Produkthaftungsgesetz (ProdHaftG) abgesichert. Hierbei ist der zentrale Begriff der „Produktfehler".

Ein Produktfehler im Sinne des § 3 ProdHaftG liegt vor, wenn das Produkt nicht die Sicherheit besitzt, die unter Berücksichtigung aller Umstände berechtigterweise erwartet werden kann, insbesondere:

- Seiner Darbietung
- Des Gebrauchs, mit dem billigerweise gerechnet werden kann
- Des Zeitpunkts, in dem es in den Verkehr gebracht wurde

Arbeitsteilung im Herstellungsprozess zwischen Hersteller und Lieferant heißt, dass Hersteller und Lieferanten in ihren Werkverträgen die Produkthaftung klar zu regeln haben. Aus den rechtlichen Anforderungen ergeben sich die folgenden betrieblichen Sorgfaltspflichten:

- Organisation (Aufbau- und Ablauforganisation, Zuständigkeiten, Qualifizierung)
- Konstruktion (Stand der Technik und Wissenschaft, Risikoanalysen)
- Produktionsverantwortung (Auswahl der Produktionsverfahren, Maschinenfähigkeit)
- Instruktion (Warnung vor Gefahren, Betriebs- und Gebrauchsanweisungen)
- Produktbeobachtung (Informationsauswertung über das Verhalten der Produkte im Einsatz)

Die Möglichkeiten des Qualitätsmanagements, die oben genannten Pflichten zu erfüllen und das Risiko der Produkthaftung zu mindern, sind insbesondere in den Kapiteln 8.3, 8.4, 8.5 und 8.6 vertieft.

Die Haftung der Produktion, ihrer Lieferanten und ihrer Mitarbeiter verlangt ein effektives Qualitätsmanagement im eigenen Haus und umfassende Qualitätssicherungsvereinbarungen mit den Lieferanten, u.a. in Bezug auf Auswahl, Auswertung, Wareneingangskontrollen, Dokumentation und Kontroll-/Auditpflichten.

Die Konformitätserklärung des Herstellers und die ggf. erforderliche Konformitätsbescheinigung einer Zertifizierungsstelle wird am entsprechenden Produkt durch das CE-Zeichen zum Ausdruck gebracht. Das CE-

Zeichen dient den jeweiligen Marktaufsichtsbehörden als sichtbares Zeichen, dass das Erzeugnis mit dem Europäischen Recht übereinstimmt. Das Anbringen des CE-Kennzeichens erfolgt gut sichtbar, leserlich und dauerhaft auf dem Produkt selbst, auf der Verpackung oder in den Begleitunterlagen.

8.8 Verbände und Institutionen

Beratung und Weiterbildung

DAR (Deutscher Akkreditierungsrat)
c/o Bundesanstalt für Materialforschung und -prüfung (BAM)
Unter den Eichen 87, 12205 Berlin
Tel. 030/8104-1942, Fax 8104-1947
http://www.dar.bam.de
E-Mail: dar@bam.de

Deutsche Gesellschaft für Qualität e.V. (DGQ)
August-Schanz-Straße 21 A, 60433
Frankfurt am Main
Tel. 069/95424-0, Fax 95424-133
http://www.dgq.de

Haus der Technik e.V.
Hollestraße 1, 45127 Essen
Tel. 0201/1803-1, Fax 1803-269
http://www.hdt-essen.de
E-Mail: info@hdt-essen.de

REFA-Verband für Arbeitsgestaltung, Betriebsorganisation und Unternehmensentwicklung e.V.
Wittichstraße 2, 64295 Darmstadt
Tel. 06151/8801-0, Fax 8801-27
http://www.refa.de
E-Mail: refa@refa.de

REFA-Informatik-Center
Emil-Figge-Straße 43, 44227 Dortmund
Tel. 0231/9796-133, Fax 9796-197

REFA-Akademie für Betriebswirtschaft

Tullastraße 14, 68161 Mannheim
Tel. 0621/411064, Fax 4185075
E-Mail: REFA.MA@t-online.de

Technische Akademie Esslingen
Weiterbildungszentrum
Postfach 1265, 73748 Ostfildern
In den Anlagen 5, 73760 Ostfildern
Tel. 0711/34008-0, Fax 34008-27 und -43
http://www.tae.de
E-Mail: tae@rz.fht-esslingen.de

Steinbeis-Transferzentrum
Qualität und Umwelt
Riedwiesenweg 6, 89081 Ulm
Tel. 0731/93762-0, Fax 93762-62
http://www.tqu.de
E-Mail: akademie@tqu.de

Verein Deutscher Ingenieure
Postfach 101139, 40002 Düsseldorf
Tel. 0211/6214-0, Fax 6214-575
http://www.vdi.de
E-Mail: vdi@vdi.de

TÜV
mit Niederlassungen in München, Hannover, Hamburg, Kaiserslautern, Essen, Köln, Sulzbach, Erfurt, Darmstadt, (http://www.tuevs.de)

Verband der Technischen Überwachungs-Vereine e.V. (VdTÜV)
Kurfürstenstraße 56, 45138 Essen
Tel. 0201/8987-0, Fax 8987-120
http://www.vdtuev.de
E-Mail: vdtuev.essen@t-online.de

Akkreditierte QM-Zertifizierer

Trägergemeinschaft für Akkreditierung GmbH
Gartenstraße 6, 60594 Frankfurt am Main
Tel. 069/610943-11, Fax 610943-44
http://www.tga-gmbh.de
E-Mail: info@tga-gmbh.de

Qualitätspreise

The European Quality Award
European Foundation for Quality Management
Brussels Representative Office
Avenue des Pléiades 15, B-1200 Brussels
Tel. 0032/2775-3511, Fax 2775-3535
http://www.efqm.org
E-Mail: info@efqm.org

Ludwig-Erhard-Preis
DGQ-Geschäftsstelle
August-Schanz-Straße 21 A, 60433 Frankfurt am Main
Tel. 069/95424-0, Fax 95424-133
VDI-Gesellschaft Systementwicklung

und Projektgestaltung (VDI-GSP)
Postfach 101139, 40002 Düsseldorf
Tel. 0211/6214-426, Fax 6214-171

Bayerischer Qualitätspreis
Bayerisches Staatsministerium für Wirtschaft, Verkehr und Technologie
Ltd. Ministerialrat Karlheinz Fromm, Referat VIII/3
Prinzregentenstraße 28, 80538 München
Tel. 089/2162-2245, Fax 2162-2665

Qualitätspreis Nordrhein-Westfalen
Ministerium für Wirtschaft und Mittelstand, Technologie und Verkehr
Herr Dr.-Ing. Joppa, Referat 313
Haroldstraße 4, 40190 Düsseldorf
Tel. 0211/837-2744, Fax 837-3103
http://www.mwmtv.nrw.de

Staatspreis für Qualität
Sächsisches Staatsministerium für Wirtschaft und Arbeit
Postfach 100309, 01073 Dresden
Wilhelm-Buck-Straße 2, 01097 Dresden
Tel. 0351/564-0, Fax 564-8189

Literaturhinweise

Akao, Y. (Ed., 1990): Quality Function Deployment. Integration Customer Requirements into Product Design, Cambridge, MA 1990

Carsel, M. (2000): Qualitätsmanagement nach ISO 9000:2000, München 2000

DGQ-11-20 (1998): Geiger, W.: Qualitätslehre – Einführung, Systematik, Terminologie, Frankfurt 1998

DGQ-SAQ-ÖVP16-26 (1990): Methoden zur Bestimmung von geeigneten AQL-Werten, Frankfurt 1990

Ebel, B./Esch, T. (2000): Von funktional zu prozessorientiert, Qualität und Zuverlässigkeit, München 2000

Eversheim, W./Schuh, G. (Hrsg.) (1996): Produktion und Management: Betriebshütte, Teil 1, Heidelberg 1996

Hansen, W./Kamiske, G.F. (Hrsg.) (1995): Qualitätsmanagement im Unternehmen, lfd. Handbuch, Heidelberg 1995

Herb, R./Herb, T./Kohnhauser, V. (2000): TRIZ – Der systematische Weg zur Innovation. Werkzeuge, Praxisbeispiele, Schritt-für-Schritt-Anleitungen, Landsberg 2000

Horváth, P. (1996): Controlling, München 1996

International Organization for Standardization (1994), Berlin 1994

Kern, W./Schröder H.-H./Weber, J. (1996): Handwörterbuch der Produktionswirtschaft, Stuttgart 1996

Masing, W. (1999): Handbuch Qualitätsmanagement, München 1999

Meffert, H. (1998): Marketing: Grundlagen marktorientierter Unternehmensführung: Konzepte – Instrumente – Praxisbeispiele, Wiesbaden 1998

Mizuno, S. (1988): Management for Quality Improvement. The Seven New QC Tools, Cambridge, MA 1988

Ozeki, K./Asaka, T. (1990): Handbook of Quality Tools. The Japanese Approach, Cambridge, MA 1990

Pfeifer, T. (1996): Qualitätsmanagement: Strategien, Methoden, Techniken, München 1996

Reinhart, G./Lindemann, U./Heinzl, J. (1996): Qualitätsmanagement, Berlin 1996

Schreiber, K. (1999): ISO 9000. Die große Revision. DQS, Frankfurt a.M. 1999

Seghezzi, H.D. (1996): Integriertes Qualitätsmanagement, München 1996

Taguchi, G. (1989): Einführung in Quality Engineering, München 1989

Theden, P./Colsmann, H. (1997): Qualitätstechniken, München 1997

Westkämpfer, E./Mai, C. (1998): Q-Jahrbuch, 98/99, München 1998

Praxisbeispiel:
BMW Group, Plant 10 Spartanburg:
„Prozesse kontinuierlich verbessern"

Karl Klein, Angelika Müller

Das Unternehmen

Das Werk Spartanburg im US-Bundesstaat South Carolina, BMW-intern „Plant 10" genannt, ist das erste Werk der BMW AG in den USA. Die gesamte Z3-Linie wird dort produziert, das M Coupé und der M Roadster, sowie seit Herbst 1999 das neue „Sports Actvity Vehicle" X5.

Im Juni 1992 entschied sich BMW, in Spartanburg County ein neues Werk zu eröffnen. Im April 1993 wurde mit den Bauarbeiten begonnen; im September 1994 lief dort der erste in Amerika gebaute BMW, ein 318i Sedan, vom Band. Das Werk Spartanburg gilt seitdem als das Werk, das am schnellsten in der Automobilgeschichte vom ersten Spatenstich zur Serienproduktion gelangte.

Von der Eröffnung des Werks 1994 bis heute wurde die Fertigungsfläche nahezu verdoppelt. Für die größte Erweiterung im Jahr 1998 investierte BMW rund 600 Millionen Dollar. Das Werk Spartanburg exportiert in über 100 Länder weltweit.

1. Aufgabenstellung

Ein schlankes Business Management System, genannt „High Performance Business Model" (kurz HPBM) hat der Unternehmensberater Karl Klein im Oktober 1999 im Senior Management Plant 10 vorgestellt und in zwei Schritten implementiert:

● Pilot von Dezember 1999 bis Januar 2000
● Nach sehr positivem Feedback der Pilotumsetzung erfolgte der Startschuss für die Implementierung im gesamten Werk Spartanburg (3.300 Mitarbeiter).

Dr. Norbert Reithofer (heute Produktionsvorstand bei BMW) und sein Senior Management Team beauftragten Günter Klamer (Vice President Logistik, IT and Qualitymanagement) als Sponsor, Angelika Müller (Project Manager) und Karl Klein (Coach) mit der Umsetzung binnen 8 Monaten (!).

Dieses Modell macht via Intranet alle Prozesse für die Angehörigen des Unternehmens transparent – als Kommunikationsbasis für Management, Mitarbeiter und Zulieferer. Dabei bilden ein Prozess-Plan als Überblick und Procedures (in Form von Checklisten) als Beschreibung der Abläufe das Herzstück des Modells.

Mit HPBM konnten alle Prozesse mit Messgrößen schlank dargestellt, die „alten" Verfahrensanweisungen von ehemals über 200 auf die Hälfte verringert werden und die Anzahl der Seiten QM-Dokumentation um 75% reduziert werden. Erreicht wird mit HPBM eine erhebliche Verbesserung der Prozess-Transparenz, gefolgt von deutlich weniger Ausbildungs- und Einarbeitungsaufwand bei den Mitarbeitern.

Auch die Kosten für die Zertifizierung (ein jährliches 3,5 Tage-Audit für ISO 9002 und ISO 14.000 mit bisherigem Aufwand für die Audit-Vorbereitung) sanken entsprechend um 50%. HPBM initiiert zudem einen jährlichen Verbesserungszyklus, der aus den Schritten Verbesserungspotenzial identifizieren, planen, implementieren und reviewen/zertifizieren besteht.

2. Ausgangssituation

„Die meisten Qualitätsmanagementsysteme sind zu groß", weiß Karl Klein, Berater bei der Schweizer Darev Engineering AG: „Sie haben zig Verfahrensanweisungen mittels tausender Seiten Dokumentation, die keiner wirklich nutzt" und nichts mit den Business Prozessen zu tun hat. Niemand habe einen echten Überblick, und Aufwand sowie Kosten für Überwachung und anfallende Änderungen seien extrem hoch: „In Wirklichkeit arbeiten die meisten Unternehmen mit ganz anderen Hilfsmitteln. Zu den Normen wird einfach was dazu gedichtet – kurz gesagt eine reine *QM-Schattendokumentation*", so Klein.

Weitere Schwachpunkte vieler QM-Systeme: Sie sind nicht prozessorientiert, und unterstützen nicht wirkliche Verbesserungen des Business. „Alles nur für die ISO, nicht fürs Geschäft", so Klein: „Qualitätsmanagement darf nicht aus dem Elfenbeinturm stattfinden. Schließlich muss es der Mitarbeiter vor Ort umsetzen und nutzen können."

3. Problemstellung

Im BMW-Werk Spartanburg hat das QM-System Mitte 1999 so ausgesehen: „220 Verfahrensanweisungen mit über tausendseitiger Dokumentation; bis zu 15 Seiten langen Verfahrensanweisungen, hoher Aufwand für interne Audits und Zertifizierungen – das Wort ‚Qualität' hat bei manchen Mitarbeitern schon Aggressionen ausgelöst." Also begann Angelika Müller mit Karl Klein, die QM-Dokumentation auf die tatsächlichen Abläufe (Prozesse) im Unternehmen auszurichten und in Übereinkunft mit dem TÜV wurde das alte QM-System nicht mehr aktualisiert: „Es ist gewissermaßen eingefroren". Die bis dahin üblichen Zertifizierungspraktiken wurden auf *Effizienz* überprüft: „Schließlich soll die Zertifizierung auch in der Praxis helfen. Es kann nicht sein, dass nur Elemente abgehakt werden", so Angelika Müller. Wichtig dabei: „Das heutige IST wird dargestellt und transparent aufgezeigt, denn daraus ergeben sich fast schon evolutionär die notwendigen *Verbesserungen*", so Klein.

Und das *Audit* erhält „added value": „Im nächsten Verbesserungszyklus 2001 wird es ausschließlich auf unserem Verbesserungsplan basieren", so Project Managerin und Coach.

4. Assessments

Der erste Schritt im jährlichen HPBM-Verbesserungszyklus ist ein *„Top Down Assessment"* bezüglich Business Excellence zum Erkennen der Stärken und Schwächen (nach dem Modell von Malcolm Baldridge) mit dem Senior Management und allen Managern der Plant. So wurden für alle Prozesse Verbesserungspotenziale ermittelt, priorisiert und in einer Zielvereinbarung verankert.

Zur Ermittlung der Effektivität und Effizienz der Prozesse werden sogenannte *„Bottom Up Process Assessments"* durchgeführt. Das *„Bottom Up Process Assessment"* wird von den Assessoren mit dem Prozess-Owner und den – Ausführenden in getrennten Interviews – anhand von 32 Fragen – ermittelt. Das Assessment ist aufgeteilt in Effizienz (bezogen auf den Prozess) und Effektivität (bezogen auf das Ergebnis) sowie Stärken und Schwächen mit Verbesserungsvorschlägen. Die *Ergebnisse* des Assessments werden dem Prozessverantwortlichen vorgestellt und von ihm in eine Rangfolge gestellt, die dann in den Verbesserungsplan integriert werden. Und da die Prozessverantwortlichen selbst diese Verbesserungsvorschläge machen, seien Frustration und Widerstände bei der Umsetzung minimal gewesen. „Es dürfen eben keine Vorschriften von oben kommen – die Beteiligten müssen selbst auf die Lösungen kommen", meint Coach Klein.

Dazu werden Interne so genannte Assessoren (Neuausrichtung der heutigen internen Auditoren) eingesetzt: ausgewiesene Prozess-Fachleute sind notwendig, die mit den Abläufen in Spartanburg bereits gut vertraut sind. Pro Assessment gibt es zwei Assessoren. „So waren die Widerstände bereits in der Anfangsphase sehr gering", erinnern sich Angelika Müller und Karl Klein.

5. Umsetzung

Beide Assessments werden seitdem im kontinuierlichen Verbesserungszyklus durchgeführt. Auf der Basis dieser Vorschläge wird dann der *Verbesserungsplan* erstellt und aktualisiert – nach dem Motto „plan, do, study, act" (planen, umsetzen, beurteilen, handeln und last but not least „nachhalten"). Bei größeren Änderungen ist das Management zu involvieren und Auswirkungen auf die Ziele müssen überprüft und genehmigt werden.

Wichtigste Eckpfeiler des High Performance Business Models sind

- der übergreifende Prozessplan
- die Procedures (in Form von Checklisten)
- sowie Workinstructions, Templates für das konkrete Tun

Der *Prozessplan* zeigt auf dem „Blatt" (ca. 8 Main-Prozesse auf jeweils einem DIN A3 Blatt) einen kompakten Überblick über das gesamte Unternehmen: Prozesse, Schnittstellen und Verantwortlichkeiten werden transparent. „Er dient als Kommunikationsinstrument gegenüber Kunden und Mitarbeitern und motiviert zu ständigen Verbesserungen", sagt Sponsor Klamer: „Und der Prozessplan ist mit wenig Aufwand stets auf dem neuesten Stand". Grund: alle Informationen sind auf einer relationalen Datenbank hinterlegt und müssen physisch nur einer Position durchgeführt werden, um dann sofort im ganzen Modell aktualisiert zu sein.

Der Prozessplan zeigt die Hauptverantwortlichen sowie die wichtigsten Prozesse. Alle Prozesse werden mit In- und Output dargestellt. Bereits auf dem Prozessplan sind – durch die Nutzung von Farben – kundenrelevante (grün) und eher administrative Prozesse (rot) sofort erkennbar. Weiter werden alle *Verantwortlichkeiten* auf einer hohen Ebene aufgeführt und geben Auskunft über:

- Entscheidung
- Führung
- Umsetzung
- Support/Unterstützung
- Information

Die Procedures werden künftig von den jeweiligen Prozess Ownern (in der Regel Manager) eigenverantwortlich weiterentwickelt. Sie geben eine auf maximal zwei Seiten komprimierte Prozessbeschreibung für die tägliche Arbeit, mit größtmöglicher Relevanz und seinen Messgrößen, auch Key Performance Indikatoren genannt: „Relevant war dabei stets der Output – welches Ergebnis liegt nach jedem Prozessschritt vor", erinnert sich Angelika Müller. „Wenn ein Prozess Owner da nichts nennen konnte, dann hatte er erst mal ein Problem." Die kurze Aktivitätenbeschreibung pro Prozess-Schritt enthält Verantwortlichkeiten, benötigte Dokumente/Systeme und den Output. „Beim Formulieren der Aktivitäten ist es wichtig, dass sie immer ein Verb enthalten – was tue ich? So vermeiden wir den Charakter einer Anweisung von oben", meint Berater Klein.

Ein weiterer *Vorteil* der Procedures ist ihre gute Akzeptanz: „Wir haben festgestellt, dass unsere Angestellten gerne mit Checklisten arbeiten", weiß die Projekt Managerin: „Und die Einarbeitungszeit für neue Mitarbeiter konnte deutlich verkürzt werden – auch ein Kostenfaktor."

6. Ergebnis

„Mit diesem Projekt haben wir in weniger als 12 Monaten einen gewaltigen ersten CHANGE-Schritt gemacht und bereits Effekte erzielt:

- Zusammenlegung der Zertifizierungs-Audits, keine Vorbereitung
- Drastische Reduktion der QM-Dokumentation, Elemination der „alten QM-Schattendokumentation" Prozesse transparent dargestellt
- Die Basis für eine evolutionäre Organisations- und Prozess-Entwicklung", so Günter Klamer (Sponsor).

7. Ausblick

Wenn HPBM im August 2000 in Plant Spartanburg erfolgreich umgesetzt und das Überwachungsaudit erfolgreich abgeschlossen ist, ist bereits angedacht, es auch in den anderen Werken der BMW Group einzuführen. Darüber wird der Vorstand nach dem abschließenden Projektreport im Herbst 2000 entscheiden.

Praxisbeispiel:
Lear Corporation: Total Customer Satisfaction

Karl Stanger

Das Unternehmen

Die Lear Corporation ist als börsennotiertes Unternehmen auf die Optimierung des Shareholder Value ausgerichtet. Lear ist mit einem Umsatz von 12,4 Mrd. US-Dollar (1999) einer der größten Automobilzulieferer. Mit einem weltweiten Marktanteil von 17% entwickelt und produziert Lear Fahrzeuginnenausstattungen (Sitzanlagen, Dachhimmel, Türverkleidungen, Boden- und Akustiksysteme, Armaturentafeln, elektrische Verteilsysteme und Elektronikkomponenten) für nahezu alle Automobilhersteller. Mit

Für einen Systemlieferanten ist die Kundenorientierung Basis für das unternehmerische Handeln. Daraus ergibt sich die Notwendigkeit zur Globalisierung im gleichen Maß, wie das für die Summe der Kunden erforderlich ist. Da Lear seinen Kunden in die Märkte folgt, ist das Unternehmen mit mehr als 120000 Mitarbeitern an über 300 Standorten in 33 Ländern vertreten.

1. Einleitung

„Unser Unternehmensziel ist die Qualität …". Solche Sätze, meist in den Vorworten von Qualitätshandbüchern oder Qualitätsleitsätzen von Unternehmen zu finden, sind zwar schön anzusehen, stellen aber letztlich nur leere Phrasen dar, die heute niemanden mehr beeindrucken. Bei tiefergehender Betrachtung zeigen solche Sätze zudem, dass die Unternehmensleiter sich nicht wirklich mit den Inhalten derartiger Aussagen beschäftigt haben. Ein Unternehmensziel wird nie die Qualität als solche, sondern immer der Profit sein, unabhängig davon, in welcher Form er dem Unternehmen oder seinen Besitzern zufließen mag. Dass Qualität unverzichtbar ist, ja dass sie zum Profit wesentlich beiträgt, wird im Folgenden am Beispiel der Lear Corporation dargestellt.

Zur Optimierung des Unternehmenswertes ist eine Fokussierung auf den Kunden notwendig. Um dies zu erreichen, hat Lear seine Organisation entsprechend ausgerichtet: Mit dem Ziel, die vollständige Kundenzufriedenheit („Total Customer Satisfaction") zu erreichen, hat Lear so genannte „Customer Focussed Divisions" als Organisationseinheiten geschaffen, die meist einen einzigen Kunden in allen seinen Belangen betreuen. Damit stehen dem Kunden in umfassender Weise die gleichen Ansprechpartner zur Verfügung. Die Wünsche des Kunden werden durch die Fokussierung konzentrierter, schneller und in einer Atmosphäre des gegenseitigen Vertrauens analysiert und erfüllt. Als Ergebnis dieser Strategie des Vertrauens erwartet Lear die Fortführung bestehender Geschäftsbeziehungen sowie den kontinuierlichen Ausbau durch weitere Aufträge. Voraussetzungen für solche Partnerschaften seitens des Lieferanten sind Innovation, Flexibilität, Wettbewerbsfähigkeit und Qualität in allen Geschäftsprozessen.

2. Modell zur Wirkung der Qualität

In diesem umfassenden Sinn kann das Wort Qualität als das Bemühen des gesamten Unternehmens, den oder die Kunden vollständig zufrieden zu stellen, verstanden werden. Die Management-Methode dazu nennt man „Total Quality Management". Im Folgenden wird ein Modell dargestellt, in dem unterschiedliche Arten von Qualität in einem Geflecht von Zusammenhängen zur Kundenzufriedenheit führen (Abb. 1).

Abb. 1: Das Wirkungsdiagramm „Total Customer Satisfaction"

3. Die Systemqualität

Die Basis aller Qualitätswirkungen geht von der Systemqualität aus. Es ist die Qualität des unternehmenseigenen Managements. Hier werden alle

Geschäftsprozesse definiert und umgesetzt. Durch interne Audits wird überprüft, wie die Geschäftsprozesse tatsächlich funktionieren, d. h. wie gut entweder die Beschreibung ist oder wie gut die Disziplin bei der Umsetzung ist. Der Leser ist gut beraten, in seinen Unternehmen diesen Regelkreis mit großer Sorgfalt aufzubauen und kontinuierlich zu überwachen. Für jeden Ablauf muss es einen Verantwortlichen geben, den Besitzer des Prozesses, der den Ablauf definiert und der auch für die Umsetzung verantwortlich ist. Es sei ausdrücklich davor gewarnt, Geschäftsprozesse durch Dritte ohne Einbindung des Prozessbesitzers definieren zu lassen. Nur derjenige, der sich mit dem Geschäftsprozess im Detail beschäftigt hat, kann dort auch Optimierungspotenziale erkennen. Ein weiterer wichtiger Schritt zur Umsetzung ist die Information der beteiligten Mitarbeiter. Je nach Aufgabengebiet des Einzelnen bedeutet dies eine Unterweisung, eine Schulung oder aber auch die Beteiligung bei der Definition des Prozesses. Man sollte es nicht glauben, wie schnell gerade der „einfache Arbeiter" Schwachstellen in einem Geschäftsprozess aufdeckt. Wenn diese Verbesserungsvorschläge der Mitarbeiter konsequent genutzt werden, entsteht sofort eine Identifikation des Mitarbeiters mit „seinem" Prozess. Er wird dann auch zukünftig mit Stolz seinen verbesserten Prozess unterstützen: die Mitarbeitermotivation ohne den finanziellen Hintergedanken.

Die Qualität des Managementsystems wird heute bereits im großen Maß nach ISO 9000 zertifiziert. In der Automobilindustrie werden darauf aufbauend zusätzliche Regelwerke herangezogen (z. B. QS 9000 oder VDA 6.1). Wichtig ist dabei die Erkenntnis, dass es nicht die Zertifizierung als solche, sondern die Vorbereitung des Unternehmens darauf ist, welche die Verbesserung der Abläufe mit sich bringt. Der Kunde wird allerdings die Verbesserung der Systemqualität nicht unmittelbar erkennen und damit auch nicht honorieren.

Wenn nun ein Unternehmen gelernt hat, seine Abläufe zu systematisieren, kann es diese Erkenntnisse auf die Entwicklungsqualität, die Prozessqualität und die Produktqualität anwenden.

4. Die Entwicklungsqualität

Um zu verdeutlichen, was Entwicklungsqualität bedeutet, sei die Entwicklung einer Sitzanlage für ein Fahrzeug der gehobenen Klasse grob beschrieben. Prinzipiell wünscht der Kunde für solche Sitzanlagen die gesamte Palette der Varianten von der Basisvariante bis zur Luxusvariante. Für das spätere Produkt bedeutet dies eine Varianz von mehr als einer

Million Baumöglichkeiten (verschiedene Farben, verschiedene Stoffe, Leder, manuelle Bedienung, elektrische Bedienung, mit/ohne Seiten-Airbag, Lendenwirbelunterstützung, geteilte Rücksitzanlagen usw.). Es gilt nun, diese Varianz so zu entwickeln, dass sie mit möglichst wenigen Komponenten modulweise aufgebaut werden kann. Trotzdem ergeben sich mehr als 1400 verschiedene Einzelteile, von denen je Sitzanlage mehr als 200 verbaut werden. Die Fertigungstiefe in einem Just-in-Time Sitzmontagewerk beschränkt sich auf die Montage der Sitzanlagen, so dass meist mehr als 100 Lieferanten in den Produktionsprozess einbezogen sind. Die Entwicklung solcher Sitzanlagen dauert etwa drei Jahre. In diesem Zeitraum ändern sich permanent die Marktanforderungen für den Kunden und damit auch die Wünsche des Kunden zur Auslegung der Sitzanlage. So ist die Entwicklung geprägt von vielen Änderungen im Laufe der Entwicklungszeit. Damit kristallisieren sich zwei große Bereiche heraus, das Projektmanagement und das Lieferantenmanagement, welche die Entwicklungsqualität ausmachen.

Im Idealfall einer Entwicklungsaufgabe existiert ein detailliertes Lastenheft, welches durch ein strukturiertes Entwicklungsverfahren erfüllt und mit einer Validierung des Produktes abgeschlossen wird. Die Realität zeigt allerdings unvollständige Lastenhefte, mündlich vorgetragene Kundenwünsche, gegensätzliche Kundenwünsche aus unterschiedlichen Abteilungen des Kunden und Änderungswünsche, die bis zum Beginn der Serienproduktion andauern. Um eine Entwicklung nicht im Chaos enden zu lassen, braucht man ein strukturiertes und starkes Projektmanagement. Der Projektleiter muss ein Manager und Generalist sein, weniger ein Spezialist oder Erfinder. Seine Qualifikation entspricht eher der eines Werkleiters als der eines Gruppenleiters. Unabhängig von der Organisationsform (i. A. wird die Matrixorganisation gewählt) muss der Projektleiter mit der Kompetenz, das Projekt leiten zu dürfen, ausgestattet sein. Folgerichtig berichtet der Projektleiter an das Top-Management.

Im Projekt muss das Änderungsmanagement beherrscht werden. Jeder Änderungswunsch muss erfasst, analysiert, bewertet und freigegeben werden. Die strikte Einhaltung dieses Ablaufs und die Dokumentation hierzu sind zwingend erforderlich, da sonst bei der Frage der Kostenübernahme Streitigkeiten entstehen (Wer zahlt denn schon gerne?). Es sei hier auch ausdrücklich darauf hingewiesen, dass die Freigabe des Kunden von der dazu autorisierten Stelle kommen muss (i. A. der Einkauf des Kunden); eine technische Freigabe reicht hier nicht aus. Mit der Beherrschung des Änderungsmanagements eng verknüpft ist das Kostenmanagement. Alle Kosten sind zu planen, vom Kunden freizugeben und auch zu erfassen; Abweichungen müssen dokumentiert werden. Die Erfahrung lehrt, dass sich so mancher Änderungswunsch bei der Präsentation der Kosten in Luft auflöst.

Der zweite große Bereich ist das Lieferantenmanagement. Hier muss das Unternehmen die richtigen Lieferanten auswählen, sie korrekt beauftragen, sie überwachen und sie zur kontinuierlichen Verbesserung anhalten. Gerade die Überwachung gestaltet sich vielschichtig: Terminüberwachung, auch bei Unterlieferanten und Werkzeugherstellern; Fähigkeitsüberprüfungen und Kapazitätsüberprüfungen. Die Erfahrung lehrt, dass es nicht genügt, sich auf Aussagen und Telefonate zu verlassen. Die Begutachtung vor Ort muss durch kompetentes Personal durchgeführt werden. Man bedenke immer, dass alle Probleme, die ein Lieferant verursacht, vom Kunden als Kompetenzmangel beim Lieferantenmanagement angesehen werden.

Die Entwicklungsqualität wird also vom Kunden direkt erfahren; er interpretiert sie als Kompetenz, Flexibilität und Kostenbewusstsein.

5. Die Prozessqualität

Die Prozessqualität ist die Qualität des Produktionsprozesses und der direkt unterstützenden Prozesse wie Logistik und Fertigungssteuerung. Bereits in der frühen Phase der Entwicklung wird der Prozess und die damit erreichbare Qualität entscheidend beeinflusst. „Design for Manufacturing" nennt man die Methode, bei der die Produktionsfachleute mit ihrem Wissen in die Produktentwicklung eingebunden werden. Hier dienen FMEA (Fehler-Möglichkeits- und Einfluss-Analyse) und praktische Aufbau- und Einbauversuche, „Prototyping" genannt, dazu, das Fehlerrisiko und die zu erwartenden Fertigungskosten zu minimieren.

Nach der Prozessentwicklungsphase gilt es, den Fertigungsprozess auf qualitativ hohem Niveau stabil zu halten. Dies kann bei automatisierten Prozessen durch vorbeugende Werkzeug- und Anlagenwartung unterstützt werden. Bei manuellen Prozessen kann man zwar durch Poka Yoke die Mitarbeiter unterstützen, bleibt aber dennoch von den Fähigkeiten der Mitarbeiter abhängig.

Der Prozess der Sitzmontage ist zu 95% manuell und damit sehr stark von den handwerklichen Fähigkeiten der Mitarbeiter abhängig. Es gilt, diese Fähigkeiten so zu trainieren, dass alle Mitarbeiter gleiche Qualität liefern können. Durch kontinuierliche Überwachung einerseits und Motivation andererseits kann dann erreicht werden, dass die Mitarbeiter die entsprechende Leistung auch bringen. Im folgenden Praxisbeispiel wird die Reduzierung von Ausschuss als eine Steigerung der Prozessqualität dargestellt.

Der durch die Mitarbeiter verursachte Ausschuss (i. A. Beschädigung von Teilen) betrug in der betrachteten Einheit im Jahr 1997 1,44 Mio. DM. Dies entsprach einem Anteil von 0,3% des Umsatzes. Im Jahr 1998 sollte der Ausschuss auf 600 TDM reduziert werden; eine weitere Reduzierung sollte langfristig erreicht werden.

Obwohl das Ziel klar formuliert ist, kann ein Mitarbeiter damit nichts anfangen. Das Ziel muss also in ein für den einzelnen Mitarbeiter verständliches und persönliches Ziel übersetzt werden: 600 TDM pro Jahr = 50 TDM pro Monat = 2500 DM pro Gruppe (bei 20 Gruppen) und Monat = 125 DM pro Gruppe und Tag. Ein Lederbezug kostet 400 DM, eine Blende kostet 40 DM, eine Lehnenabdeckung kostet 20 DM. 60 Sitzgarnituren werden je Gruppe und Tag produziert.

Die Gruppe darf monatlich maximal Ausschuss im Wert von 2500 DM erzeugen. Dies entspricht etwa 6 zerrissenen Lederbezügen im Monat oder etwa 3 zerkratzten Blenden in einer Schicht. Eine Liste mit den Kosten je Beschädigung liegt aus. Der Ausschuss aller Gruppen der letzten Monate ist dargestellt. Das Erreichen des Gruppenziels wird prämiert. Monatlich wird die beste Gruppe öffentlich genannt. Die beste Gruppe des Jahres erhält eine Zusatzprämie. Zielvereinbarungen mit den Vorarbeitern der Gruppen wurden getroffen.

Damit ist das Ziel der Gruppe klar; unklar ist, wie sie es erreichen soll. Dies ist nun die Aufgabe der Vorarbeiter, die für jede Art der Beschädigung einfache Regelkreise aufbauen müssen: Problem erkennen, Ursache transparent machen, Maßnahmen einleiten, Wirkung überwachen. Wichtig ist in diesem Zusammenhang, dass der Vorarbeiter als Schlüsselfigur zur Ausschussreduzierung erkannt wurde: nur er kennt die methodischen Probleme seiner Gruppe und weiß, wie er sie am besten eliminieren kann. Für das Management bleibt also die Aufgabe, das Problem erfassbar zu machen, die zu steuernden Zielgruppen oder Personen zu identifizieren, sie in Problemlösungstechniken zu schulen, sie zu motivieren und zu überwachen.

In obigem Beispiel wurde das Ziel deutlich unterschritten; der Ausschuss wurde stabil unter 32000 DM je Monat gehalten. Das Unternehmen hat gegenüber 1997 mehr als eine Million DM zusätzlich erwirtschaftet.

Es ist also möglich, die Prozessqualität gerade bei manuellen Prozessen stark zu beeinflussen. Weitere Methoden wie z. B. KAIZEN sind hier, wenn sie systematisch und nachhaltig durchgeführt werden, sehr erfolgreich. Der Kunde erfährt die Prozessqualität als störungsfreie Belieferung und als Servicequalität.

6. Die Produktqualität

„Die Produktqualität kann sehr genau und einfach gemessen werden." Leider stimmt dieser Satz für Sitzsysteme nur bedingt. Für die Funktion gilt dieser Satz uneingeschränkt. Hier unterscheidet man zwischen „funktioniert" = Qualität und „funktioniert nicht" = Fehler. Im Bereich der Optik und der Haptik (Haptik: wie sich das Produkt anfühlt) ist die subjektive Bewertung das Maß für Qualität. Ob eine Falte an einem Sitz nun erlaubt ist oder gerade nicht mehr erlaubt ist oder ob sie sogar gewünscht ist (Beispiel Knautschleder), entscheidet letztlich der Kunde. Zur Unterstützung solcher Bewertungen hat man immer wieder Referenzmuster erzeugt, die allerdings den Qualitätsstandard nur zu einem Zeitpunkt festlegen. Durch die kontinuierliche Verbesserung des Designs, sei es durch Änderungen oder auch durch Prozessoptimierungen, muss der sich permanent ändernde Qualitätsstandard im Zusammenspiel zwischen Kunde und Lieferant fast täglich neu bestimmt werden.

Zur permanenten Optimierung der Qualität muss das Unternehmen Qualitätsregelkreise einführen, die immer nach dem Schema des Deming'schen Kreises funktionieren (Abb. 2).

- Problem erkennen
- Ursache transparent machen
- Maßnahmen einleiten
- Wirkung überwachen

Abb. 2: Das Deming-Schema

In jeder Produktion sind solche Regelkreise möglich. Im Beispiel der Sitzmontage konnten mehr als 10 unterschiedliche Regelkreise mit unterschiedlichen Aktionsmöglichkeiten gefunden werden.

Bei der Gewährleistung entsteht ein Regelkreis mit sehr langer Reaktionszeit. Dazu werden die Feldausfälle analysiert, bewertet und statistisch aufbereitet. Die Bewertung der Daten ist insofern kritisch, da die Ausfälle vom Endkunden über den Händler an den Kunden gemeldet werden. Dort ist die Datenqualität entsprechend schlecht. Es ist darauf zu achten, dass die ausgefallenen Teile zur Begutachtung vorliegen. Meistens zeigen Feldausfälle konstruktive Mängel.

Sowohl das Fahrzeugaudit als auch die 0-km Beanstandungen bilden sehr wichtige Regelkreise, da sie beim Kunden direkt in Bewertungen eingehen und damit unmittelbar zur Kundenzufriedenheit beitragen. Diese Regelkreise sind sehr schnelle Regelkreise; es muss im Bereich von Stunden reagiert werden. Nachteilig ist dabei, dass eine fundierte Statistik meist nicht möglich ist. Es ist darauf zu achten, dass diese Regelkreise nicht in blinden Aktionismus ausarten, der dann zeigt, dass das Unternehmen zwar schnell reagiert und die Fehler korrigiert, ohne die Ursachen abzustellen.

Nacharbeit (eher eine Reparatur oder Korrektur am Endprodukt) wird dann zum ergiebigen Regelkreis, wenn sie entsprechend dokumentiert wird. Hier lassen sich durch statistische Auswertungen Fehlerschwerpunkte ermitteln und deren Ursachen abstellen.

Eine Endkontrolle der Sitzanlagen vor dem Verpacken kann sich nur auf die Kontrolle von aussehensabhängigen Merkmalen beschränken. Der entsprechende Regelkreis wirkt dann auch nur auf aussehensabhängige Merkmale. Dies muss unbedingt berücksichtigt werden; Fehlinterpretationen sind sonst das Ergebnis.

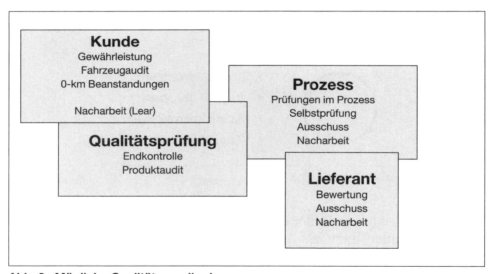

Abb. 3: Mögliche Qualitätsregelkreise

Das Produktaudit überprüft sowohl Funktion als auch Optik und Haptik. Um es als Regelkreis einsetzen zu können, muss der Prüfplan, gerade was Optik und Haptik betrifft, unbedingt an den aktuellen Qualitätsstandard des Kunden angepasst werden. Es besteht die große Gefahr, dass im Produktaudit die Fehlerarten falsch gewichtet werden.

666

Die gleiche Vorgehensweise muss bei den Kaufteilen eingeführt werden. Hier liegt die Fehlerdokumentation und die dazu gehörende Statistik beim Unternehmen. Die Analysen und Maßnahmen liegen beim Lieferanten. Die Wirkung wird gemeinsam überwacht.

Es zeichnet den guten Qualitätsleiter aus, dass er die Werkzeuge der Regelkreise beherrscht, dass er die richtigen Regelkreise entsprechend der Bedeutung im Einzelfall einsetzt und dass er damit wesentlich zur Verbesserung der Produktqualität und zur Kundenzufriedenheit beiträgt.

7. Zusammenfassung

Qualitätsstrategien können durch Analyse der firmentypischen Prozesse entwickelt werden. Ohne das „Verstehen" der Prozesse in allen Einzelheiten sind die Erfolgschancen gering.

Der Qualitätsanspruch des Kunden ist „Total Customer Satisfaction". Er kann nur erfüllt werden, wenn gleichzeitig Entwicklungsqualität, Produktqualität und Prozessqualität vorhanden sind. Die Basis zu allem bildet die Systemqualität.

Qualität, so verstanden, trägt wesentlich zum Erfolg des Unternehmens bei.

Praxisbeispiel:
Roche Diagnostics: TRIZ – Der Weg zu kreativen Ideen im Umfeld Produktion

Rolf Herb

1. Einführung

Problemlösungsfähigkeit ist eine Schlüsselqualifikation insbesondere in der Entwicklungsabteilung, aber auch im Produktionsumfeld jeder Branche. Das der unmittelbaren Leistungserstellung gewidmete Tagesgeschäft, mit dem Gewinn erwirtschaftet wird, sichert den Fortbestand jedes Unternehmens. Ziel aller Optimierungen in diesem Umfeld ist die beste Nutzung aller Ressourcen – Mitarbeiter, Anlagen und Kapital; mit anderen Worten: Wir wollen mit minimalem Aufwand eine möglichst große Wertschöpfung erzeugen (vgl. Schweizer 1999). Typischerweise sind Organisation und Prozesse auf Routineabläufe hin optimiert.

Jede Außerplanmäßigkeit – Störungen, aber auch Änderungen im Prozess oder am Produkt – führt unmittelbar zu einer Situation, die entweder als zu lösende Aufgabe (positive Empfindung) oder als Problem (negativer Touch) empfunden wird. Der Lösungsweg differenziert in der Regel beide Empfindungen: Ist zu einer Aufgabe bzw. zu einem Problem der Lösungsweg bekannt, dann reden wir von einem Routineproblem, ist der Lösungsweg zunächst unbekannt, dann bezeichnen wir dies als Pionierproblem. Unsere Ausbildung befasst sich vorwiegend mit Routineproblemen, während wir im beruflichen Umfeld aber häufig mit Pionierproblemen konfrontiert sind: Der zunächst unbekannte Lösungsweg muss gesucht werden und erst hinterher wird klar, wie gut er war!

Ist ein Pionierproblem gelöst und der Lösungsweg wird beherrscht, wird es zum Routineproblem und geht damit in unseren persönlichen wie auch in den Erfahrungsschatz des Unternehmens über. Im weitesten Sinne kann ein Problem als Differenz zwischen der (unbefriedigenden) Ist-Situation und einem (oft nur vage beschreibbaren, aber positiv charakterisierten) Ziel-Zustand charakterisiert werden. Trouble-Shooting bei Störungen und Problemen sowie betriebliches Vorschlagswesen zur Stimulierung von Verbesserungsideen sind allseits bekannte Beispiele für den Wunsch nach kreativen Ideen im Produktionsumfeld.

Probleme sind in der Regel Anlass für kreative Lösungsansätze, eine Erkenntnis, die der russische Patentexperte Altschuller auf Basis solider empirischer Analysen zur Grundlage der Ideen-Provokations-Methode TRIZ (vgl. Terninko 1998) machte. Im Vergleich zu konventionellen Kreativ-Methoden wie Brainstorming, Synectic oder 6-3-5 ist TRIZ ein sehr umfassender Baukasten von Vorgehensweisen zur Ideenfindung, basierend auf der inhaltlichen Analyse tausender Patente.

2. Bausteine von TRIZ

Kreative Problemlösungen basieren im Sinne von TRIZ auf den folgenden vier Vorgehensweisen (vgl. Herb et al. 2000):

- Systematische Problemanalyse
- Nutzung von möglichst viel Fachwissen
- Einsatz analoger Problemlösungen aus anderen Fachgebieten
- Berücksichtigung der Gesetzmäßigkeiten der technischen Evolution

2.1 Systematik

Eine systematische Problemanalyse trägt nicht nur zur Klärung von Ausgangszustand und Ziel bei, sondern ist ein eminent wichtiges Kommunikationsmittel: „Alle Missverständnisse sind ausgeräumt, wir haben ein einheitliches Verständnis der Situation, jetzt wissen wir alle, worin das Problem eigentlich liegt, worüber wir nachdenken müssen und wie groß der Spielraum für Lösungen ist." Darüber hinaus ist eine systematische Analyse das optimale Umfeld für kreative Ideen. Mit der Problemformulierung stellt TRIZ ein Werkzeug zur Verfügung, das diese systematische Problemanalyse unterstützt. Prinzipielle Vorgehensweise hierbei ist die Formulierung der Problemsituation als Zusammenspiel von Funktionen.

Am Beispiel Getränkebestellung im Biergarten sei dies erläutert: Ausgangspunkt ist das Problem der Unzufriedenheit des Gastes über eine zu lange Wartezeit. In Funktionen und deren Verknüpfungen zerlegt stellt sich die Situation wie in Abbildung 1 dar:

Relevante Funktionen sind: „Gast erhält Getränk", „Gast gibt Bestellung auf", „Ober bringt Getränk", „Gast wartet", „Ober bedient andere Gäste" und „mehrere Kellner sind im Lokal".

Die unterschiedlichen, in Abbildung 1 dargestellten Verknüpfungen der Funktionen (sog. Teilprobleme in der Sprache von TRIZ) seien nur exemplarisch ausgeführt, um die Pfeilsymbolik zu illustrieren:

- Voraussetzung für „Gast erhält Getränk" ist „Gast gibt Bestellung auf" (dünner Pfeil)

670

- „Ober bedient andere Gäste" führt leider zu „Gast wartet" (dicker Pfeil)
- „Mehrere Kellner im Lokal" wurde eingeführt, um „Gast wartet" zu vermeiden" (gestrichelter Pfeil)

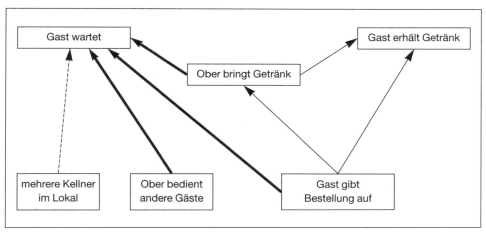

Abb. 1: Problemformulierung Getränkebestellung Biergarten

Kreative Problemlösungsideen entstehen nun aus der Strategie heraus „die Lösung eines Teilprobems löst möglicherweise das große Problem":

Teilproblem 1: Finde einen Weg „Ober bringt Getränk", ohne dass „Gast gibt Bestellung auf" Voraussetzung ist. Idee: Ober kommt mit einem Sortiment aller Getränke vorbei.

Teilproblem 2: Finde einen Weg zur Auflösung des Widerspruchs „Ober bringt Getränk" ist Voraussetzung für „Gast erhält Getränk", „Ober bringt Getränk" verursacht aber auch „Gast wartet". Idee: Bestellung muss anders ablaufen (z. B. Knopf drücken).

Teilproblem 3: Finde einen Weg „Gast erhält Getränk", ohne dass „Ober bringt Getränk" und/oder „Gast gibt Bestellung auf" Voraussetzung ist. Idee: Gast holt sich Getränk selbst.

Obiges Beispiel lässt sich auf völlig andere Fragestellungen (Betrieb einer Gefriertrocknungsanlage durch mehrere Gruppen, Warteschlange an der Kasse eines Supermarktes, Ausgabe von Info-Broschüren an einem Messestand, Abholung von Werkzeugen und Betriebsmitteln in einer zentralen Ausgabe, ...) fast unverändert anwenden! Wichtig ist hier der Lerneffekt, dass große Probleme systematisch in kleine Teilprobleme zerlegt werden können, und dass die in der Regel nicht allzu schwierige Lösung eines Teilproblems signifikant zur Lösung des Gesamtproblems beiträgt.

2.2 Wissen

Jeder Entwickler, Naturwissenschaftler oder Ingenieur verfügt über einen Erfahrungshorizont, der im eigenen Aufgabengebiet über Jahre hinweg gewachsen ist. Daraus ergeben sich bevorzugte Denkrichtungen, die sich naturgemäß auf das eigene Fachgebiet beschränken. Probleme werden nach einer der Person oder dem Unternehmen vertrauten Vorgehensweise im Sinne von Routineproblemen gelöst.

Wie verlockend wäre es, hier fachfremdes Wissen oder Erfahrungen aus anderen Branchen integrieren zu können. Fachbücher, die in der Regel nach Fachgebieten sortiert sind, helfen hier wenig, wohl aber die problemorientierte Datenbank aus der TRIZ-Methode.

Das Beispiel Temperaturmessung soll dies illustrieren: Wie viele Methoden kennen Sie, Temperatur zu messen? Ein typisches Team von Entwicklungsingenieuren wird hier etwa fünf bis acht Lösungsmöglichkeiten beschreiben können, beispielsweise:

- Thermische Ausdehnung von Flüssigkeiten (Quecksilber- oder Alkohol-Thermometer) oder von Festkörpern (Bimetall-Thermometer)
- Farbveränderungen (thermochrome Farben)
- Strahlung (Licht)
- Dichte-, Brechungsindex-Änderungen
- Anfassen (Schmerzgrenze bei etwa 50 °C)
- Widerstandsänderung (PT-100 Temperaturfühler)

Möglicherweise ist aber in diesen vorgenannten Lösungsmöglichkeiten für das Problem Temperaturmessung im konkreten Fall (beispielsweise temperierte Abfüllanlage für biochemische Reagenzien) noch nicht die ideale Vorgehensweise enthalten. Das Studium von Fachbüchern ist schwierig, da sie kapitelmäßig nicht nach Themen wie „Temperaturmessung" sortiert sind. Genau eine solche Sortierung aber hat das TRIZ-Effekte-Lexikon und bietet uns hier insgesamt 19 Möglichkeiten zur Temperaturmessung an, u.a. auch Seebeck-Effekt, Photo- und Elektrolumineszenz, Kondo-Effekt und viele andere mehr. Nun kann eine pfiffige Lösung immerhin auf 19 Möglichkeiten statt auf fünf bis acht aufbauen, d.h. Wissen aus völlig anderen Bereichen und Branchen lässt sich auf diesem Weg schnell, einfach und kompetent nutzen!

2.3 Analogien

Pfiffige Ideen aus anderen Wissensgebieten und Branchen zu nutzen, ist das Ziel dieses TRIZ-Werkzeuges. Die Kunst besteht darin, das eigene

672

Problem soweit zu abstrahieren und zu verallgemeinern, dass man beispielsweise ohne einschränkende Fachterminologie aus dem eigenen
Umfeld in andere Industriezweige schauen kann (vgl. Teufelsdorfer/Con-
rad 1998). Kreative Ideen entstehen bevorzugt aus ganz offensichtlich wi-
dersprüchlichen Ausgangssituationen, TRIZ-Experten identifizieren sich
mit dem Satz „Widersprüche sind das Salz in der Suppe des Kreativen"!

Von einem Widerspruch spricht man dann, wenn dieselbe System-
eigenschaft verschiedene Zustände einnehmen soll: ein Sessellift, der im
Winter Skifahrer transportiert, soll uns möglichst schnell bergauf bringen,
uns aber einfachstes Ein- und Aussteigen ermöglichen. Zur Lösung von
Widersprüchen stehen in TRIZ exakt vier Separationsprinzipien zur Verfügung. Für den Sessellift kann der Widerspruch folgendermaßen formuliert
werden:

- Der Sessellift soll schnell fahren, um nach kurzer Zeit schon oben am
  Berg zu sein
- Der Sessellift soll langsam fahren, um ein problem- und gefahrloses
  Ein- und Aussteigen zu ermöglichen

Typische, schulmäßige Lösung dieses Widerspruches ist im Sinne eines
Routineproblems der Kompromiss: Der Sessellift fährt gerade so schnell,
dass Ein- und Aussteigen noch mit vertretbarem Sturzrisiko vom durchschnittlich talentierten Skifahrer gemeistert werden, die Transportzeit ist
gerade noch akzeptabel, Wind und Kälte werden durch zusätzliche konstruktive Maßnahmen wie Sitzpolsterung und Oberschenkel-Schürzen etwas abgehalten.

Kreative Lösungen dieses Widerspruchs auf Basis der vier Separationsprinzipien sind folgende:

- Separation im Raum: Die Länge des Armes, an dem der Sessel hängt
  wird erhöht (Sitz und Seil räumlich weiter getrennt), sodass durch Vor-/
  Rückschwingen des Sessels die Relativgeschwindigkeit Sessel zu Ski-
  fahrer beim Ein-/Aussteigen verringert wird.
- Separation in der Zeit: Umlaufseil fährt alternierend schnell und lang-
  sam: Dieses Prinzip konnte sich nur dort durchsetzen, wo wenige Ses-
  sel am Seil hängen (Gondeln).
- Separation innerhalb eines Objektes: Sessel und (schnell) umlaufendes
  Tragseil werden für die Ein- und Ausstiegsphase getrennt, d.h. der
  Sessel ausgekuppelt und recht langsam bewegt. Diese Lösung setzt
  sich immer mehr durch.
- Separation durch Bedingungswechsel: Muss der Skifahrer mit Tempo

Null dem Sessel begegnen? Nein, er kann schon vor dem eigentlichen Einsteige-Vorgang beschleunigt werden, was das Problem der Relativgeschwindigkeit ebenfalls entschärft: leicht abschüssige Einstiege oder besser noch Förderbänder etablieren sich derzeit ebenfalls vehement.

Triviale Lösungen, die einem Techniker auch ohne TRIZ eingefallen wären? Gewiss, unzählige Ideen entstehen unerwartet und spontan, aber TRIZ erhebt für sich den Anspruch, den Weg zur Idee systematischer und zielgerichteter zu gestalten, Ideen gewissermaßen planmäßig zu provozieren.

2.4 Vision

Technische Systeme entwickeln sich – wie der Gang durch ein technisch-naturwissenschaftliches Museum zeigt – immer wieder nach gleichen Mustern: Alles wird kleiner und miniaturisiert, Integration mehrerer ähnlicher Teile zu einer Einheit findet immer wieder statt und Mechanik wird immer wieder durch Hydraulik, Pneumatik, Elektrik ersetzt.

TRIZ fasst die empirisch gefundenen Evolutionsmuster technischer Systeme (vgl. Herb et al. 2000) zu acht Evolutionsgesetzen zusammen, die Anspruch auf Allgemeingültigkeit erheben. Die Kenntnis dieser evolutionären Prinzipien gestattet es dem Problemlöser, seine Idee auch mit zukünftigen Aspekten auszustatten: „Wohin wird die Entwicklung laufen, wie könnte diese Lösung in der nächsten Generation aussehen, sollen wir das gleich im Patent mit einschließen?"

Als Beispiel sei hier das Evolutionsprinzip 4 dargestellt: zunehmende Dynamisierung und Flexibilisierung. Dieses Prinzip der technischen Evolution adressiert den Übergang von Statik zu Dynamik, von unbeweglich zu flexibel, von wenigen Freiheitsgraden zu vielen Freiheitsgraden, wie das Beispiel des PKW-Lenkrades (Abb. 2) zeigt:

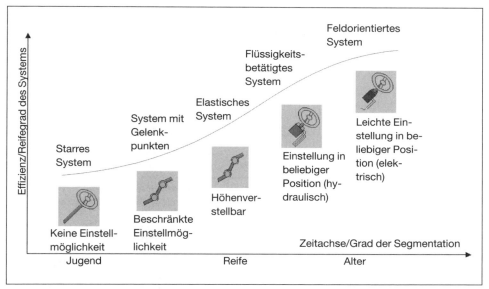

Abb. 2: Evolutionsprinzip 4, zunehmende Dynamisierung und Flexibilisierung am Beispiel des PKW-Lenkrades

3. Beispiel

Bei der Produktion molekularbiologischer Produkte werden kleine Mengen biologischer Flüssigkeiten in geschlossenen Proberöhrchen mehrmals periodisch aufgeheizt und wieder abgekühlt. Anschließend werden die Röhrchen geöffnet und Teile des Inhaltes mit Spritzen herausgesaugt. Im Routinebetrieb stellte man immer wieder Kontaminationen fest, d. h. Material aus einem Röhrchen wurde in winzigen, aber vehement störenden Mengen auch in anderen Röhrchen gefunden.

Eine genaue Analyse führte zu der Erkenntnis, dass diese Verschleppung durch Aerosole beim Öffnen der Gefäße erfolgte. Erste Abstellmaßnahme war, die paradigmenartige Regel „nur exakt ein Röhrchen ist zu jedem beliebigen Zeitpunkt offen" einzuführen – mit dem Folgeproblem von Anlagen-Durchsatzverlusten. Der Einsatz von TRIZ in diesem Problemkontext führte zu interessanten Lösungsansätzen (Abb. 3), die in der Mehrzahl auch konkret realisiert wurden und so sich die zunächst wechselseitig bedingenden Probleme Kontamination, Aerosolbildung und Durchsatz eliminierten.

Teilproblem	eingesetzes TRIZ-Werkzeug	Lösung
wegen der benötigten hohen Temperatur kocht Flüssigkeit auf	Wissen	a) hochsiedendes Lösungsmittel verwenden b) Druck im Röhrchen erhöhen
Siedeverzug beim Deckelöffnen	Analogien	Druck abbauen durch: – elastisches Röhrchen – Ventil Gegendruck außen erzeugen
Tröpfchen hängen am Deckel	Systematik	Deckelheizung
Aerosol entweicht	Analogien	elektrisch aufladen und zurückhalten Öffnung oben mit Filterwatte versehen
Aerosol breitet sich aus	Wissen	zur Absorption in Filter lenken – mittels Luftstrom – durch Licht (Photophoresis) – mittels Hitze (Thermophoresis)
Aerosol schlägt sich an unerwünschter Stelle nieder	Vision	„Zerstörsubstanz" beifügen, die – kurzlebig ist – einfach zu eliminieren ist (Licht, UV, Wärme, elektr. Feld)

Abb. 3: Lösung von Teilproblemen im Kontext Kontamination durch Aerosolbildung

Literaturhinweise

Herb, R./Herb, T./Kohnhauser, V. (2000): TRIZ – der systematische Weg zur Innovation: Werkzeuge, Praxisbeispiele, Schritt-für-Schritt-Anleitungen, Landsberg/Lech 2000

Terninko, J./Zusmann, A./Zlotin, B./Herb, R. (Hrsg.) (1998): TRIZ – der Weg zum konkurrenzlosen Erfolgsprodukt: Ideen produzieren, Nischen besetzen, Märkte gewinnen. Dt. Übers. Herb, R., Landsberg/Lech 1998

Teufelsdorfer, H./Conrad, A. (1998): Kreatives Entwickeln und innovatives Problemlösen mit TRIZ/TIPS. Hrsg.: Siemens Aktiengesellschaft, Berlin und München 1998

Schweizer, P. (1999): Systematisch Lösungen finden. Ein Lehrbuch und Nachschlagewerk für Praktiker., Zürich 1999

Autorenverzeichnis

Barta, Jan, K. ist Direktor und Werksleiter des Elektronikwerks Amberg der Siemens AG. Er ist Träger des ersten Preises „Fabrik des Jahres 1997", veranstaltet von der Unternehmensberatung AT Kearney und dem verlag moderne industrie. Zuvor war er unter anderem Fertigungsleiter im Gerätewerk Amberg und Senior Vice President bei Databit Kommunikationssysteme in USA. *(Kapitel 5)*

Biernacki, Andreas, Dipl.-Ing., ist seit 1998 Führungskraft bei der AUDI AG in Ingolstadt und in der Technischen Entwicklung verantwortlich für die Technische Produktleitung der Modellreihe A. Davor war er 15 Jahre in leitender Position in der Softwareindustrie tätig. E-Mail: andreas.biernacki@t-online.de

Bischoff, Jürgen, Dr.-Ing., arbeitet seit 1990 am Fraunhofer Institut für Produktionstechnik und Automatisierung. Er ist als stellvertretender Bereichsleiter Unternehmensmanagement und als Abteilungsleiter Fabrikplanung und Logistikmanagement tätig. Seine Erfahrung basiert auf zahlreichen Forschungs- und Industrieprojekten in den Themengebieten Unternehmensorganisation, Produktionsplanung und -steuerung, Logistikoptimierung und Fabrikplanung. Er war mit beteiligt an der Konzeption des Fraktalen Unternehmens zu Beginn der 90er Jahre und hat dieses Thema auch in seiner Promotion vertieft. Gleichzeitig ist er Dozent für Fabrikplanung und Anlagenmanagement an der Universität Stuttgart. *(Kapitel 3)*

677

Brennenstuhl, Bernd, Betriebswirt (VWA), ist seit 1998 Betriebs- und Fertigungsleiter bei der Hewlett-Packard GmbH in Gültstein/Herrenberg, Produktion und Distribution von Server, Workstations und Massenspeicher. Er begann seine berufliche Laufbahn bei HP 1979 mit der Ausbildung zum Informationselektroniker. Nach verschiedenen Stationen als Produkt- und Prozessmanager, Partnermanager wurde er Bereichsleiter Produktion.

Brumme, Hendrik, Dipl. Wirtsch. Ingenieur, ist Werksleiter bei der Hewlett-Packard GmbH, Computer Systems Distribution Europe. Er arbeitet seit 1988 bei HP in verschiedenen Bereichen: Controlling, IT, Partnermanagement, Einkauf und Planung von HP-Workstations. Seit 1999 ist er Leiter des Werkes HP-Herrenberg, Produktion und Distribution von Server, Workstations und Massenspeicher.

Burckhardt, Werner, Dr. sc. techn., ist Aufsichtsrat bei der Unternehmensberatung Cambridge Management Consulting in München. Die europaweit tätige Beratungsgesellschaft befasst sich mit der kundengerechten Umsetzung von Verbesserungspotenzialen in Unternehmen. Zuvor war er Werksleiter und Direktor für Speichergeräte, Europa, bei der Digital Equipment Corporation. *(Kapitel 8)*
E-Mail: Burckhardt@compuserve.com

Clemm, Helmut, ist heute in der Siemens Schweiz AG für Entwicklung und Produktion verantwortlich. Nach dem Berufsstart in den USA wechselte er zur Siemens AG und baute Softwareabteilungen und -firmen auf. Mit den Methoden des System- und Projektmanagements einschließlich Portfolio- und Produktplanung gelang ihm der Turnaround mehrerer Business Units der Siemens AG (Telefone, Drucker, IT-Großprojekte). Seit 1980 ist er auch beratend tätig auf den Gebieten Strategie und Erfolgsmethodik. Kontakt: Rotkäppchenstr. 83a, 81739 München

Coordes, Martin, Dipl.-Ing. FH, Projektleiter für die „Simulation Fertigungsanlauf des neuen AUDI A4" im Bereich Fertigung Ingolstadt der AUDI AG. Nach seinem Studium für Maschinenbau begann er 1981 als Trainee in der Produktionssteuerung des Werks Bremen der Daimler Benz AG. 1987 wechselte er zur Volkswagen AG nach Wolfsburg, als Programmplaner und Leiter der Geschäftsstelle Programmplanungs-Ausschuss und Programm-Vorstand. Anschließend übernahm er die Leitung der Verkaufssteuerung PKW im Bereich Vertrieb Inland. 1993 wechselte er in den Vertrieb AUDI nach Ingolstadt und war dort zuständig für die Leitung der Zentralen Absatzplanung. Es folgte die Leitung der Programmplanung und die Berufung zum Projektleiter für das Simulationsprojekt.

Friedrichsen, Martin begann nach seinem Wirtschaftsingenieurstudium seine Laufbahn bei Faurecia bis zum Logistikleiter. Heute ist er Leiter Logistik bei TEMIC Telefunken microelectronics GmbH.

Gassmann, Oliver, Dr., ist Leiter des R&D Technology Management von Schindler Aufzüge AG. In seine Verantwortung fallen Forschung/Vorentwicklung, Wettbewerbsanalyse und strategisches Technologiemanagement. Seit 1999 ist er zudem Lehrbeauftragter an der Universität St. Gallen und Mitglied der Schweizerischen Kommission für Wissenschaft und Forschung. Er veröffentlichte 4 Bücher und über 30 Publikationen auf dem Gebiet des Technologie- und Innovationsmanagement.

Gehr, Frank, studierte Maschinenbau an der Universität in Stuttgart. Seit 1992 ist er Projektmanager und seit 1995 Teamleiter im Bereich Unternehmensmanagement am Fraunhofer-Institut für Produktionstechnik und Automatisierung (IPA) in Stuttgart. Er ist dort als Fachbereichsleiter verantwortlich für den Auf- und Ausbau des Fachbereichs Geschäftsprozessoptimierung, Supply Chain Management und Unternehmenskooperationen. Im Rahmen der Gemeinschaftsaktivität SCM Competence & Transfer Center mit den Instituten Fraunhofer-IML und dem BWI der ETH Zürich leitet er das Transfercenter Stuttgart.

Glampe, Bernhard, Dipl.-Ing., Dipl.-Betriebswirt, war nach Lehre und Ingenieur-Studium als Schiffsbetriebsingenieur weltweit tätig. Anschließend arbeitete er in verschiedenen Industrieunternehmen. Heute ist er Technischer Geschäftsführer bei der Fissler GmbH in Idar-Oberstein. Er hat mit seinem Unternehmen mehrere Auszeichnungen im Rahmen der „Fabrik des Jahres 1998" erhalten. *(Kapitel 6)*

Gohrbandt, Uwe, Dr.-Ing., ist Vorstand der Edscha AG in Remscheid. Nach dem Studium des Maschinenbaus promovierte er 1985 am Institut für Fahrzeugtechnik der Technischen Universität Braunschweig und begann anschließend seine Tätigkeit in der Automobil-Zulieferindustrie bei der Mannesmann Kronprinz AG. Dort übernahm er zunächst die Leitung der Abteilung Leichtmetallrad-Entwicklung und dann zusätzlich den Musterbau, bevor er 1990 als Prokurist Leiter der gesamten Entwicklung wurde.
1996 wurde er Geschäftsführer für Entwicklung, Konstruktion und Qualität bei der Ed. Scharwächter GmbH & Co. KG und ist seit der Umfirmierung in die Edscha AG Vorstand mit gleichem Aufgabenbereich. E-Mail: UGohrbandt@edscha.com.

Gottschalk, Bernd, Prof. Dr., studierte in Hamburg, Saarbrücken und Stanford California, USA, Volkswirtschaftslehre und promovierte an der Universität Hamburg zum Dr. rer. pol. Von 1972 bis Mitte 1996 war er in verschiedenen Bereichen der Daimler Benz AG tätig, zuletzt als Vorstandsmitglied für den Nutzfahrzeugbereich. 1996 wählte ihn der Vorstand des VDA einstimmig zum Präsidenten des Verbandes. Er ist Vorsitzender des Verkehrsausschusses des Bundesverbandes der Deutschen Industrie e.V. und Vizepräsident der Organisation Internationale des Constructeurs d'Automobiles (OICA), Paris. Im Dezember 1999 bestellte ihn die Westsächsische Hochschule Zwickau im Fachbereich „Maschinenbau und Fahrzeugtechnik" zum Honorarprofessor für „Mobilität, Transport und Verkehr".

Grasser, Franz, Dipl. Ing., ist Leiter der Supply Chain Computertomografie im Bereich Medizintechnik der Siemens AG. Er verfügt über umfangreiche Erfahrungen in den Bereichen Entwicklung, Qualitätssicherung und Fertigung. Derzeit leitet er ein Bereichsprojekt, das sich mit der Optimierung der globalen Supply Chain befasst. E-Mail: franz.grasser@med.siemens.de

Hansen, Lothar, Jahrgang 1950, studierte Mathematik und Informatik in Bonn. Er ist seit 1978 bei der Henkel KGaA tätig und heute verantwortlich für das Competence Center „ERP Business Systems". *(Kapitel 7)*

Hartmann, Edward H., ist Gründer und Chairman des Internationalen TPM-Instituts. Er wurde in der Schweiz geboren, studierte Maschinenbau und lebt seit 1964 in den USA. Seit 1986 befasst er sich mit der Anwendung und den Ergebnissen von TPM. In zahlreichen Japanaufenthalten lernte er die dortigen TPM-Erfolge in vielen Unternehmen kennen. Seit 1995 führt er TPM-Beratungen und -schulungen auch in Deutschland durch. E-Mail: hartmann@stargate.net

Herb, Rolf, Dr., arbeitet als Projektleiter bei der Roche Diagnostics GmbH und befasst sich seit vielen Jahren mit der TRIZ-Methode. Er leitet selbst Projekte und hält Referate auf Seminaren und Kongressen.

Hinzmann, Peter, Dr., studierte Betriebswirtschaftslehre in Köln und promovierte in Mailand. Er war bei der Henkel KGaA Düsseldorf als Ablauforganisator und Systemplaner, dann als Referent für Beratung Rechnungswesen und EDV – Verbundene Unternehmen tätig. Später war er Leiter der IT sowie F&A und Mitglied der Geschäftsführung bei der Henkel Italiana Mailand. Nach einem 10jährigen Ausflug zur Bahlsen KG als Senior Vice President im Unternehmensbereich Süßprodukte arbeitet er heute wieder bei der Henkel KGaA als Leiter der Informationssysteme, Senior Vice President und Mitglied des Direktoriums. *(Kapitel 7)*

von der Horst, Michael, Dr., Director Internet Business Solutions Group, ist seit 1999 für den Bereich Internet Business Solutions Germany bei der Cisco Systems GmbH verantwortlich. Sein Aufgabenschwerpunkt liegt in der Beratung der strategischen Kunden von Cisco zu Themen der Einführung und Gestaltung von E-Businesses Strategien, Prozessen und Systemen. Zuvor war er von 1989 bis 1999 bei The Boston Consulting Group als Berater für Strategie, Organisation und Veränderungsprozesse im High Tech und Finanzdienstleistungsbereich tätig. Während dieser Zeit erwarb er zudem seinen MBA am INSEAD, Fontainebleau und promovierte an der Handelshochschule Leipzig. E-Mail: mvonderh@cisco.de

Jaeger, Wolfgang, ist seit Oktober 1997 Vorsitzender der Geschäftsführung der ORACLE Deutschland GmbH. Seine berufliche Laufbahn startete er bei NCR. Nach neun Jahren wechselte er zu Digital Equipment, wo er zunächst als Vertriebsleiter Osteuropa tätig war. Im Laufe der Jahre übernahm er die Positionen: Marketing Direktor Zentraleuropa, Marketing Direktor im amerikanischen Headquarter, Geschäftsführer und President der Tochtergesellschaften in Spanien und Portugal und Vice President Europe. 1994 wechselte er als Executive Vice President und Mitglied der Geschäftsführung zu SNI.

Kalde, Marcus, Dr.-Ing., studierte Maschinenbau mit Schwerpunkt Fertigungstechnik in Aachen. Er promovierte in den Bereichen Werkzeugmaschinen und Betriebslehre und war für die Firma AEG Böblingen als Projektleiter und Fachgebietsleiter tätig. Bei der Vaillant GmbH Remscheid war er zunächst Leiter der Produktionsplanung, dann Leiter der Prozessinnovation und Produktionstechnik, später Werkleiter in Hilden. Heute ist er gesamtverantwortlicher Werkleiter für Remscheid und Gelsenkirchen. E-Mail: marcus.kalde@vaillant.de

Katzy, Bernhard R., Univ.-Prof. Dr.-Ing. Habil Dipl.-Kfm., studierte nach der Ausbildung zum Kraftfahrzeugmechaniker-Gesellen Elektrotechnik und Betriebswirtschaftslehre und promovierte an der RWTH in Aachen über Unternehmensplanung in produzierenden Unternehmen. Er habilitierte sich in St. Gallen in Betriebswirtschaftslehre, insbesondere Technologiemanagement. Seit 1998 lehrt er an der Universität München. Weitere Lehraufträge bestehen in führenden Europäischen MBA- und Executive MBA-Programmen, u.a. an der Universität St. Gallen, der Rotterdam School of Management und der European Business School in Oestrich-Winkel. 1999 gründete er das CeTIM-Center for Technology and Innovation Management an der Universität Bw München und der Rotterdam School of Management. *(Kapitel 1)*
E-Mail: prof.katzy@CeTIM.org

Klein, Karl, ist seit 1988 Geschäftsführer und Gründer der DAREV Engineering AG in Lachen, Schweiz. Zuvor war er 10 Jahre lang bei Siemens, Müncher Rück und der Computer Management Group als Projektleiter internationaler Projekte. Seine Ausbildung zum Betriebswirt absolvierte er im parallelen Abendstudium an der VWA in München. Neben dem Aufbau von Business / Qualitätsmanagement Modellen für BMW, Swissair und Zürcher Kantonalbank, ist er als TüV-Auditor und EFQM Assessor tätig. E-Mail: darev@compuserve.com

684

Kohl, Bernhard, ist seit 1997 Leiter des TEMIC-Werkes in Ingolstadt, in dem Sicherheitselektronik für die Kfz-Industrie produziert wird. Von 1990 bis 1994 baute er in Asien ein Werk für Automobilelektronik mit mehr als 2000 Mitarbeitern auf und war daraufhin für alle TEMIC-Werke weltweit verantwortlich. E-Mail: bernhard.kohl@temic.com

Linckens, Tom trat nach seinem Studium der Betriebswirtschaftslehre und der Tätigkeit als Projektcontroller bei der ComConsult GmbH 1995 in den Henkel Konzern ein. Er sammelte Erfahrungen in unterschiedlichen Funktionen der Corporate Information Technology Unit und war in Projekten für die Unternehmensbereiche Klebstoffe, Surface Technology, Waschmittel und Cognis tätig. 1997 bis 1999 war er SAP Projektleiter in den USA an den Standorten Detroit und Cincinnati. Seit 1999 ist er als IT Account Manager in der Henkel Gruppe für den Unternehmensbereich Waschmittel verantwortlich. *(Kapitel 7)*

Mey, Marcus M., Dr.-Ing., promovierte nach einer Ausbildung zum Werkzeugmacher und anschließendem Studium des Maschinenbaus am Institut für Fertigungstechnik und Spanende Werkzeugmaschinen der Universität Hannover. 1998 gründete er das Technologieberatungsbüro Mey ConCePT-Consulting Center für Produktionstechnik. Zu seinen Tätigkeitsschwerpunkten gehört neben einer breitbandigen Technologieberatung die Unterstützung klein- und mittelständischer Unternehmen bei der Segmentierung und Dezentralisierung fertigungstechnischer Bereiche. Er unterstützt die Entwicklung und Einführung von Techniksystemen zur kennzahlenbasierten Steuerung von Gruppenarbeit in Fertigung und Montage. *(Kapitel 2)*
E-Mail: office@mey.concept.de

Müller, Angelika, lebt seit einem Jahr in Greenville, South Carolina (USA) und arbeitet für BMW. Sie hat mehr als 25 Jahre Berufserfahrung als Systemanalytikerin im Bereich der IT (von Konzeption bis Implementierung sowie Projektleitung) und ist seit 5 Jahren im Bereich des Qualitätsmanagements tätig mit dem Schwerpunkt der Einführung von prozessorientierten QM-Systemen für die IT, Logistik sowie eines gesamten Produktionswerks.

Neufeldt, Christoph, Dipl.-Kfm., begann 1985 als Systems Analyst bei der Henkel KGaA. Während seiner zweijährigen Tätigkeit bei der Henkel Italiana war er zuständig für die europäischen CAS-Aktivitäten sowie die Datenmodellierung. Nach der Rückkehr zu Henkel Düsseldorf führte er SAP für die Markenartikeldivisionen ein. Seit 1999 hat er die Leitung IT Account und Liaison Management für die Unternehmensbereiche Kosmetik und Waschmittel. Außerdem befasst er sich mit dem Aufbau der Einheit „Business Performance Systems" mit den internationalen Competence Center: E-Business, Communication Products, Information Management sowie dem lokalen Solution Center SFA. *(Kapitel 7)*

Palm, Daniel, Dipl.-Ing., ist seit 1996 wissenschaftlicher Mitarbeiter am Fraunhofer-Instiut für Produktionstechnik und Automatisierung (IPA) in Stuttgart im Bereich Unternehmensmanagement. Er ist einer der Gründer des Supply Chain Management Competence & Transfer Centers – eine neutrale Beratungsinstitution für Supply Chain Management und e-Business, der Fraunhofer Institute IPA, IML und der ETH Zürich. *(Kapitel 4)*

Peters, Helmut, Diplom-Mathematiker, begann seine berufliche Laufbahn bei der Henkel KGaA im Bereich InformationsTechnologie. Nach verschiedenen Stationen als Systemverantwortlicher für die Deckungskapitalberechnung Personal (1988) und der Einkaufssysteme Deutschland (1993), Projektleiter für die Etablierung IT-System Henkel Exportgeschäfte Vertrieb (1989) und für die Etablierung Frachtinformationssystem Vertrieb Deutschland (1991) wurde er 1997 Abteilungsleiter Materials Management bei der Customer Competence Center Production/ Purchasing Henkel Gruppe. *(Kapitel 7)*

Sihn, Wilfried, Dr.-Ing. Dipl.-Wirtsch.-Ing., ist Direktor und Leiter des Bereiches Unternehmensmanagement am Fraunhofer-Institut für Produktionstechnik und Automatisierung (IPA) in Stuttgart. Seit 1982 ist er am IPA und hat über 200 Forschungs- und Industrieprojekte bearbeitet. Er ist Verfasser zahlreicher Bücher und Veröffentlichungen sowie Mitglied in mehreren Gremien. Seit acht Jahren befasst er sich schwerpunktmäßig mit dem Konzept des „Fraktalen Unternehmens" und war an der Entwicklung des Konzepts einer „Dezentralen Anlagen- und Prozessverantwortung" (DAPV) maßgeblich beteiligt. *(Kapitel 4)*

Stanger, Hans-Karl, studierte Physik und promovierte an der Universität des Saarlandes. Nach seiner Tätigkeit als wissenschaftlicher Mitarbeiter am Fraunhofer Institut für zerstörungsfreie Prüfverfahren war er 1989 bis 1996 Mitarbeiter bei KEIPER RECARO GmbH & Co., zuletzt als Qualitätsmanagementbeauftragter. Seit 1997 ist er Director Quality bei LEAR Corporation, Premium Car Interiors Division.
E-Mail: KStanger@Lear.de

Strunk, Bernhard, ist Leiter eines kundenorientierten Productcenters der international tätigen Faurecia Sitztechnik GmbH, Geiselhöring. Seit seiner Ausbildung zum Maschinenbautechniker (1989) ist er in der Automobilbranche in verschiedenen Zulieferbetrieben für Fahrzeugsitze tätig. Einen großen Teil seiner Erfahrungen im Projektmanagement sammelte er als Leiter im Bereich Industrial Engineering. E-Mail: b.strunk@surfEU.de

Vorweg, Manfred, studierte nach einer Werkzeugmacher-
lehre Maschinenbau. Er war zunächst Projektkonstrukteur
für Großwälzlager bei Rothe Erde, Lippstadt, dann Pro-
duktentwickler für Gabelstapler-Anbaugeräte bei der Firma Gebrüder Crede, Kassel. Seit 1967 ist er bei der Firma
HELLA in Lippstadt tätig, wo er anfangs Konstrukteur,
dann Fertigungsplaner und Leiter der Gruppe Handels-/
BMW-Signalleuchten war, bevor er 1990 die Leitung
Leuchtenkonstruktion übernahm. 1996 baute er das Infor-
mations- und Traditionscenter auf, das er bis heute leitet.
E-Mail: vorwma1@hella.de

Waßmus, Reinhard, Dipl.-Ing., war nach seinem Maschi-
nenbaustudium 5 Jahre auf dem Gebiet der Automatisierung fördertechnischer Geräte in einem Ingenieurunter-
nehmen tätig. Seit 1991 arbeitete er im Fraunhofer Institut
für Fabrikbetrieb und -automatisierung, Magdeburg, in zuletzt leitender Funktion im Bereich Unternehmensplanung.
Er sammelte weitere Führungs- und Reorganisationserfah-
rung als Betriebsleiter eines Maschinenbauunternehmens.
Seit 1997 ist Reinhard Waßmus Prozess-Verantwortlicher
für den Produktions- und Lieferprozess der RATIONAL
AG. www.rational-ag.com

Wendland, Udo, ist seit Januar 1999 Managing Director Europe der TI Group Specialty Polymer Products in Abing-
don, United Kingdom. Zuvor war er 6 Jahre Geschäftsführer der Technoflow Fuel-Systems GmbH in Fuldabrück.
Seine technische Ausbildung zum Diplom Ingenieur absolvierte er an der Universität Gh Kassel. Darüber hinaus ist
er als Referent bei zahlreichen Seminarveranstaltungen tätig, unter anderem auch beim verlag moderne industrie.
E-Mail: uwendland@tigroup.com

Wiedemann, Peter, Dipl.-Ing., ist Mitglied des Vorstandes der RATIONAL AG in Landsberg am Lech. Nach seinem Studium des Maschinenbaus an der Technischen Universität München arbeitete er in verschiedenen Bereichen des Unternehmens mit stetig steigender Verantwortung. Die wesentliche Meilensteine seiner persönlichen Entwicklung sind Produktmanager, Executive Vice President der RATIONAL Cooking Systems Incorporation, Chicago/USA, Assistent des Geschäftsführenden Gesellschafters, Mitglied der Geschäftsleitung für den Bereich Technik und Mitglied des Vorstandes. www.rational-ag.com

Winkler, Hannes, studierte Wirtschaftsingenieurwesen in Ilmenau und Berlin, sowie technisch orientierte Betriebswirtschaftslehre in Stuttgart. Seit März 1999 ist er Mitarbeiter am Fraunhofer-Institut für Produktionstechnik und Automatisierung (IPA) in Stuttgart. Er befasst sich dort mit der Optimierung von unternehmensinternen und unternehmensübergreifenden Geschäftsprozessen und führt Beratungsprojekte in den Bereichen Informationsmanagement, e-business und Supply Chain Management durch.

Wördenweber, Burkard, Dr., studierte Informatik an der Universität Cambridge mit den Schwerpunkten rechnergestützte Modellierung, Berechnung und Simulation, danach war er Studiendirektor für Informatik am Girton College der Universität Cambridge. Seit 1988 ist er bei der Firma HELLA tätig, wo er die Abteilung für technische Informatik leitet. Seit 1993 ist er Leiter der lichttechnischen Entwicklung, seit 1995 baute er das Forschungs- und Testzentrum auf, das ebenfalls seiner Leitung untersteht. E-Mail: woerbu1@hella.de

Wortmann, Dirk, Vorstand der SimPlan AG, Maintal. Nach seiner Ausbildung zum Fachinformatiker, begann er 1988 seine Tätigkeit in einem Frankfurter Ingenieurbüro. Er entwickelte eine Simulationssoftware und führte Simulationsprojekte im Bereich der Produktion und Logistik durch. 1991 gründete er sein eigenes Unternehmen, aus dem 1992 die Wortmann GmbH hervorging. 1995 wurde die Firma in SimPlan GmbH umbenannt und 2000 in eine AG umgewandelt. SimPlan bietet Beratung im Zusammenhang mit der Virtuellen Fabrik an. Bei AUDI wirkte sie in der Umsetzung des Projekts „SiFa" und anderen Virtuelle-Fabrik-Projekten mit.

Zengerly, Thomas G., Dr., Diplomchemiker, begann 1986 nach dem Chemiestudium seine Laufbahn bei der Deutschen Shell. Nach verschiedenen Tätigkeiten im Raffinerie- und Logistikbereich sowie einer mehrjährigen Auslandstätigkeit in europäischen Funktionen der Shell-Gruppe ist er seit 1997 Direktor der Shell-Raffinerie Harburg. Von hier aus werden vor allem Nord- und Ostdeutschland mit Ölprodukten versorgt und Vorprodukte für die Schmierstoffherstellung produziert. E-Mail: thomas_zengerly@compuserve.com

Stichwortverzeichnis

700